刑事判例研究

〔16〕

韓國刑事判例研究會 編

傅 英 社

Korean Journal of Criminal Case Studies

〔16〕

Edited by

Korean Association of Criminal Case Studies

Pakyoungsa Publishing Co.
Seoul, Korea

머 리 말

2008년은 한국형사판례연구회의 역사에서 큰 이정표가 되는 해이다. 1992년 2월 처음 시작한 이래 연구발표회가 올해 10월로 제200회를 기록하게 된 것이다. 햇수로 17년에 이르는 세월 동안 지속적으로 매월 연구발표회를 개최한다는 것은 쉬운 일만은 아니다. 이는 오로지 우리 한국형사판례연구회 회원들의 학문적 열정이 일구어낸 값진 결실이라고 할 것이며, 제200회 연구발표회를 맞이하는 기쁨을 우리 학회의 회원들 모두와 나누고자 한다.

「형사판례연구」 제16권은 2007년 3월부터 2008년 2월까지 월례 연구발표회에서 발표된 논문과, 이와 별도로 투고된 논문 중 엄정한 심사를 거쳐 선정된 논문들을 수록한 것이다. 분야별로는 형법 관련 8편, 형사소송법 관련 10편으로 구성되어 있으며, 특별기고문으로 '2007년도 형법판례회고'가 포함되어 있다. 지난 1년 동안 학문적 진지함과 열정으로 형사판례연구회에서 발표하고 귀중한 옥고를 보내 주신 학계와 실무계의 연구자 여러분과 참여하고 토론해 주신 회원 여러분들께 깊이 감사드리고, 이러한 성과들이 우리 형사실무와 형사법학의 발전에 기여할 수 있기를 바란다.

한국형사판례연구회가 200회에 이르는 연구발표회를 지속해 올 수 있었던 데는 창립 이후 학회를 재정적·행정적으로 지원하여 준 한국형사정책연구원의 도움이 컸다. 특히 우리 학회의 전임 회장이자 고문이신 이재상 전 원장님과 박상기 현 원장님께 깊은 사의를 표한다. 또한 학회의 발전을 위해 물심양면의 지원을 아끼지 않으신 김동건·김진환 전임 회장님, 강용현 총무이사님께 감사드리며, 학회의 운영을 맡아 수고해 준 경기대학교 황태정 교수와 한국형사정책연구원 이승현 박사에게도 고마운 마음을 전하는 바이다. 마지막으로 이 책이 출판될 수 있도록 적극 협력해 주신 박영사 안종만 회장님, 제작과 편집을 담당한 조성호 차장님, 강상희 선생님께도 깊이 감사드린다.

2008년 6월 30일

한국형사판례연구회 회장 김 대 휘

目　次

Table of Contents

과잉방위와 오상과잉방위

정　현　미*

[대상판결 1] 대법원 2005. 7. 8. 선고 2005도2807 판결

1. 사실개요

(1) 피고인과 피고인의 처 A, 처의 친구 B는 모두 중국 국적의 조선족 교포들인바, 피고인은 위 공소사실 기재 일시경 위 ○○식당에서, A, B와 함께 식사를 하던 중 옆 식탁에 있던 피해자 乙의 일행인 공소외 C와 눈이 마주치자 B가 왜 쳐다보냐며 시비를 걸었으나 다툼으로까지는 이어지지 않았다. 피고인 일행은 C 일행이 술에 많이 취한 것으로 보이고 그중 한 명은 팔에 문신도 있어 그들과 시비가 일어날 것을 우려하여 주문한 음식을 많이 남긴 상태에서 서둘러 식사를 마친 후, A가 카운터에서 식대를 계산하면서 남은 음식의 포장을 부탁하는 동안 피고인과 B는 먼저 식당 밖으로 나갔다.

(2) 당시 식당 밖에는 피해자측 일행인 남자 3명이 있었는데, 피고인이 동인들에게 어디에서 왔느냐고 묻자 그중 한 명이 왜 반말을 하느냐며 피고인의 얼굴을 주먹으로 때렸고, 식당 안에서 유리창을 통해 이 광경을 본 피해자 측 나머지 일행들(남자 3명, 여자 3명)도 모두 식당 밖으로 몰려 나와, 그중 일부가 합세하여 피고인의 멱살을 잡고 주먹으로 치거나 가슴과 배를 걷어차는 등으로 피고인을 때리기 시작하였으며, A와 B가 그들의 허리춤을 잡고 이를 말리자 A가 땅바닥에 쓰러질 정도로 그녀들을 세차게 밀쳐버렸다.

---

* 이화여자대학교 법과대학 교수, 법학박사.

(3) 피고인은 피해자 일행 여러 명으로부터 위와 같이 맞게 되자 일시 대항하던 중 피해자 일행에게 겁을 주어 당시의 상황에서 벗어나고 또한 자신과 A, B를 피해자 일행으로부터 보호해야겠다는 생각에서 식당 안으로 들어가 그 입구 부근에 있던 빈 맥주병을 들고 나왔고, 그럼에도 피해자측은 물러서지 않고 피고인에 대한 폭행을 계속하였으며, 그러던 중 피해자 乙이 피고인을 뒤에서 끌어안아 피고인과 함께 넘어지게 되어 뒹굴며 몸싸움하는 과정에서 맥주병이 깨어지고 그 맥주병에 乙의 귀가 찢어지는 이개절상 등의 상해를 입게 되었다.

2. 원심판결: 서울남부지방법원 2004. 7. 2. 선고 2004고단1556 판결

피고인이 피해자 일행들로부터 폭행을 당하던 중에 상대측에게 반격을 하겠다기보다는 그들의 공격으로부터 벗어나기 위하여 맥주병을 들고 나와서 위협을 하던 중 피고인을 뒤에서 끌어안은 乙과 함께 넘어져 뒹굴며 옥신각신하는 과정에서 맥주병이 깨지게 되고 그 깨진 맥주병에 乙이 이개절상 등의 상해를 입게 된 것으로서, 이는 피고인이 피해자 일행에 대항하여 상호 폭행을 가한 것이라기보다는 피해자 일행이 자신들을 때리는 등 위해를 가하자 그에 대항하여 싸우기에는 수적으로 절대적 열세에 있는데다 피고인 혼자서 보호하여야 할 여자 2명까지 딸려 있던 관계로 피해자측으로부터 계속되는 부당한 폭행에서 벗어나거나 이를 방어하기 위하여 한 행위라고 봄이 상당하다고 할 것이다.

나아가 깨진 맥주병으로 상대방에게 상해를 가한 것이 사회통념상 허용될 만한 상당성이 있는 행위인지 여부에 대하여 보건대, 비록 상대방이 남자만 6명인 다수인데 반해 자신의 일행은 처를 비롯한 여자 2명뿐이었고 상대방측의 시비로 인해 일방적으로 폭행을 당하는 상황이었지만, 상대방측이 흉기 등을 소지하고 있지는 않았고 또한 초기에는 상대방측 일행 모두가 한꺼번에 폭행을 가하지는 않고 그 일부가 폭행을 하고 나머지는 옆에서 가세하는 정도였던 것으로 보이므로, 피고인이 빈 병을 들고 나왔다가 乙과 뒹굴면서 깨진 병 부분으로 상해를 입힌 이 사건 행위는 정당방위로서 요구되는 상당성을 결여하였다고 봄이 상당하나, 다만 피고인 및 그 처인 ○○○가 짧은 시간 동안 입게 된 상해의 정도가 결코 가볍지 아니한 점에 비추어 볼 때 야간에 남자가 6명이나 되는 일행으로부터 별다른 이유 없이 갑자기 주먹으로 맞는 등 폭행을 당하고 특히 자신뿐만 아니라 자신의 처까지 위협을 당하던 중에 상대방으로 하여금 더 이상 가해행위를 하지 못하도록 겁을 주려는 목적에서 근처에 있던 빈 맥주병을 들었음에도 상대방측이 물러서지 않고 피고인에게 달려들어 붙잡고 쓰러뜨린 후 폭행을 계속하는 상황 하에서 순간적으로 공포, 흥분 또는 당황 등으로 말미암아 위와 같은 행위에 이르렀다고 인정되므로 결국 형법 제21조 제3항에 의하여 피고인의 위 행위는 벌할 수 없는 행위라고 할 것이다.

따라서 이 사건 공소사실을 유죄로 인정한 원심판결에는 사실을 오인하거나 과잉방위에 관한 법리를 오해하여 판결 결과에 영향을 미친 위법이 있다 할 것이고, 이 점을 다투는 피고인의 항소는 이유 있다. 그렇다면, 형사소송법 제364조 제6항에 의하여 원심판결을 파기하고 변론을 거쳐 다음과 같이 판결한다. 이 사건 공소사실은 앞서 본 바와 같으나 이에 대하여는 앞서 본 바와 같은 이유로 위법성이 조각되어 범죄로 되지 아니하는 경우에 해당하므로 형사소송법 제325조 전단에 의하여 피고인에 대하여 무죄를 선고하기로 하여 주문과 같이 판결한다.

3. 대법원 판결

원심판결 이유에 의하면 원심은, 그 채용 증거들에 의하여 판시와 같은 사실을 인정한 나음에 이러한 인정사실에 의하면, 피고인이 피해자 일행들로부터 폭행을 당하던 중에 피해자 일행에게 반격을 하겠다기보다는 그들의 공격으로부터 벗어나기 위하여 맥주병을 들고 나와서 위협을 하던 중 피고인을 뒤에서 끌어안은 피해자와 함께 넘어져 뒹굴며 옥신각신하는 과정에서 맥주병이 깨지게 되고, 그 깨진 맥주병에 피해자가 이개절상 등의 상해를 입게 된 것으로서 피고인이 피해자 일행에 대항하여 상호 폭행을 가한 것이라기보다는 피해자 일행이 자신들을 때리는 등 위해를 가하자 그에 대항하여 싸우기에는 수적으로 절대적 열세에 있는데다 피고인 혼자서 보호하여야 할 여자 2명까지 딸려 있던 관계로 피해자 일행으로부터 계속되는 부당한 폭행에서 벗어나거나 이를 방어하기 위하여 한 행위라고 봄이 상당하고, 또한 야간에 남자가 6명이나 되는 피해자 일행으로부터 별다른 이유 없이 갑자기 주먹으로 맞는 등 폭행을 당하고 특히 자신뿐만 아니라 자신의 처까지 위협을 당하던 중에 피해자 일행으로 하여금 더 이상 가해행위를 하지 못하도록 겁을 주려는 목적에서 근처에 있던 빈 맥주병을 들었음에도 피해자 일행이 물러서지 않고 피고인에게 달려들어 붙잡고 쓰러뜨린 후 폭행을 계속하는 상황 하에서 순간적으로 공포, 흥분 또는 당황 등으로 말미암아 위와 같은 행위에 이르게 되었다고 인정된다는 이유로 피고인의 행위는 형법 제21조 제3항에 의하여 벌할 수 없는 경우에 해당한다고 판단하였다.

기록에 비추어 살펴보면, 원심의 위와 같은 사실 인정과 판단은 모두 정당하여 수긍할 수 있고, 거기에 상고이유의 주장과 같은 채증법칙 위배로 인한 사실오인이나 정당방위에 관한 법리오해 등의 위법이 있다고 할 수가 없다. 그러므로 상고를 기각하기로 하여 법관의 일치된 의견으로 주문과 같이 판결한다.

[대상판결 2] 대법원 2004. 3. 25. 선고 2003도3842 판결

1. 공소사실의 요지

○○경찰서 동부파출소 소속 경찰관인 피고인은, 2001. 11. 27. 밤 동료 경찰관인 김○○와 함께 순찰차를 타고 동부파출소 관내를 순찰하던 중 ○○경찰서 상황실로부터 공소외 1이 술병으로 타인을 찌른

사건이 상대파출소 관내에서 발생하였으니 이와 관련하여 상대파출소를 지원하라는 무선지령을 받고 상대파출소로 순찰차를 운전하여 가 공소외 1의 처인 공소외 2로부터 공소외 1이 현재 그의 주거인 진주시 상대동 소재 꽃집에 있다는 말을 듣고, 23:50경 공소외 2와 함께 위 꽃집 앞에 도착하여 김○○는 꽃집 주위에 있는 막대기를 들고 앞장서고 피고인은 권총을 꺼내어 안전장치를 풀고 김○○의 뒤에 서서 따라 위 꽃집 안으로 걸어 들어가, 그 곳에 미리 와 있던 이웃 주민 심○○에게 "공소외 1이 어디에 있느냐?"고 묻는 순간, 공소외 1이 세면장에서 나오면서 피고인과 김○○에게 "당신들 뭐야, 이 밤에 왜 왔어? 빨리 가!"라고 소리를 지르며 피고인과 김○○가 서 있는 곳으로 나오다가 이를 말리는 심○○와 몸싸움을 하므로, 그만둘 것을 종용하였음에도, 공소외 1이 계속하여 심○○와 몸싸움을 하다가 심○○를 바닥에 넘어뜨리고 출입문 쪽으로 달려나오며 김○○와 피고인을 밀어 넘어뜨리고 넘어진 김○○의 몸 위에 올라 타 김○○와 몸싸움을 하자, 피고인이 넘어져 있는 상태에서 소지하고 있던 권총으로 공포탄 1발을 발사하였음에도 공소외 1이 이에 굴복하지 아니하고 계속 김○○의 몸 위에서 김○○의 목을 누르는 등 김○○를 일어나지 못하게 하고 있는 것을 목격하였는바, 이러한 경우 총기를 소지한 경찰관으로서는 구체적인 사태를 합리적으로 판단하여 가급적 총기사용을 자제하여야 할 뿐만 아니라 가사 총기를 사용하더라도 그 상대방의 대퇴부 이하를 조준하여 발사하여야 할 업무상 주의의무가 있는데, 당시는 피고인과 김○○ 2인이 현장에 출동하여 1명의 범인을 검거하는 상황이라 2인이 힘을 합하면 총기를 사용하지 않고도 공소외 1을 제압할 수 있고, 그렇지 않다고 하더라도 최소한 경찰관 2인의 힘이면 김○○가 권중헌의 몸 밑에 깔린 상황을 해소하고 함께 공소외 1에게 대항할 수 있으므로 총기를 사용하기 전에 먼저 권○○에게 달려들어 김○○가 일어날 수 있도록 도와 함께 공소외 1에게 대항할 궁리를 하여야 함에도, 공소외 1이 김○○의 몸 위에서 몸싸움하던 과정에 김○○의 허리춤에 손을 대는 것을 보고는 공소외 1이 김○○의 총을 꺼낼지도 모른다고 성급하게 생각하고 당황하여 위와 같은 조치를 먼저 취하지 아니하고 바로 공소외 1을 향하여 대퇴부 이하를 제대로 조준하지 못하고 권총을 발사한 과실로 인하여 탄환이 공소외 1의 흉부를 관통하게 하여 공소외 1로 하여금 같은 해 12.3. 08:55경 ○○시 ○○대학교 병원에서 패혈증 등으로 사망하게 하였다.

2. 피고인의 주장

피해자 공소외 1은 ○○시 일반부 씨름대회에서 우승할 정도로 힘이 센 사람이어서 김○○나 피고인이 몸싸움을 통하여 공소외 1을 제압할 수 없었고, 공소외 1이 김○○를 넘어뜨린 상태에서 위에서 누르면서 김○○의 권총을 잡으려고 하고 있어서 피고인이 공소외 1에게 달려들어 김○○가 일어날 수 있도록 도와줄 수도 없는 위협적이고 급박한 상황이었기 때문에 권총을 발사할 수밖에 없었으며, 공소외 1이 김○○의 몸 위에 올라앉은 채로 위에서 누른 상태에서 몸을 움직이고 있었으므로 공소외 1의 대퇴부 이하를 조준하여 총을 발사하기도 어려운 상황이었는바, 피고인의 행위는 당시 상황으로 보아 정당방위에 해당한다.

3. 원심판결: 창원지법 2003. 6. 17. 선고 2003노167 판결

(1) 정당방위 성립여부(형법 제21조 제1항)

경찰관인 피고인이 공포탄 발사에서 나아가 근접한 거리에서 피해자의 몸을 향한 실탄 발사로 나아간 것은 사회통념상 총기 사용의 허용범위를 벗어난 것으로서 상당성을 결하였다고 봄이 상당하므로 정당방위에 해당하지 아니하여, 피고인의 행위를 업무상과실치사죄로 의율·처단한 원심의 조치는 옳다.

(2) 제21조 제3항 해당여부

형법 제21조 제3항은 과잉방위의 경우 그 행위가 야간 기타 불안스러운 상태 하에서 공포, 경악, 흥분 또는 당황으로 인한 때에는 벌하지 아니한다고 규정하고 있다. 이러한 상황에서는 방위행위가 상당성의 정도를 넘었다 하더라도 적법행위의 기대가능성이 없어 책임이 조각되기 때문이다. 살피건대 피고인이 경찰관인 점을 고려하면 야간 기타 불안스러운 상태라 하여 쉽사리 공포, 경악, 흥분 또는 당황하였을 것이라고는 판단되지 아니 하므로 피고인에 대하여 위 규정을 적용할 수 없다. 또한 피고인은, 가사 공소외 1이 김○하의 몸에서 권총을 꺼낼 의사가 없었는데 피고인이 이를 오인하여 발사하였다고 하더라도 이는 형법 제21조의3 제3항에 해당하여 벌할 수 없다고 주장하나, 위와 같은 오상방위의 경우에는 위 규정이 적용되지 않는다고 할 것이므로 위 주장도 이유 없다.

4. 대법원 판결

상대파출소 근무자인 ○○웅으로부터 '공소외 1이 술집에서 맥주병을 깨 다른 사람의 목을 찌르고 현재 자기집으로 도주하여 칼로 아들을 위협하고 있다'는 상황을 고지받고 현장에 도착한 피고인으로서는, 공소외 1이 칼을 소지하고 있는 것으로 믿었고 또 그렇게 믿은 데에 정당한 이유가 있었다고 할 것이므로, 피고인과 김○○가 공소외 1과의 몸싸움에 밀려 함께 넘어진 상태에서 칼을 소지한 것으로 믿고 있었던 공소외 1과 다시 몸싸움을 벌인다는 것은 피고인 자신의 생명 또는 신체에 위해를 가져올 수도 있는 위험한 행동이라고 판단할 수밖에 없을 것이고, 따라서 피고인이 공포탄 1발을 발사하여 경고를 하였음에도 불구하고 공소외 1이 김○○의 몸 위에 올라탄 채 계속하여 김○○를 폭행하고 있었고, 또 그가 언제 소지하고 있는 칼을 꺼내어 김○○나 피고인을 공격할지 알 수 없다고 피고인이 생각하고 있던 급박한 상황에서 김○○를 구출하기 위하여 공소외 1을 향하여 권총을 발사한 것이므로, 이러한 피고인의 권총사용이, 경찰관직무집행법 제10조의4 제1항의 허용범위를 벗어난 위법한 행위라거나 피고인에게 업무상과실치사의 죄책을 지울만한 행위라고 선뜻 단정할 수는 없다(다만 민사상으로 공무원인 피고인의 위와 같은 행위에 관하여 국가가 국가배상책임을 질 것인지 여부는 이와 별도의 관점에서 검토되어야 할 것이며, 이 점은 별론으로 한다).

그럼에도 불구하고, 원심은 이와 달리 피고인이 공소외 1을 향하여 실탄을 발사한 행위가 경찰관의 무기사용 허용범위를 벗어난 위법행위라고 판단하였으니, 거기에는 경찰관직무집행법 제10조의4 제1항 소정의 경찰관 무기사용의 허용범위 및 정당방위 등에 관한 법리를 오해하여 판결에 영향을 미친 위법이 있다. 이를 지적하는 상고이유의 주장은 이유 있다. 그러므로 원심판결을 파기하고, 사건을 원심법원에 환송하기로 하여 주문과 같이 판결한다.

5. 주 문

원심판결을 파기하고, 사건을 창원지방법원 본원 합의부에 환송한다.

〔연 구〕

Ⅰ. 문제의 제기

과잉방위는 방위행위가 그 정도를 초과한 경우이다. 과잉방위는 정당방위상황을 전제로 하지만 상당성의 한도를 넘어선 때 적용될 수 있으므로 정당방위의 상당성의 정도가 어디까지 인정되는가가 결국 과잉방위의 적용범위를 획정하는 한계도 될 수 있다. 물론 상당성의 범위를 넘는 모든 경우가 과잉방위가 되는 것은 아니지만, 과잉방위는 정당방위의 한계선에 접해있으므로 상당성의 정도 및 범위를 어떻게 볼 것인가는 과잉방위의 인정에 중요한 영향을 미친다. 또한 방위행위의 정도초과가 착오에 기인한 경우 오상과잉방위도 문제된다. 과잉방위라는 법적 형상은 정당방위와 오상방위와 접해있으면서 불법과 책임, 그리고 양형의 영역과 관련성을 띠므로 이론적으로도 고찰하기가 쉽지 않다.

이러한 점에서 법적 성격 및 적용범위에 대해 다양한 견해들이 대립되고 있다. 판례의 경우에도 과잉방위의 요건을 분명히 제시하고 있지 않아 어떤 경우에 과잉방위가 성립되지는 명확히 판단하기 어렵다. 정당방위의 상당성을 인정하는데 다소 인색한 판례의 태도에 비추어 보면 상대적으로 과잉방위를 인정할 범위가 넓어지는 것 같지만 다수의 판례는 과잉방위가 인정될 여지가 없다고 할 뿐 그 근거를 기술하고 있지 않다.

대상판결 1은 형법 제21조 제3항의 과잉방위를 인정한 경우이며, 대상판결 2는 명확히 언급하지는 않았지만 권총사용은 급박한 상황에서 동료경찰관을 구출하기 위한 것이므로 위법한 행위라고 단정할 수 없다고 하여 정당방위의 인정을 시사하고 있다. 그런데 대상판결 1의 경우에는 과잉방위가 아니라 오히려 정당방위가 성립하는 경우로 보이며, 반면 대상판결 2의 경우에는 정당방위가 아니라 과잉방위 혹은 오상과잉방위로 파악하는 것이 타당하지 않나 하는 의문이 든다.

다른 대법원 판례 중에도 과잉방위에 해당할 수 있음에도 과잉방위를 검토하지 않은 경우 과잉방위를 인정하였지만, 오히려 정당방위라고 볼 수 있는 경우가 있고, 정당방위나 과잉방위에 해당하지 않는다고 보는 판례 중 다수가 정당방위에 해당하지 않더라도 과잉방위가 될 수 있는 사안이 있으며, 과잉방위의 경우에도 제21조 제3항의 적용이 배제되더라도 제21조 제2항의 과잉방위의 적용여부를 더 검토했어야 하는 경우도 다수 있다. 요컨대 과잉방위와 관련해서는 정당방위, 오상방위, 오상과잉방위가 명확히 구분되지 않는 것은 각각의 성격과 상호관련성이 제대로 검토되지 않았기 때문이다. 아래에서는 대상판결 2개를 검토하면서 과잉방위의 법적 성격과 더불어 성립요건을 검토하며 과잉방위와 관련된 대법원판례를 분석하고자 한다.

Ⅱ. 과잉방위의 구조 및 법적 성질

과잉방위란 방위행위가 그 정도를 초과한 경우를 말한다. 형법에서는 과잉방위에 대하여 제21조 제2항과 제3항에서 규정하고 있는데 정황에 의해 형을 감면할 수 있고, 과잉방위가 야간 기타 불안스러운 상태 하에서 공포, 경악, 흥분 또는 당황으로 발생한 때에는 벌하지 않는다. 이렇듯 우리 형법은 과잉방위에 대해서는 그 유형에 따라 벌하지 않는 경우와 형을 면제하는 경우 혹은 형을 감경하는 경우로 다양하게 법적 효과의 적용이 가능한 입법형태를 취하고 있어, 그것의 법적 성격에 대해서도 다양한 법적 효과만큼이나 다양하게 설명되고 있다.

1. 과잉방위의 종류

(1) 정도상 과잉방위와 확장성 과잉방위

과잉방위는 우선 구조적으로 다른 두 가지 상황, 즉 방위행위의 양적 한계를 초과한 경우와 방위행위의 시적 한계를 초과한 경우로 구분할 수 있다.「전자를 정도상 과잉방위 또는 양적 과잉방위라고 하며, 이는 정당방위상황에서 허용된 방위의 정도를 초과한 경우를 말한다.」 예컨대 다리에 가격이 충분한데도 복부에 총격을 가한 경우이다. 후자는 확장성 과잉방위 또는 질적 과잉방위라고도 하며, 이는 침해가 아직 발생하기 전이나 침해가 이미 종료하여 침해의 현재성이 없음에도 불구하고 방위행위로 나간 경우를 말한다. 예컨대 방위행위에 의해 이미 의식을 잃은 사람에게 계속 가격하는 경우나 공격을 준비하는 사람을 가격하는 경우이다.

형법규정의 문언상 과잉방위는 정도를 초과한 경우라고 되어 있으므로 원칙적으로 과잉방위는 정도상 과잉방위를 의미한다고 보는 데는 별 이론이 없다. 그러나 확장성 과잉방위도 과잉방위로서 동일하게 취급할 수 있느냐에 대하여 의견이 대립되어 있다. 확장성 과잉방위의 경우는 정당방위상황이 존재하지 않는 경우이므로 과잉방위가 성립할 수 없다고 보는 부정설이 있는 반면,[1] 이 경우에도 형을 감면 또는 불처벌하자는 긍정설의 입장이 있다.[2] 다만 긍정설의 입장에는 시간적 한계를

1) 김일수/서보학, 형법총론, 2006, 417면 이하; 차용석, 형법총론강의 I, 1988, 243면; 이재상, 형법총론, 2005, 234면.

2) 박상기, "과잉방위", 고시연구, 1993. 8, 48면; 이형국, 형법총론, 2003, 151면; 이

초월하여 무제한적으로 과잉방위를 인정하는 것이 아니라 침해가 박두하였거나 이미 끝난 침해행위와 시간적으로 밀접한 범위 내여야 한다는 제한을 둔다. 그리고 부정설의 입장에서도 예외적으로 확장성 행위가 연속된 일련의 행위라고 볼 수 있는 경우에는 과잉방위로 볼 수 있다고 하여 긍정설과 내용면에서는 차이를 보이지 않는다. 이러한 점에서 확장성 과잉방위의 경우 약간의 시간적 한계가 초과되었더라도 방위행위의 연속된 행위로 보이는 경우는 과잉방위로 인정하는 것이 우리의 다수설이라고 할 수 있다.[3] 독일에서는 양자를 내포적 과잉방위(intensiver Notwehrexeß)와 외연적 과잉방위(extensiver Notwehrexeß)로 구분하여 설명하면서, 일부 견해는 두 종류는 실질적으로 차이가 없다는 입장에서 모두 과잉방위에 포함시키지만,[4] 다수설은 확장적 과잉방위에 해당하는 외연적 과잉방위에는 과잉방위규정을 적용할 수 없다고 본다.[5]

생각건대 확장성 정당방위는 정당방위상황을 전제하고 있지 않은 점에서 원칙적으로 과잉방위라고 할 수 없으나, 정황에 따라 현재의 침해가 있을 때 행한 방위행위의 일련의 연속적 행위로 볼 수 있을 때 한해 인정하는 다수설이 타당하다고 본다. 대법원도 연속된 일련의 반격행위에 대해 과잉방위를 인정하고 있다.[6] 그러므로 침해가 임박한 상

형국, "과잉방위", 월간고시(1992. 4), 43면 이하.

3) 이재상, 형법총론, 234면; 정성근/박광민, 형법총론, 2001, 235면; 김성돈, 형법총론, 2006, 302면; 신동운, 형법총론 판례백선, 1998, 203면 이하; 손동권, 형법총론, 2005, 188면 이하; 신영호, "경찰관직무집행법상 무기의 사용과 '긴급한' 정당행위", 비교형사법연구 제7권 제1호, 2005. 7, 316면 이하.

4) Jakobs, Strafrecht AT, §20 Rn. 31; Roxin, Strafrecht AT, §22 Rn. 88; Schönke/Schröder/Lenckner/Perron, StGB, §33 Rn. 7; Spendel, Leipziger Kommentar, §33 Rn. 4; Baumann/Weber/Mitsch, Strafrecht, §33 Rn. 42.

5) Jescheck/Weigend, Lehrbuch des Strafrechts AT, §45 Ⅱ 4; Rudolphi, Systematischer Kommentar zum Strafgesetzbuch, §33 Rn. 2; Schönke/Schröder/Lenckner/Perron, StGB, §33 Rn. 7; Geilen, Jura, 1981, S. 379; Eser, Strafrecht I, Fall 11, Rn. 45; Stratenwerth, Strafrecht AT Ⅰ, S. 186; Schmidhäuser, Strafrecht AT, S. 493; Dreher/Tröndle, StGB, §33 Rn. 2; Maurach/Zipf, Strafrecht AT I, S. 484; Kühl, Strafrecht AT, §12 Rn. 139.

6) 대법원 1986. 11. 11 선고 86도1862 판결: "극히 짧은 시간내에 계속하여 행하여진 피고인의 위와 같은 일련의 행위는 이를 전체로서 하나의 행위로 보아야 할 것이므로, 방위의사에서 비롯된 피고인의 위와 같이 연속된 전후행위는 하나로서 형

태는 현재 침해의 범주에 들어가므로 예방적 방위는 아니지만, 침해를 단지 예방하기 위한 사전적 방위나 현재의 침해가 끝난 후에 가하는 사후적 방위는 정당방위상황이 아니므로 과잉방위가 성립하지 않는다고 보아야 한다. 다만 폭력행위등처벌에관한법률 제8조에서는 "흉기 등으로 위해를 가하려 할 때" 예방적 정당방위를 명시적으로 인정하고 있으므로 그 범위에서는 예방적 과잉방위도 인정될 것이다.[7]

(2) 인식 있는 과잉방위와 인식 없는 과잉방위

과잉방위는 상당성 초과에 대한 인식이 있는가에 따라 인식 있는 과잉방위와 인식 없는 과잉방위로 나누기도 한다. 전자를 고의적 과잉방위, 후자를 과실적 과잉방위라고도 한다. 우리의 통설은 상당성의 인식여부에 관계없이 과잉방위가 성립한다고 본다.[8] 정당방위에서 상당한 이유는 객관적 기준에 의하여 결정되는 것이므로 상당성의 초과를 인식하였는가 여부는 과잉방위를 인정하는 데 문제되지 않기 때문이다. 독일에서는 일부견해가 고의의 과잉방위는 독일형법 제33조 과잉방위에 포함되지 않는다고 하지만,[9] 다수설은 상당성 인식여부는 과잉방위에서 문제되지 않는다고 본다.[10] 상당성 초과에 대한 인식은 과잉방위의 요건이 아니므로 인식 없는 방위초과뿐만 아니라 인식 있는 고의의 방위초과도 과잉방위에 해당할 수 있다고 보는 것이 타당하다. 과잉방위의 경우 심약적 상태로 인한 것이기 때문에 벌하지 않거나 형을 감

법 제21조 제2항 소정의 과잉방위에 해당한다 할 것이고…."

7) 제8조(정당방위등) ① 이 법에 규정된 죄를 범한 자가 흉기 기타 위험한 물건 등으로 사람에게 위해를 가하거나 가하려 할 때 이를 예방 또는 방위하기 위하여 한 행위는 벌하지 아니한다. ② 제1항의 경우에 방위행위가 그 정도를 초과한 때에는 그 형을 감경한다. ③ 제2항의 경우에 그 행위가 야간 기타 불안스러운 상태하에서 공포·경악·흥분 또는 당황으로 인한 때에는 벌하지 아니한다.

8) 이재상, 앞의 책, 234면; 김일수/서보학, 형법총론, 305면; 배종대, 형법총론, 2005, 359면; 정성근/박광민, 앞의 책, 235면; 박상기, "과잉방위", 고시연구, 1992.4, 51면 이하; 손동권, "과잉방위에 관한 연구", 일감법학 제4권, 1999.12, 130면; 독일통설: Roxin, Strafrecht AT I, §22 Rn.83; SK-Rudolphi, §33 Rn.4.

9) Schönke/Schröder/Lenckner, StGB, §33 Rn.6.

10) Baumann/Weber/Mitsch, Strafrecht AT I, §33 Rn.46; Jescheck/Weigend, Lehrbuch des Strafrechts AT, §45 Ⅱ 3; Spendel, LK, §33 Rn.6; Roxin, Strafrecht AT I, §22 Rn.82.

면하므로 과잉성에 대한 인식 있는 심약적 상태인가 아닌가는 과잉방위 성립에 중요하지 않다. 다만 양자는 범죄의 성립이 있는 경우에 고의범 또는 과실범의 형태로 구분될 뿐이며, 물론 그 경우에도 과잉방위의 법적 효과로서 형벌이 감면될 수 있다.

(3) 불가벌적 과잉방위와 형벌감면적 과잉방위

우리 형법은 과잉방위에 대해 제21조 제3항에서는 벌하지 않는 경우를, 제2항에서는 형을 감경하거나 면제할 수 있는 경우로 나누어 규정하고 있다. 전자를 불가벌적 과잉방위, 특수한 과잉방위라고도 하고, 후자를 형벌감면적 과잉방위, 임의적 감면사유 과잉방위라고도 한다. 독일과 일본의 규정과 비교해 보면, 독일형법은 제33조에서 우리 형법 제3항에 해당하는 과잉방위만 규정하고 있으며,[11] 일본형법은 제36조 제2항에서 우리 형법 제2항에 해당하는 과잉방위만 규정하고 있다.[12] 그런 점에서 우리 형법의 경우에는 과잉방위를 적용할 범위가 더 탄력적이며, 법적 효과에 대해서도 다양한 해석이 가능하다고 볼 수 있다.

2. 과잉방위의 법적 성질

과잉방위의 형벌감면에 대한 체계적 근거에 대한 논쟁은 형법적용에 실제적 의미가 없다는 설명도 있지만,[13] 과잉방위의 법적 성질을 밝힘으로써 그 적용한계 내지 유추적용 등 관련쟁점의 판단에 기초로 삼을 수 있으므로, 불가벌 및 형벌감면의 근거한 그 법적 성질의 검토가 실제적 의미를 갖지 않는 것은 아니다.

(1) 책임감소 · 소멸설

과잉방위를 벌하지 않거나 형을 감면하는 것은 적법행위에 대한 기대가능성이 약화되거나 없는 상황이므로 그에 따라 책임이 감소 또

---

11) 독일형법 제33조: "행위자가 당황, 공포 또는 경악으로 인하여 정당방위의 한계를 넘은 때에는 처벌하지 아니한다."

12) 일본형법 제36조 2항: "방위의 정도를 초과한 행위는 정상을 참작하여 그 형을 감경하거나, 또는 면제할 수 있다."

13) 배종대, 앞의 책, 359면; 김성돈, 앞의 책, 304면.

는 소멸되기 때문이라고 본다. 우리의 통설이다.[14)]

(2) 불법 및 책임의 감소·소멸설

과잉방위의 경우에는 책임감소·소멸을 기본으로 하면서 불법감소·소멸도 고려된다는 견해이다.[15)] 책임과 불법을 모두 고려하는 이유는 과잉방위는 현재의 침해성이라는 정당방위상황이 있는 경우에 인정되므로 정당화사유인 정당방위와 분리·독립해서 책임문제로만 논의할 수 없으며, 반면 특수한 심리적 긴급상태에서 상당성을 초과한 것이므로 이를 불법성의 문제로만 처리할 수도 없기 때문이라고 한다.[16)] 과잉방위는 부분적으로 법익침해를 방위한 측면이 있기 때문에 과잉부분의 결과반가치에 대응하는 결과가치(Erfolgswert)가 있고, 행위자의사도 비초과 부분에서는 자기법익의 보호와 불법에 대한 법수호에 지향되어 있기 때문에 행위반가치도 감소되어 전체적으로 불법이 감소하며, 그에 더하여 심약적 충동상태라는 책임감소사유가 결합하게 되면 처벌하지 않을 수 있다.[17)]

(3) 불법 및 책임 감소 외에 일반예방 및 특별예방적 처벌필요성의 결여

과잉방위는 불법 및 책임 감소 외에 예방적 관점에서 처벌필요성이 없기 때문이라고 본다.[18)] 과잉방위의 경우에는 불법감소 외에 방위

---

14) 이재상, 앞의 책, 234면; 임웅, 형법총론, 1999, 207면; 배종대, 앞의 책, 360면; 박상기, 형법총론, 2004, 188면; 정영일, 형법총론, 2007, 203면; 조준현, 형법총론, 1998, 195면; 오영근, 형법총론, 2005, 337면; 이정원, 형법총론, 1997, 164면; 김성천/김형준, 형법총론, 1998, 274면; 이형국, 형법총론, 151면; 독일에서는 Dreher/Tröndle, Strafgesetzbuch, §32 Rn.3; Maurach/Zipf, Strafrecht AT I, S.361; Wessels, Strafrecht AT, S.99 등이 이 입장을 취한다.

15) 정성근/박광민, 앞의 책, 236면; 김성돈, 형법총론, 304면; 문채규, "오상과잉방위", 안암법학, 제2권, 1994. 8, 391면; 차용석, 앞의 책, 615면; 손해목, 형법총론(1996), 463면; 독일에서는 Jescheck/Weigend, Lehrbuch des Strafrechts AT, §45 Ⅱ 2; Rudolphi, SK, §33 Rn.1 등이 이 입장을 취한다.

16) 정성근/박광민, 앞의 책, 236면.

17) Rudolphi, SK, §33 Rn.1 참조.

18) 김일수/서보학, 앞의 책, 416면 이하; 손동권, 앞의 책, 188면; 김태명, "정당방위의 요건으로서의 상당성에 관한 연구", 서울대박사학위논문, 2000, 255면; 독일의 학설로는 Roxin, Strafrecht AT I, §22 Rn.70 참조.

행위가 규범합치적 의사형성을 할 수 없을 정도로 심약적 충동이 현저히 높은 상태였기 때문에 책임이 조각될 정도까지 감소된다고 본다. 그러나 책임 자체는 극도로 감소되지만 완전히 소멸되는 것은 아니라고 한다. 일반인이 극심한 심약적 충동에서 과잉방위를 한 경우에 불가벌이 되는 것은 극도의 책임감소만이 그 이유가 아니라, 책임감소 외에 일반예방, 특별예방적 관점에서 처벌의 필요성이 전혀 없기 때문이라고 본다.[19]

(4) 비판과 검토

위에 언급한 학설 이외에 위법감소·소멸설과 인적 처벌조각사유설도 언급되지만 현재 우리나라에서 그것을 지지하는 학자는 찾아볼 수 없다. 정당방위의 상당성을 초과한 과잉방위를 법률에 의해 허용된 행위로 볼 수 없으므로 위법성소멸설은 부당하며, 인적처벌조각사유설도 인적처벌조각이 면책특권처럼 행위자에게 전속되는 신분으로 인하여 처벌이 배제되는 것이므로 과잉방위의 성격에 맞지 않아 적절하지 않다.

과잉방위는 불안한 심약적 상태에서 적정한 방위행위를 기대하기 어렵다는 점에서 기본적으로 책임이 감소·소멸되는 경우라고 보는 것이 타당하지만, 불법이 감소되는 측면도 전혀 배제할 수 없다고 보인다. 과잉방위는 방위행위의 상당성은 초과하였지만 현재의 위법한 침해로부터 법익을 보호했다는 측면에서 결과반가치가 감소되며, 방위의사로 행하였다는 측면에서 행위반가치도 감소되므로, 불법이 감소되는 성질을 지닌다는 점을 부인할 수 없다. 예컨대 오로지 타인을 공격하기 위해 신체를 침해한 행위와 비교한다면 현재의 위법한 침해로부터 자신을 보호하기 위해 상당성을 초과하여 타인의 신체를 침해한 행위가 불법이 경하다고 하지 않을 수 없다. 그런 점에서 과잉방위의 경우 책임만이 감소·소멸된다고 보는 입장은 정당방위와 과잉방위에 행위반가치를 상쇄시키는 방위의사가 필요하다는 이유를 합리적으로 설명할 수 없는 난점이 있다.[20]

19) 김일수/서보학, 앞의 책, 417면; Roxin, Strafrecht AT I, § 22 Rn. 73.
20) 정성근/박광민, 앞의 책, 237면.

요컨대 제21조 제3항의 과잉방위에 대해서는 불법 및 책임의 감소·소멸설이 타당하다고 생각된다. 즉 제21조 제3항의 과잉방위는 정당방위의 다른 몇 가지 요건이 충족된 점을 감안한다면 이론적으로 불법이 감소되며, 특수한 상황에서 적법행위의 기대가능성이 없는 경우 책임이 조각되어 범죄가 성립하지 않아 벌하지 않는다고 할 수 있다. 그러나 제21조 제2항의 과잉방위의 경우 형의 면제는 범죄성립을 전제하므로 책임소멸로 설명할 수 없으며, 불법과 책임 감소 외에 처벌의 필요성이 약화되거나 없어 형을 감경하거나 면제까지 할 수 있다고 설명하지 않을 수 없다. 그런 점에서 제2항의 과잉방위는 불법 및 책임 감소 외에 예방적 처벌필요성의 감소 내지 결여로 설명할 수 있다.[21)]

Ⅲ. 과잉방위의 성립요건

과잉방위는 정당방위상황이 존재하나 방위행위의 상당성이 결여된 경우, 일정한 과잉방위정황이 인정될 때에 적용된다.

1. 정당방위상황의 존재와 방위의사에 의한 행위

전형적인 과잉방위는 방위행위가 위법성조각을 위한 기타의 요건을 충족하지만, 단지 그 정도, 즉 상당성을 초과하는 경우이다. 따라서 과잉방위가 되기 위해서는 적어도 정당방위상황이라는 현재의 부당한 침해가 존재해야 한다. 현재의 침해란 법익에 대한 침해가 임박한 상태에 있거나, 바로 발생하였거나, 아직 계속되고 있는 것을 말한다. 방위행위에 의해 보호되는 법익에는 생명, 신체, 자유, 명예, 재산 등 형법상의 법익 이외에 가족관계, 애정관계와 같은 비형법적 법익도 포함된다. 그리고 그러한 정당방위상황에서 자기 또는 타인의 법익을 보호하기 위한 행위는 방위의사로 인한 것이어야 한다.

---

21) 김태명, 앞의 논문, 255면은 제21조 제2항의 형의 면제는 불법 및 책임의 감소·소멸이 아니라 일반예방, 특별예방이라는 형사정책적 측면에서 설명할 수 있다고 한다.

2. 상당성의 결여

과잉방위는 방위행위가 정도를 초과한 경우이고, 정도란 방위행위의 상당성을 결여한 것이라고 할 수 있다. 학설에서는 대체로 정당방위의 상당성은 방위행위의 필요성을 의미하고 균형성과 보충성을 요하지 않는다고 간략하게 설명되나, 상당성판단에 고려되는 요인은 필요성만으로 충분하지 않다. 반면 대법원은 '침해행위에 의하여 침해되는 법익의 종류, 정도, 침해의 방법, 침해행위의 완급, 방어행위에 의하여 침해될 법익을 고려하여 구체적으로 방어행위가 사회적으로 상당한 것으로 인정할 수 있는 것이어야 한다'고 하는데,[22] 정당방위의 본질에 비추어 볼 때 보다 구체적인 판단기준을 제시하고 있다고 보인다. 즉 정당방위가 상당한가는 침해방법, 침해정도, 침해행위에 의해 침해되는 법익과 방어행위에 의해 침해되는 법익을 고려해야 한다고 하여 방위행위의 필요성 외에도 균형성과 보충성을 고려해서 사회적으로 상당한지 판단해야 한다고 한다.

학설에서 정당방위의 경우 방위행위의 상당성을 단지 필요성으로 설명하는 경우가 많으나, 이것은 독일형법의 해석을 원용한 것으로 보인다. 우리 형법의 정당방위는 '상당성'이란 포괄적 용어를 사용하고 있으므로 여기에는 단지 필요성만이 아니라 사회적으로 상당한지, 즉 사회윤리적 제한의 문제도 상당성 판단의 한 기준이 된다고 볼 수 있다. 독일 형법에는 필요성을 언급하고 있으므로 사회윤리적 제한의 문제는 정당방위의 성립요건과 별개의 문제로서 본질에 비추어 논하지만, 우리 형법은 상당성이 정당방위의 성립요건이므로 사회적 상당성을 성립요건으로 다룰 수 있다. 균형성과 보충성은 정당방위에서는 엄격히 요구되지는 않지만 법익이 현저한 불균형을 보이거나 매우 부적합한 수단을 사용한 경우 등은 사회적으로 상당하다고 볼 수 없을 것이므로 방위행위의 상당성에서 배제할 수 없는 판단기준이 된다.

---

22) 대법원 1992. 12. 22. 선고 92도2540 판결; 대법원 1984. 4. 24. 선고 84도242 판결.

(1) 필요성 결여

정당방위에서의 상당한 이유는 우선적으로 침해된 법익에 대한 방위의 필요성이 있을 것을 요한다. 방위의 필요성은 법익에 대한 침해 또는 위험성을 즉각적으로 확실히 배제하는 데 효과 있는 조치일 때에 인정된다. 그러므로 방위의 필요성을 초과하는 경우에는 상당성이 인정되지 않는다.

(2) 균형성 및 보충성 고려

과잉은 상당성의 내용 중 특히 균형성과 관련하여 문제되는 경우가 많으나, 보충성도 과잉여부를 판단하는 데 고려될 수 있다.[23] 정당방위의 경우 엄격한 법익균형을 전제로 하지 않음에도 불구하고 상당성판단에서 균형성을 고려하는 것은 그것이 적정수준의 일탈여부를 판단하는 기준으로 작용되기 때문이다. 과도한 방위행위로 균형성이 상실되면 상당성이 결여된다고 할 수 있다. 그리고 방위에 효과 있는 조치가 여러 가지 있는 경우에는 가장 경미한 피해방법을 선택하여야 위법성조각의 정당방위가 인정된다. 그렇지 않은 경우에는 과잉방위가 검토될 수 있다.

(3) 사회윤리적 제한

그밖에 정당방위의 행사는 사회적으로 상당해야 한다. 즉 정당방위권은 일정한 사회윤리적 제한을 받는다. 예컨대, 긴밀한 인적관계에 있는 자의 침해에 대한 방위, 극히 경미한 침해에 대한 방위, 또는 책임 없는 자의 공격에 대한 방위의 경우에는 상당성의 해석은 엄격하다. 책임 있는 도발의 경우에는 아주 제한된 범위에서 정당방위가 인정되지만, 의도적 도발의 경우에는 정당방위가 허용되지 않으므로 과잉방위도 적용할 여지가 없다.

---

23) 정영일, 앞의 책, 203면 참조.

3. 과잉방위의 정황

(1) 제 3 항 과잉방위의 경우

야간 기타 불안스러운 상태에서 공포, 경악, 흥분, 당황으로 인한 때는 벌하지 아니한다. 제3항이 규정하고 있는 불안, 공포, 경악, 흥분은 심리적 열약상태를 말한다고 할 수 있다. 그것은 복수, 분노, 이기심 등과 같은 공격적 충동과 구별된다. 독일 형법에는 흥분은 열거하지 않고 불안, 공포, 경악의 경우를 일반적으로 심약적 충동으로 해석한다.[24] 우리 과잉방위규정에 열거된 심리적 상태 중 '흥분'은 다른 것에 비해 다소 공격적 충동의 성격을 갖는 것이라는 의문이 들 수 있으나, 이 규정의 성격상 분노나 복수로 인한 흥분이 아니라 열약함에서 나온 심리적 흥분상태로 해석하는 것이 타당하다고 보인다.[25] 야간 기타 불안한 상태란 심리적으로 불안한 상태를 초래하는 상황이라고 할 수 있다. 야간은 심리적 불안을 초래할 수 있는 상황의 예이며, 불안상황이 반드시 야간에 있어야 하는 것은 아니다. 제3항의 정황은 객관적 상황과 주관적 심리상태가 합하여 매우 불안한 경우라고 할 수 있다. 예컨대, 야간에 인적이 없는 곳에서 공격을 당하는 경우, 갑자기 흉기로 위협하는 경우 혹은 다수인으로부터 공격당하지만 당장 어느 누구의 도움도 받을 수 없는 불안한 경우 등을 들 수 있다.

(2) 제 2 항의 과잉방위의 경우

제2항에서는 정황에 의하여 형을 감면할 수 있다고만 규정하면서 어떤 '정황'인지는 기술하고 있지 않다. 제2항의 정황도 제3항의 경우처럼 불안한 상황과 방위행위자의 심리적 열약에서 비롯된 경우로 해석할 수 있다. 3항의 불가벌적 요건을 충족하지 못하지만, 실제 사례에서 정황에 따라 불법과 책임이 감소되는 경우라고 볼 수 있다.

---

24) Roxin, Strafrecht AT I, § 22 Rn. 70; Schönke/Schröder/Lenckner/Perron, StGB, § 33 Rn 2; Rudolphi, SK, § 33 Rn. 3.

25) 박상기, 앞의 책, 189면; 정영일, 앞의 책, 204면.

4. 과잉방위의 효과

형법 제21조 제3항의 과잉방위는 '벌하지 아니한다.' 과잉방위의 경우 불법과 책임이 감소되는 것에 더하여 공포, 경악, 당황과 같은 심약적 충동요소가 충족되는 경우에는 행위자에게 적법행위의 기대가능성이 없기 때문에 책임이 조각되어 벌하지 않는다.

형법 제21조 제2항의 과잉방위는 '형을 감경하거나 면제할 수 있다.' 책임이 소멸되면 책임조각사유로 벌하지 않아야 하는데 형을 면제하므로, 범죄성립을 전제하고 있다고 보아야 한다. 과잉방위가 일정한 정황에 의해 불법과 책임이 감소되고, 처벌의 필요성이 약화되는 경우에는 형을 감경하거나 면제까지 할 수 있다.

Ⅳ. 오상과잉방위

오상과잉방위란 예컨대, 야간에 길을 묻기 위해 어깨를 치는 것을 공격으로 오인하고 흉기로 치명상을 입힌 경우와 같이 오상방위와 과잉방위가 결합된 형태이다. 학설에서는 주로 이것을 오상방위로 다룰 것인지 혹은 과잉방위로 다룰 것인지, 그리고 오상과잉방위에 대해서도 과잉방위의 규정을 적용할 수 있는가와 관련하여 많은 논쟁이 있다. 우리 판례에서는 오상과잉방위에 대해 직접 언급한 부분은 아직 찾아볼 수 없지만, 대상판결 2의 경우는 오상과잉방위의 형태로도 파악할 수 있으므로 이에 대한 검토가 필요하다.[26)]

1. 오상과잉방위의 법적 성질

(1) 오상방위로 보는 입장

1) 제한책임설에 따라 과실범으로 해결

오상과잉방위는 오상방위와 과잉방위가 결합된 형태이나 정당방위 상황이 존재하지 않고, 행위자의 심리상태는 오상방위자와 동일하다는

26) 이 판례에 대한 평석으로는, 허일태, "오상과잉방위와 형법 제21조 제3항", 형사법연구 제26호 특집호, 한국형사법학회, 2006, 569-596면 참조.

점에서 오상방위의 예에 의해 처리해야 한다고 보는 견해이다. 오상방위로 처리할 경우 위법성조각사유전제사실에 대한 착오에 대해서는 법효과제한적 책임설에 따라 과실의 책임을 묻는 것이 타당하다는 입장이 우리 다수설이다.[27] 즉 오상과잉방위의 경우 착오가 회피가능하였는가에 따라 구별하여 정당방위상황이었다고 오신하지 않을 수 있었지만 부주의로 인식하지 못한 경우는 과실범으로, 침해행위가 있는 것으로 오신할 수밖에 없는 경우에는 불가벌로 한다.

2) 엄격책임설에 따라 위법성착오로 해결

오상과잉방위를 오상방위로 취급하는 점에서는 위의 견해와 동일하지만 오상방위를 엄격책임설에 따라 위법성착오 내지 법률의 착오로 해결하는 점에서 차이가 있다.[28] 이 견해는 엄격책임설을 적용하는 경우 오상과잉방위 사례유형에서도 위의 견해보다 더 타당한 결론을 가져오고, 근본적으로 오상방위를 엄격책임설로 해결하는 것이 더 적합하다고 본다.

우선, 오상과잉방위를 오상방위의 예에 따라 위법성조각사유전제사실의 착오로 보아 과실범으로 처리하는 것은 행위자의 착오를 전체적으로 고찰한 것이 아니라는 비판을 한다. 즉 오상과잉방위와 같은 이중의 착오는 행위자가 위법성조각사유전제사실의 착오만 일으킨 경우에 비해 한 가지 더 비난받을 만한 착오를 추가적으로 하고 있는데, 이를 고려하지 않고 위법성조각사유전제사실의 착오로 평가하여 행위자를 지나치게 유리하게 취급하는 것은 부당하다는 것이다.[29] 그리고 자신이 구성요건해당행위를 한다는 사실을 모르는 과실범에 비해 위법성조각사유전제사실의 착오에서는 행위자가 자신의 행위가 구성요건에 해당한다는 사실을 잘 알고 있으므로 과실범과 구별해야 하고 사실관계의

27) 이재상, 앞의 책, 236면; 박상기, 앞의 책, 190면; 배종대, 앞의 책, 367면; 조준현, 앞의 책, 196면; 손해목, 앞의 책, 464면; 정영일, 앞의 책, 205면.

28) 정성근/박광민, 앞의 책, 239면; 오영근, 앞의 책, 461면; 진계호, 형법총론, 1984, 328면; 김성돈, 앞의 책, 441면의 경우는 오상과잉방위를 오상방위로 취급하는가는 분명하지 않지만 이중의 착오로 보고 위법성착오로 해결함이 타당하다고 본다.

29) 김성돈, 앞의 책, 441면; 박상기, 앞의 책, 190면; 신동운, 앞의 책, 411면.

착오는 동기의 착오에 불과하므로 고의책임을 물어야 한다고 주장한다. 그밖에 엄격책임설에 의하면 오상방위, 과잉방위, 그리고 오상과잉방위 모두를 고의범으로 처벌하므로 이론상 간명한 장점이 있다고 본다.[30)](#)오상과잉방위의 경우 행위자가 자기 행위의 위법성을 인식하지 못하고 있다는 점에서는 위법성의 착오와 동일하며 형법 제16조를 적용할 수 있다고 한다.

(2) 과잉방위로 보는 입장

인식 있는 오상과잉방위만을 오상과잉방위로 취급하면서 오상과잉방위는 과잉방위로 처리함이 타당하다고 보는 견해이다.[31)]과잉방위의 본질은 고의범성에 있다는 전제하에 오상에 기인한 경우에도 상당성의 이탈이 고의에 기인된 경우에는 충분한 고의범이 되며, 이는 과잉방위로 취급할 수 있다는 것이다.

(3) 유형에 따른 고찰방법

1) 과실적·심약적 오상과잉방위와 회피불가능한 오상과잉방위

오상과잉방위의 유형을 몇 가지로 구분하여 과실적·심약적 오상과잉방위는 오상방위로, 회피불가능한 오상과잉방위와 피해자의 도발에 의한 오상과잉방위는 과잉방위로, 그 외 고의적 공격성향적 오상과잉방위는 과잉방위나 오상방위 중 어떤 것도 원용할 수 없다고 본다.[32)]과실적·심약적 오상과잉방위의 경우에는 행위자가 정당방위상황에서 과잉방위한 자와 정신적 특수사정이 비슷하고 과실행위에 과실적 요소가 있었으므로 오상방위처럼 제한적 책임설에 따라 과실범으로 취급함이 타당하다고 한다. 이 견해는 오상과잉방위가 원칙적으로 오상방위나 과잉방위보다도 더 유리한 법률적 취급을 받을 수 없다는 전제에서 이끌어 내었다고 할 수 있다.[33)]

---

30) 오영근, 앞의 책, 461면.

31) 차용석, 앞의 책, 625면; 진계호, 앞의 책, 562면; 이정원, 앞의 책, 166면에서는 오상과잉방위는 과잉방위에 의한 해결로 충분하다고 한다.

32) 김일수/서보학, 앞의 책, 419면 이하.

33) 문채규, 앞의 논문, 396면 이하.

2) 고유의 별개 범죄유형으로 보는 견해

오상과잉방위는 오상방위와 과잉방위의 중첩적 경합 내지는 결합으로 되어 있어 전체를 그 부분에 해당하는 것 중 하나와 동일시 할 수 없으며, 다만 오상과잉방위의 유형에 따라 고의범이 성립하는 경우와 과실범이 성립하는 경우로 구분하여 취급할 수 있다고 본다.[34]

먼저 보통의 오상방위상황과 특수한 행동상태에서 행한 오상과잉방위를 나누어 고찰하는 입장에 의하면,[35] ① 보통의 오상방위상황에서 고의적 과잉방위를 한 경우에는 고의범이 되며, 이 경우 오상방위 부분은 과잉방위(고의범) 부분에 흡수된다고 한다. 이에 반하여 ② 보통의 상황에서 과잉결과를 인식하지 않고 행위한 경우에는 '초과결과에 관한한' 과실범이 인정되며, ③ 특수한 행동상태, 즉 흥분, 분노, 증오, 발광과 같은 공격성향적 충동상태에서 과잉방위를 하였다면 과잉부분에 대해서 고의를 가진 것으로 인정되므로 당연히 고의범이 성립되고 과잉방위규정은 적용될 여지가 없다고 한다.

다음으로 오상과잉방위를 법형상의 부분적인 유형 내지 구조 동일성에만 의거하여 일률적으로 오상 혹은 과잉방위로 취급하는 것은 타당하지 않으며, 오상과잉방위는 독자적 범죄유형으로 보아야 한다는 입장이 있다. 통설이 오상과잉방위를 일률적으로 오상방위로 보는 것은 타당하지 않으며, 특히 오상의 평가가 내려질 대상이 과잉의 평가가 내려질 대상에 흡수되어 나타나는 경우에는 오히려 평가의 중점이 과잉방위에 있다고 한다.[36]

① 고의범이 성립하는 경우: 오상에 해당하는 평가대상은 과잉에 해당하는 평가대상에 흡수되어 오상은 과잉방위가 행해진 하나의 동기에 불과하며, 중점은 과잉부분에 놓인다. 마치 인식 있는 과잉방위가 고의범에 해당하는 원리에 따라 오상과잉방위는 고의범으로 된다. ②

---

34) 문채규, 앞의 논문, 1994. 8, 382면; 손동권, "오상과잉방위에 대한 책임비난", 형사판례연구 제8권, 2000, 39면 이하.

35) 손동권, 위의 논문, 39면 이하.

36) 문채규, 앞의 논문, 382면 이하.

과실범이 성립하는 경우: 공격수단이나 방위수단 또는 공격의 정도나 방위정도에 착오를 일으킨 나머지 상당성을 오인한 경우로서, 객관적 측면에서 오상의 평가가 내려질 대상은 과잉의 평가가 내려질 대상에 흡수되어 나타나고 주관적 관점에서는 오상이 과잉으로 이르게 되는 하나의 동기에 불과하다. 따라서 법적 평가의 중점은 과잉부분에 놓인다. 이 경우 과잉성에 대한 인식이 없으므로 인식 없는 과잉방위가 과실범으로 되는 것 같이 결론적으로 과실범이 성립하는 것으로 봄이 타당하다. 그밖에 행위객체가 다수인 경우에는 이 원리에 따라 고의범과 과실범의 상상적 경합 혹은 과실범과 과실범의 상상적 경합이 성립할 수 있다고 본다.

(4) 학설의 검토

우선 오상과잉방위의 독자적 법형상을 고려하지 않고 일률적으로 오상방위 혹은 과잉방위로 취급하는 것은 타당하지 않다는 관점에 동의한다. 특히 다수설처럼 오상과잉방위를 오상방위로 보면서 제한적 책임설을 취하여 고의범의 성립가능성을 완전히 부정하면 과잉방위와 형평성이 맞지 않다.

정당방위상황이 현실적으로 전혀 존재하지 않는데 있다고 착오하여 초과방위한 경우, 예컨대 야간에 길을 묻기 위해 어깨를 치는 사람을 폭력배가 공격하는 것으로 착오하여 가지고 있던 칼로 찔러 중상을 입힌 경우, 오상방위에 의하면 과실범이 과실치상죄로 처리된다. 그러나 만약 실제로 폭행의 침해가 있었다고 한다면 고의범인 상해죄가 성립하고 정황에 따라 과잉방위로 형이 감면될 수 있을 뿐이다. 실제로 존재하는 진정한 정당방위상황에서 과잉방위를 한 자는 고의범으로 처벌될 수 있는데 반하여, 존재하지 아니하는 허위의 상황에서 과잉방위를 한 자는 오히려 과실범으로 경하게 취급되는 결과가 된다.[37]

오상과잉방위는 많은 경우 정당방위상황이 존재하지 않는 것으로 설명되고 있지만 정당방위상황이 존재하는 경우도 있다. 이 경우에도

37) 손동권, "과잉방위에 관한 연구", 일감법학 제4권, 1999. 12, 134면.

위와 마찬가지의 불공평한 결과가 초래된다. 대상판결 2처럼 피고인인 경찰은 피해자가 동료경찰을 때려눕히고 목을 누르며 공격하는 상황에서 아래에 깔려있는 경찰의 권총까지 잡으려고 한다고 착오하고 피해자에게 권총을 발사하여 복부를 맞힌 경우도 오상과잉방위로 볼 수 있다. 이 사안에서는 정당방위상황은 현실적으로 존재하지만, 추가적인 공격에 대해 착오하였고 그로 인해 방위한 것이 상당성을 결한 경우로서 오상방위와 과잉방위가 결합된 형태라고 할 수 있다. 만약 이런 경우에도 다수설처럼 오상방위로만 취급한다면 단순히 과실범으로 취급될 것이다. 그러나 총을 쏘는 점에서는 고의가 있었으므로 상해의 고의가 인정되고, 초과부분에 대해서는 고의가 있었는가에 대해 다시 평가하여야 할 것이다. 이와 같이 구체적인 사안을 통해서 보면 전체적으로 위법성조각사유전제사실의 착오 사례로만 보기 어렵다. 전체적으로 오상으로 인한 결과이므로 오상방위로 보아야 할 것 같지만, 오상은 과잉행위의 동기에 불과하고 오히려 과잉부분이 평가의 중점에 놓이게 된다.

결국 오상과잉방위의 법적 성질을 오상과 과잉이 내포된 독자적 유형으로 보고 행위자가 방위행위시 과잉부분에 대하여 인식을 하였는가에 따라서 고의적 오상과잉방위와 과실적 오상과잉방위로 구분하는 것이 적절하다고 생각한다. 그러므로 오상방위상황에서 고의적 과잉방위를 한 경우에는 고의범이 되고, 과잉결과를 인식하지 않고 행위한 경우에는 과실범을 인정할 수 있다. 그러나 객관적으로 상당성의 범위내에서 이루어지는 순수한 오상방위처럼 전체적으로 과실범을 인정하기는 어렵고, 경우에 따라 결과적 가중범이 성립할 수 있다.[38] 예컨대, 대상판결 2의 경우에는 상해의 고의로 오상방위하였고, 과실로 과잉된 사망의 결과를 야기하였으므로 결과적가중범인 상해치사죄가 성립한다고 할 수 있다.

---

38) 손동권, 앞의 논문, 134면.

2. 오상과잉방위에 대한 과잉방위 규정의 유추적용 문제

(1) 부 정 설

오상과잉방위에 대해 형법 제21조 제2항과 제3항의 과잉방위규정은 적용할 수 없다는 것이 우리 통설의 입장이다.[39] 그 근거에 대해서는 오상과잉방위의 기초는 어디까지나 오상방위이고, 과잉방위규정의 적용은 정당방위상황의 존재를 전제로 하는 것이므로 이를 결한 오상과잉방위에 대해서는 적용 여지가 없다는 것이다. 그밖에 형사정책적 관점에서 볼 때 오상과잉방위의 상대방은 불법한 공격자가 아니고 처음부터 일방적으로 당한 희생자이므로 여타의 제3자들처럼 차별 없이 보호되어야 하므로 오상과잉방위자에게 과잉방위의 특별한 감면혜택을 줄 수 없다는 주장도 있다.[40]

(2) 긍 정 설

오상과잉방위의 경우 오상방위의 원리에 의하여 가벌성이 인정되는 것으로 판단되는 경우에 다시 그 방위행위의 과잉여부가 심사되어야 할 것이며, 이 심사의 결과 과잉이 인정되는 오상과잉방위의 경우에는 제21조 제2항과 제3항이 유추적용되어야 한다는 입장이다.[41] 이 경우에 오상에 대해 과실이 있는 때는 3항이 적용될 수 없지만, 과실이 없는 경우에는 동조가 적용된다고 해석하는 견해도 있다.[42] 그러나 과실조차 없으면 처벌되지 않아야 하는데 유추적용을 한다는 것은 이해가 되지 않는다.

(3) 부분적 긍정설

예외적인 경우 일부에 한하여 과잉방위규정을 유추적용하자는 입

---

39) 이재상, 앞의 책, 236면; 배종대, 앞의 책, 367면; 오영근, 앞의 책, 461면; 정성근/박광민, 앞의 책, 239면; 독일의 다수설: Spendel, LK, § 33 Rn. 32; Jescheck/Weigend, Lehrbuch des Strafrechts AT, § 45 Ⅱ 4; Maurach/Zipf, Strafrecht AT I, § 38 Ⅱ, Rn. 19; Wessels, Strafrecht AT, § 10 Rn. 448.

40) Roxin, Strafrecht AT, § 22 Rn. 95; Spendel, LK, § 33 Rn. 32.

41) 정영일, 앞의 책, 205면.

42) 차용석, 앞의 책, 616면; Rudolphi, SK, § 33 Rn. 6; Schönke/Schröder/Lenckner/Perron, StGB, §33 Rn.9; Spendel, LK, § 33 Rn. 32; Tröndle/Fischer, Strafgesetzbuch § 32 Rn. 27.

장이다. 그 중에는 오상과잉방위를 회피불가능한 경우와 가능한 경우로 나누어 회피불가능한 오상에 기인하는 경우에는 과잉방위규정을 유추 적용할 수 있다고 한다.[43] 즉 오상이 회피불가능했을 경우에는 단순한 과잉방위에 상응하는 행위반가치의 감소가 일어나므로 과잉방위처럼 취급할 수 있다는 것이다. 또한 피해자가 공격을 가장함으로써 행위자를 의도적으로 회피불가능한 착오에 빠지게 하는 경우에도 과잉방위처럼 취급할 수 있다고 한다. 그 경우는 사실상의 공격이 있었던 단순한 과잉방위의 경우와 다름없으므로 과잉방위규정을 유추적용하여 불가벌로 한다고 해서 일반적 법적 평화가 교란되는 것도 아니라고 한다.[44]

(4) 학설의 검토

부정설에서 오상과잉방위의 경우 정당방위상황이 결여되었기 때문에 과잉방위규정을 유추적용할 수 없다고 하는데, 오상과잉방위도 유형에 따라 정당방위상황이 있고 초과행위와 관련해서만 착오가 있는 경우도 있으므로 정당방위상황이 있는 경우도 있다. 그리고 희생자에 대한 보호필요성이라는 관점만으로 행위자에 대한 가벌성이 근거지워질 수 없다.

오상과잉방위와 과잉방위의 불법은 언제나 같다고 평가할 수 없으므로 모든 경우 과잉방위규정을 유추적용하는 것은 타당하지 않다. 다만 오상과잉방위에도 그것의 불법 및 책임의 구조 및 정도 등에 있어 불가벌적 혹은 형벌감면적 과잉방위에 준하는 경우가 있다면 이에 대해 과잉방위의 규정을 유추적용하는 것이 타당하다고 생각된다. 즉 회피불가능한 오상에 기인한 오상과잉방위의 경우 과잉방위 부분이 과잉방위의 요건을 충족시킬 경우, 예컨대 야간 기타 불안스러운 상태에서 심약적 충동으로 과잉에 이르게 되었다면 제21조 제3항의 과잉방위 규

43) 김일수, "과잉방위(제21조 2항 · 3항)", 고시계, 1991. 10, 148면 이하; 손동권, 앞의 논문, 135면; 문채규, 앞의 논문, 399면; Baumann/Weber/Mitsch, Strafrecht AT I, § 33 Rn. 46; Rudolphi, SK, § 33 Rn. 6; Schönke/Schröder/Lenckner/Perron, StGB, § 33 Rn. 8.

44) 김일수, 앞의 논문, 148면 이하; 손동권, 앞의 논문, 135면; Roxin, Über den Notwehrexzeß, Schaffstein-Festschrift, 1975, S. 120.

정이 적용될 수 있다. 제2항은 행위자의 착오가 회피불가능하였지만, 심약적 충동상태가 불가벌의 정도에 이르지 못한 경우 유추적용될 수 있을 것이다.

Ⅴ. 판례평석

1. 대상판결 1

대상판결 1의 경우 1심에서는 폭력행위등처벌에관한법률위반으로 유죄판결을 하였으나 피고인은 피해자측의 부당한 폭력으로부터 방위하기 위한 행위였음을 이유로 항소하였고, 항소심에서는 형법 제21조 제3항에 의하여 피고인의 행위는 벌할 수 없는 행위라고 인정하여 1심 판결을 파기하였다. 그에 대하여 검사가 상고하였으나 대법원은 채증법칙의 위배로 인한 사실오인이나 법리오해 등의 위법이 없다고 하여 상고를 기각하였다.

대상판결 1은 형법 제21조 제3항의 과잉방위를 인정한 경우이다. 과잉방위를 인정하는 근거는 원심판결 이유에서 비교적 상세히 밝히고 있으며, 대법원은 원심법원의 판단을 받아들이고 있다. 우선 과잉방위의 성립요건은 아주 체계적으로 검토되었다고 보인다. 정당방위상황과 방위의사를 확인하고, 방위행위가 상당성을 벗어난 것이지만 과잉방위에 해당한다고 판단한다. 피고인이 피해자측 남자 6명으로부터 일방적으로 폭행을 당하는 정당방위상황이 존재하였고, 피고인은 자신과 함께 있던 처를 포함한 여자 2명을 보호하기 위하여 방위한 행위라는 것은 인정된다. 그러나 원심법원의 판단처럼 상당성이 결여되었다고 보이지 않는다. 방위행위에 상당성이 결여되었다고 보는 결정적 이유는 피고인이 깨진 맥주병으로 상해를 입혔다는 데 있는 것 같다. 즉 "상대방측은 흉기 등을 소지하지 않았고 초기에는 상대방 측 일행 모두가 한꺼번에 폭행을 가하지는 않고 그 일부가 폭행을 하고 나머지는 옆에서 가세하는 정도"였으므로 피고인이 맥주병을 들고 방위한 것은 정당방위에서 요구되는 상당성을 결여하였다는 것이다.

이 사안의 경우 피고인이 식당 밖으로 나와 피해자측 3명에게 어디에서 왔느냐고 묻자 그 중 한 명이 왜 반말을 하느냐며 피고인의 얼굴을 주먹으로 때렸고, 이 광경을 본 피해자측 나머지 일행들(남자 3명, 여자 3명)도 모두 식당 밖으로 몰려나와 그 중 일부가 합세하여 피고인을 주먹으로 치거나 가슴과 배를 걷어차는 등 피고인을 때리기 시작하자 피고인이 식당 안으로 들어가 입구 부근에 있던 맥주병을 들고 나와 위협하였다. 그럼에도 피해자측은 물러서지 않고 폭행을 계속하던 중 피해자가 피고인을 뒤에서 끌어안아 피고인과 함께 넘어져 뒹굴며 몸싸움하는 과정에서 맥주병이 깨어지고 그 맥주병에 피해자의 귀가 찢어지는 이개절상을 입게 되었다. 이렇게 피고인 혼자서 상대 남자 6명을 막아야 하는 상황이라면 식당에서 쉽게 잡히는 맥주병으로 위협하는 것은 법익에 대한 침해를 즉각적으로 확실히 배제하는 데 효과적인 수단으로 볼 수 있다. 물론 상대방측이 흉기를 가지고 있지 않았기 때문에 흉기를 가지고 방위하는 것은 균형성에 어긋난다고 볼 수 있으나, 피고인과 같은 상황에서는 현저한 불균형이 아니라고 보인다. 주먹으로 저항할 수 없을 정도로 일방적으로 당하였고 다른 적합한 수단이 없다고 보인다. 정당방위상황을 전제하지 않고 주먹에는 주먹으로 맥주병에는 맥주병으로 상응해야 상당하다고 본다면 정당방위의 본질에 벗어난 법적용이라 할 수 있다. 대법원은 이 사안에서 불가벌적 과잉방위를 인정하여 무죄를 선고했기 때문에 정당방위를 인정하여 무죄로 보는 경우와 마찬가지의 결과라고 할 수 있겠지만, 정당방위의 상당성을 엄격히 해석하는 것은 다른 판례에서도 찾아볼 수 있다.[45)]

---

45) 대법원 2001.5.15. 선고 2001도1089 판결: 이혼소송중인 남편이 찾아와 가위로 폭행하고 변태적 성행위를 강요하는 데에 격분하여 처가 칼로 남편의 복부를 찔러 사망에 이르게 한 경우, 그 행위는 방위행위로서의 한도를 넘어선 것으로 사회통념상 용인될 수 없다는 이유로 정당방위나 과잉방위에 해당하지 않는다고 본 사례, 오영근, 앞의 책, 336면, 최석윤, “정당방위의 사회윤리적 제한”, 이재상 교수 화갑기념논문집, 303면 이하에서 정당방위나 과잉방위의 성립가능성을 인정하고 있다. 대법원 1974.2.26. 선고 73도2380 판결; 대법원 1985.9.10. 선고 85도1370 판결: 과잉방위를 인정하나 정당방위를 인정해야 할 사안이다. 배종대, 앞의 책, 360면과 362면에서도 정당방위규정이 훨씬 정확하게 적용되는 사건이라고 본다.

그리고 과잉방위의 법적 효과에 관하여 잘못 판단한 것을 지적할 수 있다. 피고인이 "맥주병을 들었음에도 피해자 일행이 물러서지 않고 피고인에게 달려들어 붙잡고 쓰러뜨린 후 폭행을 계속하는 상황 하에서 순간적으로 공포, 흥분 또는 당황 등으로 말미암아 위와 같은 행위에 이르게 되었다고 인정된다는 이유로 피고인의 행위는 형법 제21조 제3항에 의하여 벌할 수 없는 경우에 해당한다."고 하면서 "위법성이 조각되어 범죄로 되지 아니하는 경우에 해당하므로" 무죄를 선고한 것은 제3항 과잉방위의 법적 성격을 오해한 것으로 보인다.

2. 대상판결 2

대상판결 2의 경우는 1심법원에서 업무상과실치사죄를 인정하였고, 그에 대해 피고인은 자신의 행위가 정당방위이거나 형법 제21조 제3항에 해당하여 불가벌이 된다는 이유로 항소하였지만 항소심에서는 1심법원의 유죄 판단을 유지하였다. 그러나 대법원에서는 원심법원과 달리 피고인의 총기사용은 경찰관직무집행법 제10조의4 제1항의 허용범위를 벗어난 위법한 행위라거나 업무상과실치사죄의 죄책을 지울만한 행위라고 단정할 수 없다고 하여 원심판결을 파기환송 하였다.

대상판결 2는 명백히 언급하지 않았지만 위법한 행위가 아니라고 하므로 정당방위를 인정한 경우이다. 그러나 이 판결에 대해서는 두 가지 의문이 든다. 첫째, 피고인이 피해자가가 경찰의 허리춤에 손을 대는 것을 보고 총을 꺼낼지도 모른다고 성급하게 생각했거나 칼을 지니고 있다고 오인하고 권총을 발사한 상황에서 착오부분을 검토해야 하지 않았나 하는 점과, 둘째, 대법원은 정당방위의 상당성을 인정하였지만 상당성 인정에 의문이 있으며 오히려 과잉방위를 적용하는 것이 적합하지 않나 라는 생각이 든다.

오상방위 부분에 대해서는 원심법원은 "피고인은, 가사 공소외 1이 김○○의 몸에서 권총을 꺼낼 의사가 없었는데 피고인이 이를 오인하여 발사하였다고 하더라도 이는 형법 제21조 제3항에 해당하여 벌할 수 없다고 주장하나, 위와 같은 오상방위의 경우에는 위 규정이 적용되지 않는다고 할 것이므로 위 주장도 이유 없다."고 할뿐 오상방위에 대한 검토가 없었다. 원심판결에서는 오상방위를 인정하는 취지이지만, 과잉방위규정이 적용되지 않는다고 본 것에 그쳤다. 착오에 대해서는 원심법원 뿐만 아니라 대법원에서도 인정하고 있는데, "피고인으로서는, 공소외 1이 칼을 소지하고 있는 것으로 믿었고 또 그렇게 믿은 데에 정당한 이유가 있었다고 할 것이므로 … 공소외 1과 다시 몸싸움을 벌인다는 것은 피고인 자신의 생명 또는 신체에 위해를 가져올 수도 있는 위험한 행동이라고 판단할 수밖에 없을 것이고 … ."라고 하여 착오에 정당한 이유가 있으면 오상에 의한 방위를 해도 그것은 방위행위가 된다는 내용이다. 상황을 착오하여 행위하더라도 착오할만하면 정당방위 성립에는 아무런 영향을 미치지 않는다는 취지라면, 오상방위와 정당방위는 차이가 없어진다. 그러나 결과적으로 현실적 방위상황이 존재하지 않는데도 정당방위를 인정하는 것은 정당방위의 성립요건을 벗어난 것으로서 합당한 법적용이라 할 수 없다.[46] 오상의 부분을 인정하고 그에 대한 법적 검토가 없는 한 법리적 모순을 배제할 수 없는 듯하다.

피고인이 상대방이 칼을 가지고 있다고 믿은데 정당한 이유가 인정된다고 하더라도 상반신에 대한 권총발사는 상당성을 초과하는 것이 아닌가 생각된다. 피해자가 "소지하고 있었을 칼을 꺼내어 김○○나 피고인을 공격할지 알 수 없다고 피고인이 생각하고 있던 급박한 상황에서 김○○를 구출하기 위하여 공소외 1을 향하여 권총을 발사한 것이므로" 권총사용은 위법하지 않다고 한다. 그러나 착오가 있었더라도 경찰의 신분이고, 출동시 다른 파출소장이 오고 있으니 총기는 사용하지 말고 대치하고 있으라는 당부를 들은 상황이었으므로 다른 경미한 방위수단을 고려했어야 했다. 그럼에도 하체를 조준하기 어려운 상황에서 발사하여 상체를 쏜 것은 필요성을 초과하였다고 할 수 있다.

46) 같은 취지의 비판으로 허일태, "오상방위와 형법 제21조 제3항", 형사법연구 제26호 특집호, 한국형사법학회, 2006, 578면 이하.

만약 대법원의 판단과 달리 오상방위와 과잉방위가 결합된 경우라고 보고 오상과잉방위를 인정한다면 오상과잉방위를 오상방위 혹은 과잉방위로 취급할 것인가와 이 경우에도 과잉방위규정을 유추적용할 수 있겠는가의 문제가 검토되어야 할 것이다.

위에 검토한 바와 같이, 오상과잉방위의 법적 성질을 오상과 과잉이 내포된 독자적 유형으로 보고 행위자가 방위행위시 과잉부분에 대하여 인식을 하였는가에 따라서 고의적 오상과잉방위와 과실적 오상과잉방위로 구분하는 것이 적절하다. 그러므로 대상판결 2의 경우에는 상해의 고의에서 오상방위하였고 과실로 과잉된 사망의 결과를 야기하였으므로 결과적가중범인 상해치사죄가 성립한다고 할 수 있다. 이 경우에도 과잉방위의 적용은 가능하다고 보인다. 대법원의 판단처럼 피고인의 착오가 정당한 이유가 있는 것이라면 오상이 회피불가능했을 경우에는 단순한 과잉방위에 상응하는 행위반가치의 감소가 일어나므로 과잉방위처럼 취급할 수 있어 과잉방위규정을 유추적용할 수 있다. 행위자가 경찰의 신분인 점을 감안할 때 형법 제21조 제3항의 심약적 충동상태를 인정하기는 어려울 것 같고, 제2항의 적용은 적절하다고 보인다. 공포탄까지 발사해도 경찰에게 공격을 계속하는 정황에 의한다면 형의 면제까지도 검토할 수 있을 것이다.

3. 평석을 마치며

정당방위와 과잉방위는 한계선상에 놓여있는 법형상으로 성립요건을 검토하기가 쉽지 않은 부분이다. 위 두 판례의 평석은 모두 대법원의 판단을 비판적으로 고찰한 것이지만, 판례에 나타난 사실관계만을 전제로 분석한 것이므로 한계가 있었다. 다만 과잉방위에 관한 판례를 살펴본 결과, 대체적으로 우리 법원이 상당성을 인정하는데 엄격하고, 그렇다면 과잉방위를 적용할 사안이 상대적으로 많아져야 하는데도 과잉방위의 적용도 엄격하였다. 불가벌적 과잉방위로 명백해 보이는 경우외에는 제2항 과잉방위의 적용은 더욱 인색하다. 과잉방위의 영역에 비추어 보면, 피고인의 행위에 대하여 불법 측면뿐만 아니라 책임과 양형을 종합적으로 고찰하여 법을 적용하려는 수고를 아끼지 않는 것이 법률가의 의무가 아닌가라는 생각이 든다.

[주제어]
과잉방위, 오상과잉방위

[Key words]
Excessive self-defense, Mistaken excessive self-defense

접수일자: 2008. 4. 28, 심사일자: 2008. 5. 15, 게재확정일자: 2008. 5. 30.

[Abstract]

Excessive Self-defense and Its Applicable Range

Chong, Hyon-Mi*

Excessive self-defense is applicable if an act of self-defense exceeds the reasonable limits and lacks requisite appropriateness. Excessive self-defense is not punishable under Article 21, Clause 3 of Criminal Law if it is caused by fear, astonishment, excitement or confusion under anxious circumstances such as during night time. According to Article 21, Clause 2, in case of excessive self-defense under extenuating circumstances, either a reduced sentence or is unpunishable. The illegality and liability of excessive self-defense under Article 21, Clause 3 are reduced and besides its liability is expirated because it can not be expected that an offender acts within legal boundaries under such circumstances. Under Article 21, Clause 2, the illegality and liability are reduced and it is unpunishable because it lacks the necessity for punishment.

Excessive self-defense is a complicated matter connected with criminal liability, illegality and sentencing. It is not easy to grasp the nature of excessive self-defense and its applicable range because it borders on self-defense and mistaken self-defense, and is indistinguishable from them. The Supreme Court has not clarified its stand on the requisites of excessive self-defense. The Supreme Court has interpreted not only the requisite appropriateness of self-defense, but also the requisites of excessive self-defense strictly. It ruled a decision upon the above mentioned first case as excessive

* Professor, College of Law, Ewha Women's University, Ph.D. in Law.

self-defense and the second case as self-defense. However, it should have ruled that self-defense was justified regarding the first case and ruled the second case as mistaken excessive self-defense with either reduced liability or an expirated sentence.

소아성기호증과 책임판단문제

김 혜 정*

[대상판결] 대법원 2007. 2. 8. 선고 2006도7900 판결

[사건의 개요]

피고인은 2000.4.28. 서울고등법원에서 성폭력범죄의처벌및피해자보호등에관한법률위반(13세미만미성년자강간등)죄로 징역 5년을 선고받아 2004.11.8. 그 형의 집행을 종료하여 출소한 후 3개월이 지난 2005.2.11. 14:30경 성남시 분당구 구미동 소재 상호불상의 문구점 앞길에서, 그곳을 지나가는 피해자(여, 11세)를 발견하고, 욕정을 일으켜 피해자를 강간하기로 마음먹고, 피해자에게 다가가 1,000원을 주면서 아파트 단지 안에 있는 김기사를 찾아 달라고 하고는 위 피해자와 함께 같은 동 소재 아파트 401동 엘리베이터를 타고 15층 옥상 물탱크로 올라가, 갑자기 손바닥으로 피해자의 얼굴을 1회 때리고 머리카락을 잡아당기고, 문구용 칼을 꺼내어 피해자의 얼굴에 들이대며 '이것 봤지'라고 겁을 주어 피해자의 반항을 억압한 후 강제로 피해자의 옷을 벗기고 1회 간음하여 피해자를 강간하고, 이로 인하여 피해자로 하여금 치료일수 미상의 상해를 입게 하고, 위와 같이 항거불능상태인 피해자에게 욕을 하면서 돈 내놓으라고 하여 피해자로부터 현금 6,000원을 빼앗아가 이를 강취하는 등 2006.1.22.까지 12회에 걸쳐 반복적으로 학교나 학원을 마치고 귀가하거나 학원으로 가기 위하여 주거지 앞길을 가던 어린이들을 유인하여 강간하고 이로 인해 피해자로 하여금 상해를 입게 하였다.

[대법원 판결요지]

[1] 형법 제10조에 규정된 심신장애는 생물학적 요소로서 정신병 또는 비정상적 정신상태와 같은 정신적 장애가 있는 외에 심리학적 요

* 영남대학교 법학부 교수, 법학박사.

소로서 이와 같은 정신적 장애로 말미암아 사물에 대한 변별능력과 그에 따른 행위통제능력이 결여되거나 감소되었음을 요하므로, 정신적 장애가 있는 자라고 하여도 범행 당시 정상적인 사물변별능력이나 행위통제능력이 있었다면 심신장애로 볼 수 없다.

[2] 특단의 사정이 없는 한 성격적 결함을 가진 자에 대하여 자신의 충동을 억제하고 법을 준수하도록 요구하는 것이 기대할 수 없는 행위를 요구하는 것이라고는 할 수 없으므로, 사춘기 이전의 소아들을 상대로 한 성행위를 중심으로 성적 흥분을 강하게 일으키는 공상, 성적 충동, 성적 행동이 반복되어 나타나는 소아기호증은 성적인 측면에서의 성격적 결함으로 인하여 나타나는 것으로서, 소아기호증과 같은 질환이 있다는 사정은 그 자체만으로는 형의 감면사유인 심신장애에 해당하지 아니한다고 봄이 상당하고, 다만 그 증상이 매우 심각하여 원래의 의미의 정신병이 있는 사람과 동등하다고 평가할 수 있거나, 다른 심신장애사유와 경합된 경우 등에는 심신장애를 인정할 여지가 있으며, 이 경우 심신장애의 인정 여부는 소아기호증의 정도, 범행의 동기 및 원인, 범행의 경위 및 수단과 태양, 범행 전후의 피고인의 행동, 증거인멸 공작의 유무, 범행 및 그 전후의 상황에 관한 기억의 유무 및 정도, 반성의 빛의 유무, 수사 및 공판정에서의 방어 및 변소의 방법과 태도, 소아기호증 발병 전의 피고인의 성격과 그 범죄와의 관련성 유무 및 정도 등을 종합하여 법원이 독자적으로 판단할 수 있다.

[3] 범행 당시 소아기호증의 정도 및 내용 등 여러 사정에 관하여 구체적으로 심리·검토하지 않은 상태에서 심신미약의 상태에 있었다고 판단한 원심판결을 파기한 사례.

[항소심[1] 판결내용]

나. 심신미약 부분

당심에서의 정신감정결과에 의하면, 피고인이 중학생이던 1983년경 9세의 여아를 강간하여 학교를 더 다니지 못하게 된 점, 피고인에 대한 누범전과의 내용도 어린 나이의 여아를 강간한 것인 점, 피고인에 대한 임상심리검사 결과 피고인은 초등학교 6학년 때 아버지로부터 성적 폭행을 당하였다고 주장하는데, 그 후부터 지속적으로 나이 어린 여아에 대하여만 성욕을 느끼고, 소녀와의 성행위 내지 성적 공상에 탐닉하여 왔고, 피고인의 자아 이미지가 매우 부정적이고 기능이 매우 손상되어 있으며 불안정, 우울, 충동성 등 정서적 문제가 발견되는 점 등을 종합하여 볼 때 피고인에게 변태성욕의 일종인 소아기호증(사춘기 이전의 소아들을 상대로 한 성행위를 중심으로 성적 흥분을 강하게 일으키는 공상, 성적 충동, 성적 행동이 반복되어 나타나고 그로 인하여 심각한 고통이나 사회적 · 직업적 기능의 장해를 초래하는 증상)이 존재하는 것으로 진단되고, 이 사건 범행 당시에도 피고인은 소아기호증이라는 정신질환으로 인하여 심신미약의 상태에 있었던 것으로 추정하고 있다.

위와 같은 정신감정결과, 피고인의 범행전력, 이 사건 범행 내용 및 횟수 등에 비추어 볼 때, 피고인은 이 사건 범행 당시 소아기호증으로 인하여 범행의 충동을 억제하지 못하고 범행에 이르게 된 것으로서 의사를 결정하거나 사물을 변별할 능력이 미약한 상태에 있었던 사실이 인정되므로 피고인의 심신미약 주장은 이유 있다고 하여 징역 15년을 선고하였다.

---

1) 서울고등법원 2006.10.19. 선고 2006노898 판결. 참고로 1심 판결인 수원지방법원 2006.5.3. 선고 2006고합50 판결에서는 피고인의 범죄 전력이나 이 사건의 경과 등에 비추어 재범우려가 매우 높아 보여 사회로부터 영구히 격리하고, 피해자들의 응보감정을 만족시키며, 모방범죄를 꾀하는 예비범죄자들에게 경종을 울릴 필요가 있다는 점에서 무기징역이 선고되었다.

[환송심[2] 판결요지]

나. 심신장애 주장에 대하여

형법 제10조에 규정된 심신장애는 생물학적 요소로서 정신병 또는 비정상적 정신상태와 같은 정신적 장애가 있는 외에 심리학적 요소로서 이와 같은 정신적 장애로 말미암아 사물에 대한 변별능력과 그에 따른 행위통제능력이 결여되거나 감소되었음을 요하므로, 정신적 장애가 있는 자라고 하여도 범행 당시 정상적인 사물변별능력이나 행위통제능력이 있었다면 심신장애로 볼 수 없는 것이고, 특단의 사정이 없는 한 성격적 결함을 가진 자에 대하여 자신의 충동을 억제하고 법을 준수하도록 요구하는 것이 기대할 수 없는 행위를 요구하는 것이라고는 할 수 없으므로, 성적인 측면에서 성격적 결함을 나타내는 소아기호증의 질환이 있다는 사정만으로는 형의 감면사유인 심신장애에 해당하지 아니하고, 다만 그 증상이 매우 심각하여 원래의 의미의 정신병이 있는 사람과 동등하다고 평가할 수 있거나, 다른 심신장애사유와 결합된 경우 등에 한하여 심신장애를 인정할 수 있는바, 이 경우 심신장애의 인정 여부는 소아기호증의 정도, 범행의 동기 및 원인, 범행의 경위 및 수단과 태양, 범행 전후의 피고인의 행동, 증거인멸 공작의 유무, 범행 및 그 전후의 상황에 관한 기억의 유무 및 정도, 반성의 빛 유무, 수사 및 공판정에서의 방어 및 변소의 방법과 태도, 소아기호증 발병 전의 피고인의 성격과 그 범죄와의 관련성 유무 및 정도를 종합하여 판단하여야 한다.

원심 및 환송 전 당심이 적법하게 조사, 채택한 증거들에 의하면, 피고인이 지속적으로 어린 여아에 대하여만 성욕을 느끼고, 소녀와의 성행위 내지 성적 공상에 탐닉함으로써 피고인에게 변태성욕의 일종인 소아기호증의 증상이 어느 정도 있는 것으로는 인정되나, 한편 환송전 당심 감정인 ○○○가 작성한 감정서에 의하면, 피고인의 의식은 명료

---

2) 서울고등법원 2007. 4. 20. 선고 2007노500 판결.

하고, 시간·장소·사람에 대한 지남력은 보존되어 있으며, 특별한 감정의 고조나 우울감은 관찰되지 않고, 사고과정 및 내용상 망상은 없으며, 시험적인 판단력은 보존되어 있고, 피고인의 소아기호증이 이 사건 범행에 끼친 영향은 적다는 것이며, 또한 피고인이 범행 장소를 사전에 답사하기도 하고, 범행 장소로 이동시 엘리베이터 내에 설치된 CCTV 촬영 등에 신원이 확인되는 것을 피하기 위하여 모자를 깊이 눌러쓰는 등 피고인의 신분을 은폐하려고 한 점, 이 사건 각 범행 당시에도 직업적으로 운전을 하는 등 사회적, 직업적으로 별다른 지장을 받지 않고 있었던 점 등을 비롯하여 이 사건 변론에 나타난 범행의 경위, 그 수단과 방법, 범행을 전후한 피고인의 태도, 범행 후의 정황 등에 비추어 보면, 피고인에게 인정되는 소아기호증이 원래 의미의 정신병을 가진 사람과 동등하다고 평가할 수 있을 정도로 심각하다거나, 피고인에게 소아기호증의 정신적인 장애가 있다는 사정 이외에 그로 인하여 사물을 변별할 능력 내지 의사를 결정할 능력이 감소된 상태에 있었다고는 보이지 아니하므로, 피고인의 심신장애 주장도 이유 없다.[3)]

Ⅰ. 문제제기

책임은 범죄성립의 한 요소일 뿐만 아니라 양형에서도 중요한 기준으로 작용하고 있다. 책임주의원칙에 입각해 있는 우리 형법체계에서 책임에 대한 검토는 그만큼 중요한 문제라고 아니할 수 없다. 그 가운데에서도 책임능력에 대한 판단은 행위자가 행위불법을 통찰(인식 또는 변별)하거나 이에 따라 행위를 조종할 수 있는 능력이 있는가에 대한 판단으로 행위자에게 책임능력이 없다면 설사 행위의 불법성이 인정된다고 하더라도—보안처분은 별론으로 하고—범죄는 성립하지 않고 따라서 형을 부과할 수 없게 된다.

이러한 의미에서 범행당시 행위자에게 책임능력이 존재하는가 여

---

3) 환송심 판결에 대하여 피고인이 다시금 상고하였으나, 대법원은 환송심 판결과 같은 취지에서 상고를 기각하였다(대법원 2007. 7. 12. 선고 2007도3693 판결 참조).

부는 중요한 문제라고 할 수 있는데, 우리 형법은 책임개념을 적극적으로 규정하기보다는—특히 성인의 경우—일반적으로 책임능력이 존재한다는 것을 전제로 하여 다만 예외적으로 정신장애가 있는 경우에 형법 제10조 제1항에 의하여 형을 면제하거나 제2항에 의하여 형을 감경할 수 있다고 하여 책임능력이 결여된 경우를 규정하고 있다.[4)]

여기에서 책임능력 자체는 규범적 개념으로 형법제도의 목적 등에 비추어 판단되어야 할 문제이지만, 책임능력 유무를 판단하는 요소의 하나인 정신장애 유무에 대한 판단은 그 기초되는 사정들이 정신의학이나 심리학과 밀접한 관련을 가지고 있으므로 순수한 규범적 판단에만 그칠 수 없는 성격을 가지고 있다. 이러한 점에서 본다면, 의사 등 관련 전문가들이 책임판단에서 중요한 역할을 수행한다고 할 수 있겠지만, 대법원은 이러한 전문가들의 정신장애 유무판단은 책임의 판단자료에 불과하고 책임능력은 법률적 관점에서 판단해야 할 문제라는 입장을 취하고 있다.[5)] 물론 책임능력이 규범적 개념인 이상 그 판단은 궁극적으로 규범적 관점에서 법률판단으로 이루어져야 하겠지만, 이러한 판단의 전제로서 정신감정의 중요성을 배제할 수 없다는 점에서 그에 대한 관심과 논의가 필요하다고 할 것이다.

특히 2006년 2월 용산어린이성폭행살해사건을 비롯하여 최근에 발생한 일련의 아동을 대상으로 한 성폭행사건 등으로 인해 최근에 문제가 되고 있는 소위 "소아성기호증"에 대하여 여론의 관심이 모아지고 있는데, 현재 대법원은 위의 대상판결에서 보는 바와 같이, 소아성기호증을 성격적 결함의 하나로 보면서, 성격적 결함은 원칙적으로 심신장애요소로 받아들이지 않는 입장을 취하고 있다.[6)] 물론 이러한 성격적 결함이 매우 심각하여 원래 의미의 정신병을 가진 사람과 동등하다고

4) 배종대, 형법총론, 2005, 429면; 오영근, 형법총론, 2005, 404면 등 참조.

5) 배종대, 앞의 책, 444면; 신양균, "책임능력과 감정", 형사판례연구 제5집, 1997, 45면.

6) 대법원 2007.2.8. 선고 2006도7900 판결; 대법원 1984.3.13. 선고 84도76 판결; 대법원 1995.2.24. 선고 94도3163 판결; 대법원 1999.4.27. 선고 99도693 판결; 대법원 2002.5.24. 선고 2002도1541 판결; 대법원 2006.10.13. 선고 2006도5360 판결.

평가할 수 있는 경우에는 그로 인한 범행을 심신장애로 인한 범행으로 볼 여지가 있다고 하고 있지만, 그것이 소아성기호증을 정신장애요소의 하나로 보고 있는 것으로 이해할 수 있을 것인지는 의문이다.

그런데 지난 2007년 11월 26일 법무부는 "최근 심각한 사회문제가 되고 있는 성폭력범죄를 근절하기 위하여 소아성기호증, 성적가학증 등 성적인 성벽이 있는 정신성적(精神性的) 장애자로서 성폭력 범죄를 저지른 자를 치료감호 대상으로 추가하여 치료적 처우를 병행함으로써 성행을 개선하고 사회방위를 도모"[7]하겠다는 취지에서 치료감호법 개정법률안을 제안하면서, 그 안에 "소아성기호증" 등 성벽이 있는 "정신성적 장애(Psychosexual Disorders)"라는 개념을 새롭게 책임판단의 요소로 도입하고 있다.

이에 본 글에서는 소아성기호증을 정신성적 장애로 규정한 동 개정법률안과 소아성기호증은 성격적 결함의 하나로 원칙적으로 심신장애에 해당하지 않는다고 보아온 대법원의 입장을 어떻게 정리할 수 있을 것인가에 대하여 살펴보도록 한다.

Ⅱ. 치료감호법 개정법률안[8]에 신설된 책임판단요소

이번에 치료감호법 개정법률안이 마련된 계기에는 늘어나는 성폭력범죄자들을 어떻게 취급할 것인가 하는 고민이 담겨져 있는 것으로 안다. 무엇보다도 일부 성폭력범죄자들에게서는, 특히 아동을 대상으로 하는 경우, 정신적인 장애가 있는 것으로 판단되어지나, 종래 대부분의 판결에서 이러한 장애가 인정되지 않아 지금까지 일반적으로 단순 구금형식의 형벌이 부과되는 경우가 많았던 것으로 판단되고, 이러한 과정에서 범죄예방이라는 형벌목적의 달성에 실패했다는 문제가 제기되

7) 의안번호 제177949호 2007. 11. 26. 치료감호법 일부개정법률안 제안이유.

8) 이번 개정법률안을 보면, 형벌집행을 종료한 후에 추가적으로 치료감호를 집행받게 되는 것으로 하고 있어 치료감호에 다분히 보안감호의 모습을 포함하고 있다는 점에서 그 타당성 여부가 논란이 될 수 있었는데, 지난 5월 22일 국회에서 통과되는 과정에서 종전과 같이 치료감호를 먼저 집행하고 그 기간을 형기에 산입하는 것으로 수정되었다.

면서, 일정부분 정신적인 장애가 인정되는 성폭력범죄자에 대하여 치료할 수 있는 방안을 모색하는 가운데 소아성기호증 등 새로운 정신성적 장애의 개념을 포함하게 된 것으로 보여진다.

이에 개정법률안 제2조 제1항 제3호에 치료감호대상자로 "소아성기호증, 성적가학증 등 성적 성벽이 있는 정신성적 장애자[9]"를 규정하면서, 다른 치료감호대상자의 경우에 정신과 등 전문의의 진단이나 감정을 참고하여 치료감호를 청구할 수 있게 하는 것과는 달리, 제4조 제2항 단서에 "제2조 제1항 제3호에 따른 치료감호대상자에 대하여는 정신과 등의 전문의의 진단이나 감정을 받은 후 치료감호를 청구하여야 한다."고 하여 정신성적 장애자에 대한 진단 또는 감정을 의무화하고 있다.

1. 소아성기호증이란

여기에서 소아성기호증이란, 미국 정신의학회 진단분류표(DSM-Ⅳ) 및 국제질병분류표(ICD-10)에 의한 진단기준에 의하면, 사춘기 이전의 소아, 일반적으로 13세 이하를 대상으로 변태 성욕적 행위에 초점이 맞추어져 있는 성행위를 중심으로 성적 흥분을 강하게 일으키는 경우를 일컫는다고 한다.[10] 물론 이러한 성적 공상, 성적 충동, 성적 행동이 임상적으로 심각한 고통이나 사회, 직업적 또는 기타 중요한 기능영역에서 장애를 초래하는 경우를 일컫는다. 소아성기호증 성범죄자는 소아에게만 성적 매력을 느끼는 폐쇄적 유형과 때로는 어른에게도 성적 매력을 느끼는 비폐쇄적 유형으로 나뉘고, 발병은 청소년기에 시작한다고

9) 여기서 "정신성적 장애"란 장애의 근본원인이 정신적·심리적인 면에서 성적 문제를 갖고 있는 경우로 ① 성적 주체성 장애(성전환증, 소아기 성적 주체성 장애), ② 성도착증(소아기호증, 노출증, 관음증, 성적가학증, 성적피학증 등), ③ 정신 성기능장애(조루증, 성욕억제 등)를 모두 포괄하는 개념이라고 한다. 이 경우 성적 정신장애(Sexual Mental Disorder)란 용어가 오히려 일반인에게 이해하기 쉬운 면이 있으나 정신의학계에서 사용하는 용어를 사용하였다고 한다(의안번호 제177949호 치료감호법 개정법률안 검토보고서 6면 참조).

10) 김정현, "치료감호 대상의 선별 및 효율적 치료 방안", 성폭력범죄자 재범방지 대책 마련을 위한 세미나 자료집, 2006/12, 102면 이하; 김진환, "정신장애 범죄자의 책임과 처우에 관한 연구", 한양대학교 대학원 박사학위논문, 2003, 149면 참조.

한다. 일회성의 우발적인 아동 성범죄인 경우, 특히 가해자가 청소년인 경우에는 소아성기호증 진단은 내리지 않는 것이 일반적이라고 한다. 이러한 이상 성기호증이 있는 집단, 특히 소아성기호증의 경우 재범위험성이 매우 높아 치료개입이 필요하고 또 치료를 통한 재범의 예방효과가 긍정적이라는 보고가 있다고 한다.[11)]

독일의 경우 형법 제20조에 책임능력에 대한 판단요소의 하나로 규정된 "기타 중한 정신이상(schwere andere seelische Abartigkeit)"의 유형 중에 성도착(Paraphilie)이 포함되어 있고, 이러한 성도착(Paraphilie)의 대표적인 장애유형에 국제질병분류표(ICD-10) 또는 미국 정신의학회 진단분류표(DSM-Ⅳ) 기준에 따라 소아성기호증(Pädophilie)이 포함되어 있다.[12)]

여기에서 "기타 중한 정신이상"은 종래의 정신장애, 의식장애 및 정신박약에 포함되지 않는 비정상적인 정신현상의 기타 유형을 포함하는 것으로 보고 있으며, 그 정도는 단순한 성격결함 내지 의지박약 수준을 의미하는 것이 아닌 적어도 병적인 수준의 장애에 이르러야 한다고 하고 있다.[13)]

최근에 이러한 소아성기호증의 장애문제가 중요한 관심의 대상으로 등장하게 된 배경에는 앞에서 언급한 바와 같이 아동을 대상으로 하는 성폭력범죄의 증가에 있다고 할 수 있고, 그와 함께 자연스럽게 이러한 성폭력범죄자에게는 어떤 정신질환들이 나타나는지에 대하여도 관심이 모아지게 되었다.

2. 성폭력범죄들의 주요 정신질환 유형

일반적으로 성폭력범죄자들에게서 나타나는 주요 정신질환은 크게

---

11) 김정현, 앞의 논문, 102면 이하 참조.

12) Boetticher/Nedopil/Bosinski/Saß, "Mindestanforderungen für Schuldfähigkeitsgutachten", NStZ, 2005/2, S. 60f.; Wikipedia 백과사전(http://fr.wikipedia.org/wiki/Paraphilie) 참조.

13) Sch/Sch/Lenckner/Perron, StGB, 27. Aufl., § 20, Rn. 20, 22.

3군으로 분류할 수 있다고 한다.[14] 그 중에 1군은 정신과 진단 1축에 있어 주요 정신질환으로 분류되는 정신분열병, 양극성 정동장애, 정신지체, 기질성 정신장애 등 주요 정신질환이 있는 경우이고, 2군은 소아성기호증 등과 같은 성도착증이 있는 경우이며, 3군은 반사회성 인격장애가 있는 경우라고 한다.

(1) 1군의 유형

1군에 해당하는 대상자들은 정신분열 등 종래 정신병으로 분류될 수 있는 질환을 가지고 있는, 따라서 범죄행위와 관련하여 지금까지 재판과정에서 심신장애 상태가 인정될 수 있었던 질환을 가지고 있는 대상자들이라고 한다. 이들의 정신질환은 치료가 없을 경우 비단 성폭력범죄뿐만 아니라 다양한 유형의 범죄를 저지를 수 있는 가능성이 있는 환자군이라고 한다. 이러한 대상자들은 현행 형법 제10조에 의거하여 충분히 심신장애가 인정될 수 있는 자들이기 때문에 현재도 이러한 대상자들 중에 이미 약 60여명 정도가 치료감호 대상자군에 포함되어 치료감호소에서 치료감호집행을 받고 있다고 한다.[15]

(2) 2군의 유형

문제는 2군과 3군에 속하는 대상자들로, 성폭력범죄자 집단에서 다수를 차지할 것으로 예상되어 적극적인 대책이 요구되는 집단이지만, 지금까지 이들의 대부분은 일정부분 책임능력이 인정되어 적절한 치료대상자로 분류되어 오지 않았던 집단이라고 한다.

먼저 2군의 대상자들은 소아성기호증, 노출증 등 성도착 증세를 가지는 군으로 이들은 일정부분 사물을 인식하거나 의사를 결정할 능력이 있는 것으로 판단되어, 위에서 언급한 대상판결 등에서도 알 수 있는 바와 같이 책임능력자의 범주에 속하는 것으로 판단되어 지금까지 재판과정에서는 심신미약으로 분류되지 않고 있는 것이 일반적이라고 한다.

---

14) 김정현, "성폭력범죄자의 효율적 치료·교정을 위한 치료감호제도 활용방안에 대한 토론자료", 성폭력범죄자 재범방지 대책마련을 위한 세미나 자료집, 2006/10, 39면 이하 참조.

15) 김정현, 앞의 논문(주 14), 40면 참조.

그러나 이러한 정신질환을 가진 사람이 성범죄를 저지른 경우, 질병의 특성상 편향된 기호에 기인하여 강한 성적 충동을 스스로 제어하기 어려워 사실상 행위조정(통제)능력이 부족하므로 재범가능성이 극히 높은 군으로 분류될 수 있고, 무엇보다도 적극적인 치료의 필요성이 인정되는 군으로 분류될 수 있다고 한다. 특히 이들에 대한 치료효과는 대체적으로 긍정적인 평가를 받고 있는 것으로 보고되고 있다.[16)]

(3) 3군의 유형

3군의 대상자들은 도덕성 및 타인에 대한 공감능력 결여 등으로 특징되는 반사회적 인격장애를 가진 군으로 분류되고 있다. 이들은 성폭력범죄뿐만 아니라 모든 범죄에 대하여 재범의 위험성이 높은 것으로 알려져 있으나, 책임능력을 구비한 자들로서 특히 아주 심각한 수준의 반사회성 인격장애가 있는 경우에는 극도의 충동성이 약물치료로 다소 완화될 수는 있겠으나, 치료로 인한 예후가 밝지 않은 것으로 평가되는 등 치료의 효과는 회의적인 것으로 보고되고 있다.

참고로 1987년 공주에 치료감호소가 문을 연 이후로 2006년 3월까지 치료감호소에 성폭력범죄와 관련하여 입소한 대상자는 총 189명이라고 한다.[17)]

(4) 평　　가

이상에서 살펴본 바와 같이, 1군에 해당하는 대상자들은 책임판단에 있어 지금도 충분히 정신장애로 인한 심신상실이나 심신미약이 인정될 수 있고 3군에 해당하는 대상자들은 일반적으로 책임능력이 존재하는 것으로 평가되므로 책임판단과 관련하여 크게 문제될 것이 없는 집단으로 보여진다.

문제는 2군에 해당하는 대상자들로 행위조종능력은 부족하지만 사물변별능력은 인정되어 심신상실 내지 심신미약을 인정할 수 있을 것

16) 김정현, 앞의 논문(주 14), 41면 참조.

17) 그에 관한 구체적인 내용은 최상섭, "성범죄자의 치료프로그램 효과 평가와 치료감호제도의 필요성", 성범죄자에 대한 치료사법적 대안모색(법무부·여성가족부·국가청소년위원회·한국심리학회 공동주최 국제심포지움 자료집), 2007/4, 2면 참조.

인지 논란의 여지가 있어 그 판단이 쉽지 않을 것으로 보인다.[18] 그럼에도 이 경우 일정한 장애가 존재하고 비교적 치료예후가 긍정적이라는 판단 하에 치료감호법 개정법률안에서 소아성기호증 등 정신성적 장애자를 치료감호 대상자로 추가하는 규정을 신설한 것으로 보인다.

그렇다면 이러한 개정법률안과 관련하여 종래 대법원의 정신장애 요소에 대한 책임판단에 어떤 변화가 요구되는지 또 그 판단이 어떻게 이해되어져야 하는지에 대하여 생각해 볼 필요가 있다.

Ⅲ. 종래 형법상 책임능력 판단

우리 형법은 제10조 제1항에 "심신장애로 인하여 사물을 변별할 능력이 없거나 의사를 결정할 능력이 없는 자의 행위는 벌하지 아니한다." 라고 규정하고, 제2항에 "심신장애로 인하여 전항의 능력이 미약한 자의 행위는 형을 감경한다."라고 규정하여 생물학적 판단방법과 심리적 판단방법을 함께 사용하여 책임능력을 판단하는 혼합적 방법을 취하고 있다.[19] 따라서 현형 형법에 따라 심신상실로 인한 책임무능력자가 되기 위해서는 심신장애라는 생물학적 기초가 존재해야 하고, 사물을 변별할 능력 또는 의사를 결정할 능력이 없다는 심리적 요소가 있어야 하는데, 이는 책임능력에 관한 전통적인 이론적 발전단계를 배경으로 한 것이면서도 법규정 형식과 용어적 의미에 중점을 둔 것으로 평가되고 있다.[20]

1. 생물학적 요소에 대한 판단

여기서 심신장애라 함은, 비록 법률에 구체적으로 명시되어 있지는 않지만,[21] 정신적 결함 내지 정신장애를 의미하며, 이는 책임능력판단에

---

18) 독일에서도 형법 제20조 책임판단요소의 하나인 "기타 중한 정신이상"과 관련된 대상자의 경우, 책임무능력을 인정할 수는 없고 한정책임능력만 인정해야 한다는 주장이 제기되고 있다(Sch/Sch/Lenckner/Perron, StGB, 27. Aufl., § 20, Rn. 20).

19) 오영근, 앞의 책, 405면; 이재상, 형법총론, 2007, 308면 등 참조.

20) 손용근, "정신장애자와 사법절차: 그 일반론 및 몇 가지 현실적인 문제점들", 신경정신의학 제32권 제1호, 1993, 7면.

21) 이와 관련하여 책임판단요소로 심신장애라는 불명확한 표현을 사용하기보다는

대한 출발점을 이루는 것이라 할 수 있다. 이러한 장애는 신체적・기질적 요인에 기인한 것으로 주로 정신병, 정신박약 및 심한 의식장애 등과 같은 요소들이 종래 포함되어 왔다. 그러나 정신의학이 발달하면서 기질적 요인에서 비롯되지 않은 다양한 정신적 결함들이 인간의 행동에 영향을 미친다는 사실이 확인되면서 책임능력의 판단에서 이러한 요인들이 고려되게 되었다.[22)]

앞에서 언급한 바와 같이, 독일 형법 제20조에서도 "병적인 정신장애, 심한 의식장애 또는 정신박약" 뿐만 아니라 "기타 중한 정신이상(schwere andere seelische Abartigkeit)"까지도 장애요인으로 포함하고 있다. 특히 "기타 중한 정신이상"에는 신체적 질병에 기인하지 않은 정신적인 일탈로 그 형태에는 정신병질, 노이로제, 충동이상 등을 들 수 있고 그밖에 —물론 다툼이 있기는 하지만— 방화광(Pyromanie), 도벽(Kleptomanie), 성도착(sexuelle Hörigkeit) 등을 들 수 있다.[23)] 특히 책임능력에 대한 감정평가에 있어 인격장애(Persönlichkeitsstörungen) 또는 성적 일탈(sexueller Devianz)을 검사하도록 하고 있으며, 무엇보다도 성폭력범죄의 경우, 성도착(Paraphile) 성벽 유무를 검사하도록 하고 있는데, 그 중 대표적인 형태의 하나로 소아성기호증(Pädophilie)을 들고 있다.[24)]

이러한 관점에서 본다면, 치료감호법 일부개정법률안이 종래 치료감호대상자로 형법 제10조 제1항 내지 제2항에 의하여 형이 감면되는 심신장애인과 마약・향정신성의약품・대마 및 알코올 등의 중독자에 더하여 제2조 제1항 3호에 "소아성기호증, 성적가학증 등 성적 성벽이 있는 정신성적 장애인"을 규정하여 새롭게 정신성적 장애를 책임판단의 요소에 포함시키고 있는 것을 부정적으로 평가할 일은 아니라고 판단된다. 다만, 이 부분에 대하여는 여전히 논란이 제기될 가능성은 존재한다고 본다.

독일의 경우와 같이 구체적으로 규정하는 것이 바람직하다는 문제제기(주호노, "책임관련조문의 개선방안", 형법총칙 개정상의 제논점(한국형사법학회 2007년 동계학술대회 자료집), 2007. 12. 15, 47면)는 타당하다고 생각된다.

22) 신양균, 앞의 논문, 51면 이하.

23) Roxin, Strafrecht Allgemeiner Teil, 3. Aufl., 1997, S. 766f.

24) Boetticher/Nedopil/Bosinski/Saß, 앞의 논문, 60면 이하 참조.

물론 생물학적 요소로서 심신장애가 있다고 하여 반드시 심신상실 내지 심신미약 상태로 결정되는 것이 아니라 다음 단계로 심리학적 요소에 대한 판단이 기다리고 있다. 다만, 법원은 이러한 생물학적 요소에 대한 판단을 결하고 있는 경우에 심리미진의 위법이 있다고 판단[25] 하여 적어도 생물학적 요소와 관련하여서는 관련 전문가의 판단을 요한다고 할 수 있다.[26]

2. 심리학적 요소에 대한 판단

심리학적 요소라 함은 변별능력과 제어능력의 정도에 대한 판단을 말한다. 즉 앞에서 언급한 심신장애로 말미암아 불법을 통찰하고 그에 기하여 자신의 행동을 조종할 수 있는 능력이 있는가 하는 것을 판단하는 문제로 책임능력 판단의 핵심을 이루는 것이라고 할 수 있다. 그런 점에서 설사 생물학적 요인이 존재한다고 하더라도 이는 결국 심리학적 요소에 대한 판단의 자료를 제공하는데 불과하다고 볼 수도 있고, 따라서 심리학적 요소에 대한 판단은 전통적으로 규범적 판단의 문제로서 법관의 몫으로 이해되어 왔다.[27] 의료계에서도 "감정의는 어디까지나 의사로서의 전문적인 진찰소견과 의학적인 판정을 제시할 뿐이지 법적인 책임능력의 최종적인 판단은 법관들 자신이 해야 할 문제"인 것으로 보고 있기도 하다.[28]

하지만 정신감정 이외의 무엇으로 정신장애 여부를 판단하는 자료로 삼을 것인가 하는 문제와 그런 자료들이 어떤 기준 하에서 적용되는지는 여전히 의문으로 남는다고 할 수 있다. 그런 관점에서 본다면, 심리학적 요소를 법률판단의 전제로 보아 심신장애가 변별능력 및 제

25) 대법원 2006.10.13. 선고 2006도5360 판결; 대법원 2005.12.9. 선고 2005도7342 판결 등 참조.

26) 오영근, 형법총론, 2005, 403면 참조.

27) 신양균, 앞의 논문, 53면; 이동명/류기환, "정신장애 범죄인의 처우에 관한 연구", 법학연구 제25집, 2007/2, 411면 참조.

28) 장동원/조두영, "피치료감호자 66명에 대한 법정신의학적 연구", 신경정신의학 제22권 제1호, 1983, 111면.

어능력에 어떠한 영향을 주었는가를 경험적으로 명확히 하는 의미를 가지는 것으로 보아야 할 것이고, 그렇다면 심리적 요소의 판단에 있어서도 감정인이 개입할 여지가 있다는 지적[29]은 긍정적으로 검토해볼 여지가 있다고 본다.[30]

3. 대상판결의 검토

우리 대법원은 심신장애를 인정하기 위한 요소와 관련하여 "형법 제10조에 규정된 심신장애는 생물학적 요인으로 인하여 정신병 또는 비정상적 정신상태와 같은 정신적 장애가 있는 외에 심리학적 요인으로 인한 정신적 장애로 말미암아 사물에 대한 변별능력과 그에 따른 행위통제능력이 결여되거나 감소되었음"[31]을 요한다고 하는 원칙론과 함께 "충동조절장애와 같은 성격적 결함은 형의 감면사유인 심신장애에 해당하지 아니한다."고 하여 충동조절장애 등과 같은 성격적 결함은 원칙적으로 심신장애요인에 포함시키지 않고 있다.[32] 다만, 그러한 요인이 "매우 심각하여 원래 의미의 정신병을 가진 사람과 동등하다고 평가할 수 있는 경우"에는 심신장애를 인정하는 견해를 취하고 있다.[33]

이와 관련하여 위 대상판결에서 보는 바와 같이 "소아기호증은 성적인 측면에서의 성격적 결함으로 인하여 나타나는 것으로서, 소아기호증과 같은 질환이 있다는 사정은 그 자체만으로는 형의 감면사유인 심

29) 신양균, 앞의 논문, 53면 이하.

30) 물론 이를 위해서는 정신의학계에서도 정신장애 요소에 대한 보다 전문적인 감정결과를 제시할 수 있도록 그에 대한 연구가 필요할 것이며, 더 나아가서는 법정 관련 정신의학 전문기구의 확립과 그러한 전문가와 법원과의 협력체계가 마련될 필요성이 요구된다고 할 것이다.

31) 대법원 2007. 6. 14. 선고 2007도2360 판결; 대법원 2005. 12. 9. 선고 2005도7342 판결 등 참조.

32) 이와 관련하여 우리 형법이 비록 단순히 심신장애라고 규정하고 있지만, 이는 정신장애 또는 정신기능의 장애를 의미하는 것으로 여기에는 정신병, 정신박약 및 중대한 의식장애와 정신병질 등이 포함되며, 특히 정신병질에는 병적 가치를 인정할 수 있는 성격장애까지도 포함하는 것으로 보는 견해도 있다(이재상, 앞의 책, 303면 이하 참조).

33) 대법원 2006. 10. 13. 선고 2006도5360 판결.

신장애에 해당하지 아니한다."고 하여 충동조절장애와 같이 원칙적으로 심신장애요인에 포함시키지 않고 있지만, 역시 "그 증상이 매우 심각하여 원래 의미의 정신병이 있는 사람과 동등하다고 평가할 수 있거나, 다른 심신장애사유와 경합된 경우 등에는 심신장애를 인정할 여지가 있을 것"이라고 한다. 이 경우 심신장애의 인정 여부는 "소아기호증의 정도, 범행의 동기 및 원인, 범행의 경위 및 수단과 태양, 범행 전후의 피고인의 행동, 증거인멸 공작의 유무, 범행 및 그 전후의 상황에 관한 기억의 유무 및 정도, 반성의 빛 유무, 수사 및 공판정에서의 방어 및 변소의 방법과 태도, 소아기호증 발병 전의 피고인의 성격과 그 범죄와의 관련성 유무 및 정도 등을 종합하여 법원이 독자적으로 판단할 수 있다."고 하여 책임능력의 판단은 법률문제로 그 판단은 규범적 관점에서 법원이 행해야 한다는 입장을 명확하게 밝히고 있다.

책임능력이 규범적 개념인 이상 책임능력의 판단은 최종적으로 규범적 판단으로 법관의 몫이라는 점에 대하여는 이견이 없을 것으로 생각한다. 다만, 위의 대상판결에서처럼 "소아기호증과 같은 질환이 있다는 사정은 그 자체만으로는 형의 감면사유인 심신장애에 해당하지 아니한다."고 판시한다면 ① 심신장애 유무판단을 책임능력 유무판단과 동일시하고 있는 것은 아닌지, ② 심리학적 요소에 대한 판단에서도 경험적 판단이 개입될 여지는 없는 것인지, 또한 ③ 정신장애가 존재하면서 사물변별능력은 인정되지만 행위조종(통제)능력이 결여되거나 미약한 경우에 책임능력 유무에 대한 판단은 어떻게 이루어질 수 있을 것인지 의문이다. 왜냐하면 소아성기호증 등의 장애는 인식능력은 존재하지만 일정한 행위에 대한 조정능력이 미약한 경우도 존재한다고 보고 있기 때문이다.[34]

---

34) Sch/Sch/Lenckner/Perron, StGB, 27. Aufl., § 20, Rn. 22.

4. 소아성기호증에 대한 판단의 문제

(1) 심신장애 유무판단과 관련하여

분명한 것은 소아성기호증도 하나의 장애로 보고 있다는 것이다. 성도착증 등을 가진 성범죄자는 자신의 선호에 맞는 잠재적 피해자를 포착했을 때, 자신의 행동을 통제하기 매우 어렵거나 심한 경우 통제할 수 없다고 보고되고 있다.[35] 그런 점에서 원심판결인 서울고법 2006노898 판결에서 "소아기호증으로 인하여 범행의 충동을 억제하지 못하고 범행에 이르게 된 것으로서 의사를 결정하거나 사물을 변별할 능력이 미약한 상태"를 인정하고 있는 것은 아닌가 하는 생각을 해본다.

물론 위 대상판결에서 소아성기호증의 존재 자체만으로 심신상실이나 심신미약을 인정할 수는 없으나 "그 증상이 매우 심각하여 원래 의미의 정신병이 있는 사람과 동등하다고 평가할 수 있거나, 다른 심신장애사유와 경합된 경우"에는 심신상실이나 심신미약을 인정할 여지가 있다고 하여 이미 대법원에서 소아성기호증을 심신장애 요인으로 인정하고 있는 것으로 볼 수 있다는 주장도 가능하다. 하지만 만약 대법원이 소아성기호증을 심신장애 요인으로 인정하고 있는 것이라면, 사건 당시 소아성기호증이라는 장애가 존재한다면 그러한 생물학적 요인으로 인해 행위자에게 사물변별능력 내지 행위통제능력이 결여되거나 감소되었는지 여부에 대한 판단이 따르면 족한 것이고, 굳이 소아성기호증을 성격적 결함의 하나로 보면서 그러한 질환이 있다는 사정 자체만으로 형법 제10조의 형 감면사유에 해당하지 아니한다고 판단할 필요는 없는 것이 아닌가 생각해 본다. 즉 소아성기호증이 존재한다는 그 자체는 생물학적 측면에서 정신장애 요인이 존재한다는 것이고, 이러한 장애요인이 심리학적 측면에서 사물변별능력에 영향을 주었는가를 판단해야 할 것이다.

그런데 대법원은 원칙적으로 형법 제10조의 형 감면사유에 "성격

35) 이수정, "고위험 성범죄로부터 사회 보호를 위한 대안 모색", 성범죄자에 대한 치료사법적 대안모색(법무부 · 여성가족부 · 국가청소년위원회 · 한국심리학회 공동주최 국제심포지움 자료집), 2007/4, 60면 참조.

적 결함"은 해당되지 않는다고 하면서,[36] 이러한 성격적 결함이 매우 심각하여 원래 의미의 정신병을 가진 사람과 동등하다고 평가할 수 있는 경우에는 예외로 심신장애로 인한 범행으로 인정할 수 있다는 단서를 붙이고 있어 정신장애 유무판단을 그대로 책임능력 유무판단으로 보는 부적절함과 함께 여전히 소아성기호증을 심신장애 요인으로 보고 있는 것인지에 대하여 의문을 제기할 수 있는 여지를 남기고 있다고 본다. 따라서 처음부터 생물학적 요소에서 배제하는 것보다는 장애요인으로 인정하고 다만 범죄 당시에 어느 정도의 사물변별능력과 행위조종능력에 영향을 미쳤는가에 대한 판단이 개별적이고 구체적으로 필요한 것이 아닌가 하는 생각을 해본다.

(2) 사물변별능력 및 행위조종능력에 대한 판단과 관련하여

위에서 언급한 바와 같이, 정신장애요인이 존재한다고 형법 제10조에 의한 심신상실이나 심신미약이 곧바로 인정되는 것은 아니다. 대법원은 정신적 장애라는 생물학적 요소 외에 "심리학적 요소로서 이와 같은 정신적 장애로 말미암아 사물에 대한 변별능력과 그에 따른 행위통제능력이 결여되거나 감소되었음"을 요하고 있기 때문이다. 즉 1차적으로 생물학적 요인이 발견된다고 하더라고 2차적으로 그 요인이 원인이 되어 불법행위를 판단할 수 있는 인식능력과 그에 따라 자신의 행위를 조종할 수 있는 조종능력이 저하되었는가 하는 부분에 대한 판단이 이루어져야 할 것이다. 이 경우 사물변별능력이나 행위통제능력이 모두 결여된 경우 뿐만 아니라 사물변별능력은 존재하지만 행위통제능력이 결여된 경우에 책임판단의 문제가 발생할 수 있다.

사실 소아성기호증을 가지고 있는 경우, 일반적으로 자신이 무슨 행동을 하고 있는지에 대한 인식은 있는 것으로 분석되고 있다. 바로 이 부분이 소아성기호증을 가지고 있는 대상자에 대한 책임능력의 판단을 쉽지 않게 만드는 요인이라고 생각한다.

36) 대법원 1984.3.13. 선고 84도76 판결; 대법원 1995.2.24. 선고 94도3163 판결; 대법원 1999.4.27. 선고 99도693 판결; 대법원 2002.5.24. 선고 2002도1541 판결; 대법원 2006.10.13. 선고 2006도5360 판결.

그럼에도 불구하고 문제는 예컨대, 공포 조건화와 스트레스에 대한 반응에 중요한 역할을 하는 신경 회로의 일부로 각성의 통제와 연관되어 있는 전전두엽 피질이 손상된 환자들의 경우, 대안을 선택하는 상황에서 유리한 선택반응을 알고 있을 때에도 옳은 선택을 하지 못하는 경우가 존재하는 것[37]과 마찬가지로, 불법행위에 대한 인식능력은 존재하지만, 그러한 인식능력에 기인하여 적법행위를 행하는 조종능력에서는 미약한 부분을 어떻게 평가할 수 있을 것인가 하는 문제는 여전히 남는다고 할 것이다. 즉 불법에 대한 인식능력이 있다고 하여 그에 대한 조종능력이 있다고 할 수 있을 것인지, 더 나아가 인식능력은 존재하지만, 조종능력이 존재하지 않을 때, 책임능력이 존재한다고 할 수 있는 것인지에 대한 검토의 여지가 여전히 존재한다고 할 것이다.

대법원은 "자신의 충동을 억제하지 못하여 범죄를 저지르게 되는 현상은 정상인에게서도 얼마든지 찾아볼 수 있는 일"[38]이라고 판시하고 있어 이 경우 책임능력을 배제하기 어려운 것으로 보인다. 그러나 정신의학의 발달과 함께 과거에 우리가 인식하지 못했던 다양한 정신질환의 등장과 그러한 정신질환을 가지고 있는 환자들의 변별능력 및 조종능력에 대한 평가도 달라질 수 있다고 보여 진다.

독일에서도 소아성기호증과 같은 성적 도착이 있는 경우, 그러한 비정상적인 성적 태도가 자신의 행위방식으로 이미 행위자의 몸에 배어 있는 상황이라면 행위조종능력이 미약할 수 있다고 판단하고 있다.[39]

이처럼 책임판단과 관련하여서는, "정신적 장애가 있는 자라고 하여도 범행 당시 정상적인 사물판별능력이나 행위통제능력이 있었다면 심신장애로

37) Raine/Lencz/Bihrle/LaCAsses/Colletti, "반사회성 성격장애에서의 전전두엽 회백질 부피의 감소와 자율신경계 활동의 감소", 성범죄자에 대한 치료사법적 대안모색 (법무부·여성가족부·국가청소년위원회·한국심리학회 공동주최 국제심포지움 자료집), 2007/4, 100면 이하 참조.

38) 대법원 2006. 10. 13. 선고 2006도5360 판결.

39) Theune, "Die Beurteilung der Schuldfähigkeit in der Rechtsprechung des Bundesgerichtshofes — 2.teil", NStZ-RR, 2005/11, S. 333.

볼 수 없다."[40]고 판시하고 있는 바와 같이, 결국 법관에 의한 규범적 판단이 더 중요해진다고 할 수 있을 것인데, 그렇다면 개별행위에 대하여 사물변별능력과 행위조종능력에 대하여 단계적이고 구체적으로 검토되어야 할 것으로 보이며, 그런 관점에서 본다면, 위 대상판결에서 소아성기호증이라는 질환이 있다는 사정이 인정된다면, 그 장애가 전문적인 감정을 통해서 판단할 때, 사물변별능력 내지 행위통제능력에 어느 정도 영향을 주었는지, 특히 사물변별능력이 어느 정도 존재한다고 하여도 행위통제능력과 관련하여 행위 당시에 심신상실 내지 심신미약을 인정할 수 있을 것인지에 대하여 단계적으로 판단할 필요가 있다.[41]

물론 정책적 관점에서 단순 구금방식의 형벌만으로는 늘어나는 성폭력범죄의 재범률을 감소시킬 수 없다는 정책적 판단에 기인하여 성폭력범죄자에게 치료처우를 부과하고자 하는 목적만을 지나치게 강조하다보면, 자칫 책임에 대한 고려를 소홀히 하게 되고 치료처우에만 중점을 두게 되어, 오히려 범죄예방이라는 목적을 달성하기 어려운 상황을 도출할 수도 있다는 점에서 소아성기호증에 대한 책임판단은 신중하게 접근할 필요가 있다고 본다.

Ⅳ. 맺 음 말

책임판단이 범죄성립 및 양형에 있어서 중요한 요소의 하나임에도 불구하고 책임판단에 있어 중요한 요소의 하나인 정신장애 판단과 관련한 문제에 대하여 그동안 많은 논의가 이루어지지 않았던 것으로 본다. 이를 위해서는 정신의학계에서도 적극적인 노력이 필요하다고 본다. 따라서 형사책임능력의 판단문제에 있어서는 정신감정을 하는 의사 등 전문가의 입장에서는 법적 지식이, 그리고 정신감정서를 읽고 판결

40) 대법원 2005. 12. 9. 선고 2005도7342 판결.

41) 이러한 정신성적 장애가 존재한다고 하더라도 범죄행위가 그러한 장애와 관련이 있는지 여부는 정확하게 검사되어져야 하고, 당해 행위가 그러한 성향을 내포하고 있다는 것이 구체적으로 설명되어져야 한다는 것은 분명하다(Boetticher/Nedopil/Bosinski/Saß, 앞의 논문, 61면 참조).

을 내리는 법관의 입장에서는 정신질환 및 그 상태에 관한 의학적 지식이 필요하다고 보여, 이를 위한 양측의 이해와 교류가 증진될 필요가 있다고 본다.

만약 위 대상판결과 같은 대법원의 입장이 그대로 유지되면서 치료감호법 개정법률안이 시행되게 되면 다소 혼란스러운 상황이 발생할 수도 있다고 보아, 마침 형법총칙 개정과 관련하여 논의가 이루어지고 있는 이 시점에 형법 제10조의 심신장애라는 포괄적인 개념을 보다 구체적으로 세분화하는 작업을 적극적으로 검토해 보면서, 그 과정에서 과연 소아성기호증 등 정신성적 장애를 책임판단요소로 포함시킬 수 있을 것인지에 대한 검토도 함께 구체적으로 이루어질 필요가 있다고 본다.

물론, 소아성기호증 등을 정신성적 장애인으로 보아 심신미약자로 판단할 수 있는 책임판단요건의 하나로 보기 위해서는 무엇보다도 그에 대한 전문적인 판단기준이 명확하게 만들어질 필요가 있을 것이다. 그런 관점에서 우리나라에서도 법정정신의학(forensische Psychiatrie)이 법원과 연계하여 체계적으로 발전될 필요가 있는 것은 아닌지 생각해 본다.

[주 제 어]
소아성기호증, 형법 제10조, 책임능력, 심신상실, 심신미약, 심신장애, 아동성폭력범죄

[Key words]
Pädophilie, §20 StGB, Schuldfähigkeit, psychische Störungen, Einsichtsfähigkeit, Steuerungsfähigkeit

접수일자: 2008. 4. 15, 심사일자: 2008. 5. 25, 게재확정일자: 2008. 5. 31.

[Zusammenfassung]

Pädophilie und Schuldfähigkeitsbeurteilung

Kim, Hye-Jeong*

Der Gesetzgeber geht davon aus, daß der Erwachsene, der strafrechtliches Unrecht verwirklicht, normalerweise schuldfähig ist. Er regelt daher nicht die Schuldfähigkeit, sondern deren ausnahmsweises Fehlen(Schuldunfähigkeit). Nach dem §10 kor. StGB wird nicht bestraft, wer wegen einer psychiatrischen Störung ohne Einsichts- und Steuerungsfähigkeit handelt. Zu den psychiatrischen Störungen gehören die krankhafte seelische Störung, Schwachsinn und die tiefgreifende Bewußtseinsstörung.

Momentan passierten in Korea einige schwere Sexualdelikte gegen Kinder. Deshalb kommt "Pädophilie" bei der Schuldfähigkeitsbeurteilung in Beracht. Aber unser Gericht anerkannt Pädophilie nicht als eine psychiatrische Störung. Die um die Entwicklung objektiver Abgrenzungskriterien bemühten psychiatrischen Klassifikationssysteme sind für die rechtliche Schuldfähigkeitsbeurteilung zwar nicht verbindlich und enthalten insbesondere keine Angaben darüber, ob und inwieweit die bescriebenen Defekte die Schuldfähigkeit des Täters beeinträchtigen. Aber wenn die solche Störung(Pädophilie) Krankheitswert hat, müssen ihre möglichen Auswirkungen auf die Einsichts- und Steuerungsfähigkeit beurteilt werden.

* Professor, College of Law, Yeungnam University, Ph.D. in Law.

하나의 자유형에 대한 일부집행유예

이 천 현*

[대상판결] 대법원 2007. 2. 22. 선고 2006도8555 판결

[사실관계]

피고인 甲은 2006. 4. 13. 21:40경 서울 송파구 가락동에 있는 한 식당 앞 도로에서 식품회사를 운영하는 피해자 A로부터 "냉동창고 기사가 필요하니 당장 출근하여 일을 해 달라."는 제의를 받고 이를 계속 거절하여 말다툼하던 중 피해자 A로부터 빰을 얻어맞자 상의 윗주머니에서 위험한 물건인 연필깍이용 커터 칼(칼날길이 13.5센티미터)을 꺼내 휘두르면서 피해자의 왼팔을 3회, 오른팔을 1회 긋고 목을 1회 그어 동인에게 약 3주간의 치료를 요하는 목의 개방성 상처 등의 상해를 가하였다.

제1심은 피고인 甲에 대하여 징역 1년 6월에 집행유예 3년을 선고하였는바,[1] 검사가 이에 대하여 양형부당을 이유로 항소하였다.

이에 서울동부지방법원 제1형사부는 "단일 형종의 일부에 대한 집행유예는 형법 제62조 제1항에 의해 허용되고 현행 형법의 해석상 자유형의 실형과 자유형의 집행유예가 병존할 수 있으며 일부집행유예가 형법의 다른 어떤 규정과도 저촉된다고 볼 수 없어 하나의 주문 안에 자유형의 집행유예와 자유형의 실형이 병존하는 것이 허용된다고 할 수 있다."고 하여 ―원심판결을 파기하고― 피고인 甲에 대하여 징역 1년 6월을 선고하고, 이 형 중 징역 1년에 한하여 3년간 그 형의 집행을 유예하였다.[2]

피고인 甲 및 검사가 이에 상고하였고, 대법원은 집행유예에 관한 법리오해의 위법이 있다하여 원심판결을 파기하고 사건을 서울동부지방법원 합의부로 환송하였다.

---

* 한국형사정책연구원 연구위원, 법학박사.

1) 서울동부지방법원 2006. 8. 9. 선고 2006고단833 판결.

2) 서울동부지방법원 2006. 11. 9. 선고 2006노892 판결.

[판결요지]

집행유예의 요건에 관한 형법 제62조 제1항 본문은 "3년 이하의 징역 또는 금고의 형을 선고할 경우에 제51조의 사항을 참작하여 그 정상에 참작할 만한 사유가 있는 때에는 1년 이상 5년 이하의 기간 '형'의 집행을 유예할 수 있다."고 규정하고, 같은 조 제2항은 "형을 '병과'할 경우에는 그 형의 '일부'에 대하여 집행을 유예할 수 있다."고 규정하고 있는바, 비록 형법 제62조 제1항이 '형'의 집행을 유예할 수 있다고만 규정하고 있다고 하더라도, 이는 같은 조 제2항이 그 형의 '일부'에 대하여 집행을 유예할 수 있는 때를 형을 '병과'할 경우로 한정하고 있는 점에 비추어 보면, 조문의 체계적 해석상 하나의 형의 전부에 대한 집행유예에 관한 규정이라 할 것이다.

또한, 하나의 자유형에 대한 일부집행유예에 관하여는 그 요건, 효력 및 일부 실형에 대한 집행의 시기와 절차, 방법 등을 입법에 의해 명확하게 할 필요가 있으므로, 그 인정을 위해서는 별도의 근거규정이 필요하다고 할 것이다.

〔연　　구〕

Ⅰ. 들어가며

하나의 형에 대한 일부집행유예란 하나의 징역이나 금고 등 자유형을 선고할 때 그 형기 일부에 대해서만 집행을 유예하는 것을 말한다. 예를 들어, 징역 2년을 선고하면서 1년 6월만 집행을 유예하고 나머지 6월은 집행하는 경우이다. "집행유예는 그 형의 일부로 한정할 수 없다." (독일형법 제56조 제4항)라고 하여 하나의 형의 일부에 대한 집행유예의 가능성을 처음부터 배제하고 있는 독일과는 달리 우리나라 형법 제62조 제2항에서는 "형을 병과할 경우에는 그 형의 일부에 대하여 집행을 유예할 수 있다."고 규정하고 있을 뿐이어서 이에 대한 논란이 있다.

이 대상판결은 하나의 형(징역 또는 금고)을 선고하는 경우에는 그 형의 일부에 대해서 집행을 유예하는 일부집행유예는 현행 형법 하에서는 선고할 수 없다는 점을 분명히 하였다는 데에 그 의의가 있다.[3] 대부분의 학설도 하나의 형에 대한 일부집행유예를 부정하고 있다.[4]

학설은 형법 제62조 제2항의 반대해석을 근거로, 즉 형법 제62조 제2항이 그 형의 일부에 대하여 집행을 유예할 수 있는 때를 형을 병과할 경우로 한정하고 있기 때문에 형을 병과할 경우 이외에는 형의 일부에 대하여 집행유예를 할 수 없다는 뜻으로 해석하고 있다. 대상판결은 —이에 더 나아가— 형법 제62조 제1항도 이를 인정하는 근거규정으로 볼 수 없다고 하였다. 즉, 형법 제62조 제1항이 '형'의 집행을 유예할 수 있다고만 규정하고 있다고 하더라도 이는 —형법 제62조 제2항과의 체계적 해석상— '하나의 형의 전부'에 대한 집행유예에 관한 규정이라 할 수 있기 때문에 형법 제62조 제1항도 형의 일부에 대하여 집행유예를 인정하는 근거규정으로 볼 수 없다고 하였다.

이 글에서는 원칙적으로 대상판결에 찬성하지만 —통설 및 대상판결과 같이— 하나의 형에 대한 일부집행유예 문제가 과연 형법 제62조 제2항의 해석문제인지 하는 점과, 형법 제62조 제1항을 '하나의 형의 전부'에 대한 집행유예에 관한 규정으로 특정하는 것이 타당한 것인가 하는 점에 의문을 제기하고자 한다. 이를 위해 논의의 순서는 먼저 형법 제62조 제2항의 의미를 살펴보고(Ⅱ), 이어서 제62조 제2항과의 관계 속에서 제62조 제1항의 의미를 검토한다(Ⅲ). 그리고 대상판결에서 언급한 '하나의 형'의 개념 내용을 검토한다(Ⅳ). 마지막으로 대상판결

3) 본 대상판결에 대한 평석으로는 또한 오영근, "일부 집행유예의 가부 및 집행유예기간의 시기", 한국고시, 2007. 4. 27.자를 참조 바람.

4) 오영근, 형법총론, 2006, 793쪽; 김성돈, 형법총론, 2006, 907쪽; 이재상, 형법총론, 2004, 592쪽; 박상기, "형의 집행유예에 관한 연구", 한국형사정책연구원, 1993, 115쪽; 박상기, "현대 집행유예제도와 형법개정안", 연세대 연세행정논총 제18집, 1992. 2, 209쪽; 손동권, "집행유예의 요건과 예외", 비교형사법연구 제8권 제1호, 2006, 204쪽; 황정익, "형법상 유예제도의 문제점과 개선방안(토론문)", 형사법연구 제22호 특집호, 2004, 621쪽; 윤용규, "한국의 형유예제도: 선고유예와 집행유예", 비교형사법연구 제6권 제2호, 2004, 361쪽; 양영태, "집행유예에 관한 소고", 사법연구자료 제8집, 1981, 379쪽. 유일하게 긍정적인 입장에 있는 견해로는 박희수(판사), "우리 형법상 일부집행유예의 선고가 가능한가", 법률신문 제1814호(1989. 1. 23), 10쪽.

에 대한 평가와 여론으로 입법론적 측면을 검토하기로 한다(V).

Ⅱ. 형법 제62조 제2항의 해석

형법 제62조 제2항은 "형을 병과할 경우에는 그 형의 일부에 대하여 집행을 유예할 수 있다."고 규정하고 있다. 이 제62조 제2항은 '형을 병과할 경우'와 '그 형의 일부에 대하여 집행을 유예'라는 2가지 문장 구성을 가진다.

그런데 통설은 형의 일부에 대한 집행유예는 형을 '병과할 경우'로 한정된다고 한다. 따라서—명확하게 설명하고 있지는 않지만 제62조 제2항의 반대해석에 근거하여—하나의 형에 대한 일부집행유예의 경우는 형이 병과되는 경우가 아닌 하나의 형에 대한 것이기 때문에 형법 제62조 제2항에 규정하고 있는 '형을 병과할 경우'에 해당되지 아니하고, 이로 인하여 형에 대한 일부집행유예는 인정되지 않는다고 한다. 이는 형법 제62조 제2항의 2가지 문장 구성성분 가운데 '형의 병과'에서 그 해결의 실마리를 찾는 것이다. 이러한 설명방식에는 다음과 같은 의문이 제기된다.

1. 형을 '병과'할 경우의 의미

(1) 형법상 '형이 병과'되는 경우

'형의 병과'란—일반적인 의미로서—두 가지 이상의 형벌을 함께 부과하는 것을 말한다. 이 '두 가지 이상의 형벌'에는 '이종의 형' 및 '동종의 형' 모두가 포함될 수 있을 것이다. 현행 형법상 '형이 병과될 수 있는 경우'는 다음과 같이 4가지 형태를 상정해 볼 수 있다.

1) 첫째는, 형법 제37조 전단 및 제38조 제1항 제3호에 의하여 '이종의 형'이 병과될 수 있다. 동시적 경합범(제37조 전단)의 경우 각 죄에 정한 형이 무기징역이나 무기금고 이외의 이종의 형인 때에는 병과한다(제38조 제1항 제3호). 이종의 형이란 징역과 벌금, 징역과 자격정지, 벌금과 자격정지 등 제41조 각 호에 규정되어 있는 형을 말한다.

다만 징역과 금고는 동종의 형으로 간주하여 징역형으로 처벌한다(형법 제38조 제2항).

2) 둘째는, 형법 제37조 전단 및 제38조 제1항 제2호 단서에 의하여 '동종의 형'이 병과될 수 있다. 동시적 경합범(제37조 전단)의 경우 각 죄에 정한 형이 사형 또는 무기징역이나 무기금고 이외의 동종의 형인 때에는 가장 중한 죄에 정한 장기 또는 다액에 그 2분의 1까지 가중하지만 과료와 과료, 몰수와 몰수는—동종의 형이라도— 병과할 수 있다.

3) 셋째는, 형법각칙(또는 특별형법) 개별규정에 의하여 이종의 형이 병과될 수 있다. 즉, 형법각칙(또는 특별형법)에 하나의 죄에 대하여 형의 병과를 규정하고 있는 죄의 경우에는 병과가 이루어질 수 있다. 이러한 경우는 예를 들어 형법 제124조(불법체포, 불법감금)와 같이 병과가 필요적인 경우와 제114조 제3항(범죄단체의 조직)과 같이 병과가 임의적인 경우로 나누어 볼 수 있다.[5)] [6)]

4) 넷째는, 형법 제37조 후단 및 제39조 제1항에 의하여 확정판결 이전과 이후의 여러 개의 범죄에 대하여 하나의 판결로 두 개 이상의 동종의 형 또는 이종의 형이 동시에 선고될 수 있다. 예를 들어 a, b, c, d죄를 범한 후 c죄에 대하여 금고 이상의 형의 확정판결이 있고 이후 e, f죄를 범한 경우 a, b, d죄는 동시적 경합범이 되고 a, b, d죄와 c는 사후적 경합범이 된다. 그리고 e, f죄는—a, b, c, d죄와는 별개로— 동시적 경합범이 된다. 따라서 이 경우 형을 선고할 경우 a, b, d죄와 c는 사후적 경합범으로 형벌을 정하고(제39조 제1항), 그리고 e, f죄는

5) 형법각칙상 (이종의)형의 병과가 필요적인 경우는 제124조, 제125조, 제128조의 경우이고 그 밖의 경우는 모두 형의 병과가 임의적인 경우이다.

6) 형법각칙 개별규정에 의하여 병과될 수 있는 이종의 형의 유형은 다음과 같다. ① 〈징역과 자격정지〉가 병과되는 경우: 제114조, 제124조, 제125조, 제128조, 제131조, 제237조, 제238조, 제256조, 제265조, ② 〈징역 또는 벌금과 자격정지〉가 병과되는 경우: 제282조, 제345조, 제353조, 제358조, ③ 〈징역(또는 금고)과 벌금〉이 병과되는 경우: 제117조, 제249조, 제363조, ④ 〈징역과 벌금 또는 자격정지〉가 병과되는 경우: 제204조, 제209조, 제220조, 제295조.

동시적 경합범으로 형을 정하여 병과하게 된다.[7] 전자와 후자 각각에 대하여 자유형이 선고되어 병과될 수도 있고(동종의 형), 전자에 대하여는 자유형, 후자에 대하여는 벌금형이 선고되어 자유형과 벌금형이 병과될 수 있다(이종의 형).[8]

(2) 제 62 조 제 2 항에서 '형의 병과'의 의미

위의 네 가지의 형의 병과가 가능한 경우 가운데, 세 번째 3)의 경우는—의문의 여지없이— 형법 제62조 제2항에서의 '형을 병과'할 경우의 의미에 포함된다. 형법 제62조 제2항은 형법각칙(또는 특별형법) 개별규정에 의하여 이종의 형이 병과되는 경우를 상정하여 입법된 것이기 때문이다. 그리고 첫 번째 1)의 경우도—세 번째 3)의 경우와 마찬가지로— 그 병과가 이루어지는 원인, 즉 적용법조에 의한 차이만 있을 뿐 '이종의 형'이 병과된다는 점에서 동일하기 때문에 형법 제62조 제2항의 포섭범위에 포함된다고 할 수 있을 것이다. 즉, 첫 번째 1)과 세 번째 3)은 하나의 판결로 <u>하나의 형</u>을 선고하면서 <u>이종의 형을 병과</u>한다는 점에서 동일하고, 다만 전자는 수개의 죄에 정한 형이 이종인 경우에 대한 병과이고, 후자는 일죄에 정한 형이 이종인 경우에 대한 병과라는 점에서 차이가 있을 뿐이다.[9]

반면, 두 번째 2)는 집행유예가 불가능한 경우 — 징역형에 대해서만 집행유예가 인정되기 때문에— 이므로 기본적으로 형법 제62조 제2항에서의 '형을 병과'할 경우의 의미에 포함시켜 논의할 하등의 이유가 없는 경우이다.

문제는 네 번째 4)의 경우이다. 즉 이 경우가 ① 형법 제62조 제2

7) 대법원 1970.12.22. 선고 70도2271 판결(확정판결 전에 저지른 범죄와 그 판결 후에 저지른 범죄는 서로 겹쳐 있으나 본조의 경합범 관계에 있는 것은 아니므로 두 개의 주문으로 각각 따로 처벌한 조치는 정당하다).

8) 그러나 예를 들어 a, b, c, d죄를 범한 후 c죄에 대하여 금고 미만의 형의 확정판결이 있은 이후 e, f죄를 범한 경우에는 a, b, d, e, f죄는 동시적 경합범이 되기 때문에 두 개 이상의 형이 선고될 수는 없다(2004년 형법개정으로).

9) 형법 제38조 제1항 제3호는 각 죄에 정한 형이 이종인 경우뿐 아니라 일죄에 대하여 이종의 형을 병과할 것을 규정한 경우에도 적용된다(대법원 1955.6.10. 선고 4287형상210 판결).

항의 '형의 병과'에 해당되느냐 하는 것과, ② '형의 병과'에 해당되지 않는다면 형의 일부에 대한 집행유예가 불가능한지가 문제된다. 먼저, 형법 제62조 제2항의 '형의 병과' 해당성 여부에 대하여 대법원은 이 경우는 형의 집행의 효과가 '병과'로 나타날 뿐이지 실질적으로는 한 개의 판결에 의해 두 개 이상의 형(동종의 형 또는 이종의 형)을 따로 선고한 것이기 때문에 제62조 제2항에서 의미하는 '형을 병과'할 경우의 의미에 포함되지 않는다고 한다.[10)] [11)] 학설도 이점에 대하여는 이론이 없는 것 같다. 결국, 형법 제62조 제2항에서의 '형을 병과'할 경우란 집행유예의 대상이 되는 징역(또는 금고)에 그보다 가벼운 형으로 집행유예의 대상이 되지 않는 이종의 형(자격정지, 벌금 등)을 병과할 때를 의미하는 것이라고 할 것이다.[12)] [13)] 그렇다면 —두 번째 문제로— 이 경우에는 제62조 제2항에서의 '형의 병과'에 해당되지 않기 때문에, 제62조 제2항의 적용이 배제되어 당연히 형의 일부에 대한 집행유예가 인정되지 않는 것인가? 통설 및 대상판결과 같이 일부에 대한 집행유예는 형을 병과한 경우에 한하여 인정되는 것으로 제62조 제2항을 해석하는 한, 네 번째 4)의 경우에도 당연히 형의 일부에 대한 집행유예가 부정될 수밖에 없다. "경합범 사이의 확정판결에 있어서 주문이 두 개

---

10) 대법원 2001.10.12. 선고 2001도3579 판결; 대법원 2002.2.26. 선고 2000도4637 판결.

11) 반면에, (대법원 2002.2.26. 선고 2000도4637 판결의)하급심에서는 제62조 제2항의 "형의 병과"란 의미를 폭넓게 이해하였다. 즉 형법 제62조 제2항에서 규정하고 있는 '병과'라 함은 형법 제38조 제1항 제2호 단서에서 보듯이 종류가 같은 여러 개의 형을 함께 선고하는 경우까지 포함하는 개념이기 때문에(반드시 형법 제124조, 제125조, 제128조, 산림법 제118조 제1항 후문 등 개별 형벌 법규나 형법 제38조 제1항 제3호 등에 의하여 서로 다른 종류의 형들이 함께 부과되는 경우만을 뜻하는 것은 아니므로) 형법 제37조 후단 및 제39조 제1항에 따라 두 개 이상의 형을 동시에 선고하는 경우에도 제62조 제2항에 따라 그 중 일부 형의 집행을 유예할 수 있다고 하였다(대전고등법원 2000.9.22. 선고 2000노337 판결).

12) 사법연수원, 형사재판실무 I, 2004, 75쪽; 서보학, "'일부'집행유예제도와 'short sharp shock'", 형사정책 제9호, 1997, 253쪽; 손동권, 앞의 글, 204쪽.

13) 형법 제59조 제2항이 "형을 병과할 경우에도 전부 또는 일부에 대하여 그 선고를 유예할 수 있다."라고 규정한 이유, 즉 '전부'의 개념을 추가한 이유는 징역, 금고, 자격정지, 벌금 등 병과할 수 있는 모든 형종이 선고유예의 대상이 되기 때문이다.

가 나오는 경우라 할지라도 이때에는 주문이 두 개 나오는 경우이지 형을 병과할 경우는 아니므로 그 중 형의 일부에 대하여 집행유예를 선고할 수는 없다."고 하는 견해[14]가 나올 수 있는 것도 이와 같은 이유에서이다. 이 견해는 동일한 논리에서 하나의 자유형에 대한 일부 집행유예도 불가능하다고 주장하고 있다.[15]

그러나 이에 대하여 우리나라 대법원은 2001년 이후—그 이전에는 두 개 이상의 자유형을 동시에 선고하면서 그 중 하나의 형에 대한 집행유예가 가능한가에 대하여 학설상의 논의는 거의 전개되고 있지 않았다—명확히 적극적인 입장을 표명하고 있다. 즉, "형법 제37조 후단의 경합범 관계에 있는 죄에 대하여 형법 제39조 제1항에 의하여 따로 형을 선고하여야 하기 때문에 하나의 판결로 두 개의 자유형을 선고하는 경우 그 두 개의 자유형은 각각 별개의 형이므로 형법 제62조 제1항에 정한 집행유예의 요건에 해당하면 그 각 자유형에 대하여 각각 집행유예를 선고할 수 있는 것이고, 또 그 두 개의 자유형 중 하나의 자유형에 대하여 실형을 선고하면서 다른 자유형에 대하여 집행유예를 선고하는 것도 우리 형법상 이러한 조치를 금하는 명문의 규정이 없는 이상 허용되는 것으로 보아야 할 것이다."라고 하고 있다.[16] 다시 말해서, 대법원은 제62조 제2항의 '형을 병과'한다는 의미를 명확히 하고 있지는 않지만, 네 번째 4)의 경우는 하나의 판결에 의한 것이기는 하지만 2개의 형은 별도의 독립된 형이므로 양자를 병과한 것으로 볼 이유나 필요도 없기 때문에 —형법 제62조 제2항의 적용의 문제로 보지 않고—제62조 제1항의 적용 검토에 의해 그 일부에 대한 집행유예를 인정하고 있는 것이다.[17] [18]

---

14) 양영태, 앞의 글, 379쪽.

15) 양영태, 위의 글, 379쪽.

16) 이에 관한 논의는 박재필, "뇌물죄에 있어 직무관련성과 뇌물성 및 확정판결 이전과 이후의 두 개의 범죄에 대하여 하나의 판결로 두 개의 형을 선고하는 경우 그 중 하나의 징역형에 대하여만 집행유예를 선고할 수 있는지 여부(2001도3579 판결)", 대법원판례해설 통권 제39호(2001년 하반기), 2002, 394쪽 이하 참조.

17) 대법원 2001.10.12. 선고 2001도3579 판결; 대법원 2002.2.26. 선고 2000도4637 판결.

18) 이 대법원 판결을 제62조 제2항의 해석문제로 이해하는 견해(김성돈, 형법총론,

이상과 같은 맥락에서 볼 때, “하나의 형에 대한 일부집행유예” 문제는 형이 병과되는 경우가 아닌 하나의 형에 대한 것이기 때문에—통설과 같이—형법 제62조 제2항에 규정하고 있는 ‘형을 병과할 경우’에 해당되지 아니하고 이로 인하여 형에 대한 일부집행유예는 인정되지 않는다고 결론을 맺을 수는 없다. 위의 네 번째 4)의 경우에 대한 〈대법원〉의 기본 입장을 볼 때, 하나의 형의 일부에 대한 집행유예의 허용성 문제도 단지 형법 제62조 제2항의 반대해석의 문제로 당연히 부정되는 것이 아니라, 집행유예 요건을 규정하고 있는 형법 제62조 제1항에 의한 허용 가능성 여부가 검토되어야 할 것이다.

2. ‘일부’의 의미

또한 대상판결(및 통설)이 “(제62조) 제2항이 그 형의 ‘일부’에 대하여 집행을 유예할 수 있는 때를 형을 ‘병과’할 경우로 한정하고 있는 점에 비추어 보면” 이라고 하여, 하나의 형의 일부에 대한 집행유예의 인정여부 판단의 근거점을 제62조 제2항의 문언인 ‘일부’에 두고서 문제해결에 제62조 제2항의 관련성을 언급하여 논의를 전개하고 있다. 이러한 점에도 다음과 같은 의문이 있다.

‘병과’라는 개념은—상술한 바와 같이—두 가지 이상의 형벌을 함께 부과하는 것을 의미한다. 따라서 제62조 제2항에서 ‘병과’와 나란히 언급되고 있는 ‘일부’라는 개념은 두 가지 이상의 형(이종의 형) 가운데

〈표 1〉 ‘일부’에 대한 집행유예 예시

	선 고	형의 ‘일부’(집행유예)
형의 병과(A + B) (제62조 제2항)	징역 3년(A)과 벌금 1,000만원(B) 병과	징역 3년 (A의 전부)
하나의 형(A)	징역 3년(A)	징역 3년 가운데 징역 2년 (A의 일부)

2006, 907쪽)가 있지만 이는 동 판결에 대한 잘못된 이해로 생각된다.

하나의 형(자유형)을 말하는 것으로 해석될 것이다. 결국, 제62조 제2항에서 형의 '일부'라는 개념은 "하나의 형의 일부에 대한 집행유예"에서 의미하는 형의 '일부'라는 개념과는 완전히 다른 내용을 갖는다. 전자는 (예를 들어) 병과된 징역형과 벌금형 가운데 징역형을, 후자는 하나의 징역형의 한 부분을 의미한다.

이처럼 양자 간의 '일부' 개념의 본질적인 차이에도 불구하고, 하나의 형에 대한 일부집행유예 문제는—'일부' 개념을 동일한 개념으로 파악하여 형의 일부에 대한 집행유예는 형을 '병과할 경우'로 한정된다고 전제를 삼고서—형이 병과되는 경우가 아닌 하나의 형에 대한 문제이기 때문에 형법 제62조 제2항에 규정하고 있는 "형을 병과할 경우"에 해당되지 아니하고, 이로 인하여 형에 대한 일부집행유예는 인정되지 않는다고 하는 것은 의문이다. 애당초 하나의 형에 대한 일부집행유예 문제는 형법 제62조 제2항과는 전혀 관련이 없는 문제이기 때문이다.

결론적으로, 하나의 형의 일부에 대한 집행유예 문제는—'일부'라는 개념의 차이 때문에—기본적으로 형법 제62조 제2항과는 전혀 관련이 없는 문제라고 할 것이다.

3. 소 결

결국, 하나의 형의 일부에 대한 집행유예의 인정여부는 제62조 제2항의 반대해석으로 당연히 부정되어야 하는 것은 아니다. 이 문제를 제62조 제2항에서 의미하는 '병과'라는 개념으로 해결하는 것은 하나의 판결로 두 개 이상의 형을 선고하는 경우의 해결을 합리적으로 설명하지 못하기 때문이다. 또한 더 나아가 제62조 제2항에서 형의 '일부'라는 개념과 "하나의 형의 일부에 대한 집행유예"에서 의미하는 형의 '일부'라는 개념은 서로 다른 내용을 가지고 있기 때문에, 하나의 형에 대한 일부집행유예 문제는 제62조 제2항과는 전혀 무관한 문제가 되어 버린다.

요컨대, 하나의 형의 일부에 대한 집행유예에 대한 허용성 문제는 형법 제62조 제2항의 적용여부 문제로 결론 지워지는 문제가 아니다.

양자는 전혀 관련성이 없는 내용들이기 때문이다. 다시 말해서, 형법 제62조 제2항이 하나의 형의 일부에 대한 집행유예를 부정하는 근거 조문으로 해석될 수는 없다는 것이다. 결국, 하나의 형의 일부에 대한 집행유예의 인정여부는 ― 단지 형법 제62조 제2항의 반대해석의 문제로 당연히 부정되는 것이 아니라 ― 형법 제62조 제1항에 의한 허용 가능성 문제로 검토되어야 할 것이다.

Ⅲ. 형법 제62조 제1항의 해석

대상판결에서 하급심과 대법원의 견해는 제62조 제1항과 제2항의 관계를 바라보는 시각에 큰 차이를 보이고 있다.

대법원은 제62조 제1항 및 제2항의 관계를 원칙과 예외의 관계로 본다. 제62조 제2항은 형을 병과하는 경우에 한하여 ―예외적으로― 형의 '일부'에 대한 집행유예를 인정하는 규정이기 때문에, 제62조 제1항은 ―원칙규정으로서― 동조 제2항의 반대해석에 의해 '병과'형은 '하나'의 형으로 '일부'는 '전부'로 대치시켜, "하나의 형의 전부"에 대한 집행유예를 인정하는 규정으로 해석한다. 따라서 형법 제62조 제1항의 "… 때에는 1년 이상 5년 이하의 기간 형의 집행을 유예할 수 있다."는 "… 때에는 1년 이상 5년 이하의 기간 하나의 형의 전부에 대한 집행을 유예할 수 있다."로 해석된다. 이에 따라 하나의 형의 일부에 대한 집행유예는 형법 제62조 제1항에 의해서도 허용될 수 없게 된다.

반면 하급심은 제62조 제1항 및 제2항의 관계를 원칙과 원칙의 관계로 본다. 즉, 제62조 제2항은 이종의 형을 병과하는 경우 이 이종의 형의 '일부'에 대한 집행유예 인정규정이고, 제62조 제1항은 (모든 경우에) 형의 '전부'에 대한 집행유예 인정규정 또는 단일 형종을 부과하는 경우 단일 형종의 형의 '일부'에 대한 집행유예 인정규정이라고 이해한다. 즉, "형법 제62조 제1항은 … '형'의 집행을 유예할 수 있다고 규정하고 있을 뿐이어서 문리해석상 본조의 '형'이 '선고형 전부'만을 지칭하고 '선고형 일부'는 배제하는 것으로 해석할 근거는 없다. 오히려 단

〈표 2〉 제62조 제1항 및 제2항의 관계

	제62조 제1항 및 제2항의 관계		
대법원	원칙과 예외의 관계	제62조 제1항	(모든 경우에)형의 "전부"에 대한 집행유예 인정규정
		제62조 제2항	(형을 병과하는 경우에 한하여)형의 "일부"에 대한 집행유예 인정규정
하급심	원칙과 원칙의 관계	제62조 제1항	• (모든 경우에)형의 "전부"에 대한 집행유예 인정규정 또는 • (단일 형종을 부과하는 경우)단일 형종의 형의 "일부"에 대한 집행유예 인정규정
		제62조 제2항	(이종의 형을 병과하는 경우)이종의 형의 "일부"에 대한 집행유예 인정규정

지 '형'이라고만 규정할 뿐 선고형의 '전부' 혹은 '일부'에 관한 제한이 없기 때문에 선고형의 '전부 또는 일부'라고 해석하는 것이 본조의 문리에 충실한 해석방법일 것이다. 형법 제62조 제2항은 "… 문언대로 이종의 형을 병과하는 경우에 관한 것으로서 단일 형종의 일부에 관한 규정이 아니다."라고 해석한다. 따라서 하나의 형의 일부에 대한 집행유예는 형법 —제62조 제2항과는 상관없이— 제62조 제1항에 의해서 허용될 수 있게 된다.

생각건대, 형법 총칙상 집행유예에 관한 규정은 총 5개 규정이 있고(제62조 내지 제65조), 이 가운데 집행유예 요건을 규정한 조문이 제62조이다. 그런데 제62조 제1항은 집행유예의 요건, 즉 ① 3년 이하의 징역 또는 금고의 형을 선고할 경우, ② 정상에 참작할 만한 사유가 있는 때, ③ 금고 이상의 형을 선고한 판결이 확정된 때부터 그 집행을 종료하거나 면제된 후 3년까지의 기간에 범한 죄가 아닐 것 등을 규정하고 있다. 반면 제62조 제2항은 제62조 제1항의 집행유예시 형을 병과하는 경우의 일부집행유예를 규정하고 있을 뿐이다. 따라서 제62조 제2항을 제62조 제1항과 동일한 수준에서 하나의 또 다른 집행유예 요

〈표 3〉 대상판결의 해석(대법원)에 따른 '일부'의 의미

	선고(예시)	해 석		결 과
제62조 제 2 항	징역 3년(A)과 벌금 1,000만원(B) 병과	병과하는 형의 일부	→	징역 3년(A): A의 전부
제62조 제 1 항	징역 3년(A)	하나의 형의 전부	→	징역 3년(A): A의 전부

건(내용)을 기술한 것으로 파악하기는 어렵다. 즉, 하급심과 같이 형법 제62조 제1항 및 제2항이 각각 독립된 형태의 원칙을 선언한 규정으로 보기는 어렵다. 따라서 제62조 제1항을 단일 형종을 부과하는 경우 단일 형종의 형의 '일부'에 대한 집행유예 인정규정으로 인정할 수는 없다.

그러나 기본적으로 제62조 제1항과 제2항이 —대상판결과 같이— 원칙과 예외의 관계라 할지라도 대법원과 같이 제62조 제1항의 "… 때에는 1년 이상 5년 이하의 기간 <u>형의 집행을 유예할 수 있다</u>."를 "… 때에는 1년 이상 5년 이하의 기간 <u>하나의 형의 전부에 대한 집행을 유예할 수 있다</u>."로 해석하는 것은 타당하지 않다. 상술한 바와 같이, 하나의 형에 대한 일부집행유예에서의 '일부'와 제62조 제2항에서의 '일부'의 개념은 본질적으로 차이가 있고, 이 때문에 각각 이에 대치되는 전부라는 개념도 서로 다르다.

대상판결은 "…(제62조) 제2항이 그 형의 '일부'에 대하여 집행을 유예할 수 있는 때를 형을 '병과'할 경우로 한정하고 있는 점에 비추어 보면, 조문의 체계적 해석상 <u>하나의 형의 전부</u>에 대한 집행유예에 관한 규정이라 할 것이다."라고 하여, '병과하는 형의 일부'(제62조 제2항)의 대치 개념을 '하나의 형의 전부'(제62조 제1항)로 정의하고 있다. 문구를 단순히 대치시키면 이와 같은 용어 사용은 타당할지 모르지만, 형법 제62조 제1항 및 제2항의 해석과 연결시키면 이러한 대치개념은 완전 모순에 빠져버린다. 대상판결에서 말하는 제62조 제1항의 '하나의 형의 전부'는 논리적으로 치면 결국 형법 제62조 제2항의 '형의 일부'와 동일

한 개념이 되어 버리기 때문이다. 즉 제62조 제1항의 '하나의 형의 전부'는 —〈표 3〉에서— 'A의 전부'이고, 제62조 제2항의 '형의 일부'도 'A의 전부'이기 때문이다.

Ⅳ. "하나의 형"의 실질적 내용

대상판결의 제62조 제1항의 해석에 대한 타당성 문제는 그 표현하고 있는 "하나의 형의 전부"에서 '하나의 형'의 다의적 의미도 고려되어야 한다.

우리 형법상 형의 '일부'에 대한 집행유예의 가능성을 가지고 있는 모든 경우의 수를 상정해 보면 다음과 같이 4가지 형태가 가능하다. (1) 첫째, 1죄나 또는 경합범(제37조 전단, 제38조 제1항 제1호 내지 제2호)에 대하여 하나의 징역(또는 금고)을 선고할 때 형기 일부에 대해서만 집행을 유예하는 경우이다. (2) 둘째, 형법 각칙에 1죄에 대하여 형의 병과를 규정하고 있는 죄에 대하여 병과형을 선고할 때 그 형의 일부에 대하여 집행을 유예하는 경우이다. (3) 셋째,—형법 제37조 전단 및 제38조 제1항 제3호에 의하여—경합범에 대하여 이종의 형을 병과하면서 그 형의 일부에 대하여 집행을 유예하는 경우이다. (4) 넷째, 형법 제37조 후단 및 제39조 제1항에 의해 두 개 이상의 범죄에 대하여 하나의 판결로 두 개 이상의 형을 선고하면서 그 중 일부 자유형에 대하여 집행을 유예하는 경우이다. 이를 '피고인에게 선고되는 주문의 형태'를 기준으로 구분해 보면 〈표 4〉와 같다.

현재 통설 및 대법원의 견해에 따르면—상술한 바와 같이—〈표 4〉에서 제2 형태만이 형법 제62조 제2항의 적용대상이 되고, 제3 형태는 형법 제62조 제1항에 의해 일부집행유예가 가능하다고 한다. 그리고 〈대상판결〉은 형법 제62조 제1항에서의 '형'은 조문의 체계적 해석상 '하나의 형의 전부'라고 해석하여 제1형태에 대하여는 일부 집행유예를 인정할 수 없다고 한다.

그러나 대상판결이 의미하는 '하나의 형'은 그 실질적인 내용에 있어

〈표 4〉 피고인에게 선고되는 주문의 형태

구분	주문의 형태	대 상	비고
1	1개의 형이 선고되는 경우	① 1죄에 대한 선고	(1)
		② 경합범에 대한—제37조 전단 및 제38조 제1항 제1호 내지 제2호에 따른—선고	(1)
2	2개 이상의 형이 병과되는 경우	③ 형의 병과가 규정되어 있는 1죄에 대한 선고	(2)
		④ 경합범에 대한—제37조 전단 및 제38조 제1항 제3호에 따른—선고	(3)
3	2개 이상의 형이 따로 선고되는 경우	⑤ 경합범에 대한—제38조 후단, 제39조 제1항, 제38조 등에 따른—선고	(4)

서는 차이가 있는 경우가 있다. 즉, 선고되는 하나의 형은—위의 〈표 4〉에서 보는 바와 같이—① 1죄에 대한 선고에 의한 것과 ② 경합범에 대한—제37조 전단 및 제38조 제1항 제1호 내지 제2호에 따른—선고에 의한 것 2가지가 있다. 전자는 1개의 죄에 대한 1개의 형이고, 후자는 수개의 죄에 대한 1개의 형이라는 점에서 차이가 있다.

제37조 전단이 적용되는 경합범의 경우—제38조의 적용에 따라—수개의 죄에 정한 형이 동종(징역형)일 경우에는 1개의 징역형이 선고되고(제38조 제1항 제2호), 수개의 죄에 정한 형이 이종(징역형과 벌금 또는 자격정지)일 경우에는 (예를 들어)징역형과 벌금형이 병과된다(제38조 제1항 제3호). 이처럼 동일한 경합범이라 할지라도 그 정한 형이 동종이냐 또는 이종이냐에 따라 선고되는 주문의 형태가 달라지게 된다. 그런데 이러한 차이가 있음에 불과한데 후자에 대하여는 형법 제62조 제2항을 적용하여 일부집행유예를 인정하고, 전자에 대하여는 이를 인정하지 않는 것은 다소 합리성이 없어 보인다. 또한, 후자의 경우 이종의 형벌이기 때문에 이 가운데 징역형 부분을 추출하여 이에 대하여 집행유예가 가능할 수 있기 때문이라고 할 때, 전자의 경우에서도—1죄에 대한 1개의 형과는 달리—부분 개념을 추출할 수 없는 것은 아니

라고 생각된다.

논리적으로 '1개의 죄에 대한 1개의 형'을 선고하는 경우 이에 대한 일부집행유예를 인정하지 않는 것은 수긍이 갈 수 있다. 그러나 '1개의 형'을 선고하는 경우 무조건 일부집행유예를 인정하지 않는 것은 '1개의 죄에 대한' 1개의 형과 '수개의 죄에 대한' 1개의 형의 성격차이를 도외시하는 것이라고 생각된다.[19)]

V. 결 론

1. 평 가

하나의 형의 일부에 대한 집행유예의 인정여부는 제62조 제2항의 해석과는 전혀 관련이 없는 문제이다. 제62조 제2항에서의 형의 '일부'라는 개념과 '하나의 형의 일부에 대한 집행유예'에서 의미하는 형의 '일부'라는 개념은 서로 다른 내용을 가지고 있기 때문이다. 따라서 제62조 제2항의 형의 '일부'라는 근거점을 가지고, 형의 일부에 대한 집행유예는 형을 '병과할 경우'로 한정된다고 하여 하나의 형의 일부에 대한 집행유예의 경우는 형이 병과되는 경우가 아니기 때문에 이는 인정되지 않는다고 설명할 수 없다. 요컨대 하나의 형의 일부에 대한 집행유예 문제는 집행유예의 요건을 규정하고 있는 형법 제62조 제1항에 의한 허용 가능성 문제로 검토되어야 할 것이다.

형법 제62조 제1항은 집행유예의 요건에 관한 내용을 규정하고 있는 반면, 제62조 제2항은 동조 제1항에 따른 집행유예시 형을 병과하는 경우의 일부집행유예를 규정하고 있을 뿐이다. 따라서 제62조 제2항을 제62조 제1항과 동일한 수준에서 하나의 또 다른 집행유예 요건(내용)

19) 현재 대법원도 —기본적으로— 1죄에 대한 형과 수개의 죄에 대한 형의 성격차이를 인정하고 있다. 예를 들어, 1죄에 대하여 징역형과 벌금형을 병과하는 경우 특별한 규정이 없는 한 징역형에만 작량감경을 하고 벌금형에는 작량감경을 하지 않는 것은 위법하다고 하고 있지만(대법원 1976. 9. 14. 선고 76도2012 판결; 1977. 7. 26. 선고 77도1827 판결; 1997. 8. 26. 선고 96도3466 판결 등), 수개의 죄 즉, 경합범에 대하여 징역형과 벌금형을 병과하는 경우에는 징역형에만 작량감경을 한 것은 위법하지 않다고 한다(대법원 2006. 3. 23. 선고 2006도1076 판결).

을 기술한 것으로 파악하기는 어렵다. 즉 하급심과 같이 형법 제62조 제1항 및 제2항이 각각 독립된 형태의 원칙을 선언한 규정으로서, 제62조 제2항은 이종의 형의 '일부'에 대한 집행유예 인정규정으로 제62조 제1항은 단일 형종의 형의 '일부'에 대한 집행유예 인정규정으로 이해하기는 어렵다. 그렇다 할지라도—대상판결에서의 대법원과 같이—제62조 제1항의 "…형의 집행을 유예할 수 있다."를 "…하나의 형의 전부에 대한 집행을 유예할 수 있다."로 해석하는 것도 타당하지 않다. 하나의 형에 대한 일부집행유예에서의 '일부'와 제62조 제2항에서의 '일부'의 개념은 본질적으로 차이가 있고 이 때문에 각각 이에 대치되는 전부라는 개념도 서로 다르다. 한편 '하나의 형'의 의미에는 '1개의 죄에 대한' 1개의 형과 '수개의 죄에 대한' 1개의 형이라는 2가지가 포함될 수 있는데 이 양자를 동일하게 취급하는 것은 불합리하다고 생각된다.

하나의 자유형에 대한 일부집행유예는—후술하는 부정설에서와 같이—피고인에게 유리하게 작용하는 것만으로 볼 수 없기 때문에, 현행법 체계 하에서 법을 무리하게 해석해 가면서까지 이를 인정할 필요는 없을 것이다. 이러한 점에서 대상판결이 해석을 자제하고 입법에 의해 해결하여야 한다는 태도는 올바른 것이라고 할 수 있을 것이다.

2. 입 법 론

우리나라에서는 다양한 형사정책적 고려에서 하나의 형에 대한 일부집행유예제도를 도입해야 한다는 견해가 특히 실무계를 중심으로 입법론으로 주장되고 있다.[20]

20) 이응세, "집행유예의 양형실태 및 문제점", 재판실무자료(2), 2004, 201쪽; 조의현, "21세기 한국의 집행유예제도—현상과 문제점, 그리고 개선방안", 형사정책연구, 제17권 제4호(2006), 603쪽; 법원행정처, 형사재판제도의 개선(사법제도 개혁을 위한 제3차 법관세미나 결과보고서)—사법정책자료 제5집, 1991, 386쪽; 김대휘, "형벌제도의 개선방향", 사법행정, 제33권 제2호(1992/2), 28쪽; 윤용규, 위의 글, 361쪽; 박상기, 앞의 글(형의 집행유예에 관한 연구), 115쪽, 130쪽; 김성돈, 자유형제도의 개선방안, 한국형사정책연구원, 1995, 125-136쪽; 오영근, 앞의 책, 793쪽; 이 대상판결의 하급심(서울동부지방법원 2006.11.9. 선고 2006노892 판결)의 견해 등.

(1) 긍 정 설

형의 일부집행유예의 도입에 찬성하는 입장은, ① 중·장기의 실형을 선고하기에는 형이 너무 과중하고 형을 전부 유예시키기에는 피고인에게 인정되는 특권이 너무 크기 때문에 이러한 양극단의 집행유예체계를 해소하기 위하여 형의 일부에 대하여 집행유예를 선고함으로써 제재수단의 다양화와 개별사건에 적합한 제재부과의 필요성이 존재하고, ② 불구속재판을 정착시키기 위해서는 집행유예를 무죄선고와 동일하게 생각하는 일반국민과 행위자의 인상에 일정한 영향을 가하여 국가형벌권의 엄중함을 제시할 필요성이 있으며, ③ 특히 단기간의 짧지만 매운 충격(소위 short sharp shock 효과)을 줌으로써 행위자의 사회복귀를 촉진할 필요가 있다고 한다.

형의 일부에 대한 집행유예제도의 도입 모델은 대부분 현행과 같이 3년 이하의 징역(또는 금고)의 형을 선고할 경우에 그 형의 일부에 대한 유예를 인정하는 것을 염두에 두고 있는 듯하다. 그러나 이 모델에 대하여는 "법관이 기존의 형의 전부에 대한 집행유예보다는 일부의 집행유예라는 절충적 방법을 선호하게 되는 경향이 증가할 위험성을 배제할 수 없다."는 이유로, 이를 차단하기 위하여 선고형의 하한선을 정하여, 예를 들어 3년 이상의 선고형의 경우에만 이를 인정하는 방식을 주장하는 견해도 있다.[21)]

(2) 부 정 설

이에 반하여 일부집행유예제도의 도입에 대한 반대론도 강하다.[22)]

---

21) 박상기, 앞의 글, 130쪽; 조의현, 앞의 글, 603쪽. 이 모델은 전체 형벌에 대한 집행유예를 선고할 가능성이 차단되어 있는 범죄, 즉 관련된 전과 또는 범죄의 중함 때문에 집행유예가 처음부터 불가능한 경우에만 타당한 것이다(이에 관한 상세한 논의는 김성돈, 앞의 글(자유형제도 개선방안), 132쪽 이하 참조).

22) 김일수·서보학, 형법총론, 2003, 780쪽; 서보학, "'일부'집행유예제도와 'short sharp schock'", 형사정책 제9호, 1997, 258쪽 이하; 이재상, 앞의 책, 592쪽; 권오걸, "개정 형법상 집행유예", 법학연구(한국법학원) 제22집, 2006, 247쪽; 최상욱, "자유형의 정비방향", 비교형사법연구 제7권 제2호, 2005, 145쪽; 황정익, 앞의 글, 622쪽; 이진국, 사회내 제재수단의 도입 및 활성화방안, 한국형사정책연구원, 2004, 51쪽 이하; 정진연, "형의 집행유예제도", 숭실대학교 논문집(사회과학논총) 제7집,

그 근거로는 ① 일부집행유예를 도입하게 되면 일반적으로 단기간의 실형과 나머지 부분에 대한 집행유예라는 방식을 취하게 되는데, 이것은 단기자유형의 폐해를 방지하기 위하여 도입된 집행유예제도의 취지에 배치되며, ② 법원은 피고인에 대한 단기간의 위협과 일반예방의 관점에서 일부집행유예를 선호하게 되어 기존의 전부집행유예가 일부 집행유예로 변질될 가능성이 있고, ③ 단기간의 짧지만 매운 충격이 행위자의 장래 법준수행위를 담보하는 효과를 가져오기 보다는 오히려 교도소내에서 범죄에 감염되기 쉽고, ④ 집행유예와 보호관찰, 사회봉사명령 등을 결합시키는 경우에는 집행유예가 더 이상 무죄방면과 동일한 것이 아니라는 인식을 심어줄 수 있으며, ⑤ 현행 가석방 제도가 일부집행유예 기능을 수행하고 있다는 점을 들고 있다.

한편, 자유형에 대한 일부집행유예의 도입에는 반대하면서도, 벌금형에 대한 집행유예가 인정된다는 전제에서 벌금형의 일부집행유예에 찬성하는 견해[23]도 있다. 벌금형의 일부집행유예제도를 도입함으로써 경제사정이 열악한 피고인의 지위를 고려할 수 있고 이로써 자유형의 입지를 약화시켜 벌금형의 적용범위를 더 확대시킬 수 있다는 것이다.

(3) 소 결

제재수단의 다양화와 개별사건에 적합한 제재부과의 필요성 주장은 집행유예제도의 본래 취지와는 관련이 없는 문제이다. 집행유예 여부의 판단은 피고인의 장래 재범 위험성을 가지고 하여야 하기 때문이다. 이미 현행 가석방제도를 통해 "일부징역형 + 잔형기 집행유예"제도의 기능을 일부 수행하고 있다.[24]

일부집행유예 도입의 타당성을 형사사법의 효율성 관점에서 바라보는 것도 합리적이지 못하다. 즉 집행유예가 현실적으로 무죄방면과 동일한 것이 아니라는 점을 각인시키기 위하여 일부집행유예를 도입해야 한다는 논리는 사법편의주의적인 사고라 할 수 있다. 오히려 일부집

2004, 13쪽 등.

23) 서보학, 앞의 글, 263쪽 이하.

24) 서보학, 위의 글, 259쪽 참조.

행유예의 도입 타당성은 이 제도를 도입함으로써 나타나는 단기의 충격적 구금이 긍정적인 제재효과를 가져오는지에 중점을 두어서 판단하여야 한다. 이는 단기자유형의 폐해에 관련한 문제로서, 단기자유형은 개별국가의 형사정책적 기조에 따라 그것을 자주 활용하기도 하는 반면 오히려 개혁의 대상으로 삼기도 한다. 예컨대 독일에서는 단기자유형을 형법개혁의 핵심요소로 간주하고 있으며(형법 제47조에서 6월 미만의 자유형은 예외적으로 선고하도록 규정하고 있다), 이에 반해 오스트리아나 스위스 및 스칸디나비아 국가들은 단기자유형이 매우 선호되고 있다. 특히 교통범죄나 경제범죄와 같이 사회적으로 이미 통합이 되어 있어 특별하게 재사회화가 필요하지 아니한 행위자들에 대해서는 단기간의 짧지만 매운 충격이 의미를 가질 수 있다고 한다. 그럼에도 불구하고 단기자유형이 타 제재들보다 예방적 형벌목적을 더 잘 충족시킬 수 있는지, 보다 더 높은 효율성을 가져오는지에 관해서는 분명하게 말할 수 없다. 그렇다면 보충성과 최소침해라는 헌법적 원칙에 따라서 단기자유형의 집행을 자제하는 것이 더 적절하다. 특히 우리나라와 같이 구속률이 높게 나타나는 형사실무에서는 미결구금이 사실상 일부 집행유예의 기능을 담당하고 있고 형사절차 그 자체가 피의자/피고인에게 외견상 하나의 형벌로 나타나는 현재의 형사사법 체계하에서 피고인에게 특별하게 단기간 동안 매운 충격을 주어서 개별적인 위협을 할 필요가 없다. 나아가 특히 집행유예에 보호관찰이나 사회봉사 또는 수강명령을 결합시킴으로써 집행유예를 무죄와 동일시하는 행위자의 관념에 일정한 영향을 미칠 가능성도 있다.[25]

그리고 3년의 자유형을 넘어가는 중한 범죄들에 대해서까지 집행유예를 인정하자는 견해에 대하여는 비록 그것이 '일부'집행유예라 할지라도 지나치게 법적 대응이 약하다는 인상을 심어줄 수가 있고 결과적으로 이것은 법질서의 일반예방 효과를 떨어뜨리는 결과를 초래하게

25) 이진국, 앞의 글, 60쪽 참조.

될 것이라는 비판[26]은 타당한 지적이라 생각된다.

결국 자유형에 대하여 일부집행유예를 도입하자는 논의에 대해서는 득보다 실이 많다고 생각된다.

[주 제 어]
집행유예, 형법 제62조, 일부집행유예, 형의 병과

[Key-words]
suspension of execution of sentence, Criminal Law Article 62, Suspension of Execution of a Part, concurrent imposing of punishment

접수일자: 2008. 4. 16, 심사일자: 2008. 5. 18, 게재확정일자: 2008. 5. 29.

26) 서보학, 앞의 글, 262쪽 참조.

[Abstract]

Suspension of Execution of a Part of a Imprisonment

Lee, Cheon-Hyun*

It is not related to construction of Article 62② whether "suspension of execution of a part of a imprisonment" is admitted or not, because a concept of 'a part' in Article 62② and a concept of 'a part' in suspension of execution of a part of a imprisonment are different. The question of "suspension of execution of a part of a imprisonment" is related to construction of Article 62①.

While article 62① provides requisites for suspension of execution of sentence, Article 62② provides only suspension of execution of a part of sentence in case of concurrent imposing of punishment by article 62①. Therefore, it is difficult to comprehend that article 62② provide another requisites for suspension of execution of sentence as article 62①.

And it is unreasonable to interpret "… the execution of the sentence may be suspended" as "… the execution of the whole of a sentence may be suspended" in article 62①. Because a concept of 'a part' in suspension of execution of a part of a sentence and a concept of 'a part' in Article 62② are different essentially, and because a concept of 'the whole' in suspension of execution of a part of a sentence and a concept of 'the whole' in Article 62② are different essentially. And 'a sentence' has two meaning: a sentence against a crime and a sentence against several crimes. Therefore, it is unreasonable to interpret that 'a sentence' in article 62② and in suspension of execution of a part of a sentence have same meaning.

* Research Fellow, Korean Institute of Criminology, Ph.D. in Law.

It is proper that suspension of execution of a part of a imprisonment is solved by not interpretation but legislation, because it is of great no advantage to the accused.

협박죄의 범죄구성요건 유형

하 태 훈*

[대상판결] 대법원 2007. 9. 28. 선고 2007도606 전원합의체판결

[사실의 개요]

피고인은 ○○경찰서 정보보안과 소속 경찰공무원(경사)인 바, 피해자 공소외 1이 경북 고령군 다산면 소재 임야 약 25만 평에 ○○대학교 설립을 추진하기 위해 2001.10.16. 고령군수 공소외 3과 가칭 학교법인 ○○대학 건립 투자약정서를 체결한 뒤 고령군에 이행보증금 명목으로 2억 원을 지불하고, 2001.12.3. 공소외 5와 위 ○○대학교 설립을 위해 위 임야를 학교부지로 변경하는 내용의 용역 계약을 체결하면서 용역 계약비 명목으로 1억 6,410만원을 지불하는 등 위 학교설립을 추진하는 과정에서, 2001.10.30. 공소외 2에게 위 ○○대학교 설립을 위한 학교부지 중 상가 및 택지로 조성될 45,000평 중 2,000평을 분양해주겠다고 약정하고 2001.11.27.부터 2001. 12. 20.까지 사이에 3회에 걸쳐 위 공소외 2로부터 개발비 명목으로 6억 원을 교부받았으나, 위 ○○대학교 설립을 위한 재원이 마련되지 않아 학교 설립 계획이 무산될 위기에 처하게 되자, 2003. 5. 중순경 피고인은 6억 원을 반환받을 방법을 모색하고 있던 공소외 2로부터 고령군청이 ○○대학교 설립 추진위원회를 구성하여 주고 홍보를 하는 등의 책임도 있으니 공소외 1로부터 피해금 6억 원을 반환받을 수 있게 도와달라는 부탁을 받고 이를 승낙한 다음, 2003.5.30. 12:30경 공소외 2가 운영하는 회사 사무실에서 피해자 공소외 1(남, 65세)의 휴대폰으로 전화를 걸어 "나는 ○○경찰서 정보과에 근무하는 형사다. 공소외 2가 집안 동생인데 돈을 언제까지 해 줄 것이냐, 빨리 안 해주면 상부에 보고하여 문제를 삼겠다."라고 말하였다.

---

* 고려대학교 법과대학 교수, 법학박사.

[소송의 경과]

Ⅰ. 제 1 심(대구지방법원 2006. 8. 24. 선고 2005고단7219 판결)

Ⅱ. 항소심(대구지방법원 2006. 12. 28. 선고 2006노2627 판결)

1. 항소이유의 요지

피고인은 피해자 공소외 1의 휴대전화로 전화를 걸어 공소외 2에게 6억 원을 반환하지 아니할 경우 상부에 보고하여 수사에 착수하겠다는 취지로 말하여 그를 협박한 사실이 결코 없다. 다만, 피고인은 당시 ○○경찰서 정보과 소속 경찰관으로서 범죄 첩보의 수집을 위하여 피해자에게 위 공소외 2의 주장과 같이 개발비 명목으로 6억 원을 교부받았는지 여부 등을 확인하였을 뿐이다.

피고인이 피해자에게 위와 같은 취지로 말하였다고 하더라도, 그로 인하여 피해자가 당시 별다른 공포심을 느끼지 않았으므로(피해자는 원심법정에 증인으로 출석하여 당시 피고인의 위와 같은 전화를 받고도 자신은 잘못이 없었으므로 전혀 두려움을 느끼지 않았다고 진술하였음), 피고인의 위와 같은 행동은 협박죄에 있어 상대방에게 공포심을 줄 수 있는 정도의 해악의 고지에 해당하지 아니한다. 또한 피고인의 위와 같은 행위는 정보과 소속 경찰관의 정당한 권한의 행사 내지 업무상 정당행위로서 사회통념상 용인될 수 있다고 봄이 상당하다.

2. 판결이유요지

(1) 피고인이 2003. 5. 30.경 피해자에게 "위 공소외 2에게 6억 원을 반환하지 아니할 경우 상부에 보고하여 수사에 착수하겠다."라는 취지로 말한 사실이 있는지 여부에 관하여 살펴본다. 피고인은 당시 피해자에게 전화를 걸어 ○○과학대학교 설립 진행상황 및 위 공소외 2와의 계약 체결 여부 등을 확인하였을 뿐이라고 주장하며 이 부분 공소사실을 부인하고 있다. 그러나 기록에 의하여 피고인은 같은 날 위 공소외 8에게 전화를 걸어 ○○대학교 설립 진행상황에 관하여 이미 확인하였

음에도 피해자에게 다시 전화를 걸어 위 대학교 설립 진행상황 및 위 공소외 2와의 계약체결 여부만을 확인하였다는 것은 경험칙상 납득하기 어려운 점, 피고인은 2003. 6. 4.부터 같은 달 12.까지 고령군청 관계자들에게 전과자인 피해자와 ○○대학교 설립 약정을 체결하였음을 언론에 공개하겠다는 취지로 말하면서까지 피해자가 위 공소외 2에게 돈을 반환할 수 있도록 협조하여 줄 것을 요구한 점 등이 인정되므로 피고인의 주장은 믿기 어렵고, 오히려 피해자의 진술을 믿을 만하다. 따라서 피고인은 피해자에게 전화를 걸어 위 공소외 2와의 계약 체결 여부 등을 확인하는 데 그치지 아니하고 공소사실 제1항의 기재와 같은 취지로 말한 사실을 충분히 인정할 수 있다.

(2) 피고인의 위와 같은 내용의 발언이 협박죄에 해당하는지 여부 및 정당행위에 해당하는지의 여부에 관하여 살피건대, 협박죄에 있어서 '협박'이라 함은 상대방에게 공포심을 일으킬 목적으로 해악을 고지하는 행위를 의미하는 것으로서 고지하는 해악의 내용이 그 경위, 행위 당시의 주위 상황, 행위자의 성향, 행위자와 상대방과의 친숙정도, 지위 등의 상호관계 등 행위 당시의 여러 사정을 종합하여 객관적으로 상대방에게 공포심을 느끼게 하기에 족하면 되고, 상대방이 현실로 공포심을 품게 될 것까지 요구되는 것은 아니며, 다만 그 협박이 경미하여 상대방이 전혀 개의치 않을 정도인 경우에는 협박에 해당하지 않는다고 할 것인바, 피고인의 발언 내용, 피고인이 당시 정보과 소속 경찰관의 지위에 있던 점 등 여러 가지 정황에 비추어 볼 때, 피고인의 이 부분 행위는 협박죄에서 말하는 '협박'에 해당한다고 봄이 상당하고, 그 정도가 경미하여 상대방이 전혀 개의치 않을 수준이라고 볼 것이 아니라고 할 것이며, 앞서 본 이 사건 범행의 동기와 경위, 범행방법, 내용, 결과 및 정보과 소속 경찰관의 수사권한 등에 비추어 보면, 피고인의 위 행위가 정보과 소속 경찰관의 정당한 권한행사 내지 업무상 정당행위에 해당되어 위법성이 조각된다고 볼 수도 없다.

Ⅲ. 대법원 판결요지

[1] [다수의견] (1) 협박죄가 성립하려면 고지된 해악의 내용이 행위자와 상대방의 성향, 고지 당시의 주변 상황, 행위자와 상대방 사이의 친숙 정도 및 지위 등의 상호관계, 제3자에 의한 해악을 고지한 경우에는 그에 포함되거나 암시된 제3자와 행위자 사이의 관계 등 행위 전후의 여러 사정을 종합하여 볼 때에 일반적으로 사람으로 하여금 공포심을 일으키게 하기에 충분한 것이어야 하지만, 상대방이 그에 의하여 현실적으로 공포심을 일으킬 것까지 요구하는 것은 아니며, 그와 같은 정도의 해악을 고지함으로써 상대방이 그 의미를 인식한 이상, 상대방이 현실적으로 공포심을 일으켰는지 여부와 관계없이 그로써 구성요건은 충족되어 협박죄의 기수에 이르는 것으로 해석하여야 한다.

(2) 결국, 협박죄는 사람의 의사결정의 자유를 보호법익으로 하는 위험범이라 봄이 상당하고, 협박죄의 미수범 처벌조항은 해악의 고지가 현실적으로 상대방에게 도달하지 아니한 경우나 도달은 하였으나 상대방이 이를 지각하지 못하였거나 고지된 해악의 의미를 인식하지 못한 경우 등에 적용될 뿐이다.

[대법관 김영란, 박일환의 반대의견] (1) 해악의 고지에 의해 현실적으로 공포심을 일으켰는지 여부나 그 정도는 사람마다 다를 수 있다고 하더라도 이를 판단할 수 없다거나 판단을 위한 객관적인 척도나 기준이 존재하지 않는다고 단정할 것은 아니며, 사람이 현실적으로 공포심을 일으켰는지 여부를 판단할 만한 객관적인 기준 및 개별 사건에서 쌍방의 입증과 그에 의하여 인정되는 구체적인 사정 등을 모두 종합하여, 당해 협박행위로 상대방이 현실적으로 공포심을 일으켰다는 점이 증명된다면 협박죄의 기수에 이르렀다고 인정하고, 이에 대한 증명이 부족하거나 오히려 상대방이 현실적으로 공포심을 일으키지 않았다는 점이 증명된다면 협박죄의 미수에 그친 것으로 인정하면 될 것이다.

기수에 이르렀는지에 대한 의문을 해결하기 어렵다고 하여 모든 경우에 기수범으로 처벌하는 것은 오히려 "의심스러울 때는 피고인의 이익으로"라는 법원칙 등 형사법의 일반원칙과도 부합하지 아니하며 형벌과잉의 우려를 낳을 뿐이다.

(2) 결국, 현행 형법의 협박죄는 침해범으로서 일반적으로 사람으로 하여금 공포심을 일으킬 수 있는 정도의 해악의 고지가 상대방에게 도달하여 상대방이 그 의미를 인식하고 나아가 현실적으로 공포심을 일으켰을 때에 비로소 기수에 이르는 것으로 보아야 한다.

[2] 정보보안과 소속 경찰관이 자신의 지위를 내세우면서 타인의 민사분쟁에 개입하여 빨리 채무를 변제하지 않으면 상부에 보고하여 문제를 삼겠다고 말한 사안에서, 객관적으로 상대방이 공포심을 일으키기에 충분한 정도의 해악의 고지에 해당하므로 현실적으로 피해자가 공포심을 일으키지 않았다 하더라도 협박죄의 기수에 이르렀다고 본 사례.

[3] 권리행사나 직무집행의 일환으로 상대방에게 일정한 해악을 고지한 경우, 그 해악의 고지가 정당한 권리행사나 직무집행으로서 사회상규에 반하지 아니하는 때에는 협박죄가 성립하지 아니하나, 외관상 권리행사나 직무집행으로 보이더라도 실질적으로 권리나 직무권한의 남용이 되어 사회상규에 반하는 때에는 협박죄가 성립한다고 보아야 할 것인바, 구체적으로는 그 해악의 고지가 정당한 목적을 위한 상당한 수단이라고 볼 수 있으면 위법성이 조각되지만, 위와 같은 관련성이 인정되지 아니하는 경우에는 그 위법성이 조각되지 아니한다.

[4] 정보보안과 소속 경찰관이 자신의 지위를 내세우면서 타인의 민사분쟁에 개입하여 빨리 채무를 변제하지 않으면 상부에 보고하여 문제를 삼겠다고 말한 사안에서, 상대방이 채무를 변제하고 피해 변상을 하는지 여부에 따라 직무집행 여부를 결정하겠다는 취지이더라도 정당한 직무집행이라거나 목적 달성을 위한 상당한 수단으로 인정할 수 없어 정당행위에 해당하지 않는다고 한 사례.

[5] (생 략)

[판결이유요지]

1. 다수의견

협박죄에서 협박이라 함은 일반적으로 보아 사람으로 하여금 공포심을 일으킬 수 있는 정도의 해악을 고지하는 것을 의미하고, 그 주관적 구성요건으로서의 고의는 행위자가 그러한 정도의 해악을 고지한다는 것을 인식·인용하는 것을 그 내용으로 하는바(대법원 1991. 5. 10. 선고 90도2102 판결, 대법원 2006. 6. 15. 선고 2006도2311 판결 등 참조), 협박죄가 성립되려면 고지된 해악의 내용이 행위자와 상대방의 성향, 고지 당시의 주변 상황, 행위자와 상대방 사이의 친숙의 정도 및 지위 등의 상호관계, 제3자에 의한 해악을 고지한 경우에는 그에 포함되거나 암시된 제3자와 행위자 사이의 관계 등 행위 전후의 여러 사정을 종합하여 볼 때에 일반적으로 사람으로 하여금 공포심을 일으키게 하기에 충분한 것이어야 할 것이지만, 상대방이 그에 의하여 현실적으로 공포심을 일으킬 것까지 요구되는 것은 아니며, 그와 같은 정도의 해악을 고지함으로써 상대방이 그 의미를 인식한 이상, 상대방이 현실적으로 공포심을 일으켰는지 여부와 관계없이 그로써 구성요건은 충족되어 협박죄의 기수에 이르는 것으로 해석하여야 할 것이다.

우리 형법은 제286조에서 협박죄의 미수범을 처벌하는 조항을 두고 있으나 미수범 처벌조항이 있다 하여 반드시 침해범으로 해석할 것은 아니며, 지극히 주관적이고 복합적이며 종종 무의식의 영역에까지 걸쳐 있는 상대방의 정서적 반응을 객관적으로 심리·판단하는 것이 현실적으로 불가능에 가깝고, 상대방이 과거 자신의 정서적 반응이나 감정 상태를 회고하여 표현한다 하여도 공포심을 일으켰는지 여부의 의미나 판단 기준이 사람마다 다르며 그 정도를 측정할 객관적 척도도 존재하지 아니하는 점 등에 비추어 보면, 상대방이 현실적으로 공포심을 일으켰는지 여부에 따라 기수 여부가 결정되는 것으로 해석하는 것은 적절치 아니하기 때문이다.

협박죄는 사람의 의사결정의 자유를 보호법익으로 하는 위험범이라고 봄이 상당하고, 위 미수범 처벌조항은 해악의 고지가 현실적으로 상대방에게 도달하지 아니한 경우나, 도달은 하였으나 전혀 지각하지 못한 경우, 혹은 고지된 해악의 의미를 상대방이 인식하지 못한 경우 등에 적용될 뿐이라 할 것이다.

피고인이 정보과 소속 경찰관의 지위에 있음을 내세우면서 빨리 변제하지 않으면 상부에 보고하여 문제를 삼겠다고 이야기한 것은, 객관적으로 보아 사람으로 하여금 공포심을 일으키게 하기에 충분한 정도의 해악의 고지에 해당한다고 볼 것이므로, 피해자가 그 취지를 인식하였음이 명백한 이상 현실적으로 피해자가 공포심을 일으켰는지 여부와 무관하게 협박죄의 기수에 이르렀다고 보아야 할 것이다.

권리행사나 직무집행의 일환으로 상대방에게 일정한 해악의 고지를 한 경우, 그 해악의 고지가 정당한 권리행시나 직무집행으로서 사회상규에 반하지 아니하는 때에는 협박죄가 성립하지 아니하나, 외관상 권리행사나 직무집행으로 보이는 경우에도 그것이 실질적으로 권리나 직무권한의 남용이 되어 사회상규에 반하는 때에는 협박죄가 성립한다고 보아야 할 것인바, 구체적으로는 그 해악의 고지가 정당한 목적을 위한 상당한 수단이라고 볼 수 있는 경우라면 위법성이 조각된다고 할 것이지만, 위와 같은 관련성이 인정되지 아니하는 경우에는 그 위법성이 조각되지 아니한다.

피고인이 피해자에게 고지한 해악의 내용은 피고인이 경우에 따라 소속기관에 보고하여 문제 삼을 수도 있다는 취지여서 외관상으로는 직무집행의 의사가 있음을 피력한 것에 지나지 아니하며, 그 목적 역시 피해자의 공소외 2에 대한 채무의 조속한 변제 혹은 피해 변상에 있었던 것으로 보여 그 자체로 위법하다거나 부당한 것이라고는 볼 수 없다 하더라도, 경찰공무원복무규정 제10조(민사분쟁에의 부당개입금지)에서 "경찰공무원은 직위 또는 직권을 이용하여 부당하게 타인의 민사분쟁에 개입하여서는 아니 된다."고 규정하고 있는 점과 피해자의 범죄

협의가 드러나기 이전이라는 당시의 상황에 비추어 보면, 피해자의 공소외 2에 대한 채무의 변제나 피해 변상 여부에 따라 직무집행 여부를 결정할 의사를 갖고 있다는 취지의 해악의 고지는, 정당한 직무집행의 일환으로 평가할 수 없을 뿐 아니라, 그 목적 달성을 위한 상당한 수단으로 인정할 수도 없다 할 것이다.

2. 대법관 김영란, 대법관 박일환의 반대의견

(1) 협박죄의 미수범을 처벌하는 규정을 두고 있지 않은 구 형법(1953. 9. 18. 우리 형법 제정 이전의 의용형법), 독일 형법, 일본 형법 등에 있어서는, 비록 협박행위로 인하여 피해자가 현실적으로 공포심을 일으키지는 않았다고 하더라도 이에 대한 처벌의 필요성은 있는 점 등을 고려하여, 협박죄의 기수시기에 관하여 다수의견과 같은 입장을 취할 여지도 있다고 할 것이다.

그러나 현행 형법은 협박죄의 미수범을 처벌하는 규정을 두고 있는바, 그 입법 취지는 협박죄를 침해범으로 보고, 해악의 고지가 상대방에게 도달하여 상대방이 그 의미를 인식하였으나 현실적으로 공포심을 일으키지는 아니한 경우에는 이를 미수범으로 처벌하도록 함으로써 피해자의 피해 정도 등을 고려한 적정한 양형을 도출하고자 하는 의도라고 보는 것이 자연스럽다고 할 것이다.

어떤 범죄를 위험범으로 볼 것인지 침해범으로 볼 것인지 여부는 범죄의 형태상 당연한 경우를 제외하고는 실정법의 해석 문제라고 할 수 있다. 협박죄는 상대방에게 공포심을 일으킬 수 있는 해악을 고지하는 행위를 구성요건으로 하는 범죄로 범죄의 형태상 당연히 침해범 또는 위험범이라고 확정할 수는 없지만 일반적인 사회적 인식에 비추어 볼 때 상대방에게 공포심을 일으키지 못하였다면 이를 미수범으로 이해하는 것이 자연스럽다고 할 것이다. 왜냐하면 미수범은 통상 구성요건적 행위를 미처 마치지 못한 착수미수와 구성요건적 행위를 마쳤으나 결과가 발생하지 못한 실행미수의 두 가지 모습으로 나타나는바, 본건과 같이 상대방에게 공포심을 일으키지 못한 경우는 실행미수의 전형적인 모습이기 때문이다.

다만, 구 형법 시절에는 미수범의 처벌규정이 없었기 때문에 일반적인 처벌의 필요성을 고려하여 위험범으로 해석할 여지도 있었지만, 현행 형법 아래에서는 그와 같이 해석할 필요성도 없다. 학설을 보더라도 현행 형법 아래에서는 협박죄를 침해범으로 해석하여야 한다는 견해가 압도적인 다수설의 지위를 차지하고 있는 것도 이러한 미수범의 일반적인 모습을 고려할 때 자연스러운 것이라고 할 것이다.

(2) 다수의견은, 사람이 공포심을 일으켰는지 여부의 의미나 판단기준이 사람마다 다르며 그 정도를 측정할 객관적 척도도 존재하지 아니하는 점 등에 비추어 볼 때 상대방이 현실적으로 공포심을 일으켰는지 여부에 의하여 협박죄의 기수 여부가 좌우되는 것으로 해석하는 것은 부적절하다고 보고 있다.

그러나 협박죄에 있어서 해악의 고지는 '일반적으로 보아 사람으로 하여금 공포심을 일으킬 수 있는 정도'의 해악을 고지하는 것을 의미하는바, 협박죄의 구성요건을 갖추었는지 여부를 판단함에 있어서는 위와 같은 정도의 해악의 고지가 있었는지 여부를 살펴봄으로써 족하다고 할 것이나, 나아가 협박죄가 기수에 이르렀는지 여부를 판단함에 있어서는 상대방이 현실적으로 공포심을 일으켰는지 여부, 즉 협박죄의 보호법익인 상대방의 의사결정의 자유가 현실적으로 침해되었는지 여부를 고려할 필요가 있다고 할 것이다.

그리고 현실적으로 사람이 공포심을 일으켰는지 여부나 그 정도는 사람마다 다를 수 있다고 하더라도, 그러한 사정만으로 현실적으로 사람이 공포심을 일으켰는지 여부나 그 정도를 판단할 수 없다거나 이를 판단할 만한 객관적인 척도나 기준이 존재하지 않는다고 단정할 것은 아니며, 사람이 현실적으로 공포심을 일으켰는지 여부를 판단할 만한 객관적인 기준 및 개별 사건에서의 검사 또는 피고인의 입증과 그에 의하여 인정되는 구체적인 사정 등을 모두 종합하여, 당해 협박행위로 인하여 상대방이 현실적으로 공포심을 일으켰다는 점이 증명된다면 협박죄의 기수에 이르렀다고 인정하고, 이에 대한 증명이 부족하거나 오히려 상대방이 현실적으로 공포심을 일으키지 않았다는 점이 증명된다면 협박죄의 미수에 그친 것으로 인정하면 될 것이고, 이러한 결과가 결코 부적절하다고 볼 것은 아니다.

"의심스러울 때는 피고인의 이익으로"라는 법원칙은 이와 같은 경우에도 적용되어야 하고, 기수에 이르렀는지 의문이 있다면 미수범으로 처벌하면 되지 그와 같은 의문을 해결하기 어렵다고 하여 모든 경우에 기수범으로 처벌하는 것은 이러한 형사법의 일반원칙과도 부합되지 아니하며 형벌과잉의 우려를 낳게 될 뿐이다.

(3) 그렇다면 현행 형법에서의 협박죄는 침해범으로서, 일반적으로 보아 사람으로 하여금 공포심을 일으킬 수 있는 정도의 해악의 고지가 상대방에게 도달하여 상대방이 그 의미를 인식하고 나아가 현실적으로 공포심을 일으켰을 때에 비로소 기수에 이르는 것으로 봄이 타당하고, 기존의 대법원판결들도 협박죄의 기수시기에 관한 이러한 견해에 명백히 저촉되는 것으로 보이지는 아니한다.

(4) 위와 같은 법리 및 기록에 비추어 살펴보면, 이 사건 협박행위와 관련하여 피해자가 수사기관에서 공포심을 일으켰다고 진술한 바 없고 오히려 원심법정에서는 전혀 두렵지 않았다고 증언하였으며, 달리 피고인의 협박행위로 인하여 피해자가 현실적으로 공포심을 일으켰다고 볼 만한 증거가 없으므로, 이 사건 협박죄는 미수에 그친 것으로 봄이 타당하다.

〔연 구〕

Ⅰ. 논 점

평석대상인 전원합의체판결의 논점은 판결문에 드러나 있듯이 아주 간단하다. 다수의견과 반대의견이 대립하고 있는 협박죄의 범죄구성요건 유형에 관한 것이다. 협박의 개념에 관한 판례[1]는 다수 있었지만 협박죄가 침해범인지 아니면 위험범인지에 대해서 다룬 바 없었기 때문에 기존 판례의 태도를 변경하기 위한 전원합의체판결은 아니다.[2] 만일 판례변경이었다면 기존 판결을 열거하고 "이 판결의 견해에 배치되는 범위 안에서 이를 변경 한다."는 취지를 명시하였을 것이기 때문이다.[3]

항소이유에서 다투고 있는 공포심을 일으킬 정도의 해악의 고지가 있었는가에 관해서는 다툼이 없다. 즉 구성요건에 해당하는 협박행위는 인정된다. 문제는 협박죄의 객관적 구성요건이 구성요건에 해당하는 협박행위로 충족되는지(거동범), 아니면 협박행위로 인한 구성요건적 결과가 발생해야 하는지(결과범), 구성요건적 결과가 발생해야 구성요건 해당성이 인정된다면 구성요건적 결과의 형태가 무엇인지(침해범 또는 위험범), 위험범이라면 구체적 위험이 발생해야 하는지 아니면 추상적 위험만으로 족한 것인지 등이 해명되어야 한다. 만일 협박죄가 거동범이나 추상적 위험범이 아니라면 협박행위만으로 구성요건이 충족되지 않기 때문에 구성요건적 결과가 발생했는지가 입증되어야 한다.

다수의견은 협박죄를 사람의 의사결정의 자유를 보호법익으로 하는 위험범으로 본다. 협박죄의 미수범 처벌조항은 ① 해악의 고지가 현실적으로 상대방에게 도달하지 않은 경우, ② 도달했으나 전혀 지각하지 못한 경우, 혹은 ③ 고지된 해악의 의미를 상대방이 인식하지 못한 경우에 적용된다고 이해하는 것으로 보아 협박죄를 거동범으로 파악하고 있지 않은 것 같다. 거동범으로 보았다면 다수의견이 미수사례로 들

---

1) 대법원 2007. 6. 1. 선고 2006도1125 판결; 2006. 8. 25. 선고 2006도546 판결; 1995. 9. 29. 선고 94도2187 판결; 1991. 5. 10. 선고 90도2102 판결.

2) 비공식적으로 알아본 바에 의하면 해당 부에서 위험범설을 취하기로 하였으나 학설에서는 침해범설이 다수설이어서 전원합의체의 판단을 구하기로 하였다는 것이다.

3) 최근 전원합의체판결 중 헌법과 형사소송법이 정한 절차를 위반하여 수집한 압수물의 증거능력을 부정한 대법원 2007. 11. 15. 선고 2007도3061 전원합의체판결; 부동산을 편취한 경우에 특정경제범죄 가중처벌 등에 관한 법률 제3조의 적용을 전제로 그 부동산의 가액을 산정함에 있어, 부동산의 시가 상당액에서 근저당권 등에 의한 부담에 상당하는 금액을 공제한 실제 교환가치를 그 부동산 가액으로 해야 한다는 대법원 2007. 4. 19. 선고 2005도7288 전원합의체판결 참조.

고 있는 위와 같은 경우에도 협박행위는 인정되므로 기수가 되어야 한다.

그렇다면 위험범 중에서 구체적 위험범으로 본 것인가, 아니면 추상적 위험범으로 본 것인가. 추상적 위험범으로 보았다면 위와 같은 경우에 미수가 아니라 기수가 성립하는 것이 아닐까. 아니면 미수범 처벌규정이 있는 이상 협박죄를 추상적 위험범으로 보는 것은 타당치 않은 것일까. 구체적 위험범이라고 보았다면 구체적 위험이 발생해야 협박죄의 기수가 성립하는 것인데, 이 사안에서 그 구체적 위험을 무엇으로 보고(위험개념) 어떻게 판단하여(위험판단) 인정했다는 것인가. 구체적 위험도 발생하였고 협박행위와의 인과관계가 입증되었다는 것인가.

평석대상판결은 왜 협박죄가 위험범인지, 어떤 유형의 위험범인지, 과연 이 사안에서 구성요건적 결과로서 위험이 존재하는지 등에 관한 논증의 논리적 단계를 생략한 채 협박죄의 기수를 인정하고 있다.

협박죄의 범죄구성요건의 유형은 협박죄의 보호법익과 미수범처벌 여부와 관련을 갖고 있다. 따라서 다수의견과 반대의견이 다툼 없이 협박죄의 보호법익을 의사결정의 자유로 보고 있지만 보호법익을 먼저 검토하고(Ⅱ), 협박죄의 범죄구성요건의 유형을 살펴보기로 한다(Ⅲ). 더 나아가 채권을 확보하기 위한 채권자의 부탁을 받은 정보과 형사의 채무자에 대한 협박이 직무와 관련 없는 직권남용으로 징계의 대상이 되겠지만 채권자의 권리행사를 대신하는 자로서 정당한 목적을 위한 수단의 범위를 일탈했다고 볼 수 있는지도 검토하기로 한다(Ⅳ).

Ⅱ. 협박죄의 보호법익과 협박개념

1. 보호법익과 범죄구성요건 유형과의 관계

협박죄의 보호법익이 자유라는 점은 형법각칙의 체계상 분명하다. 협박의 죄(제30장)는 자유에 관한 죄인 체포와 감금의 죄(제29장)와 약취와 유인의 죄(제31장) 사이에 위치하고 있기 때문이다. 다만 협박의 죄는 의사결정(또는 형성)의 자유를 침해하는 죄이고, 제29장과 제31장의 죄는 신체활동의 자유를 침해하는 죄라는 점에서 차이가 있다. 따라서 협박죄의 협박행위는 의사결정에 영향을 미칠 수 있는, 즉 공포심을 느낄 정도의 해악의 고지여야 한다. 개인의 의사형성에 외부로부터의 간섭을 받지 않을 자유, 두려움 또는 공포로부터의 자유가 협박죄의 보호법익이다.

협박죄의 보호법익이 법적 안전의 의식 내지 정신적 자유라는 견해[4]도 있다. 그러나 법적 평화상태 자체를 보호하는 범죄구성요건은 형법상 존재하지도 않고, 이는 어떤 범죄행위(특히 살인, 강도 등 강력범죄)가 발생하면 침해될 수 있는 것이기 때문에 이를 보호법익으로 삼는 것은 문제가 있다. 또한 법적 평화상태의 보호를 협박죄의 보호법익으로 보면 법적 평화상태를 깨뜨릴 위험성이라는 법익침해의 전 단계까지 처벌범위가 확대될 우려가 있게 된다.

의사결정의 자유를 보호법익으로 보는 견해는 협박죄를 모두 침해범으로 본다.[5] 의사결정의 자유가 아니라 추상적인 개인적·법적 평화상태의 보호로 본다면 협박죄를 위험범으로 보는 것[6]이 논리적일 것이다. 법적으로 보장된 개인의 안전에 대한 신뢰감을 포함하는 개인의 법적 평화상태를 깨는 수단으로서 협박이 있으면 실제 법적 평화상태가 깨졌는지 관계없이 협박죄가 성립하기 때문이다. 독일 형법 제241조 협박죄(Bedrohung)의 보호법익에 관해서 다수의견은 개개인의 법적 평화로 보고 범죄구성요건의 유형을 추상적 위험범으로 본다.[7] 물론 독일 협박죄의 해악은 중죄(Verbrechen)를 가할 것을 내용으로 하므로 보호법익과 범죄구성요건의 유형이 우리 협박죄의 그것과 동일하다고 볼

4) 김종원, 형법각론 상, 1971, 97면; 진계호, 형법각론, 1990, 138면.

5) 박상기, 형법각론, 2005, 107면; 배종대, 형법각론, 2003, 183면; 오영근, 형법각론, 2005, 131면; 이재상, 형법각론, 2004, 112면; 이정원, 형법각론, 1999, 134면; 임웅, 형법각론, 2003, 131면.

6) 정영석, 형법각론, 1992, 259면 이하.

7) Müchener Kommentar, StGB, 2003, §241 Rdn. 2; Schönke/Schröder/Eser, StGB, 26. Aufl., §241 Rdn. 2; Tröndle/Fischer, StGB, 52. Aufl., §241 Rdn. 2. 이에 반해서 협박을 의사결정의 자유에 대한 위태화로 보는 견해로는 Maurach/Schröder/Maiwald, Strafrecht BT Tb1, 8. Aufl., §16 Rdn. 2; Schroeder, Die Bedrohung mit Verbrechen, Festschrift für Lackner zum 70. Geburtstag, 1987, S. 671.

수는 없을 것이다.

또한 우리 형법의 경우 협박죄의 미수를 처벌하는 규정[8]이 있으므로 보호법익을 무엇으로 보느냐에 따라 논리필연적으로 범죄구성요건의 유형이 결정되는 것은 아니다. 협박죄의 보호법익을 자유로 보는 견해가 협박죄를 침해범으로 보는 중요한 근거로 미수범 처벌규정을 들고 있는 점이나, 보호법익을 의사결정의 자유로 보면서 (추상적)위험범으로 보는 견해[9]나 법적 안전의 의식 내지 정신적 자유라고 보면서[10] 미수범처벌 규정의 취지로 보아 침해범으로 이해하는 입장[11]이 있는 것에 비추어 보호법익이 무엇이냐에 따라 그 범죄구성요건의 유형이 정해지는 것은 아닌 것 같다.

2. 협박개념

협박죄의 보호법익을 의사결정의 자유로 본다면 협박을 공포심을 일으킬 정도의 해악의 고지로 볼 것이 아니라 의사형성에 영향을 미칠 정도의 해악의 고지로 족하다고 보는 것이 논리적일 수 있다. 공포심을 느끼지는 않았지만 협박자가 요구한 대로 의사결정을 할 것인가를 고민했다면 의사결정의 자유는 침해된 것이기 때문이다. 개인의 의사가 외부의 부당한 영향을 받지 않고 자유로운 상태에서 결정되어야 하는데, 이를 침해하는 범죄가 협박죄이기 때문이다.

그러나 협박죄의 협박은-학설과 판례가 일치하여-객관적으로 공포심을 일으킬 수 있는 정도의 해악의 고지라고 개념 정의한다. 이렇게 공포심을 일으킬 정도의 해악고지로 보는 이유는 아마도 협박죄의 성립을 제한하기 위함일 것이다. 또한 신체에 관한 죄인 폭행죄(2년 이하)보다 자유에 관한 죄인 협박죄(3년 이하)의 법정형이 높다는 점에서

---

8) 구 형법에는 협박죄의 미수범 처벌규정이 없었으나, 형법초안(정부안, 1949)과 일본개정형법가안(1940)에는 협박죄의 미수범 처벌이 규정되어 있다. 미수범 처벌규정이 신설된 개정이유는 확인하지 못하였다.

9) 정영일, 형법각론, 2008, 104면.

10) 김종원, 형법각론 상, 1971, 97면; 진계호, 형법각론, 1990, 138면.

11) 진계호, 위의 책, 139면.

도 폭행죄의 유형력의 행사와 비교하여 협박개념을 정하고 협박죄의 성립을 엄격하게 제한 해석해야 할 필요가 있을 것이다. 폭행은 육체적 고통을 가하거나 육체적 건재함을 침해하는 것이고, 협박은 정신적 고통을 주거나 정신적 편안함을 침해하는 행위로 대비되기 때문이다. 이렇게 협박의 의의를 해악을 고지하여 상대방에게 공포심을 일으키는 것으로 설명하는 한 상대방이 공포심을 느껴야 기수이고, 현실적으로 공포심을 느끼지 않았거나 해악이 상대방에게 도달되지 않은 경우에는 미수가 된다고 보는 것이 타당하다.

Ⅲ. 협박죄의 범죄구성요건 유형: 거동범 또는 결과범 (침해범 또는 위험범)

1. 판결의 다수의견: 위험범

전원합의체판결의 다수의견은 협박죄를 위험범으로 본다. 협박죄의 미수범 처벌규정이 있다고 해서 반드시 침해범으로 해석할 것은 아니라고 한다. 이는 위험범 중 구체적 위험범의 경우에 구성요건적 행위가 있었으나 구체적 위험이 발생하지 않았다면 미수범이 성립할 수 있기 때문에 타당한 판단이라고 본다. 다만 다수의견은 협박죄가 위험범 중 구체적 위험범 또는 추상적 위험범 어디에 해당하는지 언급하고 있지 않다.

대법원 판례의 용어사용이 위험범 중 추상적 위험범인 범죄유형의 경우에는 분명히 추상적 위험범이라는 용어를 사용하고 있고[12] 구체적 위험범이라는 용어를 별도로 사용하고 있지 않은 것으로 보아[13] 위험

12) 대법원 2005.10.28. 선고 2004도7545 판결: 일반교통방해죄는 일반 공중의 교통의 안전을 그 보호법익으로 하는 범죄로서 육로 등을 손괴 또는 불통케 하거나 기타의 방법으로 교통을 방해하여 통행을 불가능하게 하거나 현저히 곤란하게 하는 일체의 행위를 처벌하는 것을 그 목적으로 하고 있으며, 일반교통방해죄는 이른바 추상적 위험범으로서 교통이 불가능하거나 또는 현저히 곤란한 상태가 발생하면 바로 기수가 되고 교통방해의 결과가 현실적으로 발생하여야 하는 것은 아니다.

13) 대법원 2006.5.26. 선고 2005도7528 판결: 범인도피죄는 범인은닉 이외의 방법으로 범인에 대한 수사·재판 및 형의 집행 등 형사사법의 작용을 곤란 또는 불가능하게 하는 행위를 말하는 것으로서 그 방법에는 아무런 제한이 없고, 또한 범인도피죄는

범은 구체적 위험범을 의미하는 것이다. 하급심 판례에서도 추상적 위험범이라는 용어는 사용하고 있지만[14] 구체적 위험범이라는 용어는 사용하지 않고 위험범이라고 표현하고 있다.

2. 결과범과 거동범, 침해범과 위험범

결과는 행위와 독립된 객관적 구성요건요소이다. 범죄유형에 따라서는 일정한 행위만으로도 이미 구성요건이 충족되는 범죄도 있고, 행위뿐만 아니라 결과가 발생해야 구성요건해당성이 인정되는 범죄도 있다. 전자를 거동범, 후자를 결과범이라고 한다. 결과범의 구성요건적 결과는 보호법익(또는 행위객체)에 대한 침해 내지 위험의 강도에 따라 침해범과 위험범으로 구분한다.[15]

침해범은 결과범이므로 거동범이 아니다. 그러나 주거침입죄는 거동범이지만 침해범으로 보는 견해도 있다.[16] 또한 추상적 위험범은 생활경험칙상 위험을 야기할 수 있는 개연성이 있는 행위 자체로 구성요건이 충족되는 것이기 때문에 거동범적 성격을 갖는다. 이에 반해서 구체적 위험범은 구체적 위험이 행위결과로서 구성요건에 포함되어 있고 구체적인 경우에 구체적 위험이 발생해야 구성요건이 충족되는 범죄구성요건 유형이므로 결과범에 속한다.[17]

위험범으로서 현실적으로 형사사법의 작용을 방해하는 결과가 초래되어야만 하는 것은 아니다.

14) 형법 제139조 인권옹호직무방해죄를 추상적 위험범으로 본 대전지법 2006. 7. 5. 자 2006초기57 결정; 증거인멸죄를 추상적 위험범으로 본 서울고등법원 2002. 6. 11. 선고 2000노658 판결 참조.

15) 침해범과 위험범의 구별기준으로 대부분 ① 보호법익(또는 보호객체)에 대한 침해 내지 위험의 강도로 보고 있지만(대표적으로 이재상, 형법총론, 2004, 72면), ② 행위객체에 대한 침해 내지 위험의 강도로 보는 견해(김일수, 한국형법 I, 1992, 351면; Roxin, Strafrecht AT, 4. Aufl., §10 Rdn. 123; Jescheck/Weigend, Lehrbuch des Strafrechts AT, 5. Aufl., 263f.)도 있다.

16) 김일수/서보학, 형법총론, 2006, 143면.

17) 김일수/서보학, 앞의 책, 144면.

3. 협박죄가 거동범인가?

다수의견은 협박죄를 거동범으로 본 것인가. 객관적으로 공포심을 느낄 정도의 해악의 고지로 협박죄의 기수가 된다고 보았다면 거동범으로 보았을 여지도 있는 것이다. 왜냐하면 거동범이란 일정한 행위만 있으면 결과가 발생하지 않더라도 구성요건이 충족되는 범죄유형이기 때문이다. 이 판결에서 다수의견은 '객관적으로 보아 사람으로 하여금 공포심을 일으키게 하기에 충분한 정도의 해악의 고지에 해당한다고 볼 것이므로, 피해자가 그 취지를 인식하였음이 명백한 이상 현실적으로 피해자가 공포심을 일으켰는지 여부와 무관하게 협박죄의 기수에 이르렀다'고 보아 협박행위가 있고 그로 인해 결과가 발생하지 않아도 협박죄의 기수가 성립한다고 보았다.

그러나 다수의견이 해악의 고지가 현실적으로 상대방에게 도달하지 아니한 경우, 도달하였으나 전혀 지각하지 못한 경우나 고지된 해악의 의미를 상대방이 인식하지 못한 경우에 협박죄의 미수범이 성립한다고 본 것으로 보아 협박죄를 거동범으로 본 것은 아니라고 판단된다. 왜냐하면 협박죄를 거동범으로 보았다면 위와 같은 미수사례의 경우도 모두 기수범이 성립하기 때문이다. 예컨대 주거침입죄[18](침해범으로 보는 견해[19]와 추상적 위험범[20]으로 보는 견해도 있음)나 명예훼손죄[21](구체적 위험범[22]으로 보는 견해도 있음)를 거동범으로 본다면 침입행위나 공연히 사실을 적시하는 행위가 있으면 침해든 위험이든 구성요건결과의 발생에 상관없이 범죄가 성립한다고 보는 것이 논리적이다.

4. 협박죄가 위험범(구체적 또는 추상적 위험범)인가?

(1) 침해범과 위험범은 구성요건적 결과가 행위객체의 침해 또는

18) 배종대, 형법총론, 2004, 155면; 임웅, 형법총론, 2005, 83면.
19) 오영근, 앞의 책, 267면; 임웅, 형법각론, 246면.
20) 정영일, 앞의 책, 230면.
21) 김일수/서보학, 앞의 책, 153면.
22) 배종대, 앞의 책, 264면.

위태화(위험)에 놓여 있는가에 따른 구분이다. 침해범은 행위객체가 실제 침해되어야 기수가 되는 구성요건으로 구성된 범죄이고 위험범은 행위가 행위객체에 대한 위태화를 나타내는 범죄유형이다. 이와 같은 구분은 협박죄의 구성요건해당성을 검토함에 있어서 협박행위만으로 족한지, 아니면 그로 인한 결과(법익침해 또는 법익침해의 위태화)가 발생해야 하는지를 판단하는데 구별실익이 있다.

(2) 구체적 위험범은 행위객체가 구체적으로 위험에 빠져 있는 상태여야 구성요건이 충족된 것으로 평가한다. 이에 반해서 추상적 위험범이란 위험의 현실적 발생에 관계없이 행위에 내재된 전형적 위험성이 처벌대상인 범죄유형이며 구체적으로 위험결과의 발생을 구성요건 요소로 하지 않는다. 협박죄가 구체적 위험범이라면 개별적 사안에서 행위객체가 실제 위험에 빠졌는지를 확인해야 한다. 왜냐하면 구체적 위험범의 구성요건결과가 행위객체에 대한 구체적 위험이고 이것이 입증되어야 범죄(협박죄의 기수)가 성립하기 때문이다. 협박죄가 추상적 위험범이라면 공포심을 느낄 정도의 해악이 피해자에게 고지되고 피해자가 그 의미를 이해하면 기수가 된다. 현실적으로 공포심을 느꼈는지는 상관없다.

(3) 이 사안에서 다수의견이 협박죄를 위험범으로 보았다면 보호법익 또는 행위객체에 대한 어떤 위험이 발생하여 구성요건을 충족하였는지 검토가 필요하다. 다수의견은 "일반적으로 사람으로 하여금 공포심을 일으키게 하기에 충분한 것이어야 하지만, 상대방이 그에 의하여 현실적으로 공포심을 일으킬 것까지 요구하는 것은 아니며, 그와 같은 정도의 해악을 고지함으로써 상대방이 그 의미를 인식한 이상, 상대방이 현실적으로 공포심을 일으켰는지 여부와 관계없이 그로써 구성요건은 충족되어 협박죄의 기수에 이르는 것으로 해석하여야 한다."고 보고 있기 때문에 추상적 위험범으로 본 것이라고 해석할 수 있을 것이다. 협박죄가 추상적 위험범이라면 일반적으로 사람으로 하여금 공포심을 일으키기에 충분한 해악의 고지 자체로 구성요건이 충족되어 기수에 이르렀다고 볼 수 있기 때문이다.

문제는 추상적 위험범이라면 과연 미수범이 성립할 여지가 있는 것인지와 다수의견이 들고 있는 미수사례 중 고지된 해악의 의미를 상대방이 인식하지 못한 경우도 자유침해의 추상적 위험은 있었다고 볼 수 있으므로 미수가 아니라 기수여야 한다는 점이다. 따라서 미수범 처벌규정은 입법의 오류든지 아니면 협박죄를 추상적 위험범으로 해석할 수 없다는 것이다.

그렇다면 구체적 위험범으로 파악한 것일 텐데, 문제는 구체적 위험이 발생했는가, 협박죄에서의 구체적 위험은 무엇인가이다. 이에 관한 검토 없이 구체적 위험을 "그와 같은 정도의 해악을 고지함으로써 상대방이 그 의미를 인식한 이상, 상대방이 현실적으로 공포심을 일으켰는지 여부와 관계없이 그로써 구성요건은 충족되어 협박죄의 기수에 이르는 것"으로 판단하고 있다. 협박죄의 보호법익을 의사결정의 자유로 보는 대법원 판례의 입장에서는 피고인의 협박으로 피해자의 자유가 침해될 구체적 위험이 있다고 보아야 하는데, 피해자는 전혀 현실적으로 공포심을 느끼지 않았다니 어떤 위험이 발생했다는 것일까? 구체적 위험범으로 보아 자유침해의 위험이 존재한다고 본다면 그것이 곧 자유의 제한이자 침해일 것이므로 자유침해의 위험이란 있을 수 없는 것일 수도 있다.

구체적 위험범으로 본다면 객관적으로 공포심을 느낄 정도의 해악을 고지하였으나 현실적으로 공포심을 느끼지 않은 경우(다수의견은 협박죄의 기수)나 고지된 해악의 의미를 상대방이 인식하지 못한 경우(다수의견은 협박죄의 미수)나 구체적 위험의 판단을 행위 당시를 기준으로 하든(ex ante) 사후적으로 하든(ex post) 구체적 위험의 존부가 동일하게 평가되어야 할 것이다. 통상적으로 공포심을 느끼고 의사형성에 영향을 받는 것이 일반적인데 우연히 피해자에게는 해악고지의 영향이 발생하지 않은 것일 뿐이라면 자유침해의 구체적 위험이라는 결과가 발생하지 않은 것으로 판단할 수도 있다. 우연히 피해자가 의미를 인식하지 못한 경우도 동일한 판단이 가능할 것이다. 그렇다면 해악의 의미를 인식하지 못한 경우나 의미를 인식했으나 공포심을 느끼지 못한 경우는 행위불법도 동일하지만 결과불법도 다르게 평가될 수 없다.

(4) 통상 구체적 위험범은 실정법적 근거가 있어야 한다. 구성요건에 행위객체에 대한 구체적 위험의 야기가 구성요건요소로 명시되어 있는 범죄만 구체적 위험범이다.[23] 여기서 구체적 위험은 구성요건표지이며 구체적 위험이 발생해야 구성요건이 충족되어 기수가 성립한다. 예컨대 제166조 제2항(일반건조물등에의 방화), 제167조(일반물건에의 방화), 제170조 제2항(실화)의 '공공의 위험을 발생하게' 또는 제271조 제3항 및 제4항(중유기죄)의 '사람에 대한 생명의 위험을 발생하게' 등이 바로 행위에 의한 구성요건적 결과로서 구체적 위험을 구성요건에 명시한 것이다. 구체적 위험범에서 구체적 위험발생의 필요여부는 항상 구성요건에 명시되어 있으며, 법관이 확인해야할 사항이다.[24]

예를 들어 갓난아기에게 젖병을 물려 유모차에 태운 채 인적이 드문 골목길에 버려두고 도망쳤는데 10여분 후 지나가던 행인에 의해 구조되었을 때 아이의 엄마를 중유기죄로 처벌할 수 있는가. 이 경우 부조를 요하는 자를 상당 시간 보호 없는 상태에 두었으므로 유기행위는 인정되어 추상적 위험범인 유기죄(제271조 제1항)는 성립한다. 그러나 유기행위로 인해 아이의 생명 또는 신체에 구체적 위험이 발생했다면 중유기죄가 성립한다. 여기서 바로 구체적 위험의 개념과 판단방법 등이 문제되는 것이다.

(5) 협박죄는 자유에 관한 죄이다. 외부의 부당한 간섭을 받지 않고 자유롭게 의사를 형성할 자유, 두려움이나 공포로부터의 자유가 보호법익이다. 의사형성에 아무런 영향이 없었거나 두려움을 느끼지 않았다면 자유가 침해된 것이 아니다. 따라서 다른 자유에 관한 죄처럼 협박죄도 침해범이어야 한다.

침해범으로 보면 피해자의 주관적 심리상태에 따라 협박죄의 기수

---

23) 물론 구체적 위험의 야기가 구성요건요소로 되어 있지 않지만, 낙태죄와 명예훼손죄를 해석상 구체적 위험범으로 보는 견해(배종대, 형법각론, 150면, 260면)도 있다.

24) 임웅, 형법총론, 2005, 84면.

를 인정하므로 범죄확정이 자의적일 수 있다는 점[25)]을 문제점으로 제기한다. 전원합의체판결의 다수의견도 피해자의 정서적 반응을 객관적으로 심리 판단하는 것이 불가능하고 공포심의 판단기준이 사람마다 다르다는 점 등을 들어 피해자가 현실적으로 공포심을 느꼈는지 여부에 협박죄의 기수여부를 의존하게 할 수 없다고 한다. 현실적으로 예측가능하고 공정한 법적용이 어려워진다는 것이다. 이 사안에서도 피해자가 자신은 채무가 없고 떳떳하기 때문에 두렵지 않았다고 진술하면서 통상의 범죄피해자와는 달리 채무 없음을 주장하기 위한 협박피해 없음을 주장하면 해악을 고지한 피고인을 처벌할 수 없게 된다는 것이다. 그러나 피고인을 아예 처벌할 수 없는 것이 아니다. 미수범으로 처벌할 수 있다.

이러한 문제는 철저한 계획에 의한 살인행위가 피해자의 우연한 사정에 의해서 사망의 결과가 발생하지 않으면 살인기수로 처벌할 수 없는 것과 다를 바 없는 것이므로 협박죄를 침해범으로 보는 견해의 문제점이라고 볼 수 없는 것이다. 법익침해가 피해자의 개별적 특성 때문에 발생하지 않은 것이라면 당연히 장애미수가 성립하는 것이기 때문이다.

더 나아가 미수범 처벌규정을 근거로 침해범으로 해석[26)]하는 것이 합리적이라고 본다.

Ⅳ. 목적 실현을 위한 상당한 수단으로서의 협박: 수단—목적 관련성

현행 형법의 협박죄는 고지된 해악의 내용이 범죄로 제한하고 있지 않아 협박의 범위가 넓기 때문에 제한이 필요하다. 그래서 고지된 해악이 구체적이어야 하고 공포심을 느낄 정도가 되어야 한다. 마찬가지로 정당행위의 기타 사회상규가 협박죄의 성립을 제한하는 기능을

25) 배종대, 형법각론, 183면.

26) 유기천, 형법학(각론강의 上), 1985, 100면.

수행한다. 특히 권리실현을 위하여 협박의 수단을 사용한 경우나 의무 있는 일을 하게 할 목적으로 협박을 가한 경우에 정당화될 수 있는가가 문제된다.

일반적으로 목적의 정당성, 수단의 상당성, 목적과 수단 사이의 비례성, 목적과 수단 사이의 내적 관련성 등의 요건이 충족되면 사회적으로 용인되는 권리행사로 인정된다.27) 수단의 불법성이나 목적의 불법성을 따로 따로 고찰할 것이 아니다. 수단과 목적과의 관계를 살펴야 한다. 고소하겠다는 협박은 일반적으로 용인되는 것이지만 그 협박수단으로 달성하려는 목적이 비난받을 수 있기 때문이다. 통상적으로 목적이 정당하거나 허용되는 것일수록 협박이라는 수단도 용인될 수 있을 것이다. 따라서 권리행사로 인정하기 위해서는 권리의 내용 및 권리 존재의 확실성, 침해된 법익 내지 이익, 협박의 동기와 목적, 협박으로 자유권의 침해를 받을 피해자의 상황 및 협박자(내지 권리자)와의 관계 등을 종합적으로 고려하여야 한다.

이 사안의 경우 청구권이 확실히 존재한다는 점, 청구권의 액수가 상당히 크다는 점, 고지된 해악을 실현할 수 있는 능력과 의지가 있음을 과시하기 위한 수단으로서 정보과 형사임을 드러낸 것이라는 점, 제3자의 권리실현을 돕기 위한 행위라는 점, 채무를 변제하지 않으면 다른 비리나 추문에 대한 고소로 문제 삼겠다고 한 것이 아니라 그 채무불이행을 문제 삼겠다고 한 점 등을 고려하면 수단의 상당성, 목적의 정당성, 수단과 목적 사이의 비례성 및 내적 관련성이 있다고 본다. 따라서 사회상규에 반하지 않는 행위로서 정당행위에 해당한다고 본다.

문제는 경찰공무원으로서 직위 또는 직권을 이용하여 타인의 민사분쟁에 부당하게 개입했다는 점이다. 그러나 권리자의 부탁을 받은 자의 권리행사와 정보과 형사로서의 직무권한의 행사는 구별되어야 한다. 이 사건의 경찰관은 권리자의 부탁을 받은 자로서 권리행사의 한 방법으로 고소하겠다는 취지로 말한 것으로 보아야 한다. 따라서 경찰관 또

27) 이정원, 형법각론, 141면.

는 정보과 형사로서의 직무권한은 남용했을지언정 채무를 변제받게 하기 위한 권리행사를 빙자한 권한남용은 아니다. 다만 직무권한의 남용에 대해서는 경찰공무원복무규정 제10조 위반(민사분쟁에의 부당개입금지)으로 징계의 대상이 되어야 한다.

이와 유사한 판례로는 국가안전기획부 직원이 아들 담임선생의 부탁을 받고 그 담임선생의 채무자에게 채무변제를 독촉하는 과정에서 다소 위협적인 말을 하였다 하더라도 사회통념상 허용되는 범위를 넘어선 것이라고 할 수 없어 공갈죄가 성립되지 아니한다고 본 사례[28]도 있다.

만일 전원합의체판결처럼 해악의 고지가 정당한 업무상의 행위나 사회상규에 반하지 않는 행위라고 볼 수 없다면 공갈죄가 성립한다. 금전채권이 있다고 하더라도 권리행사를 빙자하여 협박수단이 사회통념상 허용되는 범위를 넘은 것일 때에는 공갈죄가 성립[29]하기 때문이다.

Ⅴ. 결 론

1. 다른 자유에 관한 죄도 그 범죄구성요건의 유형이 모두 침해범이므로 협박죄도 침해범으로 보아야 한다. 침해범으로 볼 때 미수범 처벌규정이 의미를 가질 수 있다.

2. 협박행위가 있었는지를 확정하려면 협박개념에 속하는 해악의 내용과 정도를 검토해야 한다. 그러나 구성요건에 해당하는 행위가 존재하는지의 문제를 행위의 결과발생에 관한 범죄의 기수성립문제와 혼동해서는 안 된다. 공포심을 느낄 정도의 해악의 고지는 협박행위를 의미하는 것이고 협박죄를 거동범이나 추상적 위험범으로 보지 않는 한 협박행위가 있다고 곧바로 협박죄의 기수가 성립하는 것은 아니다.

3. 자유개념의 모호성과 자유보호의 상대성 때문에 협박죄를 위험범으로 보면 처벌범위가 확대되는 문제가 발생한다.

4. 다수의견처럼 협박죄를 위험범으로 보더라도 구체적 위험범과

28) 대법원 1993. 12. 24. 선고 93도2339 판결.

29) 대법원 1996. 9. 24. 선고 96도2151 판결.

추상적 위험범의 구성요건요소가 다르기 때문에 어떤 유형의 위험범인지를 밝혔어야 하고, 만일 구체적 위험범으로 보았다면 구성요건적 결과인 구체적 위험발생이 있었는지를 판단했어야 한다.

5. 다수의견이 미수로 보는 3가지 유형 중 (1) 해악의 고지가 현실적으로 도달하지 아니한 경우와 (2) 도달은 하였으나 상대방이 이를 지각하지 못한 경우는 해악고지가 실패한 경우로 미수일 수 있다. 그러나 (3) 고지된 해악의 의미를 인식하지 못한 경우는 다수의견이 기수로 보는 현실적으로 공포심을 느끼지 못한 경우(이 사안의 경우)와 행위불법(해악고지)과 결과불법에서 차이가 있다고 보기 어렵다. 다수의견이 협박죄를 위험범으로 보는 한 고지된 해악의 의미를 인식하지 못한 경우나 현실적으로 공포심을 느끼지 못한 경우는 불법이 동일하기 때문이다.

6. 학설에서 거의 다툼이 없는 견해와 배치되는 법해석·적용을 하려면 기존의 판례태도의 변경만큼 모순 없고 설득력 있는 논증이 뒷받침되어야 한다. 그런 점에서 구체적 사안에서 피고인의 처벌을 위한 이론구성은 아니었는지 의문이 들고, 항소이유에서 다투고 있는 공포심을 줄 정도의 해악의 고지가 존재하는지에 집중한 나머지 그만 협박행위가 인정되면 구성요건이 충족되는 것으로 판단한 것은 아닌지, 협박죄가 구성요건 결과가 발생해야 하는 범죄인지, 그렇다면 그 구성요건결과의 유형은 무엇인지 등에 대한 검토가 미흡했던 판결이라고 평가할 수 있겠다.

[주 제 어]
협박죄, 범죄구성요건유형, 법익, 의사결정의 자유, 침해범, 구체적 위험범, 추상적 위험범

[Key words]
Bedrohung, Tatbestandsformen, Rechtsgut, Willensentschlißungsfreiheit, Verletzungsdelikte, Konkrete Gefährdungsdelikte, Abstrakte Gefährdungsdelikte

접수일자: 2008. 4. 6, 심사일자: 2008. 5. 16, 게재확정일자: 2008. 5. 30.

[Zusammenfassung]

Tatbestandsformen der Bedrohungstatbestand: Verletzungs – oder Gefährdungsdelikte?

Ha, Tae-Hoon*

Zur Frage der Tatbestandsformen der Bedrohungstatbestand(§ 283 kStGB) spricht die herschende Meinung des Urteils(2007Do606, Urt. v. 2007. 9. 28) die Erkenntnis aus, daß das Rechtsgut der Bedrohung die Freiheit der Willensentschlißung ist und § 283 ein Gefährdungsdelikt ist. Eine tatsächliche Verletzungung der Willensentschlißungsfreiheit braucht also nicht einzutreten. Jedoch kommt es dabei nicht darauf an, ob sich das Opfer durch Drohung mit einem empfindlichen Übels im Einzelfall tatsächlich befürchten läßt. Der Täter muß die von seinem Willen abhängige Begehung eines Übels in Aussicht stellen.

Vollendet ist die Tat, wenn die Drohung mit Willen des Täters zur Kenntnis des Drohungsadressaten gekommen ist und dieser den Sinn der Mitteilung verstanden hat. Nach § 286 ist der Versuch strafbar und zB dann gegeben, wenn die Mitteilung den Drohungs-adressaten noch nicht erreicht, oder wenn die Mitteilung nicht zur Kenntnis des Drohungsadressaten gekommen ist, oder wenn dieser den Sinn der Mitteilung nicht verstanden hat.

Zur Frage, ob § 283 ein konkretes Gefährdungsdelikt oder ein abstraktes Gefährdungsdelikt ist, ließ die herschende Meinung des Urteils unberüht bleiben.

Dagegen die minder Meinung des Urteils, gefolgt der wohl überwiegenden Ansichten in der Literatur, sieht § 283 zurecht als ein Verletzungsdelikt. Die Auffassung der Bedrohung als Verletzung der

* Professor, College of Law, Korea University, Ph.D. in Law.

Willensentschlißungsfreiheit scheint mir als plausibel, weil § 283 individuell-konkrete Willensentschlißungsfreiheit schützt und nach § 286 der Versuch der Bedrohung strafbar ist.

업무방해죄에서 업무의 개념과 범위
-회사의 공장이전사무가 업무방해죄에서의 업무에 해당하는지 여부-

변 종 필*

[대상판결 1] 대법원 2005. 4. 15. 선고 2004도8701 판결(파기환송)

[사실관계]

한국시그네틱스 주식회사(피해 회사)는 회사 정상화를 위한 기업구조개선작업의 일환으로 서울공장의 매각대금으로 1,773억 원의 부채를 변제하는 한편 안산공장을 신축, 이전하여 그 사업을 계속하고자 2000. 11.경 당시 노조집행부의 동의하에 안산공장 부지를 확정하고, 2001. 7.경까지 서울공장의 장비이전과 안산공장의 완공 및 생산가동을 목표로, 서울공장 내의 종합사무실에서 관리직 사원 30여 명이 서울공장의 시설물보호 및 재고파악, 안산공장 이전에 따른 생산 및 인원수급 계획수립 등의 업무를 추진하면서 그 업무의 일환으로 다른 회사에 처분한 일부 노후 장비와 안산공장에 옮겨 설치할 그 밖의 장비의 반출 및 이전사무를 실시하다가 피고인을 비롯한 피해 회사 노조원들의 실력행사로 말미암아 위 장비의 반출에 실패함은 물론, 종합사무실에서마저 쫓겨 나오는 바람에 위 장비의 이전설치와 병행하여 추진되던 안산공장의 완공 및 정상가동 등 위 공장이전과 관련한 회사의 제반 업무가 약 1개월 내지 1개월 보름가량 지연되어 그로 말미암아 적지 않은 영업상 손실을 입었다.

[판결요지]

회사가 사업장의 이전을 계획하고 그 이전을 전후하여 사업을 중단 없이 영위할 목적으로 이전에 따른 사업의 지속적인 수행방안, 새

* 동국대학교 법과대학 교수, 법학박사.

사업장의 신축 및 가동개시와 구 사업장의 폐쇄 및 가동중단 등에 관한 일련의 경영상 계획의 일환으로서 시간적·절차적으로 일정기간의 소요가 예상되는 사업장 이전을 추진, 실시하는 행위는 그 자체로서 일정기간 계속성을 지닌 업무의 성격을 지니고 있을 뿐만 아니라 회사의 본래 업무인 목적 사업의 경영과 밀접불가분의 관계에서 그에 수반하여 이루어지는 것으로 볼 수 있으므로 이 점에서도 업무방해죄에 의한 보호의 대상이 되는 업무에 해당한다.

[원심판결]

피해자(한국시그네틱스 주식회사)가 서울 강서구 염창동 소재 공장(서울공장)을 안산시 소재 신축공장(안산공장)으로 이전하는 공장이전계획에 따라 일부 노후된 반도체 조립장비는 세명엔지니어링에 매각하고 나머지 장비는 안산공장으로 옮기기 위하여 위 각 장비를 서울공장에서 반출하는 행위는 모두 위 공장이전업무의 일환으로 이루어진 것으로 볼 수 있는데, 위와 같은 공장이전 혹은 장비이전 등의 행위는 일회적 사무에 불과하여 업무방해죄의 객체가 되는 '업무'에 해당하지 아니한다는 이유를 들어 이 부분 공소사실에 대하여 모두 무죄를 선고한 제1심판결을 그대로 유지하고 검사의 항소를 기각하였다.

[대상판결 2] 대법원 1989. 9. 12. 선고 88도1752 판결(상고기각)

[사실관계]

피고인들은 공모하여 피해자 손○○가 경영하는 전자부품 제조공장의 이전업무를 위력으로써 방해하였다.

[판결요지]

업무방해죄에 있어서의 '업무'라 함은 사람이 그 사회생활상의 지위에 기하여 계속적으로 종사하는 사무나 사업을 의미하는 것으로서, 주된 업무뿐만 아니라 이와 밀접불가분한 관계에 있는 부수적인 업무도 포함되는 것이지만, 계속하여 행하는 사무가 아닌 공장의 이전과 같은 일회적인 사무는 업무방해죄의 객체가 되는 '업무'에 해당되지 않는다.

[원심판결]

원심은 피고인들이 공모하여 피해자 손○○가 경영하는 전자부품 제조공장의 이전업무를 위력으로써 방해하였다는 업무방해의 공소사실에 대하여, 위와 같은 공장의 이전사무는 성질상 손○○의 새로운 전자부품 제조업무를 준비하기 위한 일시적인 사무는 될지언정 전자부품 제조업무에 부수되는 계속성을 지닌 업무라고는 볼 수 없다는 이유로 무죄를 선고하였다.

〔연 구〕

Ⅰ. 문제제기—사안 관련 문제점

업무방해죄란 허위의 사실을 유포하거나 위계 또는 위력으로써 타인의 업무를 방해함으로 성립하는 범죄를 말하며(법 제314조 제1항), 여기서 업무라 함은 사람이 직업 또는 사회생활상의 지위에 기하여 계속적으로[1] 종사하는 사무나 사업을 의미한다(통설, 판례). 업무방해죄에서 업무의 개념을 이와 같이 파악할 때 업무개념을 구성하는 핵심적 내지 본질적 요소는 ① 사회생활상의 지위(또는 사회적 지위)와 ② 계속성이라 할 수 있다.[2] 이러한 업무에는 주된 업무를 비롯하여 부수적 업무도 포함된다는 것이 판례는 물론 학계의 지배적인 태도이다. 그런데 대상

1) 이는 '계속 반복적으로'(정성근·박광민, 형법각론, 삼지원, 2002, 203쪽; 정영일, 형법각론, 박영사, 2006, 168쪽) 또는 '반복적 혹은 계속적으로'(박상기, 형법각론, 박영사, 2005, 205쪽)라고 표현되기도 한다.

2) 김일수·서보학, 형법각론, 박영사, 2004, 209쪽; 배종대, 형법각론, 홍문사, 2006, 296쪽; 오영근, 형법각론, 박영사, 2005, 231-232쪽; 이재상, 형법각론, 박영사, 2004, 205쪽; 이정원, 형법각론, 법지사, 2000, 253쪽; 정성근·박광민, 앞의 책, 203쪽; 박상기, "업무방해죄에서의 「업무방해」의 의미", 형사판례연구 제2권, 박영사, 1994, 215쪽.

판결과 관련하여 문제되는 것은 주된 업무와 관련된 부수적 업무가 업무방해죄에서의 업무에 해당하기 위한 요건은 무엇인가 하는 점이다. 즉 계속성을 띠고 있는 주된 업무와 밀접불가분의 관계에 놓여 있기만 하면 되는 것인가, 아니면 주된 업무와의 밀접불가분성 외에 별도로 그 자체 계속성의 요건을 함께 구비하고 있어야 하는가는 곧 부수적인 업무로서 일시적 또는 일회적인 사무가 업무방해죄에서 정한 업무에 해당하는가의 문제와도 직결되어 있는 문제이며, 대상판결과 관련하여 구체적으로 언급하자면, 본래의 업무에 부수되는 업무인 회사의 공장이전사무가 업무방해죄의 업무에 해당하는가의 문제이다.

얼핏 보기에 [대상판결 2] 사안 관련 판례는 공장이전사무는 계속하여 행하는 업무가 아닌 일회적 업무라고 하여 업무방해죄의 업무에 해당하지 않는다고 파악하고 있는 반면, [대상판결 1] 사안 관련 판례는 공장이전사무도 그 자체 계속성을 가지거나, 가지면서 본래의 업무와 밀접불가분의 관계에 놓여 있다고 볼 수 있으면 업무방해죄의 업무에 해당하는 것으로 파악하고 있는 듯하다. 그렇다면 대법원은 공장이전사무는 사안의 형태나 성격에 따라 업무방해죄의 업무에 해당할 수도 있고 그렇지 않을 수도 있다고 보고 있는 셈이다. 과연 그러한가? 그렇다면 외견상 서로 모순되는 듯한 판례의 태도를 통일적 관점에 따라 구성하는 것은 가능한가? 만일 그러한 통일적 구성이 가능하다면 판례의 태도는 더 이상 아무런 문제도 없는 것인가? 이러한 의문에 답해 보기 위해 아래에서는 먼저 업무방해죄에서 업무의 개념과 범위에 관해 그 쟁점사항을 대략적으로 살펴본다. 다음으로, 대상판결을 비롯하여 관련판례들을 다소 세밀하게 분석·검토해 봄으로써 부수적인 업무로서 일시적 또는 일회적인 사무가 업무방해죄의 업무에 해당하는지 여부에 관한 판례의 태도를 정리해 보기로 한다. 그런 다음 해당 논제와 판례에 대한 학계의 태도를 훑어보고, 마지막으로 대상판결 및 그 문제점에 대해 비판적으로 평가해 보고자 한다.

Ⅱ. 업무방해죄에서 업무의 개념과 범위

1. 쟁점 파악

업무방해죄가 추상적 위험범으로서의 성격을 띠고 있다는 점에 대해서는 대체로 견해가 일치하고 있다(통설, 판례). 따라서 업무방해죄가 성립하려면 업무방해행위로 인해 현실적으로 업무가 방해되는 결과가 초래될 필요는 없고, 업무가 방해될 위험성만 있으면 족하다. 하지만 업무방해죄의 법적 성격과 보호법익에 관해서는 견해가 대립하고 있다.

(1) 업무방해죄의 법적 성격

업무방해죄의 법적 성격 내지 본질에 관해서는 재산죄설,[3] 자유보호설, 재산죄적 성격과 인격침해적 성격을 함께 갖고 있다는 결합설이 대립하고 있다. 현재 재산죄적 성격과 사회적 활동의 자유에 대한 죄로서의 성격을 갖는다고 보는 견해가 다수설의 입장이다.[4] 이에 따르면 업무방해죄는 "사람의 인격, 사회활동의 자유를 경제적 측면에서 보호하는 범죄",[5] "재산죄로서의 성격도 가지고 있는 인격적 활동의 자유를 보호하는 범죄, 사람의 활동의 자유를 경제적 측면에서 보호하는 범죄"[6]로 이해한다. 하지만 업무와 관련된 개인의 자유와 안전을 보호하는 범죄(인격침해범죄)로서의 성격을 가진다고 보는 것이 옳다.[7] 이 죄의 규율목적은 개인의 (경제적 활동을 비롯한) 사회적 활동의 안전과 자유이고, 이 죄의 규율을 통해 보호되는 재산적 이익은 반사적 이익에

---

3) 이 견해는 자본주의 경제질서의 관점에서 파악하여 이 죄의 본질을 사람의 경제생활관계를 보호하는 것으로 이해한다. 유기천, 형법학(각론강의(上)), 일조각, 1982, 168쪽 참조.

4) 이재상, 형법각론, 박영사, 2004, 205쪽; 박상기, 형법각론, 박영사, 2005, 205쪽; 배종대, 형법각론, 홍문사, 2006, 295쪽; 이형국, "업무방해죄", 고시연구(1995. 9), 74쪽; 윤종행, "업무방해죄의 입법론적 검토", 형사법연구 제22호 특집호, 2004, 746쪽.

5) 강구진, "업무방해죄에 있어서의 업무", 고시계(1981. 2), 25쪽; 배종대, 앞의 책, 295쪽.

6) 이재상, 앞의 책, 205쪽.

7) 김일수·서보학, 형법각론, 박영사, 2004, 209쪽; 김성천·김형준, 형법각론, 2000, 263쪽; 이정원, 형법각론, 법지사, 2000, 256쪽; 박홍규, "업무방해죄 판례의 비상식성", 영남법학 제5권 1·2호(1992. 2), 324쪽.

불과하며, 이 죄의 행위객체인 업무는 재산적 이익과 무관한 사회적 활동이나 업무도 포함하기 때문이다. 이런 점에서 결합설은 결과적으로 자유보호설과 차이가 없다고 볼 수 있다.[8] 판례 역시 이 죄를 재산적 의미까지 포함하여 일반적인 사회적 활동의 자유를 침해하는 죄로 파악하는 자유보호설의 입장에 서 있는 듯하다.[9]

(2) 업무방해죄의 보호법익

이 죄의 보호법익에 관해서는 크게 사람의 업무로 보는 견해[10]와 업무와 관련된 개인의 (경제적 활동을 포함한)사회적 활동의 안전과 자유라고 보는 견해[11]가 대립하고 있다.[12] 사람의 업무는 행위객체일 뿐, 보호법익은 아니다. 전자는 보호법익과 행위객체의 구분을 혼동하고 있는 셈이다. 행위객체는 구성요건적 행위실현의 구체적 대상을 지칭하는 반면, 보호법익은 구성요건에 의해 보호되는 가치적·관념적 실체를 말한다. 그리고 양자는 외견상 구체성과 일반성(내지 추상성)의 형태로 대립적 구도를 취하고 있지만, 실상 상관개념으로 이해되어야 한다.[13] 따라서 후자의 견해가 타당하다고 본다.

2. 업무의 내용과 범위

업무방해죄에서의 업무는 경제활동으로서의 업무를 비롯하여 사회활동 전반에 걸친 업무를 포함한다. 따라서 경제적 업무는 물론 비경제

8) 박상기, 앞의 책.
9) 박상기, 위의 책, 205쪽; 이근우, "업무방해죄", 인권과정의 제251호(1997. 7), 113쪽.
10) 이재상, 앞의 책, 205쪽; 이정원, 앞의 책, 253쪽; 배종대, 앞의 책, 295쪽; 오영근, 형법각론, 박영사, 2005, 231쪽; 임웅, 형법각론, 법문사, 2001, 202쪽.
11) 김일수·서보학, 앞의 책, 209쪽; 김성천·김형준, 앞의 책, 263쪽; 박상기, 위의 책, 206쪽; 정성근·박광민, 형법각론, 삼지원, 2002, 203쪽; 정영일, 형법각론, 박영사, 2006, 167쪽; 이형국, 앞의 논문, 74-75쪽; 윤종행, 앞의 논문, 747쪽.
12) 이에 대해, 업무의 개념을 정적 가치물로 보면 견해대립은 실익이 있으나, 업무의 개념을 사람이 사회생활상의 지위에서 계속적으로 행하는 사무로 본다면 업무는 곧 사람의 활동이 되므로 견해대립은 실익이 없다는 견해로는 손동권, 형법각론, 율곡출판사, 2004, 184쪽 참조.
13) 이런 점에서 보호법익 없는 범죄는 있을 수 없으나 행위객체 없는 범죄는 있을 수 있다고 본 종래의 통설은 양자의 상관성을 제대로 이해하지 못하였다고 볼 수 있다. 김일수·변종필, (객관식)형법[제10판], 두성사, 2003, 111쪽 참조.

적 또는 정신적 업무도 포함하며, 보수나 영리 목적의 유무는 불문한다. 주된 업무 외 부수적 업무도 포함하며, 생명·신체에 대한 위험을 수반하는 업무일 필요도 없다. 취미나 오락으로 하는 부수적 업무도 여기서의 업무에 포함된다는 견해가 있으나,[14] 이는 직업 또는 사회생활상의 지위에 기하여 수행되는 사무로 볼 수 없을뿐더러, 이러한 지위에 기초하여 행해지는 주된 업무에 부수되는 업무로 보기 어렵다. 따라서 취미나 오락을 위한 일시적 업무는 업무방해죄의 업무에 해당하지 않는다고 보는 것이 옳다.[15]

이러한 업무는 형법상 보호가치 있는 업무여야 한다. 사회생활상 용인되는 업무에 국한되지만, 그렇다고 하여 반드시 적법·유효한 업무일 필요는 없다(통설·판례). 하지만 형법상 보호할 가치 없는 위법한 업무는 업무방해죄의 업무에서 제외된다. 즉 어떤 사무나 활동 자체가 그 위법의 정도가 중하여 사회생활상 도저히 용인될 수 없을 정도의 반사회성을 띤 행위는 업무에 해당하지 않는다.[16] 여기서 형법상 보호할 가치 있는 업무인지 여부는 그 사무가 실제 평온한 상태에서 일정기간 계속적으로 운영됨으로써 사회적 생활의 기반을 이루고 있느냐에 따라 결정된다.[17]

그런데, 일시적 또는 일회적인 사무도 여기서의 업무에 해당하는가? 직업 또는 사회생활상의 지위에 기초하여 행해지는 본래적 업무가 일시적이거나 일회적인 것일 수 없다는 사정을 감안한다면, 이 물음은 주된 업무에 부수하여 행해지는 일시적 또는 일회적인 사무가 업무방해죄의 업무에 해당하는가 하는 문제로 귀착된다. 결국 이 문제는 대상판결과 관련하여 제기하고자 하는 문제이다. 아래에서는 이점을 중심으

14) 임웅, 앞의 책, 204쪽.

15) 강구진, 앞의 논문, 25쪽; 김일수·서보학, 앞의 책, 210쪽; 배종대, 앞의 책, 296쪽; 손동권, 앞의 책, 185쪽; 정성근·박광민, 앞의 책, 204쪽; 정영일, 앞의 책, 168쪽; 이형국, 앞의 논문, 75쪽.

16) 대법원 2001.11.30. 선고 2001도2015 판결.

17) 대법원 1986.12.23. 선고 86도1372 판결; 김일수·서보학, 위의 책, 210쪽; 정성근·박광민, 위의 책, 204쪽 등.

로 하여 서술하되, 대상판결을 비롯한 관련 판례들을 좀 더 상세히 분석·검토해보고, 이들 판례에 대한 학계의 태도를 함께 다루어본다.

Ⅲ. 대상판결 등에 대한 분석과 검토

1. 대상판결에 대한 분석

(1) [대상판결 2] 사안

먼저 전자부품 제조공장의 이전업무를 위력으로 방해한 사례([대상판결 2] 사안)에서 대법원은 다음과 같이 판시하고 있다:

"주된 업무뿐만 아니라 이와 밀접불가분한 관계에 있는 부수적인 업무도 포함되는 것이지만, 계속하여 행하는 사무가 아닌 공장의 이전과 같은 일회적인 사무는 업무방해죄의 객체가 되는 업무에 해당되지 않는다."

이러한 판시내용의 전후맥락에서 확인할 수 있는 점은, 대법원이 공장의 이전업무를 업무방해죄의 업무에 해당하지 않는다고 보고 있는데, 그 이유는 공장이전업무를 계속하여 행하는 사무가 아닌 일회적인 사무라고 보았기 때문이라는 것이다. 이점은, 위와 같은 공장의 이전사무는 성질상 피해자의 새로운 전자부품 제조업무를 준비하기 위한 일시적인 사무는 될지언정 전자부품 제조업무에 부수되는 계속성을 지닌 업무라고는 볼 수 없다는 이유로 피고인에게 무죄를 선고한 원심판결[18]에 대한 법리오해의 위법이 없다고 판단하는 한편, 공장의 이전사무는 공장을 경영하기 위하여 극히 필요한 업무로서 업무방해죄의 보호대상이 되는 업무로 보아야 한다는 취지의 논지는 받아들일 것이 못된다며 상고를 기각한 데서도 분명하게 드러난다.

따라서 [대상판결 2]사안과 관련하여 볼 때 대법원은 부수적인 업무가 업무방해죄의 업무에 해당하기 위해 갖추어야 할 요건으로서 주된 업무와의 밀접불가분성 및 (그 부수적 업무의)계속성을 들고 있는 것 같다.

---

18) 서울형사지법 1988. 7. 20. 선고 88노2813 판결.

(2) [대상판결 1] 사안

다음으로, 그 본질적 속성상 [대상판결 2] 사안과 별반 차이가 없다고 볼 수 있는 경우, 즉 회사의 공장이전과 관련한 업무를 위력으로 방해한 경우 [대상판결 1] 사안에 대해 대법원은 [대상판결 2] 사안에서와는 달리 다음과 같이 판시하면서 업무방해죄를 인정하였다:

"피해 회사의 위 공장이전과 관련한 공소사실 기재 제반 사무는 업무방해죄의 보호대상이 되지 못하는 단순히 일회적 혹은 일시적인 성격의 행위가 아니라 그 자체로서 상당기간의 계속성을 지닌데다가 회사의 목적 사업에서 연유하는 경영권 행사의 연장선상에서 본래의 업무수행의 일환으로서 그와 밀접불가분의 관계에 있는 업무라고 봄이 상당하다. … 원심이 이 사건 공장이전의 구체적 추진 경위 및 내용과 그 실질을 살피지 아니한 채 단지 그 자체로서는 일회적일 수밖에 없는 공장이전 혹은 장비이전이라고 하는 단편적인 개념에만 집착한 나머지 이 부분 공소사실에 관하여 무죄를 선고한 것은 업무방해죄의 객체가 되는 업무에 관한 법리를 오해한 위법이 있다."

대법원의 이러한 판단에서 알 수 있는 것은, 공장의 이전사무라고 하여 모두 일시적 또는 일회적인 성격을 갖고 있는 것이 아니라 그 구체적 추진 경위와 내용 등에 비추어 볼 때 계속성을 인정할 수 있으면 업무방해죄의 업무에 해당할 수 있다고 보고 있다는 점이다. 다시 말해 공장의 이전사무는 대체적으로 그 자체 일회적일 수밖에 없는 특징을 지니고 있지만, 그렇다고 하여 모든 경우를 그렇게 볼 것은 아니며, 공장의 이전과 관련된 사무라 하더라도 그것이 본래의 업무와 밀접불가분성을 유지하면서 어느 정도의 (시간적·절차적)계속성을 지니고 있으면 업무방해죄의 업무에 해당한다고 보고 있다는 점이다. 즉 부수적인 업무가 업무방해죄의 업무에 해당하기 위해서는 주된 업무와의 밀접불가분성과 함께 그 자체 일정한 계속성을 지니고 있어야 한다는 것이다.

(3) 검 토

이와 같이 볼 때 위 [대상판결 1], [대상판결 2] 사안에서 대법원의 판단의 기초가 되고 있는 법리는 동일하다고 할 수 있다. 즉 부수적인 업무로서의 공장이전사무가 업무방해죄의 업무에 해당하려면 본래의 업무(주된 업무)와의 밀접불가분성 및 계속성을 지녀야 한다는 것이다. 이는 업무방해죄에서 요구되는 업무의 본질적 요소가 사회생활상의 지위(에 기초한 업무)와 계속적임을 고려할 때 일견 그에 부합하는 태도로 보인다. 하지만 이러한 태도는 일정한 논란의 소지를 남겨 두고 있다고 본다. 우선, 대법원의 그러한 태도가 여타의 다른 판례에도 일관되게 적용되고 있는가 하는 것이다. 이점은 아래의 또 다른 판례들에 대한 분석 및 검토 과정에서 언급될 것이다. 다음으로, 설령 그렇다고 하더라도 주된 업무가 아니라 (그와 밀접불가분의 관계에 놓여 있는 일시적 또는 일회적인) 부수적 업무에 대해서도 일정한 계속성을 지녀야만 업무에 해당한다고 볼 것인가 하는 것이다. 이점에 관해서는 이하의 서술과정에서 언급하기로 한다.

이러한 의문 외에 [대상판결 1], [대상판결 2] 사안에 대한 대법원의 판단에는 언어적 수사 내지 표현에 있어 일정한 문제점이 깃들어 있다. 먼저 [대상판결 2] 사안과 관련하여 볼 때 대법원의 판단은—앞서 언급했듯이—공장의 이전사무가 어느 정도의 시간적 계속성을 가진다면 그것이 비록 일회적인 것일지언정 예외적으로 업무방해죄의 업무에 해당할 수 있다는 취지를 표방한 셈이다. 하지만 그 판단과정에서의 언어적 표현을 보면, 대법원의 판단은 공장의 이전사무는 그 성질 자체가 일시적이고 일회적인 것이어서 애당초 업무방해죄의 업무에 해당할 여지가 없다는 외관을 취하고 있다. 이러한 식의 표현은 그 판단의 취지를 잘못 독해할 수 있는 여지를 남겨 놓았다고 보며, 그러한 여지는 [대상판결 1] 사안에 관한 원심의 판단[19]—"위와 같은 공장이전 혹은 장비이전 등의 행위는 일회적 사무에 불과하여 업무방해죄의 객체가

19) 서울중앙지법 2004. 11. 26. 선고 2003노8645 판결.

되는 업무에 해당하지 않는다."—에서 현실로 나타난 것으로 보인다.

다음으로 [대상판결 1] 사안에 대한 판단에서도 대법원은 언어적 표현상의 오류를 드러내고 있다(①, ②):

① 「일회적인 사무라 하더라도 그 자체가 어느 정도 계속하여 행해지는 것이거나 혹은 그것이 직업 또는 사회생활상의 지위에서 계속적으로 행하여 온 본래의 업무수행과 밀접불가분의 관계에서 이루어진 경우에도 업무방해죄의 업무에 해당한다.」[대전제]

② 「일련의 경영상 계획의 일환으로서 시간적·절차적으로 일정기간의 소요가 예상되는 사업장 이전을 추진, 실시하는 행위는 [소전제] 그 자체로서 일정기간 계속성을 지닌 업무의 성격을 지니고 있을 뿐만 아니라 회사의 본래 업무인 목적 사업의 경영과 밀접불가분의 관계에서 그에 수반하여 이루어지는 것으로 볼 수 있으므로 업무방해죄의 업무에 해당한다.」[결론]

즉 대법원은 [대전제](판결요지)로부터 [결론](사례에 대한 법적 판단)에 이르는 과정에서 표현상의 오류(논리적 오류)를 범하고 있다. [대전제]에서는 일회적인 사무라도 그것이 업무방해죄의 업무에 해당할 수 있음을 전제로 하면서, 그 요건에 대해 그 사무의 (어느 정도의)계속성과 본래의 업무(주된 업무)와의 밀접불가분성을 택일적으로 요구하고 있다. 하지만 그 [결론]에서는 계속성과 밀접불가분성이 동시에 요구되는 것처럼 표현하고 있다. 이는 중대한 언어적 오류 내지 모순에 해당하며, 이로써 새로운 논란의 불씨를 지피는 측면도 없지 않다. [대전제]에 해당하는 부분을 단순히 언어적 표현의 오류로 보고, 병합관계로 서술해야 할 것을 택일관계로 잘못 서술한 오류를 범한 것으로 이해하고 넘어갈 수도 있을 것이다. 하지만 그것이 단순히 표현상의 오류가 아니라면, 주된 업무에 수반된 부수적 업무가 일시적인 것으로서 업무방해죄의 업무에 해당하기 위해서는 밀접불가분성과 계속성을 동시에 갖출 필요는 없고 어느 한 요소만 구비하면 된다는 식으로 해석할 여지를 남겨둔 것이 된다. 앞서 살펴본 대법원의 태도에 비추어 본다면 후자로 해석할 여지는 거의 없어 보이지만, 어쨌든 위와 같은 오류 역시 가볍게 생각하고 넘어갈 문제는 아닌 것 같다.

2. 관련판례에 대한 비교검토

(1) 대법원 1995. 10. 12. 선고 95도1589 판결([대상판결 3] 사안)

"업무방해죄에 있어서의 업무라 함은 직업 또는 사회생활상의 지위에 기하여 계속적으로 종사하는 사무 또는 사업을 말하는 것인바, 여기에서 말하는 사무 또는 사업은 그것이 사회생활적인 지위에 기한 것이면 족하고 경제적인 것이어야 할 필요는 없으며, 또 그 행위 자체는 1회성을 갖는 것이라고 하더라도 계속성을 갖는 본래의 업무수행의 일환으로서 행하여지는 것이라면, 업무방해죄에 의하여 보호되는 업무에 해당된다."

이 판례는 종중 정기총회를 주재하는 종중 회장의 의사진행업무가 업무방해죄의 업무에 해당한다고 본 경우이다. 일회적인 것이라 하더라도 업무에 해당할 수 있으나, 다만 본래의 업무수행의 일환으로 행해져야 함을 언급하고 있다. 본래 업무수행의 일환이라 함은 본래의 업무와 밀접불가분의 관계에서 행해지는 것이어야 한다는 의미와 같은 취지로 보인다. 그런데 일회적인 것과 관련하여 계속성이 요구되는지 여부에 관해서는 별도의 언급이 없다. 따라서 계속성의 요소를 염두에 두고 볼 때 본래의 업무가 계속성을 지니고 있으면 되고 그 일환으로 행해지는 일회적인 부수업무는 계속성이 없어도 된다는 것인지, 아니면 당연히 계속성을 전제로 한다는 것인지를 정확히 확인할 수 없다.

(2) 대법원 1992. 2. 11. 선고 91도1834 판결([대상판결 4] 사안)

"주간에 있어서의 공장 조업이 끝났다고 하더라도 공장을 가동하여 섬유제품을 생산, 가공, 판매하는 회사 본래의 주된 영업활동을 원활하게 수행하기 위하여 위 회사는 공장건물 및 기자재 관리나 당직근

무자 등을 통한 공장출입자에 대한 통제를 야간에도 계속해야 함은 물론 전체 회사 직원들의 출퇴근이 제대로 이루어질 수 있도록 공장 정문의 정상적인 개폐 등에도 만전을 기하여야 하는 것이며, 이러한 업무는 위 회사의 주된 업무와 밀접불가분의 관계에 있으면서 계속적으로 수행되어지는 회사의 부수적 업무라 할 것이므로 이는 업무방해죄에서 보호의 대상으로 삼고 있는 업무에 해당된다."

이 판례는 조업이 끝난 후 공장 정문의 개폐 등 관리사무가 업무방해죄의 업무에 해당한다고 본 경우이다. 여기서 나타난 판례의 태도는 앞서 살펴본 [대상판결 1], [대상판결 2] 사안에 대한 대법원의 그것과 정확히 일치함을 확인할 수 있다. 즉 부수적 업무가 업무방해죄의 업무에 해당하려면 그것이 주된 업무와 밀접불가분한 관계에 있어야 함은 물론 계속성도 지녀야 한다는 것이다.

(3) 대법원 1985. 4. 9. 선고 84도300 판결([대상판결 5] 사안)

"업무방해죄에 있어서 업무라 함은 직업 기타 계속적으로 종사하는 사무 또는 사업을 말하며 사람의 주된 업무뿐만 아니라 이에 밀접불가분의 부수적인 업무도 포함되나, 비닐가공공장을 경영하는 자가 공장을 이전하는 업무는 성질상 새로운 비닐가공업무를 준비하기 위한 일시적인 사무는 될지언정 이를 비닐가공업무에 부수한 계속성을 지닌 업무라고는 말할 수 없어 위 이전업무를 방해한 행위는 업무방해죄에 해당하지 아니한다."

이 판례는 주지하다시피 비닐가공공장의 공장이전사무를 방해한 경우에 대해 업무성을 부정한 사례이다. 여기에서도 대법원은 부수적 업무에 대해 업무성이 인정되기 위해서는 밀접불가분성과 계속성이 필요하다고 보고 있다. 대법원의 이러한 판단은 위 [대상판결 2] 사안에 대한 그것과 맥을 같이 하는 셈이다. 즉 비닐공장이전사무는 일시적인 사무로서 계속성을 지녔다고 볼 수 없어 업무방해죄의 업무에 해당하지 않는다는 것이다. 다만 특이한 점은—[대상판결 2] 사안에 대한 원심의 판단과 마찬가지로— 대법원이 공장이전사무의 성질을 "새로운 비닐가공업무를 준비하기 위한 일시적인 사무"로 규정하고 있다는 것이다.

(4) 검 토

위 관련 판례들에 대한 분석에서 보았듯이, 부수적 업무가 업무방해죄의 업무에 해당하기 위한 요건과 관련하여 대법원은 앞서 살펴본 [대상판결 1], [대상판결 2] 사안에서와 마찬가지로 주된 업무와의 밀접불가분성과 계속성을 요구하고 있음을 알 수 있다. 특히 [대상판결 1], [대상판결 2] 사안과 동일한 소재에 속하는 공장이전사무([대상판결 5] 사안)에 대해 전체적으로 일관된 입장을 유지하고 있음을 확인할 수 있다.

하지만 본래의 업무에 부수되는 업무로서 일시적 또는 일회적인 성격을 띤 공장이전사무가 어떤 경우에는([대상판결 1] 사안) 계속성이 인정되어 업무방해죄의 업무에 해당하고 또 어떤 경우에는([대상판결 2], [대상판결 5] 사안) 계속성이 없어 업무에 해당하지 않는다는 것인가? 더욱이 그러한 사무가 주된 업무를 준비하기 위한 예비행위로서 계속성 없는 일시적 사무에 불과하다고 보는 경우 도대체 그 판단기준은 무엇인가? 이 물음에 대한 대법원의 대답은, 일정한 공장이전사무가 "경영상 계획의 일환으로서 시간적·절차적으로 일정기간의 소요가 예상되는 사업장 이전을 추진·실시하는 행위"로서의 업무인지 여부이다. 그러나 공장이전행위의 실제적 현실에 비추어 볼 때 어떠한 형태의 공장이전행위도 거의 예외 없이—비록 시간·절차 면에서 다소간의 상대적인 차이는 있겠지만—그러한 기준을 충족한다는 점을 고려하면, 그러한 대답은 그 판단기준에 있어 분명하지도 않으며 또 설득력 있어 보이지도 않는다.

Ⅳ. 판례에 대한 학계의 태도

1. 논의현황

주된 업무에 부수되는 업무로서의 성격을 지닌 일시적 또는 일회적인 사무가 업무방해죄의 업무에 해당하는지 여부에 관한 학계의 태도는 일관되지도 않으며 통일적이지도 않은 상황이다. 즉 기존의 관련 판례를 부분적으로—그 범위에서는 상대적인 차이가 있지만—원용함으로써 일정한 견해를 피력하고 있는 실정이다. 그럼에도 불구하고 이 문제에 관한 전반적인 태도는 다음과 같은 몇 가지 형태로 대략 정리해 볼 수 있을 것 같다.

먼저, 판례의 태도와 마찬가지로, 공장의 이전(전자부품제조공장의 이전업무)[20]이나 건물임대인이 행한 조경공사[21]와 같은 일회적 내지 일시적 사무는 업무에 해당하지 않는다고 보는 것이 원론적인 입장인 듯하다. 둘째, 그렇다고 하여 일회적인 사무가 업무에 해당할 수 있는 가능성을 전적으로 배제하고 있지는 않으며, 일정한 경우에 한해 업무성을 인정하고 있다. 다만 어떠한 경우에 업무성을 인정할 것인지에 관해서는 다소 상이한 주장이 제기되고 있다. 일회적인 사무라도 계속성 내지 지속성을 결한 것은 업무에 해당하지 않는다는 관점(ⓐ설),[22] 일회성을 띠고 있는 사무라도 계속성을 지닌 본래의 업무수행의 일환으로 행해진 것은 업무에 해당한다는 관점(ⓑ설),[23] 최근의 대법원 판례를 원용하여, 일시적 사무라도 그 자체가 어느 정도 계속하여 행해지는 것이거나 계속성을 지닌 본래의 업무수행과 밀접불가분의 관계에서 이루

20) 대법원 1989. 9. 12. 선고 88도1752 판결.

21) 대법원 1993. 2. 9. 선고 92도2929 판결.

22) 김성천・김형준, 앞의 책, 265쪽; 박상기, 앞의 책, 205-206쪽; 박종민, "업무방해죄에 있어서 위계 및 위력의 의미", 대법원판례해설 제56호, 2005, 309쪽.

23) 손동권, 앞의 책, 185쪽; 오영근, 앞의 책, 232-233쪽; 이재상, 앞의 책, 206쪽; 정성근・박광민, 앞의 책, 203쪽. 가령 오영근 교수는 일시적인 사무이지만 업무에 해당할 수 있는 경우로, (i) 경비원이 상사의 명령에 따라 일시적으로 그 직장의 업무를 수행한 경우(대법원 1971. 5. 24. 선고 71도399 판결), (ii) 종중 정기총회를 주재하는 종중 회장의 의사진행업무(대법원 1995. 10. 12. 선고 95도1589 판결), (iii) 일정기간의 소요가 예상되는 사업장 이전을 추진하는 행위(대법원 2005. 4. 15. 선고 2004도8701 판결)를 들면서, (i)의 경우, 경비원이 평소의 업무와 달리 일시적으로 종사하는 업무도 경비원으로서 계속적으로 종사하는 사무로서 업무가 될 수 있다는 의미로 이해하고, (iii)의 경우, 종중 회장으로서의 사회적 지위에서 계속적으로 행하여 온 종중 업무수행의 일환으로 행하여진 것이라면 업무에 해당한다는 태도를 취하고 있다.

어진 경우에는 업무에 해당한다고 보는 관점(ⓒ설),[24] 일회적인 사무라도 그것이 전체 업무의 일부로 볼 수 있으면 계속적인 업무에 해당한다고 보는 관점 (ⓓ설)[25] 등이 그것이다.

2. 검 토

우선, ⓐ설은 주된 업무에 부수하여 행해지는 일회적 또는 일시적인 사무가 업무방해죄의 업무에 해당하려면 그 일회적 내지 일시적인 사무에 대해서도 —주된 업무에 대해서와 마찬가지로— 계속성이 필요하다고 보는 것 같다. 이는 판례의 태도와 부분적으로 그 궤를 같이 한다고 볼 수 있겠지만, 추가로 주된 업무와의 밀접불가분성도 요구되는 것인지 여부에 관한 언급이 없어 다소간의 불명확성을 드러내고 있다. 둘째, ⓑ설은 계속성을 지닌 본래의 업무(수행)에 대해 그 일환으로 행해지는 것이면 부수적인 일회적 또는 일시적인 사무라도 업무에 해당한다는 의미로 파악된다. 즉 필자가 보기에 이는 일회적인 사무가 계속성을 띤 본래의 업무(주된 업무)와 밀접불가분한 관계에 놓여 있다면 업무방해죄의 업무에 해당할 수 있다는 취지인 것 같다. 하지만 여기서는 본래적 업무 외에 일시적으로 수행되는 업무가 본래의 업무와 마찬가지로 어느 정도의 계속성을 지니고 있어야 하는지에 관해서는 언급이 없다. 만일 이 견해가 부수적으로 수행되는 일회적 사무에 대해서는 주된 업무와의 밀접불가분성의 요건만 충족하면 업무에 해당하는 것이지 일회적 사무 자체가 별도로 계속성을 지닐 필요는 없다는 식으로 이해하고 있다면, 이는 그 당부를 떠나 대법원의 기본입장과는 맞지 않는다고 생각된다. 왜냐하면 앞서 살펴보았듯이, 대법원의 기본태도는 부수적으로 수행되는 일시적 또는 일회적인 업무에 대해서도 밀접불가분성의 요소 외에 계속성의 요소를 요구하고 있기 때문이다. 셋째, ⓒ설은 [대상판결 1] 사안에 대한 대법원의 판단을 그대로 따르고 있는

24) 배종대, 앞의 책, 296쪽; 정영일, 앞의 책, 169쪽. 대법원 2005. 4. 15. 선고 2004도 8701 판결 참조.

25) 이정원, 앞의 책, 253쪽.

바, 이에 대해서는 앞서 언급한 문제점이 그대로 적용될 수 있다. 즉 부수적으로 수행되는 일회적 사무에 대해 업무성을 인정하기 위해 갖추어야 할 요건인 주된 업무와의 밀접불가분성과 계속성이 택일적 관계에 놓여 있는 것인지 아니면 병합적인 관계에 놓여 있는 것인지가 불분명하다는 점이다. 넷째, ⓓ설은 ―대법원이 일시적인 사무가 업무인지 여부에 관해 상호 모순적인 입장을 보이고 있다고 비판하면서― 오직 전체적인 관찰에 의하여 '전체업무의 일부'인가를 기준으로 업무의 계속성을 판단해야 한다고 주장한다. 그리고 이러한 입장에 기초하여 공장의 이전은 공장의 건립이나 운영 등과 마찬가지로 계속적인 공장 업무행위의 일부이기 때문에 업무방해죄의 업무에 해당한다고 보고 있다.[26] 이는 일시적 사무라도 계속적인 본래업무의 일부이기만 하면, 즉 계속적인 본래적 업무와 밀접불가분의 관계에 놓여 있는 것이라면 업무에 해당한다는 취지로 보인다. 따라서 일시적 업무가 업무방해죄의 업무에 해당하기 위해서는 계속적으로 수행되어 온 주된 업무와의 밀접불가분성의 요건만 충족하면 되고, 그 자체가 별도의 계속성을 지닐 필요는 없다는 주장인 듯하다. 이러한 태도는 대법원 판례의 그것과는 그 궤를 달리 하는 것으로서, 대단히 의미 있는 주장이라고 생각된다.

Ⅴ. 맺 음 말

이상으로, 필자는 주된 업무에 부수하여 행해지는 일시적 또는 일회적인 사무, 특히 공장의 이전과 같은 일회적인 사무가 업무방해죄의 업무에 해당하는지 여부를 놓고 대상판결 및 여타의 관련판례들을 분석 검토한 다음, 그러한 판례의 태도를 원용하면서 전개되고 있는 학계의 입장을 살펴보았다. 주된 업무와의 밀접불가분성 외에 계속성의 요건까지 요구하고 있다는 것이 판례 분석 및 검토의 결과였으며, 이점에 관한 학계의 입장은 다소 모호하면서 일면적인 고찰에 머물고 있다는 것이 필자의 생각이다.

---

26) 이정원, 앞의 책, 254쪽.

대법원 판례에 대한 필자의 분석이 정확한 것임을 전제로 한다면, 일회적 사무의 업무성 여부에 관한 판례의 태도는 다음과 같은 몇 가지 근거들에 기초해 볼 때 수용하기 어렵다고 본다.

첫째, 공장의 이전과 같은 일회적 내지 일시적인 사무가 업무에 해당하는지 여부의 문제는 주된 업무에 부수된 업무와 관련하여 문제되고 있다. 그런데 주된 업무와 부수적 업무는 그 대비의 성격상, 가령 경제적 업무와 비경제적(내지 정신적) 업무, 영리적 업무와 비영리적 업무의 대비와는 구분되는 특징을 갖고 있다. 즉 주된 업무와 종된 업무라는 대칭성을 갖고 있다. 그렇다면 부수적 업무로서의 일시적 사무가 주된 업무와 밀접불가분한 관계에 놓여 있기만 하면 되는 것이지, 굳이 계속성의 요건까지 요구해야 할 필요는 없다고 본다.

둘째, 부수적 업무의 업무성에 있어 중요한 것은, 그것이 일시적이냐 일회적이냐 하는 것이 아니라 주된 업무를 원활히 수행하기 위한 일환으로서 행해지는 것이냐 하는 점에 있다고 본다. 판례의 태도를 빌자면 이는 '주된 업무와의 밀접불가분성'으로 표현되고 있다고 생각된다. 이런 점에서 건물임대인이 구청장의 조경공사 촉구지시에 따라 임대건물 앞에서 행한 조경공사가 일회적인 성격을 띠는 경우[27]와 회사의 공장이전사무가 일회적인 성격을 띠는 경우([대상판결 2], [대상판결 5] 사안)는 일회성이라는 측면에만 집착하여 동일한 차원에서 취급할 성질의 것이 아니라, 양자는 일회성이라는 외관에도 불구하고 그 성격상 엄격히 구별하여 취급해야 할 것이다. 후자의 경우는 그 자체로 독립적인 목적을 지니고 행해지는 것이 아니라 본래적 업무수행의 범위 내에서 회사업무의 지속적인 영위와 수행을 위한 불가피한 조치의 일환으로 행해지는 것이 통례이며, 이로써 일시적 또는 일회적인 것이라 하더라도 계속적으로 수행되는 주된 업무의 범위 안에 드는 사무라고 볼 수 있기 때문이다.

셋째, 계속성 내지 지속성의 요건을 판단할 경우 업무와 관련된

---

27) 대법원 1993.2.9. 선고 92도2929 판결.

특정한 행위 자체만을 따로 떼어 판단할 것이 아니라 전체적인 관점에서 —시간적으로 보면 현재뿐만 아니라 장래까지도 포함하여— 판단하는 것이 옳다고 본다. 그렇다면 회사의 공장이전사무는 회사의 본래적 업무활동의 원활한 수행을 위한 조치라는 점을 고려할 때 —상대적으로 시간적 간극의 차이는 있겠지만— 본래업무가 미치는 기능적으로 연장되었다 할지라도 가능한 회사업무활동의 일환이라는 점에서 단순히 업무성이 부정되는 일회적 또는 일시적인 사무라고 보기 어렵다.

넷째, 설령 [대상판결 1] 사안 관련 판례의 태도를 긍정한다 하더라도 회사의 공장이전사무의 성격상 —예상되는 시간소요 및 절차의 상대적인 차이는 있을지언정— 어느 정도의 계속성을 필요로 하지 않는 이전관련행위 내지 사무는 거의 없다는 점을 감안할 때, [대상판결 2] 사안 관련 전자부품제조회사의 공장이전사무에 대해 업무성을 부인한 판례의 태도는 그 계속성을 판단함에 있어 오히려 공장이전행위의 성격 등 기본 틀은 가볍게 보면서 추진 경위 등 세세한 과정과 내용에 지나치게 무게를 둠으로써 오히려 통일적이고 일관된 논리구성을 저해한 문제점이 있다고 하지 않을 수 없다.

따라서 주된 업무에 부수되는 일시적 또는 일회적인 사무가 업무방해죄의 업무에 해당하기 위해서는 계속성을 지닌 주된 업무와의 밀접불가분성 외에 부수적인 일시적 업무 자체가 별도로 계속성을 지녀야 할 필요는 없다고 본다. 그럼에도 굳이 부수적인 일시적 사무에 대해서도 계속성의 요건이 필요하다고 보고자 한다면, 주된 업무의 계속성이 인정되는 한, 부수적 업무의 계속성도 그에 수반하여 함께 인정되는 것으로 보아야 할 것이다.[28]

---

28) 이러한 결론은 ⓓ설의 관점과 일치한다고 할 수 있다.

[주 제 어]
업무방해, 부수적 업무, 일회적 사무, 밀접불가분성, 계속성, 공장이전 사무

[Keywords]
Geschäftshindernis, begleitendes Geschäft, einmalige Geschäftssache, enge Beziehung mit dem Hauptgeschäft, Dauerhaftigkeit, Umzug der Fabrik

접수일자: 2008. 4. 9, 심사일자: 2008. 5. 20, 게재확정일자: 2008. 5. 28.

[Zusammenfassung]

Der Begriff des Geschäfts und sein Bereich im Geschäftshindernis

Byun, Jong-Pil*

Diese Arbeit ist gegen das Urteil vom Obersten Gericht(2005. 4. 15, 2004do8701) ausgebildet. Es geht hier um die Frage, welche Voraussetzungen notwendig sind, damit die dem wesentlichen Geschäft begleitende Geschäftssache unter dem Tatbestand des Geschäftshindernis subsumiert werden kann, besonders ob die einmalige Geschäftssache ebenso wie der Umzug der Fabrik in der Gesellschaft zum 'Geschäft' gehört, das im Strafrecht §314-I bestimmt ist. Nach meiner Analysierung ist das Oberste Gericht der Auffassung, dáß die dem Hauptgeschäft begleitende einmalige Geschäftssache zum sogenannten 'Geschäft' gehört werden kann, wenn dieselbe zwei Bedingungen, erstens die enge Beziehung mit dem Hauptgeschäft und zweitens die Dauerhaftigkeit erfüllt. Es ist aber meiner Meinung, dáß solche Stellung des Obersten Gerichts problematisch in mancher Weise ist, und deshalb unannehmbar ist.

* Professor, Department of Law, Dongguk University, Ph.D. in Law.

강도죄와 절도죄의 경합

-현금카드 강취 후 현금자동지급기에서 현금을 인출한 행위-

한 영 수*

[대상판결] 대법원 2007. 5. 10. 선고 2007도1375 판결

[사건개요]

피고인 甲과 乙은 합동하여 2006년 3월 3일 A로부터 국민은행 현금카드를 강취하고 A를 협박하여 비밀번호를 알아낸 다음 같은 날 오후 3시경 부산 동래구 소재 M우체국이 관리하는 현금자동지급기에서 6회에 걸쳐 현금 420만원을 인출하였다. 또한 2006년 4월 19일 B로부터 농협 현금카드를 강취한 후 B를 협박하여 비밀번호를 알아내고, 같은 날 2시 35분경 경북 구미시 소재 H새마을금고가 관리하는 현금자동지급기에서 3회에 걸쳐 현금 163만원을 인출하였다.

[원심판결]

피고인들은 예금주인 현금카드 소유자들을 협박하여 그 카드를 강취하였고, 하자 있는 의사표시이기는 하지만 피해자의 승낙에 의하여 현금카드를 사용할 권한을 부여받아 이를 이용하여 현금을 인출한 이상, 피해자가 그 승낙의 의사표시를 취소하기까지는 현금카드를 적법·유효하게 사용할 수 있고, 은행의 경우에도 피해자의 지급정지 신청이 없는 한 피해자의 의사에 따라 그의 계산으로 적법하게 예금을 지급할 수밖에 없는 것이므로, 피고인들이 피해자로부터 현금카드를 사용한 예금인출의 승낙을 받고 현금카드를 교부받은 행위와 이를 사용하여 현

* 아주대학교 법과대학 교수, 법학박사.

금자동지급기에서 예금을 인출한 행위는 모두 피해자의 예금을 강취하고자 하는 피고인의 단일하고 계속된 범의 아래에서 이루어진 일련의 행위로서 포괄하여 하나의 강도죄를 구성한다고 볼 것이지, 현금자동지급기에서 피해자의 예금을 취득한 행위를 현금자동지급기 관리자의 의사에 반하여 그가 점유하고 있는 현금을 절취한 것이라 하여 이를 현금카드 강취행위와 분리하여 따로 절도죄를 처단할 수 없다.

[대법원 판결요지]

1. 예금주인 현금카드 소유자를 협박하여 그 카드를 갈취한 다음 피해자의 승낙에 의하여 현금카드를 사용할 권한을 부여받아 이를 이용하여 현금자동지급기에서 현금을 인출한 행위는 모두 피해자의 예금을 갈취하고자 하는 피고인의 단일하고 계속된 범의 아래에서 이루어진 일련의 행위로서 포괄하여 하나의 공갈죄를 구성한다고 볼 것이므로, 현금자동지급기에서 피해자의 예금을 인출한 행위를 현금카드 갈취행위와 분리하여 따로 절도죄로 처단할 수는 없는 것이다. 왜냐하면, 위 예금인출행위는 하자 있는 의사표시이기는 하지만 피해자의 승낙에 기한 것이고, 피해자가 그 승낙의 의사표시를 취소하기까지는 현금카드를 적법, 유효하게 사용할 수 있으므로, 은행으로서도 피해자의 지급정지 신청이 없는 한 그의 의사에 따라 그의 계산으로 적법하게 예금을 지급할 수밖에 없는 것이기 때문이다.

2. 강도죄는 공갈죄와는 달리 피해자의 반항을 억압할 정도로 강력한 정도의 폭행·협박을 수단으로 재물을 탈취하여야 성립하는 것이므로, 피해자로부터 현금카드를 강취하였다고 인정되는 경우에는 피해자로부터 현금카드의 사용에 관한 승낙의 의사표시가 있었다고 볼 여지가 없다. 따라서 강취한 현금카드를 사용하여 현금자동지급기에서 예금을 인출한 행위는 피해자의 승낙에 기한 것이라고 할 수 없으므로, 현금자동지급기 관리자의 의사에 반하여 그의 지배를 배제하고 그 현금을 자기의 지배하에 옮겨 놓는 것이 되어서 강도죄와는 별도로 절도죄

를 구성한다고 할 것이다.

[비교판례 1] 대법원 1996. 9. 20. 선고 95도1728 판결

예금주인 현금카드 소유자를 협박하여 그 카드를 갈취하였고, 하자 있는 의사표시이기는 하지만 피해자의 승낙에 의하여 현금카드를 사용할 권한을 부여받아 이를 이용하여 현금을 인출한 이상, 피해자가 그 승낙의 의사표시를 취소하기까지는 현금카드를 적법, 유효하게 사용할 수 있고, 은행의 경우에도 피해자의 지급정지 신청이 없는 한 피해자의 의사에 따라 그의 계산으로 적법하게 예금을 지급할 수밖에 없는 것이므로, 피고인이 피해자로부터 현금카드를 사용한 예금인출의 승낙을 받고 현금카드를 교부받은 행위와 이를 사용하여 현금자동지급기에서 예금을 여러 번 인출한 행위들은 모두 피해자의 예금을 갈취하고자 하는 피고인의 단일하고 계속된 범의 아래에서 이루어진 일련의 행위로서 포괄하여 하나의 공갈죄를 구성한다고 볼 것이지, 현금지급기에서 피해자의 예금을 취득한 행위를 현금지급기 관리자의 의사에 반하여 그가 점유하고 있는 현금을 절취한 것이라 하여 이를 현금카드 갈취행위와 분리하여 따로 절도죄로 처단할 수는 없다.

[비교판례 2] 대법원 2005. 9. 30. 선고 2005도5869 판결

예금주인 현금카드 소유자로부터 그 카드를 편취하여, 비록 하자 있는 의사표시이기는 하지만 현금카드 소유자의 승낙에 의하여 사용권한을 부여받은 이상, 그 소유자가 승낙의 의사표시를 취소하기까지는 현금카드를 적법, 유효하게 사용할 수 있으며, 은행 등 금융기관은 현금카드 소유자의 지급정지 신청이 없는 한 카드 소유자의 의사에 따라 그의 계산으로 적법하게 예금을 지급할 수밖에 없는 것이므로, 피고인이 현금카드의 소유자로부터 현금카드를 사용한 예금인출의 승낙을 받고 현금카드를 교부받은 행위와 이를 사용하여 현금자동지급기에서 예금을 여러 번 인출한 행위들은 모두 현금카드 소유자의 예금을 편취하고자 하는 피고인의 단일하고 계속된 범의 아래에서 이루어진 일련의 행위로서 포괄하여 하나의 사기죄를 구성한다고 볼 것이지, 현금자동지급기에서 카드 소유자의 예금을 인출, 취득한 행위를 현금자동지급기 관리자의 의사에 반하여 그가 점유하고 있는 현금을 절취한 것이라 하여 이를 현금카드 편취행위와 분리하여 따로 절도죄로 처단할 수는 없다.

[비교판례 3] 대법원 1996. 7. 12. 선고 96도1181 판결

신용카드를 절취한 후 이를 사용한 경우 신용카드의 부정사용행위는 새로운 법익의 침해로 보아야 하고, 그 법익침해가 절도범행보다 큰 것이 대부분이므로 위와 같은 부정사용행위가 절도범행의 불가벌적 사후행위가 되는 것은 아니다.

〔평 석〕

Ⅰ. 판례 비교분석

1. 카드 강취 후 현금자동지급기 현금인출(대상판결)

(1) 카드 강취, 비밀번호 지득, 현금인출

피고인 甲과 乙은 예금주인 피해자 A의 현금카드를 강취하고 그를 협박하여 비밀번호를 지득한 다음, 같은 날 M우체국이 관리하는 현금자동지급기에서 수차례에 걸쳐 현금을 인출하였고, 같은 수법으로 피해자 B의 현금카드를 강취하여 H새마을금고가 관리하는 현금자동지급기에서 현금을 수차례 인출하였다.

본 사안에서 피고인들의 범행실행은 다음과 같이 3단계로 이루어졌다.

① 현금카드 강취

② 현금카드 소유자를 협박하여 비밀번호 지득

③ 현금자동지급기에서 수차례에 걸쳐 현금인출

이와 같이 3단계로 세분하면, ① 카드강취행위는 강도죄, ② 카드명의인을 협박하여 비밀번호를 지득한 행위는 강요죄, ③ 현금자동지급기에서 카드를 삽입하고 비밀번호를 입력하여 현금을 인출한 행위는—판례를 따를 때—절도죄의 구성요건에 해당된다.

(2) 대상판결의 쟁점사항

카드를 강취하고 비밀번호를 지득한 후 현금자동지급기에서 현금을 인출하는 경우 강도죄와 별도로 절도죄가 성립되는지 여부가 대상판결의 핵심쟁점이다.

대법원이나 항소법원은 ②의 비밀번호 지득행위가 ①의 현금카드 강취행위에 흡수되어 강도죄만이 적용된다는 전제하에 ①의 강도죄와 별도로 ③의 절도죄가 성립되는지 여부에 대해서 그 견해를 서로 달리하고 있다.

원심판결은 피고인들이 강취한 현금카드를 사용하여 현금자동지급기에서 예금을 인출한 행위는 모두 피해자의 예금을 강취하고자 하는 '단일하고 계속된 범의'하에 이루어진 일련의 행위로서 '포괄하여' 하나의 강도죄를 구성한다고 보았다.

그러나 대법원은 피고인들이 예금주인 피해자의 현금카드를 강취할 때는 피해자의 반항을 억압할 정도로 강력한 정도의 폭행·협박을 가한 것이므로 현금카드를 현금자동지급기에서 사용하는 데 피해자의 승낙을 받은 것이라고 볼 수 없기 때문에 현금카드 강취행위와 그 현금카드를 사용하여 현금자동지급기에서 현금을 인출한 행위는 '포괄일죄'가 아니라 '수죄'로 보고 강도죄와 별도로 절도죄가 성립된다고 판단하였다.

2. 카드 갈취 후 현금자동지급기 현금인출(비교판례 1)

[비교판례 1]에서 피고인은 같은 학원에 다니면서 알게 된 피해자와 함께 부산 등지로 여행하던 중에 "현금카드를 빌려주지 않으면 부산에 있는 아는 깡패를 동원하여 가루로 만들어버리겠다."고 협박하여 피해자의 현금카드를 교부받고, 갈취한 현금카드를 사용하여 현금자동

지급기에서 11일 동안 17차례에 걸쳐 합계 759만원을 인출하였다.

대법원은 이와 같이 예금주인 현금카드 소유자를 협박하여 현금카드를 갈취한 다음 현금자동지급기에 같은 수법으로 지득한 비밀번호를 입력하여 현금을 수차례에 걸쳐 인출한 행위들은 모두 피해자의 예금을 갈취하고자 하는 피고인의 단일하고 계속된 범의 아래에서 이루어진 일련의 행위로서 포괄하여 하나의 공갈죄를 구성한다고 보았다. 즉 '현금카드 갈취행위'와 '현금자동지급기 현금인출행위'를 분리하여 공갈죄와 별도로 절도죄로 처단할 수 없다는 것이다. 그 이유는 피고인이 피해자로부터 현금카드를 취득함에 있어서 비록 하자 있는 의사표시이기는 하지만 피해자의 승낙을 받았고 이에 따라 현금카드를 정당하게 사용할 권한을 부여받은 것이기에 갈취한 현금카드를 이용하여 현금자동지급기에서 현금을 인출한 이상, 피해자가 그 승낙의 의사표시를 취소하기까지는 현금카드를 적법, 유효하게 사용할 수 있고, 은행의 경우에도 피해자의 지급정지신청이 없는 한 피해자의 의사에 따라 그의 계산으로 적법하게 예금을 지급할 수밖에 없기 때문이라고 했다.

3. 카드 편취(사취) 후 현금자동지급기 현금인출(비교판례 2)

[비교판례 2]에서 피고인은 사실은 피해자와 혼인의사가 전혀 없음에도 마치 혼인의사가 있는 것처럼 가장하여 "앞으로 함께 살아야 되는데 자신에게 현금카드를 달라."는 취지로 거짓말을 하여 피해자로부터 현금카드를 넘겨받았다. 피고인은 이 현금카드를 사용하여 두 곳의 현금자동지급기에서 각각 350만원과 140만원을 인출하였다.

대법원은 이와 같이 피고인이 예금주인 피해자로부터 현금카드를 교부받은 행위와 사취한 현금카드를 사용하여 현금자동지급기에서 2차례에 걸쳐 현금을 인출한 행위들은 모두 혼인을 빙자하여 피해자의 예금이나 재산을 편취하고자 하는 피고인의 단일하고 계속된 범의 아래에서 이루어진 일련의 행위로서 포괄하여 하나의 사기죄를 구성한다고 보았다. 그 이유는 현금카드 갈취의 예와 마찬가지로 예금주인 현금카드 소유자를 기망하여 현금카드를 교부받은 경우 비록 하자 있는 의사표시이기는 하지만 피해자의 승낙에 의하여 현금카드를 사용할 권한을 부여받은 것이므로 피해자가 그 승낙의 의사표시를 취소하기까지는 현금카드를 적법, 유효하게 사용할 수 있고, 금융기관은 피해자의 지급정지 신청이 없는 한 피해자의 의사에 따라 그의 계산으로 적법하게 예금을 지급할 수밖에 없기 때문이라고 했다.

4. 카드 절취 후 현금자동지급기 현금인출(비교판례 3)

[비교판례 3]에서 피고인은 피해자의 집 안방에 침입하여 현금 2만원과 피해자의 딸 소유의 신용카드를 절취한 다음 그 카드를 사용하여 두 곳의 현금자동지급기에서 현금서비스기능을 통해 각각 50만원을 인출하였다.

대법원은 이와 같이 ① 남의 주거에 침입하여 현금과 신용카드를 절취하고, ② 현금자동지급기에서 절취한 신용카드를 이용하여 현금서비스로 현금을 인출한 행위는 각각 (ⅰ) 주거침입죄와 절도죄, (ⅱ) 절도죄와 신용카드부정사용의 죄가 실체적 경합이 된다고 보았다. 현금서비스는 신용카드의 본래 용법에 따라 사용하는 것이므로 신용카드부정사용죄에 해당하고, 절취한 신용카드를 사용하여 현금서비스를 받아 현금을 인출한 행위는 현금자동지급기 관리자의 의사에 반하여 그의 지배를 배제하고 그 현금을 자기의 지배하에 옮겨 놓는 것이 되므로 이와 별도로 절도죄를 구성한다는 것이다.

절취한 현금카드를 사용하여 현금자동지급기에서 현금을 인출하는 경우 현금카드 절취행위에 따른 절도죄와 현금인출행위에 따른 절도죄가 별도로 성립하여 실체적 경합을 이루는지 여부에 대해서 대법원의 입장이 이 판례에 명료하고 명백하게 표현되어 있지는 않다. 그러나 부정하게 취득한 신용카드를 사용하여 현금서비스를 받은 행위 부분에 대해서 신용카드부정사용의 죄와 절도죄가 실체적 경합을 이루고 있다는 점을 분명히 하고 있기 때문에 카드절취의 절도죄와 별도로 현금인출의 절도죄가 실체적 경합의 관계로 함께 성립된다고 판단하고 있는 것으로 보인다.

5. 카드의 강취 · 절취와 갈취 · 편취에 따른 후속행위 평가

앞에서 대법원의 판결을 비교 분석해본 결과, 선행행위인 카드부정취득의 행위양태에 따라 후속행위인 현금인출행위의 절도죄 성립여부가 결정되고 있음을 알 수 있다. 현금카드를 갈취하거나 편취한 후 그 카드를 사용하여 현금자동지급기에서 현금을 인출하는 경우에는 현금카드의 부정취득행위와 현금의 인출행위를 포괄일죄로 보아 하나의 공갈죄나 사기죄가 성립한다고 보았다. 반면에 현금카드를 강취하거나 절취한 후 그 현금카드를 사용하여 현금자동지급기에서 현금을 인출하는 경우에는 현금카드의 부정취득행위와 현금의 인출행위를 각각 분리하여 전자는 강도죄나 절도죄가 성립하고, 후자는 절도죄가 성립하여 실체적 경합의 관계에 놓이게 된다는 것이다.

Ⅱ. 현금자동지급기 현금인출행위의 절도죄 성립 여부

1. 현금자동지급기 안의 현금의 점유자

권한 없이 타인의 현금카드를 현금자동지급기에 삽입하고 지득한 후 비밀번호를 입력하여 현금을 인출하는 행위는 형법상 절도죄의 구성요건에 해당된다는 것이 판례의 기본입장이다. 학계에서도 이러한 행위에 대해서는 절도죄로 다스릴 수밖에 없다는데 동조하는 견해가 있다.[1]

절도죄의 구성요건(형법 제329조)을 살펴보면, 절도죄가 성립하기

1) 강동범, "타인신용카드 부정사용의 형사책임에 관한 판례의 검토", 형사재판의 제문제 제3권(형사실무연구회편, 2000), 131면; 김우진, "신용카드부정사용죄의 기수시기", 형사판례연구 제3권(1995), 295면; 김대웅, "신용카드를 이용한 현금자동인출기 사용행위의 형사책임", 형사판례연구 제11권(2003), 140면; 박상기, 형법각론(2005), 341면; 손동권, 형법각론(2004), 332면; 이재상, "현금카드의 사용절도와 부정사용", 고시계 1996년 11월호, 195면; 장영민, "자기명의의 신용카드 남용행위의 죄책", 이화여대 법학논집 제2권 제1호(1997. 5.), 90면; 정영진, "신용카드범죄의 유형과 제재", 재판자료 제64집(1994), 250면.

위해서는 '타인의 재물을 절취'하여야 한다. 그런데 여기서 '절취'란 '점유자의 의사에 반하여 재물에 대한 그의 점유를 배제'하는 것을 말한다. 현금자동지급기에서 현금을 인출하는 행위가 이와 같은 절도죄의 구성요건인 절취행위에 해당하는지 여부는 결국 현금자동지급기내의 현금 점유자의 의사에 반하여 현금에 대한 그의 점유를 배제한 것인지 여부에 달려 있다.

현금카드 소유자인 예금주는 거래은행과의 약정에 따른 예금인출 한도 내에서 현금자동지급기내의 현금을 인출할 수 있는 채권을 지니고 있을 뿐이며, 현금자동지급기 속에 들어있는 현금의 점유자는 현금자동지급기를 관리하는 금융기관으로 보아야 한다.[2] 그러므로 절도죄가 성립하려면 현금자동지급기 관리자의 의사에 반하는 점유취득이 있어야 한다.

2. 현금자동지급기 관리자의 의사에 반하는지 여부에 대한 판단방법

(1) 현금자동지급기의 기계적 특성상의 문제점

종래까지 은행창구에서 은행직원을 통하여 이루어지던 예금인출의 상당부분이 지금은 현금자동지급기를 통하여 행해지고 있다. 예금주가 현금자동지급기에 전자적 기록으로 정보가 수록된 현금카드를 삽입한 후에 비밀번호와 인출하고자 하는 금액을 입력하면 현금자동지급기가 온라인을 통해 인출가능여부를 확인한 다음 예금이 자동으로 인출되는 시스템이다. 현금자동지급기는 은행과 예금자간의 약정에 따라 예금자가 비밀번호 등의 정보를 입력하면 일정한 컴퓨터프로그램에 따라 그 정보를 자동으로 처리한다. 즉 현금자동지급기에 삽입된 현금카드와 입력된 비밀번호가 정확하기만 하면, 현금카드의 사용자가 누구이든 간에 인출 가능한 한도 내에서 예금이 인출되는 특성을 지니고 있다.

2) 같은 취지에서 임웅, "신용카드 부정사용죄와 형사책임", 저스티스 제34권 제2호 (2001. 4.), 120면; 이와 다른 입장은 박상기, 형법각론, 2005, 342면.

문제는 현금자동지급기의 이러한 기계적 특성상 현금자동지급기 관리자의 의사를 확인하기 어렵다는 점이다. 사용가능한 현금카드의 삽입과 정확한 비밀번호의 입력이 있으면, 현금자동지급기는 기계적으로 이에 반응하여 지급 가능한 범위 내에서 현금카드 소지인이 요청한 금액을 자동으로 지급할 뿐이다. 단지 현금카드의 유효성과 비밀번호의 일치 여부에 대한 기계적 검사만을 하며, 현금카드 소지인의 카드취득 적법성 여부나 카드사용에 대한 카드소유자의 승낙유무 등을 심사하지는 않는다.

(2) 형식적 기준

현금자동지급기는 삽입된 현금카드가 유효한지 여부와 입력된 비밀번호가 진정한 것인지 여부만 판독할 수 있을 뿐, 카드사용자가 정당한 사용자인지 여부를 실질적으로 판별할 수 없다. 이러한 현금자동지급기의 기계적 특성을 고려하여 일정한 형식적 요건만 충족하면, 현금인출행위를 '현금자동지급기 관리자의 의사와 합치된 점유취득'으로 평가하는 방법이 있다. 즉 현금카드의 사용자가 정당한 사용자인지 여부와 상관없이 그 카드가 유효하고 비밀번호 역시 정확하다면 현금인출을 허용하겠다는 현금자동지급기 관리자의 의사가 있는 것으로 보는 방법이다.[3] 다시 말하자면, 유효한 카드를 사용하고 정확한 정보(비밀번호)를 입력하기만 하면 현금을 지급하겠다는 관리자의 의사가 전제되어 있다는 것이다. 그러므로 형식적 평가방법에 의한다면, 부정한 방법이나 권한 없이 현금카드를 사용하더라도 현금카드가 유효하고 비밀번호가 일치하는 경우 현금인출이 얼마든지 가능하며, 그러한 현금인출은 현금자동지급기 관리자의 의사에 반하는 점유취득이 아니다.

(3) 실질적 기준

기계에 불과한 현금자동지급기의 작동방식과 현금자동지급기 관리

3) 정확한 비밀번호를 입력한 카드소지자에게 현금을 지급하겠다는 현금자동지급기 관리자인 금융기관의 '조건 없는 점유이전의 의사표시'로 보는 견해로는 하태훈, "현금자동인출기 부정사용에 대한 형법적 평가", 형사판례연구 제4권(1996), 331면; 비슷한 취지에서 손동권, 형법각론, 2004, 331면.

자의 의사는 서로 구별되어야 한다는 입장[4]에서 현금인출행위가 현금자동지급기 관리자의 의사에 반하는지 여부를 실질적으로 평가해야 한다는 주장이 가능하다. 이와 같은 실질적 평가방법은 누군가 카드를 불법적인 방법으로 취득하여 현금을 인출해가는 것에 대해서는 현금자동지급기의 관리자가 절대 동의하지 않으리라는 전제가 그 밑바탕에 깔려 있다. 즉 현금자동지급기 관리자인 금융기관의 의사를 실질적인 관점에서 평가해서 그의 의사에 반하는 점유이전이 있었는지 여부를 판단해야 한다는 것이다.

3. 판례가 취하고 있는 판단기준

판례는 피고인들의 현금인출행위가 현금자동지급기 관리자의 의사에 반하는 점유취득행위인지 여부를 판단함에 있어 위에서 언급한 형식적 기준을 택하고 있지 않다. 현금자동인출에 필요한 형식적 요건을 충족했다는 사실만으로 현금점유자인 금융기관의 의사를 평가하고 있지는 않기 때문이다. 그러나 앞에서 언급한 실질적 기준을 그대로 택하고 있지도 않다. 판례가 취하고 있는 판단기준을 설명하면 아래와 같다.

(1) 카드명의인인 피해자의 카드사용 승낙 유무를 판단기준으로 삼음

판례는 카드명의인의 카드사용 승낙 유무를 기준으로 현금자동지급기 관리자의 의사에 반하는 점유취득, 즉 절취행위가 있었는지 여부를 판단하고 있다. 다시 말하자면, 카드소유자의 의사를 기준으로 현금자동지급기 관리자의 의사를 평가하고 있는 셈이다. 즉 대법원은 후속행위인 현금인출행위의 절도죄 성립여부를 판단함에 있어서 현금카드소유자인 피해자의 승낙 유무를 먼저 검토하고 있다.

[비교판례 1]이나 [비교판례 2]의 예에 나타나 있듯이, 카드의 갈취나 편취(사취)의 경우 비록 하자 있는 의사표시이기는 하지만 예금주

4) 김대웅, "신용카드를 이용한 현금자동인출기 사용행위의 형사책임", 형사판례연구 제11권(2003), 140면.

인 피해자의 승낙이 있었다고 간주하고 있다. 이처럼 현금카드 소유자인 피해자의 승낙을 받아 피고인이 그 현금카드를 사용하는 것은 적법하고 유효한 행위이며, 현금자동지급기 관리자인 금융기관의 입장에서는 피해자의 지급정지요청이 없는 한 피고인의 현금인출을 거부할 수 없다는 것이다. 즉 적법·유효한 현금카드의 사용에 따른 현금인출은 현금자동지급기 관리자의 의사에 반하는 현금의 점유취득이 아니기 때문에 현금카드 갈취나 편취 후에 그 현금카드를 활용하여 현금자동지급기에서 현금을 인출하는 행위는 형법상 절도죄의 구성요건에 해당하지 않는다고 판단하고 있다.

반면, [대상판결]과 [비교판례 3]의 예와 같이 피고인이 현금카드를 절취하거나 강취한 경우는 피해자의 현금카드를 몰래 훔쳤거나 강제로 빼앗은 것이므로 현금카드의 취득과정에서 피해자의 승낙이 없었다고 말할 수 있다. 따라서 현금카드의 강취나 절취 후에 그 현금카드를 사용하여 현금자동지급기에서 현금을 인출하는 행위는 현금카드의 소유자인 피해자의 승낙 없이 현금카드를 불법적으로 사용하는 것이고, 그러한 현금인출행위는 현금자동지급기 관리자인 금융기관의 의사에 반하는 재물의 점유이전이므로 이때는 형법상 절도행위가 된다는 것이 판례의 입장이다.

피고인의 현금카드 부정취득과정에서 피고인의 승낙유무가 결과적으로 후속행위인 현금자동지급기 현금인출행위의 절도죄 성립여부를 판가름하는 중요한 결정요소가 되고 있는 셈이다.

(2) 카드취득과정의 불법성 여부는 고려하지 않음

그러나 판례는 현금카드 취득과정에서의 불법성은 현금자동지급기 관리자의 의사에 반하는지 여부를 판단하는 기준으로 보지 않고 있다. 즉 카드취득이 갈취나 사취(편취) 등과 같이 불법적인 방법에 의하여 이루어진 후 그와 같이 부정취득한 카드를 사용하여 현금자동지급기에서 현금을 인출한 경우, 현금자동지급기 관리자의 의사에 반하는 점유취득은 아니라고 보았기 때문이다.

(3) 적법 · 유효한 카드사용

판례는 비록 하자 있는 의사표시일지라도 예금주인 현금카드 소유자인 피해자의 승낙을 받아 현금자동지급기에서 피해자의 예금을 인출한 경우 그 승낙의 의사표시를 취소하기까지는 현금카드를 '적법 · 유효'하게 사용할 수 있다고 보았다. 또한 이와 같이 적법 · 유효한 카드사용의 경우 은행으로서는 '적법하게' 예금을 지급할 수밖에 없다고 하였다. 즉 예금주인 카드명의인의 승낙에 의하여 '현금카드를 사용할 권한'을 부여받았기 때문에 현금인출행위는 어디까지나 적법한 법률행위라는 취지이다.

(4) 판례가 취하고 있는 판단기준에 대한 비판

그러나 이처럼 예금주인 카드명의인의 —하자 있는— 의사표시를 기준으로 절도죄의 성부를 판단하는 것이 과연 타당한지 의문이 든다. 절도죄의 성부를 판단함에 있어서는 예금인출행위가 현금자동지급기 관리자의 의사에 반하는 점유취득인지 여부가 중요한 변수임은 앞서 설명한 바 있다. 그런데 여기서 현금자동지급기 관리자의 의사에 반하는지 여부를 카드사용자의 카드취득과정의 불법성은 고려하지 않고 단순히 카드명의인의 형식적 의사표시를 기준으로 판단하는 것은 너무 불합리하다.[5] 현금자동지급기의 관리자인 금융기관의 입장에서 볼 때 피고인들이 예금주인 카드명의인을 협박하거나 기망하여 부정하게 카드를 취득하여 사용하고 있다는 사실을 알면서도 현금인출을 용인하겠는가 하는 관점에서 다시 생각해볼 필요가 있다. 현금자동지급기는 그 기계적 특성에 따라 일정한 형식적 요건만 갖추면 현금을 지급하는 것이 사실이지만, 만일 기계가 아니라 은행직원이라면 제시된 카드가 갈취 또는 편취된 것일 때는 예금인출을 거부했을 가능성이 높다.

현금자동지급기에서 현금인출이라는 행위의 적법성 여부를 단지

---

5) 같은 취지에서 임웅 교수는 "현금의 점유자가 현금자동인출기 관리자인 이상, 현금인출행위가 현금인출기 관리자의 의사에 반하는가를 밝혀야 하고, 카드명의인의 의사를 초점으로 할 것은 아니다."라고 주장한다. 그의 논문, "신용카드 부정사용의 형사책임", 저스티스 제34권 제2호(2001. 4), 120면 참조.

형식적 기준에서 판단한다면 예금주인 카드명의인의 승낙이 없더라도 '유효한 카드의 삽입'과 '올바른 비밀번호의 입력'요건을 충족할 때 '적법한 법률행위'라고 말할 수 있다. 그러나 실질적 관점에서 현금자동지급기 관리자의 의사를 판단하여야 한다면, 현금자동지급기 관리자인 금융기관이 카드사용자의 카드취득의 불법성을 알았다고 가정할 때 과연 이 경우에도 현금인출을 용인하겠는가를 검토했어야 한다.[6]

절도죄의 성부를 판단함에 있어서 절도죄의 피해자가 예금주인 카드명의인인지 아니면 현금자동지급기의 관리자인 금융기관인지 검토할 필요가 있다. 절취의 대상이 '현금자동지급기 안의 현금'이라고 본다면, 피해자는 현금자동지급기의 관리자인 금융기관이라고 말할 수 있다. 그러므로 현금인출행위의 절도죄 성부는 예금주인 카드명의인의 승낙유무보다는 현금자동지급기 관리자인 금융기관의 실질적 의사를 기준으로 판단해야 한다. 그러나 판례는 예금주인 카드명의인의 승낙유무를 기준으로 절도죄의 성부를 결정하고 있다. 설사 하자 있는 의사표시일지라도 카드명의인의 승낙을 받은 카드사용은 적법·유효한 채권행사이므로 현금자동지급기 관리자로서는 예금을 지급할 의무가 있다는 것이다.

4. 여론(餘論): 컴퓨터를 이용한 재산침해행위의 컴퓨터사용사기죄 포섭의 문제

(1) 컴퓨터사용사기죄의 객체: 재산상의 이익

타인명의의 카드를 부정하게 취득하여 현금자동지급기에서 현금을 인출하는 행위는 본질적으로 '컴퓨터를 이용한 재산침해행위'의 한 유형에 속한다. 따라서 이러한 행위는 형법 제347조의2(컴퓨터등 사용사기)로 처벌하는 것이 타당하다.[7] 그러나 컴퓨터등 사용사기죄의 행위객체가 '재산상의 이익'으로만 규정되어 있기 때문에 '재물'인 현금을 인출하는

6) 비슷한 취지에서 강동범, "타인신용카드 부정사용의 형사책임에 관한 판례의 검토", 형사실무연구회편, 형사재판의 제문제 제3권(2000), 131면.

7) 같은 취지에서 김영환, "신용카드부정사용에 관한 형법해석론의 관점", 형사판례연구 제3권(1995), 318면.

행위는 이 죄의 적용을 받을 수 없다는 것이 판례의 분명한 입장이고,[8] 학계의 일부견해도 이와 같다.[9] 기계를 대상으로 하는 기망행위란 불가능하다는 점에서 단순사기죄를 적용하기도 곤란하다.[10]

이처럼 본질적으로 컴퓨터를 이용한 재산침해행위를 전통적 구성요건인 절도죄에 포섭시키려다 보니 '현금자동지급기 관리자의 의사에 반하는 점유취득'에 관한 법리적 해석에 다소 어려움이 생기는 것이다. 예를 들어 부정하게 취득한 타인명의의 카드를 사용하여 현금자동지급기를 통해 자신이나 제3자의 계좌로 동일금액을 이체하는 것은 재산상의 이득을 보는 것이므로 컴퓨터사용사기죄를 적용하는데 하등의 문제가 없다. 그러나 계좌이체가 아니라 현금인출의 경우는 절도죄에 해당한다고 해석하는데서 어려움이 발생하고 있다.[11]

(2) 해석론상의 보정

김퓨터사용사기죄의 행위객체가 '재산상의 이익'으로 규정되이 있지만, '재물'과 '재산상의 이익'은 "특별과 일반의 관계"이기 때문에 재산상의 이득을 재물취득으로 볼 수 없더라도 그 반대의 경우, 즉 '재물'

8) 대법원 2003. 5. 13. 선고 2003도1178 판결, "우리 형법은 재산범죄의 객체가 재물인지 재산상의 이익인지에 따라 이를 재물죄와 이득죄로 명시하여 규정하고 있는데, 형법 제347조가 일반 사기죄를 재물죄 겸 이득죄로 규정한 것과 달리 형법 제347조의2는 컴퓨터등 사용사기죄의 객체를 재물이 아닌 재산상의 이익으로만 한정하여 규정하고 있으므로, 절취한 타인의 신용카드로 현금자동지급기에서 현금을 인출하는 행위가 재물에 관한 범죄임이 분명한 이상 이를 위 컴퓨터등 사용사기죄로 처벌할 수는 없다고 할 것이고, 입법자의 의도가 이와 달리 이를 위 죄로 처벌하고자 하는 데 있었다거나 유사한 사례와 비교하여 처벌상의 불균형이 발생할 우려가 있다는 이유만으로 그와 달리 볼 수는 없다."

9) 재물인 현금은 이 죄의 객체가 될 수 없다는 견해는 강동범, "타인신용카드 부정사용의 형사책임에 관한 판례의 검토", 형사실무연구회편, 형사재판의 제문제 제3권(2000), 131면; 박상기, 형법각론, 2005, 341면; 손동권, 형법각론, 2004, 332면; 임웅, "신용카드 부정사용의 형사책임", 저스티스 제34권 제2호(2001. 4), 120면.

10) 김우진, "신용카드부정사용죄의 기수시기", 형사판례연구 제3권(1995), 296면; 안경옥, "신용카드부정취득 · 사용행위에 대한 형사법적 고찰", 형사법연구 제11호(1999), 261면; 임웅, "신용카드 부정사용의 형사책임", 저스티스 제34권 제2호(2001.4), 119면; 하태훈, "현금자동인출기 부정사용에 대한 형법적 평가", 형사판례연구 제4권(1996), 334면.

11) 절도죄와 컴퓨터사용사기죄의 법정형이 큰 차이가 있다는 점에서도 불합리하다는 지적을 하고 있는 박상기, 형법각론, 2005, 333면 참조.

을 취득한 경우에는 '재산상의 이익'도 취득한 것으로 보아야 한다는 견해가 있다.[12] 경제적 교환가치가 있는 모든 재물은 재산상 이익을 증가시키는 수단이므로 '재물'은 곧 '재산상의 이익'이며, 현금인출은 넓은 의미의 '재산상의 이익'에 포함된다고 해석해야 한다는 견해도 있다. 즉 경제적 가치를 지닌 재물의 취득은 곧 재산의 증식을 의미하므로 '재물'도 '재산상의 이익'이라는 문언의 의미 속에 포함시켜 컴퓨터사용사기죄를 적용해야 한다는 주장도 있다.[13]

(3) 입법론적 보완

현금은 고도의 경제적 교환가치가 있는 재물로서 현금취득은 곧 재산의 증식을 의미한다. 따라서 형법 제347조의2(컴퓨터등 사용사기)의 '재산상의 이익'의 개념을 이처럼 '현금'도 포함하는 것으로 목적론적으로 확대해석하여 타인명의의 카드를 사용하여 현금자동지급기에서 현금을 인출하는 행위를 이 죄로 의율하자는 주장은 상당히 설득력을 지니고 있다고 생각한다.

그러나 이렇게 '재산상의 이익'의 개념을 '재물'도 포함하는 개념으로 확대해석하자는 주장은 '재물'과 '재산상의 이익'을 엄격하게 구분하고 '재물범죄'와 '이득범죄'를 엄밀하게 구별해온 지금까지의 판례나 이론의 완강한 저지선(관행)을 뚫지는 못하고 있다. 형법상의 재산범죄들의 구성요건을 살펴보더라도 재물범죄와 이득범죄를 구분하고 있는 것이 일반적이고, 재물범죄와 이득범죄를 모두 포섭하는 재산범죄의 경우 그 구성요건에 '재물'과 '재산상의 이익'을 각각 명시하고 있기 때문에 유독 컴퓨터사용사기죄의 경우에만 '재물'도 '재산상의 이익'에 포함된다고 확대해석하는 것은 다소 무리가 있다.[14]

그러므로 컴퓨터사용사기죄의 객체에 '재물'을 추가하여 지금의 '순

---

12) 오영근, 형법각론, 2005, 425면; 이재상, 형법각론, 2004, 351면.

13) 김일수/서보학, 형법각론, 2004, 448면과 452면; 안경옥, "타인 명의를 모용·발급받은 신용카드를 이용한 현금인출행위와 컴퓨터등 사용사기죄", 형사판례연구 제11권(2003), 161면 이하.

14) 같은 취지에서 정영일, 형법각론, 2006, 271면.

이득죄'를 '재물죄'도 포함하는 재산범죄로 개정할 필요가 있다. 이러한 입법론적 보완을 통해 타인명의의 카드를 이용한 현금인출행위를 이와 유사한 컴퓨터이용범죄와 동일하게 컴퓨터사용사기죄로 의율하는 것이 바람직하기 때문이다.

Ⅲ. 카드강취행위와 현금인출행위의 포괄일죄 성부

1. 포괄일죄 개념의 모호성

포괄일죄란 수개의 행위가 존재함에도 불구하고 수개의 범죄가 성립하는 것이 아니라 일련의 행위들을 포괄하여 하나의 범죄가 성립한다고 보는 것을 말한다. 수개의 행위가 존재하는데도 하나의 범죄만이 성립한다고 보는 점에서 법조경합의 예와 유사하지만, 포괄일죄에서는 수개의 행위 전부가 범죄성립의 구성요소가 되는데 반하여 법조경합에서는 그 중 일부의 행위만이 구성요소가 되고 나머지 다른 행위는 구성요소가 되지 않는다는 점에서 차이가 있다.[15)]

그러나 판례에서 포괄일죄의 개념이 꼭 이와 같이 명확하게 설정되어 있는 것 같지는 않다. 많은 범죄현상들이 매우 다면적이고 복합적인 양상을 띠고 나타나는데, 어느 경우에 포괄일죄가 성립하는지 불분명할 때가 많기 때문이다. 그만큼 판례에 나타난 포괄일죄의 개념은 모호한 면이 있다.

판례가 포괄일죄의 개념을 사용하는 기준은 기본적으로 "단일하고 계속된 범의 아래에서 이루어진 일련의 행위"들을 "포괄하여 하나의 죄"로 간주하고자 할 때다. 이와 같이 판례가 인정하고 있는 포괄일죄의 성립요건을 크게 이분하여 살펴보면, 첫째는 주관적 요건으로 '범의의 단일성과 계속성,' 둘째는 객관적 요건으로 '행위간의 연관성'이 주요한 기준으로 작용하고 있다.

학계에서는 포괄일죄 개념의 모호성을 극복하기 위하여 포괄일죄로 포섭할 수 있는 여러 가지 범죄군(사례유형)을 나열하고 있다. 즉

15) 김성돈, 형법총론, 2006, 824면 이하; 오영근, 형법총론, 2005, 694면.

포괄일죄의 종류에는 결합범, 계속범, 접속범, 집합범, 연속범이 있다고 가정하고, 각각의 개념들과 특징들을 설명함으로써 포괄일죄의 모호한 개념을 구체화하려는 노력을 하고 있다.

2. 죄수결정기준의 다의성

죄수결정기준으로 행위표준설·법익표준설·의사표준설·구성요건표준설 등이 다양하게 제시되고 있다. 그러나 우리나라 학자들의 대부분이 위의 4가지 학설 중 어느 하나의 학설만이 타당하다고 주장하지는 않고 있으며, 모든 학설들을 종합하여 죄수를 결정해야 한다는 입장에 서 있는 것 같다. 판례도 구체적 범죄현상에 따라 위의 4가지 학설 중의 어느 한 가지 기준 또는 몇 가지 기준을 함께 결합시켜 포괄일죄나 경합범의 인정근거로 제시하고 있다.[16)]

범죄현상의 다양성으로 인해 죄수결정기준이 이처럼 다의적이고 복합적일 수밖에 없는 이유는 이해된다. 그러나 수개의 행위가 일죄가 되는지 아니면 수죄가 되는지 여부에 대한 죄수결정기준이 다의적일수록 포괄일죄나 경합범 인정의 근거가 다분히 자의적으로 제시될 가능성이 크다.

3. 대상판결에 나타나 있는 포괄일죄 또는 경합범 인정 근거의 문제점

(1) 포괄일죄 또는 경합범의 인정근거

대상판결은 현금카드 갈취 후 현금자동지급기에서 현금을 인출한 행위와 현금카드 강취 후 현금자동지급기에서 현금을 인출한 행위를 각각 대비시키고, 전자의 경우 포괄일죄를 인정하여 하나의 공갈죄가

16) 이른바 연속범에 관한 판례들을 1) 행위표준설을 취한 판례, 2) 행위표준설과 구성요건표준설을 종합한 판례, 3) 법익표준설을 취한 판례, 4) 의사표준설을 취한 판례, 5) 구성요건표준설을 취한 판례, 6) 행위·법익·의사·구성요건 이외의 기준을 죄수결정에 적용한 판례로 구분하여 죄수결정기준에 관한 판례입장을 요약하여 정리한 김영중, "연속범에 관한 논문", 서울시립대학교 박사학위논문(2005. 2.) 11-22면 참조.

성립한다고 하였으며, 후자의 경우는 포괄일죄의 성립을 부정하고 강도죄와 절도죄의 실체적 경합을 인정하였다.

판례는 갈취한 현금카드를 이용하여 현금자동지급기에서 현금을 인출한 경우 피고인이 처음부터 "피해자의 예금을 갈취하고자 하는 피고인의 단일하고 계속된 범의 아래에서 이루어진 일련의 행위로서 포괄하여 하나의 공갈죄를 구성"한다고 하였다. 카드갈취행위와 현금인출행위를 분리하여 전자는 공갈죄, 후자는 절도죄가 각각 별도로 성립하는 것이 아니라는 점을 강조하고 있다.

그러나 강취한 현금카드를 이용하여 현금자동지급기에서 현금을 인출한 행위는 현금자동지급기 관리자의 의사에 반하여 그의 지배를 배제하고 그 현금을 자기의 지배하에 옮겨 놓는 것이 되어 절도죄가 성립하므로, 카드강취부분은 강도죄가 성립하고 현금인출부분은 절도죄가 각각 성립하여 실체적 경합을 인성하였다.

카드갈취행위와 현금인출행위를 포괄일죄로 보는 근거로는 '범의의 단일성과 계속성'을 제시하고 있는 반면, 카드강취행위와 현금인출행위를 수죄로 인정하는 논거로는 단지 강취한 현금카드를 이용하여 현금자동지급기에서 현금을 인출하는 것은 절도죄가 성립한다는 이유만을 제시하고 있다. 즉 카드강취행위와 현금인출행위 사이의 '범의의 단일성과 계속성' 유무에 대해서는 언급이 없다.

(2) 선행행위와 후속행위의 상호연관성[17)]

'카드갈취 후 현금인출행위'와 '카드강취 후 현금인출행위'의 범죄현상은 상당한 공통점이 있다. 카드취득의 수단으로 행해진 협박(폭행)의 정도에 있어서만 차이가 날 뿐이지, 나머지 모든 범행의 방법이나 행위양태가 동일하기 때문이다. 부정한 방법으로 취득한 현금카드와 피해자를 협박함으로써 지득한 비밀번호를 이용하여 현금자동지급기에서 일정금액의 현금을 인출한 점도 모두 같다.

17) '실행행위의 상호관련성'이라고 표현되어지기도 하며, 상호관련성이 인정되려면 "동일한 법익침해를 지향하고, 범행방법이 동일하거나 유사성이 있어야"된다고 한다. 이 점에 관해서는 허일태, "연속범의 죄수", 형사판례연구 5권, 1997, 165-166면 참조.

타인의 현금카드를 부정한 방법으로 취득한 행위를 '선행행위'라고 한다면, 그 카드를 사용하여 현금자동지급기에서 현금을 인출한 행위는 그 '후속행위'라고 말할 수 있다. 현금카드의 강취(대상판결)·갈취(비교판례 1)·편취(비교판례 2)·절취(비교판례 3)행위가 바로 선행행위이다.[18] 그런데 이러한 선행행위의 목적은 처음부터 현금자동지급기에서 현금을 인출하려는데 있다. 즉 현금인출이라는 후속행위는 처음부터 계획되고 준비된 일이며, 현금카드의 강취나 절취, 갈취나 편취는 현금인출을 위한 수단과 방법에 불과할 뿐이다.

현금카드를 갈취한 행위와 그 카드를 이용하여 현금자동지급기에서 현금을 인출한 행위를 포괄하여 하나의 죄로 간주해야 한다면, 카드강취행위와 현금인출행위도 역시 포괄일죄로 보는 것이 오히려 사회통념에 맞는 것이 아닌지 의문이 든다. 즉 전자의 경우와 마찬가지로 후자의 경우도 선행행위와 후속행위간의 고도의 연관성이 존재하기 때문이다. 여기에서 더욱 의문이 생기는 점은 피고인들이 예금주인 피해자로부터 현금카드를 강취한 후 이를 이용하여 현금을 인출한 행위도—현금카드 갈취의 예와 유사하게—카드소유자의 예금을 빼앗고자 하는 '단일하고 계속된 범의'하에 이루어진 일련의 행위가 아닌가 하는 점이다.

(3) 카드갈취 후 현금인출이 절도죄의 구성요건에 해당하지 않는다면?

판례는 카드갈취 후 현금자동지급기에서의 현금인출은 그 자체행위만으로 절도죄의 구성요건을 충족하지 못한다고 보고 있다. 만일 그렇다면 선행행위와 후속행위가 포괄하여 하나의 공갈죄를 이룬다고 말할 필요조차 없다고 생각한다. 카드갈취라는 선행행위만으로 충분히 공갈죄의 구성요건을 실현한 것이고, 현금인출이라는 후속행위는—판례의 입장을 그대로 견지한다면—그 어느 구성요건에도 해당되지 아니하는 행위에 불과하기 때문이다. 이런 이유에서도 현금인출행위가 절도죄

18) 이외에도 카드를 횡령하거나 잘못 배달오거나 분실된 카드를 영득한 경우도 타인명의의 카드를 부정하게 취득한 경우가 될 수 있다.

의 구성요건에 해당하지 않는다고 보는 것은 잘못이라고 생각한다.

(4) 카드강취 후 현금인출행위는 강도죄의 불가벌적 사후행위?

다른 한편, 카드강취 후 현금자동지급기에서의 현금인출행위는 절도죄의 구성요건에 해당한다는 것이 판례의 입장이다. 그런데 상호간에 고도의 연관성이 존재하는 카드강취(선행행위)와 현금인출(후속행위)의 관계를 잘 살펴볼 필요가 있다. 현금카드의 재물성을 인정하는 것이 일반적 견해이므로[19] 카드강취만으로도 강도죄가 충분히 성립할 수 있다. 그러나 현금카드를 강취한다는 것은 당연히 이 카드를 "그 용법에 따라 사용 · 수익 · 처분하는 것을 포함한다."고 보아야 하기 때문에 현금자동지급기에서 현금을 인출한 후속행위는 강도죄의 '불가벌적 사후행위'로서 강도죄에 흡수되는 법조경합의 관계에 놓이게 된다는 주장[20]을 염두에 둘 필요가 있다.[21] 카드강취행위와 현금인출행위를 별개의 행위로 파악하는 것은 현금카드를 강취하는 범행의 사회적 의미내용을 좁은 법률도그마에 빠져 간과하고 있는 것이다.

현금카드를 강취하고 비밀번호를 지득하여 현금자동지급기에서 현금을 인출하는 행위는 마치 금고열쇠를 강취한 다음 그 열쇠를 이용하여 금고문을 열고 그 안의 현금을 취거한 행위와도 비교될 수 있다. 열쇠강취는 금고문을 열어 금고 속의 현금을 빼앗기 위한 수단일 뿐이다. 따라서 이 경우 열쇠취득과 현금취득간에 어느 정도의 행위 연속성(계속성)이 인정된다면, 강도죄라는 하나의 죄로 처벌하는 것이 사회통념에 부합한다고 생각한다.[22]

---

19) 안경옥, "신용카드 부정취득 · 사용행위에 대한 형사법적 고찰", 형사법연구 제11호, 1999, 250면 이하; 오경식, "여신전문금융업법상에 나타난 신용카드범죄에 관한 고찰", 형사정책, 1998, 322-323면; 임웅, "신용카드 부정사용의 형사책임", 저스티스 제34권 제2호(2001. 4), 127면 참조.

20) 같은 취지에서 오영근, 형법총론, 2005, 690면.

21) 판례상의 포괄일죄 개념은 학설상의 포괄일죄 개념에 비하여 다의적이라서 불가벌적 사후행위로 흡수되는 법조경합의 예도 포괄일죄로 보기도 한다. 이에 관한 자세한 설명은 김성돈, 형법총론, 2006, 825면 참조.

22) 하태훈 교수는 금고의 열쇠를 훔쳐 금고 안의 현금과 귀중품을 절취한 사례를 예로 들면서 이 경우 열쇠의 절취는 불가벌적 사전행위 내지 수반행위로 볼 수 있

(5) 강도죄와 절도죄의 경합 문제

연속범의 성립요건과 관련하여 '구성요건의 동일성'을 요구하면서 연속된 수개의 범행을 일죄로 인정하기 위해서는 개개의 행위들이 동일한 법적 요구나 금지에 반하여야 한다는 주장이 있다.[23] 즉 절도죄와 강도죄 등의 예와 같이 내용상 서로 다른 구성요건을 위반한 경우 연속범이 성립할 수 없다는 것이다.[24]

이와 달리 강도죄와 절도죄의 경합범보다는 가능한 한 강도의 포괄일죄로 보아야 한다는 입장도 있다. 즉 죄수결정에 있어서 강도죄와 절도죄는 원칙적으로 재산침해의 요소를 중점적으로 고려하여야 한다는 입장에서 "동일한 기회에 동일한 범의 하에서 계속하여 절도와 강도를 범하였을 때는 도범으로서의 공통성에 비추어 절도와 강도의 경합범으로 볼 것이 아니라, 강도의 포괄일죄로 보아야 할 때가 많다."는 견해이다.[25]

이처럼 서로 상반된 주장이 나올 수 있는 이유는 강도죄가 폭행(협박)죄와 절도죄의 결합범적 성격을 갖고 있기 때문이라고 생각한다. 폭행이나 협박을 수단으로 하여 타인의 재물을 강취하는 강도의 예에서 보듯이 독립된 수개의 행위를 결합하여 하나의 범죄를 구성하는 결합범의 경우 비록 자연적으로 수개의 행위단위가 존재하더라도 법적으로는 하나의 강도라는 범죄행위가 있다.[26] 다시 말하자면, 강도행위에

다는 입장이다. 그의 논문, "현금자동인출기 부정사용에 대한 형법적 평가", 형사판례연구 제4권, 1996, 342면.

23) 안동준, 연속범개념의 검토, "현대형사법의 쟁점과 과제", 이형국 교수 화갑기념논문집, 1998, 425면.

24) 김일수/서보학, 형법총론, 2006, 691면; 박광민, "연속범이론의 재검토", 형사법연구 13호, 2000, 128면; 이경렬, "연속관련에 관한 독일판례의 경향", 형사법연구 제11호, 1999, 382면; 이재상, "죄수론연구(2)", 법조 1984년 7월호, 52면; 판례도 "포괄일죄라 함은 각기 따로 존재하는 수개의 행위가 한 개의 구성요건을 한 번 충족하는 것을 말하므로 구성요건을 달리하고 있는 횡령, 배임 등의 행위와 사기의 행위는 포괄일죄를 구성할 수 없다."는 입장이다(대법원 1988.2.2. 선고 87도58 판결); 다소 비판적 시각에서 김성돈, "연속범의 죄수", 형사정책연구 제8권 제1호(1997·봄호), 207면 이하.

25) 이민걸, "강도죄 및 강도상해죄의 죄수관계", 형사판례연구 제3권, 1995, 231면.

26) 이것을 '행위통합적 구성요건'이라고 표현하고 있는 김일수/서보학, 형법총론, 2006,

는 폭행 또는 협박과 함께 항상 절취행위가 수반된다. 즉 재물에 대한 점유자의 의사에 반하여 그 점유를 배제하는 행위가 반드시 뒤따르게 되어 있다. 자연히 절도행위가 일반적으로 강도행위에 포섭되기 쉬운 구조이다.

그러나 현금카드강취 후에 현금자동지급기에서 현금을 인출한 경우에는 현금카드취거와 현금취거라는 두 가지 절도행위가 함축되어 있다는 점이 문제이다. 특히 문제가 되는 것은 앞에서 언급한 바 있듯이 재산범죄의 객체로서 현금카드의 특성이 재물의 일반적 특성에 비하여 크게 다른 점이 있다는 사실이다.[27] 현금카드 그 자체는 금고열쇠와 마찬가지로 아무런 경제적 가치도 없지만, 그 카드로—비밀번호를 인지한 상태에서는—곳곳에 산재된 금융기관의 현금자동지급기에서 현금을 얼마든지 인출할 수 있다. 따라서 현금카드취득과 현금자동지급기에서의 현금인출은 불가분의 관계에 놓여 있다. 카드취득과정에서 행사된 폭행이나 협박이 결과적으로 현금인출에까지 밀접한 영향을 미쳤다고 보아야 한다.

선행행위인 카드강취와 그 후속행위인 현금인출을 서로 분리하여 카드강취부분만 떼어내서 강도행위로 보고, 현금인출행위는 이와 별도로 절도죄를 적용하는 판례의 입장을 따른다면, 현금카드강취행위의 독자적 의미를 인정하는 셈이다. 카드강취행위를 이처럼 현금인출행위와 별개의 행위로 본다면, 강취한 현금카드의 재물성 내지 재산적 가치가 다시금 문제될 수 있다.[28] 이와 비교될 수 있는 예로는 현금카드를 절취한 후 이를 이용하여 현금자동지급기에서 현금을 인출한 다음 그 현

672면과 '구성요건적 단일행위'로 표현하는 허일태, "연속범의 죄수", 형사판례연구 5권, 1997, 162면을 참조.

27) 이와 관련하여 이재상 교수는 "현금카드는 예금통장과 달리 그 카드에 특수한 가치가 내재되어 있는 것이 아니라 이를 이용하여 현금을 인출하는 것을 가능하게 하는 도구에 불과하다."고 보고 있다. 이재상, 형법각론, 2004, 271면.

28) 신용카드의 재물성에 관해서는 김우진, "신용카드부정사용죄의 기수시기", 형사판례연구 제3권, 1995, 280-281면; 박상기, "신용카드절취와 절도죄 성립여부", 연세대학교 법학연구 제12권 제2호(2002. 6), 239-243면 참조.

금카드를 다시 제자리에 되돌려놓는 경우이다.[29] 만일 카드절취행위와 현금인출행위를 각각 분리하여 본다면, 카드절취행위는 사용절도에 해당하여 절도죄가 성립되지 않고 현금자동지급기에서 현금을 인출한 행위만이 법적으로 처벌대상이 된다. 그러나 이러한 논리의 전개는 사회통념에 어긋난다고 생각한다. 현금카드절취에서 현금인출시점까지 하나의 절도죄가 성립한다고 보는 것이 사리에 맞다. 이와 마찬가지로 카드강취에서 현금인출시점까지 하나의 강도죄가 성립한다고 보아야 한다.

Ⅳ. 결 론

대법원은 '카드갈취 후 현금인출행위'와 '카드강취 후 현금인출행위'의 절도죄 성립여부를 '카드명의인의 승낙유무'를 기준으로 판단하였다. 그러나 절도죄 성부의 판단기준은 '카드명의인의 승낙유무'에 있다기보다는 '현금자동지급기 관리자의 의사'에 반하는 점유이전이 있었는지 여부에 달려있다. 현금자동지급기 관리자의 의사를 형식적 기준이 아니라 실질적 기준에 의하여 판단해야 한다면, 현금카드 취득과정에서의 불법성 여부도 고려하여야 한다. 즉 갈취한 현금카드나 강취한 현금카드를 이용하여 현금자동지급기에서 현금을 인출하는 것을 현금자동지급기 관리자의 입장에서 과연 용인하겠는지 여부를 따져보아야 하며, 단지 예금주의 (하자 있는 의사표시에 기초한) 형식적 승낙유무를 기준으로 판단할 일은 아니다. 실질적 관점에서 현금자동지급기 안의 현금점유자의 의사를 기준으로 판단한다면, 카드갈취 후 현금인출행위도 절도행위에 해당한다고 보아야 한다.

이처럼 현금자동지급기에서의 현금인출이라는 후속행위가 절도죄

29) 판례는 이 경우 "은행이 발행한 현금카드를 사용하여 현금자동지급기에서 현금을 인출하였다 하더라도 그 현금카드 자체가 가지는 경제적 가치가 인출된 예금액만큼 소모되었다고 할 수는 없기 때문에" 카드절취행위에 대한 절도죄의 성립을 부정하였다(대법원 1998.11.10. 선고 98도2642 판결). 이와 유사하게 신용카드 자체의 재물성을 인정하지 않은 판례로는 대법원 1999.7.9. 선고 99도857 판결이 있다. 이 판례에 대한 평석으로는 박상기, "신용카드절취와 절도죄 성립여부", 연세대학교 법학연구 제12권 제2호(2002.6), 239면 이하 참조.

에 해당한다고 하더라도, 이러한 절도행위를 '현금카드의 부정취득'(카드강취)이라는 선행행위와 완전히 절연하여 법적 평가를 하는 것은 타당하지 않다고 생각한다. 무엇보다 강도죄와 절도죄의 경합문제는 강도죄의 결합범적 성격과 무관할 수 없다. 특히 현금카드는 여타 재물의 일반적 특성과 다른 성격을 지니고 있기 때문에 현금카드강취는 현금자동지급기에서 현금을 인출하는 수단과 방법으로 이해해야 한다. 이런 관점에서 보면, 카드강취에서 비밀번호 지득과정을 거쳐 현금자동지급기에서 현금을 인출하는 시점까지의 일련의 행위들은 고도의 연관성을 지닌 하나의 강도죄로 파악하는 것이 사회통념에 부합하는 해석이라고 생각한다.

그러나 부정한 방법으로 취득한 현금카드를 이용하여 현금자동지급기에서 현금을 인출해가는 행위는 컴퓨터를 이용한 범죄행위로서 해석론상의 보정을 거치거나 입법론적 보완을 통해 '절도죄'가 아닌 '컴퓨터사용사기죄'로 의율하는 것이 더 합리적이다. 이렇게 되면, 카드취득에서 현금인출까지 1개의 범죄(강도죄 또는 공갈죄)와 컴퓨터사용사기죄의 경합범으로 처벌할 수 있다.

[주 제 어]
카드범죄, 경합범, 강도죄, 절도죄, 현금인출행위

[Key Word]
card-crime, concurrence, crime of robbery, crime of theft, withdrawing cash from an ATM

접수일자: 2008. 4. 11, 심사일자: 2008. 5. 13, 게재확정일자: 2008. 5. 26.

[Abstract]

Concurrence of Robbery with Theft
-the Act of Forcibly Taking a Cash Card and Withdrawing Money from the ATM-

Han, Young-Soo*

The accused took a cash card from its owner and threatened to harm the latter if he would not divulge the password to him. He then withdrew money from an ATM several times over. The crime of the accused consists of the following three steps:

1) forcibly taking a cash card;
2) threatening to harm the owner of the cash card if he would not divulge the password to him; and
3) inserting the cash card in the ATM card slot and entering the password to withdraw the money in the account.

If the crime of the accused that was described above were subdivided into the above three steps, the following conclusions would be established: (1) forcibly taking a cash card falls within the crime of robbery; (2) threatening to harm the holder of a cash card if he does not divulge the password to the accused falls within the crime of coercion; and (3) inserting the card in the ATM card slot and entering the password to withdraw cash from the account falls within the crime of theft. There is no objection that the act of forcibly extracting a password from the owner of the cash card in (2) is included in the act of forcibly taking the cash card, thus establishing the crime of robbery. However, whether the crime of theft in (3) can be considered distinct or separate from the crime of

* Professor, College of Law, Ajou University, Ph.D. in Law.

robbery in (1) is the core issue of this case.

The Supreme Court adjudged that withdrawing cash from an ATM using someone else's cash card that was forcibly taken from the latter consists of the crime of theft and can be considered separate or distinct from the crime of robbery because the accused threatened to harm the victim if he would not cooperate. As such, the resistance of the victim was repressed when his cash card was being forcibly taken from him. Therefore, the victim did not give his consent to the accused to withdraw money from his ATM account using his cash card. It is, however, thought of as inappropriate to completely separate such act of theft from the preceding act –the "improper acquisition of a cash card"– even though the succeeding act, withdrawing cash from an ATM, falls within the crime of theft. Considering the characteristics of a cash card, it can be said that the act of forcibly taking a cash card should be considered a means or method of withdrawing cash from an ATM.

위임범위를 초과한 타인의 현금카드 사용 현금인출의 형사적 죄책

조 국*

[대상판결] 대법원 2006. 3. 24. 선고 2005도3516 판결

I. 들어가는 말

타인의 신용카드·현금카드를 사용하여 정확한 암호를 입력하고 현금자동지급기에서 현금을 인출한 경우 형법상 어떤 죄가 성립하는지 여부에 관해서는 많은 이론적 논란이 있어 왔다. 1995년 컴퓨터등 사용사기죄가 신설되었으나 동조는 범죄의 행위를 "허위의 정보 또는 부정한 명령을 입력"하는 경우로 한정하고 있었기에 논란을 종식시키지 못하였다. 2001년 동조문은 한 번 더 개정된다. 2001년 개정은 "권한 없이 정보를 입력하여"라는 문구를 집어넣어 기존의 조문으로 처벌할 수 없었던 행위를 처벌범위에 포함시켰으나, 행위의 객체를 여전히 '재산상 이익'으로 한정하여 규정하는 태도를 유지하였기에 재물인 현금을 인출하는 행위를 컴퓨터등 사용사기죄에 포섭할 수 있을 것인지에 대한 논란은 여전히 진행 중이다.

그런데 2006년 대법원은 타인으로부터 현금인출을 위임받고 그 위임범위를 초과하여 현금을 인출하고 차액을 취득한 사건에 대하여 위임범위를 초과한 부분에 대한 컴퓨터등 사용사기죄를 인정하는 판결을 하였다. 이는 기존에 대법원이 유사한 사건에서 일관되게 컴퓨터등 사용사기죄의 성립을 부정하였던 것과는 대조되는 것이기에 학문적 검토

* 서울대학교 법과대학 교수, 법학박사.

가 필요하다. 여기서는 대상판결의 판단과 기존 판례와의 관련 학설을 간단히 살펴보고, 기존 대법원 판례와 대상판결이 모순되는지, 모순되지 않는다면 대상판결의 판시를 어떻게 해석할 수 있을 것인지에 대하여 살펴보기로 한다.

Ⅱ. 사건의 개요와 법원의 판단

1. 사건의 개요

피고인은 PC방에서 게임을 하던 피해자로부터 그 소유의 현금카드로 20,000원을 인출하여 오라는 부탁과 함께 현금카드를 건네받게 되자 이를 기화로, 농협지점에 설치된 현금자동인출기에 위 현금카드를 넣고 권한 없이 인출금액을 50,000원으로 입력하여 그 금액을 인출한 후 그 중 20,000원만 피해자에게 건네주어 나머지 30,000원을 취득하였다.

이에 대하여 검사는 피고인이 컴퓨터 등 정보처리장치에 권한 없이 정보를 입력하여 30,000원 상당의 재산상 이익을 취득하였다고 보아 컴퓨터등 사용사기죄로 공소를 제기하였다.

2. 법원의 판단

(1) 1심법원

1심법원은 "우리 형법은 재산범죄의 객체가 재물인지 재산상의 이익인지에 따라 이를 재물죄와 이득죄로 명시하여 규정하고 있는데, 형법 제347조의2는 컴퓨터등 사용사기죄의 객체를 재물이 아닌 재산상의 이익으로만 한정하여 규정하고 있으므로, 타인의 신용카드로 현금자동지급기에서 현금을 인출하는 행위가 재물에 관한 범죄임이 분명한 이상 이를 위 컴퓨터등 사용사기죄로 처벌할 수는 없다."고 판시하여 컴퓨터등 사용사기죄에 대하여 무죄를 선고하였다.

(2) 원심법원

이에 대하여 검사는 항소하면서 이 부분에 대한 공소사실을 30,000원을 절취하였다는 것으로 공소장변경신청을 하였고 법원은 이를 허가

하였다. 그러나 원심법원은 이와 같이 변경된 공소사실에 대하여도 "절도죄에 있어서 절취란 재물의 점유자의 의사에 반하여 그 점유자의 지배를 배제하고 자신의 지배를 옮겨놓는 행위를 의미하는 것인데, 현금지급기는 은행 등 금융기관과 예금자 사이의 약정에 따라 예금자가 은행 등이 지정해 준 비밀번호 등 정보를 입력하면 일정한 컴퓨터프로그램에 따라 그 정보를 자동처리 하는 것이고, 현금지급기에 삽입된 현금카드와 입력된 비밀번호 등 정보가 정확하기만 하면 현금지급기의 카드 사용자가 누구이든 간에 인출 가능한 한도 내에서 예금이 인출되는 특성을 지니고 있는 것이므로, 그 **인출자가 현금카드 소유자의 승낙에 의하여 일단 현금카드를 사용할 권한을 부여받았다면**, 그 승낙의 의사표시가 설사 하자있는 것이라고 하더라도 현금지급기 관리자인 은행 등으로서는 현금카드 소유자의 계산으로 적법하게 예금을 지급할 수밖에 없는 것이므로, 현금카드를 절취한 때와 같이 현금카드 자체를 사용할 권한이 없는 경우와 달리 피고인이 예금명의인인 공소외인으로부터 위 현금카드를 사용할 권한을 일응 부여받은 이상 이를 기화로 그 위임범위를 벗어나 추가로 금원을 인출하였다고 하더라도 현금지급기 관리자로서는 예금명의인의 계산으로 인출자에게 적법하게 현금을 지급할 수밖에 없는 것이고, 따라서 이러한 경우 현금지급기 관리자에게 예금명의인과 그로부터 현금 인출을 위임받은 자 사이의 내부적인 위임관계까지 관여하여 그 위임받은 범위를 초과하는 금액에 대하여는 그 인출행위를 승낙하지 않겠다는 의사까지 있다고 보기는 어렵다. 따라서 위 현금인출행위가 현금지급기 관리자의 의사에 반하여 그가 점유하고 있는 현금을 절취한 경우에 해당한다고 볼 수 없고, 달리 위 현금인출이 그 관리자의 의사에 반하여서 이루어졌다고 볼 증거가 없다."라고 판시하여 절도죄에 관하여도 무죄를 선고하였다.

(3) 대 법 원

대법원은 이에 대하여 "예금주인 현금카드 소유자로부터 일정한 금액의 현금을 인출해 오라는 부탁을 받으면서 이와 함께 현금카드를 건네받은 것을 기화로 그 위임을 받은 금액을 초과하여 현금을 인출하는 방법으로 그 차액 상당을 위법하게 이득할 의사로 현금자동지급기에 그 초과된 금액이 인출되도록 입력하여 그 초과된 금액의 현금을 인출한 경우에는 그 인출된 현금에 대한 점유를 취득함으로써 이때에 그 인출한 현금 총액 중 인출을 위임받은 금액을 넘는 부분의 비율에 상당하는 재산상 이익을 취득한 것으로 볼 수 있으므로 이러한 행위는 그 차액 상당액에 관하여 형법 제347조의2(컴퓨터등 사용사기)에 규정된 '컴퓨터등 정보처리장치에 권한 없이 정보를 입력하여 정보처리를 하게 함으로써 재산상의 이익을 취득'하는 행위로서 컴퓨터등 사용사기죄에 해당된다고 할 것이다."라고 판시하여 컴퓨터등 사용사기죄가 성립된다고 보았다.

환송심 법원은 대법원 판시의 취지에 따라 1심의 무죄부분을 파기하였다.

Ⅲ. 타인명의 신용카드 · 현금카드를 부정사용한 현금인출에 대한 기존 판례 및 학설 검토

1. 판례의 입장 — 절도죄설

현재 판례는 타인명의의 신용카드를 부정사용하는 경우에는 신용카드부정사용죄(여신전문금융업법 제70조 제1항)가 성립하고, 물품을 구입하면 사기죄가, 현금을 인출하면 절도죄가 성립한다고 본다.

"우리 형법은 재산범죄의 객체가 재물인지 재산상의 이익인지에 따라 이를 재물죄와 이득죄로 명시하여 규정하고 있는데, 형법 제347조가 일반 사기죄를 재물죄 겸 이득죄로 규정한 것과 달리 형법 제347조의2는 컴퓨터등 사용사기죄의 객체를 재물이 아닌 재산상의 이익으로만 한정하여 규정하고 있으므로, 절취한 타인의 신용카드로 현금자동지급기에서 현금을 인출하는 행위가 재물에 관한 범죄임이 분명히 한 이상 이를 위 컴퓨터등 사용사기죄로 처벌할 수는 없다고 할 것이고, 입법자의 의도가 이와 달리 이를 위 죄로 처벌하고자 하는 데 있었다거나 유사한 사례와 비교하여 처벌상의 불균형이 발생할 우려가 있다는 이유만으로 그와 달리 볼 수는 없다."[1]

"피고인이 피해자명의의 신용카드를 부정사용하여 현금자동인출기에서 현금을 인출하고 그 현금을 취득까지 한 행위는 앞서 본 바와 같이 신용카드업법 제25조 제1항의 부정사용죄에 해당할 뿐 아니라 그 현금을 취득함으로써 현금자동인출기 관리자의 의사에 반하여 그의 지배를 배제하고 그 현금을 자기의 지배하에 옮겨 놓는 것이 되므로 별도로 절도죄를 구성한다."[2]

"피고인이 타인의 명의를 모용하여 신용카드를 발급받은 경우, 비록 카드회사가 피고인으로부터 기망을 당한 나머지 피고인에게 피모용자 명의로 발급된 신용카드를 교부하고, 사실상 피고인이 지정한 비밀번호를 입력하여 현금자동지급기에 의한 현금대출(현금서비스)을 받을 수 있도록 하였다 할지라도, 카드회사의 내심의 의사는 물론 표시된 의사도 어디까지나 카드명의인인 피모용자에게 이를 허용하는 데 있을 뿐, 피고인에게 이를 허용한 것은 아니라는 점에서 피고인이 타인의 명의를 모용하여 발급받은 신용카드를 사용하여 현금자동지급기에서 현금대출을 받는 행위는 카드회사에 의하여 미리 포괄적으로 허용된 행위가 아니라, 현금자동지급기의 관리자의 의사에 반하여 그의 지배를 배제한 채 그 현금을 자기의 지배하에 옮겨 놓는 행위로서 절도죄에 해당한다고 봄이 상당하다."[3]

위에서 보는 바와 같이 판례가 컴퓨터등 사용사기죄가 될 수 없다고 본 근거는 형법 제347조의2에 행위객체로서 '재물'을 규정하고 있지 않다는 점이고, 절도죄가 된다고 본 근거는 타인의 신용카드나 현금카드를 현금자동인출기에 넣고 비밀번호를 입력하여 현금을 인출하는 것

1) 대법원 2003.5.13. 선고 2003도1178 판결.
2) 대법원 1995.7.28. 선고 95도997 판결.
3) 대법원 2002.7.12. 선고 2002도2134 판결.

은 관리자의 의사에 반하며 이때 재물에 대한 점유이전이 있다는 것이다.

2. 학설의 태도

이에 대한 기존의 학설을 살펴보면 다음과 같다.

(1) 절도죄설

이 입장은 형법은 재물과 재산상의 이익을 명백하게 구별하고 있고, 컴퓨터등 사용사기죄는 명문으로 재산상의 이익만을 객체로 하고 있는바 여기에 재산상의 이익을 포함시켜 해석하는 것은 무리라고 본다.[4)]

그리고 이 입장은 현금자동인출기를 설치·관리하는 은행은 **정당한 권한을 가진** 신용카드·현금카드 소지인에게 현금서비스를 하겠다는 의사표시를 한 것일 뿐, 비밀번호를 알고 있는 신용카드·현금카드 소지인 모두에게 현금서비스를 하겠다는 의사표시를 한 것은 아니라고 파악한다. 기계인 현금자동인출기의 작동방식과 그 현금인출기의 관리자의 의사는 구분되어야 하며, 현금자동인출기가 정당한 신용카드·현금카드 사용자인지 묻지 않고 작동한다는 이유로 현금인출기 관리자의 의사가 신용카드 사용자가 사용권한이 있는 자인지를 묻지 않고 정확한 정보만 입력되면 현금을 내주겠다는 의사라고 볼 수는 없다는 것이다. 그리하여 타인의 신용카드·현금카드를 부정하게 취득하여 현금서비스를 받는 행위는 현금자동인출기 관리자의 의사에 반하여 기계 내의 현금에 대한 점유를 취득한 것으로서 절도죄에 해당한다고 본다.[5)]

다만, 손동권 교수의 경우는 현금자동인출기 관리자의 의사는 그 자체가 적법한 카드와 비밀번호를 입력하는 자에게 아무 조건 없이 청구금액을 교부해주겠다는 의사라고 파악하면서도,[6)] 컴퓨터등 사용사기

---

4) 강동범, "자기신용카드의 부정사용행위에 대한 형사책임", 형사판례연구 제5호, 1997, 384면; 김대웅, "신용카드를 이용한 현급자동인출기 사용행위의 형사책임", 형사판례연구 제11호, 2003, 139면; 백형구, 형법각론, 1999, 184면; 이정원, 형법각론(증보판), 2000, 424면; 조준현, 형법각론, 2002, 295면; 정영일, 형법각론, 2006, 271면.

5) 김대웅(각주 4), 140면; 김우진, "신용카드부정사용죄의 기수시기", 형사판례연구 제3권, 1995, 295면.

6) 손동권, 형법각론, 2004, 331면.

죄의 객체는 오직 재산상의 이익으로 국한되어 있고, 컴퓨터등 사용사기죄의 법정형은 절도죄의 법정형 보다 높은데 컴퓨터등 사용사기죄의 객체에 재물을 포함시켜 해석하는 것은 유추해석금지에 반하기 때문에 현행법 하에서는 절도죄를 인정할 수밖에 없다는 입장을 취하고 있다.[7)]

(2) 컴퓨터등 사용사기죄설

이 입장은 현금인출을 넓은 의미의 재산상 이익에 포함하여 해석한다.[8)] 즉, 현금 자체는 재물이지만 현금의 인출은 널리 재산상의 이익에 해당한다고 해석하면 재물과 재산상의 이익은 "특별 대 일반의 관계"로 볼 수 있으므로,[9)] 동조문의 구성요건에 '재물'이 누락된 "입법의 흠결은 보정적 해석을 통하여 보충하는 것이 바람직하다."는 것이다.[10)]

이 점에 대하여 보다 상세한 논의를 전개하고 있는 안경옥 교수의 논지를 요약하면 다음과 같다. 재산상의 이익은 모든 재산가치의 증가를 의미하고, 경제적 가치가 있는 재물의 취득은 재산상태를 유리하게 할 수 있으므로 재산상의 이익이라는 문언 속에 재물을 포함시킬 수 있다. 2001년 제347조의2가 개정된 취지는 타인의 신용카드·현금카드와 비밀번호를 권한 없는 자가 사용하여 현금을 인출하는 행위가 급증함에도 개정 전의 규정을 적용하기는 어려웠기에 이를 입법적으로 해결하기 위한 것이었으므로, 현금인출행위를 동조에 따라 의율하는 것이 입법자의 의도에 부합한다. 또한 타인명의의 카드를 이용한 현금인출과 계좌이체는 기본적으로 동일한 행위유형임에도 불구하고, 전자는 절도죄 후자는 컴퓨터등 사용사기죄에 해당한다고 보는 것은 입법목적에 부합하지 않는다.[11)]

---

7) Id. 332면.

8) 김일수·서보학, 새로쓴 형법각론(제6판), 2004, 446면; 오영근, 형법각론, 2005, 427면; 이재상, 형법각론(제5판), 2004, 351면; 임웅, 형법각론(개정판), 2003, 365-366면; 정성근·박광민, 형법각론, 2002, 352면; 정웅석, 형법각론(제6판), 2005, 1016면.

9) 오영근(각주 8), 427면; 이재상(각주 8), 351면.

10) 정성근·박광민(각주 8), 352면.

11) 안경옥, "타인 명의를 모용·발급받은 신용카드를 이용한 현금인출행위와 컴퓨터등 사용사기죄", 형사판례연구 제11호, 2003, 161-165면.

(3) 무 죄 설

무죄설의 논거를 요약하면 다음과 같다. 현금자동인출기의 관리자는 신용카드·현금카드 소지 여부와 그 카드의 비밀번호가 맞는지를 확인하도록 기계장치를 조작하여 이러한 기능체계를 통하여 현금자동인출기를 사용할 수 있는 자인가를 확인하여 부정사용을 방지하고 있다. 따라서 현금자동인출기 관리자는 현금자동인출기의 지시에 따라 기계를 조작하는 자에게 조건 없이 현금을 교부하겠다는 점유이전의 의사표시를 했다고 보아야 한다. 그리고 카드의 부당한 사용에 의한 불이익이 카드의 소유자에게 있다는 은행 또는 카드회사 규약을 고려할 때 은행 또는 신용카드회사가 정당한 사용권자에게만 현금의 점유를 이전하겠다는 '조건부 이전의사'를 갖고 있다고 할 수도 없다.[12)]

(4) 소 결

먼저 컴퓨터등 사용사기죄의 객체에서 재물을 제외된 것이 "입법상의 과오"라는 주장도 있으나,[13)] 이는 과도하다고 본다. 재물을 본죄의 객체에서 제외할 것인가의 문제는 '입법기술상의 문제'라고 보아야 한다.[14)] 그리고 입법자가 컴퓨터등 사용사기죄의 객체에서 재물을 제외한 것은, 입법자가 컴퓨터를 통한 재물취득은 절도죄로 처벌할 수 있을 것으로 보았던 것으로 해석하는 것이 타당하다.[15)] 법무부의 '형법개정법률안 제안이유서'에 따르면, 제347조의2는 "다른 사람의 통제를 받지 않거나 그를 기망하지도 않고 현금을 취득하지도 않은 채 예금계좌의 이동이나 대체송금을 통하여 재산상의 이익을 취득하는 경우에 사기죄에 의하여 처벌할 수 없다는 점을 고려하여 신설한 규정"[16)]이라고 서

12) 김영환, "현금자동지급기의 부정사용에 관한 형법적 문제점", 판례월보 제329호(1998. 2), 39-41면; 손동권, "신용(현금)카드 부정사용의 유형별 범죄성립과 죄수", 형사판례연구 제7호, 1999, 338-339면; 하태훈, "현금자동인출기 부정사용에 대한 형법적 평가", 형사판례연구 제4권, 1996, 331-332면.

13) 임웅(각주 8), 366면.

14) 이정원(각주 4), 424면.

15) 강동범, "형법개정법률안의 컴퓨터범죄규정에 대한 검토(상)", 법조(1993. 3), 38면.

16) 법무부, 형법개정법률안 제안이유서(1992. 10), 181면.

술하고 있다. 그리고 컴퓨터등 사용사기죄의 법정형은 절도죄의 법정형보다 높으므로, 컴퓨터등 사용사기죄의 객체에 재물을 포함시켜 해석하는 것은 피고인에게 불리한 유추해석이며 따라서 보정적 해석은 허용되지 않는다.

안경옥 교수는 형법상 배임죄의 행위객체는 '재산상의 이익'을 규정하고 있지만 여기서 '재물'이 배제되지 않는다는 점을 근거로 컴퓨터등 사용사기죄의 '재산상의 이익'에도 '재물'이 포함될 수 있다고 주장한다.[17] 재물과 재산상의 이익은 "특별 대 일반의 관계"로 보면서 컴퓨터등 사용사기죄의 '재산상의 이익'에 '재물'이 포함된다고 파악하는 오영근 교수의 견해도 동일한 취지로 파악된다.[18] 횡령죄와 배임죄가 같은 장에 배치되어 있는 현행 형법조문 구성체계를 볼 때 배임죄의 재산상 이익을 전체로서의 재산으로 해석하는 것은 타당하다. 그러나 **절도와 사기의 죄는 완전히 구별되는 장에 위치해 있고, 또한 사기죄와 컴퓨터등 사용사기죄의 구성요건을 비교할 때 재물과 재산상의 이익은 준별되어 사용되고 있다**는 점을 고려하면 안 교수의 견해에 동의하기 어렵다.[19]

한편 무죄설에서는 절도죄도 성립하지 않는다고 하지만, **기계인 현금자동인출기의 작동방식과 그 현금인출기 관리자의 의사는 구분되어야 한다.** 무죄설은 카드의 부당한 사용에 의한 불이익이 카드 소유자에게 있다는 회사규약을 근거로 절도죄설을 비판하면서, 은행 또는 카드회사가 정당한 사용권자에게만 현금의 점유를 이전하겠다는 '조건부 이전의사'를 갖고 있다고 할 수 없다. 그러나 이러한 **회사규약은 회사와 카드 소유자간의 민사적 분쟁을 사전에 봉쇄하기 위한 것으로, 카드회사가 부당한 사용에 따른 피해금액을 카드소지인에게 지불할 의무가**

17) 안경옥(각주 11), 161-162면.

18) 오영근(각주 8), 427면.

19) 비교법적으로 제347조의2와 유사한 독일 형법 제263조의a를 비교하더라도, 양 자간의 차이가 존재한다. 독일 형법 제263조의a는 사기죄와 마찬가지로 "자기 또는 제3자가 위법하게 재산상의 이익을 취득할 의도로 타인의 재산에 손해를 입힌 경우"라고 규정하고 있는 바, 이는 우리 형법의 사기죄 및 컴퓨터등 사용사기죄의 구성요건과 상이하다.

없다는 점을 밝히고 있는 것이지, 카드를 부당하게 사용한 자에 대한 형사처벌을 봉쇄하는 취지로 해석될 수는 없다.

그렇지만 타인의 신용카드를 부정사용한 현금인출행위를 컴퓨터등 사용사기죄로 의율할 수 없고 절도죄로 의율될 수 있을 뿐이라는 입장도, 현재의 입법이 적절하지 않다는 점에 대해서는 동의하고 있다.[20] 먼저 절취한 타인 현금카드의 비밀번호를 알아내어 이를 현금자동지급기에 넣고 직접 현금을 인출하면 절도죄가 되어 6년 이하의 징역이나 1천만원 이하의 벌금에 처하게 되는데 반하여, 현금을 인출하지 않고 다른 계좌로 이체하는 행위는 컴퓨터등 사용사기죄에 해당하여 10년 이하의 징역이나 2천만원 이하의 벌금에 처하도록 되어 있어 균형이 맞지 않는다. 그리고 컴퓨터부정사용이라는 동일한 행위수단이 사용되었으나 취득한 재산의 형태에 따라 적용 법조를 달리한다는 것도 문제가 있다.[21] 이러한 점에서 입법론적으로 컴퓨터등 사용사기죄의 객체에 재물을 추가할 필요가 있다.[22]

Ⅳ. 대상판결의 해석—위임범위를 초과한 타인의 현금카드를 사용한 현금인출

1. 문제상황

첫째, 대상판결은 현금자동인출기에서 인출한 50,000원 중 위임받은 20,000원을 제외한 30,000원을 취득한 부분을 컴퓨터등 사용사기죄로 보았다. 그러나 제3장에서 보았듯이 타인의 현금카드를 부정사용하여 현금자동인출기에서 현금을 인출한 행위에 대한 기존의 대법원 판례에 의하면, 현금은 재물이지 재산상 이익이 아니고, 컴퓨터등 사용사기죄의 조문상 '재물'을 객체로 규정하고 있지 아니하므로 컴퓨터등 사용사기죄는 될 수 없다. 사실 대상판결의 제1심 법원은 이러한 방식으

20) 이정원(각주 4), 424면; 조준현(각주 4), 295면; 정영일(각주 4), 271면.

21) 박상기, 형법각론(제6판), 2005, 333면; 안경옥(각주 11), 162면.

22) 2004년 7월 2일 이상의 내용의 '형법중개정법률안'(의안번호 116; 김석준 의원 대표발의)이 제출된 바 있다.

로 기존의 대법원 판례의 취지를 이해하여 컴퓨터등 사용사기죄에 대하여 무죄를 선고하였다.

그렇다면 판례가 바뀐 것인가? 대상판결이 전원합의체판결이 아니고, 기존 판례를 폐기한다는 판시도 없는 것을 보면 판례를 변경하려고 한 것은 아님이 분명하다. 그렇다면 판례변경이 이루어지지 않은 채 모순된 판결이 병존하는 것인가?

둘째, 대상판결의 원심판결을 보면 인출자가 현금카드 소유자로부터 현금카드를 사용할 권한을 일응 부여받은 이상 이를 기화로 그 위임 범위를 벗어나 추가로 금원을 인출하였다고 하더라도 현금지급기 관리자로서는 예금명의인의 계산으로 인출자에게 적법하게 현금을 지급할 수밖에 없는 것이므로, 현금지급기 관리자의 의사에 반하여 재물에 대한 점유이전을 한 것이 아니고, 따라서 절도죄는 성립되지 않는다고 하였다. 제1심 법원은 행위의 객체에만 초점을 맞추다가 현금관리자의 의사에 대한 분석을 간과하였던 것에 반하여, 원심판결과 대상판결은 현금관리자의 의사에 초점을 맞추면서 피고인의 행위가 절도죄를 구성하지는 않는다는 결론을 공유한 것으로 보인다.

이러한 해석 역시 기존 대법원 판결들이 절취 등으로 취득한 타인의 신용카드를 가지고 현금지급기에서 현금을 인출할 경우에 관리자의 의사에 반하는 것이라고 해석하였던 점과 비교·검토할 필요가 있다.

2. 대상판결의 함의

그런데 대상판결은 이상의 의문점을 풀어주는 상세한 논리를 제공하고 있지는 않다. 여기서 필자는 기존의 판결과 대상판결이 모순되지 않는다고 파악하면서, 대상판결이 던지는 함의를 탐구하고자 한다.

(1) 초과 인출된 30,000원의 '재물성' 여부

대상판결의 사실관계는 타인의 신용카드를 절취, 횡령한 후 알고 있던 비밀번호를 이용하여 현금을 인출하는 경우와 다르다. 기존 판례에서는 카드의 사용권한 없는 자가 어떠한 경위로 알게 된 비밀번호를 입력하여 현금지급기로부터 현금을 꺼내 간 것에 초점이 있었다. 그런데 대상판결에서는 위임이 있다는 점, 위임받은 자가 위임의 범위를 초과하여 현금을 인출하였다는 점, 즉 대상판결에서의 피고인은 타인의 신용카드를 절취하여 이용하는 것처럼 이용권한이 전혀 없는 것이 아니라, 카드 소유자로부터 현금을 인출할 권한을 부여받았는데 그 위임의 범위를 초과하여 50,000원을 인출하고 차액인 30,000원을 취득하였다.

물론 위임의 범위를 초과한 30,000원은 피고인이 현금지급기로부터 인출한 것으로 '재물'을 취득한 것이라 볼 수 있다. 그러나 대상판결은 이 30,000원을 **'재산상 이익'을 취득한 이후의 결과**라고 본 것으로 생각된다.

예를 들면, 타인의 신용카드를 습득하고 비밀번호를 알게 되어 타인의 계좌로부터 자신의 통장계좌로 30,000원을 계좌이체하였다고 한다면, 30,000원이라는 재산상 이익을 취득한 것이므로 컴퓨터등 사용사기죄가 성립한다. 그런 후에 자신의 통장으로부터 30,000원을 인출하였다면, 계좌이체로 30,000원을 자신의 통장으로 이체시킨 시점에서 컴퓨터등 사용사기죄가 성립하여 30,000원 상당의 재산상 이익을 취득한 것이지, 30,000원을 자신의 통장에서 인출한 때에 30,000원이라는 재물을 취득한 것은 아니다. 자신의 통장으로부터 30,000원을 인출한 행위는 컴퓨터등 사용사기죄의 일부도 아니고 절도죄도 아니며 장물취득죄도 아니다.

대법원은 피고인이 컴퓨터등 사용사기죄의 범행으로 예금채권을 취득한 다음 자기의 현금카드를 사용하여 현금자동지급기에서 현금을 인출한 경우, 그 인출된 현금은 장물이 될 수 없다고 판시한 바 있다. 피고인이 권한 없이 인터넷뱅킹으로 타인의 예금계좌에서 자신의 예금계좌로 돈을 이체한 후 그 중 일부를 인출하여 그 정을 아는 타인에게 교부한 경우, 피고인이 컴퓨터등 사용사기죄에 의하여 취득한 예금채권은 재물이 아니라 재산상 이익이다. 따라서 피고인 자신의 예금계좌에서 돈을 인출하였더라도 장물을 금융기관에 예치하였다가 인출한 것으로 볼 수 없기 때문에 돈을 수령한 타인의 장물취득죄의 성립을 부정

한 바 있다.[23)]

대상판결도 이와 유사하게 이해할 수 있다. 피고인은 카드소유자로부터 20,000원 인출의 권한을 위임받고 카드를 넘겨받았다. 피고인이 위임의 범위 내에서 20,000원만 인출하였다면 아무 문제가 되지 않겠지만, 피고인은 현금지급기에 인출금액으로 50,000원을 입력하였다. **피고인이 현금지급기에 인출금액으로 50,000원을 입력하고 확인버튼을 누르는 순간, 카드소유자의 통장에서는 본래 통장에서 돈을 인출하려고 하였던 범위인 20,000원을 초과하여 30,000원의 재산상 손해가 발생**하였다. 대상판결의 사실관계가 마이너스 통장계좌에서의 인출이라면 채무부담이 발생하는 것이고, 플러스 계좌에서의 인출이라면 예금보유고가 감소하여 은행에 대하여 예금주가 보유하는 소비임치계약에 기한 적극적 이행청구권(채권)의 상실 내지는 감소가 발생한다. 바로 이것인 피고인이 획득한 재산상의 이익이며, **이후의 현금 취득은 형법상 불가벌의 행위**라고 할 것이다.

(2) 위임범위를 초과한 현금인출과 현금지급기 관리자의 의사—'표현대리'의 원리에 따른 해석

기존 판례들은 현금지급기 관리자의 의사는 정당한 소지인에 대하여만 현금을 인출할 의사라고 보았다. 그래서 설사 비밀번호를 맞게 입력하였다 하더라도 정당한 소지인이 아닌 경우에는 현금지급기 관리자의 의사에 반하여 현금을 뽑아간 것이라고 보아 절도죄를 인정하는 것이다.

그러나 대상판결에서의 피고인은 카드소유자로부터 위임을 받은 정당한 소지인이다. 문제는 위임의 범위를 초과하였다는 것인데, 대상판결의 원심은 위임의 범위를 초과하였더라도 일단 카드소지인이 위임을 받은 이상 위임범위를 초과하여 현금을 인출하더라도 이는 현금지급기 관리자의 의사에 반하지 아니하는 것으로 보았다.[24)] **이는 민법 제**

---

23) 대법원 2004. 4. 16. 선고 2004도353 판결. 이에 대한 평석으로는 천진호, "타인명의 예금인출행위의 형사책임과 장물죄", 형사판례연구 제13호(2005)를 참조하라.

24) 손동권 교수는 신용카드·현금카드를 사용한 현금인출시 기계관리자의 의사를 정당한 권한을 가진 신용카드·현금카드소지인에게만 현금을 지불할 의사라고 이

126조의 **'표현대리'(表見代理)의 원리가 적용된 것이다**. 즉, 위임을 받은 자는 얼마를 인출하건 간에 정당한 소지인이므로 현금지급기 관리자가 피고인에게 현금을 내어준 것은 아무런 문제가 없고 피위임자인 피고인의 현금인출은 정당하며, 다만 피고인이 현금을 초과 인출하는 순간 카드소유자는 피고인에게 30,000원의 청구권이 생기며, 피고인은 카드소유자에게 30,000원이라는 재산상 손해를 입힌 것이다. 이는 피고인이 카드소유자로부터 직접 30,000원이라는 재물을 취득한 경우와 다르다. 상술하였듯이 피고인은 카드소유자에게는 30,000원이라는 재산상 손해를 입힌 후에, 정당하게 그 30,000원을 현금지급기를 통해서 인출한 것이다.

이와 달리 현금지급기 관리자의 의사를 정당한 소지인이 위임의 범위 내에서 인출하는 경우에만 현금을 내어줄 의사라고 좁게 해석한다면, 나머지 30,000원에 대하여는 현금지급기 관리자의 의사에 반하여 현금지급기에서 30,000원을 뽑아낸 것이므로 기존 판례와 같이 절도죄로 의율할 수 있을 것이다. 그러나 현금지급기 관리자의 의사가 카드와 비밀번호를 가지고 있는 소지인이라고 할지라도 위임의 범위를 초과하였는지 여부까지 따지며 현금을 지불할 의사라고 보기는 어렵다.

대상판결의 제1심 법원은 현금지급기 관리자의 의사를 첫 번째 방식으로 이해한 반면, 대상판결은 두 번째 방식으로 이해하였다. 대상판결의 이러한 입장은 현금카드소유자로부터 그 카드를 갈취 또는 편취하여 예금을 인출한 경우 이를 현금자동지급기 관리자의 의사에 반하여 그가 점유하고 있는 현금을 절취한 것으로 볼 수 없다는 기존의 대법원 판결과 같은 맥락이다. 인용하자면,

"예금주인 현금카드 소유자를 협박하여 그 카드를 갈취하였고, 하자 있는 의사표시이기는 하지만 피해자의 승낙에 의하여 현금카드를 사용할 권한을 부여받아 이를 이용하여 현금을 인출한 이상, 피해자가 그 승낙

해할 경우, 가족, 친구 등이 카드를 빌려 현금을 인출하는 경우 모두 절도죄에 해당되어 절도죄의 죄책이 확장되는 문제가 있다고 비판한 바 있다[손동권(각주 12), 338면]. 그렇지만 대상판결의 해석에 따르면 이러한 경우는 현금자동지급기 관리자의 의사에 반한 것이 아니므로 절도죄의 구성요건에 해당하지 않는다.

의 의사표시를 취소하기까지는 현금카드를 적법, 유효하게 사용할 수 있고, 은행의 경우에도 피해자의 지급정지 신청이 없는 한 피해자의 의사에 따라 그의 계산으로 적법하게 예금을 지급할 수밖에 없는 것이므로, … 현금지급기에서 피해자의 예금을 취득한 행위를 현금지급기 관리자의 의사에 반하여 그가 점유하고 있는 현금을 절취한 것이라 하여 이를 현금카드 갈취행위와 분리하여 따로 절도죄로 처단할 수는 없다."[25]

"예금주인 현금카드 소유자로부터 그 카드를 편취하여, **비록 하자 있는 의사표시이기는 하지만 현금카드 소유자의 승낙에 의하여 사용권한을 부여받은 이상**, 그 소유자가 승낙의 의사표시를 취소하기까지는 현금카드를 적법, 유효하게 사용할 수 있으며, 은행 등 금융기관은 현금카드 소유자의 지급정지신청이 없는 한 카드 소유자의 의사에 따라 그의 계산으로 적법하게 예금을 지급할 수밖에 없는 것이므로, … 현금자동지급기에서 카드 소유자의 예금을 인출, 취득한 행위를 현금자동지급기 관리자의 의사에 반하여 그가 점유하고 있는 현금을 절취한 것이라 하여 이를 현금카드 편취행위와 분리하여 따로 절도죄로 처단할 수는 없다."[26]

물론 이 두 개의 판결에서는 컴퓨터등 사용사기죄의 성립여부가 다루어지지는 않았다. 첫 번째 판결에서 피고인의 행위는 1995년 컴퓨터등 사용사기죄가 신설되기 전인 1994년에 발생하였고, 두 번째 판결에서 피고인은 절도죄를 주위적 공소사실, 횡령죄를 예비적 공소사실로 기소되었을 뿐이다.

그렇지만 이 두 개의 판결과 평석 대상판결을 종합하여 이해하자면, 카드를 절취한 경우와 달리, **카드를 갈취·편취한 후 현금을 인출하거나 카드사용을 위임받은 후 위임범위를 초과하여 현금을 인출한 경**

25) 대법원 1996. 9. 20. 선고 95도1728 판결(강조는 인용자). 임웅 교수는 이 판결과 상술한 대법원 1995. 7. 28. 선고 95도997 판결을 대립적인 것으로 파악하지만[임웅, "신용카드 부정사용죄의 형사책임", 저스티스 제34권 제2호(2001. 4), 121면], 필자의 해석에 따르면 양자의 차이는 '현금지급기 관리자의 의사'에 대한 해석의 차이에서 발생한 것이다.

26) 대법원 2005. 9. 30. 선고 2005도5869 판결(강조는 인용자).

우에는 그 행위가 현금자동지급기 관리자의 의사에 반한 것이라고 볼 수 없다는 해석이 도출된다. 이러한 입장에 서서 상술한 1996년과 2005년의 대법원 판결을 재조명해보자면—1996년 판결에서 피고인의 행위가 2001년 법개정 이후에 발생하였다고 가정하면서—, 1996년 판결에서 피고인은 공갈죄와 컴퓨터등 사용사기죄의 실체적 경합범으로, 2005년 판결에서는 사기죄와 컴퓨터등 사용사기죄의 실체적 경합범으로 처벌할 수 있을 것이다.

3. 소 결

카드 소유자의 재산상 손해 30,000원은 피고인이 위임받은 20,000원을 인출하는 기회에 발생하였다. 피고인이 위임을 받은 이상 현금지급기에 카드를 넣고 비밀번호를 입력하여 현금을 인출하는 것은 현금지급기 관리자의 의사에 반한다고 할 수 없으므로, 현금지급기에서 현금 50,000원을 뽑아간 행위를 절취로 볼 수 없다. 현금지급기로부터 현금인출행위 자체는 위임에 기한 것이므로 아무런 문제가 없고, 위임 받은 자에 대한 지급이므로 현금지급기는 위임을 받은 피고인에게 50,000원을 지급함으로써 할 일을 다 하였다.

다만, 카드 소유자의 계좌에는 본래 위임범위를 초과한 30,000원 만큼의 마이너스가 생긴 것이다. 카드소유자의 계좌에는 30,000원의 재산상 손해가 생겼는데 피고인이 현금을 인출하는 과정은 정당하였고 현금지급기로부터 재물을 취득한 것이 아니다. 그렇다면 피고인이 현금지급기에서 인출금액에 위임범위를 초과하여 50,000원을 입력하여 현금지급기로 하여금 처리하게 한 순간 카드소유자는 30,000원 만큼의 재산상 손해를 보았고, 피고인은 30,000원 만큼의 재산상 이익을 얻은 것이며, 피고인은 이 30,000원 만큼의 재산상 이익을 현금지급기에서 20,000원을 인출하는 과정에서 함께 인출해 낸 것이라고 개념화할 수 있다.

한편, 이러한 해석을 **피해자가 누구인가**의 문제와 연결시켜볼 필요가 있다. 권한의 위임이 없는 경우에는, 카드 소유자의 계좌에 마이너스가 생기더라도 그 피해가 카드 소유자에게 귀속되는 것이 아니라 현금지급기 관리자에게 귀속된다. 즉, 피해자는 현금지급기 관리자(즉, 은행)이므로 현금지급기로부터 부정한 방법으로 현금을 뽑아낸 것에 초점을 맞춰 의사에 반한 재물취득으로서 절도죄가 된다. 반면, 카드 소유자가 카드를 사용할 권한을 위임한 경우—또는 피고인이 카드 소유자를 협박하거나 기망하여 카드를 갈취 또는 편취한 경우—에는 피해자는 카드 소유자이다(따라서 손동권 교수가 예로 든 가족, 친구 등이 카드를 빌려 현금을 인출하는 사안의 경우에는 피해자의 양해가 있는 것이기에 절도죄의 구성요건해당성이 조각된다). 현금지급기 관리자의 입장에서는 권한을 위임받은 자가 입력한 이상 50,000원을 내어주면 되고, 현금지급기 관리자는 피해가 없는 것이다. 피고인은 위임의 범위를 초과하여 50,000원을 인출금액으로 입력함으로써 카드 소유자에게 30,000원의 채무부담이라는 재산상 손해를 가하고 자신은 30,000원의 재산상 이익을 취득한 것이다.

Ⅴ. 맺 음 말

이상에서 살펴본 바와 같이, 대상판결은 일견 기존판례와 모순되는 것처럼 보이지만 이를 기존판례와 모순되지 않게 '선해'할 수 있으며, 독자적 함의를 가지고 있다. 물론 판단을 내린 대법관들이 위와 같은 논리에 입각하여 판결을 내린 것인지는 확인할 수 없다. 이 점에서 대법원 판결이 수범자인 국민을 설득하는 입장에서 합리적이고 상세한 논증을 제시하지 못하고 있다는 점이 아쉽다.

필자는 대법원이 현행 법조문의 문구를 존중하고 유추해석금지의 원칙을 고려하는 차원에서, (i) 타인의 신용카드·현금카드를 사용하여 현금자동지급기에서 현금을 인출한 행위에 대해서는 절도죄의 죄책을 물어야 하지만, (ii) 카드 소지인의 위임이 있거나 승낙이 있는 경우에는—설사 피고인이 위임범위를 초과하여 현금을 인출하거나 카드 소유자의 의사에 하자가 있다고 하더라도—이는 현금지급기 관리자의 의사에 반한다고는 볼 수 없으므로 절도죄의 성립은 인정할 수 없으며, 컴퓨터등 사용사기죄의 죄책을 물을 수 있을 뿐이라는 입장을 취하고 있는 것으로 파악한다.

대상판결은 타인의 위임이 있는 현금인출의 경우는 현금지급기 관리자의 의사에 반하지 아니하므로 절도죄가 부정되고, 컴퓨터등 사용사기죄의 성립 여부만이 남는다는 점을 분명히 한데에 그 의미가 있다. 따라서 향후 컴퓨터등 사용사기죄의 성립범위를 둘러싼 논의는 단지 행위객체에 국한되어서는 안 되며, 현금지급기 관리자의 의사에 대한 해석으로도 확장되어야 할 것이다. 그리고 대상판결의 의미를 필자와 같이 해석한다면, 유추해석에 반하여 컴퓨터등 사용사기죄의 행위객체에 '재물'을 포함시키지 않으면서도, 대법원이 지금까지 타인의 신용카드를 자신의 계좌에 이체시킨 경우 외에는 거의 컴퓨터등 사용사기죄를 인정하지 않고 있는 상황에서 동 구성요건의 적용을 활성화하는 효과를 가져 올 수 있을 것이다.

[주 제 어]
컴퓨터등 사용사기, 절도, 현금카드, 신용카드

[Key words]
Cash Withdrawal, Cash Card, Theft, Fraud, Fraud by Computer

접수일자: 2008. 3. 10, 심사일자: 2008. 5. 20, 게재확정일자: 2008. 5. 29.

[Abstract]

Excessive Cash Withdrawal from a Cash Dispenser by Using a Cash Card Entrusted by the Card Owner: An Analysis of the Supreme Court's Decision, March 24th 2006

Cho, Kuk*

The defendant in this case withdrew 50,000 Won from a cash dispenser by using a cash card given by the card owner, who asked the defendant to withdraw 20,000 Won. The defendant gave 20,000 Won to the card owner, but took 30,000 Won for himself.

The prosecutor accused the defendant of committing "fraud by using a computer" in Article 347-1 of the Penal Code, but the trial court held him not guilty in that the object of "fraud by using a computer" was limited to "property interest" different from "property." Appealing to the higher court, the prosecutor accused the defendant of committing "theft" in Article 329 of the Penal Code. However, the appeal court held him not guilty in that a cash dispenser was supposed to give cash to a cash card user if provided with a correct password; the bank, the occupier of the cash dispenser, could not be considered to have an intention of giving cash to a card user after reviewing the scope of the entrust between the card owner and the card user; therefore, the defendant did not withdraw cash against the intention of the bank.

After reviewing the case, the Supreme Court held the defendant committed "fraud by using a computer" in Article 347-1 of the Penal Code, providing when the defendant withdrew 50,000 Won, he did not commit "theft" while he acquired "property interest," which

* Professor, College of Law, Seoul National University, Ph.D. in Law.

is 20,000 Won.

This article reviews legal dogmatic issues of this case. First, it compares this new decision by the Supreme Court with its previous decisions where it held the defendant committed "theft" in that he withdrew cash from a cash dispenser by using a cash card without any entrust from the card owner. Second, it analyzes two important aspects of the case: whether the defendant in this case withdrew cash against the intention of the bank or not; why 20,000 Won in this case should be interpreted as "property interest," not "property."

위임을 초과한 현금인출행위의 형사법적 죄책

김 성 룡*

[대상판례] 대법원 2006. 3. 24. 선고 2005도3516 판결

[사실관계]

제1심이[1] 확정한 사실관계 중 대법원의 판결 대상이 된 컴퓨터등사용사기의 점에 대한 공소사실의 요지는, "피고인은 2003.2. 중순 일자불상 10:00경 충주시 목행동 598-2 소재 충주농협 목행지점에서 같은 동(상세번지 생략)소재 '(상호 생략)피씨방'에서 게임을 하러 온 피해자 공소외 9로부터 그 소유의 농협현금카드로 20,000원을 인출해 오라는 부탁과 함께 현금카드를 건네받게 되자 이를 기화로, 위 지점에 설치되어 있는 현금자동인출기에 위 현금카드를 넣고 권한 없이 인출금액을 50,000원으로 입력하여 동 금액을 인출한 후 그 중 20,000원만 피해자에게 건네주어 30,000원 상당의 재산상 이익을 취득하였다."는 것이었다.

[소송의 경과]

1. 제 1 심 법원: 컴퓨터등 사용사기죄에 대해 무죄선고

위의 공소사실에 대해 제1심 법원은, 컴퓨터등 사용사기죄는 재산상의 이익을 대상으로 하는 것이므로 검사의 재물죄로서의 공소제기에 대해서는 무죄를 선고할 수밖에 없다는 입장이었다. 즉 우리 형법은 재산범죄의 객체가 재물인지 재산상의 이익인지에 따라 이를 재물죄와

* 경북대학교 법과대학 법학부 부교수, 법학박사

1) 청주지방법원 충주지원 2004.9.21. 선고 2004고단664, 2004고단685(병합) 판결.

이득죄로 명시하여 규정하고 있는데, 형법 제347조의2는 컴퓨터등 사용사기죄의 객체를 재물이 아닌 재산상의 이익으로만 한정하여 규정하고 있으므로, 타인의 신용카드로 현금자동지급기에서 현금을 인출하는 행위가 재물에 관한 범죄임이 분명한 이상 이를 위 컴퓨터등 사용사기죄로 처벌할 수는 없다는 것이었다.

2. 원심법원[2]: 절도죄에 대해 무죄선고

(1) 항소이유의 요지

검사는 이 사건 공소사실 중 컴퓨터등 사용사기의 점에 대하여 무죄를 선고한 원심판결에 대하여, 원심법원으로서는 피고인이 판시 금원을 위법하게 취득한 사실이 인정되는 이상 단순히 적용된 법조 또는 공소사실에 관한 법률적 평가가 잘못되었다는 이유로 무죄를 선고할 것이 아니라, 직권으로 적합한 적용법조를 적용하거나, 검사에게 적용법조의 변경 등 공소장 변경을 요구할 의무가 있음에도 불구하고, 만연히 이 부분 공소사실에 대하여 무죄를 선고한 위법이 있다는 것이었다.[3]

(2) 판 단

이에 대해 원심은, 피고인이 20,000원을 인출하여 달라는 위임을 받은 후 그 위임 범위를 초과하여 50,000원을 인출한 다음, 그 초과부분인 30,000원을 공소외인에게 돌려주지 않고 영득한 사실을 인정할 수 있으나, 절도죄에 있어서 절취란 재물의 점유자의 의사에 반하여 그 점

---

2) 청주지방법원 2005. 5. 18. 선고 2004노1160 판결.

3) 이러한 검사의 항소이유에 대해 원심법원은 "…검사는 원심판결에 대하여 전부 항소하면서(다만, 검사는 위 유죄부분에 대하여는 항소이유를 주장하지 아니하였다), 당심에 이르러 이 사건 무죄부분이 원심판시 유죄부분인 특정범죄가중처벌등에관한법률위반(절도)죄와 포괄일죄의 관계에 있는 절도에 해당한다고 보아 이 부분 공소사실을 아래 '공소사실의 요지'와 같이 변경하고, 당초 적용법조인 '특정범죄가중처벌등에관한법률 제5조의4 제1항, 형법 제329조, 형법 제347조의2, 제360조 제1항'에서 '형법 제347조의2를 철회하며, 그 죄명 중 컴퓨터등 사용사기 부분을 삭제하는 내용의 공소장 변경신청을 하였고, 이 법원이 이를 허가함으로써 피고인에 대한 심판대상이 변경되었으므로 원심판결은 이 점에서 더 이상 유지될 수 없게 되었다."라고 하여, 원심판결에는 직권파기사유가 있으므로, 위 항소이유에 관하여 판단할 필요 없이 형사소송법 제364조 제2항, 제6항에 의하여 원심판결을 파기하고 자판하였다.

유자의 지배를 배제하고 자신의 지배로 옮겨놓는 행위를 의미하는 것인데, 현금지급기는 은행 등 금융기관과 예금자 사이의 약정에 따라 예금자가 은행 등이 지정해 준 비밀번호 등 정보를 입력하면 일정한 컴퓨터프로그램에 따라 그 정보를 자동처리하는 것이고, 현금지급기에 삽입된 현금카드와 입력된 비밀번호 등 정보가 정확하기만 하면 현금지급기의 카드 사용자가 누구이든 간에 인출 가능한 한도 내에서 예금이 인출되는 특성을 지니고 있는 것이므로, 그 인출자가 현금카드 소유자의 승낙에 의하여 일단 현금카드를 사용할 권한을 부여받았다면, 그 승낙의 의사표시가 설사 하자 있는 것이라고 하더라도 현금지급기 관리자인 은행 등으로서는 현금카드 소유자의 계산으로 적법하게 예금을 지급할 수밖에 없는 것이므로, 현금카드를 절취한 때와 같이 현금카드 자체를 사용할 권한이 없는 경우와 달리 피고인이 예금명의인인 공소외인으로부터 위 현금카드를 사용할 권한을 일응 부여받은 이상 이를 기화로 그 위임 범위를 벗어나 추가로 금원을 인출하였다고 하더라도 현금지급기 관리자로서는 예금명의인의 계산으로 인출자에게 적법하게 현금을 지급할 수밖에 없는 것이고,[4] 따라서 이러한 경우 현금지급기 관리자에게 예금명의인과 그로부터 현금인출을 위임받은 자 사이의 내부적인 위임관계까지 관여하여 그 위임받은 범위를 초과하는 금액에 대하여는 그 인출행위를 승낙하지 않겠다는 의사까지 있다고 보기는 어렵다는 것이었다. 따라서 위 현금인출행위가 현금지급기 관리자의 의사에 반하여 그가 점유하고 있는 현금을 절취한 경우에 해당한다고 볼 수 없고, 달리 위 현금인출이 그 관리자의 의사에 반하여서 이루어졌다고 볼 증거가 없다는 것이었다.

4) 동일한 취지로 대법원 2005. 9. 30. 선고 2005도5869 판결(아래 각주 25 [참고판결 3]): 현금카드소유자로부터 현금카드를 편취하여 이를 사용하여 수차 금원을 인출한 경우에 절도죄의 성립은 불가능하고, 포괄하여 사기죄의 일죄라고 판시하면서, 관리자의 의사에 반한 것이 아니라고 강조하고 있다.

[판결요지]

대법원은 다음과 같은 취지로 컴퓨터등 사용사기죄에 대해 유죄를 선고하였다.

"예금주인 현금카드 소유자로부터 일정한 금액의 현금을 인출해 오라는 부탁을 받으면서 이와 함께 현금카드를 건네받은 것을 기화로 그 위임을 받은 금액을 초과하여 현금을 인출하는 방법으로 그 차액 상당을 위법하게 이득할 의사로 현금자동지급기에 그 초과된 금액이 인출되도록 입력하여 그 초과된 금액의 현금을 인출한 경우에는 그 인출된 현금에 대한 점유를 취득함으로써 이때에 그 인출한 현금 총액 중 인출을 위임받은 금액을 넘는 부분의 비율에 상당하는 재산상 이익을 취득한 것으로 볼 수 있으므로 이러한 행위는 그 차액 상당액에 관하여 형법 제347조의2(컴퓨터등 사용사기)에 규정된 '컴퓨터 등 정보처리장치에 권한 없이 정보를 입력하여 정보처리를 하게 함으로써 재산상의 이익을 취득'하는 행위로서 컴퓨터등 사용사기죄에 해당된다. 따라서 이 사건 피고인이 위 일시경 위 장소에서 공소외인으로부터 그 소유의 농협현금카드로 20,000원을 인출하여 오라는 부탁과 함께 현금카드를 건네받게 된 것을 기화로, 위 지점에 설치되어 있는 피해자 충주농업협동조합이 관리하는 현금자동지급기에 위 현금카드를 넣고 인출금액을 50,000원으로 입력하여 이를 인출한 것도 그 차액 상당에 관하여 우선 컴퓨터등 사용사기죄에 해당된다."

〔평　　석〕

I. 평석의 범위 및 내용

신용카드의 사용과 관련한 여신전문금융업법상의 범죄성립여부와 형법상 재산범죄 및 컴퓨터등 사용사기죄의 성부에 대해서는 사안의 현실·중요성과 다양성에 걸맞게 이미 풍부한 판례·문헌자료들이 제시되어 있다. 하지만 현금·신용카드를[5] 통한 예금의 인출위임·인출 및 신용카드를 이용한 현금서비스 인출위임·인출의 법적 성격에 대한 형사법적 논의는 그리 큰 관심을 받지 못했다. 현재까지는 단지 예금인출 위임의 범위를 초과한 사용행위의 가벌성문제가 위 [대상판결]을 계기로 몇 편의 평석에서 다루어지고 있다.[6] 이 글의 범위는 후자와 관련한 논의에 하나의 새로운 해석론을 제시하는 것으로 제한하였다.

이를 위해 아래에서는 우선 [대상판결]과[7] 관련한 현재까지의 평석들이 내린 형사법적 가벌성판단의 결론과 각 주장의 해석론적 논거들을 검토한다(Ⅱ). 이어서 컴퓨터등 사용사기죄의 본질과 행위태양 등을 비판적으로 검토하는 방법을 통해, 현행법의 해석론으로 인출위임의 범위를 초과한 현금인출행위의 가벌성에 관한 결론을 도출해 보기로 한다(Ⅲ).

Ⅱ. 판례·학설에 따른 가벌성, 그 논거의 검토

1. 배임죄·절도죄설

(1) 가벌성의 근거

신용카드의 보관위임, 예금·현금서비스의 인출을 위임받은 자가 위임의 범위를 넘어 신용카드를 사용한 행위는 배임죄와 절도죄로 처

5) 특히 신용카드의 경우에는 여신전문금융업법 제70조 제3항 제1호(동법 제15조 위반)에서 신용카드의 양도, 양수, 질권설정 등을 처벌하고 있다는 특성이 있으며, 단순한 예금인출의 기능 외에 현금서비스 및 물품구입 등의 행위가 가능하다는 점에서 [대상판결]보다는 많은 논점이 내재되어 있다. 따라서 본 평석은 [대상판결]에서 다루어진 사안을 중심으로 하며, 신용카드를 통한 예금인출, 현금서비스 및 물품구입위임 등의 행위에 대한 세부적인 논의는 다음으로 미룬다.

6) [대상판결] 사안을 비롯하여 최근 개정 이후 컴퓨터등 사용사기죄에 대한 깊이 있는 연구는 이정훈, "컴퓨터등 사용사기죄—이론과 적용", 한국학술정보(2006), 특히 261쪽 이하 참조; [대상판결]이 나오기 이전의 실무가가 정리한 판례의 입장에 대한 문헌으로는 양영희, "신용카드 범죄의 유형 및 그 죄책", 재판실무연구, 광주지방법원(2003), 177쪽 이하, 특히 188쪽 참조; [대상판결]에 대한 평석으로는 이미 조현욱, "위임받은 금액을 초과한 현금인출과 컴퓨터등 사용사기죄—대법원 2006.3.24. 선고 2005도3516 판결—", 비교형사법연구 제8권 제1호(2006.6.), 407쪽 이하; 조국, "위임범위를 초과한 타인의 현금카드사용 현금인출의 형사적 죄책: 대법원 2006.3.24. 선고 2005도3516 판결", 제140회 형사판례연구(2007.3.5.) 발표문 1쪽 이하.

7) 평석에 필요한 대법원의 관련 판례는 해당 각주에서 [참고판결 1], [참고판결 2], [참고판결 3] 및 [참고판결 4]로 언급하였다.

리하여야 한다는 견해가 있다.[8] 이에 따르면 타인으로 부터 신용카드의 보관위임을 받아 이를 보관하다가, 그 신용카드를 이용하여 물품을 구입하고 현금도 인출한 경우, 우선 신용카드 소지자에 대한 관계에서는 포괄하여 배임죄가 성립한다고 한다. 한편 물품구입의 경우에는 가맹점에 대한 사기죄, 현금인출의 경우에는 카드회사에 대한(실제로는 약관에 의하여 카드 소지자의 책임으로 돌려지는 경우가 대부분이나) 절도죄가 성립한다는 것이다.[9] 이 경우 배임죄와 사기죄 또는 배임죄와 절도죄 상호간에는 상상적 경합이 인정되고, 사기죄와 절도죄 간에는 실체적 경합범관계가 인정된다고 본다. 특히 이러한 보관 또는 예금인출 위임을 초과한 카드사용을 횡령한 신용카드의 사용으로 볼 수는 없으므로 신용카드부정사용죄는 성립되지 않는다는 입장이다.

위의 견해는 신용카드의 보관·예금 및 현금서비스 인출위임 등 다양한 사용행위를 포괄하고 있으므로 [내상판결]에 적용하기에는 약간의 정리가 필요하지만, 본 평석의 대상에 대한 부분만을 발췌·요약한다면, 현금·신용카드의 정당한 소지인으로부터 카드보관위임 혹은 일정액의 인출위임을 받은 자가 그 위임의 범위를 일탈한 경우에는 카드명의인에 대한 배임죄 및 컴퓨터(CD)관리자인 은행에 대한 절도죄가 성립한다는 주장이다. 즉 신용카드 소지자로부터 현금 100만원(현금서비스 또는 예금)의 인출을 부탁받은 범인이 300만원을 인출하여, 100만원만 카드 소지자에게 돌려주고 나머지 돈을 가져간 경우, 200만원 부분에 대하여 카드 소지자에 대한 관계에서는 배임죄가 성립되고, 카드회사에 대한 관계에서는 절도죄가 성립된다고 하여, 양 죄를 상상적 경

8) 양영희, 앞의 글, 188쪽. 형법 개정 전 '허위의 정보 또는 부정한 명령'이라는 법문에 '진실한 자료의 무권한 사용'도 포함되는가에 관한 해석론 중에서는, 계약에 의하여 위임된 권한을 초월하여 수임자가 현금을 과다하게 인출하는 행위는 배임죄 성립만이 문제될 뿐이라는 입장도 있었다(백광훈, "인터넷범죄의 규제법규에 관한 연구", 한국형사정책연구원, 2000, 184쪽).

9) 양영희, 앞의 글, 188쪽; 안경옥, "타인 명의를 모용·발급받은 신용카드를 이용한 현금인출행위와 컴퓨터등 사용사기죄", 형사판례연구 제11호(2003), 163쪽은 독일 형법 제263조의a의 제3의 행위유형에 대해 사기죄와 유사한 성격 외에 책략절도, 횡령 혹은 배임의 성격도 갖고 있다고 분석하고 있다.

합으로 평가해야 한다는 것이다.[10)]

(2) 논거의 검토

[대상판결]과 같은 사안에서 배임죄 성립을 인정하는 입장은 그 구체적인 논거를 밝히고 있지 않으나, 추정컨대 사적 자치의 원칙에 비추어 타인의 카드를 보관 위임받거나 일정한 금원의 인출을 위임받은 자에게 타인의 재산적인 사무를 처리하는 자의 지위를 인정하는 것으로 볼 수 있다. 이러한 신임관계에 배신하여 결과적으로 본인에게 재산상 손해를 끼치고 이에 상응하는 재산상의 이익을 취하였다는 점에 가벌성의 근거를 찾고 있는 듯하다. 그러나 이러한 논지에 대해서는 전형적으로 재물과 재산상 이익 구분을 근거로 한 반론이 제기될 수 있다. 즉 배임죄의 성립요건으로 신임관계위반을 인정하더라도, [대상판결]에서는 현금 30,000원을 취득하였으므로 재물을 취득한 것이 되고, 재산상 손해·이익을 대상으로 하는 배임죄의 성립은 어렵다고 해야 되지 않는가라는 것이다.

하지만 이러한 물음에 대해서는 [대상판결]의 설시처럼, '초과된 금액의 현금을 인출한 경우 그 인출된 현금에 대한 점유를 취득함으로써 이때에 그 인출한 현금 총액 중 인출을 위임받은 금액을 넘어서는 부분의 비율에 상당하는 재산상의 이익을 취한 것'이라는 논거로 반박할 수도 있을 것이다. 나아가 [대상판결]의 사안에서 컴퓨터사용사기죄를 인정하는 해석론이, 동죄의 성립시기를 보다 앞당기려는 의도로 제시하는 논거, 즉 '인출을 위한 초과금액의 입력이 이루어져 은행전산망에서 동액지급의 정보처리가 이루어진 경우에 이미 재산상의 손해·이익이 발생하였고, 피고인의 수중에 현금이 인출된 것은 단지 사후 문제'라는 논거의 원용도 가능할 것이다.[11)]

하지만 이러한 방식으로 재산상 이익을 취득한 범죄로 자리매김하더라도 두 가지의 난점이 남아있다. 우선 배임죄를 인정하는 견해는 이

10) 양영희, 앞의 글, 188쪽.

11) 이러한 입장으로 조국, 앞의 글, 8쪽, 10-11쪽.

외에도 카드회사에 대해 절도죄도 인정하고 있는데, 이것은 결국 피고인에 대해 배임죄의 근거로 정당한 사무관리자의 지위를 인정하면서도, 은행에 대해서는 관리자의 의사에 반한 절도죄라고 하는 것인데, 이러한 접근은 양립 불가능한 전제에 기초한 것으로 보인다. 특히 절도죄의 인정여부와 관련하여, 편취 등의 방법이라고 하더라도 피해자의 카드교부행위가 있었다면[12] 예금 등의 인출은 CD관리자의 의사에 반한 인출이 아니라는 대법원의 기존 입장을 주목할 필요가 있을 것이다. 나아가 대법원은 [대상판결]에서 컴퓨터등 사용사기죄를 인정하면서 '권한 없는 정보의 입력·변경'이라는 행태를 인정하고 있는데, 배임죄설은 그렇다면 [대상판결]에서 피고인의 행위를 '권한 있는 정보의 입력·변경'으로 보는 것인지에 대한 입장표명이 필요할 것이다.

2. 횡령죄설·무죄(민사사안)설

(1) 가벌성·불가벌성의 근거

대법원은 피고인이 피해자로부터 예금통장과 인장 등을 예금인출의 목적으로 위임받은 후, 그 위임액을 초과하여 인출한 후 이를 소비한 사안에서 횡령죄의 성립을 인정한 경우가 있다.[13] 이러한 대법원의 입장도 고려하면, CD기를 사용하는 경우는 컴퓨터등 사용사기죄, 은행창구(직원)를 이용한 경우는 횡령죄가 된다는 것인데, 대법원의 판시에서는 그 구체적인 이유를 읽을 수 없다.

학계에서도 위임받은 액수를 초과하여 인출된 돈에 대한 소유권은

12) 아래 각주 25 [참고판결 3].

13) [참고판결 1] 대법원은 피고인이 1994.10.21. 12:40경 서울 중랑구 면목1동 102의 34에 있는 피해자 ○○○의 집 앞에서 그녀로부터 중소기업은행 면목동지점에 예치한 예금 200만원을 인출하여 올 것을 의뢰받고 예금통장과 인장을 교부받아 위 은행으로 가서 예금액 중 금 700만원을 인출한 다음 소비함으로써 이를 횡령하고, 그 당시 위 ○○○의 집 앞에 세워둔 그녀의 남편인 피해자 △△△소유의 경기 XXX호 3인승 밴 차량 1대를 타고가 이를 절취하였다는 공소사실에 대해 횡령의 점은 유죄로 인정한 반면 위 절도의 점에 대하여 무죄를 선고한 원심에 대해, 전자는 특별히 문제 삼지 않고, 후자에 대해 불법영득의사를 세부적으로 심사할 것을 요구하였다(대법원 1996.2.9. 선고 95도2753 판결).

여전히 예금주에게 있다고 보면, 행위자는 예금주의 위탁을 받고 현금을 보관하는 자가 되고, 그 초과액수의 금원의 반환을 거부하는 것은 불법영득의사가 인정되는 횡령죄가 된다는 주장이 있다.[14] 물론 초과인출된 금원이 예금주 혹은 은행 중 누구의 소유에 속하는지, 그 법적 근거는 무엇인지에 대한 세부적인 논설이 제시되기보다, 이미 보관자라는 지위를 전제하고 있는 것으로 보인다.

한편 기본적으로 횡령죄를 인정하거나,[15] 신용카드의 양도를 처벌하는 여신전문금융업법의 처벌은 긍정하지만,[16] 위와 같은 사안은 카드소지인과 은행간의 계약위반(카드양도금지)이라는 점을 제외하면 단순한 민사사안으로 처리해야 하고, 특히 카드의 양수인 내지 위임을 받은 자를 처벌하는 여신전문금융업법의 규정은 지나친 가벌성의 확장이라는 의견도 제시되고 있다.

(2) 논거의 검토

소유자에 의해 위임·교부받은 예금통장과 인장을 사용한 경우,[17] 즉 은행직원에 대한 대리권행사는 정당한 것으로 보아 인출금액이 내부적인 위임범위를 초과했는가와 무관하게 인출된 금액 전체에 대해 보관자의 지위를 인정한다는 것이 대법원의 판단이라면, [대상판결]에서도 초과 인출행위는 컴퓨터프로그램(의 관리자)에 대한 정당한 대리권 행사로 보아야 하고, 그렇다면 인출된 금전에 대해서도 보관자의 지위를 인정하는 것이 일관성이 있어 보인다. 하지만 이에 대한 논증을 발견하기 어렵다. 즉 예금통장을 통한 현금인출사안에서 보여준 대법원의 논거를 [대상판결]에 유추한다면, 인출된 금원 50,000원 전체에 대해 보관자의 지위가 인정되는 것이고, 그 중 위임의 범위를 초과한

14) 조현욱, 앞의 글, 424쪽. 기본적으로는 민사사건의 형사화 경향 등에 비추어 민법상 부당이득반환청구로 해결해야할 문제로 보고 있다. 유사한 취지로 류석준, "컴퓨터사기죄의 행위방법에 대한 비교법적 검토", 비교형사법연구 제7권 제1호(2005), 433-434쪽.

15) 조현욱, 앞의 글, 424쪽.

16) 류석준, 앞의 글, 434쪽.

17) 위의 각주 13 [참고판결 1].

30,000원의 재물에 대한 횡령을 인정하는 것이 바람직할 것이다. 물론 위임을 초과하여 인출한 금원이 이미 범죄행위로 취득한 것으로 본다면, 그 금원에 대한 보관자의 지위를 인정할 수 있는지도 의문이다.

한편 재물과 재산상 이익의 구분과 관련하여, 현금인출위임과 위임의 범위를 초과한 현금인출로 취득한 현금의 보관행위가 타인의 재물을 보관하는 지위를 근거지우는 것인지, 현금인출과 관련한 타인의 재산상 사무를 처리하는 자의 지위를 근거지우는 것인지, 혹은 양자가 결합된 형태의 것인지를 어떻게 구별할 것인가도 문제이다.

한편 [대상판결]에서 대법원은 컴퓨터등 사용사기죄를 근거지우기 위해 재산상의 이익에 초점을 맞추었는데, 이러한 방향설정이 타당하다면 기존의 예금통장을 통한 인출위임 사안에서는 왜 재물이 문제되는지도 의문이다. 나아가 위임인출은 정당한 대리권의 행사로서 초과인출된 금액에 대해서도 보관자의 지위가 인정된다면, [대상판결]은 어떤 이유로 횡령죄(또는 배임죄)가 아닌 컴퓨터등 사용사기죄가 되는지도 의문이다.

3. 컴퓨터등 사용사기죄설

(1) 가벌성의 근거

[대상판결]에서 대법원과 같이 컴퓨터등 사용사기죄를 인정하는 입장 중에는 피고인이 카드 소지인으로부터 현금을 인출할 권한을 부여받기는 하였으나, 그 위임의 범위를 초과하였다는 것이 가벌성의 핵심적인 표지라고 보면서, 피고인이 현금지급기에서 50,000원을 입력하고 확인버튼을 누르는 순간, 카드 소지인의 통장에서는 카드 소지인이 본래 인출하려고 하였던 범위인 20,000원을 초과한 30,000원의 재산상의 손해가 발생하였다는 분석이 있다.[18] 즉 은행과의 관계에서 소비임치계약에 의한 적극적 이행청구권(채권·예금청구권)의 상실 또는 감소가 발생하였다는 것이다. 바로 이것이 피고인이 취득한 재산상의 이익

18) 조국, 앞의 글, 8쪽. 판례와 같이 동죄의 성립을 인정하는 입장으로 정영일, 형법각론(개정판), 2008, 331쪽; 이정훈, 앞의 책, 278-279쪽.

이며, 이 시점 이후의 현금(인출)취득은 형법상 불가벌이라고 보는 것이다. 환언하면, 기존의 관련 판결에서 보여준[19] 대법원의 접근방법처럼, 계좌이체로 예금이 빠져나간 경우와 현금인출로 빠져나간 경우 모두 동일하게 일단 피고인은 재산상의 (손해의 이면인) 이익을 취하였으므로 컴퓨터등 사용사기죄가 성립되었고,[20] (자기카드를 통한)현금인출이라는 방식의 재물취득은 이와 별도의, 즉 그 시점 이후의 문제라고 보는 것이다. 이 견해는 결론적으로 권한의 위임이 있었다면 카드 소지인이 피해자인 컴퓨터등 사용사기죄가 성립하고, 권한의 위임이 없었다면 현금지급기의 관리자인 은행이 절도죄의 피해자가 된다는 것이다.[21]

한편, 컴퓨터등 사용사기죄의 제3의 행위태양인 '권한 없이 정보를 입력'한다는 법문을 우리 형법의 독자적인 체계와 의미에 비추어 해석할 때, 기존의 (제1 및 제2의)행위태양으로 포섭하기 어려운 행태들의 가벌성을 확보하는 보충규정으로 보아야 하고, [대상판결] 사안이 이에 해당하는 대표적인 사안이라는 입장도 있다.[22] 그 논지를 요약하자면, [대상판결]에서 비밀번호의 입력으로 추가정보를 입력할 수 있는 상태

19) [참고판결 2] 공소외인은 권한 없이 주식회사 신진기획의 아이디와 패스워드를 입력하여 인터넷뱅킹에 접속한 다음 위 회사의 예금계좌로부터 자신의 예금계좌로 합계 180,500,000원을 이체하는 내용의 정보를 입력하여 자신의 예금액을 증액시킴으로써 컴퓨터등 사용사기죄의 범행을 저지른 다음 자신의 현금카드를 사용하여 현금자동지급기에서 현금을 인출한 사실을 인정할 수 있는바, 이와 같이 자기의 현금카드를 사용하여 현금자동지급기에서 현금을 인출한 경우에는 그것이 비록 컴퓨터등 사용사기죄의 범행으로 취득한 예금채권을 인출한 것이라 할지라도 현금카드 사용권한 있는 자의 정당한 사용에 의한 것으로서 현금자동지급기 관리자의 의사에 반하거나 기망행위 및 그에 따른 처분행위도 없었으므로, 별도로 절도죄나 사기죄의 구성요건에 해당하지 않는다 할 것이고, 그 결과 그 인출된 현금은 재산범죄에 의하여 취득한 재물이 아니므로 장물이 될 수 없다고 할 것이다. …공소외인이 컴퓨터등 사용사기죄에 의하여 취득한 예금채권은 재물이 아니라 재산상 이익이므로, 그가 자신의 예금계좌에서 6,000만원을 인출하였더라도 장물을 금융기관에 예치하였다가 인출한 것으로 볼 수 없다(대법원 2004. 4. 16. 선고 2004도353 판결).

20) 컴퓨터등 사용사기죄의 재산상 이익은 행위객체가 아니고 재물의 취득을 통해서도 재산상 이익을 취하고 본인에게 재산상 손해를 입힌다면 동죄가 성립한다는 취지의 김선복, "재산상의 이익은 재산죄의 객체인가?", 비교형사법연구 제6권 제1호(2004), 110쪽도 동일한 결론에 이를 것이다.

21) 조국, 앞의 글, 10-11쪽.

22) 이정훈, 앞의 책, 273-279쪽.

에 접어들기까지는 정상적인 위임이 있었다는 점에서 동조 제1 내지 제2의 행위태양과는 무관한 문제가 되고, 그 상태에서 위임을 초과한 금액인출버튼을 조작(정보입력)한 것이 바로 '무권한의 정보입력'이라고 보는 것이다. 물론 여기서 관건은 그 무권한성 판단이 컴퓨터(CD)관리자의 의사를 기준으로 하는 것인지, 정당한 카드(예금)소지인의 의사를 기준으로 하는 것인지일 것이고, "타인의 비밀번호 입력 등에 의하여 이미 컴퓨터는 그 권한에 대하여 진실한 것으로 오신하고 있으며, 그 상태에서 진실한 정보를 입력한 행위는 권한 없이 정보를 입력한 것이 된다."[23]라는 표현에서 이 입장은 전자(CD기 관리자)의 의사를 기준으로 하고 있다는 것을 알 수 있다.

(2) 논거의 검토

컴퓨터등 사용사기죄를 인정하는 입장들에 대해서는 우선, 절도죄와 컴퓨터등 사용사기죄의 구별과 관련하여, 외형상 동일한 현금인출의 방법을 취하였음에도, 인출권한의 위임여부에 따라 피고인이 재물을 취한 것인지 재산상의 이익을 취한 것인지가 결정되는 구조를 어떻게 설명할 것인가라는 의문이 제기된다. 달리 말해 동일한 CD기를 이용한 현금인출임에도 경우에 따라 재물과 재산상 이익으로 구별되는 명확한 근거가 무엇인가 하는 점이다. 나아가 권한의 위임이 없는 경우의 인출행위는 여전히 컴퓨터등 사용사기죄가 해결할 수 없는 행태이므로 절도죄가 되고, 권한의 위임이 있는 경우의 인출행위는, 기존 대법원의 입장에 따르더라도, 컴퓨터관리자의 의사에 반한 것도 아니며, 기망한 것도 아님에도, 사기죄의 보충구성요건이라고 할 수 있는 컴퓨터등 사용사기죄가 된다는 결론은 납득하기 어렵다. 즉 인출위임이 있었다면 컴퓨터등 사용사기죄, 인출위임이 없었다면 절도죄라고 한다면, 결국 인출위임이 '권한 있는 정보의 입력·변경'과는 무관하다는 것이 된다. 달리 표현하면, 컴퓨터등 사용사기죄는 결국 CD기 관리자의 의사 등, 컴퓨터의 운용과는 무관하게 카드소지인의 위임 범위를 넘어 현금이

---

23) 이정훈, 앞의 책, 276쪽.

인출되었는가를 기준으로 한다는 것을 고백하는 것이 된다. 그렇다면 배임죄나 횡령죄의 접근방식이 오히려 타당하다는 것이다. 이와 관련한 혼돈은 컴퓨터등 사용사기죄를 인정하는 입장들 안에서도 분명하게 드러난다. 즉 [대상판결]의 위임초과인출행위는 현행 형법 제347조의2(제3의)의 행위태양('권한 없이 정보를 입력·변경')에 속한다고 하면, 누구에 의해 부여된 권한을 의미하는 것인가가 관건인데, 위에서 소개된 두 입장은 CD기 관리자인 은행에 대한 권한 없는 사용인지, 카드소지인인 위임인에 대한 권한 없는 사용인지에 대해 입장을 달리 하고 있다.

대법원도 [참고판결 2]에서와 같이, 현금카드의 정당한 소지인으로부터 카드와 비밀번호를 넘겨받아 현금을 인출한 경우에 현금지급기(컴퓨터프로그램에 따라 정보처리)의 관리자인 은행에 대해서는 절취도 편취도 될 수 없다고 하고 있다. 그럼에도 [대상판결]에서는 위임초과 인출행위가 제347조의2에서 예정하고 있는 제3의 '권한 없는' 행위라고 하면서도, 누구에 대해 어떤 점에서(사기죄의 보충구성요건으로서) 사기·기망의 요소가 있는지를 밝히지 않고 있다. 나아가 재물인 현금에 대한 범죄가 아니라는 점을 강조하기 위해 '인출된 현금에 대한 점유를 취득함으로써 이때에 그 인출한 현금 총액 중 인출을 위임받은 금액을 넘는 부분의 비율에 상당하는 재산상의 이익을 취득한 것'이라고 하여, 인출 이후에 이익을 취한 것임을 분명히 하고 있으면서도, 위임이 없는 경우에는 재물죄인 절도죄를 인정하는 것과 달리 여기서는 현금이 재산상의 이익으로 둔갑하는 이유를 제시하지 않고 있다.[24] 하지만 그런 방식의 접근에 대해서는, 절취한 타인의 현금카드를 사용하여 예금을 인출하는 경우에도 카드 소지인에 대해서건 혹은 CD관리자에 대해서건

24) 위에서 언급한 학설(조국, 앞의 글, 8쪽)이 대법원판례를 선해하여, 일단 재산상의 이익을 취함으로써 컴퓨터등 사용사기죄가 성립하였고, 추후의 현금인출행위는 불가벌적 사후행위라고 보는 구조가 오히려 기존 판례의 입장과 조화되기 쉬우며, 이해하기 쉽다. 하지만 이러한 입장도 현금의 인출 전에 예금채권감소가 재산상 손해(발생)는 될지언정, 재산상의 이익을 취한 것으로 볼 수 있을 지는 의문이다. 오히려 재산상 이익의 취득 방법(발현형태)이 현금취득인 것으로 보는 것이 보다 타당해 보인다. 이에 관해서는 아래의 Ⅲ 참조.

'권한 없는' 정보의 입력이라고 하지 않을 수 없고, 피해자의 계좌에 동액 상당의 재산상 손해가 발생하는 것은 [대상판결]과 다를 바 없는 것인데, 그렇다면 이러한 사안에서도 재물죄가 아니라 재산상 이익을 취득한 것이 되어야 하는 것은 아닌가 의심스럽다.

4. 소 결

이와 같이 카드명의인의 (보관위임을 악용하여 현금을 인출한 경우를 포함하여) 위임을 초과하여 현금을 인출한 행위에 대해서는 컴퓨터등 사용사기죄, 횡령죄, 배임죄, 절도죄 또는 불벌, 즉 민사상의 채권채무관계로 해결하자는 주장이 제시되고 있다. [대상판결]과 관련판결에서[25] 대법원이 카드명의인의 하자있는 의사에 따른 교부행위이기는 하지만 명의인에 의한 카드교부와 비밀번호고지가 있는 경우, 이를 사용한 행위에 대해서는 사기[26] 또는 공갈죄[27]를 인정하면서, 은행(카드회사)은 적법하게 예금을 지급할 수밖에 없다는 논거를 제시하고 있는 것은 몇 가지의 점을 추정하게 해준다.

우선 [대상판결]에서 대법원은 왜 컴퓨터등 사용사기죄로 접근할 수밖에 없었는지를 짐작케 한다. 그 이유는 카드 사용자가 카드명의인으로부터 위임이라는 정상적인 방법으로 현금카드·비밀번호를 취득하였다는 점에서

25) [참고판결 3] 예금주인 현금카드소유자로부터 그 카드를 편취하여, 비록 하자있는 의사표시이기는 하지만 현금카드소유자의 승낙에 의하여 사용권한을 부여받은 이상, 그 소유자가 승낙의 의사표시를 취소하기까지는 현금카드를 적법, 유효하게 사용할 수 있으며, 은행 등 금융기관은 현금카드소유자의 지급정지신청이 없는 한 카드소유자의 의사에 따라 그의 계산으로 적법하게 예금을 지급할 수밖에 없는 것이므로, 피고인이 현금카드의 소유자로부터 현금카드를 사용한 예금인출의 승낙을 받고 현금카드를 교부받은 행위와 이를 사용하여 현금자동지급기에서 예금을 여러 번 인출한 행위들은 모두 현금카드 소유자의 예금을 편취하고자 하는 피고인의 단일하고 계속된 범의 아래에서 이루어진 일련의 행위로서 포괄하여 하나의 사기죄를 구성한다고 볼 것이지, 현금자동지급기에서 카드 소유자의 예금을 인출, 취득한 행위를 현금자동지급기 관리자의 의사에 반하여 그가 점유하고 있는 현금을 절취한 것이라 하여 이를 현금카드 편취행위와 분리하여 따로 절도죄로 처단할 수는 없다(대법원 2005. 9. 30. 선고 2005도5869 판결).

26) 위의 각주 25의 [참고판결 3].

27) 대법원 1996. 9. 20. 선고 95도1728 판결.

기망이나 편취 · 갈취 등의 불법행위가 없었다는 특징이 있으므로 피해자에 대한 사기죄 또는 공갈죄를 인정하기 어려웠을 것이다. 나아가 피해자가 카드사용을 위임하였으므로 은행과의 관계에서 절도죄의 죄책을 인정할 수도 없었을 것이다. 그럼에도 이를 가벌적인 행위로 분류하기 위해서는 CD기를 사용한 재산범죄, 즉 컴퓨터등 사용사기죄로 접근하는 것이 가장 사안에 충실한 것으로 판단되었을 것이다. 위에서 언급한 위임받은 예금통장을 통한 초과된 금원인출을 횡령죄로 처리한 판례에서는[28] CD기가 등장하지 않았다는 점에서 조금 더 고민해볼 가능성을 갖지 못했을 것으로 보인다.

한편 대법원은 [대상판결]에서 재산상의 이익취득은 현금의 취득을 통해서도 이루어질 수 있다는 점을 지적하고 있으며, 컴퓨터등 사용사기죄뿐만 아니라 배임죄 등 재산상의 이익취득을 본질로 하는 범죄에서 재물의 취득이 재산상 이익취득의 수단(매개물)이 될 수 있음을 간접적으로 인정하고 있는 것으로 보인다.[29]

결론적으로 컴퓨터등 사용사기죄를 둘러싼 논의는 우선적으로 동죄의 행위태양에 대한 정확한 분석이 전제되어야 하고, 재물과 재산상 이익이 동 죄의 공격 · 행위객체, 보호객체 · 법익 중 무엇으로 분류되어야 하는 것인지, 현금의 이동은 무엇을 의미하는 것인지, 컴퓨터등 사용사기죄는 '기망'을 본질로 하는 사기죄의 특별 · 보충규정인지 아니면 '기망'의 요소와는 무관한 독립된 유형의 범죄인지에 대한 고찰이 전제되어야 한다. 지금까지 컴퓨터등 사용사기죄에 관한 국내의 이론적 논의에서는 현행 제347조의2의 행위태양 속에 [대상판결]이 다룬 사안이 포함되는 것인지에 대한 상세한 접근이 결여되어 있고, 만약 이러한 행위태양 속에 포함되는 것처럼 보인다고 하더라도, 컴퓨터등 사용사기죄의 본질(사기죄와의 관계)에 비추어 올바른 분류인지에 대한 접근도 피

28) 위의 각주 13 [참고판결 1] 참조.

29) 나아가 판례를 (기존입장과 조화시키기 위해) 선해한 입장(조국, 앞의 글, 8쪽)이 현금을 인출한 행위의 성격을 범죄 이후의 불가벌적 행위로 본 것은, 계좌이체를 통한 컴퓨터등 사용사기죄에서 계좌이체로 범죄가 기수에 이른다고 판단한 것과 동일하게, 현금이 출금되기 전에 피해자의 예금계좌에서 예금액의 감소기장이 이루어진다는 점에 착안한 것으로 보인다(위의 각주 19 [참고판결 2] 참조).

상적인 수준에 머물러 있다. 특히 타인에게 재산상의 손해를 발생시키고, 본인 혹은 제3자가 재산상의 이익을 취득하는 방법과 행위객체·보호법익을 제대로 분리하는 절차를 생략하고 있다는 느낌을 떨칠 수 없다. 이러한 현상이 CD기와 관련된 부분은 '컴퓨터등 사용사기죄' 아니면 '절도죄'라는 도식적인 사고를 낳고 있는 것은 아닌지 의문스럽다.

아래에서는 이러한 부분에 대해 국내의 논의를 주요 대상으로 하면서, 독일의 관련 해석론을 비교법적으로 참고하여, [대상판결]에 관한 올바른 해석론을 간략하게 제시해보고자 한다.

Ⅲ. 위임을 초과한 현금인출행위의 가벌성

1. 컴퓨터등 사용사기죄의 행위태양

형법 제347조의2는 사기죄의 흠결을 보충한 구성요건으로, '컴퓨터등 정보처리장치에 허위의 정보 또는 부정한 명령을 입력하거나 권한 없이 정보를 입력·변경하여 정보처리를 하게 함으로써 재산상의 이익을 취득하거나 제3자로 하여금 취득하게 한 자'를 사기죄와 동일한 형으로 처벌하는 것이다. 우선 제1의 행위태양인 '허위의 정보입력', 제2의 행위태양인 '부정한 명령입력'으로 정보처리하게 하는 것은 다음과 같은 유형으로 정의되고 있다.[30] 허위 정보입력의 예로는 '입금하지 않았으면서도 입금데이터를 입력하여 자신의 예금잔고를 늘리는 것'과 같이 사실관계에 반하는 정보 혹은 내용이 진실에 반하는 정보를[31] 입력하는 것으로, 이를 통해 잘못된 프로그램이 창출된다는 것이다.[32] 고객이 100만원을 입금했음에도 1,000만원 혹은 10만원으로 입력하는 은행직원의 행위도 이에 포함된다.[33] 이러한 제1의 행위태양은 컴퓨터프로

---

30) 형법 제347조의2의 각 행태에는 어떠한 유형이 포섭될 수 있는가에 대해서 학설상 의견차이가 적지 않다. 이에 대한 세부적인 논의는 피하고, 본 평석에서 필요한 범위 내에서만 중요 내용을 언급하기로 한다.

31) 이에 대한 세부적인 내용은 이정훈, 앞의 책, 176쪽 이하, 특히 261쪽 이하 참조; 이재상, 형법각론, 2006, 350쪽.

32) 박상기, 형법각론, 2005, 334쪽.

33) 오영근, 형법각론, 2005, 425쪽.

그램 등에 접근할 권한이 있는 자를 전제하고 있다. 부정한 명령의 입력은[34] 정확하지 않거나 불완전한 정보를 입력하는 것으로, 은행원이 자신이 근무하는 은행의 신용카드로 물품을 구입한 뒤, 은행의 컴퓨터를 조작하여 물품구입대금을 타인의 예금으로 결제하는 행위를 예로 들고 있다.[35] 당해 시스템에 있어서 사무처리의 목적에 비추어 줄 수 없는 명령을 하는 것을 말하며, 프로그램을 조작하여 예금을 인출해도 잔금이 감소되지 않게 하는 경우도 포함시키곤 한다.[36] A가 B에게 보내는 돈을 송금담당자가 C에게 보내도록 하는 명령을 입력하거나 인출하지 않은 예금을 인출하였다거나, 출금한 예금을 출금하지 않은 것으로 처리하는 명령을 입력하는 경우도 이에 속한다고 본다.[37] 이 경우도 역시 접근 권한이 있는 자를 전제하는 것으로 보인다.

[대상판결]에서 대법원이 위임초과인출행위의 태양으로 주목한 '권한 없는 정보의 입력·변경'은 '진실한 자료를 권한 없는 자가 사용하는 것'이라고 하여,[38] 절취한 현금카드로 타인의 비밀번호를 입력하여 자기계좌에 이체하는 경우라고 소개되고 있다.[39] 정당한 정보의 권한

34) 이정원, "컴퓨터사용사기와 편의시설 부정이용죄의 구조와 문제점", 중앙법학 제9집 제1호(2007), 208쪽은 타인의 신용카드와 비밀번호를 이용하여 인터넷 거래에서 물품대금을 이체하는 경우도 사무처리의 목적에 비추어 줄 수 없는 명령인 경우로 부정한 명령의 입력으로 보아야 한다는 것이다. 즉 이러한 입장은 결국 비밀번호의 입력이 문제가 아니라, 컴퓨터에 비밀번호를 정확하게 입력하여 접근한 후 이루어지는 명령어의 입력(일정금액을 누른 후 확인버튼을 누름)을 부정한 명령으로 보고 있는 것이다. 현행법의 표현이 그리 적절하지 못하다는 점에서 위의 지적은 타당하다. 단 여기서는 비교법적인 검토를 포함하여 상세한 접근을 시도할 수 없으나, 부정한 명령의 입력은 컴퓨터프로그램 자체에 대해 공격하는 경우로 볼 수 있고, 일정 금액을 인출해 달라는 버튼을 누르고 이에 따라 정확하게 작동된 프로그램이 금액을 인출해 주는 소위 입력조작의 경우에는 부정명령의 입력 및 프로그램에 대한 공격·조작은 존재하지 않는다고 보아야 한다. 만약 위와 같은 입장을 취한다면, 컴퓨터등 사용사기죄의 행위태양은 하나의 행위태양으로 족할 것이며, 결국 이를 통해 가벌성의 외연은 사라져 버린다.

35) 박상기, 앞의 책, 334쪽.

36) 이재상, 앞의 책, 350쪽.

37) 오영근, 위의 책, 425쪽.

38) 박상기, 위의 책, 334쪽; 이정훈, 위의 책, 274쪽.

39) 박상기, 위의 책, 334쪽; 이정훈, 위의 책, 274쪽의 경우에는 절취한 타인의 카드상의 비밀번호를 현금자동지급기에 입력하는 행위는 진실한 정보의 권한 없는 입

없는 사용, 예를 들어 타인의 인적사항을 모용하여 타인명의로 발급받은 신용카드의 번호와 비밀번호를 인터넷사이트에 입력함으로써 재산상의 이익을 취득하거나, 예금자가 은행계좌에서 인출한도가 넘는 금액을 자동이체하게 한 경우도 이에 해당한다고 한다.[40] 무엇보다 이와 관련하여 현행법은 재물을 제외시킴으로써 타인의 신용카드로 정확한 비밀번호를 입력하여 현금을 인출한 경우를 포함할 수 없는 난점을 여전히 지니고 있다는 것이 다수의 입장이다.[41] 그러나 여기의 '권한 없이'는 권리자의 의사에 반하는 경우를 의미한다고 해석할 때(주관적 해석론[42]) 계약을 위반한 일체의 정보사용(금지된 카드위임)이 본죄에 해당하게 되어 처벌의 지나친 확대를 초래할 뿐만 아니라, 사기죄의 보충구성요건인 본죄의 성격(사기죄와의 동가치·상응성)도 상실되게 된다고 지적하는 입장도 있다.[43]

간략하게 요약하자면 현재의 논의상태에 비추어, [대상판결]과 같은 사안이 형법 제347조의2에 해당하는 3유형의 행태 중 어디에 속하는 것인지를 판단하는 것은 쉽지 않다. 극단적으로는 위의 어떠한 유형에도 속할 수 없는 행태일 수도 있다. 학설과 판례는 '권한 없는 정보의 입력·변경'이라는 제3의 행위태양은 진실한 정보와 정당한 명령이기는 하지만, 이를 행할 권한 없이 정보를 입력·변경하는 것을 예정한 것이라고 보고 있다. 구체적으로 보면 (위임 등의 정당한 수권 없이) 타인의 현금카드로 현금자동지급기에 비밀번호를 입력하고 현금을 인출하는 경우, 정확한 비밀번호는 허위정보나 부정한 명령이라고 할 수 없으므로 권한의 유무를 불문하고 제1 및 제2의 행위태양에 포함될 수

력이라고 보는 것이 입법자의 의사에는 부합할지라도, 해석론으로는 '허위의 정보입력'으로 보는 것이 타당하다고 한다. 그 이유는 '정보의 진실여부는 컴퓨터시스템의 제공자 내지 처분권한자의 의사에 반하는지 여부'라는 것이다.

40) 이재상, 앞의 책, 350쪽.

41) 박상기, 앞의 책, 334쪽; 이정훈, 앞의 책, 267, 279쪽.

42) 위임자의 주관적인 의사에 반한다는 의미에서 주관설이라고 한다.

43) 이재상, 위의 책, 350-351쪽, ( )의 언급은 필자가 이해의 편의를 위해 독일법상의 관련이론을 부기한 것임.

없다는 입장은, 결국 이러한 문제의 해결을 위해 제3의 행위태양이 추가된 것이라고 주장한다.[44] 하지만 이러한 행태는 이미 '허위의 정보'를 입력하는 것에 해당하는 것으로 보는 입장도 있다.[45]

그렇다면 카드의 정당한 소지인으로부터 카드와 비밀번호를 넘겨받아 이를 사용한 [대상판결]과 같은 사안도 권한 없는 정보의 입력에 해당하는가가 관건이다. 대법원의 입장이나 컴퓨터등 사용사기죄를 긍정하는 학설은 결국 [대상판결]의 행태를 제3의 행위태양으로 분류하는 것을 당연한 것으로 보고 있는 듯하다. 하지만 컴퓨터등 사용사기죄를 긍정하는 입장들 간에도 분명하지 않듯이, [대상판결]의 행태가 위의 3가지의 행위태양 중 어디에, 그리고 제3의 행위태양에 속한다고 할지라도 누구에 대한 권한 없는 행위인지를 단언하기에는 적지 않은 어려움이 있다.

2. 권한유무의 판단기준

구체적으로 보면, 제3의 행태인 '권한 없는'이라는 법문에 대해서는 특히 두 가지의 해석이 가능하다. 즉 카드를 사용하여 비밀번호를 입력하고 금전을 인출하는 행위에 관한 권한은 사실상 은행이 카드의 정당한 소지인에게 부여한 것으로, 정당한 사용권한유무는 은행과의 관계에서 판단되어야 한다고 볼 수 있다. 그렇다면 우선적으로 카드의 타인양도나 위임을 원칙적으로 금지하고 있는 은행의 일반거래약관이나 카드사용과 관련한 약관을 고려해야 한다.[46] 이러한 관점에서 보면 설령 카드의 정당한 명의인이 사법상 유효한 위임을 전제로 하여 카드사용을

44) 오영근, 앞의 책, 426쪽.

45) 이정훈, 앞의 책, 275쪽.

46) 비씨카드회원약관(2006. 12. 1.) 제3조(카드의 관리) ① 회원은 카드를 발급받은 즉시 카드서명란에 본인이 직접 서명하여야 하며, 카드표면에 기재된 명의인 이외의 자가 카드를 이용하게 하여서는 안 됩니다. ② 카드의 소유권은 은행에 있으므로 회원은 이 카드를 타인에게 대여하거나 양도 또는 담보의 목적으로 이용할 수 없으며 선량한 관리자로서의 주의를 다하여 카드를 이용, 관리하여야 합니다. ③ 유효기한이 경과한 카드와 재발급으로 인한 구 카드는 이용할 수 없으며 즉시 은행 또는 비씨카드(주)에 반환하거나 이용이 불가능하도록 절단하여 폐기하여야 합니다. ④ 전 각항을 태만히 하여 발생하는 모든 책임은 회원에게 귀속됩니다.

위임하였다고 하더라도 수임인의 (은행과의 거래약관에서 금지된 위임을 통한) 카드사용을 권한 있는 사용으로 보기는 어렵다. 따라서 위임된 금액만을 정확하게 인출한 경우에도 현금지급기의 관리자인 은행의 관점에서는 권한 없는 자의 사용이 되어, 컴퓨터등 사용사기죄의 제3의 행위태양에 속할 수 있을 것이다. 달리 말해 은행에 의해 사용권한이 주어진 정당한 소지인 이외의 카드사용(타인의 카드를 절취·강취·사취·갈취·위임 등의 방법으로 취득하여 이를 사용)은 모두 무권한사용이 되는 것이다. 기존의 대법원은[47] 이와 같이 은행과의 관계에서 권한의 유무를 판단하는 입장은 아님이 분명하다. 즉 대법원은 사취건 위임이건 피해자의 의사에 부합하는 카드·비밀번호의 교부가 있었던 경우에는 은행은 요구된 금원을 지급할 수밖에 없으므로 은행에 대한 범죄는 성립되지 않는 것으로 보고 있다는 것이다. 결국 카드의 정당한 명의인으로부터 카드보관·사용 또는 일정 금액인출의 위임을 받아 이루어진 카드사용이라고 하더라도, 카드의 대여·양도 등을 금지하는 약관에 따를 때, 컴퓨터관리자가 허용한 권한자에 의한 카드사용이 아니라는 것은 분명하다. 하지만 이러한 경우를 모두 권한 없는 정보입력에 포섭하게 된다면 사실상 민사법상 유효한 대리권 수여행위도 가벌적인 행위에 포함되는 결과가 될 수 있는 것이다.

이와 달리 권한의 유무를 정당한 (민사상의 유효한 대리권수여가 가능하다는 전제에서) 카드명의인의 의사에 비추어 판단한다면, 위임의 범위에 일치하는 사용은 컴퓨터등 사용사기죄의 '권한 없는 정보입력'에 포섭될 수 없으며, 사취·갈취 등 하자있는 의사표시나 정당한 소지인으로부터 획득한 비밀번호 등을 입력하여 (약속한) 금전을 인출한 경우에도 권한 없는 사용으로 보기 어려울 것이다. 하지만 위임의 범위를 초과한 사용의 경우에는 카드명의인에 대해서는 권한 없는 사용으로 분류될 수는 있을 것이나, CD기 관리자의 입장에서는 하등의 권한 없는 자의 사용이라고 할 수 없으며, 나아가 컴퓨터프로그램에 대한 허위

47) 예를 들어 위의 각주 25의 [참고판결 3].

의 정보입력이라고 볼 수도 없는 것이다. 그렇다면 결국 (사기죄의 보충구성요건으로) CD기 관리자로서 은행에 대한 기망의 요소를 발견하기는 어려운 것이며, 컴퓨터등 사용사기죄의 범위에 포섭될 수 없는 사안이라는 결론이 된다.

요약하자면 카드사용의 정당한 권한이 있는가의 여부를 카드를 발급하고 CD기를 설치하여 금전인출 등의 사무를 처리하는 은행의 입장에서 파악한다면, 정당한 카드명의인을 제외한 타인의 사용은 원칙적으로 모두 무권한 사용이다. 그렇다면 카드의 명의인과 수임인 사이의 계약 등을 통한 위임은 단지 내부관계에 불과할 뿐 은행의 입장에서는 모두 무권한 사용인 것이다. 이러한 무권한 사용에는 정당한 절차를 통한 위임의 경우뿐만 아니라, 사취·갈취 등의 하자있는 의사표시나 권한이 위임된 경우도 포함된다. 나아가 카드의 명의인이 분실, 절취 혹은 강취 당한 카드의 사용도 은행에 대해서는 모두 무권한 사용이 된다. 그렇다면 특히 카드명의인과 카드보관·사용자간에 평온하게 이루어진 위임의 경우도 처벌해야 하는 가벌성의 확장이라는 난점을 제거해야 할 필요성이 생긴다.

나아가 카드의 정당한 명의인의 관점에서 권한 없는 사용은 절취, 강취, 점유이탈물횡령 등의 방법으로 본인의 의사에 기하지 않고 타인에 의해 사용되는 경우 및 일정 금액의 인출을 위탁하였으나 그 범위를 초과하여 인출·이체한 행위가 이에 해당할 것이다. 하지만 여기서의 문제점은 전자의 유형은 은행과 카드명의인 양자에 대한 무권한 사용이라고 할 수 있으나, 후자의 경우에는 (민사법적인 위임의 효과를 인정한다고 할 때) 컴퓨터프로그램(관리자)의 입장에서 관심의 대상이 될 수 없는 카드명의인과 수탁자 사이의 내부관계에 불과하다는 것이다.

이상에서 언급된 행태들은 현재 대법원의 입장이나 학설의 경향에 비추어 일부는 컴퓨터등 사용사기죄로 분류되나, 일부는 절도, 강도, 사기, 공갈 등의 재산죄로 분류되고 있으며, 일부는 전혀 가벌성의 대상으로 고려되지 않는 경우도 있다. 과연 어떠한 기준으로 그러한 결론에 이르고 있는지에 대한 설득력 있는 논리를 찾기는 쉽지 않다. 다만 분명한 것은 위의 행태들 모두를 컴퓨터등 사용사기죄로 분류한다면 지나친 가벌성확장이라는 것이다. 여기서 컴퓨터등 사용사기죄의 본질이 무엇인가부터 간략하게 검토할 필요가 있어 보인다.

3. 컴퓨터등 사용사기죄의 본질

컴퓨터등 사용사기죄는 유추해석금지의 원칙상 '컴퓨터 등 정보처리장치를 기망하는 행위'를 사기죄의 기망행위에 포함시킬 수 없기 때문에[48] 혹은 사기죄에 의하여 처벌되지 않는 처벌의 결함을 보완하기 위하여[49] 1995년 개정으로 신설된 규정이라고 보는 것이 일반적이다. 특히 위에서 언급된 가벌성의 범위를 축소하는 방향의 논의와 관련하여 국내에서는 아직 다루어지지 않고 있는 부분들이 있어 독일의 관련 논의를 잠시 따라가 보기로 한다.

(1) 독일 형법상 컴퓨터사기죄의 제 3 의 행위태양에 대한 해석론의 시사

독일 형법 제263조의a(Computerbetrug) 제1항의 행위태양 중 제3의 형태는 '데이터(정보)의 권한 없는 사용(unbefugte Verwendung von Daten)'이다.[50] 위 행위태양은 동 조항의 입법과정에서 가장 나중에 도입된 것으로, [대상판결]과 관련된 내용만을 언급하자면, 타인의 카드를 현금자동지급기에 투입하여 올바른 비밀번호 등을 입력한 후 특정금액을 입력하여 금전을 인출하는 형태를 예정한 것이다. 특히 위 행태에서 문제되는 것은 '권한 없이 · 무권한'이라는 표지의 해석문제로 이에 대해서는 다양한 입장들이 제시되어 왔다. 그 중 특히 카드소지인의 관점을

48) 오영근, 앞의 책, 424쪽; 배종대, 형법각론, 2006, 486쪽.

49) 이재상, 앞의 책, 349쪽. 박상기, 앞의 책, 332쪽도 컴퓨터의 기능을 이용하여 사람을 기망하지 않거나 현금을 직접 취득하지 않더라도 예금계좌의 이동이나 대체송금을 통하여 재산상의 이익을 취하는 경우에 사기죄로 처벌할 수 없는 흠결을 메우는 규정이라고 보고 있다.

50) 아래의 내용은 특히 Valerius, BeckOK StGB(Stand: 01. 02. 2007), § 263a를 주로 참조하였다.

기준으로 하는 주관적 해석론(subjektive Auslegung), 컴퓨터의 특성을 고려한 해석론(computerspezifische Auslegung), 사기죄와 유사한 성격으로 파악하는 사기죄유사성론(betrugsnahe Auslegung)이 대표적이다.[51)]

주관적 해석은 정당한 권리자(카드회사·카드명의인)의 사실상의 의사 또는 추정적인 의사에 반해 정보를 사용하는 자는 권한 없이 정보를 사용하는 자로 보는 입장이다.[52)] 이에 따르면 모든 유형의 계약위반적 행위는 권한 없는 정보사용에 해당하게 되며 지나친 확장해석이라고 비판될 수 있다는 점에서 동 견해 내에서도 일정한 제한을 가하려는 시도도 있다. 이에 따르면 행위자가 그 정보를 위법하게 획득하였는지 또는 정당한 소지인의 반대의사가 명시적으로 표현되었는지를 기준으로 제한한다는 것이다.[53)]

이에 반해 소위 컴퓨터의 특성을 고려한 해석론은 지나치게 제한적인 해석이라고 평가되는 입장으로, '권한 없이'라는 표지를 정보처리과정에 연결하여 판단하고 있다. 이에 따른다면 특히 현금지급기에서 금전을 인출하는 행위는 특별히 정보처리과정에 영향을 미친 것이 아니라는 점에서 동 규정에 포섭할 수 없게 된다는 문제점이 지적된다.[54)]

독일 판례나 학설의 지배적인 입장에 따르면 '권한 없이'라는 표지의 해석도, 컴퓨터사기죄가 사기죄와 유사하다는 관점에서 사기죄의 규정을 고려하여 사기죄와 유사한 형태로(betrugsnahe) 해석해야 한다고 보고 있다. 이렇게 보면 '권한 없는 사용'이라는 것은 사기죄의 구성요건에 있어서 '기망'이라는 행위에 상응한 것이기 때문에, 정보의 사용이 자연인에 대하여 기망하는 것과 같은 성격을 가지고 있어야만 할 것이라고 주장한다.[55)] 그렇다면 정보·데이터의 사용이 구체적인 정보처리장치(과정)를 운영하는 자(Betreiber des konkreten Datenverarbeitungsvor-

51) 보다 구체적인 설명은 이정훈, 앞의 책, 63쪽 이하 참조.

52) NK-Kindhäuser, StGB §263a Rn. 27; BGHSt 40, 331, 334f.

53) 대표적으로 BGHSt 40, 331, 333; Etter, Noch einmal: Systematisches Entleeren von Glückspielautomaten, CR 1988, S. 1021, 1023.

54) 이러한 지적으로는 특히 Tröndle/Fischer, StGB, 53. Aufl.(2006), §263a Rn. 10a.

55) 예를 들어 Tröndle/Fischer, a.a.O., Rn. 11.

gangs)에 대한 명시적 또는 묵시적 기망행위 혹은 무권한임을 고지하지 않는 행태(부작위)로 이해되어야 한다는 것이다.[56]

이러한 권한 없는 정보사용의 예 중 특히 중요한 사안은 독일에서도 현금·신용카드(Codekarte)의 오·남용(Missbrauch)이라고 할 수 있다. 즉 은행의 현금지급기에서 현금을 취득하기 위하여 현금·신용카드를 권한 없이 사용하는 행위가 위 행태의 포섭대상이라는 것이다. 구체적으로 보면 제263조a의 제3의 행위태양은 금지된 행위를 통해 취득한 원본카드를 사용하는 경우를 주요 대상으로 하지만, 복사된 카드, 위조·변조된 카드의 사용도 그 카드의 위조·변조가 행위자에 의해 이루어진 것인지 혹은 제3자에 의해 이루어진 것인지를 구별하지 않고 동 규정의 적용대상으로 보고 있다.[57] 즉 카드를 현금지급기에 넣고 개인식별번호(PIN)를 입력하는 것은 자신이 카드사용의 정당한 권한이 있다는 묵시적인 설명가치를 가진다는 것이다.[58]

이와 달리 견해의 대립이 심한 사안은, [대상판결]과 같이 제3자가 정당한 소지인의 위임에 의하여 카드를 사용하였지만, 합의된 금액을 초과하여 인출한 경우이다. 이러한 행태가 소위 '정보의 권한 없는 사용'에 해당되는가에 대해서는, 독일에서도 제3자에게 그러한 권한을 위임하는 것은 독일 은행의 일반거래약관(AGB)에 위반되는 행위라는 것이 중요한 판단기준이 되고 있다. 주관적 해석론에 따르면 은행의 의사에 반한 것이므로 컴퓨터사기죄가 성립된다는 것이다.[59] 달리 말해 약관에 위반된 행위이므로 그 위임 자체가 정당한 권한을 근거지울 수 없고, 결국 은행에 대한 컴퓨터사기가 성립한다는 것이다.

하지만 지배적인 입장으로 볼 수 있는 사기죄의 특성을 반영한 해

56) Valerius, a.a.O., Rn. 23.

57) 판례와 학설의 지배적인 견해에 반해, 예를 들어 MünchKommStGB/Wohlers, StGB § 263a Rn. 27에서는 부정확한 정보의 사용이라는 동조 제2의 행태에 포함시키기도 한다.

58) 대표적으로 Valerius, BeckOK StGB § 263a Rn. 26.

59) 이러한 입장으로는 대표적으로 Eisele/Fad, Strafrechtliche Verantwortlichkeit beim Missbrauch kartengestützter Zahlungssysteme, Jura 2002, S. 305, 311.

석론에 따르면, 위의 행위는 정보처리장치의 운영자인 은행에 대한 기망이라는 특성을 인정하기 어렵기 때문에 컴퓨터사기죄가 될 수 없다고 본다. 즉 접속을 통제하기 위한 PIN번호는 단지 권한 없는 제3자가 카드를 부정사용하는 것을 막기 위한 기능을 하는 것이기 때문에, 정당한 소지자에 의해 권한을 위임받은 자가 카드에 부여된 번호를 입력하는 것만으로는 아직 그 카드가 정당한 계좌소지자의 의사에 반하여 사용된 것은 아니라는 것이다. 비밀번호의 입력이 금전을 인출하는 자의 동일성 내지 정체성(정당한 소지인이라는 것)을 추론할 수 있게 하는 것도 아니고, 그들 간의 내부관계에 있어서 모종의 위임의 한계를 표현하는 것이라고 추론할 수도 없다는 것이다. 이러한 해석은 정보처리장치에 접근한 이후 인출금액을 입력하는 행위에 대해서도 동일하게 적용된다는 것이다. 이러한 입장에서 볼 때 계좌소지인과의 내적인 위임 또는 약속한 금액을 초과한 금액의 인출은 그 피해자인 계좌소지인에 대한 배임죄의 성립만이 문제된다는 것이다.[60]

은행이 카드소지인에게 제3자의 카드를 양도하거나 사용을 위해 넘겨주는 등의 행위를 금지하는 것은 부정한 사용을 방지하기 위한 것으로서, 카드소지인이 제3자를 통해 유효하게 자신의 계좌로부터 예금을 인출하는 것까지 금지하려는 것은 아니라는 것이다. 계좌소지인에게 향해진 은행의 금전교부는 대리권·권한 있는 대리인으로서 계좌소지인의 위임을 받은 자에게 계좌소지인의 이름으로 이루어질 수 있다는 것이다.[61]

초과된 금액을 지급하도록 입력하는 것, 즉 20,000원이 아니라 50,000원을 입력하는 것은 정보(데이터)의 권한 없는 사용에 포함되지 않는다는 입장 중에는 특히 50,000원이라는 인출금액의 입력이 정보·

60) 배임죄성립을 지지하는 입장으로는 OLG Düsseldorf NStZ-RR, 1998, S. 137f.; Sch-Sch-Cramer/Perron StGB § 263a Rn. 12; SK/Günther StGB § 263a Rn. 19; Valerius, BeckOK StGB § 263a Rn. 27; OLG Köln, NJW 1992, S. 125f.(동 판결이 컴퓨터사용사기죄를 인정하였다는 국내문헌의 소개는 잘못되었다. 타인의 카드를 절취하여 예금을 인출하는 경우에는 독일법상 컴퓨터사기죄가 되나, 허락된 부분을 초과한 금전인출은 배임죄로 보고 있는 판결이다).

61) BayObLG, NJW 1987, 665; OLG Köln, NJW, 1992, S. 127.

데이터의 입력이 아니라는 주장도 있다.62) 이러한 결론은 카드를 소지하는 기회에 그것을 돌려주기 전에 수차에 걸쳐서 금전을 인출한 경우도 권한 없는 사용에 해당하지 않는다는 것이며, 결국 이러한 행태에서는 어떠한 기망행위도 도출해 낼 수 없다는 것이다.63)

결론적으로 독일의 판례와 지배적인 학설에 따른다면, [대상판결]에서의 피고인의 행위가 권한 없는 정보의 사용이 될 수도 없고, 컴퓨터사기죄의 사기죄와의 유사·보충성이라는 본질에 비추어 요구되는 '기망'이라는 요소도 도출하기 어렵다.

(2) 무권한성과 기망성

형법 제347조의2의 해석론으로 위에서 언급된 바와 같이 가벌성의 확장을 방지하기 위해 기망이라는 요소를 요구할 수 있는지에 대해서는 컴퓨터등 사용사기죄의 본질에 대한 약간의 검토가 필요할 것이다. 만약 동죄에도 기망의 요소를 필요로 한다면, 위임 자체가 없었던 경우를 제외하고 위임이 있었던 이상, 은행에 대해서 혹은 CD기의 컴퓨터프로그램(을 관리하는 자)에 대한 기망은 없었던 것이 되며, 결국 컴퓨터등 사용사기죄의 성립은 불가능하다.64)

[대상판결] 및 관련 판례에서65) 현금인출을 위임받은 자와 카드소지인 사이의 내부적인 위임관계까지 관여하여 그 위임받은 범위를 초과하는 금액에 대하여는 그 인출행위를 승낙하지 않겠다는 의사까지 있다고 보기는 어렵다는 대법원의 판시는 이러한 취지를 적절하게 표현하고 있는 것이다. 따라서 [대상판결]이 은행에 대한 기망 및 사기죄의 성립을 부정하였다면 결국 컴퓨터등 사용사기죄의 성립도 부정했어야 할 것임에도, 이를 인정한 것은 사기죄와 컴퓨터등 사용사기죄 중 어느 범죄의 성립요건도 제대로 파악하지 못한 것으로 비춰진다. [대상

62) 특히 OLG Köln, NJW 1992, S. 127; Haft, Das Zweite Gesetz zur Bekämpfung der Wirtschaftskriminalität(2. WiKG)—Teil 2: Computerdelikte—, NStZ 1987, S. 8.
63) OLG Köln, NJW 1992, S. 127.
64) '정보', '데이터', '민·상사상의 위임', '유·무권대리' 등과 관련한 세부적인 논점은 여기서 다루지 않는다.
65) 앞의 각주 25의 [참고판결 3] 참조.

판결]의 경우 피해자인 계좌의 소유자(현금카드의 명의인)에 대해서 피고인은 사기죄의 기망행위를 한 것이 아니라, 단지 위임된 범위를 일탈한 배신행위(임무위배행위)를 한 것에 불과하며, 그 방법이 자신에게 위임된 카드사용의 권한을 일탈한 것일 뿐이기 때문이다. 후자의 권한 일탈은 독자적으로 컴퓨터등 사용사기죄가 될 수 없는 행태인 것이다.[66] 결론적으로 배신행위를 횡령죄의 근거로 삼을 것인지, 아니면 배임죄의 근거로 삼을 것인지의 문제가 남는 것이다.

4. 횡령죄 · 배임죄, 재물과 재산상 이익의 구별

재물과 재산상의 이익이 재물죄의 전반에서 어떠한 의미를 가지는 것인가의 세부적인 접근은 미루어두고,[67] [대상판결]에서 피고인의 행위가 횡령죄에 해당하는지, 배임죄에 해당하는지를 판단하기 위해 과연 재물과 재산상의 이익의 구별이 의미가 있는 것인지에 대해서만 간략하게 살펴보기로 한다. 환언하자면 사안의 구조를 명확하게 파악한다면 횡령죄가 성립된다고 하기에는 그 전제가 결여되었다는 것을 어렵지 않게 알 수 있다는 것이다. 즉 재물의 취득이면 횡령죄, 재산상의 (손해와) 이익의 취득이면 배임죄로 구별되는 사안은 아니라는 것이다.

〈표〉 위임초과현금인출과 배임죄의 구조

금전인출의 위임 = 타인의 사무를 처리하는 자의 지위 획득(배임죄의 주체) → 금전지급기에 비밀번호를 입력함(타인의 사무처리) → 위임된 금액을 초과하는 금액의 지급버튼을 누름(임무위배, 배임행위) → 본인(피해자)의 계좌에서 초과금액만큼의 예금보유고감소(예금청구권상실) = 피해자 재산의 손해발생 → 초과 지급 요청된 금액만큼의 재산상 이익취득(피고인의 이익취득) → (추가 절차 없이)현금지급기를 통한 현금인출 · 취득 * 현금취득은 피고인이 (배임죄를 통해) 취득한 재산상 이익의 변형태 · 발현형태

66) 이에 반해 [참고판결 3]에서 피고인은 피해자를 기망하여 수차에 걸쳐 금원을 인출한 것으로서 피해자에 대한 사기죄 인정은 타당해 보인다.

67) 세부적인 내용은 김선복, 앞의 글, 특히 98쪽 이하 참조.

우선 [대상판결]에서 피고인은 카드명의인으로부터 현금인출의 업무를 위임받았다는 점에서 카드를 사용한 현금인출의 업무를 처리하는 자의 지위를 획득한 것에 의문을 제기하기 어려울 것이다. 카드를 현금지급기에 넣고 비밀번호를 입력하고 현금 20,000원이 아니라 50,000원을 입력함으로써 자신의 임무에 위배되는 행위를 한 것도 부인할 수 없다. 이제 이러한 행위를 통해 50,000원에 대한 점유를 개시함으로써, 이(재물)에 대한 보관자의 지위를 획득하였다는 것이 올바른 평가인가 하는 점이다. 쉽게 표현하면 50,000원 또는 30,000원에 대한 재물의 보관이라는 착상은 배임죄를 범한 범인에게 '본인에게 손해를 끼치고 취득한 이익의 변형물인 재물에 대해 본인을 위해 재물을 보관하는 자'라는 지위를 인정해야 한다는 논리인 것이다.

즉 기존의 대법원의 관련 판례에서[68] 나타난 재물과 재산상의 이익의 함의를 대법원 스스로 충실히 따른다면 [대상판결]에서 재산상의 이익이 문제되는 컴퓨터등 사용사기죄를 택한 것이 예금통장을 사용하여 위임을 초과한 금원을 인출한 사안에서 횡령죄를 택한 판례보다는 논리적이라는 것이다. 환언하면, [대상판결]의 경우 위임을 초과한 금액의 인출(확인)버튼을 누르고 CD기의 전산장치가 정상적으로 작동하여 피해자의 계좌에 초과금액의 인출이 기재되고 CD기의 작동이 현금의 출금단계로 넘어가는 순간, 이미 피해자에게는 재산상의 손해가 발생했고, 피고인도 재산상의 이익취득행위를 완료한 것이다. 피고인이 취한 재산상의 이익은 계좌이체의 경우와는 달리 (특별한 다른 절차 없이) 극도의 짧은 순간에 현금으로 현실화(변형)된 것

68) [참고판결 4] 타인의 명의를 빌려 예금계좌를 개설한 후, 통장과 도장은 명의인에게 보관시키고 자신은 위 계좌의 현금인출카드를 소지한 채, 명의인을 기망하여 위 예금계좌로 돈을 송금하게 한 경우, 자신은 통장의 현금인출카드를 소지하고 있으면서 언제든지 카드를 이용하여 차명계좌 통장으로부터 금원을 인출할 수 있었고, 명의인을 기망하여 위 통장으로 돈을 송금 받은 이상, 이로써 송금 받은 돈을 자신의 지배하에 두게 되어 편취행위는 기수에 이르렀다고 할 것이고, 이후 편취금을 인출하지 않고 있던 중 명의인이 이를 인출하여 갔다 하더라도 이는 범죄성립 후의 사정일 뿐 사기죄의 성립에 영향이 없다(대법원 2003.7.25. 선고 2003도2252 판결); 앞의 각주 25의 [참고판결 2] 참조.

이다.[69)]

횡령죄성립을 주장하는 입장에서는 피고인이 취득한 현금을 타인의 재물로 보아 그 재물을 보관하는 지위에 있는 자가 이를 반환하지 않거나 횡령하였다는 취지이나, 30,000원 또는 50,000원에 대하여 피고인에게는 어떠한 사실적·법적 위탁관계도 인정될 수 없는 구조임은 위의 표에서 어렵지 않게 알 수 있을 것이다. 이미 배임행위라는 범죄행위로 취득한 이익의 변형태인[70)] 현금을 본인을 위해 보관한다는 주장은 절도범이 도품을 점유(소유)자를 위하여 보관하는 지위를 가진다는 주장과 다를 바 없는 것이다.

주지하다시피 대법원은 타인을 기망하여 자신이 현금카드를 소지하고 있는 계좌에 일정 금원을 입금하도록 한 후, 아직 그 금원을 인출하지 않은 상태에서 범행이 밝혀진 사안에서, 송금 받은 돈을 자신의 지배(현금카드)하에 두게 되어 편취행위는 기수에 이르렀다고 함으로써, 현금을 취득한 재물사기로 보는 듯한 표현을 사용하였다.[71)] 하지만 판례의 '송금 받은 돈을 자신의 지배하에 두었다'는 표현을 '예금인출·청구권의 다른 표현인 예금채권을 행사할 수 있는 상태에 있다' 또는 '현금에 대한 예금채권을 통한 준점유를 취득하였다'고 읽어 이익사기로 볼 수도 있다.[72)] 대법원의 입장은 후자라는 것에 특별한 설명이 필요하

69) 계좌이체와의 차이는 전자의 경우 피해자의 계좌에서의 예금보유고 감소와 피고인의 계좌의 예금보유고 증가로 범죄가 기수에 이른다고 볼 수 있으나, [대상판결]에서와 같은 현금의 직접 인출은 피고인의 계좌에 예금보유액이 늘어난 상태가 된다는 중간단계를 가지지 않는다. 따라서 현금지급기(CD)에서 현금출금절차가 개시되는 순간 피고인은 재산상의 이익을 취득(기수)한 것으로 볼 수 있고, 현금의 취득은 기수 이후의 문제라고 볼 수 있다.

70) 배임죄는 타인의 사무를 처리하는 자가 그 임무에 위배되는 행위로써 재산상의 이익을 취득하거나 제3자로 하여금 이를 취득하게 하여 본인에게 손해를 가한 때에 성립하는 범죄라는 법문의 표현 중 그 '재산상의 이익'에는 '재물'도 포함된다는 해석론은 결국 재산상 이익취득이 현실적으로 발현되는 형태, 이익을 매개하는 수단이 현금취득임을 달리 표현한 것으로 보인다.

71) 위의 각주 68의 [참고판결 4].

72) 판례의 입장에 따른다면, 만약 피고인이 현금을 받은 후 이를 예금한 경우라면 재물사기가 되고 이체하게 한 경우에는 이익사기가 된다면 재산처분행위의 방법에 따라 동일한 현금(금전적 가치)이 이동함에도 이익사기와 재물사기로 구분된다는

지는 않을 것이다.[73] 결국 대법원이 [대상판결] 사안에서 재산상 이익 취득이라는 관점으로 접근한 점은 타당하나, 이미 인출된 금원에서 초과된 비율만큼의 이익을 취했다는 표현은 오해를 야기하는 문구이다.

5. 소 결

이상의 분석에 따를 때, [대상판결]에서의 피고인은 타인의 (금전 인출의) 사무를 처리하는 자이고, 위임을 초과한 금원의 인출은 컴퓨터 등 사용사기죄의 태양이 아니라, 배임행위에 해당할 뿐이다. 출금된 현금 30,000원은 피고인이 취득한 재산상의 이익의 변형태 혹은 현실의 발현형태일 뿐, 피고인에게 재물의 보관자라는 지위를 근거지우는 어떠한 사적·법률적 위탁관계에 근거한 보관하는 타인의 재물이라고 할 수 없는 것이다.

Ⅳ. 맺 는 말

[사안의 구조요약]

결론적으로 [대상판결]에서와 같이, 현금·신용카드를 사용하여 정당한 카드명의인의 위임을 초과한 금전을 출금한 행위는 컴퓨터등 사용사기죄의 구성요건유형에 해당할 수 없으며, 타인의 업무를 처리하는 자의 배신행위라는 배임죄의 관점으로 접근하여야 한다.

결론이 된다. 이러한 결론의 당부는 여기서 다루지 못한다.

73) 한편 컴퓨터등 사용사기죄와 장물죄의 관계를 다룬 판례에서 대법원은 계좌이체된 금원에 대해서는 인출 전까지는 재산상 이익으로 보고 인출시의 현금은 재물이라고 보아, 양자간의 동일성이 없다는 입장을 밝혔다(위의 각주 19의 [참고판결 2]). 결과적으로 판례의 입장은 피고인이 직접적으로 재물을 취하는 경우에는 절도죄, 재산상 이익을 취하는 경우에는 컴퓨터등 사용사기죄라는 도식과 일맥상통하는 것으로, 재물과 재산상 이익의 구별이 마치 재산죄의 범죄성립유형을 좌우하는 결정적인 기준인 듯한 오해를 야기하고 있는 것으로 보인다. 비록 계좌이체를 통해 재산상의 이익을 보았고, 이러한 이익을 금전으로 인출한 경우에도 그 금전은 결국 재산상의 이익 실현의 변형된 현실태라는 점을 부정할 수 없을 것이고, 그럼에도 장물이 될 수 없다는 결론은 재고할 필요가 있어 보인다. 이에 대한 상세한 평석은 천진호, "타인명의예금 인출행위의 형사책임과 장물죄", 형사판례연구 제13호(2005), 354쪽 이하.

① 예금인출위임계약, 카드 및 비밀번호교부: 은행거래약관·여신전문금융업법위반, 사법상 유효, 위반의 효과는 당사자(카드명의인)의 부담, 타인의 은행예금인출사무를 처벌하는 자의 지위획득 ② CD기에 카드투입, 비밀번호입력버튼조작: 정당한 권한자의 권리행사, 카드회사 면책 ③ 인출 위임된 금액을 초과한 금액의 인출버튼조작: 위임자에 대한 수임자의 배임행위, 카드회사 면책 ④ 예금계좌명의인의 계좌에서의 초과금액인출기장: 재산상의 손해발생 ⑤ CD기의 출금절차시작 : 재산상의 이익발생 ⑥ CD기의 출금절차완료·배출된 현금의 점유취득: 재물의 취득

[대상판결]에서의 대법원의 입장과 학설의 지배적인 입장과는 달리, '위임을 초과한 금전을 출금하는 행위'는 컴퓨터등 사용사기죄의 제3의 행위태양인 '권한 없는 정보의 입력·변경'에 포섭될 수 없다. 이러한 결론은 이미 대법원의 다른 판결들에서 자명하게 전제되어 있다. 즉, 은행과 카드명의인 사이의 일반거래약관의 위반 또는 여신전문금융업법상의 카드양도와 관련한 책임을 별론으로 하고, 대법원의 입장에 따를 때에도 카드양도를 통한 금전인출의 위임은 허용되는 대리권수여이며, 결국 CD기의 컴퓨터(관리자)에 대해서 어떠한 '권한 없는 정보의 입력·변경'을 한 것도 아니며, 은행이 착오에 빠질 어떠한 '기망'이라는 요소도 발견할 수 없는 것이다.

카드명의인과의 관계에서 피고인은 자신에게 위임된 금액을 초과하여 인출함으로써 카드명의인의 은행에 대한 예금(지급)청구권의 감소를 초래하여 재산상 손해를 발생하게 한 것임이 분명하다. 피고인이 피해자에게 재산상의 손해를 발생하게 한 행위시점은 동시에 피고인이 재산상의 이익취득행위를 완료한 시점이며, [대상판결] 사안에서는 초과된 금원의 인출을 위한 버튼조작을 완료·초과금액인출기장이 이루어진 시점이라고 할 수 있다. 이러한 기수시기 이후에 현금을 취득하였다는 것을 달리 표현하면, 기수시기 이후에 인출된 현금은 위와 같은 방법으로 피고인이 취득한 재산상의 이익이 현금이라는 형태로 현실화・변경된 것이라고 할 수 있다. 즉, 피고인이 인출하여 취득한 현금은 횡령죄의 전제조건이 되는 보관하는 타인의 재물이 아니라, 범죄행위로 인해 취득한 재산상 이익의 변행태 또는 발현형태인 것이다. 범죄로 인하여 취득한 재산상 이익의 변형태인 현금을 취득한 피고인을 그 현금을 보관하는 자라고 할 수는 없다. 끝으로 위임을 초과한 금전인출이라는 배임적 행태는 그 금액의 다소 등에 따라 검사의 기소재량의 대상이 될 수는 있겠지만, 이를 비범죄화하자는 주장을 수용하기에는 너무 급진적이다.[74]

[주 제 어]
컴퓨터등 사용사기죄, 절도, 배임, 횡령, 위임초과인출

[Key Words]
Computerbetrug, Diebstahl, Untreue, Unterschlagung, absprachewidrige Abhebung

접수일자: 2008. 4. 12. 심사일자: 2008. 5. 20. 게재확정일자: 2008. 5. 30.

74) 예금통장과 인장을 사용하여 위임된 금액을 초과하는 현금을 인출하여 사용한 자에 대해서 횡령죄를 인정한 판례는 결국 현금을 취득한 것은 재물을 취득한 것이라는 피상적인 구별기준에 따른 것이고, 오히려 [대상판결]과 같이 재산상 이익을 취득한 것으로 접근하여 배임죄라는 결론을 도출하는 것이 기타 선 판례와의 관계에서 논리적 일관성이 있어 보인다는 것이다.

[Zusammenfassung]

Über die Strafbarkeit der absprachewidrigen Abhebungen an Geldautomaten

Kim, Sung-Ryong*

In der oben geschilderten Rechtsprechung kommt es darauf an, ob derjenige eine täuschungsgleiche Handlung(Computerbetrug) begeht, der die ihm vom Kontoinhaber überlassene Code- oder Scheckkarte samt Geheimnummer absprachewidrig zu Abhebungen an Geldautomaten benutzt. In der Lehrmeinung und der Rechtsprechung sind also umstritten die Fälle, in denen der Dritte die Code- oder Scheckkarte zwar im Auftrag des berechtigten Kontoinhabers verwendet, jedoch einen höheren als den miteinander vereinbarten Betrag abhebt.

Nach der Rechtsprechung sollte die abredewidrigen Anhebungen an Geldautomaten als Computerbetrug angenommen werden. Nach anderen Ansichten sollte es als Diebstahl, Untreue oder Unterschlagung angesehen werden.

Als Ergebnis hat diese Arbeit vorgeschlagen, dass das abredewidrige Verhalten des Täters im Innenverhältnis zum Karteninhaber diesem gegenüber allenfalls eine Untreue darstellt. Vor allem wird es als Grundlage solcher Auslegung vorgelegt, dass es der Reduktion des Merkmals der „unbefugten Verwendung(sog. Eingabe und Veränderung) von Daten“ auf die betrugsspezifischen oder täuschungsgleichen Fälle bedarf. Das „Täuschungsgleiche“ der unbefugten Datenverwendung ist darin zu sehen, dass die Befugnis des Dritten zur Inanspruchnahme der Leistung seines Beziehungspartners zu den Grundlagen des jeweiligen Geschäftstypus gehören muss und dass sie

* Professor, College of Law, Kyungpook National University, Ph.D. in Law.

nach den Anschauungen des Geschäftsverkehrs mit der Code- oder Scheckkarte auch beim Schweigen der Beteiligten als selbstverständlich vorhanden vorausgesetzt wird. Mit anderen Worten muss die unbefugte Datenverwendung Täuschungswert im Sinne des § 347 korStGB haben. Wer aufgrund einer ihm erteilten Bankvollmacht treuwidrig Geld für eigene Zwecke abhebt, täuscht aber nicht die Bank, sondern begeht allenfalls Untreue gegenüber dem Kontoinhaber.

타인명의 신용카드의 부정사용행위에 대한 죄수판단

김 태 명*

[대상판결] 대법원 2006. 7. 27. 선고 2006도3126 판결

1. 공소사실

피고인은 1997. 5. 21. 처와 협의이혼한 자로서, 사실은 처로부터 신용카드발급에 대한 동의나 승낙을 받은 적도 없고, 피고인의 채무가 약 5,000만원정도 되었으며, 당시 피고인이 운영하던 업체에서는 매달 약 100만원의 적자가 발생하고 있는 상황이므로 신용카드를 사용하더라도 이를 변제할 의사나 능력이 없음에도 불구하고, 피해자 ○○신용카드 주식회사로부터 처명의를 모용하여 신용카드를 발급받아 소지하게 됨을 기화로 2000. 8. 29.경 서울시 서초구 이하 불상지에서 처명의의 신용카드를 이용하여 ARS로 200만원의 현금대출을 받고는 1,500,000원을 변제하지 않은 것을 비롯하여 그때부터 2001. 3. 13.경까지 사이에 위 카드를 이용하여 3회에 걸쳐 카드로 대출을 받고 그 중 일부 금원을 변제하지 아니하고, 7회에 걸쳐 현금자동지급기에서 현금을 인출하고 이를 변제하지 아니하여 재산상 이익을 취득하였다.

검사는 주위적으로 ○○신용카드 주식회사에 대한 사기죄로, 예비적으로 ARS 등을 통하여 대출을 받은 부분은 컴퓨터등 사용사기죄로 그리고 현금자동지급기에서 현금을 인출한 부분은 절도죄로 의율하여 기소하였다.

* 전북대학교 법과대학 부교수, 법학박사.

2. 제1심 및 제2심

제1심(대구지방법원 2006.1.12. 선고 2005고단6433 판결)은 그 채택증거들에 의하여 이 부분 주위적 공소사실이 모두 인정된다고 판단한 후, "위와 같이 타인의 명의를 모용하여 신용카드를 발급받는 경우에는 신용카드회사는 타인의 명의를 모용한 자에게 기망당하여 그 모용자에게 카드사용권한을 준 것이고, 따라서 그에 기초하여 모용자가 신용카드를 사용하는 구체적·개별적인 행위(ARS를 통한 신용대출과 현금자동지급기를 이용한 현금서비스 포함)는 포괄적으로 신용카드회사에 대한 사기죄를 구성하는 것으로 풀이하여야 할 것이며, 그럼으로써 타인을 모용하여 발급받은 1개의 신용카드를 이용한 범행이 사기죄, 절도죄, 컴퓨터등 사용사기죄의 실체상 수죄로 분단되는 것을 방지할 수 있다."는 이유로, 이 부분 각 현금인출행위와 ARS 등을 통한 신용대출행위를 사기죄로 의율한 주위적 공소사실을 유죄로 인정하였다.

이에 피고인이 항소하였으나 제2심(대구지방법원 2006.4.25. 선고 2006노228 판결)은 항소를 기각하였다.

3. 대법원 판결요지

피고인이 타인의 명의를 모용하여 신용카드를 발급받은 경우, 비록 카드회사가 피고인으로부터 기망을 당한 나머지 피고인에게 피모용자 명의로 발급된 신용카드를 교부하고, 사실상 피고인이 지정한 비밀번호를 입력하여 현금자동지급기에 의한 현금대출(현금서비스)을 받을 수 있도록 하였다 할지라도, 카드회사의 내심의 의사는 물론 표시된 의사도 어디까지나 카드명의인인 피모용자에게 이를 허용하는 데 있을 뿐, 피고인에게 이를 허용한 것은 아니라는 점에서 피고인이 타인의 명의를 모용하여 발급받은 신용카드를 사용하여 현금자동지급기에서 현금대출을 받는 행위는 카드회사에 의하여 미리 포괄적으로 허용된 행위가 아니라, 현금자동지급기의 관리자의 의사에 반하여 그의 지배를 배제한 채 그 현금을 자기의 지배 하에 옮겨 놓는 행위로서 절도죄에 해당한다 할 것이다. 또한, 위와 같이 타인의 명의를 모용하여 발급받은 신용카드의 번호와 그 비밀번호를 이용하여 ARS 전화서비스나 인터넷 등을 통하여 신용대출을 받는 방법으로 재산상 이익을 취득하는 행위 역시 미리 포괄적으로 허용된 행위가 아닌 이상, 컴퓨터 등 정보처리장치에 권한 없이 정보를 입력하여 정보처리를 하게 함으로써 재산상 이익을 취득하는 행위로서 컴퓨터등 사용사기죄에 해당한다고 할 것이다. 따라서 타인의 명의를 모용하여 발급 받은 신용카드를 이용하여 현금자동지급기에서 현금을 인출하거나 ARS 전화서비스나 인터넷 등으로 신용대출을 받는 행위를 기망당한 카드회사가 카드사용을 포괄적으로 허용한 것에 기초한 것으로 파악하여 포괄적으로 카드회사에 대한 사기죄가 된다고 볼 수는 없다.

〔평　　석〕

Ⅰ. 머 리 말

이 판결은 날로 심각해지고 있는 신용카드관련 범죄 중 특히 타인의 명의를 모용하여 발급받은 신용카드의 부정사용에 대한 대법원의 단호한 태도를 엿볼 수 있는 대표적인 판례라고 할 수 있다.[1] 위 사안에서 제1심법원과 제2심법원은 타인의 명의를 모용하여 신용카드를 발급받은 후 그에 기초하여 피고인이 신용카드를 사용하는 구체적 · 개별적인 행위(ARS를 통한 신용대출과 현금자동지급기를 이용한 현금서비스 포함)는 포괄적으로 신용카드회사에 대한 사기죄가 성립한다고 한 반면, 대법원은 피고인이 타인의 명의를 모용하여 발급받은 신용카드를 사용하여 현금자동지급기에서 현금을 인출한 행위와 ARS 전화서비스 등을 이용하여 신용대출을 받은 행위에 대해서는 각각 현금자동지급기의 관리자에 대한 절도죄와 대출금융기관에 대한 컴퓨터등 사용사기죄

1) 최근 신용카드 범죄의 발생현황과 문제점에 대해서는 박철수, "신용카드 범죄의 유형 및 대처방안", 신용카드 33호(2005. 9.), 여신금융협회, 48면 이하 참조.

가 별도로 성립한다는 입장을 취하고 있다.

원심법원과 대법원의 이와 같은 상이한 결론은 타인의 명의를 모용하여 발급받은 신용카드를 부정사용하는 행위를 과연 카드회사에 의하여 미리 포괄적으로 허용된 행위로 볼 수 있는가에 관한 견해의 차이에서 비롯되었다. 그런데 이와 같은 견해의 차이를 차치하고 그 동안 포괄일죄를 "수개의 행위가 포괄적으로 한 개의 구성요건에 해당하여 단순한 하나의 죄를 구성하는 것"으로 정의하고 그 요건으로 구성요건에 해당하는 수개의 행위가 근본적으로 동종의 행위로서 그 구성요건을 같이할 것을 요구하고 있는 대법원 판례[2]에 비추어 볼 때, 과연 모용자가 신용카드를 사용하는 구체적·개별적인 행위(ARS를 통한 신용대출과 현금자동지급기를 이용한 현금서비스 포함)가 포괄적으로 신용카드회사에 대한 사기죄를 구성한다고 볼 수 있는가에 대해서는 의문이 있다. 그리고 카드회사에 의하여 미리 포괄적으로 허용된 행위가 아니라고 보더라도 이 사건에 대한 대법원의 입장은 피고인이 카드사용으로 인한 대금결제의 의사와 능력이 없으면서도 있는 것 같이 가장하여 카드회사로부터 자기명의의 신용카드를 발급받아 이를 이용하여 현금자동지급기를 통해 현금대출을 받고 가맹점을 통해 신용구매를 한 경우에는 포괄하여 카드회사에 대한 하나의 사기죄가 성립한다고 한 판결[3]과 일견 상반되는 것인데, 자기명의의 신용카드를 부정발급 받아 사용하는 경우와 타인명의의 신용카드를 부정발급 받아 사용하는 경우가 다르게 취급되어야 하는지에 대해서도 의문이 있다.

죄수론상 한 개 또는 수개의 행위에 의하여 하나의 범죄가 성립하는 경우는 포괄일죄와 법조경합이 있다. 그런데 판례의 입장에 따를 때 포괄일죄가 성립하기 위해서는 수개의 행위가 근본적으로 동종의 행위로서 그 구성요건을 같이하여야 하므로, 이 사안과 같이 다른 유형의 수개의 행위에 대해서 법조경합이 성립하는가의 여부를 검토하여야 한

2) 대법원 1985. 9. 24. 선고 85도1686 판결 참조.
3) 대법원 1996. 4. 9. 선고 95도2466 판결 참조.

다. 그리고 판례는 법조경합은 "1개의 행위가 외관상 수개의 죄의 구성요건에 해당하는 것처럼 보이나 실질적으로 1죄만을 구성하는 경우"로 한정하고[4] 이 사안에서도 (비록 명시적이지는 않지만) 구성요건을 달리하는 수개의 행위가 있는 경우로서 법조경합의 성립여부를 처음부터 검토하고 있지 않으나, 학설이 일반적으로 인정하듯이 구성요건을 달리하는 수개의 행위가 있는 경우는 법조경합의 문제로 다루어야 하지 않는가 하는 의문이 든다.[5]

이상과 같이 타인명의 신용카드의 부정사용행위에 대한 죄수판단에 있어서 원심법원과 대법원의 판결에 나타나고 있는 부정합은 죄수판단의 방법이나 기준에 대한 일관성의 결여에서 비롯된다. 그동안 죄수판단에 있어 판례에 대해서는 양형의 지도원리인 합목적성이나 소송경제성 등을 죄형법정주의에 따라 논리적·회고적으로 판단하여야 할 죄수결정의 문제영역 속으로 끌어들여 죄수문제와 양형문제를 한꺼번에 해결하려는 태도를 보이고 있다는 비판이 제기되어 왔다.[6] 죄수판단의 방법 또는 기준에 대한 일관성의 결여로 인해 타인명의의 신용카드 부정사용 사례와 같이 다른 유형의 수개 행위가 복합적으로 나타나는 사안에서는 더욱더 많은 의문과 혼란이 초래되고 있다.

이러한 죄수판단의 혼란을 정리하기 위해서는 죄수판단의 기준에 대한 원칙의 정립이 필요하다. 그리고 판례는 일죄의 유형으로서 법조경합과 포괄일죄를 인정하고 있는데 과연 그 구별의 기준과 실익은 무엇인지도 점검해 둘 필요가 있다. 다소 장황한 설명으로 보이지만, 이 글에서는 우선 죄수판단의 기준 또는 방법을 검토한 후 일죄로서 법조경합과 포괄일죄의 의의와 유형을 설명하고, 결론적으로 과연 이 사안

---

4) 대법원 2003. 4. 8. 선고 2002도6033 판결; 2002. 7. 18. 선고 2002도669 전원합의체 판결; 2001. 3. 27. 선고 2000도5318 판결; 2000. 7. 7. 선고 2000도1899 판결; 1998. 3. 24. 선고 97도2956 판결 참조.

5) 이와 같이 법조경합의 경우를 제한하면 특별관계나 보충관계 이외에, 예컨대 불가벌적 사후행위와 같은 흡수관계는 법조경합에 포함시킬 수 없게 된다.

6) 우리나라의 판례가 양형을 고려하여 죄수를 결정하고 있다는 데 대한 지적으로는 김성돈, "형법상 죄수론의 판단", 형사법연구 9호(1997), 203면 이하 참조.

에서 피고인의 행위가 일죄로서 법조경합 또는 포괄일죄에 해당하는지의 여부를 검토해 보기로 한다.

Ⅱ. 죄수판단의 기준과 방법

일반적으로 행위자의 행위에 대하여 한 개의 범죄가 성립하는가 또는 수개의 범죄가 성립하는가 그리고 수개의 범죄가 성립한다고 인정되는 경우 그 수개의 범죄를 어떻게 처벌할 것인가에 관한 이론을 죄수론이라고 한다. 그러나 엄밀한 의미에서 수죄(상상적 경합이나 실체적 경합)가 성립하는 경우 그것을 어떻게 처벌할 것인가의 문제는 죄수판단의 문제라기보다는 이미 판단된 수죄에 대한 양형의 문제(구체적으로는 처단형을 정하는 문제)로서 죄수판단 그 자체와 성질을 달리한다. 따라서 수죄를 어떻게 처벌할 것인가의 문제는 죄수론과 구별하여 경합론이라고 하는 것이 정확하다.[7)]

각종 문헌에서는 일반적으로 죄수판단의 기준과 관련해서는 행위표준설, 의사표준설, 법익표준설, 구성요건표준설이 있다고 소개되고 있으나, 실제로 죄수를 판단하는 기준 또는 방법에 관해서는 다음과 같이 크게 두 가지의 견해가 대립하고 있다.

첫 번째 견해는 행위를 죄수결정의 중심개념 내지는 출발점으로 삼고 행위의 수를 기준으로 죄수를 판단한다. 이 견해에 따르면 죄수가 몇 개이냐를 해명하는 기준을 결정하기 위해서는 이에 대한 선결문제로서 실행한 범죄행위가 하나의 단일행위인가 아니면 독립된 다수의 행위인가의 여부를 결정하는 기준이 일차적으로 해결되어야 한다.[8)] 그리고 이 견해는 죄수론의 전체체계를 행위단일성(한 개의 행위)과 행위다수성(수개의 행위)으로 대별한 후, 행위단일성이 인정되는 경우로는 ⅰ) 본래적 의미의 행위단일성이 인정되는 경우(법조경합), ⅱ) 법적인

7) 김성돈, 앞의 논문, 200면; 김용욱, "경합론의 체계적 구조", 동암 이형국 교수 화갑기념논문집, 383면.

8) 허일태, "연속범의 죄수", 판례월보(1996.6.), 36면; 임웅, 형법총론(개정판), 2002, 549면; 박상기, 형법총론(제6판), 2004, 477면.

의미의 행위단일성이 인정되는 경우(포괄일죄) 그리고 iii) 자연적 의미의 행위단일성이 인정되는 경우(상상적 경합)가 있고, 행위다수성이 인정되는 경우로는 불가벌적 사후·사전행위와 실체적 경합이 있다고 설명한다.[9] 결론적으로 이 견해는 죄수를 판단함에 있어서는 우선 행위의 단복을 판단하여 만약 한 개의 행위라고 인정되는 때에는 1죄로서 법조경합에 해당하는지를 검토하여 거기에 해당하지 않으면 상상적 경합이 되고, 다음으로 수개의 행위라고 인정되는 때에는 수죄로서 불가벌적 사전·사후행위인지를 검토하여 거기에 해당하지 않으면 실체적 경합이 된다고 설명한다.[10]

그러나 이러한 죄수판단의 방법에는 다음과 같은 문제점이 있다. i) 우선 상상적 경합을 일죄라고 하는 것은 형법 제40조의 문언에 반한다. 형법 제40조는 상상적 경합을 "한 개의 행위가 수개의 죄에 해당하는 경우"라고 정의하고 있으므로, 행위가 하나임을 이유로 일죄라고 설명하는 것은 이론적으로는 몰라도 해석론으로는 수용하기 힘든 주장이다. 그리고 ii) 이 견해는 그 동안 이중평가금칙의 원칙에 기초하여 일률적으로 설명해 오던 여러 가지 법조경합의 사례들을 다시 행위의 단복을 기준으로 부진정 상상적 경합과 부진정 실체적 경합으로 나누어 각각 행위단일성이 인정되는 사례군과 행위다수성이 인정되는 사례군으로 구분해서 설명하고, 다시 행위다수성이 인정되는 부진정 실체적 경합의 사례(불가벌적 사전행위·사후행위)는 행위가 다수임에도 불구하고 일죄가 성립한다는 일관성이 결여되는 설명을 하고 있다.[11]

간단히 말하자면 행위가 한 개인가 또는 수개인가와 하나의 범죄가 성립하는가 또는 수개의 범죄가 성립하는가는 그다지 관련성이 없다. 하나의 행위에 대해서는 원칙적으로 하나의 범죄가 성립하고 수개

9) 박상기, 앞의 책, 482면 이하 참조. 다만 임웅 교수는 행위의 개수는 사회적·형법적 행위표준설에 따라서 판단해야 한다고 주장하고 사회적·형법적 행위표준설에 따를 때 포괄일죄는 수개의 행위이나 다만 수개의 행위가 포괄적으로 1개의 구성요건을 실현한 것으로 평가되므로 1죄가 성립하는 경우라고 설명한다.

10) 임웅, 앞의 책, 552면.

11) 임웅, 위의 책, 551면; 박상기, 위의 책, 498면.

의 행위에 대해서는 원칙적으로 수개의 범죄가 성립한다는 가정 하에, 이러한 원칙에 부합하지 않는 경우(즉, 하나의 행위에 대하여 수개의 범죄가 성립하거나 또는 수개의 행위에 대하여 하나의 범죄가 성립하는 경우)를 설명하기 위해 복잡한 논리를 전개하는 것은 오히려 죄수판단을 더욱 혼란스럽게 할 따름이다.

다소 차이가 있으나 판례도 원칙적으로 행위를 기준으로 죄수를 판단하는 태도를 취하고 있다. 우선 하나의 행위에 해당하는 경우로서 상상적 경합은 1개의 행위가 실질적으로 수개의 구성요건을 충족하는 경우를 말하고, 법조경합은 1개의 행위가 외관상 수개의 죄의 구성요건에 해당하는 것처럼 보이나 실질적으로 1죄만을 구성하는 경우를 말한다고 한다.[12] 그리고 동일 죄명에 해당하는 수개의 행위 또는 연속된 행위를 단일하고 계속된 범의 하에 일정 기간 계속하여 행하고 그 피해법익도 동일한 경우에는 이들 각 행위를 통틀어 포괄일죄로 처단하여야 하고, 범의의 단일성과 계속성이 인정되지 아니하거나 범행방법 및 장소가 동일하지 않은 경우에는 각 범행은 실체적 경합범에 해당한다고 한다.[13] 판례는 상상적 경합을 수죄로 인정한다는 점에서 형법 제40조와 일치하는 장점이 있기는 하지만 동일죄명에 해당하지 않는 수개의 행위, 즉 서로 다른 유형의 수개의 행위는 법조경합에도 포함되지 않고 나아가서 포괄일죄에도 포함되지 않는 결과가 된다. 이 사안에서 판례가 피고인의 행위들이 법조경합에 해당하는지의 여부를 검토하지 않은 것도 이 때문이라고 하겠다.

두 번째 견해는 행위를 죄수판단의 가장 중요한 기준으로 삼는 첫 번째 견해와는 달리 구성요건을 죄수판단의 기준의 가장 중요한 기준으로 삼는다. 즉, 우리나라 형법상 경합범 규정(제37조 내지 제40조)의 해석상 행위의 개수문제는 기본적으로 수개의 범죄성립이 인정되는 경

12) 대법원 2003. 4. 8. 선고 2002도6033 판결; 2002. 7. 18. 선고 2002도669 전원합의체판결; 2000. 7. 7. 선고 2000도1899 판결; 1998. 3. 24. 선고 97도2956 판결 등 참조.

13) 대법원 2006. 9. 8. 선고 2006도3172 판결; 2005. 9. 30. 선고 2005도4051 판결; 1989. 11. 28. 선고 89도1309 판결 참조.

우에 비로소 문제가 되기 때문에, 피고인이 한 행위가 어떤 구성요건에 해당하는가를 검토하여 하나의 구성요건에 해당한다고 인정되면 하나의 죄만 성립하므로 행위의 개수는 더 이상 논할 필요가 없다고 주장한다.[14] 또한 이 견해는 수개의 행위라도 형벌법규 상호간의 관계로 인해(법조경합) 또는 구성요건 자체의 성질상(포괄일죄) 하나의 범죄가 성립할 수 있고, 반대로 하나의 행위라도 그 행위가 해당하는 구성요건의 상이(相異)로 인해 수개의 범죄가 성립할 수 있음을 인정한다. 이러한 판단방법에 따르면 죄수판단에 있어서는 행위가 아니라 구성요건이 결정적인 기준이 되고, 행위는 수죄가 성립한다는 것을 전제로 그 수죄를 상상적 경합으로 처벌할 것인가 또는 실체적 경합으로 처벌할 것인가를 결정하는 기준이 될 따름이다.

이러한 두 번째의 견해는 다음과 같은 여러 가지 장점이 있다. ⅰ) 우선 피고인의 행위가 해당하는 수개의 구성요건 상호간의 관계를 검토하여 성립하는 죄의 수를 판단하는 죄수문제와 수죄라는 결론에 이른 경우 행위의 수에 의하여 피고인에 대한 처단형을 결정하는 경합문제가 명확히 구분된다. 앞에서 잠깐 지적한 바와 같이 대법원 판례 중에는 미리 양형의 적정성을 고려하여 그것에 따라 죄수를 판단함으로써 죄수판단의 기준 내지는 원칙을 흐리게 하는 사례가 많은데,[15] 이 견해는 죄수판단의 문제와 양형의 문제를 구분함으로써 법적 안정성과 죄형법정주의 이념에 더욱 충실할 수 있다. 그리고 ⅱ) 첫 번째 견해는 행위의 개수를 기준으로 죄수를 판단하므로 일죄인 법조경합 또는 포괄일죄에 해당하는가를 검토하기 위하여 먼저 행위의 개수를 확정하여야 하는데 반하여, 두 번째 견해에 의하면 행위의 개수는 일죄인 법조

14) 김성돈, 앞의 논문, 195면; 정성근·박광민, 형법총론(제3판), 2006, 608면. 기타 명시적으로 설명하고 있지는 않지만 법조경합과 포괄일죄를 일죄로 상상적 경합과 실체적 경합을 수죄로 설명하고 있는 대부분의 교재들은 이러한 판단방법에 입각해 있다고 볼 수 있다(김일수·서보학, 형법총론(제11판), 2006, 678면 이하; 배종대, 형법총론(제8전정판), 767면 이하; 손동권, 형법총론(제2개정판), 2006, 583면 이하; 신동운, 형법총론(제2판), 2006, 717면 이하; 오영근, 형법총론, 2006, 681면).

15) 김성돈, 앞의 논문, 203면 이하 참조.

경합이나 포괄일죄에도 해당하지 않는 경우(즉, 상상적 경합이나 실체적 경합에 해당하는 경우)에 그 처벌의 방법을 결정하기 위하여 확정하면 되기 때문에 사고의 경제를 도모할 수 있다. iii) 또한 첫 번째 견해는 형법 제40조의 문언에도 불구하고 상상적 경합은 행위가 하나이기 때문에 하나의 죄라고 설명하는데 반하여, 두 번째 견해는 하나의 행위라도 수개의 죄가 성립하는 경우를 인정하기 때문에 형법 제40조의 문언에 충실한 해석을 도모할 수 있다.

두 번째 견해에 따르면 일죄가 되는 경우로는 법조경합과 포괄일죄가 있는데, 전자는 한 개 또는 수개의 행위가 형벌법규 상호간의 관계로 인해 일죄가 되는 경우인 반면 후자는 구성요건 자체의 성질상 일죄가 되는 경우이다.

Ⅲ. 법조경합과 포괄일죄의 유형과 법적 효과

앞에서 설명한 바와 같이 두 번째 견해에 따르면 피고인의 행위가 동일한 또는 서로 다른 수개의 구성요건에 해당하는 경우 행위의 수가 아니라 그 구성요건의 성질 또는 상호간의 관계를 우선적으로 검토하여 하나의 죄가 성립하는가 또는 수개의 죄가 성립하는가를 판단하여야 한다. 일반적으로 자연적·사회적 의미의 하나의 행위로 인하여 하나의 죄가 성립하는 경우를 단순일죄라고 한다.[16] 그리고 일견 한 개 또는 수개의 행위가 동일한 구성요건 또는 서로 다른 수개의 구성요건에 해당하는 것처럼 보이는 경우라도 형법이론적으로 하나의 죄만이 성립하는 경우가 있는데, 그것이 바로 법조경합과 포괄일죄이다.[17] 이

16) 이에 대하여 자연적·사회적 의미의 하나의 행위로 인하여 수개의 죄가 성립하는 경우를 상상적 경합이라고 한다. 대법원에 따르면 상상적 경합이란 법적 평가를 떠나 사회관념상 사물자연의 상태로서 1개로 평가되는 하나의 행위(대법원 1987.2.24. 선고 86도2731 판결)가 실질적으로 수개의 구성요건을 충족하는 경우를 말하고, 실질적으로 일죄인가 또는 수죄인가는 구성요건적 평가와 보호법익의 측면에서 고찰하여 판단하여야 한다(대법원 2003.4.8. 선고 2002도6033 판결).

17) 형법은 '경합범'이라는 명칭으로 제37조 내지 제40조에서 수죄에 해당하는 실체적 경합과 상상적 경합의 양형방법을 규정하고 있을 뿐이다. 그럼에도 불구하고 법조경합과 포괄일죄는 일죄에 해당한다는 점이 학설과 판례에 의해 널리 인정되고

하에서는 법조경합과 포괄일죄를 일죄로 인정하는 근거와 유형 그리고 법적 효과의 차이에 대해 간단히 살펴본 후 이 사안에서의 피고인의 행위가 일죄인 법조경합 또는 포괄일죄에 해당하는지의 여부를 검토한다.

1. 법조경합

법조경합(Gesetzeskonkurrenz)은 피고인이 위반한 형벌법규(Strafgesetz) 상호간의 관계를 검토하여 어느 하나의 형벌법규가 다른 형벌법규의 적용을 배제하는 관계에 있다고 판단되는 경우 하나의 형벌법규만 적용되는 사례이다.[18] 법조경합을 일죄로 보는 이유는 어떤 구성요건이 다른 구성요건에 의해서도 포착되어 있는 불법내용을 동시에 포괄하고 있는 경우 이를 수죄로 평가한다면 행위자가 행한 불법이 이중으로 평가되는 결과가 되기 때문이라는데 있다(이중평가금지의 원칙). 이처럼 하나의 형벌법규만이 적용되고 나머지 형벌법규는 적용되는 않는 법조경합의 사례유형으로는 일반적으로 특별관계, 보충관계 그리고 흡수관계가 거론된다.[19]

(1) 우선 특별관계는 어느 구성요건이 다른 구성요건의 모든 요소를 포함하는 이외에 다른 요소를 구비하여야 성립하는 경우로서 특별관계에 있어서는 특별법의 구성요건을 충족하는 행위는 일반법의 구성요건을 충족하지만 반대로 일반법의 구성요건을 충족하는 행위는 특별법의 구성요건을 충족하지 못한다.[20] 특별관계는 기본적 구성요건과 가

있다. 다만 아래에서 보는 바와 같이 법조경합 또는 포괄일죄에 어떤 사례유형을 포함시킬 것인가에 대해서는 견해가 대립한다.

18) 우리나라에서는 법조경합이라는 용어를 선호하고 있는 반면, 독일에서는 외형상 형벌법규 상호간의 경합이 일어날 뿐 실제로는 하나의 형벌법규가 적용되므로 법조단일(Gesetzeseinheit)이라는 용어가 판례와 학계에서 널리 사용되고 있다.

19) 최근에는 법조경합을 특별관계로만 설명하려는 견해(김용욱, "법조경합의 문제점", 사회과학연구 제14집, 배제대학교 사회과학연구소, 1997, 237면 이하), 특별관계와 보충관계로 설명하려는 견해(김성천 · 김형준, 형법총론(제2판), 2002, 628면 이하)가 주장되고 있으나, 기존에 보충관계 또는 흡수관계로 설명되는 사례를 특별관계 하나로만 설명하는가 또는 특별관계와 보충관계의 두 가지로 설명하는가의 차이만 있을 뿐 그 내용에 있어서는 차이가 없다.

20) 대법원 2003. 4. 8. 선고 2002도6033 판결.

중적 구성요건(존속살해죄) 또는 감경적 구성요건(영아살해죄, 촉탁·승낙살인죄) 그리고 결합범 또는 결과적 가중범 사이에 인정된다.

(2) 두 번째는 어떤 구성요건이 다른 구성요건이 적용할 수 없는 경우에 한하여 보충적으로만 적용되는 보충관계이다. 보충관계는 다시 일반이적죄(제99조), 일반건조물방화죄(제166조 제1항), 일반물건방화죄(제167조 제1항)와 같이 명시적으로 인정된 보충관계와 구성요건 상호간의 관계로 인하여 이론적으로 인정되는 묵시적 보충관계로 나누어진다. 묵시적 보충관계의 예로는 예비 또는 미수와 기수나 위험범과 침해범의 관계와 같이 하나의 범죄를 실현하기 위한 전단계의 구성요건이 다음 단계의 구성요건에 의해 범죄성립이 부정되는 사례(불가벌적 사전행위)와 동일한 법익에 대한 무거운 침해행위가 있는 경우 가벼운 침해행위에 대해서는 범죄가 성립하지 않는 경우가 있다. 이러한 예로는 공범과 정범, 과실범과 고의범, 부작위범과 작위범이 있다.[21)]

이상과 같은 특별관계 또는 보충관계에서는 일정한 행위에 대해 하나의 형벌법규만이 적용되어야 한다는 평가가 구성요건 상호간에 존재하고 있다. 따라서 이러한 유형의 사례에서는 구체적인 사실관계를 고려하지 않고서도 외관상 경합하고 있는 수개의 형벌법규 가운데서 실제로 적용될 형벌법규는 하나뿐이라는 결론에 이른다.

(3) 이에 반하여 법조경합의 세 번째 유형으로서 흡수관계에서는 형벌법규 상호간의 우선적용관계가 형벌법규 자체로부터 직접 도출되지 않으므로 구체적 사실관계를 함께 고려하여 판단하지 않으면 안 된다. 흡수관계의 사례로는 행위자에 대하여 하나의 형벌법규를 적용함으로써 그 행위의 불법과 책임이 남김없이 포착되어 다른 형벌법규가 적용되지

21) 대법원은 "어떠한 범죄가 적극적 작위에 의하여 이루어질 수 있음은 물론 결과의 발생을 방지하지 아니하는 소극적 부작위에 의하여도 실현될 수 있는 경우에, 행위자가 자신의 신체적 활동이나 물리적·화학적 작용을 통하여 적극적으로 타인의 법익 상황을 악화시킴으로써 결국 그 타인의 법익을 침해하기에 이르렀다면, 이는 작위에 의한 범죄로 봄이 원칙이고, 작위에 의하여 악화된 법익 상황을 다시 돌이키지 아니한 점에 주목하여 이를 부작위범으로 볼 것은 아니다."라고 하여 부작위범과 작위범을 보충관계로 보고 있다(대법원 2004. 6. 24. 선고 2002도995 판결).

않는 경우로서, 불가벌적 수반행위와 불가벌적 사후행위가 있다.

우선 불가벌적 수반행위는 어떤 구성요건에 해당하는 행위가 논리필연적인 것은 아니지만 일반적·전형적으로 결합된 다른 구성요건에 해당하고, 그 구성요건의 불법내용이 주된 구성요건에 대하여 경미하기 때문에 별개의 범죄가 성립하지 않는 경우이다. 판례에 의하면 상해를 가하면서 한 협박행위(대법원 1976.12.14. 선고 76도3375 판결), 사문서위조시에 한 인장위조행위(대법원 1978.9.26. 선고 78도1787 판결), 향정신성의약품을 수수한 후에 이를 소지하는 행위(대법원 1990.1.25. 선고 89도1211 판결), 상습절도 등의 죄를 범한 범인이 그 수단으로 한 주거침입(대법원 1984.12.26. 선고 84도1573 전원합의체판결)은 불가벌적 사후행위에 해당한다. 불가벌적 수반행위에 해당하는지의 여부를 판단함에 있어서는 그 행위가 전형적으로 수반되는 행위인가가 중요하다. 이러한 이유에서 대법원은 향정신성의약품수수죄가 성립되는 경우에는 그 수수행위의 결과로서 그에 당연히 수반되는 향정신성의약품의 소지행위는 향정신성의약품수수죄의 불가벌적 수반행위로서 향정신성의약품수수죄에 흡수되고 별도의 범죄를 구성하지 않지만(대법원 1990.1.25. 선고 89도1211 판결), 메스암페타민을 매수한 후 적당한 기회에 이를 투약하기 위하여 사무실 책상 위에 있는 화분 밑에 숨겨 둔 행위는 그 매매행위의 불가분의 필연적 결과로 평가될 수 없으므로 사회통념상 매수행위와는 독립한 별개의 소지행위를 구성하고(대법원 1995.7.28. 선고 95도869 판결), 수수한 메스암페타민을 장소를 이동하여 투약하고서 잔량을 은닉하는 방법으로 소지한 행위는 그 소지의 경위나 태양에 비추어 볼 때 당초의 수수행위에 수반되는 필연적 결과로 볼 수는 없고 사회통념상 수수행위와는 독립한 별개의 행위를 구성한다(대법원 1999.8.20. 선고 99도1744 판결)고 보고 있다.

다음으로 불가벌적 사후행위는 범죄에 의하여 취득한 위법한 이익을 확보하거나 사용·처분하는 사후행위가 이미 주된 범죄에 의하여 완전히 평가되었기 때문에 별개의 죄를 구성하지 않는 경우를 말한다.

다만 사후행위가 불가벌적으로 평가되기 위해서는 사후행위가 주된 범죄에 의해서 침해된 법익의 범위를 초과해서는 안 되므로, 제3자의 법익을 새롭게 침해하거나 또는 동일한 피해자라고 하더라도 사후행위가 주된 범죄에 의해서 침해된 법익을 범위를 초과하는 때에는 별개의 범죄가 성립한다. 따라서 절취 또는 갈취한 예금통장으로 현금을 인출하거나(대법원 1974.11.26. 선고 74도2817 판결; 1979.10.30. 선고 79도489 판결), 절취한 재물을 자기 것인 양 제3자를 기망하여 금원을 편취한 경우(대법원 1980.11.25. 선고 80도2310 판결)에는 별개의 범죄가 성립한다.

불가벌적 사후행위에 해당하는가의 여부를 판단하는 데에는 어떤 일률적인 기준이 있는 것이 아니므로 구체적인 사안에 따라서 판단할 수밖에 없다. 예컨대 절취한 자기앞수표를 취득한 후 이를 현금 대신 교부한 행위(대법원 1993.11.23. 선고 93도213 판결)는 불가벌적 사후행위에 해당하지만, 절취한 저당표로 전당포에 가서 전당물을 편취하는 행위(대법원 1980.10.14. 선고 80도2155 판결)에 대해서는 별개의 범죄가 성립한다. 그리고 명의수탁자가 보관 중이던 토지를 명의신탁자의 승낙 없이 제3자에게 근저당권을 설정해 준 후 다시 그 토지를 다른 사람에게 매도한 행위(대법원 1990.11.26. 선고 99도2651 판결)는 불가벌적 사후행위에 해당하지만, 명의수탁자가 신탁 받은 부동산의 일부에 대한 토지수용보상금 중 일부를 소비하고 이어 수용되지 않은 나머지 부동산에 대한 반환을 거부한 행위(대법원 2001.11.27. 선고 2000도3463 판결)에 대해서는 별개의 범죄가 성립한다.

2. 포괄일죄

(1) 포괄일죄의 의의와 요건

형법이론적으로 법조경합과 더불어 포괄일죄도 널리 일죄로 인정되고 있다. 포괄일죄란 수개의 행위가 동일한 구성요건을 반복적으로 실현한 경우 일정한 요건 하에 각 행위들을 포괄적으로 평가하여 한 개의 범죄만 성립하는 사례를 말한다. 포괄일죄를 일죄로 취급하는 이유는 정당한 법적 효과의 부여라는 측면에서 실질적으로 관찰할 경우 동종의 법익에 대해 단순히 양적으로 증가된 침해에 불과한 경우에는 이들을 1개의 불법형상으로 통합하여 일죄로 처벌하는 것이 타당하다는 데 있다.[22]

판례는 "포괄일죄는 수개의 행위가 포괄적으로 한 개의 구성요건에 해당하여 단순히 하나의 죄를 구성하는 것으로, 수개의 행위가 결합하여 하나의 범죄를 구성하던가, 수개의 동종 행위가 동일한 의사에 의하여 반복되든가, 또는 하나의 동일한 법익에 대하여 수개의 행위가 불가분적으로 접속, 연속하여 행하여지는 것이므로 그 어떠한 경우임을 막론하고 수개의 행위가 근원적으로 동종의 행위로서 그 구성요건을 같이 함을 전제로 하는 것이다."라고 설명한다.[23] 나아가서 포괄일죄가 인정되기 위한 요건으로 ⅰ) 피해법익이 단일하고, ⅱ) 범죄의 태양이 동일하며, ⅲ) 단일 범의의 발현에 기인하는 일련의 행위라고 인정될 것을 요구하고 있다.[24]

포괄일죄의 본질상 포괄일죄가 성립하기 위해서는 구성요건의 동일성이 전제되어야 한다. 따라서 구성요건을 달리하고 있는 범죄 사이에는 포괄일죄(접속범)가 인정되지 않는다.[25] 다만 여기서 동일한 구성요건이라고 함은 동일한 조건에 속하느냐가 기준이 되는 것이 아니라, 형법과 동일한 금지에 기초하고 있는가가 기준이 된다. 따라서 기본적 구성요건과 가중적 구성요건, 기수와 미수 사이에는 연속범의 성립이 가능하다. 물론 이 때에는 가중적 구성요건 또는 기수의 포괄일죄가 성립한다.[26] 판례도 절도와 절도미수 그리고 특수절도가 연속적으로 행해

22) 김용욱, "포괄일죄의 문제점", 연세법학연구 제5권 1호(1998. 5.), 193면.

23) 대법원 1982. 11. 23. 선고 82도2201 판결.

24) 대법원 2005. 9. 28. 선고 2005도3929 판결: 수개의 업무상횡령행위라 하더라도 피해법익이 단일하고, 범죄의 태양이 동일하며, 단일 범의의 발현에 기인하는 일련의 행위라고 인정될 때에는, 포괄하여 1개의 범죄라고 봄이 타당하다.

25) 대법원 1988. 2. 9. 선고 87도58 판결: 포괄일죄라 함은 각기 따로 존재하는 수개의 행위가 한 개의 구성요건을 한번 충족하는 경우를 말하므로 구성요건을 달리하고 있는 횡령, 배임 등의 행위와 사기 행위는 포괄일죄를 구성할 수 없다.

26) 이재상, 앞의 책, 524면.

진 경우에는 하나의 특수절도죄가 성립한다고 보고 있다.[27)]

(2) 포괄일죄의 유형

일반적으로 결합범, 계속범, 접속범, 연속범, 집합범이 포괄일죄의 사례로 검토되고 있는데,[28)] 한 개의 구성요건에 수개의 행위태양이 규정되어 있는 경우(수뢰죄, 범인은닉죄, 체포감금죄, 장물죄)도 포괄일죄의 유형에 속한다고 볼 수 있다. 이 유형의 포괄일죄를 특히 협의의 포괄일죄라고 한다.[29)] 예컨대 공무원이 뇌물을 요구하고 수수한 경우 요구행위와 수수행위는 단지 수뢰죄(제129조)의 구성요건을 1회 실현한 것으로 일죄가 성립한다.[30)]

우선 결합범과 계속범이 일죄의 사례라는 점에 대해서는 이론이 없다. 다만 최근에는 원래의 포괄일죄는 수개의 행위가 그 자체만으로 각각 독자적으로 하나의 구성요건을 반복적으로 실현하는 경우이나 계속범이나 결합범의 경우에는 수개의 행위가 총합하여 하나의 구성요건에 해당한다는 점에서 다소 차이가 있음을 지적하여, 결합범과 계속범을 단순일죄의 사례로 설명하기도 한다.[31)]

접속범도 포괄일죄에 해당한다는 점에 대해서는 이론이 없다. 1953년 신 형법의 제정과 함께 "연속한 수개의 행위가 동일한 죄명에 걸릴

---

27) 대법원 1975. 5. 27. 선고 75도1184 판결: 3번의 특수절도사실, 2번의 특수절도미수사실, 1번의 야간주거침입절도사실, 1번의 절도사실들이 상습적으로 반복된 것으로 볼 수 있다면 이러한 경우에는 그중 법정형이 가장 중한 상습특수절도의 죄에 나머지의 행위를 포괄시켜 하나의 죄만이 성립된다.

28) 김일수 · 서보학, 앞의 책, 688면 이하; 박상기, 앞의 책, 483면 이하; 배종대, 앞의 책, 774면 이하; 손동권, 앞의 책, 590면 이하; 이재상, 앞의 책, 519면 이하; 오영근, 앞의 책, 694면 이하.

29) 김일수 · 서보학, 앞의 책, 688면; 신동운, 앞의 책, 721면; 정성근 · 박광민, 앞의 책, 622면.

30) 대법원도 "일반적으로 수뢰죄가 포괄일죄로 파악되는 것은 동일법익의 침해를 목적으로 하고 있음은 물론 하나의 구성요건 중에 뇌물의 수수, 요구, 약속이라는 수개의 단계적 행위가 일시를 달리하여 여러 차례에 걸쳐 이루어졌을 때에는 위 복수의 행위가 다 같이 동일법익을 침해하고 있기 때문이므로 그 포괄적 파악이 가능하(다)."고 보고 있다. 대법원 2005. 11. 10. 선고 2004도42 판결; 2000. 1. 21. 선고 99도4940 판결; 1990. 9. 25. 선고 90도1588 판결 참조.

31) 김성돈, 앞의 책, 813면; 신동운, 앞의 책, 718면; 임웅, 앞의 책, 550면.

때에는 일죄로 처벌한다."고 규정한 구 형법 제55조가 폐지된 상황에서 접속범은 중요한 역할을 수행하고 있다. 판례도 "신 형법의 경합범에 있어서는 상상적 경합을 제외하고 연속범, 견련범을 막론하고 일체 이를 인정하지 아니하고 그 행위를 수개의 죄로 하여 경합가중하는 것이다."라 하고,32) "현행 형법에서 연속범의 규정이 삭제됨으로써 연속범을 경합죄로 처단하게 되는 해석이 가능하게 되어 이 경우 공소장의 기재도 각 소인별로 명시하여야 하고 기판력의 범위도 심판의 대상이 된 사실에만 한정하게 되어 소추 및 심판의 절차상의 불편이 따르므로 소위 접속범 개념이 중요한 소임을 갖게 된다."고 판시한 바 있다.33) 이처럼 판례가 연속범은 인정되지 않는다고 밝혔음에도 불구하고 학설상으로는 여전히 연속범을 일죄로 인정하는 견해가 주장되고 있으나,34) 최근에는 연속범은 포괄일죄가 아니라 실체적 경합에 해당한다는 주장이 계속적으로 증가하고 있다.35)

연속범을 포괄일죄로 인정하는 것이 타당한가에 대한 논란이 계속되고 있는 가운데 판례는 접속범과 연속범을 구분하고 연속범에 대해서는 수개의 죄가 성립한다는 입장을 분명히 하고 있다. 즉 대법원은 "접속범이라는 것은 서로 접속하여 동종의 행위를 반복하는 것을 말하고 이 반복된 동종의 행위는 구성요건을 한번만 충족하는 것으로 포괄적으로 평가되며 그 외의 구성요건상 동종 복수행위의 존재를 전제로 하거나 또는 행위의 계속성을 요구하고 있다는 점에서 또 연속범은 행

32) 대법원 1955. 8. 19. 선고 55도157 판결.

33) 대법원 1984. 8. 14. 선고 84도1139 판결.

34) 김일수 · 서보학, 앞의 책, 691면; 배종대, 앞의 책, 777면; 손동권, 앞의 책, 593면; 오영근 앞의 책, 700면; 이재상, 앞의 책, 522면 이하; 임웅, 앞의 책, 562면. 연속범을 포괄일죄의 한 유형으로 인정하는 견해는 대법원 판례(대법원 1984. 8. 14. 선고 84도1139 판결)가 연속범의 포괄일죄성을 부인하고 있음에도 불구하고 대법원 판결을 연속범을 포괄일죄로 인정하고 있다고 소개한다. 그러나 그 내용을 자세히 살펴보면 연속범을 인정한 것이라기보다는 접속범에 관한 판례임을 알 수 있다(이 점에 관해서는 김성돈, 앞의 책, 832면 참조).

35) 김성돈, "연속범의 죄수", 형사정책연구(1997·봄), 187면 이하; 김용욱, 앞의 논문, 197면 이하; 정성근 · 박광민, 앞의 책, 630면; 박상기, 앞의 책, 487면; 신동운, 앞의 책, 741면.

위의 연속성 즉 독립된 수개의 행위의 존재를 전제로 하고 있다는 점 등에서 접속범과 구별(된다)."고 판시하고 있다. 판례의 입장에 따를 때 연속범은 동종의 수개의 행위로서 동일죄명에 해당하고 피해법익이 단일하며 범의의 계속성이 인정되더라도 연속된 수개의 독립적 행위를 전제로 하고 있다는 점에서 서로 접속하여 반복된 동종의 행위를 전제로 하고 있는 접속범과 구별되고, 접속범이 일죄로 취급되는 것과는 달리 수죄로 취급되는 것이 타당하다.

끝으로 영업범(직업범) 및 상습범과 같은 집합범이 포괄일죄의 한 유형으로 파악되고 있다. 판례도 이를 포괄일죄로 인정하고 있다.[36] 다만 최근에는 영업범 또는 상습범이라는 이유만으로 일죄로 인정하는 것은 피고인에게 부당한 이익을 주는 것으로 타당하지 않다는 이유에서 포괄일죄의 요건을 갖추는 경우에 한하여 일죄로 인정해야 한다는 주장이 제기되고 있다.[37]

3. 법조경합과 포괄일죄의 법적 효과

법조경합이든 포괄일죄이든 실체법상 일죄라는 점에서는 차이가 없다. 그러나 법조경합과 포괄일죄는 일죄로 처벌되는 근거나 그 요건에 있어서 차이가 있기 때문에 소송법적 효과에 있어서는 상당한 차이가 있다. 따라서 일죄로 인정하는 경우에도 그것이 법조경합의 사례에 해당하는지 또는 포괄일죄의 사례에 해당하는지의 여부를 명백히 해두지 않으면 안 된다.

---

36) 대법원 1993. 3. 26. 선고 92도3405 판결: 무허가유료직업소개행위는 범죄구성요건의 성질상 동종행위의 반복이 예상되는데, 반복된 수개의 행위 상호간에 일시·장소의 근접, 방법의 유사성, 기회의 동일, 범의의 계속 등 밀접한 관계가 있어 전체를 1개의 행위로 평가함이 상당한 경우에는 포괄적으로 한 개의 범죄를 구성한다.

대법원 2004. 9. 16. 선고 2001도3206 전원합의체판결: 상습성을 갖춘 자가 여러 개의 죄를 반복하여 저지른 경우에는 각 죄를 별죄로 보아 경합범으로 처단할 것이 아니라 그 모두를 포괄하여 상습범이라고 하는 하나의 죄로 처단하는 것이 상습범의 본질 또는 상습범 가중처벌규정의 입법취지에 부합한다.

37) 김성돈, 앞의 책, 834면; 박상기, 앞의 책, 487면; 이재상, 앞의 책, 527면.

(1) 법조경합의 효과

우선 법조경합의 효과는 우선하는 형벌법규만이 적용되고 배제되는 형벌법규가 적용되지 않는데 있다. 따라서 행위자는 적용된 법률에 정한 형으로 처벌되며 배제된 형벌법규는 판결주문은 물론 이유에도 기재되지 않는다. 그러나 법조경합에 있어서 배제되는 형벌법규는 적용되는 형벌법규에 포섭되어 있기 때문에, 제3자가 배제되는 형벌법규를 위반하는 행위에 가담한 때에는 배제되는 형벌법규의 공범으로 처벌할 수 있다. 판례도 "불가벌적 사후행위에 대한 공범의 성립은 가능하다고 할 것이므로 본범인 상피고인의 사후행위를 처벌할 수 없다고 하여 그 사후행위의 공범인 피고인의 행위도 처벌할 수 없는 것은 아니다."라고 하고 있다.[38]

그리고 법조경합에 있어서 적용되는 형벌법규는 배제되는 형벌법규의 불법을 사실상 포함하고 있으므로 배제되는 형벌법규를 양형에서 고려하더라도 부당한 것은 아니다.[39] 따라서 처단형의 하한은 배제되는 형벌법규의 법정형 하한보다 낮을 수는 없다. 그리고 적용되는 형벌법규 위반행위에 감경사유(예컨대 미수)가 있어 형이 감경되는 경우에도 그 처단형의 하한은 배제된 형벌법규의 하한보다 낮을 수는 없다.[40]

그리고 법조경합에서 선순위 형벌법규에 의한 처벌을 전제로 하여 후순위의 형벌법규에 의한 처벌이 배제될 뿐 배제되는 형벌법규의 위반이 있었다는 사실까지 부정되는 것이 아니므로, 선순위의 형벌법규가 적용되는 행위의 불법구성요건은 충족되었으나 위법성조각사유나 책임조각사유 등 범죄불성립 사유가 있어 처벌되지 않는 경우에는 후순위에 의한 형벌법규의 적용이 가능하다.[41] 예를 들어 살인미수행위가 정당방위로서 위법성이 조각되더라도 정당방위와 관련되지 않았던 예비

38) 대법원 1977. 5. 18. 선고 77도541 판결.

39) 김용욱, "법조경합의 문제점", 사회과학연구 14집, 배제대학교 사회과학연구소, 1996, 260면.

40) 문채규, "상상적 경합과 법조경합에 있어서 과형의 문제", 형사법연구 제21호, 239면 이하 및 243면 이하.

41) 김용욱, 앞의 논문, 260면.

행위에 대해서는 살인예비죄가 적용되고, 절도행위 당시 책임능력이 없었다고 하더라도 나중에 책임능력 상태에서 행해진 고의의 손괴행위에 대해서는 손괴죄가 적용될 수 있다.

그러나 미수범처벌규정의 부존재, 인적 처벌조각사유의 존재, 공소시효의 완성, 소추요건(고소)의 결여 등 선순위의 형벌법규에 의한 처벌을 가로막는 처벌장애사유가 있는 경우에는 후순위의 형벌법규를 적용해서는 안 된다. 선순위의 형벌법규 위반이 있었으나 처벌장애사유가 발생하여 선순위의 형벌법규에 의한 처벌이 불가능함에도 불구하고 후순위의 형벌법규를 적용하여 행위자를 처벌하는 것은 결국 선순위의 형벌법규에 따르는 혜택을 부인하는 결과가 되기 때문이다.[42] 따라서 예컨대 친고죄인 강간죄 또는 강제추행죄에 대하여 고소가 없는 경우 그 수단으로서 비친고죄인 폭행죄 또는 협박죄로 처벌하는 것은 허용되지 않는다. 그리고 절도죄의 공소시효가 완성된 다음에 이루어진 손괴행위에 대해서 손괴죄를 적용하여 처벌하는 것도 허용되지 않는다.

(2) 포괄일죄의 효과

포괄일죄는 그 내부에 수개의 개별행위를 포함하고 있으나 그 수개의 행위가 가지고 있는 공통의 요소를 통하여 하나의 구성요건으로 포섭되어 하나의 죄로 처벌된다. 이처럼 포괄일죄는 하나의 죄이기 때문에 포괄일죄가 범해지는 과정에 법률의 변경이 있는 때에는 최후의 행위시법이 적용된다.[43] 그리고 포괄일죄로 되는 개개의 범죄행위가 다른 종류의 죄의 확정판결의 전후에 걸쳐서 행하여진 경우에는 그 죄는 두 개로 분리되지 않고 확정판결 후인 최종의 범죄행위시에 완성되므로 전체를 확정판결 후의 죄로 다루어야 한다.[44]

---

42) 김용욱, 앞의 논문, 261면.

43) 대법원 1998.2.24. 선고 97도183 판결: 포괄일죄로 되는 개개의 범죄행위가 법개정의 전후에 걸쳐서 행하여진 경우에는 신·구법의 법정형에 대한 경중을 비교하여 볼 필요도 없이 범죄 실행 종료시의 법이라고 할 수 있는 신법을 적용하여 포괄일죄로 처단하여야 한다.

44) 대법원 1986.2.25. 선고 85도2767 판결; 2001.8.21. 선고 2001도3312 판결; 2002.7.12. 선고 2002도2029 판결.

그리고 수개의 행위가 하나의 죄로 포섭되는 결과, 우선 “모든 국민은… 동일한 범죄에 대하여 거듭 처벌받지 아니 한다.”고 규정하고 있는 헌법 제13조 제1항에 의하여 포괄일죄를 구성하는 일부의 행위에 대하여 확정판결이 있었던 경우 후소법원은 그 죄에 대해서는 다시 재판을 할 수 없게 되는 일사부재리의 효력이 발생한다. 따라서 예컨대 상습절도 사실의 일부에 대한 공소(단순절도)의 효력은 그 공소제기된 사건의 항소심 판결선고시까지 범해진, 그와 포괄일죄의 관계에 있는 다른 범죄사실에도 미치므로 그 다른 범죄사실(상습절도)에 대하여 별개의 공소가 제기된 경우에는 면소판결을 하여야 한다.[45] 다만 원래 실체법상 상습사기의 일죄로 포괄될 수 있는 관계에 있는 일련의 사기범행의 중간에 동종의 죄에 관한 확정판결이 있는 경우에는 그 확정판결에 의하여 원래 일죄로 포괄될 수 있었던 일련의 범행이 그 확정판결의 전후로 분리되고, 이와 같이 분리된 각 사건은 서로 동일성이 있다고 할 수 없으므로 이중으로 기소되더라도 각 사건에 대하여 각각의 주문을 선고하여야 한다.[46]

Ⅳ. 이 사안의 쟁점과 죄수판단

1. 원심법원 및 대법원의 죄수판단 방법에 대한 비판

이 사안에서는 각각 원심법원과 대법원은 피고인의 행위를 포괄하여 일죄가 성립한다고 볼 것인가 또는 수개의 행위라고 보아 실체적 경합에 해당한다고 볼 것인가를 문제삼고 있다. 즉, 피고인이 행한 일련의 행위를 포괄일죄로 볼 수 있는가가 이 사안의 핵심적인 쟁점이 되고 있다.

---

45) 대법원 1973.8.31. 선고 73도1366 판결; 대법원 1983.4.26. 선고 82도2829 판결; 대법원 1983.12.13. 선고 83도2609 판결. 다만 최근 대법원은 이러한 법리가 적용되기 위해서는 전의 확정판결에서 당해 피고인이 상습범으로 기소되어 처단되었을 것을 요한다고 하고, 상습범 아닌 기본 구성요건의 범죄로 처단되는 데 그친 경우에는 앞서의 확정판결을 상습범의 일부에 대한 확정판결이라고 보아 그 기판력이 그 사실심판결 선고 전의 나머지 범죄에 미친다고 보아서는 안 된다고 하고 있다(대법원 2004.9.16. 선고 2001도3206 전원합의체판결). 자세한 내용은 박광민, “상습범의 죄수와 기판력이 미치는 범위”, 형사판례연구 제14권, 2006, 25면 이하 참조.

46) 대법원 2000.2.11. 선고 99도4797 판결.

그러나 이 사안을 좀 더 자세히 분석해 보면 피고인이 행한 일련의 행위는 원심법원과 대법원의 쟁점이 되고 있는 포괄일죄의 성립을 위한 기본적인 전제가 결여되어 있음을 알 수 있다. 즉, 판례는 "포괄일죄라 함은 각기 따로 존재하는 수개의 행위가 동종의 구성요건을 한 번 충족하는 경우를 말하므로 구성요건을 달리하고 있는 횡령, 배임 등의 행위와 사기의 행위는 포괄일죄를 구성할 수 없다."는 입장을 취하고 있는데,[47] 이 사안에서 타인의 명의를 모용하여 신용카드를 발급받아 이를 이용하여 현금자동지급기에서 현금서비스를 받고 ARS를 통해 신용대출을 받은 일련의 피고인의 행위는 (대법원 판례의 입장에 따를 때) 각각 사기죄, 절도죄, 컴퓨터등 사용사기죄의 서로 다른 구성요건에 해당하기 때문에 처음부터 포괄일죄의 성립여부가 문제되지 않는다.

이와 같이 포괄일죄의 성립여부를 검토할 수 있는 전제가 결여되어 있음에도 불구하고 원심법원과 대법원이 포괄일죄의 성립여부를 문제삼은 것은 아래에서 보는 바와 같이 그간 판례가 피고인의 행위가 하나인 경우에는 법조경합 또는 상상적 경합의 문제로 그리고 수개인 경우에는 포괄일죄 또는 실체적 경합의 문제로 다룬 관행에서 비롯된 것이다. 즉, 판례는 죄수판단의 우선적인 기준을 행위의 개수에 두고 행위가 하나인 경우에는 법조경합 또는 상상적 경합이 성립하고 행위가 다수인 경우에는 포괄일죄 또는 실질적 경합이 성립한다는 죄수판단의 방법에 기초하고 있는바, 이 사안에서도 피고인의 행위가 수개라고 보고 포괄일죄의 성립여부만을 검토하고 있는 것이다.

이처럼 행위의 개수를 죄수결정의 기초로 삼는 판단방법은 일반적으로 법조경합의 사례로 설명되고 있는 불가벌적 사후행위 또는 흡수관계의 사례까지도 포괄일죄에 포섭하는 결과를 낳고 있다.[48] 그 결과 아래와 같이 대법원은 단순히 수개의 행위라는 점에 착안하여 서로 다른 구성요건에 해당하고 행위태양도 달리하는 적국을 위하여 군사상의

47) 대법원 1988. 2. 9. 선고 87도58 판결.

48) 대법원 판례가 실질적으로 법조경합에 해당하는 사례까지도 포괄일죄 개념에 포섭하고 있다는 지적으로는 김성돈, 앞의 책, 825면.

기밀을 탐지·수집하는 것을 내용으로 하는 국가기밀탐지수집행위(제98조 제1항)와 이를 누설하는 것을 내용으로 하는 군사상기밀누설행위(동조 제2항)까지도 포괄일죄로 보고 있다.[49]

> [대법원 1982. 11. 23. 선고 82도2201 판결] 포괄일죄라는 것은 일반적으로 각기 따로 존재하는 수개의 행위가 당해 구성요건을 한번 충족하여 본래적으로 일죄라는 것으로 이 수개의 행위가 혹은 흡수되고 혹은 사후행위가 되고 혹은 위법상태가 상당 정도 시간적으로 경과하는 등으로 본래적으로 일죄의 관계가 이루어지는 것이므로 별개의 죄가 따로 성립하지 않음은 물론 과형상의 일죄와도 이 점에서 그 개념 등을 달리하는 것이다. (중략) 간첩죄는 적국을 위하여 군사상 기밀은 물론 적국에 알려짐으로써 우리나라에 불이익이 되는 정치, 경제, 사회, 문화 등 모든 분야에 걸친 기밀을 탐지, 수집함으로써 성립되는 것이고, 그 후에 이 탐지, 모집한 기밀을 적국에 제보하여 누설하였다고 하더라도 이는 따로 별개의 죄가 성립되는 것이 아니다.[50]

이와 같은 판례의 죄수판단 방식은 앞 Ⅱ에서 설명한 바와 같이 죄수결정의 중심개념 내지는 출발점으로 행위의 수를 기준으로 하는 데에서 비롯된다. 그러나 이러한 죄수판단방법은 포괄일죄의 성립요건으로 수개의 행위가 동일 죄명에 해당할 것을 요구하고 있는 기존의 입장과 일치하지 않을 뿐만 아니라, 이 사안에서 볼 수 있는 바와 같이 포괄일죄와 법조경합의 구분을 흐리게 하고 법조경합의 문제로 다루어야 할 사안까지도 행위가 수개라는 이유로 포괄일죄의 문제로 다루게 되는 죄수론상의 혼란을 초래한다.

그리고 포괄일죄의 범위를 지나치게 확장하는 경우에는 양형의 적정성을 확보하기에 상당히 곤란하다. 법조경합의 경우 적용되는 형벌법규에 해당하는 행위에 대하여 범죄불성립의 사유가 존재하는 때에는

---

49) 이재상, 앞의 책, 518면 각주 4는 이를 포괄일죄(흡수관계)의 사례로 소개하고 있다.
50) 같은 취지의 판결로는 대법원 1982. 4. 27. 선고 82도285 판결; 1982. 2. 23. 선고 81도3063 판결; 대법원 1974. 7. 26. 선고 74도1477 전원합의체판결.

나머지 행위에 대하여 배제되는 형벌법규를 적용하여 처벌할 수는 없으나, 단지 처벌장애사유가 존재하는 때에는 나머지 행위에 대하여 배제되는 형벌법규를 적용하여 처벌하는 것이 가능하다. 그러나 포괄일죄의 경우에는 원칙적으로 포괄일죄의 일부 행위에 대하여 확정판결이 있는 때에는 일사부재리의 원칙상 나머지 행위는 처벌이 불가능하다. 최근에는 판례가 연속범을 부인하면서도 사실상 접속범의 범위를 확장함으로써 사실상 포괄일죄로 인정되는 범위가 상당히 넓다는 비판과 함께,[51] 접속범을 넘어서서 연속범까지 인정하게 되면 실제 범행사실과 행위책임이 일치할 수 있는 정당한 양형을 확보하기 어렵고 범죄자에게 부당한 특혜를 주게 된다는 비판이 제기되고 있는 것도 바로 이 때문이다. 죄수판단의 체계를 바로 잡고 양형의 적절성을 확보하기 위해서는 불가벌적 사전·사후행위는 포괄일죄가 아니라 법조경합으로 다루는 것이 바람직하다.

2. 이 사안의 쟁점

이 사안에서 원심법원과 대법원의 입장 차이는 과연 피고인이 타인의 명의를 모용하여 발급받은 신용카드를 사용하여 현금자동지급기에서 현금대출을 받는 행위는 카드회사에 의하여 미리 포괄적으로 허용된 행위로 볼 수 있는가에서 비롯되었다. 그간 대법원은 피고인이 카드사용으로 인한 대금결제의 의사와 능력이 없으면서도 있는 것 같이 가장하여 카드회사를 기망하고, 이를 이용하여 자동지급기를 통한 현금대출도 받고 가맹점을 통한 물품구입대금 대출도 받은 경우에는 포괄하여 하나의 사기죄가 성립한다는 입장을 취해 왔는데,[52] 그 주된 이유는 "카드사용으로 인한 일련의 편취행위는 그것이 가맹점을 통한 물품

51) 김성돈, 앞의 책, 832면.

52) 대법원 1996.4.9. 선고 95도2466 판결; 2005.8.19. 선고 2004도6859 판결. 이외에도 대법원은 정상적으로 발급받은 자기의 신용카드를 이용하여 대금을 변제할 의사나 능력이 없음에도 불구하고 현금서비스를 받거나 신용구매를 한 경우에는 포괄하여 하나의 사기죄가 성립한다고 보고 있다(대법원 2005.9.30. 선고 2005도398 판결; 2005.10.27. 선고 2004도3408 판결; 2006.3.24. 선고 2006도282 판결 참조).

구입행위이든, 현금자동지급기에 의한 인출행위이든 불문하고 모두가 피해자인 신용카드업자의 기망당한 의사표시에 따른 카드발급에 터 잡아 포괄적으로 이루어지는 것"이라는 데 있었다. 이와는 달리 타인명의를 모용하여 발급받은 신용카드를 부정사용한 행위에 대해서는 카드회사의 내심의 의사는 물론 표시된 의사도 어디까지나 카드명의인인 피모용자에게 카드사용을 허용하는 데 있을 뿐, 피고인에게 이를 허용한 것은 아니라는 점에서 피고인이 타인의 명의를 모용하여 발급받은 신용카드를 사용하는 행위는 카드회사에 의하여 미리 포괄적으로 허용된 행위가 아니라는 이유로 절도죄 또는 컴퓨터등 사용사기죄의 성립을 인정해 왔다.[53)]

여기서 과연 자기명의의 신용카드를 부정발급 받아 사용하는 행위와 타인명의의 신용카드를 부정발급 받아 사용하는 행위에 차이를 인정하는 것이 정당한가가 문제된다. 양자간에 차이를 인정하는 것이 정당한가의 문제는 일단 차치하고, 필자는 다음과 같은 이유에서 자기명의의 신용카드를 부정발급 받아 사용하는 일련의 행위는 포괄하여 하나의 사기죄가 성립한다고 보는 것이 타당하다고 본다.[54)]

우선 카드사용으로 인한 카드회사의 금전채권을 발생케 하는 카드사용 행위는 카드회사로부터 일정한 한도 내에서 신용공여가 이루어지고 그 신용공여의 범위 내에서는 정당한 소지인에 의한 카드사용에 의한 금전대출이 카드 발급시에 미리 포괄적으로 허용되어 있다. 그렇다면 피고인이 카드사용으로 인한 대금결제의 의사와 능력이 없으면서도 있는 것 같이 가장하여 카드회사를 기망하고, 카드회사는 이에 착오를 일으켜 일정 한도 내에서 카드사용을 허용해 줌으로써 피고인은 기망당한 카드회사의 신용공여라는 하자 있는 의사표시에 편승하여 자동지급기를 통해 현금대출을 받고 가맹점을 통한 물품구입대금 대출도 받

53) 대법원 2002. 7. 12. 선고 2002도2134 판결.

54) 같은 견해로는 손동권, "신용(현금)카드 부정사용의 유형별 범죄성립과 죄수", 형사판례연구 제7호, 1999, 347면. 반대되는 견해로는 강동범, "자기신용카드의 부정사용행위에 대한 형사책임", 형사판례연구 제5호, 1997, 357면 이하 참조.

아 카드발급회사로 하여금 같은 액수 상당의 피해를 입게 하였다면, 카드사용으로 인한 일련의 편취행위는 포괄적으로 이루어지는 것으로 보는 것이 타당하다.[55)]

다음으로 일련의 카드사용이 카드회사에 의하여 포괄적으로 허용되어 있는 것이라면 현금자동지급기로부터 현금대출을 받거나 카드가맹점에서 신용구매를 하는 행위는 각각 절도죄 또는 사기죄를 구성하지 않는다. 우선 절도죄가 성립하기 위해서는 점유자의 의사에 반한 절취행위가 있어야 하므로, 그러한 행위가 허용되어 있다면 현금대출을 받는 행위는 처음부터 절취행위에 해당하지 않는다.[56)] 그리고 컴퓨터등 사용사기죄도 '허위의 정보 또는 부정한 명령의 입력'이나 '권한 없는 정보의 입력 또는 변경'을 요건으로 하므로 카드사용행위가 포괄적으로 허용되었다면 처음부터 컴퓨터등 사용사기죄가 성립하지 않는다.

또한 자기명의의 신용카드를 부정발급 받아 사용하는 행위는 포괄일죄의 성립요건으로서 i) 피해법익의 단일성, ii) 행위태양의 동일성, iii) 단일의 범죄의사 요건이 인정된다. 즉, 신용카드사용으로 인한 대금을 신용카드업자에게 결제할 의사나 능력이 없으면서도 신용카드를 발급받아 이를 사용하여 가맹점으로부터 물품을 구입하고 현금서비스를 받은 경우, 사용자가 카드가맹점으로부터 물품을 구입하면 그 카드를 소지하여 사용하는 사람이 카드회사로부터 카드를 발급받은 정당한 소지인인 한 카드회사가 그 대금을 가맹점에 결제하여야 한다. 그리고 현금자동지급기를 통한 현금대출도 결국 카드회사로부터 그 지급이 미리 허용된 것이고, 단순히 그 지급방법만이 사람이 아닌 기계에 의해서 이루어지는 것에 불과하다. 그렇다면 자기명의의 신용카드를 부정으

55) 대법원 1996. 4. 9. 선고 95도2466 판결 참조.

56) 같은 이유에서 판례는 피고인이 현금카드의 소유자로부터 편취한 현금카드를 이용하여 현금자동지급기에서 예금을 인출한 행위에 대해서는 사기죄 이외에 별도의 절도죄가 성립하지 않고(대법원 2005. 9. 30. 선고 2005도5869 판결), 현금카드 소유자를 협박하여 예금인출 승낙과 함께 현금카드를 교부받은 후 이를 사용하여 현금자동지급기에서 예금을 여러 번 인출한 경우에는 공갈죄 이외에 별도의 절도죄가 성립하지 않는다고 본다(대법원 1996. 9. 20. 선고 95도1728 판결).

로 발급받아 사용하는 일련의 행위는 카드회사를 기망하고 이에 기하여 재물 또는 재산상의 이익을 취득하는 일련의 과정으로 볼 수 있고, 일련의 행위는 하나의 사기죄에 해당한다.[57]

Ⅴ. 사안의 해결

이 사안에서 타인명의의 신용카드를 부정발급 받아 사용한 일련의 행위가 포괄일죄에 해당한다고 하기 위해서는, 우선 신용카드범죄의 특수성에 비추어 범죄의 실현단계(신용카드 발급단계, 신용카드 사용단계), 행위태양(현금자동지급기에서의 신용대출, 가맹점에서의 신용구매), 피해법익 등을 면밀히 검토하여 일련의 행위가 동종의 구성요건에 해당하는가를 확정하여야 한다. 그리고 동종의 구성요건에 해당하는가의 여부를 판단함에 있어서는 판례가 제시하고 있는 ⅰ) 피해법익의 단일성, ⅱ) 행위태양의 동일성, ⅲ) 단일의 범죄의사의 요건을 갖추고 있는지를 고려하여야 한다.

1. 이 사건에서 피고인의 행위는 타인명의를 모용하여 신용카드를 부정발급 받은 행위와 부정발급 받은 타인명의의 신용카드를 부정사용하는 행위(신용대출과 신용구매)로 대별할 수 있는데, 피고인의 행위는 각각 사기죄(신용카드부정발급)와 절도죄(신용대출), 사기죄(신용구매)의 구성요건에 해당하므로 동종의 구성요건에 해당한다고 보기 어렵다.

우선 신용카드는 신용구매와 신용대출의 기능을 가진 그 자체가 일정한 재산적 가치를 가지는 재물임을 부인할 수 없으므로 신용카드회사를 기망하여 신용카드를 발급받은 경우에는 신용카드에 대한 사기죄가 성립한다.[58] 일부 견해는 신용카드는 단지 추후 사용을 위한 수단에 불

57) 이 때 부정으로 발급받은 신용카드 자체에 대한 사기죄를 인정할 여지가 없는 것은 아니나(강동범, 앞의 논문, 383면), 동일한 피해자에 대하여 수회에 걸쳐 기망행위를 하여 금원을 편취한 경우, 그 범의가 단일하고 범행 방법이 동일하다면 사기죄의 포괄일죄만이 성립한다는 판례(대법원 2006. 2. 23. 선고 2005도8645 판결)를 고려해 볼 때, 별도의 사기죄가 성립한다고 보는 것이 오히려 어색하다.

58) 강동범, 앞의 논문, 364면; 이정원, "자기신용카드 부정사용에 대한 형사판례", 비교형사법연구 제7권 2호(2005), 191면; 임양운, "신용카드범죄의 실무상 문제",

과하며 카드소지인이 정당한 사용권자 또는 카드의 유효함만을 증명하므로 카드의 경미한 가액을 도외시한다면 신용카드의 재물성을 인정한다 하더라도 카드의 발급을 직접 카드회사의 손해가 발생했다고 보기는 어렵다는 이유로 사기죄의 성립을 부정하나,[59] 현행 형법이 사기죄의 성립요건으로 손해발생을 규정하고 있지 않은 이상 손해가 발생하지 않았음을 이유로 사기죄의 성립을 부정하는 주장은 설득력이 부족하다.[60] 그리고 신용카드를 부정발급 받는 것만으로는 재산상의 손해와 동등한 구체적 위험이 발생하였다고 보기 어렵고 추상적 위험만이 존재한다는 이유로 사기죄의 미수가 성립한다는 견해가 주장되고 있으나,[61] 사기죄가 성립하기 위해서는 재산상 손해의 구체적 위험이 발생할 것이 요구된다는 주장을 받아들이기 힘들고 기망행위와 재물(신용카드)의 취득이 있는 이상 미수개념(형법 제25조)에 포섭되기도 어렵다.

그리고 타인의 신용카드를 이용하여 신용카드가맹점에서 물품을 구입하는 행위는 사기죄에 해당하고,[62] 타인의 신용카드를 이용하여 현금자동지급기에서 현금을 인출하는 행위는 절도죄에 해당한다. 물론 이 경우 타인명의의 신용카드를 부정사용하여 현금자동지급기로부터 현금을 인출하는 행위에 대해서는 절도죄가 아니라 컴퓨터등 사용사기죄가 성립한다고 본다면,[63] 동종의 구성요건에 해당한다고 볼 여지가 있다. 그러나 대법원은 우리 형법이 재산범죄의 객체가 재물인지 재산상의

저스티스, 1996. 12, 173면.

59) 오경식, "신용카드범죄의 실태와 문제점", 형사정책연구원, 1995, 139면 참조.

60) 판례(대법원 2002. 2. 5. 선고 2001도5789 판결)도 사기죄의 성립에는 손해발생이 요구되지 않는다는 입장을 취하고 있다.

61) 안경옥, "타인명의를 모용·발급받은 신용카드를 이용한 현금인출행위와 컴퓨터등 사용사기죄", 형사판례연구 제11호, 2003, 152면.

62) 대법원 1996. 4. 9. 선고 95도2466 판결; 1996. 7. 12. 선고 96도1181 판결; 대법원 1997. 1. 21. 선고 96도2715 판결; 2005.8.19. 선고 2004도6859 판결; 2006. 3. 24. 선고 2006도282 판결

63) 안경옥, "타인명의의 신용카드를 부정사용한 행위의 형사책임", 비교형사법연구 4권 2호(2002), 272면 이하; 김일수·서보학, 형법각론(제6판), 2004, 446면; 배종대, 형법각론(제6전정판), 2006, 480면; 오영근, 형법각론, 2005, 420면; 이재상, 형법각론(제5판), 2004, 366면; 정성근·박광민, 형법각론, 2002, 352면.

이익인지에 따라 이를 재물죄와 이득죄로 명시하여 규정하고 있는데, 일반 사기죄를 재물죄 겸 이득죄로 규정한 것과 달리 컴퓨터등 사용사기죄의 객체를 재물이 아닌 재산상의 이익으로만 한정하여 규정하고 있으므로, 절취한 타인의 신용카드로 현금자동지급기에서 현금을 인출하는 행위가 재물에 관한 범죄임이 분명한 이상 이를 위 컴퓨터등 사용사기죄로 처벌할 수는 없고,[64] 일반 사기죄와 컴퓨터등 사용사기죄는 객체에서 뿐만 아니라 그 행위태양에서도 차이가 있기 때문에, 양죄를 동종의 구성요건에 해당한다고 보기는 힘들다.

이처럼 피고인의 행위는 각각 사기죄(신용카드부정발급)와 절도죄(신용대출), 사기죄(신용구매)의 구성요건에 해당하므로 포괄일죄가 성립하기 위한 전제가 결여되어 있다. 그렇다고 하여 곧바로 이들 죄를 실체적 경합으로 볼 것은 아니다. 이와 같이 상이한 구성요건에 해당하는 수개의 행위에 대해서는 법조경합이 성립될 여지가 있기 때문이다.

포괄일죄와는 달리 법조경합은 수개의 행위가 동일한 구성요건에 해당하거나 또는 행위태양이 동일할 것은 전제로 하지 않는다. 상해죄와 살인죄, 위험범과 침해범과 같은 불가벌적 사전행위 그리고 절도죄와 사기죄 또는 손괴죄, 장물보관죄와 횡령죄와 같은 불가벌적 사후행위의 사례에서 볼 수 있듯이 법조경합에서는 서로 다른 구성요건에 해당하고 서로 다른 태양의 행위라고 하더라도 무방하다. 다만 법조경합이 성립하기 위해서는 주된 행위에 의해서 침해된 보호법익의 범위를 초과해서는 안 된다. 즉, 법조경합은 종된 행위가 주된 행위에 의해서 침해된 보호법익의 범위를 초과하지 않는 경우에 한하고, 제3자의 법익을 침해하거나 또는 주된 행위에 의해 침해된 보호법익의 범위를 초과하는 때에는 실체적 경합이 된다.[65]

---

64) 대법원 2003.5.13. 선고 2003도1178 판결; 2002.7.12. 선고 2002도2134 판결 참조.

65) 이 법리를 대법원 1982.11.23. 선고 82도2201 판결에 적용해 보면 간첩죄는 적국을 위하여 군사상 기밀은 물론 적국에 알려짐으로써 우리나라에 불이익이 되는 정치·경제·사회·문화 등 모든 분야에 걸친 기밀을 탐지, 수집함으로 성립되는 것이고, 그 후에 이 탐지·수집한 기밀을 적국에 제보하여 누설하였다고 하더라도 별개의 침해하거나 이미 침해된 법익의 범위를 초과하는 것이 아니므로 군사상 기밀을 누설한

이 사안에서 타인명의의 신용카드 부정발급행위는 부정발급 받은 신용카드의 사용행위에 대하여 불가벌적 사전행위로서 법조경합의 한 유형인 흡수관계로 포섭할 수 있다. 신용카드는 그 자체의 재물성보다는 이를 사용하여 물건을 구입하거나 현금서비스를 받을 수 있는 기회가 생긴다는 점에서 신용카드를 발급받은 것은 재산상 이익을 취득할 수 있는 가능성을 확보한 것에 불과하고, 이를 이용하여 현금서비스를 받거나 물건을 구입함으로써 비로소 행위자가 의도하는 재물 또는 재산상 이익을 궁극적으로 취득하게 되는 것이다.[66] 따라서 부정발급으로 인한 신용카드 자체에 대한 사기죄가 부정발급 받은 신용카드의 부정사용으로 인한 범죄로 연결된 때에는 불가벌적 사전행위로서 신용카드 부정사용으로 인한 범죄에 흡수된다고 할 것이다.[67]

2. 다음으로 자기명의의 신용카드를 부정발급 받아 사용하는 행위에 대해서는 신용카드회사에 대한 사기죄의 포괄일죄를 인정하는 것과는 달리 타인명의의 신용카드를 부정발급 받아 사용하는 행위에 대해서는 사기죄의 포괄일죄를 인정하기 곤란하다.

(1) 우선 앞에서도 잠깐 설명하였지만 자기명의의 신용카드를 부정발급 받아 이를 사용한 일련의 행위는 피해법익의 동일성이라는 측면에서 포괄일죄로 보는 것이 옳다. 피고인이 카드사용으로 인한 대금결제의 의사와 능력이 없으면서도 있는 것 같이 가장하여 신용카드를 부정발급 받았다고 하더라도 신용카드가맹점은 카드소지인의 본인여부를 확인하고 카드상의 서명과 매출전표상의 서명이 일치하는지의 여부를 확인하며 기타 카드소지인이 제시한 신용카드의 유효기간이 경과한 것인지의 여부, 위조·변조된 카드인지의 여부, 도난·분실 등으로 사고신고된 카드인지의 여부를 확인하면 이로 인한 손실부담을 지지 않는다. 그리고 피고인이 부정발급 받은 신용카드를 이용하여 현금자동지급기에서 신용대출을 받은 경우 결국 신용카드 발급기관이 책임을 지

행위는 별개의 구성요건에 해당하더라도 결국 하나의 간첩죄만 성립할 따름이다.

66) 오영근, 앞의 책, 421면 참조.

67) 배종대, 앞의 책, 469면.

게 된다.68) 이처럼 자기명의의 신용카드를 부정으로 발급받아 사용한 일련의 행위에 대하여 피해법익의 동일성이 인정된다.69)

(2) 그러나 부정사용한 신용카드가 타인명의인 경우는 자기명의인 경우와 달리 접근하지 않으면 안 된다. 신용구매의 경우 카드가맹점이 신용판매를 할 때 해야 할 본인확인 등 주의의무를 위반하여 부정사용 사례가 발생하면 이로 인한 손실은 카드가맹점의 부담이 된다. 그리고 카드발행회사는 카드가맹점과의 가맹점계약을 해지할 수 있다.70) 따라서 타인명의 신용카드 부정사용의 경우에는 피해법익의 단일성이 인정되지 않으므로 신용카드 자체에 대한 사기죄와 별도로 부정사용으로 인한 사기죄가 성립한다. 판례도 "신용카드를 절취한 후 이를 사용한 경우 신용카드의 부정사용행위는 새로운 법익의 침해로 보아야 하고, 그 법익침해가 절도범행보다 큰 것이 대부분이므로 위와 같은 부정사용행위가 절도범행의 불가벌적 사후행위가 되는 것은 아니다."라는 이유로 신용카드에 대한 절도죄와 신용카드의 부정사용으로 인한 사기죄가 각각 성립한다고 판시한 바 있다.71)

그리고 타인명의를 모용하여 부정발급 받은 신용카드를 이용하여 수개의 신용카드가맹점에서 수차례에 걸쳐 신용구매를 한 경우에는 각각 별개의 사기죄가 성립한다. 판례도 수인의 피해자에 대하여 각별로 기망행위를 하여 각각 재물을 편취한 경우에는 비록 범의가 단일하고 범행방법이 동일하더라도 각 피해자의 피해법익은 독립한 것이므로 이를 포괄일죄로 파악할 수는 없고 피해자별로 독립한 수개의 사기죄가 성립한다고 보고 있다.72) 물론 비전속적 법익을 침해하는 행위에 대해

68) 자세한 내용은 신종석, "신용카드거래의 부정사용에 대한 법적 책임", 법학논총, 단국대학교 법학연구소, 2000, 289면 이하 참조.

69) 서보학, "정상취득한 신용카드의 부정사용에 대한 형법적 평가", 법조 598호(2006. 7.), 96면은 카드신청시 이미 추후의 물품구입에 부정사용하려는 의도가 있었다 할지라도 개별 가맹점에서 카드를 부정사용하여 물품을 사취할 때의 고의와 기망행위의 독자성은 따로 인정된다는 이유에서 포괄일죄가 아니라 실체적 경합이라고 주장한다.

70) 신종석, 앞의 논문, 314면 참조.

71) 대법원 1996. 7. 12. 선고 96도1181 판결.

72) 대법원 1989. 6. 13. 선고 89도582 판결; 1993. 6. 22. 선고 93도743 판결. 이러한 취

서는 피해자가 동일하지 않더라도 시간적·장소적 접착성, 행위태양의 동일성, 범의의 단일성과 같은 접속범의 요건을 구비하고 있는 한 포괄일죄가 성립할 여지가 있으나, 수개의 신용카드가맹점에서 수차례에 걸쳐 신용구매를 하는 행위는 접속범의 요건을 갖추고 있다고 보기는 힘들다.

(3) 그리고 타인명의로 부정발급 받은 신용카드를 이용하여 현금자동지급기로부터 신용대출을 받은 행위와 신용카드가맹점에서 신용구매를 한 행위 사이에도 피해법익의 동일성이 인정되지 않는다. 즉, 이 사건에서 대법원이 밝히고 있듯이 타인의 명의를 모용하여 신용카드를 부정으로 발급받은 행위(사기죄)의 피해자는 신용카드회사이고, 그 신용카드를 사용하여 현금자동지급기에서 현금을 인출한 행위(절도죄)의 피해자는 현금자동지급기의 관리자이며, ARS 전화서비스 등을 이용하여 신용대출을 받은 행위(컴퓨터등 사용사기죄)의 피해자는 대출금융기관이기 때문에 행위태양의 동일성은 물론 피해법익의 동일성이 인정될 수 없다. 다만 신용카드를 사용한 거래의 안전 및 이에 대한 공중의 신뢰라는 관점에서는 피해법익의 동일성이 인정되므로 타인명의를 모용하여 발급받은 신용카드를 부정사용하는 수개의 행위는 포괄하여 하나의 여신전문금융업법상 신용카드부정사용죄가 성립하고,[73] 양자는 상상적 경합의 관계에 있다.

지에 따라 대법원 1996. 7. 12. 선고 96도1181 판결은 "신용카드를 부정사용한 결과는 사기죄의 구성요건에 해당하고 그 각 사기죄는 실체적 경합관계에 해당한다."고 판시하고 있다.

73) 대법원 1996. 7. 12. 선고 96도1181 판결: 절취한 카드로 가맹점들로부터 물품을 구입하겠다는 단일한 범의를 가지고 그 범의가 계속된 가운데 동종의 범행인 신용카드 부정사용행위를 동일한 방법으로 반복하여 행하였고, 또 위 신용카드의 각 부정사용의 피해법익도 모두 위 신용카드를 사용한 거래의 안전 및 이에 대한 공중의 신뢰인 것으로 동일하므로, 피고인이 동일한 신용카드를 위와 같이 부정사용한 행위는 포괄하여 일죄에 해당[한다].

[주 제 어]
신용카드, 부정사용, 법조경합, 포괄일죄

[Key words]
Kreditkarte, Mißbrauch, Gesetzeskonkurrenz, fortgesetzte Handlung

접수일자: 2008. 5. 8, 심사일자: 2008. 5. 25, 게재확정일자: 2008. 5. 31.

[Zusammenfassung]

Konkurrenzen der Mißbrauchshandlungen mit einer fremden Kreditkarte

Kim, Tae-Myeong*

Es wird hier untersucht, unter welchen Tatbestand der Mißbrauch der betrügerisch erlangten fremden Kredirkarte strafbar ist und die verschiedene Tatbestände für die Strafzumessung selbständige Bedeutung haben oder nicht.

Der Mißbrauch der betrügerisch erlangten fremden Kredirkarte bei der Vertragsfirma erfüllt den Tatbestand des Betrugs. Hier handelt es sich um die konkludente Tauschungshandlung, die den Erklärungswert in sich hat. Dabei erfüllt die betrügerische Erlangung der Kreditkarte und der Mißbrauch der Kreditkarte gesondert andere Tatbestände.

Der Bankautomatenmißbrauch durch die betrügerisch erlanten Kredirkarte und die Darleihung durch das Telephon auf Grund der Informationen dieser Kreditkarte erfüllen keinen Tatbestand des Betrugs, weil in diesen Fällen keine Täuschung gegenüber der Person vorliegt. Erstens, der Mißbrauch der betrügerisch erlanten fremden Kredirkarte bei der Vertragsfirma erfüllt den Tatbestand des Betrugs. Zweitens, hebt jemand an einem Bankautomat vom Konto eines andern mit dessen Karte und Geheimnummer Geld ab, so ist es als Diebstahl strafbar. Der koreanischen Gericht hat in einer Entscheinung den Diebstal verurteilt, in der der Täter die Karte unter dem fremden Namen von einer Bank erlangt und an einem Bankautomat

* Associate Professor, Department of Law, Chonbuk University, Ph.D. in Law.

Geld anhebt hat. Drittens, der Bankautomatenmißbrauch durch die fremden Kredirkarte erfüllt den Tatbestand des Computerbetrugs. Der Betrug und der Computerbetrug stehen zueinander in Realkonkurrenz.

진술거부권과 진술거부권 불고지의 효과

안 성 수*

[대상판결] 대법원 1992. 6. 23. 선고 92도682 판결

I. 사 안

[공소사실]

피고인 안○○, 정○○는 공소외 길○○ 등과 공모하여 1985년경 그 무렵 성업중이던 성인오락실 이권 등을 장악하여, 부산 중구 남포동, 부평동 일대의 오락실 밀집지역을 중심으로 조직을 재건하기로 마음먹고, 1985.7.경 부산 중구 남포동 일대의 오락실 등지에서 조직의 명칭은 '신이십세기파'라고 정하고, 그 목적은 (1) 부산 남포동, 부평동, 충무동 일대의 허가·무허가 오락실을 직접 경영하거나 지분을 가지고 참여하고, 다른 사람이 경영하는 경우 자신들의 휘하에 있는 폭력배들을 동원하여 오락실 영업을 방해하면서 영업보호를 빙자하여 휘하 폭력배를 '해결사'격으로 위 오락실의 지배인, 관리인, 문방(오락실의 문 앞에서 단속 상황을 살피면서 손님을 끌어들이는 역할을 하는 자) 등으로 강제 취업시켜 자파세력의 승인 없이는 오락실을 경영할 수 없도록 하는 등 독점적으로 오락실을 경영하여 오락실의 이권을 장악하고 지배권을 확보하며 이를 위한 폭행, 공갈, 협박 등의 폭력행사, (2) 반대세력에 대한 대항세력 구축 및 이익 침해시 그에 대한 응징, 자파세력의 존재과시를 위한 조직적 집단적 폭력행사, (3) 이를 위한 조직 내부의 불평분자 및 질서문란자에 대한 폭력에 의한 응징, (4) 조직내부의 범법자 보호등을 통한 질서 및 조직의 통솔체계 유지로 정하고, 조직체계 및 업무분담으로 (1) 피고인 안○○, 정○○가 공동두목이 되어 조직전체를 통솔하고 관리하며 이중 피고인 정○○는 관계기관 등에 대한 섭외업무를 담당하는 등 공동수괴로, (2) 피고인 강○○는 고문으

* 창원지방검찰청 부부장검사, 뉴욕주 변호사, 법학박사.

로, 공소외 천○○는 조직내의 연락 및 자금 관리를 맡는 총무 겸 경리로, 공소외 이○○, 염○○, 위 ○○만, 권○○ 등은 피고인 안○○, 정○○ 등의 지시를 받아 행동대원들을 지휘하는 일선지휘관인 행동대장격으로하여 각 그 간부급으로, (3) 피고인 장○○, 하○○ 공소외 조○○, 박○○, 길○○ 등은 공소외 성명 불상자 30여명과 같이 위 행동대장의 지휘를 받아 필요시 일선에 나서서 폭력·공갈·협박 등을 행사하는 일선 행동대원역을 담당하기로 하는 등으로 각 업무분담을 하고, 조직의 생활 및 활동자금은 선후배간 엄격한 예절을 지키며 지시를 철저히 따르고 위 남포동, 부평동 일대의 오락실을 경영하거나 지배인 등으로 취업하여 갈취하는 등의 방법으로 모아진 돈으로 충당하고, 조직의 통솔방법으로는 두목인 피고인 안○○, 정○○를 중심으로 중요사안에 대하여는 내부결제를 하고 중앙집중식으로 조직원을 통제하고, 수괴들은 행동대장 등의 중간간부를 지휘하며, 조직내부에 계파 없이 공동관리하며, 자금관리는 수입금의 20%를 하위급 조직원에게 내려 보내 생활보장을 하면서, 두목의 지시에 따라 언제든지 조직원이 집합할 수 있도록 연락망을 구비하는 등으로 조직을 구성 운영하여 폭력·공갈·협박 등의 행사를 목적으로 한 범죄단체를 구성한 것이다.

Ⅱ. 1·2심 판결

1심인 부산지방법원(1991. 10. 25. 선고 91고합473, 637 판결)은 피고인 안○○, 정○○에게 각 징역 8년을 선고하였다. 한편 이 사건 유죄인정의 증거로 '부산지방법원 90고합1410의 비디오 검증조서'를 들었다.

이에 대하여 피고인들은 채증법칙위배, 증거취사 및 판단의 잘못과 양형부당 등을 이유로 고소하였고, 검사는 양형부당을 이유로 항소하였다.

2심인 부산고등법원(1992. 2. 24. 선고 91노1468 판결)에서는 검사 및 피고인들의 항소중 사실오인의 점에 대한 항소를 기각하고, 피고인들의 양형부당에 대한 항소를 인정하여 피고인들에게 각 징역 5년을 선고하였다.

Ⅲ. 대상 대법원 판결의 요지

형사소송법 제200조 제2항은 검사 또는 사법경찰관이 출석한 피의자의 진술을 들을 때에는 미리 피의자에 대하여 진술을 거부할 수 있음을 알려야 한다고 규정하고 있는바, 이러한 피의자의 진술거부권은 헌법이 보장하는 형사상 자기에 불리한 진술을 강요당하지 않는 자기부죄(自己負罪)거부의 권리에 터 잡은 것이므로 수사기관이 피의자를 신문함에 있어서 피의자에게 미리 진술거부권을 고지하지 않은 때에는 그 피의자의 진술은 위법하게 수립된 증거로서 진술의 임의성이 인정되는 경우라도 증거능력이 부인되어야 한다.

원심이 인용한 1심판결 채용증거 중 부산지방법원 90고합1410 사건의 비디오검증조서(공판기록 1284정 이하)는 이 사건 범죄단체조직죄에 관한 공범으로서 별도로 공소제기된 위 사건의 피고인 길○○에 대한 수사과정에서 담당검사가 위 사건의 피고인 길○○와 위 사건에 관하여 대화하는 내용과 장면을 녹화한 것으로 보이는 비디오테이프에 대한 검증조서인바, 이러한 비디오테이프의 녹화내용은 피의자의 진술을 기재한 피의자신문조서와 실질적으로 같다고 볼 것이므로 피의자신문조서에 준하여 그 증거능력을 가려야 할 것이다.

그런데 기록을 살펴보아도 검사가 위 사건(90고합1410호) 피고인의 진술을 들음에 있어 동인에게 미리 진술거부권이 있음을 고지한 사실을 인정할 자료가 없으므로 위 녹화내용은 위법하게 수집된 증거로서 증거능력이 없는 것으로 볼 수밖에 없고, 따라서 이러한 녹화내용에 대한 검증조서기재는 유죄증거로 삼을 수 없는데도 원심이 위 검증조서를 유죄증거로 채용한 것은 채증법칙에 위반한 위법한 처사로서 이 점에 관한 논지는 이유 있다.

그러나 원심채용증거 중 위 검증조서를 제외하고 나머지 증거만으로도 피고인들의 이 사건 범죄사실을 인정하기에 넉넉하므로 위 검증조서의 증거채용에 관한 위법은 원심의 유죄결론에는 결국 영향이 없다.

〔연　　구〕

Ⅰ. 서

1. 진술거부권의 의의 및 근거

진술거부권이란 자기부죄거부의 특권(privilege against self-incrimination)의 하나로서 피의자·피고인 등이 자신에 대하여 불이익한 진술을 강요당하지 아니하고, 강요에 의하여 불이익한 진술을 한 경우 그러한 증거는 증거로 사용할 수 없도록 하는 것이다(confession rule).[1] 자기부죄거부의 권리는 증인의 진술거부권(the witness privilege)[2]과 피의자·피고인의 진술거부권으로 구성되어 있다.[3]

역사적으로는 스튜어트 왕조시대에 독재 왕정에 반대하는 사람을 처벌하기 위하여 고문을 통하여 자백을 얻고, 이 자백을 증거로 하여 유죄 판결을 하는 것에 대한 반감에서 자기부죄의 특권이 시작되었다고 할 수 있다.

영·미에서는 피고인은 법정에서는 진술을 하려면 증언대에서 선서를 하고 증언을 할 수 있으며, 만일 거짓말을 하면 위증죄로 처벌을 받게 되고, 일단 증언을 하기 시작하면 검사의 반대신문에 답변을 해야만 한다. 따라서 피고인의 진술거부권은 수사기관이나 법원이 강제로 피고인을 증언하도록 할 수 없다는 것과 피고인이 스스로 증언대에 서서 증언을 할지를 선택할 수 있다는 것을 의미한다.

피의자·피고인의 진술거부권을 인정하는 근거는 세 가지이다.

첫 번째로는 인간의 존엄성, 사생활보호, 개인 의사의 자기결정권의 확장으로 진술거부권이 인정된다는 것이다.[4] 피의자나 피고인이 진

---

1) 백형구, 형사소송법강의(제8정판), 박영사(2001), 41면.

2) 증인의 자기부죄거부는 증인이 법정에서 ① 자기부죄 증언을 하거나 ② 위증을 하거나 ③ 증언을 하지 않음으로써 법정모욕으로 처벌을 받게 되는 세 가지중 한 가지를 선택해야만 하는 딜레마에서 증인을 보호하고, 증인에 대한 자기부죄적인 증거의 입증에 대한 부담을 수사기관이 지도록 하는데 그 취지가 있다.

3) Katharine B. Hazlett, "The nineteenth century origins of the fifth amendment privilege against self-incrimination", 42 Am. J. Legal Hist. 235(1998), 236면.

4) 이것은 죄를 지은 사람이 증언을 하도록 강요하는 경우 그는 위증을 할 가능성이

술을 할지 여부를 결정하는 것은 오직 피의자나 피고인의 자기의 의사결정에 따라야 하며, 이에 반하여 진술을 할 의무를 부과할 수는 없다는 것이다.

그런데 개인 의사의 자기결정권 확장으로서 진술거부권이 인정된다고 한다면 이러한 자기결정권을 충실히 보호하기 위해서는 피의자·피고인은 수사나 재판에 있어 이익·불이익을 불문하고, 인적사항 등 일체의 진술을 거부할 수 있고, 이렇게 진술을 거부하는 경우에 있어서도 국가는 피의자나 피고인에게 아무런 불이익을 주어서는 안 된다. 또 개인이 자기결정권에 충실하기 위해서는 진술거부권 뿐만 아니라 출석의무, 조사나 재판중 조사실시나 공판정에 있을 의무 등 어떤 것도 인정해서는 안 되고, 이를 직접적으로 강제하거나 영장에 의하여 간접적으로 강제해서는 안 된다. 그러나 이렇게 되면 결국 피의자나 피고인이 스스로 수사나 재판에 협력하기로 결정하지 않으면, 수사나 재판을 할 수 없다는 것이 되어 부당하다.

국민에게 납세, 근로의 의무가 있고, 형사절차에 있어서 참고인·증인 등이 일정한 의무를 부담하고 있는 것처럼 개인의 사생활 등의 권리에도 제한과 한계가 있는 것이고, 따라서 피의자나 피고인도 일정한 범위 내에서는 국가 수사기관에 조력을 할 의무가 있으며, 범인을 처벌하고, 진실을 밝히는 데서 얻는 사회적 공익을 인정한다면 개인이 자기결정권의 범위를 무제한 인정할 수는 없다.

두 번째로는 무죄추정의 원칙, 당사자주의, 공정한 재판의 원칙을 실현하기 위한 수단으로서 진술거부권이 인정된다는 것이다. 무죄추정의 원칙상 피의자·피고인은 검사가 유죄의 입증을 할 때까지는 아무런 대답을 할 필요가 없고, 만일 피의자나 피고인이 진술을 해야 한다면 무죄추정의 원칙이 손상될 가능성이 크며, 당사자주의의 원칙상 피의자·피고인은 수사기관에 협조를 할 의무가 없고, 또 공정한 재판의

많은데 이러한 경우 그 피고인에게 증언할 의무를 면해 줌으로써 위증죄로 처벌받을 피고인의 가혹한 부담을 면해준다는 논리이다.

원칙을 실현하기 위해서 진술거부권이 필요하다는 것이다.

그러나 무죄추정의 원칙이 없다고 하더라도, 공소를 제기한 검사가 입증을 해야 하는 부담을 가지는 것은 여전하며, 피의자나 피고인이 진술을 한다고 해도 반드시 무죄추정의 원칙이 손상되는 것은 아니고, 당사자주의라고 해도 피의자나 피고인 등도 증거개시 등의 협력의무가 인정되고 있으며, 진술거부권이 공정한 재판의 원칙을 실현하기 위한 것이라는 점에는 그 실질적 근거가 불명확하다는 문제가 있다.

세 번째로는 진술거부권은 이론적인 요구 때문이 아니라, 진술거부권을 인정해야 실무적으로 더욱 믿을 수 있는 진실한 피의자·피고인의 진술이 가능하고, 이러한 증거가 법원에 제출되어 억울한 사람이 유죄판결을 받지 않을 수 있게 되기 때문에 인정된다.[5] 다시 말하면 피의자나 피고인은 재판에 있어 유죄판결이 선고되면, 형사처벌을 받게 되는 직접적인 이해당사자이므로 이를 면하기 위하여 거짓말을 할 가장 강력한 동기를 가지고 있다. 그런데 만일 진술거부권을 인정하지 않을 경우 피의자나 피고인은 진술을 해야만 한다. 이때 실제로 죄가 있는 피의자나 피고인은 진실을 말하여 처벌을 받거나, 거짓말을 하여 처벌을 면하려 하거나 하는 2가지 경우중 하나를 선택해야 하는데, 후자를 선택할 가능성이 크다. 이렇게 되면 피의자나 피고인의 진술은 믿기 어렵다는 인식이 일반적으로 받아들여지게 된다.[6] 이렇게 되면 실제로 죄가 없는 피고인이나 피의자가 죄가 없다고 사실대로 진술을 하는 경우에도 피의자나 피고인의 진술은 믿을 수 없다는 일반적인 인식 때문에 피해를 볼 가능성이 커진다. 그런데 만일 진술거부권을 인정할 경우에는 실제 죄가 있는 피의자나 피고인은 아예 진술 자체를 거부할 수 있으므로 거짓말을 하지 않아도 된다. 이렇게 되면 수사절차나 법정에서

5) Paul Roberts & Adrian Zuckerman, Criminal Evidence, Oxford University press (2004) 409면 내지 425면.

6) 거짓말을 자주한 양치기의 우화를 생각해 보면 이를 이해할 수 있다. 평소 거짓말을 자주한 양치기는 마지막에 진실을 말했을 때도 마을 사람들로부터 거짓말을 한 것으로 받아들여졌다.

는 좀더 진실이 통용하게 되고, 진짜 죄가 없는 피의자나 피고인이 범죄를 부인하는 경우에 그 진술이 거짓으로 받아들여질 가능성이 줄어들고, 그 진술의 신빙성이 커지게 되어 실제로 죄가 없는 사람이 피해를 덜 보게 된다는 것이다.

그러나 실제로 죄가 없는 억울한 사람이라면 진술을 거부하기 보다는 오히려 적극적으로 진실을 말해서 죄 없음을 밝히려 할 것이다. 따라서 실제로 죄가 없는 사람으로서는 진술거부권의 인정여부가 문제되지 않는다고 할 수도 있다. 또 실제로 죄가 있는 사람도 허위로 진술을 한 경우에 허위진술죄로 처벌을 받지도 않고, 양형상 구체적인 불이익을 받지 않는 우리나라와 같은 상황에서는 진술을 거부하기 보다는 허위로 진술을 할 것이기 때문에 역시 이 이론에는 한계가 있다.

2. 문제의 제기

대상판결은 진술거부권을 고지하지 않고 얻은 피의자 진술의 증거능력을 위법하게 수집한 것이라는 이유로 증거능력을 배제했다는 점에서 의미가 있다. 그러나 대상판결은 전원합의체판결은 아니었고, 15년 전의 판결이며, 진술거부권에 관한 형사소송법 규정이 개정되었기 때문에 이 시점에서 다시 위 판결을 검토해 볼 가치는 충분하다고 하겠다.

대상판결이 진술거부권을 고지하지 아니하고 얻은 피의자 진술의 증거능력을 배제한 것에 대해서는 특히 다음과 같은 논점을 살펴볼 필요가 있다.

먼저, 본건이 피의자를 신문한 것이 아니라, 수사기관과 피의자가 대화를 나누는 상황을 녹화한 것이라면, 수사기관이 피의자에게 진술거부권을 고지할 의무가 있는 지이다. 이 문제는 수사기관의 진술거부권 고지의무가 어떠한 상황에서 발생하는지 및 고지시기가 어느 시점인지와 관련이 있다. 특히 개정 형사소송법이 종전 제200조 제2항의 "전항의 진술을 들을 때에는 미리 피의자에 대하여 진술을 거부할 수 있음을 알려야 한다."는 규정을 삭제한바 있기 때문에 새로운 검토가 필요하다.

다음으로, 만일 수사기관이 피의자에게 진술거부권을 고지할 의무가 있다고 한다면, 이를 위반하여 피의자에게 진술거부권을 고지하지 않고 얻은 진술을 동인이 아닌 공범으로서 분리하여 재판중인 다른 피고인들의 공소사실을 입증하기 위한 증거로 사용하는 경우에도 증거능력이 인정되지 않는지에 대하여도 검토해 볼 필요가 있다. 이것은 위법수집증거 배제원칙의 적용한계와도 관련된 것이다.

이를 위하여 먼저 영미 등 국가의 진술거부권에 대한 실증적 검토를 해보고, 이를 토대로 대상판결에 대한 검토 및 개정 형사소송법의 문제점 등을 살펴보기로 한다.

Ⅱ. 진술거부권의 고지

1. 고지가 필요한 상황

(1) 외국의 예

1) 미　　국

미국에서의 진술거부권의 고지는 미란다 원칙으로 구체화되어 있다. 미란다 원칙은 진술거부권 및 변호인의 조력을 받을 권리를 고지하는 것이 그 내용이다.

그런데 이 미란다 경고를 고지하는 상황은 ① 구금중인 피의자나 피고인에 대하여 ② 수사기관이 신문을 하는 경우에 한하며, 또 이러한 경우에도 예외가 인정된다.

(가) 구금중일 것

미란다 원칙은 피의자나 피고인이 구금(custody)중인 때에 한하여 적용된다.[7] 따라서 피의자나 피고인이 구금중이지 않은 때에는 수사기관이 피의자를 신문한다고 하더라도 미란다 원칙이 적용되지 않는다.

미란다 원칙은 미 연방대법원의 판결에 의하여 만들어 진 것으로서[8] 피의자나 피고인이 구금이 되면 구금 자체의 성질상 본질적으로

7) 심희기, "신이십세기파 사건판결의 재검토—진술거부권의 경고를 받을 권리—", 고시연구, 1998. 3월호, 130면.

8) Miranda v. Arizona, 384 U.S. 436(1966), 번역문은 대검찰청, 형사법의 신동향,

심리적 억압상태가 발생한다는 것에 착안하여 이러한 상태를 이용한 수사기관이 증거를 취득하는 것을 방지하기 위한 것이었다.

아울러 수정헌법 제5조를 근거로 진술거부권을 고지하지 않고 얻은 자백의 증거능력을 배제할 수 있도록 하여 법원으로 하여금 개개의 사건에 있어서 피의자나 피고인의 진술이 임의적(voluntary)인 것이었는지를 판단해야만 하는 부담을 사전에 덜어주기 위한 것도 미란다 원칙의 취지중 하나이다. 자백의 진술이 증거능력을 배제하는 요건으로는 수정헌법 제14조를 근거로 한 임의성 원칙(voluntariness)과 수정헌법 제6조의 변호인의 조력을 받을 권리[9]의 침해가 있다. 그런데 자백이 임의적인지 여부는 피의자의 주관적 상황과 객관적 상황을 종합적으로 판단해야 하는 부담이 있었는데, 법원으로서는 미란다 원칙을 고지했는지 여부만을 기준으로 자백의 증거능력 여부를 판단하게 할 수 있도록 하여 사실관계 심리에서 오는 부담도 줄일 수 있게 되었던 것이다.

여기서 구금중이라는 것은 정식 체포(formal arrest)나 이와 유사한 정도의 신체 이동의 자유에 제한이 있는 경우를 말한다.[10] 이것은 합리적인 사람이라면 자신이 체포되었거나 그에 준하는 정도로 신체의 자유가 제한되었다고 생각할 만한 상황이었는지에 의하여 결정된다.

피의자가 경찰서에서 조사를 받는 경우에 구금에 해당하는지를 결정함에 있어서는 i) 피의자가 퇴거할 수 있다고 고지를 받았는지 ii) 피의자가 신문중에 자유롭게 이동을 할 수 있었는지 iii) 피의자가 먼저 경찰과 접촉을 한 것인지 혹은 자발적으로 출석을 한 것인지 iv) 경찰이 신문중 상당한 수준의 강압이나 기망적인 수단을 사용하였는지 v) 신문이 경찰관 주도의 분위기에서 행해졌는지 vi) 신문 후 피의자가 체포되었는지 등을 종합적으로 고려해서 판단한다.[11]

2007. 10월호, 107면에서 196면 참조.

9) 물론 이것은 수사가 어느 정도 진행이 되어 피의자가 검사와 대립하는 중요 단계(Critical stage)에 이르렀을 때 보장되고, 수사초기에는 인정되지 않는다.

10) New York v. Quarles, 467 U.S. 649(1984).

11) U.S. v. Galceran, 301 F.3d 927(2002).

피의자를 신문하면서 기소하겠다는 말을 하며 결정적인 증거를 제시하거나,[12] 겁을 주는 분위기에서 신문이 진행되는 경우[13]에는 피의자가 자발적으로 경찰서에 출석하였고, 조사 후 퇴거를 할 수 있다고 고지를 받은 경우에도 구금에 해당할 수 있다.

경찰서에서 신문이 행해졌다고 해도 구금중인 경우가 아니라면 미란다 원칙이 적용되자 않는다. 예를 들면, 가석방중인 피의자가 경찰관의 출석요구에 따라 자진하여 경찰서에 출석하였고, 자신이 체포된 것이 아니라는 말을 들었으며, 약 1시간 반이 지난 후에 강도죄에 대하여 자백을 하였고, 이것이 녹음되었으며, 조사 후 피의자가 아무런 제한 없이 경찰서를 떠난 경우[14]가 이에 해당한다. 또한 피의자가 강도 살인죄에 대하여 인정하는 진술을 하였고, 피의자가 자발적으로 경찰서에 동행하여 조사를 받겠다고 했으며, 경찰서에 동행한 후 조사 전 피의자에게 체포된 것이 아니라는 말을 했고, 잠시 동안의 신문 후에 피의자가 돌아가는 것이 허용된 경우[15]에도 구금중이 아니므로 미란다 원칙이 적용되지 않는다.

피의자의 집에서 신문이 행해진 경우에도 구체적 상황에 따라 피의자의 행동의 자유가 상당한 정도로 제한되었는가에 따라 미란다 원칙의 적용 여부가 결정된다. 새벽 4시에 경찰관 4명이 피의자의 동의 없이 피의자의 집에 들어가 피의자가 다른 곳으로 갈 수 없도록 하면서 살인죄에 대하여 신문한 경우에는 미란다 원칙이 적용된다.[16] 그러나 국세청 직원이 자유로운 분위기인 피의자의 집에서 피의자에게 세금 납부와 관련된 사실을 질문한 경우에는 미란다 원칙이 적용되지 않는다.[17]

피의자에 대한 불심검문(Terry stop)이나 자동차 정지(traffic stop)

---

12) U.S. v. LeBrun, 306 F.3d 545(2002).
13) U.S. v. Hanson, 237 F.3d 961(2001).
14) Oregon v. Mathiason, 429 U.S. 492(1977).
15) California v. Beheler, 463 U.S. 1121(1983).
16) Orozco v. Texas, 394 U.S. 324(1969).
17) Beckwith v. U.S., 425 U.S. 341(1976).

의 경우에는 미란다 원칙이 적용되지 않는다.[18] 따라서 경찰관이 의심스러운 자동차를 발견하고, 정지시킨 다음 운전자에게 차에서 내리게 한 후 일정한 선 위를 똑바로 걸을 수 있는지를 시험해(field sobriety test) 본 다음, 미란다 경고를 하지 않은 채 술이나 마약을 사용한 사실이 있는지를 묻고, 이에 대하여 피의자가 술과 마약을 먹은 사실이 있다고 대답한 경우에는 수정 헌법 제5조의 위반이 아니다.[19]

(나) 경찰관의 신문이 있을 것

미란다 원칙이 적용되기 위해서는 경찰관이 먼저 신문(interrogation)을 해야 한다.

여기서 신문이란 수사기관에 의한 질문을 말한다. 수사기관의 범죄와 관련된 어떤 종류의 질문도 신문에 해당한다. 질문은 단지 구두에 의한 것만을 말하는 것이 아니라 피의자로부터 범죄사실에 관한 대답을 이끌어 내려는 수사기관의 행동도 포함한다.[20] 피의자에게 피의자의 집에서 발견된 마약과 마약제조 기구를 보여주면서 "문제가 있다."라고 말한 정도로는 신문이라고 보기에 부족하다.[21]

피의자가 자발적으로 먼저 진술한 경우에는 미란다 원칙이 적용되지 않는다. 예를 들면 피의자가 먼저 자발적으로 자백을 하기 시작한 경우에 경찰관이 이를 막으면서 미란다 경고를 할 필요는 없다.[22] 그리고 피의자의 자발적인 자백에 따른 경찰관의 일정한 범위 내에서의 추가 신문(follow-up question)에도 미란다 경고를 요하지는 않는다.[23]

그러므로 경찰관 참여하에 피의자와 피의자의 처가 그들의 자녀를 살해했다는 점을 인정한 대화내용은 경찰관이 대화에 직접 참여하지

---

18) 이것은 공개된 장소에서 짧은 시간 동안 이루어지는 것이고, 운전자는 자신이 계속 운전할 것이라고 예상하는 상황이기 때문에 피의자의 심리상태가 억압된다고 보기 어렵다.

19) Berkemer v. McCarty, 468 U.S. 420(1984).

20) John L. Worrall, Criminal Procedure, 2nd Edition, Person Education(2007), 243면.

21) U.S. v. Genao, 281 F.3d 305(2002).

22) Robert M. Bloom, Mark S. Brodin, Criminal Procedure 4th edition, Aspen, (2004), 284면.

23) U.S. v. Gonzales, 121 F.3d 928(1997).

않는 한 신문에 의한 진술이 아니므로 미란다 경고를 요하지 않는다.[24) 조사 경찰관과 상관없이 피의자의 부친이나 친지의 설득에 의하여 피의자가 자백을 한 경우에도 미란다 원칙이 적용되지 않는다.[25)]

피의자를 경찰서로 호송하는 도중에 차안에서 경찰관 2명이 만일 피의자가 숨겨둔 무기를 장애학생들이 발견하는 경우에는 큰 일이 발생할 수도 있겠다고 서로 대화하는 것을 피의자가 듣고 무기가 있는 곳을 알려 준 경우 위 경찰관의 대화는 신문에 해당하지 않는다.[26)] 그러나 경찰관이 의도적으로 피의자의 심리상태를 이용하여 피해자와 대화를 하도록 하고, 자백을 이끌어 낸 경우에는 미란다 원칙이 적용될 수도 있다.[27)]

경찰관이 정보원을 피의자가 수감되어 있는 구치소에 보내어 자백하는 진술을 얻어낸 경우도 피의자의 입장에서 볼 때 자신의 동료 수감자에게 대화를 하는 것으로 생각할 뿐 경찰관으로부터 신문을 받을 것으로 여길 만한 상황도 아니고, 미란다 원칙의 취지인 강압적 구금상태에서의 자유로운 진술거부권 행사여부 결정을 보장할 상황도 아니므로 미란다 원칙 위반이 아니다.[28)]

(다) 수사기관 및 공공의 안전을 위한 예외

미란다 원칙은 수사기관 및 공공의 안전(public safety)을 위하여 필요한 경우에는 적용되지 않는다. 이런 경우에는 경찰관이나 공공의 안전을 보장할 필요성이 진술거부권을 보장할 이익보다 크므로 미란다 원칙이 적용되지 않는 것이다.[29)]

그러므로 경찰관이 공공의 안전을 위하여 합리적이라고 판단한 경우에는 피의자에게 미란다 경고를 하지 않고 신문을 할 수 있다.[30)] 이

---

24) Arizona v. Mauro, 481 U.S. 520(1987).

25) Cook v. State, 270 Ga. 820(1999), Whitehead v. Cowan, 263 F.3d 708(2001).

26) Rhode Island v. Innis, 446 U.S. 291(1980).

27) Spann v. U.S., 551 A.2d. 1347(1988).

28) Illinois v. Perkins, 496 U.S. 292(1990).

29) 물론 이때에도 피의자의 진술이 강요된 것이어서 임의성이 없을 경우에는 진술의 증거능력은 인정되지 않는다.

30) Robert M. Bloom, Mark S. Brodin, 앞의 책, 333면.

러한 판단은 경찰관의 주관적 동기 및 그 당시 상황의 긴급성 등을 고려한 객관적 기준에 의하여 적합성이 결정되지만, 경찰관의 상황 해석에 상당한 재량이 부여된다.

따라서 경찰관이 강간 피의자를 추적하다가 총을 가진 사람이 슈퍼마켓에 들어갔다는 신고를 받고, 슈퍼마켓에 들어가 피의자를 발견하고는 피의자를 잡아 피의자의 신체를 외부에서 수색한 다음, 빈 총지갑을 찾아 낸 후 피의자에게 총이 어디 있는지를 물어 총을 압수한 경우 피의자에게 미란다 경고를 하지 않았다고 하더라도 피의자의 총의 소재에 대한 진술은 증거능력이 있다.[31)]

주변에 여러 사람들이 있는 상황에서 경찰관이 여자를 납치한 피의자에게 총을 겨눈 다음 피의자의 신체를 수색하여 무기가 없는 것을 확인하고 미란다 경고 없이 피의자에게 총이 있는지를 묻자, 시동이 걸려 있는 차 트렁크 안에 총이 있다고 피의자가 대답한 경우에도 이 진술의 증거능력은 인정된다.[32)] 경찰관이 총으로 사람을 쏜 피의자를 발견하고, 먼저 술에 취해 공개된 장소에 다닌 혐의[33)]로 피의자를 체포한 다음, 총을 쏜 현장 부근으로 피의자를 데리고 가 총이 어디 있는지를 미란다 경고 없이 묻자, 이에 피의자가 부근의 풀숲에 던져 버렸다고 진술한 경우에도 위 총이 다른 사람에게 발견되어 사용될 위험이 있으므로 이 진술의 증거능력은 인정된다.[34)]

사형선고를 받고 수감 중인 피의자가 다른 피의자가 있는 방에 방화를 한 경우에 간수가 피의자에게 경위를 묻자 피의자가 자신이 방화를 한 것이라고 진술한 경우,[35)] 경찰관이 피의자에 대한 신문에 앞서 마약이나 주사 바늘을 가지고 있는지를 묻고, 이에 대하여 피의자가 마약 주사를 맞지는 않고, 팔기만 한다고 한 진술의 경우[36)]에도 공공의

31) New York v. Quarles, 467 U.S. 649(1984).
32) U.S. v. Brady, 819 F.2d 884(1987).
33) 영어 죄명은 'Public drunkeness'이다.
34) People v. Gilliard, 234 Cal. App.3d 285(1987).
35) State v Vickers, 768 P.2d 1177(1989).
36) U.S. v. Carrillo, 16 F.3d 1046(1994).

안전의 예외에 해당하여 미란다 경고를 하지 않았더라도 피의자의 진술은 증거능력이 있다.

그러나 피의자가 차 밖의 장소에서 수갑이 채워진 상태로 있을 때 경찰관이 미란다 경고 없이 피의자에게 차안에 있는 마약이 든 알루미늄 박스가 누구의 것인지를 묻고, 이에 대하여 피의자가 자신의 것이라고 진술한 경우에는 공중의 위험이 있다고 볼 수 없어 피의자 진술의 증거능력은 배제된다.[37] 마찬가지로 총기살인사건 현장에 경찰관 14명이 출동하여 현장을 장악한 경우에는 공중의 위험이 있다고 보기 어려우므로 이때 경찰관이 미란다 경고 없이 피의자에게 총의 소재를 묻고 피의자가 이에 답한 경우 그 진술의 증거능력은 인정되지 않는다.[38]

2) 영　　국

영국에서의 진술거부권 고지는 피의자가 체포나 구금되어 있을 것을 요건으로 하지는 않는다.[39] 체포 전이더라도 수사기관이 범죄혐의가 있다고 인정하는 사람에게 질문(interview)을 할 때에는 진술거부권을 고지해야 한다.[40] 여기서 범죄혐의가 있다는 것은 의심의 근거가 있는 경우를 말한다. 수사기관이 피의자에 대하여 범죄혐의에 의심이 있다고 판단하기 이전단계에까지 고지를 요할 수는 없기 때문이다.[41]

따라서 그 이전단계인 단순 질문(inquiry)에서는 고지를 요하지 않는다. 피의자가 강도혐의로 체포되어 조사를 받는 동안, 나쁜 일로 쫓기고 있다는 취지로 말하자, 경찰관이 "그게 무어냐?"라고 질문하고, 이에 대하여 피의자가 "나는 강간죄로 수배중이다."라고 말한 경우 경찰관의 질문은 강간죄에 대한 조사목적으로 이루어진 것이 아니고, 그

37) People v. Roundtree, 482 N.E. 2d 693(1985).

38) In matter of John C.,130 A.D. 2d 246(1987).

39) Denis Clark, The investigation of Crime, 3rd edition, LexisNexis(2004), 498면.

40) Code C. 11. A. 여기서 신문은 'Interview'를 말하는데, 이것은 수사기관이 범죄행위에 관련되었는지에 대하여 어떤 사람에게 질문을 하는 것을 말한다. 원문은 다음과 같다. "An interview is the questioning of a person regarding their involvement or suspected involvement in a criminal offence or offences which, under paragraph 10.1, must be carried out under caution."

41) R v. Parks[1993].

에게 강간혐의가 있다는 사실도 의심한 바 없으므로, 강간죄에 대한 고지를 할 필요가 없다.[42)]

다만 혐의가 있다고 인정되는 경우에 있어서도 예를 들면 ① 자동차의 소유권이나 혹은 인적사항만을 확인하기 위한 경우, ② 법에 규정된 바에 따라 정보를 얻기 위한 경우, ③ 수색을 적절하고 효과적으로 진행하기 위한 경우, ④ 진술의 기록서면에 확인을 받기 위한 경우, ⑤ 테러법 2000(Terrorism Act 2000)에 따라 피의자를 조사하는 경우 등과 같이 다른 필요한 목적을 위한 경우에는 고지할 필요가 없다.[43)]

A 범죄사실에 대하여 질문을 하면서 진술거부권을 고지하고 조사를 한 후 B 범죄사실에 대한 질문을 함에 있어 다시 진술거부권을 고지해야 하는지 여부는 그 시간적 간격에 따라 앞선 고지를 피의자가 잊을 만한 정도인지에 따라 판단하는데 10분 정도까지는 재고지가 필요 없고, 1시간 정도가 되면 필요하다고 한다.[44)]

영국에서는 피의자를 체포한 경우에는 신문은 경찰서에서 이루어지는데 이때에는 고지를 하는 것이 불가능하거나 불필요한 경우가 아닌 한 경찰서에서 신문을 하기 전에 다시 고지를 해야 한다. 신문이 중단된 경우에도 다시 신문을 함에 있어서는 진술거부권이 있다는 취지를 다시 알려주어야 한다. 필요한 경우에는 진술거부권의 내용 전부를 다시 알려주어야 한다.[45)]

3) 일　　본

일본 형사소송법 제198조 제2항은 검찰관·검찰사무관 또는 사법경찰직원이 피의자의 출석을 요구하여 조사할 때에는 피의자에 대하여 미리 자기의 의사에 반하여 진술을 할 필요가 없다는 취지를 고지하여야 한다고 규정하고 있다.

따라서 체포·구속은 진술거부권 고지의 요건이 아니다.

---

42) R v. Purcel[1992].
43) Code C 10.1.
44) Denis Clark, 앞의 책, 503면.
45) Code C 10.8.

4) 독　　일

독일 형사소송법 제136조에 의하면 최초의 신문 전에 고지된다. 이것은 본질적으로 검사나 경찰에 의한 신문의 경우에도 마찬가지이다(같은 법 제163조 a의 3항, 4항).

2. 고지의 내용 및 방식

(1) 외국의 예

1) 미　　국

미국의 미란다 경고는 ① 진술을 거부할 권리가 있다는 것, ② 진술한 내용은 장차 법정에서 증거로 사용될 수 있다는 것, ③ 변호인을 선임할 권리가 있다는 것, ④ 변호인을 선임할 자력이 없으면, 국가가 이를 선임해 줄 수 있다는 것, ⑤ 이와 같은 권리가 있다는 것을 피의자가 이해했는지를 확인하는 것을 내용으로 한다.

이 경고 내용은 문자 그대로 고지할 필요는 없으며 그 취지가 피의자에게 전달되면 족하다.[46] 그러므로 위 ④번 항목과 관련하여, 현실적으로 수사단계에서 국가가 국선변호인을 선임해 줄 수 없는 사정을 감안하여, 피의자가 변호인을 선임할 자력이 없는 경우에 수사기관이 피의자에게 "당장 국선 변호인을 선임해 줄 수는 없고, 다만 피의자가 원하는 경우 법정에서 국선 변호인의 조력을 받을 수 있다."라는 취지로 고지한 경우에도 미란다 고지 위반이 아니다.[47]

그러나 피의자에게 자력이 없는 경우에는 국가가 국선 변호인을 선임해 준다는 내용은 반드시 고지해 주어야 하고, 국선 변호인이 선임될 수도 있다는 정도로만 고지[48]하거나, 피의자에게 자력이 없는 경우에 피의자가 원하면 국선 변호인이 선임된다는 부분을 생략하는 것[49]은 미란다 고지 위반이다.

46) California v. Prysock, 453 U.S. 355(1981).

47) Duckworth v. Dagan, 492 U.S. 195(1989).

48) U.S. v. Connell, 869 F.2d 1349(1989).

49) Mayfield v. States, 736 S.W.2d 12(1987).

2) 영　　국

영국은 수사준칙(Codes of practice) C와 G에서 이를 규정하고 있다.

범죄의 혐의가 있다고 인정되는 자에 대해서 범죄에 대하여 질문하거나, 혹은 피의자가 한 대답에 의하여 경찰관이 범죄혐의가 있다고 인정하고, 계속하여 질문을 하고자 하는 때에는 피의자의 진술이나 묵비가 나중에 검찰의 증거로 사용될 수 있다는 점을 고지하여야 한다.

피의자가 체포되지 아니한 경우에는 피의자에게 체포가 되지 아니하였고, 원하면 퇴거할 수 있다는 사실을 고지하여야 한다.[50)]

피의자가 체포된 경우에는 체포와 동시에 혹은 체포 후 가능한 최단 시간내에 체포된 사실 및 체포의 사유를 고지해야 한다.[51)] 단 피의자가 술에 취한 때나 폭력으로 체포에 저항을 하는 때와 같이 피의자에게 고지를 하는 것이 사실상 불가능한 때, 체포직전에 고지를 한 때에는 다시 고지를 할 필요가 없다.[52)] 경찰서나 구금 장소에서 질문을 시작하기 전에는 무료로 변호인의 조력을 받을 수 있다는 것과 이를 위하여 조사를 연기할 수 있다는 것을 고지해야 한다.[53)] 다만 조사의 연기를 할 필요가 없는 일정한 경우에는 고지를 할 필요가 없다.[54)]

영국에서는 진술거부가 때로는 불이익하게 추정이 될 수 있다는 점에 특색이 있다. ① 변호인의 조력이 있는 경우에는 불이익추정금지가 적용되지 않지만, 변호인의 조력을 원하는 경우, 변호인의 조력을 받지 못한 경우, ② 다른 사람의 진술서에 의하여 인정되는 범죄사실에 대하여 피의자를 상대로 조사를 하는 경우 등에는 불이익추정금지가 적용된다. 또 ③ 물건이나 표시 등이 피의자의 몸, 옷이나 신발, 피의자의 소지품 혹은 피의자가 체포된 장소에 있는데 피의자가 그 물건이나 표시 등에 관하여 진술을 하지 않는 경우와 범죄가 발생하였다고 판단

50) Code C 10.2.
51) Code C 10.3.
52) Code C 10.4.
53) Code C 11.2.
54) Code of Practice, code c 6.6.

되는 장소나 시간에 피의자가 발견되었는데, 피의자가 그에 대하여 진술을 거부하는 경우에는 불이익추정금지가 적용되지 않는다.[55] 불이익추정금지가 적용되지 않는다면 예를 들어 피의자가 그 시간대에 그 장소에 존재하였다고 추정하는 등 적절한 추정을 하는 것이 가능해진다.

①의 경우 불이익추정금지가 적용되지 않는 때에는 "어떤 범죄가 수사대상인지, 어떤 사실에 대하여 질문을 하는 것인지, 그 사실은 피의자가 범죄에 가담했기 때문이라는 것, 피의자가 그 사실에 대하여 대답하지 않으면 법원은 적절한 추론을 하게 될 것이라는 것, 피의자가 진술을 거부하는 내용을 담은 수사기록을 증거로 사용할 수 있다는 것"을 피의자에게 설명해야 한다. ②, ③의 경우에는 이러한 설명을 할 필요가 없다.[56]

일반적으로 불이익추정이 적용되는 때에는 "당신은 아무 말도 진술할 필요가 없습니다. 그러나 당신이 질문에 대하여 대답을 하지 않는다면 그것은 나중에 당신이 법정에서 당신을 방어하려 할 때 지장을 초래할 수 있습니다. 당신이 말한 것은 나중에 증거로 사용될 수 있습니다."라는 내용으로 고지한다.[57] 불이익추정금지가 적용되는 경우에는 "당신은 아무 말도 진술할 필요가 없습니다. 당신이 말한 것은 나중에 증거로 사용될 수 있습니다."라고 고지한다.

특정한 사항에 대하여 진술을 거부하면 법적 조치를 받게 됨에도 그러한 사항에 대하여 진술을 거부하는 경우에는 그러한 법적 조치의 내용과 그러한 법적 조치는 진술거부권과 상관없이 적용된다는 것을 알려 주어야 한다. 예를 들면 기소가 된 후 이름과 주소를 진술하지 않으면 구금(detention)이 될 수도 있다는 것, 도로교통법(Road Traffic Act 1988)에 따라 특정한 정보를 제공하지 않으면 처벌을 받거나 구속될 수 있다는 것 등이다.[58]

---

55) Code C 10. 10. Annex C.
56) Code C 10. 11.
57) Code C 10.5.
58) Code C 10.9.

3) 일 본

앞에서 본 바와 같이 일본 형사소송법 제198조 제2항에 의하면 피의자에 대하여 미리 자기의 의사에 반하여 진술을 할 필요가 없다는 취지를 고지하여야 한다.

4) 독 일

독일 형사소송법 제136조 제1항과 제163조 제3항에 의하면 피의자를 신문하기 전에 피의자에게 어떤 행위의 책임을 지게 될 것이고, 어떤 형법 규정을 고려하고 있다는 점을 고지해 주어야 한다. 법률에 따라 고발에 관하여 진술할 자유 또는 사안에 관하여 진술하지 않고, 신문 전에도 언제든지 자신이 선임할 변호인에게 질문할 자유가 있다는 사실을 피의자에게 환기시켜 주어야 한다. 또 피의자가 자신의 죄책을 면하기 위한 개별 증거조사를 신청할 수 있다는 사실도 알려 주어야 한다. 또 서면에 의한 진술이 적절하다면 이 또한 가능하다는 점을 피의자에게 알려 주어야 한다.

단, 경찰의 경우에는 어떤 형벌규정이 적용되는지를 알려줄 필요는 없다.[59)]

(2) 우리 형사소송법

개정 전 형사소송법 제200조는 "(피의자의 출석요구) ① 검사 또는 사법경찰관은 수사에 필요한 때에는 피의자의 출석을 요구하여 진술을 들을 수 있다. ② 전항의 진술을 들을 때에는 미리 피의자에 대하여 진술을 거부할 수 있음을 알려야 한다."라고 규정하고 있었다. 또 제298조는 "(피고인의 진술거부권) 피고인은 각개의 신문에 대하여 진술을 거부할 수 있다."라고 규정하고 있었다.

이러한 규정에도 불구하고 실무상 진술거부권 고지가 형식적으로 이루어지는 것을 막기 위하여 그 내용을 실질화 할 필요가 있다고 보아 개정 형사소송법에서는 그 내용을 구체화하였다.

개정 형사소송법 제244조의3은 "(진술거부권 등의 고지) ① 검사 또

59) 독일 형사소송법 제163조 제4항.

는 사법경찰관은 피의자를 신문하기 전에 다음 각 호의 사항을 알려주어야 한다. 1. 일체의 진술을 하지 아니하거나 개개의 질문에 대하여 진술을 하지 아니할 수 있다는 것, 2. 진술을 하지 아니하더라도 불이익을 받지 아니한다는 것, 3. 진술을 거부할 권리를 포기하고 행한 진술은 법정에서 유죄의 증거로 사용될 수 있다는 것, 4. 신문을 받을 때에는 변호인을 참여하게 하는 등 변호인의 조력을 받을 수 있다는 것.

② 검사 또는 사법경찰관은 제1항에 따라 알려 준 때에는 피의자가 진술을 거부할 권리와 변호인의 조력을 받을 권리를 행사할 것인지의 여부를 질문하고, 이에 대한 피의자의 답변을 조서에 기재하여야 한다. 이 경우 피의자의 답변은 피의자로 하여금 자필로 기재하게 하거나 검사 또는 사법경찰관이 피의자의 답변을 기재한 부분에 기명날인 또는 서명하게 하여야 한다."라고 규정하고 있다.

이에 따라 실무에서는 종전에 별도의 진술거부권 고지확인서에 피의자의 서명을 받던 것을 폐지하고, 피의자 신문조서의 양식을 바꾸어 고지내용을 삽입하고, 피의자로 하여금 직접 서명하도록 하였다.

개정 형사소송법은 피고인의 진술거부권과 관련하여 인정신문 조항인 제284조 앞에 제283조의2를 신설하여 "① 피고인은 진술하지 아니하거나 개개의 질문에 대하여 진술을 거부할 수 있다. ② 재판장은 피고인에게 제1항과 같이 진술을 거부할 수 있음을 고지하여야 한다."고 규정하고, 종전의 제298조는 삭제하였다.

3. 이 부분에 관한 대상 판례검토

대상 판결은 검사와 피고인 길○○와 대화하는 과정에서 그 대화내용을 녹화한 것이다. 대상판결이 대화하는 내용과 장면을 녹화하였다고 적시한 것은 이른바 검사가 피의자를 상대로 추궁하는 신문의 형식에 의한 것이 아니라 검사와 피의자가 사건에 관하여 서로 대화하는 방식으로 자연스럽게 이야기를 나누고 있는 상황을 적시한 것이다.

검사가 피의자를 신문한 것이 아니라 피의자와 대화를 하는 상황에서 진술거부권을 고지할 필요가 있는가에 대하여, 각국의 입법례는 나뉘고 있다. 미국에서는 체포·구금된 피의자에 대하여 수사기관이 먼저 신문을 할 경우 미란다 원칙을 고지해야 하므로 피의자가 먼저 자발적으로 진술을 시작한 경우에는 진술거부권을 고지할 필요가 없다. 반면 영국에서는 진술거부권 고지의무를 체포나 구금을 전제요건으로 하지는 않지만, 수사기관이 범죄혐의가 있다고 의심을 하고 질문을 하는 경우에 진술거부권 등을 고지하도록 되어 있으므로 피의자가 자발적으로 진술하거나, 수사기관이 범죄혐의에 대한 의심이 있다고 판단하기 전 단계에서는 고지할 필요가 없다. 일본의 경우에는 조사를 하는 경우에는 진술거부권을 고지해야 하지만, 수사기관이 피의자의 변명을 듣는 경우와 피의자가 자발적으로 진술을 하는 경우에는 진술거부권이 필요 없다는 판례에 따르면 고지가 필요 없다.

우리나라의 개정 전 형사소송법 제200조 제2항은 수사기관이 피의자로부터 진술을 들을 때에는 미리 진술을 거부할 권리가 있음을 알려야 한다고 규정하고 있다. 따라서 이 규정에 따르면 검사가 피의자로부터 진술을 들을 때에는 예외 없이 진술거부권을 고지해야 한다. 이 사건에서는 검사가 피의자 길○○로부터 진술을 듣는 것은 명백하므로 대상판결이 본건에 있어 형사소송법 제200조 제2항을 위반한 위법이 있다고 판시한 것은 법문에 충실한 판단이라고 할 수 있다.

Ⅲ. 진술거부권의 내용

1. 거부할 수 있는 진술의 의미

피의자가 구두로 자신에게 불이익한 진술을 거부할 수 있음은 명백하다. 또한 구두의 진술 대신에 진술서를 작성하는 것도 역시 구두의 진술과 실질적으로 같은 것으로 보아 거부할 수 있다고 보아야 함은 당연하다.

그런데 만일 구두의 진술이나 진술서면 등 그 내용이 아닌 단순한 목소리나 필적을 확인하기 위하여 말을 하도록 하거나 글씨를 써 내도록 하는 것에 대하여 피의자가 이를 거부할 수 있는가? 수사기관에서는 필요한 경우 음성감정이나 필적감정을 피의자에게 요구하는 경우가 있다.

이와 같이 음성이나 필적도 피의자에게 불이익한 것이므로 거부할 수 있다는 견해가 있을 수 있다. 이때에도 피의자의 의사결정권에 반하여 말이나 글씨를 쓰게 하는 것이고, 또한 말이나 글씨는 피의자에게 불이익한 증거로 사용될 수 있다는 것이 그 근거가 될 수 있다. 또 수사기관이 피의자의 협력 없이, 수사기관의 독립적인 수사활동에 입각하여 증거를 입수해야 한다는 원리에 위반한 것이라는 것이 근거가 될 수도 있다.

그러나 피의자에게 진술거부권의 보호범위로 인정하여 줄 구체적 내용을 무한정 확장할 수는 없다. 예를 들어, 피의자가 출석에 불응하는 경우 영장에 의하여서도 출석을 강제할 수 없다거나, 인적사항에 대한 진술을 거부하는 때 영장에 의하여서도 지문 등을 채취할 수 없다고 하거나, 필적 감정을 위하여 영장에 글씨를 쓰게 하는 것을 허용하지 않는다면 사실상 수사에 있어 상당한 제약을 받게 될 것이다. 피의자나 피고인도 사회공동체의 일원이므로 일정한 범위 내에서는 협력의무가 있고, 이러한 협력을 거부하는 경우에는 법이 정한 절차에 따른 강제처분을 감내해야만 한다.

따라서 진술거부권의 취지가 수사기관의 편의를 위하여 증거를 피의자의 입으로부터 강압적으로 편하고 신속하게 얻어내는 것에 있다는 점을 감안하여 그러한 범위 내에서 진술거부권을 보호해야 한다.

이러한 의미에서 피의자나 피고인으로 하여금 범행에 관하여 구두진술을 하게 하거나, 진술서를 작성하게 하거나, 피의자로 하여금 자신이 가지고 있는 범죄 증거물을 제출하게 하는 것은 허용되지 않는다. 이와 같은 것은 사실상 진술과 동등한 의미를 가지기 때문이다. 따라서 이때에는 피의자가 거부한다고 하더라도 영장에 의하여서 강제하거나, 다른 불이익을 부과하여 간접 강제하는 것도 허용될 수 없다. 거짓말탐지기 검사도 수사기관의 질문에 대한 피의자의 신체반응은 사실상 진술에 대한 답변과 같은 것이기 때문에 피의자의 동의 없이는 할 수 없고, 영장에 의하여서도 거짓말탐지기 검사를 강제할 수는 없다고 본다. 그리고 진술거부권 행사를 철저히 보호하기 위해서는 진술을 거부했다는 사실, 거짓말탐지기 검사를 거부했다는 사실을 증거로 현출하거나, 배심원에게 언급해서는 안 될 것으로 판단된다.[60]

그러나 피의자의 죄를 입증할 만한 증거자료인 유전자, 혈액, 모발, 지문 등을 피의자의 의사에 반하여 영장에 의하여 채취하는 것은 피의자에게 진술을 강요하는 것이 아니라, 피의자의 신체라는 증거물에 대하여 강제를 하는 것이기 때문에 허용된다. 따라서 음주운전 혐의자에게 음주측정을 요구하거나, 측정거부행위를 처벌하는 것이 진술거부권 침해가 된다고 볼 수는 없다.[61] 만일 이와 같은 것도 진술을 강요하는 것에 해당하는 것이라서 진술거부권을 침해하는 것이라고 본다면 영장에 의해서라도 할 수 없다고 할 것이다.

2. 거부의 대상 · 인적사항

이것은 피의자의 성명, 나이, 주소 등의 인적사항이 진술거부권의 대상인지의 문제이다.

(1) 외국의 예

1) 미　　국

피의자의 이름, 나이, 출생 장소, 주소 등 범죄사실과 관련이 없는 부분에 대한 신문은 미란다 원칙의 적용 대상이 아니다.[62] 그러므로 피의자가 자신의 이름을 거짓으로 말했고, 나중에 이것이 피의자가 범인

---

60) 다만 우리 형사소송절차에서는 피고인은 위증의 부담이 없이 진술을 할 수 있으므로 이와 같은 해석을 현실성 있게 적용하기 위해서는 피고인도 법정에서 허위의 진술을 할 경우 처벌을 받거나 객관적으로 양형상 불이익을 받도록 할 필요는 있을 것이다.

61) 헌법재판소 1997. 3. 27. 선고 96헌가11 결정. 이 결정에서 헌법재판소는 음주측정 불응을 처벌하는 것은 진술거부권 조항에 위반되지 않는다고 하였다.

62) Pennsylvania v. Muniz, 496 U.S. 582(1990); U.S. v. Taylor, 799 F. 2d 126 (1986); U.S. v. Adegbite, 846 F. 2d 834(1988).

임을 추정하는 간접 증거로 사용되더라도 미란다 원칙의 적용을 받지 않는다. 이러한 상황까지 예상하여 경찰관으로 하여금 피의자에 대하여 인적사항을 질문하는 경우에 미란다 경고를 해야 할 의무를 부담시킬 수는 없다고 보는 것이다.

그러나 일상적인 인적사항의 한계를 넘어서 인적사항이 구체적으로 피의자로 하여금 범죄사실을 인정하게 하는 수사의 수단이 되는 경우, 예를 들면 마약 운반선을 발견하고, 그 승객에게 국적을 묻는 경우[63] 혹은 불법 체류자에 대하여 출생지와 체류신분 상태를 묻는 경우[64] 등에는 미란다 원칙이 적용된다.

2) 영　　국

영국도 범죄사실과 관련 없는 인적사항에 대한 진술거부권을 인정하지 않는다. 또한 피의자가 인적사항을 밝히지 않는 것은 별도의 체포사유에 해당한다.

3) 일　　본

일본 학설은 인적사항은 헌법상 자기에게 불이익한 사실의 진술을 강요받지 아니한다는 규정에 의하여 진술거부권은 자기부죄의 위험이 있는 사항에 대한 것이기 때문에 인적사항은 대상이 아니라는 견해와 수사기관과 피의자는 일종의 투쟁관계에 있고, 진술을 거부할 수 있는 사항과 그렇지 않은 사항을 구별할 근거가 없으며 문리상 자기부죄진술에 한정할 이유가 없다는 이유로 인적사항도 그 대상이라는 견해가 있다.[65]

일본 최고재판소는 성명과 같은 것은 원칙적으로는 이른바 불이익한 사항에 해당하지는 않는다고 하여 진술거부권의 대상이 아니라고 보고 있다.[66] 또한 피의자로부터 변해녹취를 하는 때에도 적극적으로

63) U.S. v. Doe, 878 F.2d 1546(1989).

64) U.S. v. Gonzalez-Sandoval, 894 F.2d. 1043(1990).

65) 藤永辛治/河上和雄/中山善房, 大コンメンタール刑事訴訟法 第3券, 青林書院, 1996, 173면.

66) 最判, 1957.2.20, 集11권 2호 802면.

진술을 구하지 않고, 피의자에게 변명의 기회를 부여하는 경우에는 진술거부권의 고지는 필요 없다고 한다.[67]

4) 독　일

질서위반법(OWiG; Gesetz üver Ordnungswidrigkeiten) 제111조에 의하여 인적사항에 관한 진술의무가 있다.[68] 즉 피의자는 성명, 출생 장소 및 일자, 혼인관계, 직업, 주소, 거소, 국적을 진술해야 한다. 피의자는 진술고지권 고지 전에 이러한 사실을 진술해야 한다.

혐의자의 신원을 확인할 수 없거나 이를 확인하는 일에 현저한 장애가 있는 경우 혐의자를 구금하는 것이 허용된다.[69]

(2) 우리나라의 경우

1) 학　설

인적사항이 진술거부권의 대상인지에 대하여 국내에는 학설이 대립되어 있다. ① 인적사항에 대해서도 진술거부권이 인정된다는 적극설[70]과 ② 인정신문에 대해서는 진술거부권이 인정되지 않는다는 소극

67) 最判, 1952. 7. 4. 最判集, 84호 499면.

68) Gerd Pfeiffer, Strafprozessordnug, 5. Auhlage, C.H.Beck Müchen, 2005, 356면.

69) 독일 형사소송법 제163조 b 2문.

70) 정웅석, 형사소송법, 대명출판사(2005), 552면; 차용석·최용성, 형사소송법(제2판), 세영사(2004), 115면; 신현주, 형사소송법 신정2판, 박영사(2002), 505면; 백형구, 형사소송법강의 제8정판, 박영사(2001), 44면; 신동운, 형사소송법 제3판, 박영사(2005), 610면에서는 공판정의 인정신문에 있어서 진술거부권을 인정하고, 변호인선임서의 제출과 같이 법원에 대하여 각종 소송행위를 하는 경우에는 인정되지 않는다고 한다. 그러나 소송행위 서류에 본인임을 확인하는 내용을 기재하는 것이 과연 신문에 대답을 하는 것과 같게 취급을 할 수 있는 것인지 의문이다. 이재상, 형사소송법 제6판(2001), 110면에서는 ① 인정신문을 위한 진술의 강요를 허용하는 것은 진술거부권을 인정한 취지에 반하고, ② 진술거부권과 진술거부권의 고지가 동의어는 아니기 때문에 인정신문에 대해서도 진술거부권을 인정하는 적극설이 타당하다고 한다. 그러나 피의자나 피고인이 인정신문에 대해서 진술을 거부하는 경우 강요를 해서 진술하도록 직접강제를 할 수는 없는 것은 신문방법의 제한에 따른 것이고, 문제는 ① 인정신문에 대해서 진술거부를 하는 때에 간접강제, 불이익 추정 등의 불이익을 줄 수 있는지와 ② 진술거부권 고지의 시기에 있어 인정신문에 대해 진술거부권을 인정하다면 인정신문 전에 고지해야 하지만, 인정신문에 대해 진술거부권을 인정하지 않는다면 인정신문 후에 고지를 해야 한다는 점에서 차이가 있어 진술거부권과 그 고지는 밀접한 관계에 있다는 점을 감안하면 위와 같은 논거는 타당하지 않은 것으로 보인다.

설,[71] ③ 성명 · 본적 · 주소 · 직업 등을 진술함으로써 자기가 범인으로 판명되거나 증거수집의 자료를 제공하게 되는 등 피의자 · 피고인에게 불이익한 결과를 가져오는 경우에 한하여 진술거부권이 인정된다는 절충설[72]이 있다.

2) 판 례

인적사항이 진술거부권의 대상인지 여부에 관한 대법원 판례는 없다.

다만 이와 관련된 헌법재판소 결정례[73]에 따르면 "경범죄처벌법 제1조 42호[74]는 피의자의 신원확인을 원활하게 하고 수사활동에 지장이 없도록 하기 위한 것으로, 수사상 피의자의 신원확인은 피의자를 특정하고 범죄경력을 조회함으로써 타인의 인적 사항 도용과 범죄 및 전과사실의 은폐 등을 차단하고 형사사법제도를 적정하게 운영하기 위해 필수적이라는 점에서 그 목적은 정당하고, 지문채취는 신원확인을 위한 경제적이고 간편하면서도 확실성이 높은 적절한 방법이다. 또한 이 사건 법률조항은 형벌에 의한 불이익을 부과함으로써 심리적 · 간접적으로 지문채취를 강제하고 그것도 보충적으로만 적용하도록 하고 있어 피의자에 대한 피해를 최소화하기 위한 고려를 하고 있으며, 지문채취 그 자체가 피의자에게 주는 피해는 그리 크지 않은 반면 일단 채취된 지문은 피의자의 신원을 확인하는 효과적인 수단이 될 뿐 아니라 수사절차에서 범인을 검거하는 데에 중요한 역할을 한다. 한편, 이 사건 법률조항에 규정되어 있는 법정형은 형법상의 제재로서는 최소한에 해당되므로 지나치게 가혹하여 범죄에 대한 형벌 본래의 목적과 기능을 달성함에 필요한 정도를 일탈하였다고 볼 수도 없다."고 한다.

이 결정에 따르면 인적사항에 대해 진술을 거부하는 사람에 대하

71) 서일교, 형사소송법 제8개정판, 박영사(1979), 254면.

72) 배종대 · 이상돈, 형사소송법 제6판, 홍문사(2004), 106면; 신양균, 형사소송법 제2판, 법문사(2004), 538면.

73) 헌법재판소 2004. 9. 23. 선고 2002헌가17·18 결정.

74) (指紋採取不應) 범죄의 피의자로 입건된 사람에 대하여 경찰공무원이나 검사가 지문조사 외의 다른 방법으로 그 신원을 확인할 수 없어 지문을 채취하려고 할 때 정당한 이유 없이 이를 거부하는 것.

여 지문채취를 요구하고, 이에 대해서 불응하는 경우에 처벌을 함으로써 간접강제를 하는 것을 인정하고 있어, 인적사항에 대한 진술거부권을 인정하지 않고 있음을 알 수 있다. 인적사항에 대한 진술거부권을 인정한다면, 이와 같은 간접강제를 인정하여 인적사항을 거부하는 사람에게 불이익을 주어서는 안 될 것이기 때문이다.

3. 이 부분에 대한 대상 판결 검토

대상 사건은 피의자가 구두로 범행 내용에 관한 진술을 하고 있기 때문에 진술거부권의 적용이 있음은 명백하다. 대상 판례는 피의자의 진술을 녹화한 비디오 테이프를 검증한 조서를 피의자신문조서에 준하여 취급하였다. 개정 전 형사소송법에서는 피의자신문조서만이 증거능력을 인정받을 수 있었기 때문으로 해석된다. 그러나 진술과 조서는 구별되는 것이며, 따라서 피의자의 진술이 진술거부권을 침해한 것이라면 그것은 그 진술이 비디오 테이프 · 검증조서 · 피의자신문조서 등 어떤 형식에 담겼는지가 중요한 것은 아니므로 굳이 피의자신문조서에 준한다는 논리를 전개할 필요는 없을 것으로 보인다.

대상 판례에서는 인적사항 부분이 쟁점이 되지 않아 이에 대한 언급은 없다.

Ⅳ. 진술거부권 불고지의 효과

1. 증거능력의 배제

(1) 의무적 배제와 재량적 배제

피의자에게 진술거부권을 불고지하고 진술을 얻은 경우 그 증거의 증거능력은 없다고 하는 것은 진술의 임의성이 있는지 여부와는 관련 없이 절차적 위법이 있음을 이유로 하는 것이다.

이 때 미국에서는 이와 같은 헌법 조항의 위반이 있으면, 법원은 의무적으로 그 수집된 증거의 증거능력을 배제하여야 한다. 그러나 미국에서는 많은 예외를 인정한다. 반면에 영국과 캐나다 등에서는 위법이 있다고 하여 의무적으로 배제하지는 않는다. 법원이 여러 가지 사정을 종합하여 재량으로 배제 여부를 결정한다. 예를 들어 영국에서는 진술거부권 불고지에 관한 경찰관의 고의성 여부 등 구체적 사정을 감안하여 증거능력이 결정된다.[75]

그런데 대상 판례는 진술거부권의 불고지가 있으면 다른 사정을 감안하지 않고 자동적으로 증거능력이 없다는 취지의 판결을 한바 있으므로 미국 판례의 입장을 취하고 있다고 보인다.

따라서 이하에서는 의무적·자동적 증거배제 입장을 취하고 있는 미국의 예외 이론에 대하여 검토해 보기로 한다.

2. 위법수집증거 배제원칙의 적용 제한

(1) 탄핵증거로서의 사용

미국에서는 미란다 원칙을 위반하여 취득한 자백은 임의성이 인정되는 한 본증으로 사용할 수 없을 뿐 탄핵증거로는 사용할 수 있다.[76] 미란다 원칙에 의하여 피고인의 권리를 보호하려는 취지가 피고인이 수사기관에서 한 종전 진술과 법정에서 일치하지 않는 진술을 하고 있다는 점은 탄핵받을 가능성까지도 배제함으로써 피고인의 방어권이라는 명목 하에 피고인으로 하여금 아무런 부담도 없이 위증을 할 수 있도록 허용하려는 것은 아니라는 것이 그 이유이다.

(2) 독수의 과실 원칙의 적용여부

미국에서는 미란다 원칙을 위반한 진술을 기초로 하여 물적 증거를 취득한 경우에 물적 증거의 증거능력은 인정된다.[77]

나아가 미란다 경고 없이 피의자가 피의자의 집에서 자백을 하고, 다시 한 시간 후에 경찰서에서 미란다 경고를 받은 후 상세한 자백을

75) 증거능력을 부정한 사례: R v. Pall, [1991] 156 J.P. 424; R v. Nelson and Rose, [1998] 2 Cr. App. R. 399; R v. Aspinal, [1999] Crim. L. R. 741.
증거능력을 인정한 사례: R v. Hoyte, [1994] Crim. L. R. 215; R v. Gill, [2004] 1 W. L. R. 49; R v. Law-Thompson, [1997] Crim. L. R. 674.

76) Harris v. New York, 401 U.S. 222(1971).

77) U.S. v. Bayer, 331 U.S. 532(1947); U.S. v. Cherry, 794 F.2d 201(1986).

한 경우 뒤의 자백은 앞의 자백 때문에 어쩔 수 없이 한 것이므로 독수의 과실에 해당되어 증거능력이 없다는 주장은 인정되지 않는다.[78]

다만 같은 경찰서에서 경찰관이 자세하게 의도적으로 미란다 경고를 하지 않고 피의자로부터 자백을 받은 다음 15~20분 후에 미란다 경고를 하고, 종전에 한 자백은 증거능력이 없다는 것을 알려주지도 않은 채 다시 같은 질문을 하여 피의자로부터 자백을 받은 경우에는 경찰관이 미란다 고지에 있어 독수의 과실 원칙이 적용된다는 것을 남용한 것이기 때문에 증거능력이 인정되지 않는다.[79] 상당한 시간이 경과한 후, 다른 상황 하에서 신문을 다시 시작하거나, 혹은 먼저 진술의 증거능력이 없다는 것 등을 고지하던 중 조치를 취한 후에는 미란다 원칙 고지 후의 2번째 자백은 증거능력이 인정된다고 한다.

다시 말하면 미란다 원칙 위반에 있어서는 물적증거인지 진술증거인지를 불문하고 독수의 과실 이론(fruit of poisonous tree doctrine)은 원칙적으로 적용되지 않는다. 그러므로 미란다 원칙을 위배하여 다른 증거를 얻은 경우 그 증거의 증거능력은 인정되는 것이다. 단지 진술증거에 있어서 경찰이 진술을 얻기 위하여 진술거부권고지를 하지 않을 수 있다는 점을 악용 내지 남용한 경우에 독수의 과실 이론이 적용될 수 있을 뿐이다.

3. 당사자적격

이것은 위법한 방법에 의하여 수집한 증거를 증거로 할 수 없다고 할 때, 수사기관이 상대방이 누구인가를 불문하고, 모든 사람에 대한 사생활 등의 권리를 침해하면 누구에 대하여서도 증거로 사용할 수 없게 되는 것인지, 아니면 당해 피고인에 대한 위법이 있는 경우에 그 피고인에 대하여서만 증거로 할 수 없게 되는 것인지의 문제이다.

미국의 경우 미란다 원칙을 위반한 경우에는 수집한 증거를 증거로 할 수 없으나, 이때에도 위법수집증거 배제원칙의 예외이론이 적용된다.

---

78) Oregon v. Elstad, 470 U.S. 298(1985).

79) Missouri v. Seibert, 542 U.S. 600(2004).

따라서 피고인은 당사자적격이 있어야 배제를 주장할 수 있다.[80)][81)] 즉 피고인은 자신이 아닌 다른 피의자나 다른 피고인에 대하여 미란다 원칙 위반이 있다는 이유로 진술의 증거능력 배제를 주장할 수 없다.

이와 같이 배제를 위하여 당사자적격을 요건으로 하는 것은 주로 증거물에 관한 것인데, 당사자적격을 한정하는 이유는 진술에 대하여서도 마찬가지이므로 그 판례들을 살펴보기로 한다.

제3자에 대한 불법적인 압수수색의 결과 얻어진 증거에 의하여서는 피고인에게 미국 수정헌법 제4조의 권리침해가 있다고 할 수 없으므로 위법수집증거 배제를 주장하기 위해서는 당사자적격이 있어야 한다는 것이 미 연방법원 판례이다.[82)] 피고인에게 누구에 대한 위법인지를 막론하고, 항상 증거를 배제하는 권리를 부여하는 것은 지나치다. 따라서 단지 공범이나 공동피고인이라는 이유만으로 증거의 배제를 신청하지는 못한다.[83)]

원래 미 연방대법원은 위법수집증거의 증거능력 배제를 주장하기 위해서는 압수장소에 적법하게 존재하고 있거나, 압수 장소와 물건에 대한 소유권(점유권)이 있어야 당사자적격(Standing)이 있다고 보았다. 물론 이때에도 피고인에게 합리적 사생활보호의 기대가 있다는 것이 인정되어야 증거능력을 배제할 수 있었던 것이다(2단계 이론).

미 연방대법원은 누가 당사자적격을 갖는지에 대해서는 처음에는 압수수색의 장소에 합법적으로 존재하는 사람은 그가 소유주나 차주가 아니더라도 당사자적격이 있다고 인정하였다. Jones 사건[84)]은 피고인이 친구의 집에 단지 하루밤을 머물던 사람이었는데, 그 집에서 경찰관이 마약을 압수한 사안이었다. 피고인은 압수수색 영장의 요건인 합리적 이유(probable cause)없이 영장이 발부되었다며 증거능력 배제를 주장하

80) Couch v U.S., 409 U.S. 322(1973).

81) 이재홍, “진술거부권의 고지가 결여된 피의자신문조서 등의 증거능력 —대법원 1992. 6. 23. 선고 92도682 판결을 중심으로—”, 사법행정, 1993. 5월호, 58면.

82) Rakas v. Illinois, 439 U.S. 128(1978).

83) Alderman v. U.S. 394 U.S. 165(1969).

84) Jones v. U.S., 362 U.S. 257(1960).

였다. 이 사건에서 미 연방대법원은, 예를 들면 마약과 같은 물건의 소지와 관련된 범죄에 있어서는 피고인이 당사자적격을 주장하기 위해서는 그 물건의 소유자 혹은 소지자임을 주장하여야 하는데, 이것은 결국 자신의 범죄사실을 피고인 스스로 인정해야 하는 것과 같은 딜레마가 발생하게 되므로 이러한 경우에는 당사자적격을 인정해야 한다고 하였다. 또한 압수수색의 장소에 적법하게 있는 사람도 그가 손님인지 초대받은 사람인지 등을 가리지 않고 당사자적격이 있다고 판결하였다.

그러나 이러한 자동적 당사자적격(automatic standing)은 오늘날에는 인정되지 않는다. 1978년 미 연방대법원은 종전의 2단계 이론을 버리고, 사생활로 보호받을 것에 대한 피고인의 합법적 기대가 침해된 것인지 여부(Legitimate expectation of privacy)만으로 판단하는 1단계 이론을 채택하였다.[85] 그리하여 단지 압수수색 물건의 소유권이나 그 장소에 합법적으로 존재한다는 것만 가지고 당사자적격이 인정되지 않게 되었다.

U.S. v. Salvucci 사건[86]은 피고인이 절취우편물을 불법 소지한 죄로 기소된 경우이다. 이 사건은 피고인 모친의 주거지에서 압수를 한 것인데, 피고인은 압수수색 영장이 합리적 이유(probable cause)없이 영장이 발부되었다며 증거능력 배제를 주장하면서, 그 장소에 대한 사생활보호의 기대(expectation of privacy)가 없다고 하더라도 본건은 소지관련 범죄(crime of possession)이므로 자신은 자동적 당사자적격이 있다고 주장하였다. 이 사건에서 미 연방대법원은 당사자적격을 인정받기 위하여 자신이 범죄사실을 인정해야 하는 딜레마는 이러한 증거배제를 위한 피고인의 진술은 본안 재판에서 증거로 사용할 수 없도록 한 판결[87]에 의하여 해결되었으며, 단지 물건에 대한 소지뿐만 아니라 그 장소에 대한 사생활보호의 기대가 있어야 한다고 판결하였다.

Katz v. U.S. 사건[88]에서는 공중전화 부스 밖에서의 영장 없는 전

85) Rakas v. Illinois., 439 U.S. 128(1978).
86) 100 S.Ct. 2547(1980).
87) Simmons v. U.S., 390 U.S. 377(1968).
88) 88 S.Ct 507(1967).

화도청 장치도 압수수색에 해당하는 것으로 보고, 공중전화 안에서 문을 닫고 전화를 하는 사람도 자신의 말이 다른 사람의 감청으로부터 보호되리라는 합리적 사생활보호의 기대가 있다고 보아 전화도청물의 증거능력을 부정했다.[89)]

Rakas v. Illinois 사건[90)]은 자동차에 타고 있던 동승자인 피고인이 자동차의 조수석 아래와 장갑 보관함에서 경찰이 압수수색으로 발견한 총의 증거능력에 관한 것이다. 이 사건에서는 피고인은 자동차와 총의 소유권을 주장하지 않았지만, 자신이 적법하게 위 승용차 안에 있었고, 또한 수사기관이 자신을 대상으로 수사를 한 것이므로[91)] 배제신청을 주장할 당사자적격이 있다고 주장하였다. 그러나 미 연방대법원은 당사자적격을 넓게 인정할 경우 범죄를 저지를 피고인을 기소하고, 진실을 밝힐 모든 증거를 기초로 재판을 하여 피고인을 처벌하거나 또는 무죄석방할 공공의 이익을 저해한다는 점을 감안하면 당사자적격을 다른 피고인에게까지 넓히는 것에 동의할 수 없다고 하였다. 그 장소에 피고인이 합법적으로 존재하는 것(legitimately on premises)은 당사자적격을 판단하는데 있어서 고려할 요소이기는 하지만 결정적인 요소는 아니라고 판결하였다. 이 사건에서는 당사자적격을 인정하기 위해서는 피고인에게 합법적 사생활보호의 기대(Legitimate expectation of privacy)가 있어야 한다고 하면서 이것은 단순히 피고인의 주관적(subjective)인 것이 아니라 사회가 합리적으로 기대할 만한 것이라고 보았다.

Rawlings v. Kentucky 사건[92)]은 피고인이 M이라는 사람의 집에 방문하였는데, 이때 경찰이 M에 대한 체포영장을 가지고, 피고인과 다른 사람을 수색하던 중 피고인의 친구인 콕스(Cox)의 지갑을 수색하여 피고인의 소유인 마약을 압수한 사안이다. 이 사건에서 미 연방대법원

89) 이 사건에서는 단순한 유형물뿐만 아니라 대화내용이라는 무형물에 대해서도 압수수색 영장이 필요하다고 본 것에 대해서 반대한 소수 견해가 있다.

90) 99 S.Ct. 421(1978).

91) 이를 'Target theory'라고 한다.

92) 488 U.S. 98(1980).

은 피고인이 경찰이 도착하기 전 불과 몇 분 전에 콕스(Cox)의 지갑에 마약을 넣었고, 다른 사람이 콕스(Cox)의 지갑을 보는 것을 막을 권리가 없으며, 경찰관이 그 지갑을 보지 않을 것이라고 개인적으로 기대를 하고 있지도 않았다고 인정하면서 피고인에게 위법수집증거를 배제할 당사자적격이 없다고 하였다.

결국 미 연방대법원은 피의자가 아닌 제3자에 대하여 위법한 방법으로 수사가 행해진 경우에는 그로 인하여 얻은 증거를 피고인에 대하여 사용할 수 있다고 한다.

미 연방대법원은 위법수집증거를 배제함으로써 얻게 되는 억제효과는 위법한 수사의 피해자인 피고인에 대하여 증거를 사용하지 못하게 할 때에만 최상의 효과가 있는 것을 근거[93]로 보았다. 제3자에 대하여 위법한 수사를 한 결과로 얻은 증거를 배제하는 것에도 위법수사 억제 효과가 있을지 모르지만, 억제효과를 광범위하게 확대 적용하여 증거를 배제하는 것은, 범죄자를 기소하고, 또 진실을 밝히는 데 필요한 가능한 모든 증거를 법원에 현출하여 피고인으로 하여금 유죄 혹은 무죄판결을 받게 함으로써 얻는 공공의 이익을 훼손하는 것을 정당화하기에는 부족하다고 판단하였다.[94] 이와 같이 당사자적격을 요건으로 하여 위법수집증거 배제원칙의 적용범위를 한정한 것이다.

따라서 피의자의 진술에 있어서도 위법한 수사에 의하여 자백을 한 피고인에 대하여서만 증거로 할 수 없다. 그러므로 위법한 방법에 의하여 자백을 받고, 그 자백내용 중 증거물의 위치가 포함되어 그 증거물을 발견한 경우, 피고인 아닌 자에 대하여서는 증거물을 사용할 수 있다.[95] 또한 피의자 甲에 대하여 미란다 경고를 하지 않고, 자백을 받았는데, 그 자백내용 중에 乙에 대한 범죄내용이 포함되어 있을 경우, 위 甲의 자백은 甲에 대하여서는 사용할 수 없지만, 乙에 대하여는 사용할 수 있다.[96]

93) U.S. v. Calandra, 414 U.S. 338(1974).

94) Alderman v. U.S., 394 U.S. 165(1969).

95) People v. Varnum, 66 Cal. 2d 808(1967).

96) Emanuel, Criminal Procedure, Aspen Law & Business(2001), 261면.

한편, 독일에서도 제3자에 대한 고지의무 위반은 그 제3자에 대한 증인적격을 배제하지 않고, 또 공범자에 대한 진술거부권 고지의무가 있더라도 다른 피고인에 대해서는 증거사용금지가 적용되지 않는다.97)

4. 이 부분에 대한 대상판결 검토

대상판결은 수사기관이 피의자를 신문함에 있어서 피의자에게 미리 진술거부권을 고지하지 않은 때에는 그 피의자의 진술은 위법하게 수립된 증거로서 진술의 임의성이 인정되는 경우라도 증거능력이 부인되어야 한다고 하여 진술거부권 불고지는 임의성이 아닌 절차적 위법을 사유로 증거능력이 부인됨을 명확히 하였다.

그런데 대상판결은 진술거부권을 고지하지 않으면 의무적으로 증거능력이 배제된다고 해석한 것으로 보인다. 따라서 피의자에게 진술거부권을 고지하지 않았지만, 예컨대 피의자가 변호사와 같이 법적 지식이 풍부하여 이미 진술거부권에 대하여 잘 알고 있는 경우, 진술거부권을 고지받지는 않았지만 이미 여러 번 조사를 받아 진술거부권의 행사여부를 자유의사로 결정할 능력이 있었는데, 자발적으로 진술한 경우에도 형식적으로 진술거부권을 고지하지 않은 것을 이유로 증거능력을 배제할 수 있다고 판단한 것으로 보인다. 다시 말하면 피의자에 대한 진술거부권 불고지가 피의자로 하여금 진술거부권을 행사하는데 어떤 영향을 미쳤는지는 고려하지 않고, 증거능력을 배제한 것으로 보인다. 이것은 진술거부권 불고지가 있으면 바로, 그리고 의무적으로 그 진술의 증거능력을 배제해야 하는 미국식의 의무적 배제기준을 취한 것으로 해석할 수 있다.

이와 같이 미국식의 의무적 배제기준을 취할 경우 미국과 같은 예외규정의 적용에 대한 검토도 함께 이루어져야 한다. 즉 이 녹화내용을 공소사실을 직접 증거로 입증하는데 사용할 수는 없지만, 피고인이 공

97) Lutz Meyner-Goßner, StPO, 50. Aufl., C.H.Beck, 136, Rn.20; BGH NStZ 94, 595, 596.

판정에서 범죄사실을 부인하고 있으므로 그 진술의 증명력을 다투기 위하여 사용할 수 있는지 여부에 대한 판단이 누락되어 있다. 진술거부권 불고지만으로 임의성과 진정성이 있는 증거를 탄핵증거로도 사용할 수 없다고 하는 것은 피의자 보호에만 치우친 것으로 보이므로 탄핵증거로서의 사용은 허용해야 할 것으로 생각된다.

다음으로 대상판결에서는 피고인 길○○의 대화를 근거로 하여 다른 증거를 취득하였는지에 대한 언급이 없다. 아마도 위 대화를 근거로 하여 다른 증거를 취득한 사실이 없기 때문이라고 판단되나, 가령 이와 같은 사실이 인정되더라도 진술거부권 불고지의 경우에는 독수의 과실원칙이 적용되지 않는 미국 판례에 비추어 다른 증거의 증거능력을 배제하는 것은 타당하지 않다고 본다.

마지막으로 대상 사건의 피고인인 안○○가 녹화내용의 증거능력을 배제하여야 한다고 신청할 당사자적격이 있는지에 대한 검토가 필요하다. 대상사건의 진술거부권 불고지는 피고인 길○○에 대한 것이므로 그 진술의 내용을 피고인 길○○에 대하여 사용할 수 없음은 당연하다.

그런데, 진술거부권 불고지의 피해를 입지 아니한 피고인 안○○가 진술거부권 불고지를 이유로 피고인 길○○ 진술의 증거능력을 배제할 것을 주장할 수 있고, 아울러 동인이 이러한 증거능력 배제의 혜택을 받도록 함이 상당한지 검토가 필요하다. 수사절차의 적법성과 사법의 염결성을 강조하여 한 번 절차상 위법이 있는 증거는 영원히 다시 증거자료로 사용할 수 없도록 해야 한다고 볼 수도 있다. 그러나 피고인 자신과 무관한 다른 사람에 대한 위법을 이유로 신빙성 있는 증거를 사용할 수 없게 되면, 죄를 저지른 피고인에게 뜻밖의 횡재를 주는 결과가 되고, 실체적 진실을 발견하는데 상당한 제약이 될 수 있다는 것을 감안하면 당사자적격 여부를 심사할 필요가 있다.

대상판결에 있어서는 이와 같은 점에 대하여 검토를 하지 않고, 단지 피고인 길○○에 대하여 진술거부권을 고지하지 않은 위법만을 지적하여 동인의 진술을 피고인 안○○에 대하여서도 사용할 수 없는 것으로 판결하였는데, 향후 재검토가 필요하고 생각된다.

Ⅴ. 개정 형사소송법상의 진술거부권 검토

대상 판결은 개정 전 형사소송법을 근거로 한 판결이다. 그런데 진술거부권에 관한 조항이 형사소송법의 개정으로 변경되어 향후 판결에 영향을 미칠 것이다.

1. 피의자에 대한 진술거부권 고지의 적용 범위

개정 형사소송법 제244조의3 제1항에서는 피의자를 신문하기 전에 진술거부권 등을 고지하도록 되어 있다. 아울러 제200조 제2항의 피의자로부터 진술을 들을 때 미리 피의자에 대하여 진술을 거부할 수 있음을 알려야 한다는 규정을 삭제했다. 정부제출 개정 형사소송법안에서는 진술거부권 등의 고지대상에 피의자신문 외에 '조사'까지를 포함하고, 진술거부권 등을 포기한다는 확인을 받은 후에야 '조사', 신문이 가능하도록 했는데, 국회 법제사법위원회의 법안 심사과정에서 위 각각의 경우에 '조사'를 삭제하였다.[98)]

이러한 점에 비추어 보면 개정 형사소송법에 의하면 수사기관이 피의자를 신문하는 것이 아니라, 수사기관이 피의자가 자발적인 진술을 하는 기회를 제공하거나, 피의자가 먼저 자백을 하는 것을 듣기만 하는 경우에는 진술거부권을 고지하지 않아도 위법이라고 할 수 없다고 해석된다.

2. 피의자에 대한 진술거부권 고지 시기

피의자에 대한 진술거부권 고지의 시기와 관련해서는 인적사항을 확인하기 전에 고지를 해야 하는지가 문제인데, 개정 형사소송법은 인적사항 확인 후 진술거부권 등을 고지해야 하는 것으로 변경되었다고 해석된다.

---

98) 법무부, 개정 형사소송법, 동광문화사(2007), 126면.

형사소송법 제241조는 검사 또는 사법경찰관이 피의자를 신문함에는 먼저 그 성명, 연령, 본적, 주거와 직업을 물어 피의자임에 틀림없음을 확인하여야 한다고 규정하고 있다. 또 제242조는 "피의자신문사항"이라는 제목 하에 검사 또는 사법경찰관은 피의자에 대하여 범죄사실과 정상에 관한 필요한 사항을 신문하여야 하며, 그 이익이 된다는 사실을 진술할 기회를 주어야 한다고 규정하고 있어, 피의자신문사항을 범죄사실과 정상에 관한 필요한 사항으로 정의하고 있다.

이를 종합하면 피의자가 답변하는 부분은 ① 인적사항에 대한 부분과 ② 그 이외의 부분, 즉 범죄사실 및 정상에 관한 부분이 있는데, 후자에 관하여 신문하기 전에 진술거부권을 고지하여야 한다는 것으로 해석되고, 인적사항 확인은 피의자신문사항이 아니라는 것을 밝히고 있다.

그리고 개정 형사소송법 제244조의3 제1항에 의하면 피의자를 신문하기 전에 진술거부권 등을 고지해야 하므로 피의자신문사항이 아닌 인적사항을 묻는데 있어서는 진술거부권 등을 고지할 필요가 없다.

개정 형사소송법 제244조의3 제1항 제2호는 "진술을 하지 아니하더라도 불이익을 받지 아니한다는 것"을 고지하도록 되어 있는데, 인적사항은 진술을 거부하는 경우에 주거부정 등을 사유로 구속될 가능성이 높고, 나아가 경범죄처벌법위반으로 형사처벌을 받을 수도 있으므로 진술을 하지 않으면 불이익이 있다고 할 수 있다. 그런데 인적사항이 진술거부권의 대상이라고 하면 거부시 불이익을 받지 않아야 하는데도 이와 같이 불이익이 있으므로 불이익을 받지 아니한다는 진술거부권 고지의 내용과도 맞지 않는다.[99]

인적사항 확인 후에 진술거부권을 고지해야 한다는 것은 인적사항에 관하여는 피의자가 진술거부권을 행사할 수 없다는 것과 관련이 있다. 즉 진술거부권의 고지는 피의자가 가지고 있는 진술거부권의 행사

99) 미국의 미란다 경고는 '① 진술을 거부할 권리가 있다는 것, ② 진술한 내용은 장차 법정에서 증거로 사용될 수 있다는 것, ③ 변호인을 선임할 권리가 있다는 것, ④ 변호인을 선임할 자력이 없으면, 국가가 이를 선임해 줄 수 있다는 것, ⑤ 이와 같은 권리가 있다는 것을 피의자가 이해했는지를 확인하는 것'을 내용으로 한다.

를 보호해 주기 위한 것인데, 진술거부권 고지 시기가 인적사항 진술 후에 온다는 것은 인적사항은 진술거부권의 대상이 아니라는 것을 추정케 한다. 만일 인적사항이 진술거부권의 대상이라고 한다면 당연히 인적사항에 대한 신문 이전에 진술거부권을 고지해야 하기 때문이다.

그러므로 다수설이 인적사항에 대하여서도 진술거부권을 행사할 수 있다고 하면서 그 논거로 형사소송법이 진술거부권을 불이익한 진술에 한정하지 않는다고 설명하는 것은 타당하지 않다. 왜냐하면 형사소송법은 인적사항이 불이익한 진술인지 여부를 근거로 규정한 것이 아니라 인적사항이 진술거부권의 대상이 아니기 때문에 진술거부권 고지 전에 인적사항에 대한 확인을 하도록 하는 방식으로 접근하고 있기 때문이다.

물론 이때 인정신문에 진술거부권을 인정하지 않는다고 하여, 수사기관이 인적사항 확인을 위해 피의자에게 진술을 강요해도 된다는 것은 아니다. 인정신문에 대하여 피의자가 진술을 거부하는 경우라고 해도 그 의사에 반해서 비인도적 방법으로 진술을 강요하는 것은 헌법이 정한 신체의 자유, 표현의 자유를 침해는 위법한 행위가 되고, 임의성을 침해한 진술이 되어 증거능력도 배제될 것이기 때문이다.

다수설처럼 인적사항이 진술거부권의 대상이 된다고 하면, 진술거부권의 보호를 위해서는 영장에 의한 직접강제는 물론 간접강제나 불이익추정 등 일체의 불이익을 부과할 수 없다는 것이 되어 부당하다. 예를 들면 범죄사실에 대한 진술을 거부하는 피의자에 대하여 범죄사실에 대한 증거를 제출하도록 명하고, 그 제출을 거부하는 경우 형사처벌을 하거나 구속하는 것은 허용되지 않을 것이다. 그 이유는 진술거부권을 보호하기 위해서는 이러한 방식의 간접강제를 허용해서는 안 되기 때문이다. 그러나 인적사항의 확인을 위해서는 영장에 의한 지문채취나 이를 거부하는 경우 형사처벌을 허용하여 간접강제를 할 필요가 있다. 이러한 필요성을 인정하면서도 인적사항에 대하여 진술거부권을 인정하는 것은 진술거부권의 실질적 의미를 잘못 이해하기 때문이라고 보인다.

인적사항 파악을 위해서는 형사처벌이라는 간접강제 수단을 허용하고, 또 독자적 체포·구속사유로 보고 있는 것이 선진각국의 입법례이다. 이와 같은 점에 비추어 보면 인적사항에 대하여 진술거부권이 인정된다고 하기는 어렵고, 따라서 인적사항 확인 후 진술거부권을 고지하도록 한 형사소송법의 규정은 타당한 것이다.

3. 피고인에 대한 진술거부권의 고지

개정 형사소송법은 제296조의2에서 피고인신문을 규정하였다. 증거조사 전에 하던 피고인신문을 원칙적으로 증거조사 후에 하도록 한 것이다.

이와 같이 법을 개정한 취지는 피고인신문을 모두에게 함으로써 처음부터 피고인에 대한 부정적인 인상이 노출되게 되고, 재판이 범죄사실에 대한 객관적인 증거를 발견하기 보다는 피고인 진술의 진위를 추궁하는 방식으로 진행되기 쉽다는 것을 반영한 것이라고 한다.[100]

한편 개정 형사소송법은 제283조의2에서 피고인의 진술거부권을 규정하면서 인정신문 전에 진술거부권을 고지하는 것으로 규정하였다. 인정신문에도 진술거부권이 인정된다는 의견을 받아들여 이와 같이 규정한 것으로 보인다.

그런데 제284조의 인정신문 규정에 의하면 피고인의 성명을 묻는 것도 인정신문에 해당한다. 문제는 재판장이 재판을 진행하기 위해서는 진술거부권을 고지하기 전에 먼저 피고인을 법대 앞으로 나오게 해야 하는데 이때 피고인의 이름을 불러 피고인이 대답을 한 다음 법대 앞으로 나오게 하는 것은 인정신문에 해당하지 않아 허용되는 것인지 의문이라는 것이다.

만일 판사가 피고인을 호명하여 피고인이 대답을 하고 법대 앞으로 나오는 것도 인정신문에 해당된다면, 진술거부권 고지 전에 인정신문을 한 것이므로 위법이다.[101] 그렇다면 진술거부권을 먼저 고지하고, 피고

100) 법무부, 개정 형사소송법(2007), 222면.

101) 백형구, "자백의 중요문제에 관한 학설·판례의 검토", 변호사 제29집(1999), 288면에서는 공판정에서의 진술거부권 불고지는 중대한 위법이 아니기 때문에 진술거

인의 이름을 불러야 하는데, 이렇게 되면 누구인지도 확인이 되지 않은 사람을 상대로 진술거부권을 고지해야 한다는 이상한 결과가 발생한다.

만일 판사가 피고인을 호명하여 피고인이 대답을 하고 법대 앞으로 나오는 것은 인정신문이 아니라고 한다면, 사실상 피고인에게 인정신문에 대한 진술거부권을 보장한 실익이 없다. 왜냐하면 적어도 판사는 피고인의 이름만 안다면 수사기록으로 피고인의 다른 인적사항을 다 알 수 있기 때문이다.

법원은 법적 근거 없이 피고인의 진술을 강요할 수 없기 때문에 피고인이 인적사항에 대한 진술을 하지 않을 경우 직접 강제를 할 수는 없어, 인정신문 후 진술거부권의 고지를 하는 경우와 실질적 차이는 없다고 볼 수 있다.

그런데 인정신문 전 진술거부권을 고지해야 한다는 입장에 서게 되면 피고인신문과의 관계에서 문제가 발생한다. 즉 개정 형사소송법에 의하면 피고인신문이 증거조사 후로 옮겨졌으므로 진술거부권 고지시기와 피고인신문의 시기는 상당한 격차가 벌어지게 되는 것이다. 예를 들어 재판이 시작된 오전에 피고인에게 진술거부권을 고지한 후 증거조사를 거쳐 막상 저녁쯤 혹은 다음날에 피고인신문을 할 때에는 피고인으로서는 자신이 진술거부권을 고지 받은 사실마저 잊어버릴 가능성이 있다.

이와 같은 현실적 고려를 하지 않은 채 진술거부권을 인정신문 전에 고지하도로 한 개정 형소법 규정은 개정되어야 한다. 다시 말하면 인정신문 전이 아니라 피고인신문 직전에 진술거부권을 고지하도록 함으로써 피고인의 진술거부권 행사·불행사 결정에 도움을 주도록 해야 하는 것이다.

독일도 진술거부권 고지는 인적사항 신문 후에 하고 있다.102) 일본도 마찬가지이다.103)

부권을 불고지하더라도 자백의 증거능력을 인정해야 한다고 한다.

102) 독일 형사소송법 제243조 제4호.

103) 일본 형사소송법 제311조.

Ⅵ. 결 론

피의자나 피고인의 진술거부권은 헌법과 형사소송법이 보장하고 있는 기본적 권리이다. 따라서 이러한 진술거부권을 적정하게 보장해 주기 위해서 피의자나 피고인에게 진술거부권의 내용을 고지해주는 것은 중요한 의미를 지닌다. 수사나 재판을 처음 받는 피의자나 피고인은 진술거부권이라는 권리가 있는지 조차 모를 수 있으므로 진술거부권 행사의 결정권을 실질적으로 보장해 주기 위해서는 고지가 필요하다.

이러한 의미에서 피의자나 피고인이 행사할 수 있는 진술거부권의 범위와 진술거부권 고지의 시기는 밀접한 관련이 있다. 진술거부권이 인정되지 않는 단계에서 진술거부권을 고지하거나, 진술거부권이 인정되는 단계임에도 진술거부권을 고지하지 않는 것은 모두 문제가 있다. 그러므로 진술거부권 고지의 시기는 피의자나 피고인이 진술을 거부할 수 있는 사항을 조사하는 시점 직전에 해야 한다.

국내 다수설은 피의자나 피고인은 자신의 인적사항에 대해서까지 진술을 거부할 수 있다고 한다. 진술거부권을 보장하는 것은 피의자나 피고인에게 진술 그 자체를 강제하는 것뿐만 아니라, 진술에 갈음할 서면을 제출하도록 하는 것, 혹은 증거물을 제출하도록 하는 것 등 사실상 진술과 동일한 것을 직접 강제하는 것을 금지해야 한다는 것을 의미한다. 또 피의자나 피고인이 이와 같이 인적사항에 대한 진술을 거부했다고 해서 형벌을 가하거나, 양형상·사실인정상 불이익을 추정하는 등 간접강제를 해서도 안 된다는 것을 말한다.

피의자나 피고인이 수사나 재판절차상 신원에 대하여 진술을 거부하는 경우 진술거부권이 인정된다고 보아 이렇게 직접 혹은 간접강제를 할 수 없다고 하면 수사나 재판절차가 원만히 진행되기 어려울 것이다.

우리 헌법상 진술거부권은 불이익한 사항에 대하여 인정되도록 되어 있다. 따라서 그것이 불이익한 사항이 아닌 한 피의자나 피고인은 인적사항에 관하여 수사나 재판기관에 협력할 의무가 있다고 할 것이다. 피의자나 피고인이라는 지위만으로 수사나 재판에 일체 협력할 의무가 없다고 할 수는 없다. 배심원이나 증인이 법정에 출석할 의무가 있는 것처럼 피의자나 피고인도 수사와 재판절차에 협력할 의무가 있는 것이다. 피의자나 피고인이 인정신문에 진술을 거부하는 경우 사실상 직접 강제할 수단은 없다. 만일 수사기관이나 법원이 피의자나 피고인에 대하여 신문을 밝히라고 의사에 반하여 강요를 한다면 그것은 강요라는 수단이 위법하기 때문에 강제를 못하는 것이지, 피의자나 피고인에게 인적사항을 밝히지 않을 권리가 있기 때문은 아니다. 그러므로 인적사항을 밝히지 않은 피의자에 대해서는 형사처벌 등의 간접강제수단을 마련하여 두고 있는 것이 각국의 입법례이고, 또 우리 입법례이기도 하다.

인적사항 확인 후에 진술거부권을 고지하게 된다면, 인적사항 자체가 범죄사실과 관련되어 있어 인적사항이 진술거부권의 내용에 해당하는 경우에 문제가 될 것이다. 이때에는 진술거부권 고지 후의 신문사항에 대해서는 증거능력이 인정될 것이고, 다만 진술거부권을 고지하지 않은 인적사항 부분에 대하여만 증거능력 유무를 결정하면 될 것으로 보인다. 이것은 결국 위법수집증거 배제의 일반 원칙에 따라 결정하면 될 것이다.

진술거부권 불고지라는 위법만으로 무조건 의무적으로 진술전체에 대하여 증거능력이 없다고 하는 것은 극단적인 것이므로, 당사자적격, 탄핵증거로의 사용 등 예외적 사유에 대해서고 적극적인 검토가 필요하다.

개정 형사소송법은 피의자를 신문하기 전에 진술거부권을 고지하면 되도록 되어 있고, 그 신문에는 조사가 포함되지 않는다. 따라서 피의자의 자발적 진술에 대해서까지 진술거부권 고지가 필요하다고 할 수는 없다고 본다. 즉 인적사항 확인 및 단순히 피의자에게 진술 또는 자백할 기회를 제공하는 것은 진술거부권의 고지가 필요 없다고 할 것이다. 그러나 이 범위를 넘어서 피의자에게 자백을 권유하거나, 자백을 유도하는 것은 사실상 신문에 해당하므로 그 전단계에서 진술거부권을 고지해야 할 것이다.

대상 판례는 진술거부권 불고지라는 위법으로 증거능력을 배제했는데, 증거능력 배제의 구체적 사유, 예외의 인정여부 등에 대하여 향후 새로운 판결을 기대해 본다.

[주 제 어]
진술거부권, 진술거부권 고지의 시기, 진술거부권 불고지의 효과, 인정사항, 위법수집증거 배제, 당사자적격

[Key words]
right to remain silent, the timing of noticing the right to remain silent, the effect of the violation of the right to remain silent, identification, exclusionary rule, standing

접수일자: 2008. 4. 25, 심사일자: 2008. 5. 18, 게재확정일자: 2008. 5. 29.

[Abstract]

Right to Remain Silent and the Effect of the Violation of the Right to Remain Silent

An, Seong-Su*

The right to remain silent is a basic right of the defendant or suspect guaranteed by the constitution and criminal procedure law. It is important to notify the right to the defendant or suspect so that he can excercise the right properly and effectively. The timing of notification and the content of the right to remain silent are closely related. The investigator should notify the suspect or defendant of this right before conducting any questioning that could incriminate the suspect or defendant.

Considering the Punishment of Minor Offenses Act which punishes the defendants and suspects who do not cooperate in identification process, they may not exert their right to remain silent during that procedure as legally guaranteed rights.

Identification itself is not a disadvantageous thing to the suspect or defendant. There are many countries which impose a penalty on the suspect or defendant who doesn't state his or her identification.

In addition to that, even if there is a breach of notification, the statement should be admissible by the standing theory or for impeachment purpose. According to newly revised Criminal Procedure code of Korea, notification is not required until the identification process has finished during the investigation process. If the suspect or defendant initiates a voluntary statement, the statement should be admissible without the 'Miranda' warning.

* Public Prosecutor, Changwon District Proseutors' Office.

피의자의 방어권 보장 및 증거보전을 이유로 한 구속영장 기각 결정의 문제점

이 선 욱*

[대상결정] 서울중앙지방법원 2007. 4. 12. 2007-1384호 영장결정, 2007. 6. 12. 2007-2573호 영장결정

[사안의 개요]

피의자 甲은 거액의 주식 투자자, 속칭 '슈퍼개미'로서, 증권회사 직원인 상피의자 乙, 丙 등과 공모하여, 2004. 3. 30.경부터 같은 해 6. 1.경까지 총 86회에 걸쳐 자신이 최대주주로 있는 코스닥 상장기업 X회사의 주식 3,196,920주에 관하여 시세조종 거래를 함으로써 위 회사 주가를 58.78퍼센트 상승시켜 12억 1,000만원 상당의 부당이득을 취하고, 그밖에 대주주로서의 주식 변동 상황이나 임원·주요주주 변동에 관한 보고의무를 위반한 혐의 등으로 2007. 4. 11. 구속영장이 청구되었다.

[구속영장 청구 사유]

검사는 피의자 갑이 대주주 지위를 악용하여 시세조종을 통해 거액의 부당이득을 취한 악의적 증권시장 교란사범인 점, 피의자 을과의 공모관계를 부인하나 거래기간 중 수시로 전화통화를 하면서 유사한 매매패턴을 보인 점, 소액투자자들에게 허위사실을 유포하여 거액의 피해를 양산시킨 점, 2003년 시세조종으로 벌금 2천만원을 선고받은 동종 전력이 있는 점, 자신에게 불리한 진술을 한 참고인을 별건 형사고소로 압박하면서 진술 번복을 요구한 점, 상피의자 병에게 허위진술을 사주하면서 그 진술 내용을 확인하기 위하여 자신의 소형녹음기를 주고 검

* 대검찰청 검찰연구관.

사실에 가져가 녹음까지 시킨 점 등을 근거로 법률상의 구속사유에 해당한다고 주장하였다.

[구속영장 기각 이유]

영장 판사는 구속영장 청구를 기각하면서, 그 이유에 관하여 "피의자 갑은 자신이 X회사 주식을 취득한 것은 경영권 확보를 위한 목적이었고 상피의자 을이 위 회사의 주식을 취득한 것은 자신과는 무관한 것으로 동인에게 우호세력이 되어줄 것을 요청만 하였을 뿐이며, 피의자 갑과 위 을이 위 회사 주식을 매집하는 동안 위 회사의 주가가 상승한 것은 자신이 제기한 신주발행금지 소송 등에서 승소한 결과가 반영된 것이지 자신의 주식 매집과는 무관하다는 취지로 다투고 있는바, 이에 관하여는 관련자들의 진술과 객관적인 증거를 토대로 한 추가적인 조사가 필요하다고 보이므로 이러한 상황에서 피의자를 구속할 경우 피의자의 방어권 행사에 장애를 초래할 우려가 있는 점, 피의자의 주거가 일정한 점, 그밖에 피의자가 소극적인 방어의 차원을 벗어나 적극적으로 증거를 인멸하거나 도망할 염려가 있다고 보이지 아니하는 점 등을 고려하여 이 사건 구속영장 청구를 기각함"이라고 적시하였다.

[재청구 사유]

검사는 1차 구속영장 청구가 기각된 후 보완수사를 통해 피의자 갑이 주식 매매로 인한 시세 차익을 실현하는 과정에서 2,800만원의 조세를 포탈한 점을 추가로 규명하여 2007. 6. 7. 구속영장을 재청구하면서, 피의자 갑이 증권사 직원과 공모하여 시세조종을 하고 이익분배까지 하였음이 충분히 소명되었다는 점, 동종전과가 있을 뿐 아니라 추가로 조세포탈 범행이 밝혀진 점, 피의자 갑이 자신에게 불리한 진술을 한 참고인을 상대로 한 별건 고소사건이 혐의없음 결정되었고 오히려 피의자 갑에 대한 무고혐의에 대한 수사가 진행되고 있는 점 등을 재청구 사유로 주장하였다.

[재청구 기각 이유]

영장판사는 구속영장 재청구도 기각하면서, 그 이유에 관하여 "… 2005. 1.경부터 시작된 이 사건 수사의 진행 경과, 일부 불구속 기소된 사건의 공판진행 경과, 피의자와 상피의자 및 관련 참고인들의 진술이 번복되어 온 경과, 피의자가 인정하는 내용과 다투는 내용, 영장청구서 기재 범죄사실에 부합하게 진술하는 참고인들에 대해서는 증거보전절차를 통하여 증거인멸을 미리 방지할 수도 있는 점, 피의자의 주거, 직업, 가족관계 등을 종합하여 볼 때, 구속영장 재청구 이유를 자세히 살펴보더라도 피의자가 장차 증거를 인멸하거나 도망할 염려가 있다고 보기는 어려움"이라고 적시하였다.

〔연 구〕

Ⅰ. 서 설

근래에 와서 구속영장, 압수수색영장 등 각종 영장과 통신사실확인자료 제공요청 허가청구에 대한 법원의 기각률이 급증함에 따라, 각종 영장 등의 발부 여부를 둘러싼 법원과 검찰간 견해 차이가 크게 부각되었다. 2006년 론스타 코리아 대표이사 유회원에 대한 구속영장이 4차례에 걸쳐 기각된 것이나, 지난 9월 정윤재 전 청와대 비서관과 신정아 전 동국대 교수에 대한 구속영장 청구가 기각된 사례가 대표적이다. 이처럼 언론을 통해 일반에게 널리 알려진 사건들 외에도 실무상 각종 영장의 발부 여부를 둘러싸고 법원과 검찰 사이의 견해 대립이 끊임없이 발생하고 있는 실정이다.

개별 사건의 구속 여부는 형사소송법이 정하고 있는 요건의 충족 여부에 따라 결정하면 되는 것임에도 불구하고 이와 같은 견해 차이가 계속되고 있는 이유는 무엇인가?

가장 큰 이유는 법원에서 불구속 수사·재판을 강화하기 위하여 기존의 실무 관행보다 엄격해진 잣대로 영장을 심사하기 시작하였고,

반면에 이를 뒷받침할 수 있는 객관적인 기준이나 실무 관행이 아직 정립되지 못한데 따른 것이라고 생각된다. 기존 기준에 의하면 당연히 구속수사가 이루어져야 할 사안에 관하여 구속영장이 잇따라 기각되면서도 새로운 기준이 명확하게 제시되거나 이에 관한 사회적 합의가 이루어지지 아니함에 따라, 구속영장의 청구 및 발부에 관하여 예측가능성과 투명성이 떨어진다는 비판이 제기되고 있는 것이다. 이와 함께, 구속영장에 관한 법원의 결정에 대하여 항고·재항고 등 불복수단이 마련되어 있지 않다는 점은, 구속 기준에 관한 공론화나 사회적 합의를 보다 어렵게 만드는 요인이 되고 있다.

그러나 전체 형사절차에서 인신구속이 갖는 의미나 중요성에 비추어, 구속제도 운용에 관한 투명성과 예측가능성의 제고는 반드시 이루어져야 할 과제라고 할 것이다. 이는 구체적 사건에서 구속영장의 발부 또는 기각에 관한 결정례가 지속적으로 축적되고 이에 대한 학문적 연구와 논의를 통하여 해결될 수 있을 것이다. 이러한 점에서, 구속영장 발부 여부가 문제된 개별 사건에 대한 법리적 검토는 현행 구속제도 운용의 예측가능성을 제고하는데 도움이 될 것이라고 생각된다.

대상 결정은 피의자의 방어권 보장 필요성과 증거보전절차의 이용 가능성 등을 이유로 검사의 구속영장 청구 및 재청구를 기각한 사안으로서, 최근 구속영장 기각에 따른 문제점이 집중적으로 제기되고 있는 화이트칼라 범죄 분야에 대한 구속영장 기각결정의 전형적 사례에 해당한다. 구속영장의 청구 및 재청구에 대하여 법원의 기각 이유가 비교적 상세하게 기재되어 있어, 기각사유에 관한 심도 있는 검토가 가능한 점도 특징적이다.

이 글에서는 대상결정이 기각사유로 들고 있는 여러 가지 사정들 가운데 법리적으로 특히 주목할 만한 요소인 피의자의 방어권 보장 필요성과 참고인에 대한 증거보전 가능성에 관하여 집중적으로 검토해 보고자 한다.

Ⅱ. 피의자의 방어권 보장과 수사상 구속

1. 방어권 보장을 이유로 한 구속영장 기각 실태

최근 피의자의 방어권 보장을 이유로 한 구속영장 기각 결정이 크게 증가하였다. 예를 들면, 투자금 명목으로 2억 1천만원을 편취한 사건에서 "피의자가 편취 범의를 다투고 있으므로 구속시 피의자의 방어권 행사에 장애를 초래할 우려가 있다."는 이유로 기각한 사례,[1] 전직 회사 대표이사가 회사 돈 168억원을 횡령한 사건에서 "피의자의 변명 내용, 태도에 비추어, 구속할 경우 방어권 행사에 현저한 지장을 초래 한다."는 이유로 기각한 사례,[2] 간통 고소사건에서 상피의자는 자백을 하는데 피의자가 성교사실을 부인하였던 사건에서 "피의자는 상피의자와 성관계를 맺었는지에 관하여 일관되게 부인하고 있는바 피의자의 변명내용이 허위라고 단정하기 쉽지 아니하므로 피의자에게 불구속 상태에서 방어권을 행사하도록 함이 상당하다."고 한 사례[3] 등이 그것이다.

이와 같은 일련의 결정들은 피의자의 방어권 보장을 구속영장 심사 기준의 하나로 설정한 법원의 정책적 판단에 기인하는 것으로 보인다. 2006. 1. 서울중앙지방법원에서 발표한 구속영장 처리기준에 의하면, "피의자의 방어권 보장을 위한 구속영장 청구 기각의 확대"를 선언하면서, "범죄 혐의를 부인하는 피의자의 주장에 상당한 근거가 있고 구속이 피의자의 방어권에 장애를 초래할 것으로 보이는 경우에는 원칙적으로 구속영장을 발부하지 않는다."는 기준을 제시하고 있다.[4]

법원이 이와 같이 피의자의 방어권 보장을 구속영장 기각사유의 하나로 내세우는 것은, 피의자가 구속될 경우 심리적으로 위축되고 증

---

1) 서울중앙지방법원 2007. 3. 18. 2007-5574호 영장결정.

2) 서울중앙지방법원 2007. 4. 9. 2007-7585 영장결정.

3) 이 사건에서 상피의자는 자백하므로 도주와 증거인멸의 우려가 없다고 영장이 기각되었고, 부인하는 피의자는 방어권을 보장할 필요가 있다면서 영장이 기각되었다. 서울중앙지방법원 2006. 3. 15. 2006-903호 영장결정.

4) 석동현, "서울중앙지검의 구속영장 청구 현황", 바람직한 구속기준의 모색 공청회 자료집(2006. 2), 9면.

거자료나 증인 등에 대한 접근이 곤란해지는 등 방어권 행사가 현실적으로 어려워지고, 이는 허위 자백이나 오판으로 이어질 가능성이 적지 않다는 점을 고려한 것으로 보인다.

이와 함께, 구속 요건의 하나로 요구되는 '범죄 혐의의 상당성'에 관하여 현행 실무상 혐의의 수준을 유죄의 확신에 이를 정도와 유사하게 매우 높게 잡고 있기 때문에 발생하는 공백을 메우고자 한다는 점도 이유로 지적된다.[5] 피의자가 강하게 부인하고 있고, 혐의에 대한 어느 정도의 의심은 드나 변명도 그럴 듯하여 혐의에 대한 확신에는 이르지 못한 상황에서, 구속영장을 기각하기 위한 도구 개념으로 사용되는 측면이 있다는 것이다.

그러나 이와 같이 피의자의 방어권 보장 필요성을 내세워 구속영장을 기각하는 것에 대해서는 아래에서 보는 바와 같이 현행 형사소송법 규정이나 형사정책적 측면에서 수긍하기 어렵다고 생각된다.

2. 형사소송법상 구속의 요건

(1) 개　　관

형사소송법은 피의자·피고인에 대한 구속의 요건으로, ① 죄를 범하였다고 의심할 만한 상당한 이유가 있을 것, ② 피의자·피고인이 일정한 주거가 없거나 증거를 인멸할 염려가 있거나 도망할 염려가 있을 것을 요구한다(제201조 제1항, 제70조 제1항). 이와 함께 명문으로 규정되어 있지는 아니하나 구속은 사건의 의미와 그것에 대하여 기대되는 형벌에 비추어 상당하고, 다른 방법에 의해서는 형사소송을 확보할 수 없을 때에만 허용된다고 하는 비례성의 원칙도 실질적인 구속 요건의 하나로 일반적으로 인정되고 있다.[6]

---

5) 이완규, "독일의 구속영장 심사와 우리나라 실무에의 시사점", 형사법의 신동향 제7호(2007. 4), 75면.

6) 이재상, 형사소송법, 제6판, 2001, 231면; 신동운, 형사소송법, 제3판, 2005, 162면; 배종대·이상돈, 형사소송법 제7판, 2006, 245면.

(2) 범죄 혐의의 상당성

구속요건으로서의 상당한 범죄 혐의는 무죄의 추정을 깨뜨릴 수 있을 정도의 충분한 범죄 혐의로서, 죄를 범하였다고 인정할 수 있는 고도의 개연성을 의미한다.[7]

독일 형사소송법 제112조 제1항은 구속요건으로서 범죄에 대한 상당한 혐의(Dringender Tatverdacht)가 있어야 한다고 규정하고 있고, 이러한 상당한 혐의 또한 범죄행위를 하였다는 점에 대한 개연성이 큰 경우(groβe Wahrscheintlichkeit)를 의미한다고 해석된다.[8]

미국 연방헌법 수정 제4조에서도 체포영장은 상당한 이유(probable cause)가 있을 때에 발부되어야 한다고 규정하고 있고, 이러한 상당한 이유란 단순한 의심(bare suspicion)보다는 높고 유죄 판결에 필요한 정도보다는 낮은 정도의 혐의 수준을 말한다고 설명된다.[9] 이러한 합리적 믿음의 존부에 관한 판단은 체포 경찰관이 알고 있는 사실과 정황에 근거해서 통상의 주의력을 가진 사람 또는 합리적인 사람이 어떤 범죄가 피의자에 의해 행하여졌다고 믿을 것인지 여부에 달려 있다.[10]

요건 충족을 위하여 어느 정도의 입증이 필요한지는 개별적, 구체적으로 판단될 사항으로서 그 기준을 일률적으로 정하는 것은 적절하지 않다고 할 것이나, 대체로 형사소송법 제321조에서 정하는 유죄 판결을 위한 '범죄의 증명', 즉 유죄의 확신에 이를 정도의 입증 수준보다는 낮은 정도, 그리고 동법 제195조에서 정하는 수사 개시의 원인이 되는 '범죄 혐의', 즉 수사기관의 주관적 혐의보다는 높은 정도로서, 적어도 사회 보통인을 표준으로 할 때 피의자가 범죄를 범하였다고 판단하기에 상당한 객관적인 기초가 필요하다고 할 것이다.[11]

---

7) 신동운, 앞의 책, 149면.

8) Boujong, StPO-Karlsruher Kommentar, 5. Aufl., 2003, § 112 Rn. 3.

9) Brinegar v. U.S., 338 U.S. 160, 69 S.Ct. 1302, 93 L.Ed. 1897(1949).

10) State v. briban 809 So. 2d 923(2002).

11) 법원행정처, 새로운 형사재판 실무, 2002, 25면; 신현주, 형사소송법 신정2판, 2002, 261-262면.

(3) 구속사유

형사소송법 제70조 제1항은 주거부정, 증거인멸의 염려, 도망의 염려를 구속사유로 규정하고 있다. 다만 주거부정은 독립된 구속사유가 아니고 도망할 염려를 판단하는 데 도움이 되는 자료 중의 하나에 불과하기 때문에, 이를 독립적인 구속사유로 규정하는 것은 입법론상 부당하다고 보는 것이 일반적이다.[12]

1) **증거를 인멸할 염려**

증거인멸의 염려는 피고인·피의자를 구속하지 않으면 증거물이나 증거서류 등 물적 증거방법을 훼손, 변경, 위조하거나, 공범자, 증인, 감정인 등 인적 증거방법에 대하여 허위의 진술을 부탁하거나 강요하는 등 부정한 영향력을 행사할 개연성이 존재하는 것을 의미한다.[13]

증거인멸의 염려가 있다고 하기 위해서는 피의자가 단순히 증거인멸을 행할 추상적인 가능성이 있다는 것만으로는 부족하고, 구체적인 사실에 기초를 둔 증거 인멸의 개연성이 인정되어야 하며,[14] 이러한 근거사실들을 자유로운 증명방법에 의하여 확정하여야 한다.[15]

또한 증거인멸의 염려 유무는 막연한 전체적 인상에 기초한 판단이어서는 안 되고, 인멸의 대상이 되는 증거가 존재하는지 여부, 그 증거가 범죄사실의 입증에 결정적으로 영향을 주는지 여부, 피의자 측에 의하여 그 증거를 인멸하는 것이 물리적, 사회적으로 가능한지 여부, 피의자 측이 피해자 등 증인에 대하여 어느 정도의 압력이나 영향력을 행사할 수 있는지 여부 등을 종합적으로 고려하고 판단하여

12) 이재상, 앞의 책, 231면; 신동운, 앞의 책 163면; 신현주, 앞의 책, 279면 등.

13) 독일 형사소송법 제112조 제2항 제3호에서는 구속사유로서 증거인멸의 우려(Verdunkelungsgefahr)란 ① 증거방법을 인멸(vernichten), 변조(verändern), 은닉(beiseite schaffen), 은폐(unterdrücken), 또는 위작(fälschen)하는 행위, ② 공동피의자, 증인 또는 감정인에게 부당한 방법으로 영향을 미치는 행위, ③ 타인으로 하여금 위와 같은 행위를 하게 할 상당한 혐의(dringend Verdacht)가 있고, 이로 인해 진실에 대한 조사(Ermittlung der Wahrheit)를 곤란하게 할 우려가 있는 때라고 명시하고 있다.

14) 大阪地決 1963. 4. 27, 下刑集 5권 3-4호, 444면.

15) 이완규, 앞의 책, 55면.

야 한다.[16]

그리고 증거인멸의 염려는 긴박한 것이어야 하고, 따라서 아직 수사가 종결되지 아니한 상황, 피의자가 범죄사실을 다투거나 자백을 거부하는 행위를 하는 경우 등은 그 자체만으로는 증거인멸의 염려가 있는 때에 해당하지 아니한다.[17]

증거인멸이란 '부당한 방법으로' 증거를 훼손, 은닉하는 것을 의미한다. 이와 같은 '부당한 영향'은 법을 위반하거나 사안의 진상에 대한 조사에 법이 허용하지 않는 방식으로 지장을 주는 것을 말한다. 반면에 형사소송법이 허용하는 행위 방식은 부당하다고 할 수 없다. 따라서 피의자가 진술을 거부하는 것, 범행을 부인하고 다투는 것, 자백을 번복하고 철회하는 것, 혈액 채취를 거부하는 것, 증인에게 그가 아는 사실을 단순히 물어보는 것 등은 증거인멸의 우려가 있는 부당한 행위라고 볼 수 없다.[18]

이와 관련하여 문제되는 것이 방어권의 정당한 행사와의 한계 문제이다. 개념적으로는 증거인멸이란 공범자와 허위 진술에 관한 통모를 하거나 참고인에게 진실에 반하여 자기에게 유리한 진술을 하도록 종용하는 등 증거에 부당한 영향을 미치는 것으로서, 피의자·피고인이 방어를 위하여 자신에게 유리한 증거를 수집하거나 진술거부권을 행사하거나 피해 변상 내지 합의 등 정상관계를 유리하게 하는 활동 등 정당한 방어권의 행사와 구별된다.

그러나 실제로는 피의자가 공범자나 참고인과 접촉하는 것이 전혀 상대방에게 부당한 영향 없이 행해진다는 것은 오히려 드물 것이다. 이러한 경우 일반적으로 수사 초기 단계에서는 증거 확보의 필요성을 우선하여 피의자가 직접 공범이나 참고인을 접촉하는 것은 원칙적으로 허용될 수 없다고 해야 할 것이며, 수사가 진진되고 증거인멸의 실효성이 감소해 감에 따라, 특히 기소 후에 있어서는 피고인의 방어 활동의

16) 대법원 인신구속사무의 처리에 관한 예규 第52조.

17) 신동운, 앞의 책, 163면; 배종대, 앞의 책 244면.

18) 이완규, 앞의 책, 54-55면.

중요성을 보다 중시하는 것이 타당하다고 할 것이다.[19)]

2) **도망 또는 도망할 염려**

도망할 염려란 피의자·피고인이 수사, 공판 또는 형의 집행을 지속적으로 또는 일시적으로 회피하여 잠적할 염려를 의미한다. 이러한 도망의 염려 또한 구체적 사실을 평가한 결과 피고인 또는 피의자가 형사절차를 회피할 것이라는 고도의 개연성이 있으면 인정된다.[20)]

이러한 도망의 염려 또한 단순한 추측이 아니라 '특정한 사실'로부터 추론될 수 있는 것이어야 하며,[21)] 이는 일반적인 기준으로 기계적으로 판단할 것이 아니라 개별사건의 구체적 상황을 종합하여 판단하여야 한다. 그러한 고려요소로서는 피의자에게 알려진 유죄 증거의 정도, 피의자의 인격적 특성, 기대되는 형량, 사회적·경제적·가족적 유대와 직업, 사회적 명망, 생활경력 등을 들 수 있다.[22)]

특히 선고될 형량은 도망할 염려를 판단하는 중요한 자료가 된다. 즉 특별히 중형이 선고될 것이 기대되는 때에는 그 사유만으로 원칙적으로 도망할 염려를 인정하되, 피의자의 경제적 지위나 직장 또는 가족관계 등에 비추어 특별한 사정이 있는 경우에는 예외적으로 도망할 염려를 부정하는 것이 타당하다.[23)]

3. 방어권 보장을 이유로 한 영장 기각의 부당성

(1) 구속제도의 불확실성 확대

본 사안에서 구속영장 기각의 근거로 제시된 '피의자의 방어권 보장 필요성'은 형사소송법이 정하고 있는 구속사유에 해당하지 아니한다. 형사소송법은 구속사유로서 범죄 혐의의 상당성과 증거인멸 및 도

---

19) 정병섭, "구속의 요건에 관한 연구", 전남대학교 박사학위논문, 1999, 130면.

20) 이재상, 앞의 책, 230면.

21) 배종대, 앞의 책, 243면.

22) 신동운, 앞의 책, 163면; 신현주, 앞의 책, 279면.

23) 이재상, 위의 책, 230면. 2008. 1. 1.부터 시행되는 개정 형사소송법 제70조 제2항은 법원이 구속사유를 심사함에 있어서 범죄의 중대성, 재범의 위험성, 피해자·중요 참고인 등에 대한 위해 우려 등을 고려하여야 한다고 규정하였다.

주의 염려만을 규정하고 있을 뿐, 피의자의 방어권 보장 필요성은 구속사유로 제시하지 않고 있는 것이다.

그럼에도 불구하고, 법원이 '피의자의 방어권 보장'이라는 불확정 개념을 내세워 구속영장을 기각하는 근거로 삼는 것은 위와 같은 형사소송법 규정에 반할 뿐만 아니라, 수사과정에서의 구속에 관한 투명성과 예측가능성을 저해할 위험이 있다.

앞서 언급한 바와 같이 현행 구속제도 운용에 관한 문제의 핵심은 법원의 영장 심사에 관한 객관적 기준이 부족하고 이에 대한 불복수단도 마련되어 있지 아니하여 구속영장 청구시 그 결과에 대한 예측가능성이 낮다는 점에 있다. 법률이 정한 사유 이외의 사유를 들어 구속영장을 기각하거나 내용적으로 유사한 사건에서 구속 여부가 상이하게 결정되는 일이 많이 이루어지다 보니, 구속영장 발부 여부에 대한 예측이 어려워지게 되고 심지어 이를 빗대 '로또영장'이라는 말까지 나오고 있는 실정이다.

몇 가지 예를 들어보면, 동종 범죄로 5차례 구속된 전력이 있는 상습 무전취식 사범에 대하여 "피의자가 도망을 가는 경우 궐석재판을 통해 실형이 선고될 수 있다."는 이유로 구속영장을 기각한 사례,[24] 5억 3천만원을 편취한 후 도주한 사범에 대하여 "장기간의 유효기간 동안 구속의 사유에 관한 사정이 변경될 가능성을 배제할 수 없다."는 이유로 구속영장을 기각한 사례,[25] 절도죄로 집행유예 기간 중에 있는 피의자가 다시 32만원 상당의 금반지를 절취한 사건에서 "처벌이 아니라 사회의 온정을 필요로 하는 자이고, 가능성이 희박하지만 마지막으로 한 번만 더 기회를 주고 싶다."는 이유로 구속영장을 기각한 사례[26] 등이 있고, 심지어 절도 전력이 2회 있는 학생인 절도 사범에 대하여 "우리나라 축구팀이 월드컵축구대회 준결승에 진출하여 피의자는 2002. 6. 25. 벌어지는 월드컵 축구경기를 관전하면서 우리나라 팀을 열렬히 응

24) 서울중앙지법 2007. 6. 9. 2007-13005호 영장결정.
25) 서울중앙지법 2007. 6. 8. 2007-12890호 영장결정.
26) 서울중앙지법 2006. 1. 23. 2006-261호 영장결정.

원할 것으로 보여 도주 및 증거인멸 우려는 없는 것으로 판단됨"이라는 기각 사유가 등장하기에 이르렀다.27)

이러한 상황에서 방어권 보장이라는 불확정적 개념을 영장 심사 기준으로 내세우는 것은 영장판사의 재량권 남용을 부추기고 영장 결정의 불투명성을 더욱 가중시킬 우려가 있는 것이다.

구속영장을 심사하는 판사로서는 법률이 정한 구속요건을 하나하나 개별적, 구체적으로 판단하는 것이 아니라 '피의자의 방어권 보장'이라는 일반 개념으로 도피하여 만연히 기각 결정을 내릴 위험성이 적지 않고, 이는 실제로는 법률상의 구속사유를 모두 충족하고 있음에도 불구하고 피의자의 방어권 보장을 내세워 영장을 기각하는 잘못된 결정으로 이어질 수 있다. 따라서 방어권 보장을 구속영장 심사의 기준으로 삼는 것은 구속제도의 운용에 관한 투명성과 예측가능성을 현저히 저해하게 되어, 결국 구속제도에 관한 갈등과 불신의 원인이 될 수 있다.

이와 함께, 형사소송법에서는 구속영장 기각시 재청구권을 보장하기 위하여 기각 이유를 기재하여 청구한 검사에게 교부하도록 되어 있으나(제201조 제4항), '피의자의 방어권 보장'을 기각 이유로 설시할 경우 검사의 재청구권이 충분히 보장되지 못하는 문제점도 있다. 즉 법원이 피의자의 방어권 보장을 내세워 구속영장을 기각할 경우 구속영장을 청구하였던 검사로서는 법률이 정한 구속요건 중 범죄 혐의의 상당성 요건이 인정되지 않는다는 것인지, 또는 증거인멸의 염려나 도주의 염려가 인정되지 않는다는 것인지 정확한 기각 이유를 알 수가 없게 되고, 이에 따라 구속영장 재청구 여부를 판단하거나 재청구를 할 경우 구체적으로 어떠한 사정을 보강하여야 할지에 관하여 확실한 판단을 하기 어렵다는 것이다.

이러한 사정들에 비추어, 범죄 혐의의 상당성이 인정되지 않으면 그 사유를, 증거인멸의 염려나 도주의 염려가 인정되지 않는다면 그러

27) 김태우, "판사의 영장결정에 대한 불복제도 연구", 형사법의 신동향 제9호(2007. 8.), 7면.

한 사유를 분명하게 지적하고 그 근거를 제시하면 족한 것이지, 굳이 '방어권 보장'이라는 불확정적인 일반 개념을 구속영장 심사의 기준으로 동원할 필요는 없다고 생각된다. 수사의 편의, 사전 처벌, 자백 획득의 필요성 또는 사회적 물의 야기 등과 같은 사유가 구속 사유가 될 수 없는 것처럼,[28] 방어권 보장 또한 구속 사유가 되어서는 안 될 것이다.

(2) 구속제도의 본질과 상충

피의자나 피고인이 구속될 경우 자신에게 유리한 증거를 찾아내거나 필요한 증인을 법정에 세우는 등 방어권을 행사하는데 현실적으로 여러 가지 제약이 따르게 된다. 그럼에도 불구하고 형사소송법이 재판이 확정되기 전에 피의자·피고인에 대한 구속을 인정하는 이유는 무엇인가?

이는 범죄 혐의가 상당 정도 인정되고 피의자가 증거를 인멸하거나 도주할 우려가 있는 등 일정한 요건이 구비된 경우에는 피의자의 방어권 행사에 다소 제약이 있더라도 이를 감수하고, 적정한 형벌권 행사를 제도적으로 보장하기 위해서이다. 즉 구속제도는 피의자의 도망이나 증거인멸 우려가 있는 경우 피의자의 방어권 행사에 관한 현실적 제약을 전제로, 그러한 우려가 현실화되는 것을 방지하기 위하여 피의자의 신병을 확보하는 제도라고 할 수 있다.[29]

다만, 구속 피의자에게도 여전히 정당한 방어권 행사를 일정 정도 보장해 줄 필요성은 남아 있으므로, 이를 위하여 우리 형사소송법은 구

28) 신동운, 앞의 책, 162면.

29) 가령 고위공직자에게 거액의 뇌물을 제공했다는 건설업자의 진술이 있고 이를 뒷받침하는 상당한 증거가 있으며, 그럼에도 불구하고 당사자인 공직자가 혐의를 강력하게 부인하고 있는 사안에서, 수수 일시에 자신이 다른 일을 하고 있었다는 알리바이를 주장, 입증하는 것은 (정당한)방어권 행사이고, 뇌물 공여 진술을 한 건설업자를 접촉하여 진술 번복을 종용하거나 강요하는 것은 (부당한)증거인멸 시도라고 할 수 있다. 우리 형사소송법은 건설업자의 공여 진술이 일응 신뢰할 만하고 해당 공무원이 건설업자에게 진술 번복을 종용·강요할 위험이 있다고 판단될 경우, 비록 피의자의 알리바이 입증을 다소 어렵게 할 우려가 있다고 하더라도 건설업자 공여 진술을 번복시키는 일이 없도록 해당 공무원을 구속한 상태에서 수사와 재판을 하도록 정하고 있는 것이다.

속 피의자에게 변호인 선임권과 의뢰권(제30조, 제90조), 접견교통권(제34조, 제89조)을 인정하고 있을 뿐만 아니라 국선변호(제33조)와 필요적 변호제도(제282조, 제283조) 등을 마련하고 있는 것이다. 특히 개정 형사소송법 제201조의2 제8항에서는 구속영장이 청구된 모든 피의자에 대하여 변호인이 없는 경우 판사가 직권으로 국선변호인을 선정하도록 규정하기까지 하였다.

이와 같이 구속제도는 피의자·피고인의 방어권에 대한 일부 제한을 당연한 전제로 하면서 국가 형벌권의 적정한 실현이라는 공익적 목적을 달성하기 위하여 엄격한 요건 하에 인정되는 것이기 때문에, '피의자·피고인의 방어권을 보장하기 위해 구속영장을 기각 한다'라는 논리는 구속제도의 본질에 반한다고 생각된다.[30] 우리 형사소송법은 범죄 혐의의 상당성이 인정되고 증거 인멸 및 도주 우려가 있으면 피의자·피고인의 방어권 행사에 일부 지장이 있더라도 구속을 하여야 한다고 정하고 있는 것이다. 따라서 영장 심사의 기준은 법률이 정하는 구속의 요건을 충족하였는지 여부가 되어야 할 뿐, 여기에 다시 피의자·피고인의 방어권 보장을 심사 기준으로 추가하거나 이로써 대체하고자 하는 것은 허용되지 아니한다고 할 것이다.

(3) 화이트칼라 범죄에 대한 대처 곤란

피의자의 방어권 보장 필요성을 기준으로 구속영장을 심사하는 것은 형사정책적 측면에서 경제력의 차이에 따른 형사사법 절차의 왜곡

30) 위 주 29의 예에 따르면, 구속영장 청구 단계에서 이미 방어권 보장을 사유로 구속영장을 기각하는 법원의 태도는, 건설업자가 기존에 했던 공여 진술이 고위 공무원의 영향력으로 인해 번복될 우려가 있다고 하더라도 혹시 있을 수 있는 공무원의 알리바이 입증에 지장이 없도록 하기 위하여 고위 공직자의 구속을 인정하지 않는 것이라고 할 수 있다. 이러한 법원의 태도는 형사소송법이 예정하고 있는 것이 아니며, 피의자의 인권 보호를 위하여 국가 형벌권 행사 내지 사회방위의 요청을 지나치게 희생시키는 것이어서 부당하다고 생각된다. 구속영장에 관한 재판을 담당하는 판사로서는 건설업자의 진술 및 이를 뒷받침하는 정황증거를 종합하여 당해 공직자의 혐의에 대한 상당성이 인정되는지, 그리고 구체적 사정을 종합하여 당해 공직자가 건설업자의 기존 진술 기타 정황증거를 부당하게 변경시킬 우려가 있는지 여부만을 심사하고, 이를 근거로 구속영장을 발부하거나 기각하는 결정을 하는 것이 타당하다고 할 것이다.

을 가져오고 화이트칼라 범죄자에 대한 적정한 국가형벌권 행사를 어렵게 할 우려가 있다는 문제점도 지적되어야 한다.

피의자의 방어권 보장이 문제되는 사례는 대부분 주가 조작, 복잡한 사기 · 횡령 등 화이트칼라 범죄이다. 서울중앙지방법원의 구속영장 처리기준에서도 피의자의 방어권 보장을 위한 구속영장 청구 기각은 화이트칼라 범죄 사건에 많이 적용될 것을 예정하고 있다.[31]

그런데 이러한 화이트칼라 범죄의 경우 대부분 사안이 매우 복잡한데다가 피의자가 우월한 경제력을 동원하여 유능한 변호사를 통해 그럴듯한 사유를 들어 변명을 늘어놓기 마련이다. 이러한 사건에서 피의자의 방어권 보장을 심사 기준의 하나로 할 경우, 제한된 시간 내에 구속영장 심사를 하여야 하는 영장 판사로서는 '피의자의 변명이 명백하게 불합리하지 않는 한' 피의자의 방어권 보장을 이유로 구속영장을 기각하는 쪽으로 결정하게 될 가능성이 높아진다. 이는 결국 화이트칼라 범죄자의 경우 '자백하면 증거인멸 우려가 없고 부인하면 방어권 보장을 위해 기각'하는 식으로 제도 운용이 이루어질 우려가 있고, 이는 '유전 불구속, 무전 구속'으로 대표되는 형사사법 절차의 왜곡과 불신을 초래할 위험을 내포하고 있는 것이다. 나아가 그와 같이 구속을 면한 화이트칼라 범죄자들은 이후 수사 및 재판 과정에서 막대한 경제력이나 사회적 영향력을 이용하여 각종 증거들에 대한 인멸을 시도하여 법망을 빠져나가게 될 가능성도 적지 않게 될 것이다.

(4) 소　결

지금까지 살펴본 바와 같이, 대상 결정에서 구속영장을 기각하는 사유로 법률이 정한 구속사유인 범죄혐의의 상당성이나 증거인멸의 우려 등 구체적으로 어느 요건에 흠결이 있었는지를 명확히 밝히지 않은 채, 만연히 피의자의 방어권 보장 필요성을 이유로 구속영장을 기각한 것은 옳지 못하다고 할 것이다. 본 사안에서 범죄 혐의의 상당성이 인정되지 않는다고 판단하였으면 그러한 취지 및 이유를, 증거인멸의 염

---

31) 석동현, 앞의 논문, 9면.

려가 인정되지 않는다고 판단하였으면 마찬가지로 그 취지와 이유를 명확하게 지적하였어야 했다.

나아가, 본 사안의 내용을 위와 같은 법률상의 구속요건에 비추어 보면, 비록 피의자가 주가조작 사실을 부인하고는 있지만 피의자의 거래 패턴이 전형적 시세조종 양상을 보이고 있고, 수사 과정에서 피의자가 본건 거래 경위나 관련자들과의 관계 등에 관하여 진술을 번복해 왔으며, 참고인들이나 일부 상피의자의 진술이 영장 청구 범죄사실에 부합하는 점 등을 감안할 때 범죄 혐의의 상당성이 인정된다고 할 것이다.[32] 또한 피의자가 공범과의 거래 경위에 관하여 공범과 함께 같은 취지의 허위진술을 하였고, 상피의자 중 1명에게는 소형녹음기를 주면서 검사실 조사상황을 녹음하도록 사주까지 한 점 등에 비추어 증거인멸의 염려 또한 인정된다고 할 것이다. 이러한 점에 비추어, 이 사건 구속영장 청구를 기각한 본 결정은 부당하다고 판단된다.

Ⅲ. 증거보전절차의 이용 가능성과 증거인멸의 우려

1. 대상 결정의 취지

본 사안에서 영장 판사는 검사가 일부 범죄사실 및 소명 자료를 보강하여 재청구한 구속영장을 다시 기각하면서, '범죄사실에 부합하게 진술하는 참고인들에 대해서는 증거보전절차를 통하여 증거인멸을 미리 방지할 수 있는 점'을 주된 근거로 하여 증거 인멸의 우려가 없다고 판단하였다.

이와 같이 증거보전절차의 이용 가능성을 이유로 증거인멸의 우려를 배척하는 판단 방식은 최근에 적지 않게 등장하고 있는바, 가령 2억원의 뇌물을 수수한 전 국회의원에 대하여, "범죄사실에 부합하게 진술

32) 앞에서 본 바와 같이 범죄 혐의의 상당성 판단 기준은 유죄의 확신에 이를 정도까지 요구하는 것은 아니므로 본건과 같은 사안에서 '범죄 혐의의 상당성이 인정되지 않는다.'라거나 '범죄 소명이 부족하다.'라고 판단하기가 쉽지 않을 것이다. 이 사건 영장 판사가 피의자의 방어권 보장을 이유로 영장을 기각한 것도 이러한 측면이 반영된 것으로 짐작된다.

하는 관련자들에 대해서는 증거보전절차에 의하여 증거 인멸을 미리 방지할 수 있는 점"을 근거로 증거 인멸의 염려를 배척한 사례,[33] 회사 주식 차명 거래와 관련된 양도세 18억원 포탈 및 회사돈 62억원 횡령 사범에 대하여 "증거보전절차에 의하여 증거인멸을 미리 방지할 수 있는 점을 감안하면 증거인멸의 우려가 없다."는 이유로 영장을 기각한 사례[34] 등을 들 수 있다.

이러한 입장은 범죄사실에 부합하는 진술을 한 참고인들의 진술 번복 우려에 대하여 검사가 형사소송법상 증거보전 청구를 하는 것이 가능하다는 점을 전제로, 이와 같이 구속 이외의 다른 수단으로도 동일한 목적을 달성할 수 있을 때에는 그 다른 수단을 이용하여야 한다는 구속제도의 보충성 내지 비례성 원칙을 적용한 것이라고 짐작된다. 그러나 증거보전제도는 구속제도와는 그 취지 및 요건을 달리하는 것으로서, 이를 이용할 수 있다는 막연한 가능성만을 근거로 구속의 요건인 증거인멸의 염려가 없다고 판단하는 것은 수긍하기 어렵다.

2. 증거보전 제도 개관

(1) 제도의 의의와 취지

검사, 피고인, 피의자 또는 변호인은 미리 증거를 보전하지 아니하면 그 증거를 사용하기 곤란한 사정이 있는 때에는 제1회 공판기일 전이라도 판사에게 압수, 수색, 검증, 증인신문 또는 감정을 청구할 수 있다(형사소송법 제184조 제1항). 이는 수소법원이 공판기일에서 정식으로 증거조사를 할 때까지 소송관계인이 기다릴 경우 그 증거의 사용이 불가능하게 되거나 곤란하게 될 사정이 있을 때 이해관계인의 청구에 의하여 판사가 미리 증거조사를 하여 그 결과를 보전함으로써 공판에 대비하는 제도이다.

이러한 증거보전제도는 주로 검사의 강제처분권한에 맞서 피의자

33) 서울중앙지법 2007. 5. 25. 2007-13989호 영장결정.
34) 서울중앙지법 2007. 5. 1. 2007-11293호 영장결정.

또는 피고인에게 유리한 증거를 수집, 보전할 수 있는 권한을 보장하기 위한 것이라고 설명된다.[35] 이와 관련하여, 광범위한 강제처분권한을 갖는 검사에게 증거보전청구권까지 인정하는 것은 입법론적으로 재고를 요한다는 지적도 이루어지고 있다.[36]

(2) 증거보전의 요건

증거보전은 미리 증거를 보전하지 아니하면 그 증거를 사용하기 곤란한 사정이 있는 경우에 인정된다. 증거를 사용하기 곤란한 경우란 당해 증거에 대한 조사가 불가능하게 되거나 곤란하게 되는 경우뿐만 아니라 증거의 실질적 가치에 변화가 일어나서 본래의 증명력을 발휘하기 곤란한 경우도 포함된다. 따라서 물증의 멸실, 분산, 은닉 또는 성상의 변경이 있는 경우나 증인의 사망, 해외여행의 경우뿐만 아니라 증언 불능이나 진술 변경의 경우도 여기에 포함된다고 한다.[37]

(3) 증거보전 절차

증거보전 청구는 수소법원이 아니라 압수할 물건의 소재지나 증인의 주거지 또는 현재지를 관할하는 지방법원 판사에게 한다(형사소송규칙 제91조). 증거보전 청구를 받은 판사가 보전 필요성이 있다고 인정할 때에는 증거보전을 하여야 한다. 증거보전 청구를 받은 판사는 법원 또는 재판장과 동일한 권한이 있기 때문에(형사소송법 제184조 제2항), 법원 또는 재판장이 행하는 경우와 같이 증인신문 등에 관한 규정이 준용된다. 따라서 증인신문에 있어서 검사 또는 피고인이나 피의자의 참여권이 보장되어야 한다.[38] 이러한 참여권이 보장되지 않은 상태에서 작성된 증인신문조서는 증거능력이 배제된다.[39]

그러나 보전 필요성이 인정되지 아니할 때에는 청구를 기각하는

---

35) 이재상, 앞의 책, 293면.

36) 신동운, 앞의 책, 241면; 배종대, 앞의 책, 325면. 일본 형사소송법 제179조 제1항은 피고인, 피의자 또는 변호인에게만 증거보전청구권을 인정하며 검사에게는 인정하지 아니한다.

37) 이재상, 위의 책, 293면; 신동운, 위의 책, 242면.

38) 이재상, 위의 책, 295면.

39) 대법원 1992. 2. 28. 선고 91도2337 판결.

결정을 하여야 하며, 이러한 결정에 대하여는 즉시항고, 항고 또는 준항고로 불복할 수 없다.[40]

3. 증거보전절차의 이용 가능성과 증거인멸의 염려

대상결정에서는 피의자가 범죄사실에 부합하는 참고인들의 진술증거를 인멸할 염려가 있다는 검사의 주장에 대하여, '증거보전절차를 통하여 증거인멸을 미리 방지할 수 있는 점'에 비추어 증거인멸의 염려가 있다고 보기 어렵다고 판단하였다. 그러나 이러한 판단에는 아래와 같은 문제점이 있다고 생각된다.

(1) 증거보전청구 인용의 불확실성

대상결정은 참고인의 진술 번복 우려가 있을 경우 당연히 검사에 의한 증거보전 청구가 인용될 것이라는 점을 전제로 한다. 그러나 참고인의 진술 번복 우려가 있다고 해서 항상 검사의 청구에 의한 증거보전이 허용되는지 여부에 관하여는 불명확한 점이 있다.

첫째, 피의자·피고인이 아니라 검사가 진술 번복 우려를 이유로 증거보전 청구를 하는 것은 허용되지 않는다는 입장이 있다.

가령, 대전지방법원에서 2006. 5. 29. 이루어진 증거보전청구 사건[41]에서는 검사가 피의사실에 부합하는 참고인의 진술 보전을 위해 한 증거보전청구를 기각하였다. 이 사건에서 법원은 진술 번복 우려를 이유로 한 제1회 공판기일 전 증인신문청구(형사소송법 제221조의2 제2항)에 관한 헌법재판소 결정[42]을 인용하면서, 진술 번복 우려를 이유로 형사소송법 제184조에 의한 증거보전을 허용하게 되면 진술 번복 우려를 이유로 한 제1회 공판기일 전 증인신문청구에 대한 위헌 결정을 회피

40) 대법원 1986. 7. 12. 선고 86모25 결정.

41) 대전지검 2006형제30849 사건.

42) 헌법재판소 1996. 12. 26. 선고 94헌바1 결정: "법 제221조의2 제2항은 범인필벌의 요구만을 앞세워 과잉된 입법수단으로 증거수집과 증거조사를 허용함으로써 법관의 합리적이고 공정한 자유심증을 방해하여 헌법상 보장된 법관의 독립성을 침해할 우려가 있으므로, 결과적으로 그 자체로서도 적법절차의 원칙 및 공정한 재판을 받을 권리에 위배되는 것이다."

하는 결과가 되어 부당하다는 점을 근거로 제시하였다.

이러한 결정에 대해서는 제1회 공판기일 전 증인신문청구와 달리 증거보전청구의 경우에는 당사자의 참여권이 보장되므로 위헌 소지가 없다는 반박이 가능할 것으로 보이나, 적어도 진술 번복 우려를 이유로 검사가 하는 증거보전청구의 인용 여부에 관하여 다툼의 소지가 있다는 점은 지적해 둘 필요가 있다.

둘째, 증거보전 제도는 앞에서 본 바와 같이 피의자·피고인의 증거수집 권한을 보호하는데 주된 취지가 있기 때문에, 검사가 증거보전을 청구할 경우 보다 엄격한 심사기준을 적용함으로써 이를 기각하는 방향으로 운용될 소지가 있다.

실제로 앞에서 언급한 2007-13989 사안에서는 구속영장 청구에 대하여 참고인의 진술에 관한 증거보전절차의 이용가능성을 이유로 이를 기각하였으나, 그 후 검사가 실제로 증거보전절차를 청구하자 '진술 번복의 추상적 위험성만으로는 증거보전의 요건이 되지 않는다'는 이유로 이마저도 기각하였다.

이와 같이 참고인의 진술 번복 우려가 있는 경우 증거보전을 청구해도 받아들여질지 여부가 불분명한 상황에서, 그러한 일반적 가능성만을 이유로 증거인멸의 염려가 없다고 단정하고 구속영장을 기각하는 것은 부당하다고 할 것이다.

(2) 증거보전절차 진행 과정에서의 증거 인멸 우려

대상 결정에서는 범죄사실에 부합하는 참고인의 진술은 증거보전절차를 통해 증거인멸을 방지할 수 있다고 판단하고 있으나, 실제로 증거보전절차가 이루어지는 과정을 살펴보면 그 절차가 진행되는 과정에서 관련자의 진술 증거가 인멸될 가능성이 없지 않다는 점을 알 수 있다.

앞에서 살펴본 바와 같이 증거인멸의 위험은 피의자가 증거인멸을 할 수 있는 긴박한 위험성이 있는 경우에 인정된다. 이와 같은 긴박한 증거인멸의 위험성이 있는 상황에서 검사가 구속영장을 청구하지 않고 대신 증거보전을 청구한 경우를 상정해 보면 다음과 같다.

즉, 이 경우 담당 판사는 피의자의 참여권 보장을 위하여 증인신문의 일시와 장소를 피의자에게 '미리' 통지하여야 한다(형사소송법 제163조 제2항). 이러한 통지를 받은 피의자는 당해 증인과 접촉하여 증언을 번복시키거나 법정에 출석하지 않을 것을 종용 또는 협박할 가능성이 높다. 대상 결정과 같이 증거보전의 가능성을 이유로 구속영장을 기각하는 것은 범죄사실에 부합하는 진술을 한 참고인을 위와 같은 위험에 그대로 노출시키는 것이며, 이는 증거인멸의 급박한 염려가 있을 것을 요건으로 하고 있는 구속제도의 성격과 수사의 밀행성·신속성에 현저히 반하는 결과를 초래한다고 할 것이다.

(3) 증거보전 이후의 증거인멸 가능성

또한 증거보전절차를 통해 참고인의 진술을 확보하였다고 해도 여전히 증거인멸의 가능성은 남는다는 점이 문제이다. 증거보전절차를 통해 참고인의 진술을 확보해 두었다고 해도 그 후 피의자가 부당한 영향력을 행사하여 공판정에서 증언의 번복 기타 증거인멸을 시도할 가능성은 여전히 남아 있기 때문이다.

현행 형사소송절차의 기본원리인 공판중심주의는 공판기일의 심리절차가 형사절차의 중심적 절차로 되며 그 이외의 형사절차, 가령 수사절차 및 증거보전절차는 공판심리절차에 대한 준비절차로서의 의미를 갖는다고 설명된다.[43] 이러한 공판중심주의의 원리에 비추어 볼 때, 증거보전절차에서 증인신문이 이루어졌다고 하더라도 당해 증인이 공판정에 출석하여 원 진술을 번복할 경우 당초 진술을 기초로 유죄 입증을 하는 것이 쉽지 않을 것이다. 이러한 상황을 방지하기 위해서는 증거보전절차 이후에도 계속해서 공판기일에 이르기까지 피의자·피고인에 의한 부당한 영향력 행사를 통한 증거인멸 시도를 막을 필요성이 있다고 할 것이다. 이러한 점에 비추어, 증거보전절차의 이용 가능성을 이유로 증거인멸의 우려가 없다고 단정하는 원 결정의 태도는 부당하다고 할 것이다.

---

43) 백형구, 알기 쉬운 형사소송법 제3판, 2005, 134면.

근본적으로 증거보전절차는 검사와의 무기 대등을 통해 피의자·피고인에 대한 공정한 재판을 실현하기 위한 제도로서, 형사사법절차의 적정한 진행과 국가 형벌권 실현을 위하여 인정되는 구속제도와는 그 취지를 달리하는 것이기 때문에, 증거보전절차의 존재를 이유로 구속영장을 기각하는 것은 부당하다고 생각된다.

Ⅳ. 결　　론

이상에서 살펴본 바와 같이 대상결정이 피의자의 방어권 보장 필요성이나 참고인에 대한 증거보전 가능성을 이유로 이 사건 구속영장을 기각한 것은 부당하다고 생각된다. 구속제도 운용을 둘러싸고 벌어지고 있는 최근의 실무상 혼선은 앞으로 개별 사안에 있어서 형사소송법이 정한 구속사유의 존부에 관한 결정이 집적되면서 해결되어야 할 것이라고 생각된다. 이러한 점에서 법률이 정하는 구속사유 이외의 사정을 구속영장 심사의 기준으로 삼는 것은 불필요한 혼란을 야기할 우려가 있으므로 조심해야 할 필요가 있다고 할 것이다.

이와 함께, 이러한 개별적·구체적 결정례들이 축적됨에 따라 구속여부에 관한 객관적·구체적인 기준이 형성되기 위해서는 영장 결정에 대한 불복제도의 도입이 절실하게 필요하다고 생각된다. 불복제도가 있어야 개별 사건에서의 구속영장 발부 또는 기각 결정의 타당성을 심사할 수 있고, 상급법원이 상반되는 여러 가지 결정에 관하여 통일적 해석 지침을 제공함으로써 궁극적으로 판례법을 통한 기준 정립이 가능하기 때문이다. 그것이 구속제도 운용에 관한 투명성과 예측가능성을 제고하여 현재의 혼선을 줄이고 선진적 형사사법시스템을 구축할 수 있는 바람직한 방향이라고 할 것이다.

[주 제 어]
구속영장, 구속사유, 방어권 보장, 증거보전

[Key words]
detention warrants, grounds for detention warrants, protection of defense rights, evidence preservation procedure

접수일자: 2008. 4. 15, 심사일자: 2008. 5. 16, 게재확정일자: 2008. 5. 28.

[Abstract]

The Problems of the Dismissal of Detention Warrants based on the Need for Protecting Suspect's Defense Rights and the Availability of the Evidence Preservation Procedures

Lee, Seon-Wook*

This article is about the case where the request for detention warrant by a prosecutor is dismissed by court based on the necessity of protecting the suspect's defense right and the availability of the evidence preservation procedures.

However, it is unjustifiable to reject it based on the necessity of safeguarding the suspect's right of defense. Guaranteeing the defense right is not the grounds for the denial stipulated in the Criminal Procedure Law. And there is a possibility of an arbitrary decision by a judge, risking the transparency and predictability of detention. Moreover, rejecting the warrant because of this reason could hamper the execution of a nation's power to impose proper punishment on white collar crimes.

Turning down the request for detention warrants based on the availability of the evidence preservation procedures is also problematic. Such procedure is not related with the detention system in nature. And at the stage where a detention warrant is needed, it is not certain whether a request for evidence preservation procedure would be accepted by court. Furthermore, there is a possibility of witness tampering or threatening during and after the evidence preservation procedures caused by the suspect.

* Prosecutor & Research Officer, Supreme Prosecutors' Office.

To resolve the aforementioned problems fundamentally, an appeal system to the court's decision on warrants should be introduced so as to secure transparency and predictability of detention.

압수수색영장청구 분리기각결정에 관한 고찰

류 장 만*

[대상결정] 서울중앙지방법원 2007년 영장번호 6497호, 11822호, 11901호 각 결정【압수수색영장청구서에 기재된 압수·수색할 물건, 압수·수색할 장소】

1. 기술유출사건(6479호)

(1) 압수·수색할 물건: 압수·수색할 장소에 보관 중인 ① 주식회사 ○○에서 개발·생산한 (중략) 위성안테나의 회로도, 설계도, 제작도면, 기구도면, 부품리스트, 제조방법, 위성안테나 샘플, 브라켓 샘플 등 기술자료와 국내외 영업관련 자료 등 경영상 영업비밀자료가 담긴 출력물, 노트, 수첩, 메모, 전산파일 및 이를 보관중인 서버 컴퓨터, 사내메일서버, 컴퓨터, 노트북, 외장하드디스크, 플래쉬 메모리, CD, DVD, 플로피 디스켓, 기타 외부 저장매체 ② 전항의 영업비밀자료를 이용하여 만든 기술자료, 제품 및 이를 대상으로 국내의 업체와 맺은 계약서, 계획서, 대가 등이 기록된 회계장부, 예금통장, 출력물, 노트, 수첩, 메모, 명함, 전산파일 및 이를 보관중인 서버, 사내메일서버, 컴퓨터, 노트북, 외장하드디스크, 플래쉬 메모리, CD, DVD, 플로피 디스켓, 기타 외부 저장매체

(2) 압수·수색할 장소: 생 략

---

* 대검찰청 검찰연구관.

2. ○○그룹 로비 의혹사건(11822호)

(1) 압수할 물건: 사단법인 ○○ 및 주식회사 △△, 사단법인 □□, 사단법인 ##에서 보관·관리하는 운영자금의 입·출금과 관련된 금전출납부 등 경리·회계장부, 예금통장, 메모장, 업무일지, 개인수첩 등 관련 자료

(2) 압수·수색할 장소: 1. 서울 (중략) 소재 사단법인 ○○, 주식회사 △△, 사단법인 □□, 사단법인 ## 사무실

3. ○○그룹 ○○○ 회장 폭행사건(11901호)

(1) 압수·수색할 물건: ① 피의자 ○○○의 주거지 및 사무실, 피의자 △△△의 동거녀 □□□의 각 주거지, 피의자들의 각 차량에 보관하고 있는 경리·회계장부, 약정서, 메모지, 업무일지, 수첩, 전화번호부책, 팩스 송수신문, 점유하고 있는 명함철, 피의자들 또는 타인 명의 금융기관통장 등 본건 관련 자료 일체 ② 위 1항 기재 자료 및 전자매체 등의 방법에 의해 보존 또는 송수신되었거나 되고 있으면 그 전자매체기(컴퓨터, 노트북, 씨디, 디브이디, 유에스비 휴대용 메모리) 등 전자기록장치(일체)

(2) 압수·수색할 장소 : 생 략

[결 정]

1. 기술유출사건(6479호)

판사는 압수수색영장 표지의 '일부기각의 취지'란 중 '장소와 신체·물건'란에 각 ∨표시하고, 구체적으로 압수·수색할 물건에 기재된 내용의 제2항 다음에 '3. 위 1, 2항의 경우 전산파일 및 관련 자료에 대해서는 수색대상으로만 제한함(파일 복사는 가능함)'이라고 기재하였고, 압수·수색할 장소에 기재된 장소에 대하여는 일부 삭제하였다.

2. ○○그룹 로비 의혹사건(11822호)

판사는 압수수색영장 표지 제목 중 '압수' 문구를 삭제하고, '일부기각의 취지'란 중 기타 항목에 ∨표시하고 그 옆 괄호에 '압수는 불허함'이라고 기재한 후, 구체적으로 '압수할 물건' 문구 중 '압수'를 삭제하였고 '수색'으로 기재하였으며, 압수·수색할 장소 문구 중 '압수' 문구를 삭제하였다.

3. ○○그룹 ○○○ 회장 폭행사건(11901호)

판사는 압수수색검증영장의 표지 제목 중 '압수'와 '검증' 문구를 각 삭제하고, '일부기각의 취지'란 중 기타 항목에 ∨표시하고 괄호 안에 '수색만 허용함'이라고 기재한 후, 구체적으로 '압수수색할 물건' 문구 중 '압수'를 삭제하였고, '압수·수색할 장소' 문구 중 '압수' 문구를 삭제하였으며, 압수수색할 장소 중 일부를 삭제하였다.

〔연 구〕

Ⅰ. 서 설

수색은 압수와 함께 행하여지는 것이 통례이고, 실무상으로는 근래에 이르기까지 압수수색영장이라는 단일한 영장이 발부되어 왔다. 그러나 최근 위에서 언급한 압수수색에 관한 결정에서 법원은 수색영장만 발부하고 압수영장청구는 기각하는 취지로 결정함으로써 압수영장과 수색영장을 분리하는 취지로 판단하였다.[1] 이는 이제껏 압수수색영장이 청구된 경우 특정성의 문제로 일부 압수대상물에 대하여 기각하는 경우보다 한 단계 더 나아간 것으로서 압수영장과 수색영장의 분리를 전

---

1) 2007.3.28. 발부된 위 기술유출사건 관련 압수수색영장에서 판사는 '압수수색영장', '압수·수색할 물건', '압수·수색할 장소' 문구 중 '압수' 문구를 삭제하지 아니하였으나, 2007.5.25. 발부된 위 ○○그룹 로비 의혹사건과 관련된 압수수색영장청구와 2007.5.26. 발부된 위 ○○그룹 ○○○ 회장 폭행사건 관련 압수수색영장청구에서는 '압수' 문구를 삭제하였다.

제로 한 결정으로 해석될 수 있다. 아래에서는 과연 위와 같이 압수영장과 수색영장이 분리될 수 있는지 여부에 관하여 그 정당성 여부를 검토하기로 한다.

Ⅱ. 결정의 취지

본건 결정에서는 압수영장청구 전체를 실질적으로 기각하였음에도 그 이유를 설시하고 있지 않아 정확한 기각사유는 알 수 없다. 그러나 위 결정과 관련해 서울중앙지법 형사담당 공보판사가 언론과 인터뷰한 내용에 의하면 "수색영장만 발부받은 뒤 증거물에 대한 사진촬영이나 복사를 하는데 구체적인 제약이 없고, 아직까지 그 부분이 문제가 된 적도 없다", "수색 뒤 필요한 증거물은 사진을 찍거나 복사하는 것도 가능할 것"이라는 입장을 표명한 것으로 언론에 보도되었다.[2] 위와 같은 입장이 서울중앙지방법원(혹은 전체 법원)의 공식적인 입장이라면 법원은 압수영장을 기각하고 수색영장만 발부하더라도 압수의 목적을 실질적으로 달성할 수 있다고 이해하는 듯하다. 그러나 이는 수색은 압수나 체포를 전제로 하는 것으로서 수색만으로는 독자적인 의의가 없다는 점을 간과하고 있다는 문제점이 있으며, 이하에서 외국 입법례를 살펴보고 그 부당성을 논하기로 한다.

Ⅲ. 외국 실무 · 입법례

1. 미 국

실무상 영장의 제목은 수색영장(Search Warrant)이나, 영장에 압수대상물 및 이를 압수할 권한이 있다는 점을 기재하며, 수색영장과 압수영장을 별도로 분리하지 않는다.[3] 참고로 미국 개정헌법 제4조는 "부당한 수색 및 압수로부터 신체, 기택, 서류 및 재산을 보호받기 위한 국민의 권리를 침해할 수 없으며, 체포, 수색 및 압수의 영장은 선서 또

2) 법률신문 2007. 6. 12. 5면.

3) 류장만, "미국의 압수 · 수색제도와 실무", 각국의 압수 · 수색제도와 실무, 대검찰청, 2007, 55면, 각주 72 참조.

는 확약에 의하여 뒷받침되는 상당한 이유가 없이 그리고 수색장소와 피체포자 또는 압수품을 특정하여 기재하지 아니하고는 발부되지 아니한다."라고 규정되어 있다.[4)]

미국 헌법상 압수수색을 위한 실체적 요건으로는 '상당한 이유'가 있어야 하며, 이는 일반적으로 i) 수색장소와 압수대상이 되는 특정한 물건이 범죄행위에 연관되어 있고, ii) 해당 물건이 수색 장소에서 발견될 것이라는 점에 대하여 적어도 그렇지 않을 경우 이상의 개연성이 있어야 할 것을 요구하는 것으로 이해되고 있다.[5)] 이때 상당한 이유는 일반적으로 개연성(probability)의 문제로서 이는 단순한 의심보다는 더 강한(more than bare suspicion), 그러나 유죄를 정당화하는 증거보다는 덜(less than evidence which would justify … conviction)한 것으로 이해되고 있다.[6)]

한편 연방형사소송법규칙 제41조 (d)(1)에 의하면 판사는 압수수색영장이 청구된 경우에 상당한 이유가 있으면 영장을 발부하도록 함으로써,[7)] 원칙적으로 압수수색의 필요성에 관한 수사기관의 판단을 존중하고 있다.

헌법 요건상 압수의 대상물은 가능한 특정될 것이 요구되지만 현실적으로 수사 초기 단계에서 수색을 실시하기도 전에 압수대상물을 정확하게 특정하여 기재한다는 것은 어려운 일이며, 이러한 점을 감안

---

4) "The right of the people to be secure in their persons, houses, papers, and effects, against unreasonable searches and seizures, shall not be violated, and, no Warrants shall issue, but upon probable cause, supported by oath or affirmation, and particularly describing the place to be searched, and the persons or things to be seized."

5) 류장만, 앞의 논문, 50면.

6) 위의 논문, 67면, 또한 이는 불심검문(Stop and Frisk)의 기준이 되는 합리적 의심(Reasonable Suspicion)보다는 강하고 유죄판결의 기준이 되는 합리적 의심을 넘어선 증명(proof beyond reasonable doubt)보다는 약한 것으로 이해되고 있다.

7) 제41조 (d) Obtain a Warrant

(1) In General … a judge of a state court of record-must issue the warrant if there is probable cause to search for and seize a person or property or to install and use a tracking device.

하여 실무상 압수대상물을 기재함에 있어, '… and any …(ex. papers) relating to this specific …(item)'과 같은 문구의 기재가 허용된다.[8)]

또한 치안판사는 영장신청이 상당한 이유가 있다고 인정되지 않을 경우 영장을 기각할 수 있으나, 실무상 기각률이 극히 낮고, 영장을 기각하는 경우에도 그 이유를 서면으로 기재하는 경우는 거의 없으며, 상당한 이유의 보완을 구두로 요구하여 영장에 서명을 하지 않은 채 그대로 반환하는 경우가 대부분이다.[9)]

2. 일 본

실무상 영장의 제목은 '수색압수허가장'이고, 수사기관이 영장에 의하여 행하는 경우는 수색, 압수가 각각 별개의 영장에 의하여 행하여지는 일은 드물고 대부분 양자가 1통의 수색압수허가장에 의하여 행하여지고 있다.[10)] 참고로 일본 헌법 제35조 제1항은 "누구라도 그 주거, 서류 및 소지품에 대하여 침입, 수색 및 압수를 받지 않을 권리는 제33조의 경우를 제외하고는 정당한 이유에 기초하여 발부되어지고 수색할 장소와 압수할 물건을 명시한 영장에 의하지 않으면 침해되지 아니 한다."고 규정하고, 같은 조 제2항은 "수색 또는 압수는 권리를 가진 사법관헌이 발부한 영장에 의하여 이를 행한다."고 규정하고 있다.

압수수색의 요건은 우리나라의 경우[11)]와 비슷하며, 구체적으로 일본 형사소송법 제218조는 "검찰관, 검찰사무관 또는 사법경찰직원은 범죄의 수사를 함에 있어서 필요가 있는 때에는 재판관이 발부한 영장에 의하여 압수, 수색 또는 검증을 할 수 있다."고 규정하고 있다.[12)]

---

8) 류장만, 앞의 논문, 60면.

9) 위의 논문, 65면.

10) 안권섭, "일본의 압수・수색제도와 실무", 각국의 압수・수색제도와 실무, 138면.

11) 형사소송법 제215조 제1항: 검사는 범죄수사에 필요한 때에는 지방법원 판사에게 청구하여 발부받은 영장에 의하여 압수・수색 또는 검증을 할 수 있다.

12) 이와 관련하여 안권섭, 앞의 논문, 140면에 의하면 범죄혐의의 정도는 수색압수가 비교적 수사의 초기단계에서 행하여지고, 法文上 통상 체포장의 경우에는 '상당한 이유'(법199조 제2항)로서 혐의의 상당성이 요구됨에 반하여, 압수수색장의 경우에는 단순히 '죄를 범하였다고 인정될만한 자료(규칙 156조 1항)의 제공으로 규정되어 있

압수대상물이 어느 정도 특정되어야 하는가에 관하여 최고재판소는 '회의의사록, 투쟁일지, 지령, … 메모 기타 그 밖에 본건에 관계가 있다고 사료되는 일체의 문서 및 물건'이라는 기재에 대하여 이는 '회의의사록 … 메모'라고 기재된 구체적 예시에 부가된 것이기 때문에 물건의 명시에 흠결이 있다고 할 수는 없다며 이와 같은 표현의 유효성을 인정하고 있다.[13]

또한 수색압수허가장의 청구를 받은 재판관이 수색압수의 필요성에 관한 심사권을 가지는지 여부에 대하여 종래부터 다툼이 있었다. 체포장에 대하여는 형소법 제199조 제2항의 개정, 규칙 제143조의3 신설에 의하여 적극적인 방향으로 해결되었지만, 수색압수의 필요성에 대하여는 위와 같은 입법적인 해결은 없었다. 그러나 위와 같은 개정이 있은 후에는 제199조 제2항의 취지는 다른 영장 일반에 대하여도 타당하며 인정되어야 한다는 것이 통설로 되었다.[14]

재판관이 수색압수허가 청구를 기각하기 위해서는 재판관이 청구서의 여백에 그 취지를 기재하여 서명날인하고 이를 청구자에게 교부하고(규칙 140), 청구한 압수물건 중 일부만을 허가하고 일부는 기각하는 경우에는 허가하는 물건만을 기재한 영장을 발부하고 나머지 부분에 대하여는 따로 판단하지 아니한다.[15]

영장기각 결정에 대하여 준항고가 인정될 것인지에 대하여 판례는 명확한 입장을 밝히고 있지는 않지만, 최근 4년간 동경지검에서 압수수색영장청구가 기각된 사례가 하나도 없는 등 법원에서 일반적으로 검찰의 입장을 존중하고 있어 현실적으로 준항고의 필요성이 없다고 한다.[16]

음에 그친 것으로 보아 통상 체포장의 경우의 이유보다는 협의의 근거가 약한 경우도 포함된다고 해석하는 것이 일반적인 견해라고 한다.

13) 最高裁大法廷決定, 昭和 33. 7. 29. 刑集 12. 12. 2776.

14) 안권섭, 앞의 논문, 144-145면.

15) 안권섭, 위의 논문, 158면. 다만 실무상 통상 판사가 압수수색 영장을 발부하기에 미진한 부분이 있으면 그 담당경찰관을 직접 불러 보완을 하게 한 후 영장을 발부하거나 기각할 경우에는 기각 이유를 구두로 설명하고 영장청구서에는 '기각한다'라는 취지만을 기재할 뿐 기각이유는 기재하지 않는 것이 일반적이라고 한다(같은 면).

16) 안권섭, 위의 논문, 159면.

3. 독 일

독일의 경우 압수와 수색을 각기 구별하여 그 요건과 절차를 달리 규정하고 있다. 구체적으로 압수는 증거물 확보를 위한 압수와 몰수물 확보를 위한 압수로 나누어지고, 전자는 형사소송법 제94조 제1항과 제2항, 제95조 제1항과 제2항에, 후자는 제111조b와 같은 조c에 규정되어 있다.[17] 그리고 수색은 범죄혐의자에 대한 수색과 그 밖의 제3자에 대한 수색으로 나누어지고, 전자는 형사소송법 제102조에, 후자는 제103조에 규정되어 있다.[18]

그러나 실무상 별도의 제목 없이 영장에 일정 장소를 수색할 수 있음과 그곳에서 발견된 대상물을 압수할 수 있도록 기재하고 있어 수색영장과 압수영장을 동시에 발부하는데,[19] 이는 수사현실상 수색이 압수와 분리될 수 없고 수색은 압수를 전제로 하는 종속적 처분임을 감안한 것으로 볼 수 있다.

압수수색의 요건을 살펴보면, 우선 범죄혐의의 입증과 관련하여 초기 혐의, 즉 어떠한 범죄행위를 저질렀다는 점에 대한 사실적 근거를 통해 아주 작은 개연성이 있으면 족하다는 것이 학설과 판례의 입장이며,[20] 압수의 필요성과 관련하여 판례상 비례의 원칙이 강조되고 있다.[21]

압수의 대상물이 어느 정도 특정되어야 하는지에 관하여 그 당사자나 이를 집행하는 공무원에게도 그 범위에 대해 의심할 여지가 없을 정도로 자세하게 규정되어야 한다는 것이 판례의 입장이며, 예컨대 '피의자의 소득관계에 관한 자료'라는 문구는 특정의 요건에 미흡하다고 보고 있다.[22] 영장의 청구는 반드시 서면으로 해야 하는 것이 아니라

17) 상세한 내용은 김석우, "독일의 압수·수색제도와 실무", 각국의 압수·수색제도와 실무, 264-268면 참조.

18) 상세한 내용은 김석우, 위의 논문, 271-272면.

19) 김석우, 위의 논문, 321-324면, 압수·수색영장 견본 참조.

20) 김석우, 위의 논문, 277-278면.

21) 김석우, 위의 논문, 283면.

22) 김석우, 위의 논문, 310면.

전화를 이용하여 구두로도 할 수 있다.[23)]

지방법원에서 압수수색영장을 기각할 경우에는 대개 4-5장 정도로 이유를 자세히 쓰는 것이 일반적인 실무라고 한다.[24)] 이는 압수수색영장을 기각할 경우에는 항고법원의 판단이 뒤따르기 때문이다.

4. 프 랑 스

실무상 검사의 석방구금판사에 대한 요청은 「형사소송법 제76조 또는 제706-90조의 적용에 의한 요청(예비수사에서의 수색)」이라는 제목의 서면으로 한다.[25)] 우리나라의 압수·수색영장청구서와 달리 범죄사실이나 압수하고자 하는 대상물을 열거하지 않는다. 이는 '수색' 자체로 주거의 불가침권을 제약받는 것이고, 수색이 허용된 이상 압수대상물의 선정권한은 1차적으로 수사담당자에게 부여할 수 있다는 사고를 전제로 한 것이다.[26)] 즉 수사방법으로서의 수색은 주거평온의 자유에 대한 침해이고, 압수는 사유재산권에 대한 침해인데, 프랑스의 형사소송법은 주거평온의 자유를 보다 중시하여 수색을 가능하게 하는 요건을 명시하고 있는 한편, 일단 적법한 수색이 개시된 이상 그 장소에 있는 개개의 물건에 대한 압수는 사법경찰관의 판단에 따라 실행할 수 있도록 하였다.[27)]

그리고 프랑스 형사소송법상 압수·수색의 요건에 대하여는 현행범 수사의 경우 제56조, 제67조에서 예비수사의 경우 제76조, 제706-90조, 예심수사의 경우 제94조에서 각각 규정하고 있다.

사법경찰관에 의한 현행범수사의 경우, 압수·수색에 있어 혐의 소명은 사실상 불요하고, 대상물의 범죄관련성이 요건이다.[28)] 검사에 의한 예비수사의 경우 압수·수색은 예외적으로 허용되며, 범죄혐의의 소

23) 김석우, 앞의 논문, 308면, 주 119 참조.

24) 김석우, 위의 논문, 314면, 주 132 참조.

25) 김유철, "프랑스의 압수·수색제도와 실무", 각국의 압수·수색제도와 실무, 365면.

26) 김유철, 위의 논문, 366면.

27) 김유철, 위의 논문, 350면.

28) 김유철, 위의 논문, 337-338면.

명[29] 및 수사상의 필요가 요건이다. 검사는 압수·수색이 필요할 경우 예심개시신청을 하면 되나, 급박한 경우에 대비하여 검사의 영장청구권을 인정한 것으로, 석방구금판사 제도는 신속한 수사를 도와주기 위한 목적으로 도입된 것이다. 압수수색은 원칙적으로 수사판사에 의한 예심수사에서 이루어지며, 그 요건은 범죄수사를 위한 필요성과 압수대상물의 존재 가능성이다.

검사가 압수수색영장을 청구하였으나, 석방구금판사가 수색의 필요성을 인정하기 어려운 경우 서면으로 불허결정을 하는 예가 거의 없고, 검사에게 근거자료가 부족하다는 취지를 구두로 통지하면 검사가 기록을 회수하고 허가요청을 철회하는 형식을 취하며, 이때 석방구금판사가 보완할 자료를 제시하기도 한다.[30]

Ⅳ. 분리기각 결정의 문제점

1. 압수수색제도의 취지에 위배

(1) 압수와 수색의 불가분성

압수는 물건의 점유를 취득하는 강제처분을 말하며, 수색은 압수할 물건 또는 체포할 사람을 발견할 목적으로 주거·물건·사람의 신체 또는 기타 장소에 대하여 행하는 강제처분을 말한다.[31] 이와 같이 압수와 수색은 개념적으로 다르고 그 기능과 법적 성질 또한 동일한 것은 아니지만, 수색의 문리적인 정의에 나와 있듯이 수색은 압수를 전제로 하는 것으로서 결코 자기 목적적이거나 독자적인 존재의의를 가진 것이 아니라 압수나 체포를 전제로 하는 종속적, 부수적인 성격의 처분인 것이다.

바로 이와 같은 취지에서 우리나라의 경우뿐만 아니라 앞서 언급한 주요 국가에서 실무상 압수수색영장을 분리하지 아니하고 단일영장

29) 단, 이는 대인적 강제처분에서 요구되는 정도보다는 낮은 것으로 볼 수 있다.- 同旨 김유철, 앞의 논문, 339면

30) 김유철, 위의 논문, 367면.

31) 이재상, 형사소송법(제6판), 박영사, 2002, 274-275면; 신동운, 형사소송법, 법문사, 2005, 205, 208면.

에 의하여 처리하는 것이다. 특히 독일의 경우는 위에서 언급한 바와 같이 압수, 수색의 요건과 절차를 형사소송법에서 나누어 규정하고 있음에도 불구하고, 실무상 단일한 영장으로 처리하는 것을 볼 때 수색이 결코 자기 목적적인 제도가 아님을 나타내 주는 좋은 예라고 할 것이다. 따라서 본건 결정과 같이 수색영장을 압수영장과 분리하여 발부함은 압수·수색 제도의 취지에 반하며, 수색 제도의 본질에도 배치되는 것이라 아니할 수 없다.

(2) 수색의 장기화

수색에 의하여 제한되는 주거의 평온 등의 기본권은 단순히 재산권의 제한과는 달리 인격권의 범주에 들어가는 것으로 볼 수 있어 압수의 경우보다 기본권의 제한 정도가 더 큰 것으로 볼 수도 있을 것이다. 이 경우 압수와 수색을 분리하여 먼저 수색을 실시하고 다음에 압수영장을 발부받아 압수를 실시한다면 기본권이 제한되는 상태가 불필요하게 장기화될 우려가 있다. 예컨대 압수·수색을 동시에 실시한다면 10:00경 수색을 실시하여 11:00경 수색을 종료하고 이때부터 압수를 시작하여 11:30경 최종적으로 압수·수색을 모두 종료할 수 있으나, 이번 분리기각 결정대로라면 동일한 사례에서 11:00경 수색을 종료하더라도 다시 압수영장을 발부받을 때까지 상당한 시간이 걸리게 되고, 그 시간 동안은 압수대상물의 멸실 등을 감시하기 위해 수사기관이 수색 현장을 벗어나기 어려워 불필요하게 수색의 상태가 장기화되는 문제점이 있다.

이처럼 수색과 압수를 분리하자는 입장에 의한다면, 수색 현장에서 압수 대상물을 정확히 특정하기 위하여 수색이 장기화될 수밖에 없고, 또한 다시 압수영장을 발부받을 때까지 수색의 상태가 계속될 수밖에 없기 때문에 피수색자 입장에서는 수색과 압수를 동시에 실시하는 경우보다 주거의 평온 등에 대한 제한이 더 커지게 될 것이다. 따라서 수색과 압수를 동시에 실시하되, 수색을 통하여 일단 어느 정도의 범죄 관련성에 대한 개연성만 인정되면 일단 압수하여 단기간에 압수·수색을 종료한 후 이를 가져가 다시 최종 압수할 물건만 선별하고 나머지 압수물을 신속하게 반환하는 것이[32] 오히려 피수색자의 입장에서는 기본권 보호에 충실할 수도 있는 것이며, 압수를 원천적으로 제한하는 것만이 능사는 아닌 것이다.

현장에서 압수가 필요한 물건을 모두 정확히 특정하기 어려워 어느 정도의 범죄관련성과의 개연성만 인정되면 압수를 한다고 하더라도 속칭 '투망식' 압수는 지양해야 할 것이며, 검찰에서는 이미 압수·수색 기본지침을 제정하여 포괄적, 무차별적인 압수를 엄격히 금지하고 있다. 다만, 실무상 화이트 컬러 범죄 등의 경우 대부분의 자료가 컴퓨터 파일 형태로 저장되어 있고 그 양이 방대하여 이를 현장에서 모두 분석하여 그 내용을 파악하기 어렵고, 압수가 필요한 파일이 그렇지 아니한 파일과 불가분의 형태로 섞여 있는 경우 부득이 디스크 전체를 압수해야 할 필요가 있는 경우가 있을 수 있으나, 이 경우에도 가능한 신속하게 압수가 필요한 파일들만 선별하고 나머지는 신속히 반환함으로써 피수색자의 영업 활동 등에 지장이 없도록 노력하고 있다.

(3) 수색과 압수의 분리로 압수의 남용을 통제할 수는 없음

이번 법원의 결정은 기각사유를 설시하지 않아 정확한 사유는 알 수 없으나, 대체로 수색을 먼저 실시하여 최대한 압수대상물을 특정한 후 다시 압수영장을 청구함으로써 압수 대상을 최대한 줄이자는 데 그 취지가 있는 것으로 보인다.

그러나 압수·수색은 그 특성상 혐의 유무가 명확하지 않은 수사초기단계에서 혐의 유무를 명확히 하기 위하여 행해지는 것이므로 압수·수색 단계에서 무엇을 압수할 것인지 구체적으로 모두 특정하라는 것은 무리한 요구인 것이다. 또한 압수수색을 실시하기 전에 수색할 장소에 무엇이 있는지, 과연 증거로 삼을 만한 물건이 있는지 여부조차 정확히 알기 어려우므로 어느 정도의 범위 내에서는 포괄적으로 기재

32) 대규모 기업의 분식회계나 횡령죄 등을 수사하면서 압수·수색을 실시하는 경우 대부분의 자료들이 컴퓨터 파일 형태로 들어 있고 그 분량이 방대하여 이 경우 수색과 압수를 분리하여 먼저 수색을 통해 압수할 물건을 모두 정확히 특정하라고 할 경우 수색에 며칠이 소요될 수도 있으며, 이는 오히려 기본권을 더 제한할 수도 있다.

하는 것이 불가피한 측면이 있다.

이러한 현실적 요구를 외면한 채 압수와 수색을 분리한다 하더라도 수색과 압수를 동시에 실시하는 경우보다 압수의 남용 가능성을 보다 효과적으로 통제할 수 있는 것이 아니고, 위에서 살펴본 바와 같이 수색이 장기화되는 부작용을 초래할 수 있다. 따라서 압수의 남용을 통제하는 방법은 기본적으로 압수의 대상을 가능한 특정하면서, 불필요한 압수물은 최대한 신속하게 반환하도록 하는 방향으로 이루어져야 할 것이며, 수색과 압수의 분리를 통해 압수의 남용을 효과적으로 통제할 수는 없는 것이다. 또한 압수의 대상을 가능한 특정한다 하더라도 압수수색의 특성을 감안하여 압수대상물에 대하여 어느 정도의 포괄적 기재는 허용되어야 하며, 모든 압수대상물을 정확하게 특정하여 압수영장을 청구하라는 것은 압수수색이 범죄혐의가 명확하지 않은 수사 초기단계에서 이루어지는 점을 감안할 때, 현실적으로 불가능한 것을 요구하는 것이라 아니할 수 없다.

(4) 체포영장의 경우와 비교

이번 분리기각 결정의 경우 정확한 기각이유를 알 수 없으나 대체로 수색영장을 먼저 청구하여 압수대상물의 소재 여부를 확인한 후 다시 압수영장을 청구하라는 취지로 보인다. 위와 같은 논리에 의한다면, 체포영장의 경우에도 피의자가 제3자의 주거지 등에 있는 것으로 의심된다면 먼저 수색영장을 발부받아 피의자의 소재 여부를 확인한 후 다시 체포영장을 발부받아야 할 것이나, 위와 같은 결론은 결과적으로 피의자의 도주만 야기하게 되는 비현실적인 주장이라 아니할 수 없다.[33] 이 역시 수색영장은 결코 자기 목적적이 아니라 압수영장 내지 체포(구속)영장에 부수하는 의미가 있다는 것을 나타내는 것이라 하겠다.

33) 형사소송법 제216조 제1항은 위와 같은 점을 반영하여 체포영장 등에 의해 피의자를 체포 또는 구속하는 경우에 영장 없이 피의자 수색을 허용하고 있다.

2. 현실적 필요성

(1) 압수대상물을 보전할 수단이 없음

이번 결정에서 나타난 법원의 태도는 결국 수색영장에 의한 수색을 통해 압수대상물을 최대한 특정한 후 다시 압수영장을 청구하도록 함으로써 국민의 기본권 침해를 최소화하려는 의도가 있는 것으로 이해된다. 위와 같은 입장이 국민의 기본권 침해의 최소화 측면에서 시도된 것으로 볼 여지는 있으나, 현재 실무상 법원의 영장발부 절차가 신속하게 이루어지지 않고 있는 상황에서[34] 수색을 먼저 실시한 후 다시 압수영장을 청구하도록 하는 것은 수사현실에 맞지 않는 무리한 요구인 것이다.

또한 본건 결정은 수색영장에 의해 압수대상물을 발견한다고 하더라도 압수영장을 발부받을 때까지 압수대상물을 보전해 둘 수 있는 법률적 수단이 현행법상 전무한 상태라는 점을 간과한 것이다.[35] 즉 수사기관이 수색영장만으로 수색을 실시하여 압수가 필요한 물건을 발견하고, 압수영장을 다시 청구하더라도 실무상 법원에서 영장 발부 여부를 신속하게 결정해 주지 않는 현실에서,[36] 피수색자, 특히 피의자가 압수의 대상이 되는 물건들을 멸실하거나 은닉하더라도 수사기관에서 수색영장을 가지고 이를 저지할 수 없는 것이다.[37] 또한 피수색자의 증거인멸을 저지할 아무런 법률적 수단이 없는 상태에서 수색과 압수를 분리하라고 주장하는 것은 결과적으로 피수색자의 증거인멸만 도와주게 될

34) 미국, 독일, 프랑스의 경우에 압수수색영장의 청구는 반드시 서면에 의할 필요가 없고 구두에 의한 방법도 인정한다(각국의 압수·수색제와 실무, 10-13면). 우리나라의 형사소송규칙 제93조 제1항은 영장의 청구는 서면으로 하여야 한다고 규정하고 있다. 이는 일본 형사소송규칙 제133조 제1항과 동일한 규정방식이다.

35) 이에 대한 구체적인 논의는 수색영장의 한계에서 후술한다.

36) 실무상 압수수색영장 청구시 통상 익일에 발부 여부가 결정되며, 신속히 해달라고 요청하더라도 오후 늦게 또는 밤에 결정되는 것이 보통이다.

37) 피수색자가 증거를 인멸하는 행위는 기대가능성 측면에서 이를 증거인멸죄로 처벌하기 곤란하고, 수색이 종료되지 않았다면 이러한 행위를 수색영장의 집행을 방해하는 공무집행방해죄로 의율할 수 있을 것이나, 수색영장만을 가지고 현장에 임하여 수색을 종료한 상태에서는 수색의 결과 발견한 압수할 물건을 인멸하는 행위를 '수색을 방해하는 행위'로 처벌하기도 곤란한 것이다.

것이다. 물론 피수색자가 임의 제출하여 이를 임의 압수할 수 있다면 문제가 없겠으나 이는 엄연히 당사자의 동의를 요하므로 현실성이 없는 것이다.

(2) 수색영장만으로 압수의 목적을 달성할 수 없음

이번 분리기각 결정은 기각사유를 적시하지 않아 정확한 기각사유는 알 수 없으나, 수색영장만 발부하더라도 수색의 결과 발견된 압수대상물을 사진촬영하거나 복사함으로써 압수의 효과를 거둘 수 있다는 취지로 보인다. 그러나 우선 수색영장에 의하여 강제로 복사를 할 수 있을지 의문이며,[38] 압수할 물건의 원본을 압수하지 아니하고 사진만 촬영해 둔 경우 나중에 피수색자가 원본을 위조하거나 멸실한 후 수사기관에서 가지고 있는 사진상의 물건은 다른 물건이거나 수사기관에서 위조한 것이라고 주장하는 경우 사진에 찍힌 물건이 원본임을 입증하기 곤란할 것이다.

또한 컴퓨터 파일의 경우 원본 파일을 압수하지 않고 단순히 파일을 복사만 한다면 나중에 피수색자가 원본 파일을 위·변조하거나 멸실해 버린 경우, 이 역시 원본 파일과 동일하다는 것을 사실상 증명하기 어렵다. 이러한 점을 고려하지 않고 단순히 수색영장에 의하여 압수가 필요한 물건을 사진촬영하면 족하다는 주장은 수사 현실을 외면한 주장이라 아니할 수 없다. 결국 수색과 압수는 동시에 이루어져야 하며, 수색과 압수가 분리된다면 수색은 실질적인 의미를 가질 수 없는 것이다.

3. 수사의 필요성 관련

앞서 언급한 바와 같이 압수·수색의 요건이 구비된 경우에 법관이 반드시 영장을 발부하여야 하는지, 즉 압수·수색의 필요성에 대하여 재량적 판단을 할 수 있는지에 대하여는 주요 국가의 입법례가 다소 상이하다. 그리고 우리나라는 형사소송법 제219조에 의해 준용되는

38) 이 부분에 대하여는 후술하기로 한다.

제106조 제1항과 제109조 제1항의 규정 형식상 압수·수색의 요건을 구비하더라도 영장을 발부할지 여부에 대하여 법관의 재량을 인정한 것으로 해석할 여지는 있다. 그러나 이와 같은 재량을 인정한다 하더라도 이 경우 법관의 재량은 결코 무제한의 자유재량일 수는 없고, 합리적인 범위 내로 제한되어야 할 것이다.

형사소송법 제215조 제1항은 "검사는 범죄수사에 필요한 때에는 지방법원판사에게 청구하여 발부받은 영장에 의하여 압수·수색 또는 검증을 할 수 있다."고 규정하고 있다. 이는 법문상 압수·수색의 필요성에 관한 제1차적인 판단주체를 검사로 인정한 것으로 해석된다. 그리고 비록 판사가 압수·수색의 필요성에 관한 최종적인 판단권자라 하더라도 위와 같은 제1차적인 판단권자인 검사의 판단이 명백하고 현저하게 부당하지 아니한 이상 이를 존중해야 할 것이다. 왜냐하면 압수수색의 필요성이란 법률적인 판단의 성격보다는 수사를 위한 합목적적 재량의 성격이 강하게 작용하기 때문이다.

예컨대 검사가 A라는 장소를 수색하여 B라는 물건을 압수할 필요가 있다고 판단하여 압수수색영장을 청구한 경우 과연 이러한 압수수색이 필요한지는 수사기법에 관한 것으로서 수사목적 달성에 효율적인가 라는 합목적적 재량의 관점에서 판단해야 할 것이며, 이를 순수하게 사법적·법률적 관점에서 판단하는 것은 현실적·이론적으로 불가능하며, 그렇게 할 만한 근거도 찾아보기 힘든 것이다.

한편, 비례의 원칙을 적용하여 압수·수색의 필요성을 판단한다 하더라도 압수·수색은 그 특성상 인신구속의 전 단계인 수사 초기단계에 이루어지므로 범죄 혐의가 명확하지 않은 상태에서 혐의 유무를 명확히 하기 위해 이루어지는 처분이고, 압수·수색이 진술 증거보다는 객관적이고 과학적인 수사기법임을 감안할 때 기본적으로 같은 장소에 대하여 중복적인 압수·수색을 하는 등 그 부당성이 현저하고 명백하지 않은 이상 원칙적으로 이를 허용하는 방향으로 기준을 정해야 할 것이다. 만일 그렇지 않고 압수·수색이 필요한지 여부를 원칙적으로 허용하지 않는다는 기준 하에서 판단한다면 과학적이고 객관적인 증거에 의하여 혐의를 보다 명확히 할 수 있는 수사기법이 위축될 것이고, 이 경우 부득이 진술증거를 수집하는데 치중하게 되어 불필요한 추가조사 등으로 인한 부작용을 가져오게 될 것이다.

또한, 이번 결정의 이유가 압수의 필요성이 없다는 점에 있다고 한다면 수색영장을 발부하여 수색의 필요성은 인정하면서도 압수영장 청구를 기각함으로써 압수의 필요성을 부정한 것은 중대한 논리적인 모순을 드러낸 것이라 아니할 수 없다. 수색은 압수를 전제로 하는 것이므로 논리적으로 수색의 필요성은 압수의 필요성을 필수 요건으로 하며, 따라서 시차를 둔다 하더라도 수색영장을 발부하는 그 시점에서 압수의 필요성이 없다고 판단했는데 수색의 필요성이 있다고 한 것은 논리적 모순인 것이다.[39] 이 경우는 압수의 필요성이 없으므로 수색영장만 분리하여 발부하는 것보다 수색의 필요성도 부인하면서 압수·수색영장 청구 전체를 기각하는 것이 오히려 논리적으로 타당할 것이다.

이에 대하여 수색영장에 의해 일단 압수물을 특정한 후 압수영장을 발부받아 압수하는 것이 논리적이므로 위와 같은 결정이 법관의 합리적인 재량의 범위에 속한다는 입장이 있을 수 있으나,[40] 그렇다면 앞서 살펴본 주요 국가의 실무는 모두 압수와 수색을 분리하지 않고 동시에 압수·수색을 실시하고 있고, 특히 독일의 경우는 압수의 요건과 수색의 요건을 각기 달리 규정하고 있음에도 단일한 영장으로 압수와 수색을 하는 이유를 어떻게 설명할 수 있을지 의문이다.

압수·수색영장을 청구하는 그 시점에서 압수의 필요성을 전면 부인한다면(압수영장 청구 전부를 기각하였으므로) 수색의 필요성도 있을

39) 수색의 필요성이란 수색대상물과 범죄사실과의 관련성 및 대상물이 존재할 개연성이 있음을 말하고, 압수의 필요성이란 압수대상물과 범죄사실과의 관련성이 있음을 의미한다(신동운, 앞의 책, 206, 212면)

40) 법률신문, 2007.6.12, 5면, 하태훈 교수는 "압수와 수색은 별개의 처분이 원칙이지만 지금까지는 함께 발부된 것이 사실"이라며 "앞으로 법원이 계속 원칙을 지키는 것이 옳다."고 말한 것으로 위 신문에 게재되어 있는바, 위 게재내용에 의하면 하태훈 교수가 위 입장으로 분류될 수 있을 듯하다.

수 없으며, 시간적 간격을 두어 다시 압수의 필요성을 인정할 것이 아니라, 애초부터 수색의 필요성마저 부인하는 것이 논리적인 판단인 것이다. 압수의 필요성은 없는데 수색의 필요성이 있다고 판단한 논리적 어색함은 무리하게 수색과 압수를 분리하려는 데서 기인한 것이며, 수색영장을 발부하여 수색의 필요성을 인정한다면 논리적으로 당연히 압수의 필요성도 인정되어야 하는 것이다.

4. 압수의 대상과 수색의 대상을 혼동

(1) 용어의 부정확

이번 결정에서 최초 압수·수색영장 청구서에 기재된 '압수·수색할 물건'에서 '압수'라는 문구를 지우고, '수색할 물건'으로 기재하면서 압수영장 부분은 기각하였다. 그러나 압수영장청구는 기각한 채 발부된 '수색영장'에는 '수색할 장소'가 이미 기재되어 있으므로 이론적으로 '수색영장'만을 발부한다면 '수색할 장소'만 기재하면 족한 것이지 '수색할 물건'을 추가로 기재할 필요는 없는 것이다.

특히 2007 영장번호 11822호의 경우 수색영장만을 발부하면서 수색영장에 이미 '수색할 장소'가 기재되어 있음에도 다시 '수색할 물건'을 기재하고, 수색할 물건으로 '메모지, 수첩' 등을 기재하고 있으나, 메모지·수첩을 수색한다는 것은 부자연스럽고, 이는 오히려 '수색할 물건'이 아니라 '압수할 물건,' 즉 압수의 대상으로 보는 것이 타당하다. 수색은 압수를 위한 것으로서 그 문리적 의미를 감안할 때 수색의 대상은 통상 장소나 공간이지, 구체적 물건이 되는 경우는 흔하지 아니할 것이다.[41] 이처럼 수색영장만을 발부하면서 '수색할 장소'를 기재하고, 다시 추가로 '수색할 물건'을 기재하는 것은 불필요하며, 이 경우는 '수색할 물건'이 아니라 '압수할 물건' 또는 '수색의 목적이 되는 물건'이 정확한 표현이라 할 것이다. 이처럼 수색영장에는 수색의 대상이 되는

41) 자동차를 수색한다면 '수색할 물건'이라고 볼 수 있으나, 이 경우는 '수색할 물건'만 기재하면 족할 것이며, '수색할 장소'를 기재하고, 다시 추가로 '수색할 물건'을 기재할 필요는 없는 것이다.

장소(물건) 뿐 아니라, 압수의 대상물이 기재될 수밖에 없으며, 이는 압수와 수색의 불가분성에서 당연히 도출되는 필연적 결과인 것이다. 즉 수색영장에 압수의 대상이 되는 물건, '압수할 물건'이 기재되어 있지 않다면 수색영장은 그 목적을 상실한 격이며, 이번 결정에서 보듯이 수색영장만을 발부하면서 '압수할 물건'을 억지로 '수색할 물건'으로 부정확하게 기재하게 된 것은 무리하게 수색과 압수를 분리하려는 데서 기인하는 것이다.

(2) 수색영장에 수색할 물건을 기재하여야 하는지

위에서 살펴본 바와 같이 이론적으로는 '수색 영장'에 '수색할 장소'만 기재하면 족할 것이나, 현실적으로 본건 결정에서도 수색영장만을 발부하면서 '수색할 장소' 외에 추가로 '수색할 물건'을 기재하였는데, 이는 이번 결정의 압수와 수색의 불가분성을 나타내는 것이라 할 수 있다.

즉, 수색은 압수를 전제로 하는 것이므로 수색영장에 '수색할 장소'만 기재하고, '압수할 물건' 또는 '수색의 목적이 되는 물건'을 기재하지 않는다면 이러한 수색영장은 현실적으로 그 효력을 인정하기 어려운 것이다. 예컨대 수사기관에서 '수색할 장소'만 기재하고 '수색의 목적이 되는 물건,' 즉 '압수할 물건'은 기재되지 않은 수색영장을 가지고 A의 주거에 임하여 주거에 대한 수색을 실시하려 할 경우 A가 "왜 나의 주거를 수색하려 하느냐", "수색영장에 수색의 목적이 되는 물건도 기재되어 있지 않은데 도대체 수색을 해서 무엇을 찾으려 하는 것이냐, 수색하려는 이유가 무엇이냐."고 항의할 경우 마땅히 이에 반박할 근거가 없는 것이다. 즉, '수색영장'에 '수색할 장소' 뿐 아니라, '수색의 목적이 되는 물건', 또는 '압수할 물건'이 기재되지 않는다면 그와 같은 수색영장은 전혀 무의미한 것이 되며, 이는 압수와 수색의 불가분성에서 필연적으로 귀결되는 결론이라 할 수 있다.

이처럼 수색의 종속적 성격으로 인하여 수색영장에는 '수색할 장소' 외에 '수색의 목적이 되는 물건', 즉 '압수할 물건'이 반드시 기재되어야 하며,42) 따라서 실무상 압수·수색영장을 함께 청구하게 되는 것이다. 이러한 점을 도외시하고, 압수영장과는 분리된 수색영장만을 발부한다는 것은 비현실적인 것이며, 본건 결정에서도 수색영장만을 발부하면서 수색영장에 '수색할 장소' 외에 '수색할 물건'까지 기재함으로써 이러한 점을 부지불식간에 인정하고 있는 것이다.

5. 압수대상물의 특정 정도

이번 결정은 정확한 기각사유는 알 수 없으나, 대체로 압수대상물이 특정되지 않아 압수를 허용할 경우 남용의 우려가 있다는 이유로 기각한 것으로 보인다. 그러나 이번 사례의 경우 압수·수색 영장 청구서의 압수·수색할 물건으로 기재된 것은, '피의자들의 각 차량에 보관하고 있는 경리·회계장부, 약정서, 메모지, 수첩' 등으로서 이 정도의 기재를 가지고 특정의 정도에 문제가 있다고 보기는 어려울 것이다.

위와 같은 경우에도 특정성 결여로 보는 것은 앞서 본 주요 국가 입법례의 경우에 비추어 특정의 정도에 관한 법리를 지나치게 엄격하게 해석한 것이라 아니할 수 없다. 만약에 특정 정도에 문제가 있다면 일부 대상만 기각하면 될 것이며, 이번 결정처럼 아예 모든 압수 대상물에 대한 영장청구를 전면 기각하는 것은 부당한 것이다.

6. 최소한의 기준 결여

법원에서 어떤 경우에 압수·수색영장을 함께 발부하고, 어떤 경우에 수색영장만 발부하고 압수영장은 기각하는지에 관한 일반적·통일적인 기준이 있는지 의문이다. 만약 그와 같은 기준이 정립되어 있지 않다면 결국 법관은 압수영장의 분리기각에 대하여 무제한적인 재량을 가질 수밖에 없게 되며 이 경우 수사기관의 입장에서는 수사권을 행사함에 있어 예측가능성이 현저하게 저하되어 수사에 심각한 장애가 발

42) 미국의 경우 제목은 수색영장이지만, 수색할 장소 외 압수대상물을 기재하고, 이러한 물건을 압수할 수 있다는 취지를 기재함으로써 사실상 압수·수색영장을 동시에 발부한다.

생하게 될 것이다. 이는 법원의 구속영장 발부 여부에 관한 일관성이 없다는 비판이 제기되는 현실에 비추어 보면 더욱 우려되는 상황이라 아니할 수 없다.

이처럼 양자를 분리할 것인지, 아니면 함께 발부할 것인지에 관한 아무런 기준이나, 해당 결정에 대한 불복수단이 전무한 점을 감안한다면, "압수를 배제한 수색은 무의미한 것으로 압수·수색영장 하나로 보는 것이 바람직하다"는 입장이 설득력을 갖게 될 것이다.[43] 앞에서 살펴 본 바와 같이 압수와 수색의 불가분성으로 인해 압수·수색영장은 동시에 발부되는 것이 타당하고, 이를 분리할 만한 이론적 근거나 현실적 필요성을 인정하기 어렵기 때문이다.

7. 사후적 구제절차 간과

이번 결정의 취지는 아마도 불필요한 압수를 방지하여 국민의 기본권 보장에 이바지하겠다는 것으로 보인다. 그러나 불필요한 압수를 방지하려는 목적은 압수대상물에 대한 특정성 문제로 충분히 달성할 수 있다. 수색과 압수를 동시에 실시한다고 하여 압수의 남용가능성이 커지는 것이 아니며, 압수대상물을 최대한 특정하는 방법으로 불필요한 압수를 충분히 방지할 수 있는 것이다.

그리고 압수요건이 구비되지 못한 상태에서 압수가 집행된 경우에는 사후적 통제방안으로 위법하게 수집된 압수물의 증거능력을 제한하는 위법수집증거 배제법칙,[44] 수사절차상의 준항고제도,[45] 손해배상청

---

43) 법률신문, 2007. 6. 12. 5면, 박상기 교수는 하태훈 교수의 입장에 반대하면서 "무차별적인 압수는 문제가 될 수 있으나 압수대상물에 대해 어느 정도의 특정성만 확보된다면 압수와 수색은 동시에 이루어지는 것이 옳다."는 입장을 표명했다.

44) 종래 학설상 논의된 것을 개정 형사소송법 제308조의2에 규정하였다.

45) 형사소송법 제417조는 수사절차상의 준항고제도의 대상으로 '구금, 압수 또는 압수물의 환부에 관한 처분'을 규정하고 수색처분 자체에 위법이 있는 경우에 대한 불복을 명시하고 있지 않으나, 수색과 압수의 불가분성에 비추어 볼 때 수사절차상의 준항고제도는 수색처분도 그 대상에 포함한다고 새기는 것이 타당하다(신동운, 앞의 책, 208면). 결국 이러한 입장도 수색과 압수가 불가분적으로 연관된다는 것을 전제로 한 것으로 이해된다.

구 등을 통해 국민의 기본권 보장을 담보할 수 있다. 결국 이번 결정에 의한다면 위와 같이 국민의 기본권 침해를 사후적으로 시정할 수 있는 여러 사후적 제도를 모두 외면한 채 수색영장만을 발부하고, 압수영장은 전면 기각하는 극단적인 통제방법을 택하고 있으나, 이는 수사기관의 권한을 원천적, 획일적으로 침해하는 것으로 부당한 것이라 아니할 수 없다.

형사소송의 목적은 실체적 진실발견과 적법절차의 준수이며, 양자는 서로 긴밀한 관계를 가지는 것으로서 일방만을 추구하고, 다른 목적을 간과한다면 이는 결국 피해자 구제 소홀이나, 법질서 확보의 장애라는 심각한 부작용을 낳게 될 것이다. 압수영장 청구가 현저하게 부당한 것이 아닌 이상 일단 이를 허용하여 수사를 진행시키는 것이 타당하고, 만일 위법성이 있다면 사후에 이를 시정할 제도나 수단이 있음에도 불구하고 이를 전혀 외면하고 아예 압수영장 청구 자체를 전면 기각하는 것은 균형을 상실한 극단적인 처분인 것이다.

8. 수색영장의 한계(수색영장에 의한 사본 취득 가능 여부)

압수영장을 수색영장과 분리기각한 결정에 대하여 서울중앙지방법원 형사담당 공보판사는 앞서 언급한 바와 같이 "수색영장만 발부받은 뒤 증거물에 대한 사진촬영이나 복사를 하는 데 구체적인 제약이 없고 아직까지 그 부분이 문제가 된 적도 없다", "수색 뒤 필요한 증거물은 사진을 찍거나 복사하는 것도 가능할 것"이라고 하였다는데, 과연 위와 같이 증거물을 사진을 찍거나 복사하는 것이 수색영장에 의하여 가능할지 여부가 문제된다.[46] 이는 사본은 원본과 달리 해당 압수 대상자의 소유에

---

46) 위 기술유출사건과 관련되어 발부된 압수수색영장에서 판사는 "전산파일 및 관련 자료에 대해서는 수색대상으로만 제한함(파일 복사는 가능함)"이라고 기재하였는바, 파일 복사가 수색영장의 효력으로 가능하다고 판단한 것인지 아니면 수색영장으로는 불가능하고 압수영장의 효력으로 가능하다고 판단한 것인지는 해당 영장에서 압수·수색할 물건 문구 중 '압수' 문구를 삭제하지 아니한 측면에서 불분명하다 할 수 있으나, 위 공보판사에 의하면 위 영장은 전자의 입장으로 이해할 수 있을 것이다.

속하지 아니하는 측면이 있기 때문에 다툼의 소지가 있을 수 있다.

수색은 압수를 전제로 하여 압수가 필요한 물건의 소재를 파악하는 것일 뿐이고, 이를 복사하여 사본을 취득하는 것은 압수에 해당한다고 봄이 타당하다. 이와 관련해 독일의 경우, 편지나 영업장부 등 원본을 압수하지 아니하고 사본을 압수한 것이 비례의 원칙에 부합한다고 본 다수 사례가 있다.[47] 위와 같은 사례들의 기본 전제는 사본을 취득하는 것도 그 사본에 담긴 의사표현내용 자체를 압수하는 것으로서 국민의 기본권을 침해하는 강제처분이라는 것이다. 따라서 원본을 사진촬영하거나 사본을 압수하는 것 역시 압수영장에 의하지 아니하고는 허용될 수 없다고 할 것이다.[48] [49]

9. 디지털 증거의 경우

최근 컴퓨터의 발달과 인터넷 보급 확산으로 인해 대부분의 문건은 디지털 증거 형태로 저장되어 있어 본건 결정의 취지대로라면 수색영장만으로 수사에 필요한 디지털 증거를 확보할 수 있는지, 수색 후 복사만을 허용하는 경우에 복사한 파일만으로 증거가치를 인정받을 수 있는지 여부 등이 주요 쟁점이 될 것이다.

원본 디스크를 압수하지 아니하고, 수색영장만으로 수사에 필요한 증거를 확보할 수 있는지 살펴보면, 원본을 압수하지 못하는 상태에서 디지털 증거자료를 수집하기 위해서는 현장에서 피수색자의 컴퓨터를 해체하고 하드디스크를 분리한 다음 무결성 훼손을 방지하기 위한 쓰기방지장치 등의 조치를 취한 후 휴대용 분석장비에 연결하여 범죄행

47) 구체적인 사례들에 대하여는 김석우, 앞의 논문, 283-286면.

48) 법률신문, 2007. 6. 12. 5면, 하태훈 교수는 압수와 수색은 별개 처분이 원칙이라는 관점에서 위 결정을 지지하지만, "수사상 어려움과 증거인멸의 우려가 있는 만큼 수색영장을 발부하고 난 후 압수영장을 받기까지 증거 확보를 위한 해결방안은 반드시 마련돼야 한다."고 언급하였다. 이와 같은 견해 역시 수색영장에 의해서는 사본을 취득할 수 없다는 입장을 전제로 한 것으로 이해된다.

49) 복사에 소요되는 비용부담을 누가 할 것인지에 대한 문제에 대하여는 김석우, 위의 논문, 286면 참조.

위와 관련된 자료를 찾아야 하나, 위와 같은 방법은 원본에 손상을 가할 우려가 있다.

또한 압수대상이 되는 컴퓨터의 용량이 대용량으로 현장에서의 단순한 파일 검색정도만으로 증거를 수집하는데 한계가 있고, 수색만 가능하기 때문에 현장에서 복구분석을 할 수 없어 삭제하거나 은닉한 자료를 찾지 못하여 결국 증거수집에 한계가 있으며, 수색영장만으로 복구분석이 가능하다고 해석하더라도 하드디스크 1개를 복구하기 위한 시간이 최소한 4-5시간이 걸려 장시간의 압수·수색이 불가피하므로 오히려 피수색자에게 불편을 초래할 가능성이 크고, 대형사건의 경우에 위와 같은 방법으로 집행한 것은 사실상 불가능한 것이 수사현실이다.

수색 후 복사만을 허용하는 경우에 복사한 파일만으로 증거가치를 인정받을 수 있는지 여부를 살펴보면, 컴퓨터 디스켓 등 디지털 저장매체에 들어 있는 컴퓨터 기록이 증거로 되기 위해서는, 디지털 저장매체에 들어 있는 무체정보인 컴퓨터기록 그 자체로서는 가시성과 가독성이 없으므로 법원에서의 검증절차를 통해 디지털 저장매체로부터 출력된 문건이 증거로 되어야 하고 이를 위해서는 법원에서 검증절차를 통해 디지털 저장매체에 수록된 컴퓨터 기록의 내용이 출력된 문건에 기재된 것과 동일하다는 것이 입증되어야 할 것이다.

그렇다면, 현장에서 증거자료를 발견한 경우에 그 파일을 복사하여 가져온 경우, 원본이 없는 상태에서 위 복사한 파일이 원본과 동일하다는 것을 입증하기 곤란한 상황으로 이와 같은 경우 위 복사한 파일은 증거능력을 상실할 우려가 있다. 또한 현장에서 증거물인 원본에 대한 복사만 가능하므로 이를 삭제할 수도 없어 기술유출사건과 같은 경우 피해회사의 영업비밀은 그대로 두고 복사만 해 가지고 와야 하는 상황이 발생할 수 있다.[50] 이러한 사정을 감안할 때 수색영장만으로 압수의 목적을 달성할 수 있다는 것은 수사현실을 외면한 무리한 주장이라고

50) 대용량의 하드디스크를 복사해 오기 위해 적어도 같은 용량의 하드디스크가 필요하며 하드디스크 1개당 10만원 상당으로 압수·수색을 위한 경비의 부담문제도 발생할 수 있다.

밖에는 볼 수 없는 것이다.

10. 기각이유 미설시

형사소송법상 압수·수색영장을 기각하는 경우에는 체포영장(제200조의2 제3항)과 구속영장(제201조 제4항)의 규정과 같이 기각이유를 설시하도록 규정되어 있지 아니하다. 단일한 압수·수색영장청구에 대하여 법원이 수색영장만 발부하고 압수영장을 발부하지 아니하면서 아무런 이유 설시가 없는 것은 위와 같은 형사소송법 규정에 근거한 것으로 보인다. 그러나 과연 위와 같은 태도가 적절한지 의문이 든다.

위에서 주요 국가의 실무에서 살펴본 바와 같이 주요 국가마다 기각이유를 서면에 기재하는지 여부와 관련해서는 상이한 입장을 취하나, 적어도 압수·수색영장을 청구한 수사기관에 영장을 발부하지 아니하는 사유를 알려주는 것은 동일하다. 그렇게 함으로써 수사기관으로 하여금 압수·수색 영장을 재청구할지 여부 및 재청구할 때 보완할 사항을 주지시켜 수사기관의 수사방향을 설정할 수 있게 유도하거나 법원으로서는 기각하는 결정에 대한 불복절차가 취해질 때 항고법원 등 상급판단기관을 설득할 근거를 제시할 수 있게 된다. 결국 기각이유를 명시함으로써 수사기관에게 수사방향을 설정할 수 있게 하거나 상급 법원을 설득할 근거를 갖게 되는 것이다.

그러나 이번 결정과 같이 아무런 이유설시 없이 압수영장을 기각하게 되면 수사기관으로서는 기각이유를 알 수 없으므로 해당 사건에서 압수영장을 재청구해야 할지 여부 등을 판단하기 어려우며,[51] 더 나아가 종래 압수·수색을 단일영장에 의하여 청구하던 것을 향후 수색영장만 청구해야 할지 여부조차 불분명해진다. 특히 이와 같은 입장이 특정 법원에 한정된 입장인지 전국 법원의 통일적인 입장인지 조차 불분명한 상황이라면 문제의 심각성은 가중된다고 할 것이다.

---

51) 체포영장과 구속영장에서는 기각이유를 설시함으로써 수사기관에서는 그 기각이유를 고려해 체포영장이나 구속영장의 재청구 여부를 결정한다.

사실상 압수영장 청구를 전면 기각하는 결정에 대하여 아무런 이유를 설시하지 아니하고, 그 결정에 대하여 항고 등 법적인 불복절차가 미비한 현실은 위와 같은 우려를 더욱 가중시킨다.[52] 대법원 판례상 영장기각 결정은 항고대상이 아니므로 현실적으로 압수영장 청구를 전면 기각하면서 그 이유를 설시하지도 않고, 그러한 결정이 항고의 대상도 되지 않는다면 이에 관한 판사의 결정은 가히 절대적인 불가침의 결정이라 할 수 있을 것이나, 권력분립의 원칙과 법치주의 이념상 이러한 현실이 과연 바람직한 것인지 의문이다.

Ⅴ. 결 어

위에서 언급한 바와 같이 본건 결정은 압수·수색영장에 관한 비교법적 고찰과 압수·수색 제도의 취지, 수색영장만으로는 압수의 목적을 달성할 수 없는 수사현실 등에 비추어 볼 때 명백히 부당하다고 판단된다. 결국 압수·수색영장은 단일한 영장으로 발부되는 것이 타당하고, 만일 압수영장을 전부 기각하는 결정의 경우에는 반드시 기각 이유를 설시하여야 할 것이다. 또한 수색영장이 집행되고 압수영장이 발부되기까지 증거물 확보에 관한 해결방안이 없는 현 상황에서, 이를 고려하지 않은 채 압수영장 부분을 전면 기각한 결정은 수사현실을 외면한 부당한 결정이라는 비판을 면하기 어려울 것이다.

52) 대법원 1997.9.29. 자 97모66 결정. 참고로 독일의 경우 형사소송법 제304조에 의해 법원의 결정이나 재판장의 처분 등에 대하여 항고를 제기할 수 있다고 규정되어 있는바, 이 조항에 의하여 법원의 압수, 수색명령의 발부에 대해서는 그로 인해 직접 피해를 입은 당사자가, 법원의 압수, 수색명령 기각에 대해서는 명령을 청구한 검사가 항고법원에 항고할 수 있음은 학설과 판례상으로 아무런 이론의 여지 없이 당연한 것으로 인정되고 있다(김석우, 앞의 논문, 314면).

[주 제 어]
수색, 체포, 분리, 기각

[Key words]
search, seizure, warrant, separation, rejection

접수일자: 2008.4.9, 심사일자: 2008.5.20, 게재확정일자: 2008.5.26.

[Abstract]

Study on the Decision Which Separates a Search from a Seizure

Ryu, Jang-Man*

In the investigating process, it is common that search is carried out with seizure, and a search and seizure warrant is issued in a single form until these days, but recently, Seoul Central District Court issued only a search warrant, declining to issue a seizure warrant in the same case without explaining reasons.

However, the decision which separates a seizure from a search is against the worldwide legal practices that a search and seizure warrant is issued in a single form in the same case, which is normal in the developed countries, including US, Japan, Germany, France. Moreover, it is out of accord with the purpose of search and seizure, because the search is not a self-aimed system, but a pre-step for seizure. In addition, even if intention of the decision is to minimize restriction of the property right by limiting seizure items as specifically as possible, it ignores the reality that in criminal investigating process a seizure warrant is not issued as quickly as investigators expect.

Even though we can interpret criminal procedure law in the way that judges have the discretion about issuing a warrant, the discretion is not an unchecked power, so the discretion should be limited in terms of reasonable reason. If the search that is more restrictive in human rights than a seizure is permitted, the seizure, which is inseparably connected with search, and less restrictive in human right

* Public Prosecutor, Supreme Prosecutors' Office.

than a search, should be also permitted. Moreover, it is necessary that the first decision of criminal investigators should be respected.

In conclusion, when we examine from comparison with foreign laws, purpose of seizure and search system, the recent decision of Seoul Central District Court that separates a seizure warrant from a search warrant is unreasonable. When a judge refuses issuing of seizure warrant, the judge should explain the reason for that. In addition, we should arrange an appealing process against the unreasonable decision

사인작성 컴퓨터문서의 진정성립 입증과 증거능력

이 완 규*

[대상판결] 대법원 1999. 9. 3. 선고 99도2317 판결;
대법원 2001. 3. 23. 선고 2000도486 판결

[공소사실]

피고인은 박○○가 구성한 이적단체 ×××회에 가입하였다.

[쟁점증거]

피고인에 대한 공소사실의 입증자료로 공범인 박○○가 긴급체포될 당시 그 주거지에서 압수된 컴퓨터 디스켓과 파일의 출력문서가 제출되었다. 이 컴퓨터 디스켓에는 작성자의 이름이 없거나 "박△△"라는 명의로 작성된 파일이 담겨있었는데 그 파일에는 피고인이 ×××회에 가입하여 활동한 내역이 기재된 일지형 문건과 박△△과 같이 회합한 내용 등을 적은 회의록 등 문건이 들어 있었다(이 사건에서 이 파일이 가장 중요한 증거였고, 본 평석에서는 이 부분이 쟁점이므로 다른 증거에 대하여는 논하지 않는다).

* 서울고등검찰청 검사, 법학박사.

[사건경과]

1. 1심법원

제1심 공판에서 컴퓨터 디스켓을 소지하고 있던 박○○는 디스켓에 들어있는 문건을 작성한 일이 없다고 진술하고 나아가 디스켓에 그런 문건이 수록되어 있는 사실 자체를 부인하였다. 이에 대해 1심법원은 컴퓨터 디스켓에 대하여 검증을 한 후 그 디스켓이 압수된 후에 사후에 조작되었다는 등의 피고인측 주장을 배척하고 증거능력을 인정하였고, 이를 증거로 피고인에 대하여 유죄판결을 하였다.

2. 항소심법원

항소심법원[1)]은 "압수된 디스켓의 경우 그 자체가 증거물이 아니라 디스켓에 수록된 내용이 증거가 되는 것이기는 하나 그것은 여전히 증거물이지 증거서류는 아니라 할 것"이라는 전제하에서 법원의 검증 결과 압수된 디스켓에 있는 파일이 압수된 이후에 위조, 변조 등의 조작이 있었음을 인정할 수 없고, 디스켓의 파일을 출력한 문서들도 검증 및 감정절차를 거쳐 동일성이 인정되므로 증거능력이 있다고 판단하여 유죄판결을 하였다.

3. 대법원 1999. 9. 3. 선고 99도2317 판결

이에 대해 대법원 1999. 9. 3. 선고 99도2317 판결은 먼저 컴퓨터 디스켓에 들어있는 문건이 증거로 사용되는 경우 그 컴퓨터 디스켓은 그 기재의 매체가 다를 뿐 실질에 있어서는 피고인 또는 피고인 아닌 자의 진술을 기재한 서류와 크게 다를 바 없고, 압수 후의 보관 및 출력과정에 조작의 가능성이 있으며 기본적으로 반대신문의 기회가 보장되지 않는 점 등에 비추어 그 기재내용의 진실성에 관하여는 전문법칙이 적용된다고 할 것이고, 따라서 형사소송법 제313조 제1항에 의하여 그

1) 부산고등법원 1999. 5. 17. 선고 99노122 판결.

작성자 또는 진술자의 진술에 의하여 그 성립의 진정함이 증명된 때에 한하여 증거로 할 수 있다고 하였다. 따라서 원심에서 증거로 인정한 컴퓨터 디스켓은 그 작성자 또는 진술자에 의하여 성립의 진정함이 증명된 바 없으므로 그 증거능력을 인정하여 유죄의 증거로 한 것은 위법하다고 하면서 원심을 파기하고 환송하였다.

4. 파기환송심

위 대법원 판결의 파기환송심[2]은 위 대법원 판결의 파기취지에 따라 컴퓨터 디스켓에 수록된 문건은 제313조 제1항에 따라 증거능력을 판단하여야 한다고 전제하고 나서 컴퓨터 디스켓에 수록된 문건에는 일부는 작성자가 박△△ 등의 가명으로 되어 있고 나머지는 아예 작성자의 표시가 되어 있지 않으며 소지자였던 박○○가 증언함에 있어 그 문건의 작성사실을 부인하는 데에서 나아가 그러한 문건이 컴퓨터에 수록되어 있었던 사실 자체를 부인하므로 이 증언만으로는 컴퓨터 디스켓에 수록된 문건이 그 작성자 또는 진술자에 의하여 성립의 진정함이 증명되었다고 할 수 없고 달리 이를 인정할 자료도 없다고 하면서 컴퓨터 디스켓의 파일 및 출력문건의 증거능력을 부인하고 피고인에게 무죄판결을 하였다.

5. 대법원 2001. 3. 23. 선고 2000도486 판결

파기환송심에서 무죄를 선고하자 검사는 다시 상고를 하면서 다음과 같이 주장하였다.

첫째로, 박△△ 명의의 문건들에 대하여, ① 박△△ 명의로 작성된 문건에서 그 문건 내용으로 볼 때 이는 위 ×××회의 주도자였던 공동피고인 박○○가 아니면 알 수 없는 내용이거나 그가 취합한 내용의 종합문건들이고 그 문건 내용의 박△△의 행위가 박○○의 행위에 해당하는 부분이 많으므로 결국 박△△는 박○○의 가명인 것으로 인정된

2) 부산고등법원 2000. 1. 13. 선고 99노897 판결.

다는 점, ② 따라서 공판정에서 박○○가 자신이 그 문건의 작성자가 아니라고 주장하고 있지만 박○○의 공판정 진술이나 제반증거를 종합하면 박△△ 명의의 문건은 박○○가 작성한 것으로 인정할 수 있다는 점, ③ 제313조 제1항 단서는 진술내용이 피고인의 진술인 때에는 특신상태를 요건으로 하여 피고인의 공판정 진술에도 불구하고 증거능력을 인정하고 있고, 본 문건은 이적단체를 구성한 피고인들이 비밀리에 일지나 보고내용 등을 작성한 것이어서 작성과정이나 그 내용에 신용성의 정황적 보장이 있는 점 등에서 비록 박○○가 자신이 작성한 문건이 아니라고 부인하고 있음에도 불구하고 이를 증거로 할 수 있다.

둘째, 디스켓에 있는 문건 중 명의자자 없는 것은 작성자를 알 수 없는 것으로서 그것들의 작성자가 누구인지는 오로지 디스켓의 소지자였던 박○○ 또는 문서내용에 그 활동내역이 기재되어 있는 피고인 자신 등 위 단체 구성원들인 피고인과 공동피고인들일 것인데 이들이 이에 대해 진술을 거부하거나 부정하고 있으므로 소추기관인 검사로서는 작성자를 확인하기 위하여 합리적인 방법을 모두 사용하여도 확인할 수 없는 상황이 되어 결국 제314조에서 규정한바 공판정에서 진술을 요할 자가 진술할 수 없는 때에 해당한다. 특히 전문법칙이 작성자나 원진술자의 공판정 진술을 요구하는 것은 피고인의 반대신문권보장이 중요한 이유인데 이 경우 작성자가 누구인지를 가장 잘 알 수 있는 위치에 있는 피고인과 공동피고인이 이에 대해 진술하지 아니하고 고의로 숨기고 있으므로 피고인의 반대신문권 보장이라는 것은 이 사건과 같은 상황에서는 의미가 없다. 따라서 디스켓에 있는 문건들은 제314조에 의하여 증거능력이 있다.

셋째, 본건 문건들은 이적단체를 조직한 피고인과 그 공동피고인들이 조직내부의 활동상황에 대한 보고나 일지를 기재한 것으로서 제315조 제2호에서 규정하는 '기타 업무상 필요로 작성한 통상문서' 또는 제315조 제3호의 '기타 특히 신망할 만한 정황에 의하여 작성된 문서'에 해당하여 증거능력이 있다는 것이었다.

그러나 이러한 검사의 주장에 대하여 대법원은 구체적인 설시를 하지 않은 채 단지 '그 작성자조차가 명료하지 않은 것들'이라는 이유로 위 각 조항에 따라 증거능력이 부여될 수 있는 것이 아니라고 판단하고 상고를 기각하였다.

〔연　　구〕

Ⅰ. 서

성문법에 있어 법문을 만들 때에는 실제로 발생할 수 있는 다양한 상황을 규율할 기준을 추상적으로 축약한 단어로 정리하게 되므로 아무리 명료하게 문구를 사용하려 하여도 어쩔 수 없이 문언의 해석에 있어 여러 가지 가능성이 생기게 마련이다. 따라서 법률을 구체적인 현상에 적용하고자 문언의 의미를 파악하는 법해석은 입법작용에 못지않은 중요성을 가지며 법해석 권한은 그만큼 중요한 것이다.

그리하여 가장 합리적인 해석을 위한 법해석의 방법 또한 다양하여 법문의 문리적 의미에 따른 문리해석, 입법자의 입법취지를 고려한 연혁적 해석, 법률의 다른 조항들과의 체계적 위치 등을 고려한 체계적 해석, 제도의 본래의 목적과 성질을 고려한 제도론적 해석, 제도가 다른 나라의 제도를 모델로 한 것인 때에는 비교법적 해석 등 여러 가지 방법을 사용한다.

이러한 여러 가지 해석방법을 다양하게 고려하면서 법을 해석함에 있어 그 타당성을 판단하는데 가장 중요한 것은 법해석의 결과가 현실에 적용될 때의 합리성이라는 것이 필자의 생각이다. 그리고 이런 현실적 합리성이라는 기준에서 본다면 필자의 견해로는 평석 대상인 본 대법원 판례는 매우 비현실적이고 합리성이 결여된 판례라고 본다.

이 판례와 같이 해석하면 범죄자들이 사적으로 작성한 문건들을 아무리 적법하게 수사기관이 취득하여도 피고인이 작성사실을 부인하기만 하면 일체 증거로 할 수 없다는 이상한 결과가 된다. 특히 오늘날과 같이 컴퓨터에 의한 문서작성이 일반화된 현실에서 컴퓨터 파일에는 이 사건과 같이 작성자의 명의가 거의 기재되지 않는 것이 일반적이므로, 범죄단체가 관련된 범죄에서 단체 조직원들이 관련된 사실들을 적은 수많은 컴퓨터 내 문서들이 적시에, 적법한 압수·수색 등으로 압수되어도 피고인들이 그 문서 작성자에 대하여 진술하지만 않는다면 모두 증거로 할 수 없게 되는 결과가 된다.

이러한 결과가 타당한가. 그리고 도대체 이런 해석을 하는 나라가 우리나라 대법원 이외에 또 있을까. 이 판례로 인하여 실제 현실에서 간첩죄나 조직범죄 등 밀행성이 매우 강한 범죄에 있어 현실적으로 수사기관이 적법하게 수집된 전자문서 등에 대하여 피고인들이 작성사실이나 작성자에 대하여 진술을 거부하는 사태가 연이어 발생하고 있는데 과연 이러한 현상을 계속 수수방관하는 것이 타당한가. 수사와 공소실무에 종사하고 있는 사람으로서 의문점들이 끊임없이 떠오른다.

이하 이러한 의문점을 해소해보고자 판례에서 논의된 논점들을 ① 컴퓨터 디스켓의 문건은 증거물인가, 전문증거인가, ② 진술서의 작성자는 객관적 정황으로 증명할 수 없는가, ③ 진술서의 작성자가 내가 작성한 것이 아니라고 하면 달리 성립의 진정을 증명할 수 없는가, ④ 진술서의 작성자가 인적사항 불명이면 제314조는 적용될 수 없는가, ⑤ 범죄조직 조직원들이 조직 활동 중 통상적으로 작성하는 보고서나 일지 등을 제315조에 의해 규율할 수는 없는가 등으로 구분하여 순차로 논하여 보고자 한다.

Ⅱ. 컴퓨터 디스켓 내 문건의 성질과 증거능력 판단

1. 원심판결의 증거물론과 대법원의 진술기재서류론

본건에서 유죄판결을 하였던 제1심과 항소심은 컴퓨터 디스켓을 '증거물'이라고 판단한데 반하여, 대법원 99도2317 판결은 '진술을 기재한 서류'와 다를 바 없어 "전문법칙이 적용 된다."고 하고 있다. 여기서 원심과 대법원이 대립하고 있는 증거물론과 진술서류론의 의미가 무엇일까. 대법원의 의견은 진술서류는 증거물이 아니라는 의미인가.

(1) 증거물과 진술기재서류 구별의 취지

원심법원의 증거물론과 대법원의 진술기재서류론의 대립 취지는 컴퓨터 디스켓의 증거능력 요건으로서 전문법칙이 적용되는가를 정하려 함에 있다. 즉, 원심법원은 컴퓨터 디스켓의 증거능력 판단은 증거물 일반에 있어서의 증거능력 요건으로서 증거의 진정성만 인정되면 족하다는 것인데, 반면 대법원은 진정성뿐만 아니라 전문증거의 증거능력 요건인 진정성립의 증명이 필요하다는 것이다.

그런데 여기서 대립 개념으로 대비되고 있는 증거물과 진술기재서류는 과연 대립되는 개념인가. 즉 진술기재서류는 증거물이 아닌가 하는 문제가 있다. 증거능력 요건에 관한 두 견해의 타당성을 검토하기 위해서는 대법원이 사용하고 있는 진술기재서류라는 것이 어떤 의미를 갖는 것인가부터 논의를 시작할 필요가 있다.

(2) 증거물, 물건, 서류

먼저 증거물과 서류는 대립되는 개념인가. 즉 서류는 증거물이 아닌가를 검토해 볼 필요가 있다. 이와 관련하여 형사소송법은 서류에 대비되는 개념으로 물건이라는 용어를 사용하고 있다(법 제274조, 제291조, 제294조, 제318조 제1항). 이에 따라 형사소송법에서 증거로 제출되는 것은 서류 아니면 물건으로 분류된다. 그런데 증거조사방식을 규정하고 있는 법 제292조는 '증거물이 서류인 때'라는 규정을 두고 있다. 즉, 증거물이라는 개념에는 서류가 포함된다. 따라서 형사소송법상 증거물에는 물건인 증거물과 서류인 증거물이 있는 것이다.

한편, 대법원이 말하는 진술기재서류는 서류의 일종이다. 단지 서류의 내용이 진술이 기재되어 있는 것이라는 특징이 있을 뿐이다. 그렇다면 진술기재서류도 서류의 일종으로서 증거물이라고 할 것이다. 그렇다면 본 사건의 컴퓨터 디스켓을 원심법원이 증거물이라고 한 것과 대법원과 같이 진술기재서류와 같다고 하는 것은 차이가 없게 된다. 왜냐하면 진술기재서류도 증거물이기 때문이다. 그러나 대법원은 컴퓨터 디스켓의 증거능력요건을 원심법원과 달리 판단하기 위하여, 즉 전문법칙을 적용하기 위하여 진술기재서류라는 말을 사용하였다. 그런데 그 목적이라면 전문법칙을 적용하기 위한 분류방식을 취하였어야 할 것인데 그 분류가 바로 진술증거와 비진술증거의 구별이다.

(3) 비진술증거와 진술증거, 전문증거

1) 비진술증거와 진술증거

진술증거와 비진술증거의 구별은 증거의 내용에 사람의 진술이 포함되어 있는가라는 관점에서의 구별이다. 예컨대 칼은 사람의 진술이 포함되어 있지 않으므로 비진술증거이다. 증인의 법정 증언은 진술증거의 대표적인 예이다. 또한 증인이 수사단계에서 진술한 내용을 기재한 참고인진술조서, 피고인이나 사인이 작성한 진술서 등도 그 내용에 진술이 포함되어 있으므로 진술증거이다. 본 사건에서 문제된 컴퓨터 디스켓은 그 내용이 진술을 포함하고 있으므로 마찬가지로 진술증거이다. 즉, 원심법원이 판단한 것과 같이 '증거물'이지만 비진술증거는 아니고 진술증거이므로, 진술증거로서의 증거능력요건을 따져보아야 한다.

진술증거에는 그 내용인 진술의 존재자체, 즉 '그러한 진술이 있었다는 사실 자체'를 입증하기 위한 증거가 되는 경우도 있고 '그 진술내용이 진실임'을 입증하기 위한 증거가 되는 경우도 있다. 예컨대 명예훼손의 진술과 같이 진술의 존재자체가 증거가 되는 경우가 전자의 예이고, 신호위반의 교통사고 사건에서 피고인이 신호위반하는 것을 보았다는 증인의 증언이 후자의 예이다.

이러한 진술증거 중에서 ① '그 진술내용이 진실임'을 입증하기 위하여 제출되는 증거로서, ② 공판정 외에서 행해진 진술이 전문증거로서 전문법칙의 적용을 받는다. 이는 좀 더 설명할 필요가 있다.

2) 전문증거

전문법칙은 영미법계의 증거법칙으로서 공판정 외에서의 진술에 대한 증거제한의 법리이다. 즉, 영미법계의 전문법칙이 적용되는 전문진술은 '공판정 외의 진술'로서 '그 진술내용의 진실성을 입증하기 위한 것'이다.

흔히 영미법상의 용어인 hearsay가 '타인으로부터 들은 말'이라는 의미를 가지므로 이를 일본에서 전문(傳聞)이라고 번역하였고 우리나라에서도 이 용어를 그대로 사용한 탓에 전문증거를 '타인으로부터 전문한 사실을 진술하는 것'이라고 정의하는 견해도 있다.[3] 그러나 영미법상 전문증거는 '공판정 외의 진술'을 의미하며 공판정 외의 진술인 한 그 진술자가 타인이든 자신이든 묻지 않는다. 그러므로 자신이 스스로 경험한 사실을 진술하는 것이라도 공판정에서 진술한 것이 아니고 공판정 외에서 진술한 것은 전문증거이다. 따라서 예컨대 피고인 자신의 진술이라도 피고인이 공판정 외에서 한 진술, 예컨대 수사기관 앞에서의 진술은 전문진술이다. 마찬가지로 증인이 법정에 나와서 증언을 하는 경우에도 그 증인이 수사기관 앞에서 한 진술을 증언하는 경우에 그 진술은 공판정 외에서 한 진술이므로 전문진술인 것이다.

한편, 영미법상의 전문증거개념은 공판정 외의 진술 그 자체를 말하기도 하고, 전문의 진술을 담은 전달수단을 말하기도 한다. 그리하여 증인이 경찰관 앞에서 어떤 진술을 하였다면 그 진술을 전문증거로서의 전문진술이라 하기도 하고, 그 전문진술을 공판정에서 현출하는 수단인 진술서면, 경찰관 증언 등도 전문증거라 하기도 한다.

전문증거라는 관점에서 본다면 본건 컴퓨터 디스켓의 문건은 '진술증거'로서 그 진술내용이 담겨 있는 피고인의 이적단체 가입 및 활동내역의 진실성을 입증하기 위한 것이며 공판정 외에서 행해진 진술을 기록한 것이므로 전문증거이다. 그러므로 대법원이 이를 전문증거라고 한 것은 타당하다. 그러나 그 논거를 판례의 설시와 같이 '그 기재의 매체가 다를 뿐 실질에 있어서는 진술을 기재한 서류와 다를 바 없기 때문'이라고 하는 것은 적절하지 않다. 왜냐하면 진술을 기재한 서류, 즉 진술증거일지라도 그 입증취지에 따라서는 전문증거에 해당하지 않는 경우가 있기 때문이다. 그러므로 진술을 기재한 서류를 비교할 것이 아니

3) 이재상, 형사소송법(제6판), 박영사, 2002, 449면.

고 컴퓨터 디스켓의 내용이 '공판정외 진술'을 내용으로 하고 있고, '그 진술내용의 진실성을 입증하기 위한 것'이기 때문에 전문증거라고 설시하는 것이 적절하였을 것이다.

2. 증거물인 서면과 증거서류의 구분 문제

(1) 문제의 의의

한편, 종래 서면증거에 대하여 증거물인 서면과 증거서류라는 개념구분이 논해져 왔고 판례에서 증거물이라는 개념에 대비하여 진술기재 '서류'라는 용어를 사용하고 있기 때문에 혹시 판례가 말하는 진술기재 서류가 이 개념구분에서 말하는 '증거서류'를 의미하는 것은 아니었는가를 검토할 필요가 있다.

(2) 학 설

1) **절차기준설**

당해 사건에 대한 소송절차에서 작성된 서면으로 그 보고적 내용이 증거로 사용되는 서류가 증거서류이고, 그 이외의 서류가 증거물인 서면이라는 견해이다. 이 견해는 법원의 증인신문조서, 검증조서 등 이외에 수사기관에서 작성한 진술조서나 검증조서도 증거서류에 포함된다고 하는 것이 특징적이다. 일본 구 형사소송법시대에 통설, 판례의 입장으로서 수사와 공판을 포괄하여 당해사건의 소송절차로 파악하는 점에 특징이 있다.

2) **내용기준설**

서면의 내용을 증거로 하는 것이 증거서류이며 서면의 내용과 동시에 그 존재 또는 상태가 증거로 되는 것이 증거물인 서면이라고 하는 견해이다. 이 견해에 의하면 법원의 조서, 수사기관의 조서, 감정서, 진술서 등은 모두 증거서류가 된다. 이 견해는 제292조 제1항에 규정한 증거조사방식에 착안하여 증거서류는 서면의 내용을 증거로 하는 것이므로 증거조사에 있어 요지의 고지나 낭독만으로 족하나 증거물인 서면은 내용과 동시에 존재 또는 상태도 문제되므로 제시와 요지고지가

필요한 것이라고 한다.[4)]

3) 작성자 기준설

당해 소송절차에서 법원 또는 법관의 면전에서 법령에 의하여 작성된 서면이 증거서류이고 그 이외의 서류가 증거물인 서면이라고 해석하는 견해이다.[5)] 이 견해도 마찬가지로 증거조사방식의 차이에 착안한다.

즉 증거서류는 요지의 고지나 낭독의 방식에 의하지만 증거물인 서면은 요지고지나 낭독 이외에 제시를 요하는데 증거서류에 대하여 제시를 요하지 않는 것은 문서 성립의 진정이 명백하므로 물리적 존재가 문제되지 않기 때문이라는 것이다. 현행법상 문서 성립의 진정을 묻지 않는 것은 당해 소송절차에서 법원 또는 법관의 면전에서 작성된 서면뿐이며 나머지는 모두 증거물인 서면으로서 문서의 존재나 상태 등 성립의 진정을 묻기 위하여 제시가 필요하다는 것이다.

4) 학설 검토

증거서류와 증거물인 서면의 구분은 일본 구 형사소송법시대에서부터 출발한 것이므로 이에 대한 이해는 일본 구법시대에 증거서류를 어떻게 이해하였는지부터 출발할 필요가 있다.

조서는 대륙법계에서 규문시대에 규문판사가 신문내용을 조서로 작성하여 그것을 재판에서 증거로 사용하던 것에서 시작하였다. 규문주의가 타파되고 탄핵주의를 기본으로 하는 근대적 형사소송체계 성립 후에도 예심판사의 조서와 예외적으로 예심판사의 권한을 행사하는 수사기관의 조서의 형태로 전승되어 왔다. 그리고 이때에도 조서는 주로 예심판사의 조서였으므로 그 조서가 공판정에서 증거로 사용될 때에는 그 진정성과 성립과정의 법절차 준수는 문제되지 않았던 것이다. 그리하여 이 때 조서를 증거로 사용한다함은 조서의 진정성 여부는 당연한 것이었다. 또한 조서에 기재된 대로의 진술이 있었던 것으로 인정하면서 나아가 그 진술기재 내용을 증거로 사용하되 원진술자를 공판정에

---

4) 신동운, 형사소송법(제3판), 법문사, 2005, 616-619면; 신양균, 형사소송법(제2판), 법문사, 2004, 648면.

5) 이재상, 앞의 책, 448면.

소환하지 않은 채 바로 조서내용을 증거로 사용하거나 원진술자가 그 기재내용을 다투더라도 일단 증거능력을 인정하는 것이었다. 즉 '조서 = 진술'의 체제였던 것이다.

조서에 대한 이러한 취급은 직권주의 하에서 예심 및 그 전 절차인 수사기관의 조사절차와 공판절차가 형사소송의 전체적인 진행과정에서 연속성이 있는 것으로 보는 관점과 이에 더하여 예심판사가 법관이라는 점, 그리고 수사기관도 국가기관이며 조서의 작성절차가 법적으로 규정되어 있다는 점 등에서 조서의 성립과 존재에 관하여는 의심이 없는 것을 이유로 하였다.6)

이와 같은 관점에서 일제시대에 우리나라에서 적용되던 일본의 구 형사소송법상의 해석에서는 증거서류와 증거물인 서면의 구별에 있어서 증거서류는 당해사건에 대한 소송절차에서 작성된 서면으로서 그 보고적 내용이 증거로 사용되는 서류이고 증거물인 서면은 그 이외의 서류라고 구분하는 것이 통설, 판례의 입장이었다. 또한 이 견해에서는 앞에서 본 바와 같이 당해사건의 소송절차에는 공판절차뿐만 아니라 수사절차도 연속성의 관점에서 포함되는 것으로 보고 있다. 그렇기 때문에 법원의 증인신문조서, 검증조서, 감정서 이외에 수사기관에서 작성한 진술조서나 검증조서도 모두 증거서류에 포함되는 것이었다.7)

그런데 대륙법계 국가에서 예심을 폐지하는 경우에는 수사기관의 조서가 주된 것이 되고, 예외적으로 법관의 조서가 작성되는 상황으로 역전되게 되는데 이렇게 수사기관의 조서가 원칙적인 것이 될 때 수사기관의 조서에 이전 예심판사의 조서와 같은, 즉 법관의 조서와 같은 효력을 그대로 유지시킬 것인가가 문제된다.

제정형사소송법은 이에 대해 공판준비 또는 공판기일에서의 법원 또는 법관의 조서는 종래와 같이 진정성립 여부를 묻지 않고 증거로 할 수 있게 하면서도 수사기관의 조서와 사인작성 진술서면 등의 경우

6) 이재상, 앞의 책, 448면의 '절차기준설의 소개' 참조; 권오병, "형사증거법론(11)", 법조 제11권 제7호(1962. 7.), 32-33면의 학설 소개 참조.

7) 이재상, 앞의 책, 448면.

는 조서의 진정성립을 증거능력의 요건으로 요청하는 것으로 구별하였다. 이에 따라 수사기관의 조서는 종전에 이해되던 의미의 증거서류, 즉 당해 소송절차에서 작성된 것으로서 존재나 성립을 묻지 않고 증거로 사용될 수 있는 자격을 상실하고 증거물인 서면으로 취급되어 진정성을 인정받아야 증거가 되게 되었던 것이다.

이러한 변화에 대하여 국회법제사법위원회에 전문위원으로서 제정 형사소송법의 초안 등의 작성과정에 참여하였던 서일교 전문위원이 1955. 11.에 발표한 논문이 참고가 된다. 서일교 전문위원은 이에 대해 "법원 또는 법관이 작성한 조서 이외에는 일체 이를 증거물로 취급하여 이러한 증거물은 공판기일에서 그 성립의 진정이 인정된 때에 한하여 증거로 할 수 있다. 이로서 비밀리에 작성된 수사기관의 조서는 '증거서류'로서의 자격을 상실한 것이다."라고 설명하고 있다.[8)]

그러면 증거서류에서 증거물인 서면으로 전환되면 어떤 차이가 있는가. 이제 조서와 진술은 개념상으로 분리되어 조서는 '진술'의 존재를 증명하기 위한 입증수단의 하나에 불과하게 되는 것이다. 종전의 증거서류일 때는 '진술'의 존재를 당연한 것으로 인정하게 하는 절대적인 수단이었음에 반하여 큰 차이가 있는 것이다. 따라서 이제는 조서가 있는 경우에도 피고인이나 원진술자가 조서에 기재되어 있는 대로의 진술을 한 일이 없음을 다투는 경우에는 조서는 그러한 진술이 있었음을 사실상 추정하는 자료로서 사용될 수는 있으나 만약 다른 증거들에 의하여 실제로 그러한 진술이 없었다고 인정된다면 조서는 진술의 존재를 입증하는 수단으로서는 배척되게 된다.

이렇게 조서를 증거물과 같이 취급하면서 진정성립을 요구하는 것은 영미법계의 당사자주의적 관점에서 보면 당연한 것이다. 영미법계에서는 이를 진정성 증명(authentication)이라고 한다. 당사자주의 하에서는 공소기관도 당사자이므로 그가 제출하는 증거도 피고인이 제출하는

8) 서일교, "한국의 민주주의의 신형사소송법의 초점", 법정 제10권 제11호(통권 제79호, 1955. 11.), 15면.

증거와 마찬가지로 진정성 입증이 전제조건이며,[9] 이는 수사기관이 작성한 조서라도 마찬가지다.[10] 또한 영미법계에서는 대륙법계에서와 같은 조서에 대한 특별한 전통이 없고, 사인소추의 전통 하에 발전해왔으므로 수사기관이 수사단계에서 작성한 진술서면에 대하여도 다른 증거물과 다른 취급을 하지 않았고 따라서 진술서면이 증거로 제출되는 경우에도 증거물(exhibit)로서 제출된다. 즉 진술서면은 그러한 진술이 있었다는 것 자체를 입증하는 증거물 중 하나인 것이다.[11]

따라서 현행법상 증거서류와 증거물인 서면의 구별은 작성자기준설이 타당하다고 할 것이다. 즉, 당해사건의 공판기일이나 공판준비절차에서의 법원 또는 법관의 조서는 당해사건 소송절차 내의 조서이므로 진정성 여부를 묻지 않음에 반하여(그렇기 때문에 제시도 필요 없다), 그 이외의 조서는 진정성 여부를 입증하기 위하여 제시가 필요한 것이다.

그리고 작성자기준설에 의하면서도 제311조에서 말하는 공판준비 또는 공판기일은 당해 사건의 공판준비 또는 공판기일에 한정하는 것이 타당하다.[12] 이와 같이 당해사건의 공판준비 또는 공판기일의 조서는 이미 법원이 가지고 있으므로 이를 다시 제시할 필요가 없는 것이다. 이 점에서 제정 형사소송법 제311조에는 공판준비 또는 공판기일에

9) 예컨대, 절도사건에서 압수된 물건이 증거로 제출될 때 그 압수물이 바로 그 절취 피해품이라는 것, 갑과 을 간에 체결된 계약서를 증거로 제출할 때 갑과 을 간에 계약서가 작성되었고 제출된 서면이 바로 그 계약서라는 것, 그리고 조서와 같은 진술서면인 경우에는 그 서면이 실제로 작성되었고 작성된 바로 그것이라는 것, 증인이 어떤 사람과 통화한 내용을 증언할 때 그러한 통화 자체, 즉 증인과 어떤 사람 사이에 어떤 일시에 통화한 일이 있었다는 것 등이 진정성 문제이다. Park/Leonard/Goldberg, Evidence Law, Thomson/West, 2004, 559면. 영미법상 진정성 개념에 관하여 자세한 내용은 이 책 559-600면 참조.

10) 진정성의 입증방법은 진술서면을 작성한 사람의 공판정 증언, 서명날인의 감정 등 여러 방법이 있다. 이러한 여러 가지 방법에 대해 법문화한 미국 연방증거법 제901조 (b)(1)-(10) 참조. 한편 미국 연방증거법 제902조 (1)-(12)는 공문서, 공적 간행물, 신문 등 진정성 입증을 필요로 하지 않고도 진정성이 인정되는 경우가 있으나 형사소송에서 증거로 사용하기 위하여 작성되는 진술서면은 이 경우에는 해당하지 않으므로 제901조에 의해 진정성을 입증하여야 한다.

11) 진술의 존재를 입증하는 수단으로서 진술서면 이외의 방법으로는 조사자의 증언, 녹음테이프, 영상녹화물 등 다양하다.

12) 이재상, 앞의 책, 511면.

서의 조서만 규정되어 있었는데 1961년과 1995년의 개정에서 여기에 더하여 증거보전절차(제184조)에서의 조서와 기소 전 증인신문청구(제221조의2)절차에서의 조서가 추가된 것은 입법론상으로 문제가 있다. 왜냐하면 이들 조서는 각 절차에서 해당 판사가 각 절차의 행위를 종료하면 그 조서가 당연히 수소법원에 전달되는 것이 아니고 공소제기 후에 이를 증거로 제출하고자 하는 검사나 피고인, 변호인 등에 의해 제출될 것이기 때문에 그 진정성(여기서는 그러한 절차가 있었고 그 절차에서 만들어진 문서이며 판사 등의 서명이 있는지 등)이 입증되어야 할 것이기 때문이다.

그리고 내용기준설은 서면의 내용을 증거로 하는 것이 증거서류라고 하는데 앞에서 본 바와 같이 내용을 증거로 하는 서류도 '증거물'이기 때문에 이와 같이 파악한 증거서류개념은 '증거물'과 대비되는 개념으로는 부적절하다.

어떻든 증거물인 서면과 증거서류의 구별 방법이 이와 같다면 판례에서 설시된 진술기재서류라는 용어는 증거물과 대비되는 개념으로서의 증거서류로 사용된 것은 아니라 할 것이다. 왜냐하면 본 사건에서 문제된 것은 공판준비 또는 공판기일에서의 법원 또는 법관의 조서가 아니기 때문이다.

3. 진술서의 증거능력에 대한 입법례

다음으로 이와 같이 사인의 공판정외 진술의 기록물을 전문증거로 파악하여 현행법상의 적용법규를 검토하기 전에 이러한 증거의 증거능력에 대한 입법례를 비교해 볼 필요가 있다. 이는 본 사건에 있어서 대법원 해석의 타당성을 보편적인 해석론에 비추어 검증해보기 위해서이다.

(1) 독일의 직접주의적 관점

독일은 영미법계의 전문법칙을 적용하지 않으므로 공판정외 진술이라도 증거로 할 수 있다.[13] 그러나 그 공판정외 진술을 공판정에서

13) Diemer, StPO-Karlsruher Kommentar, C.H.Beck, 2004, §250 Rn.10.

확인하는 수단에 있어서 수사기관의 조서나 진술기재서면 등은 그 진술내용을 법원이 원진술자 등을 공판정에서 직접 신문하는 방법으로 확인하지 않고 서면 그 자체만으로는 원칙적으로 증거로 할 수는 없다. 이것이 독일의 직접주의이다. 즉, 조서 등 진술기재서면으로 법원의 공판정 진술을 대체하는 것을 금지하는 것이 핵심이다.[14)]

그러나 독일의 직접주의는 이와 같이 수사기관 등 타인의 조사내용을 그대로 채용함으로써 사실심 법원이 자신의 직접 조사를 타인의 조사로 대체하는 것을 금지할 뿐 사실심 법원이 직접 조사하는 한 수사기관에서 조사되었던 내용도 법원의 직접 조사에서 수사단계 조서기재내용과 같이 진술한 일이 있는 것만 확인되면 증거로 할 수 있는 것이다. 즉, 법원이 원진술자에게 법정에서 직접 물으면서 일정한 수사단계 진술을 한 사실이 있는지(예컨대, 검사 앞에서 신호위반한 것을 보았다고 말한 사실이 있는지)를 확인하거나 조사자가 법정에 출석하여 원진술자가 그러한 진술을 한 일이 있다는 것을 증언하는 등으로 확인한다면 그러한 수사단계 진술을 증거로 사용할 수 있는 것이다. 그러므로 독일의 직접주의를 말하면서 법관 면전에서 진술된 것만 증거가 되고 수사단계 진술은 공판정에서 진술번복하면 증거로 할 수 없는 것이라는 식으로 설명한다면 이는 오해이다.

그런데 독일의 직접주의의 중점은 '타인의 조사내용으로 법원의 조사를 대체'하는 것을 금지하고 이를 위하여 특히 타인의 진술을 듣고 제3자가 이를 기재한 진술기재서면을 원진술자를 소환하여 신문하지 않고 그것만으로 증거로 하는 것을 금지하는 것이다. 또한 그 진술기재서면은 애초에 증거로 제출될 목적으로 작성된 것만을 대상으로 한다.[15)] 따라서 본래 증거사용목적으로 작성되지 않은 개인적인 문서(persönliche Aufzeichnungen), 일기(Tagebücher), 편지내용 기타 서류

14) 독일 형사소송법 제250조 참조.

15) Diemer, StPO-Karlsruher Kommentar, C.H.Beck, 2004, § 250 Rn. 8(schriftliche Erklärungen i.S. v. S. 2 sind solche schriftliche Äußerungen einer Person, die von vornherein zu Beweiszwecken abgefasst sind,…).

는 직접주의에 의한 금지대상 서면이 아니므로 그 자체를 증거로 할 수 있다.[16)]

특히 피고인이 당해사건과 관련하여 스스로 진술을 기재한 서면은 피고인이 나중에 그 진술을 거부하더라도 그 자체를 서증으로서 증거로 사용하여 낭독할 수 있으며 이는 수사기관에 제출한 경우도 마찬가지다.[17)] 다만, 제3자가 피고인의 진술을 듣고 기재한 서면인 경우는 직접주의에 의한 금지규정이 적용되어 그 제3자를 증인으로 신문하여야 한다.[18)]

그러므로 독일의 직접주의적 관점에 의하면 본건 컴퓨터 디스켓의 문건은 직접주의의 금지규정이 금지하는 문건이 아니어서 증거능력이 있고 그 신빙성 여부는 법원의 자유심증에 의한 증명력 판단의 대상이다.

(2) 미국의 전문법칙적 관점

한편, 미국의 전문법칙에 따르면 공판정외 진술은 피고인의 진술이든 증인의 진술이든 일단 전문증거이고, 이는 수사기관 앞에서의 진술이든 사적인 진술이든 묻지 않는다. 그러나 전문법칙에서 전문증거는 증거능력이 없다는 것은 원칙적인 구호에 불과할 뿐 전문증거를 증거로 사용할 수 있는 수많은 예외들을 마련하고 있는바 전문법칙은 오히려 예외의 법칙이라고 할 수 있을 정도이다. 그러므로 전문증거라고 하여 무조건 증거능력이 없다고 속단할 것이 아니고 예외사유를 잘 살펴야 하는 것이다.

특히 본건에서 문제되는 것은 피고인의 자술적 문건이므로 이에 관한 전문법칙의 예외이론을 살펴볼 필요가 있다. 피고인의 공판정외 진술은 영국의 common law상으로는 전문법칙의 예외에 해당하는 것으로 취급하여 증거능력을 인정하여 왔으나 현재 미국의 연방법은 피고

16) Diemer, StPO-Karlsruher Kommentar, C.H.Beck, 2004, § 250 Rn. 8.

17) Diemer, StPO-Karlsruher Kommentar, C.H.Beck, 2004, § 250 Rn. 8(Schriftlliche Erklärungen, die der Angeklagte im anhängigen Verfahren zu der gegen ihn erhobenen Beschuldigung abgegeben hat, dürfen verlesen, selbst wenn er später die Angaben verweigert(BGHSt 39, 305, 306)); Eisenberg, Beweisrecht der StPO, C.H.Beck, 2002, 856면.

18) Diemer, StPO-Karlsruher Kommentar, C.H.Beck, 2004, § 250 Rn. 8.

인의 공판정외 진술은 아예 전문진술이 아니라고 하고 있다.[19] 예외로 구성하든 아예 전문증거가 아니라고 구성하든 어떻든 피고인의 공판정외 진술이 증거로 사용되는 것은 예나 지금이나 같다는 것이다. 나아가 공범관계에 있는 사람들이 공모나 공범적 활동과정에서의 진술도 전문증거가 아니다.[20]

그러므로 전문법칙적 관점에서 보더라도 본건 컴퓨터 디스켓상의 문건을 피고인 스스로의 진술 또는 공범들의 공모나 공범적 활동과정에 관한 문건으로 본다면 이는 전문법칙의 배제사유(또는 예외사유)에 해당하여 증거사용이 가능할 것이다.

4. 형사소송법 해석에 있어 적용법규

형사소송법은 일본의 입법모델을 따라 전문법칙을 도입하였고 일본법의 예에 따라 전문증거의 정의를 '공판준비 또는 공판기일에서의 진술에 대신하여 진술을 기재한 서류나 공판준비 또는 공판기일 외에서의 타인의 진술을 내용으로 하는 진술'이라고 하고 있다. 즉, 영미법에 있어서의 전문법칙은 공판정외 진술(statement)을 먼저 전문증거(hearsay)로 파악하고 이를 전달하는 수단도 전문증거로 파악함에 반하여 일본법과 우리 형사소송법은 전달수단을 중심으로 전문증거를 논하는 점에 특색이 있다.

형사소송법이 전문법칙을 도입하고 '공판기일에서의 진술에 대신하여 진술을 기재한 서류'를 전문증거라고 정의하고 있는 한 진술서면은 일단 전문증거에 해당한다. 그러면 서류가 아닌 진술의 기록물, 예컨대 본건에서 문제된 컴퓨터 디스켓이나 진술을 녹음한 테이프, 진술 영상녹화물 등은 어떻게 의율할 것인지 문제된다.

이에 대하여 이들은 서류가 아니라 하고 따라서 전문증거의 정의에 포함되지 않으므로 전문증거가 아니라고 해석할 수 있다. 그렇다면

19) 미국 연방증거법 제801조 (d)(1)의 (A) 참조.
20) 미국 연방증거법 제801조 (d)(1)의 (E) 참조.

이는 전문법칙이 적용되지 않으므로 증거물의 일반적 요건인 진정성만 증명된다면 증거가 될 수 있을 것이다. 이렇게 해석한 것이 본건 원심법원의 판결이다.

반면에 이러한 진술기록물들도 서류와 마찬가지로 진술을 기록한 매체라는 점에서 성질이 같고, 또한 증거로 하고자 하는 것이 그 매체 자체가 아니라 그 안에 담겨져 있는 '진술'이고 또한 진술내용의 진실여부를 입증하기 위한 것이라는 점에서 전문증거라고 해석할 수도 있는데 이것이 본건에서의 대법원 판단이다.

생각건대, 제310조의2의 전문증거 정의규정이 '서류'만을 규정하고 있으나 이는 이 규정이 도입되던 1961년 당시에 주된 기록물이 서류였기 때문이라고 보며 본건과 같은 컴퓨터 디스켓 등은 당시에는 예상하지 못하였던 기록물이었으므로 진술의 기록물이라는 점에서 성질이 같은 컴퓨터 디스켓도 그에 담긴 문건은 서류와 같이 취급하는 것이 타당하다고 본다.

따라서 판례가 형사소송법상 사인작성 진술서류도 증거물이라는 점은 간과한 점이 있으나 그것이 진술증거이고 나아가 공판정외 진술을 기재한 것으로서 전문증거라고 파악한 점은 타당하다고 할 것이다. 그리고 법상 사인이 작성한 진술서류에 대하여 증거능력을 부여하는 예외규정의 기본조문은 제313조 제1항이므로 판례가 본건 컴퓨터 디스켓의 문건도 일단 제313조 제1항에 의하여 증거능력을 판단하여야 한다고 한 것도 타당하다. 그리고 이 조문의 판단 후에 제314조, 제315조의 적용여부를 판단하여야 할 것이다.

Ⅲ. 사인작성 진술서의 진정성립 증명

1. 증거능력 요건

본건 디스켓에 들어 있는 문건들 중 조직원들의 활동내역을 기재한 문건이나 회합내용을 기재한 문건 등은 작성자 스스로의 경험을 진술하는 진술서에 해당하는 서면도 있다. 한편, 문건들 중에는 회의록도 있는데 회의록 중에는 진술서에 해당되는 부분과 회의에 참석한 타인의 진술을 기재한 경우 타인의 진술을 기재한 서면에 해당하는 부분도 있다. 어떻든 제313조 제1항에 의하여 이들 서면이 증거능력을 인정받으려면 먼저 공판정에서 작성자 또는 진술자의 진술에 의하여 성립의 진정이 증명되어야 한다.

2. 작성자의 확인방법의 문제

사인작성 진술서의 증거능력 요건 중 중요한 것으로 성립의 진정을 증명하는 문제가 있다. 그런데 법은 성립의 진정을 '작성자'의 진술에 의하여 증명되어야 한다고 하므로 먼저 작성자를 확인하는 것이 필요하다. 그런데 문서에 작성자 명의가 기재되어 있는 경우는 큰 문제가 없으나 본건과 같이 명의자가 가명이거나 아예 작성자 명의가 없는 경우에 작성자를 어떻게 확인할 것인지 문제이다.

만약 서면이 작성된 상황에 대하여 아는 증인이 있거나 작성상황이 녹화된 녹화물이 있는 등 명확히 작성자 명의를 알 수 있는 직접증거가 있다면 문제가 없을 것이나 본 사건과 같이 문서 자체가 은밀히 작성된 것이고 나아가 공범들 간의 문서라면 이러한 직접증거를 찾기 어려울 것이다.

그러나 그렇다고 하여 작성자를 명확히 알 수 있는 별개의 증거가 없다는 이유로 너무 쉽게 작성자를 알 수 없는 것으로 판단한다면 아마 향후에는 범죄자들은 중요한 문서를 작성할 때 반드시 명의를 기재하지 않을 것이다. 나중에 문제가 되어도 명의자에 대하여 진술을 하지 않으면 그만이기 때문이다. 그러나 이러한 상황은 '진실'에 기초하여야 하는 형사소송의 근간을 무너뜨릴 우려가 있다. 따라서 작성자 명의가 없거나 가명으로 된 문서에 대하여 명확한 증인 등이 없는 경우에도 여러 가지 자료 또는 정황을 통하여 작성자를 확인하려 하는 노력이 필요하다고 할 것이다.

그러면 작성자에 대한 직접증거가 없는 상황에서 어떤 자료나 정황이 작성자를 판단할 수 있는 근거가 될 수 있을까. 이와 관련하여 미국 연방증거법 제901조 (b)(4)는 증거의 진정성과 동일성[21]에 관하여 직접증거가 없는 경우에도 증거의 외양, 내용, 실질, 내적인 유형 또는 기타 현저한 특징들을 제반 상황과 연관하여 이를 인정할 수 있다고 규정하고 있는데 매우 타당한 입법례라 할 것이다. 여기서 제반 상황에는 그 문서가 피의자의 주거에서 압수된 사실,[22] 컴퓨터 노트북이 피의자의 주거에 있는 피의자의 가방에서 압수된 사실[23] 등도 포함된다. 특히 진정성과 동일성 입증방법에 대한 예시규정을 두고 있는 제901조 (b)가 제한적 예시가 아님을 고려하면 가능한 "진실"을 확인하기 위한 합리적 고려를 읽을 수 있다.

형사소송법 제313조의 사인작성 진술서의 작성명의자 확인에 있어서도 이러한 합리적 고려사항들을 고려하지 못할 이유가 없다. 따라서 본건 컴퓨터 디스켓들이 피고인과 공범으로 기소되어 있는 본건 범죄단체 구성의 주도자인 박○○의 주거지에서 압수된 점, 명의자가 박△△로 된 문서의 내용은 박○○의 역할과 활동에 부합한 점 등을 감안할 때 박△△는 박○○의 가명이라고 주장하는 검찰의 주장을 좀 더 면밀히 판단할 필요가 있었다고 본다. 대법원은 이러한 검찰의 주장에 대해 단순히 "작성자가 누구인지조차 명확하지 않다"는 것을 한마디로 배척하고 있는데 왜 그렇게 판단하였는지 좀 더 구체적인 답변이 아쉽다. 나아가 명의가 없는 파일에 대하여도 그 내용을 감안하여 작성자를 추론하여 확인하는 노력이 필요하였다고 본다.

---

21) 미국 연방증거법 제901조의 authentication and identification 부분으로 작성자 명의가 포함됨은 물론이다. 제901조는 제901조 (b)에 그 입증방법의 예시로서 10개를 규정하고 있는데 이 10개사항도 예시(illustrative)일 뿐 이것들로 입증방법이 제한되는 것은 아니다(not exclusive). Park/Leonard/Goldberg, 앞의 책, 560면; Allen/Kuhns/Swift, Evidence-Text, Problems and Cases, Aspen Law & Business, 2002, 223면 참조.

22) Unites States v. Bagaric, 706 F.2d 42(2nd Cir. 1983).

23) United States v. Gonzalez-Maldonado, 115 F.3d 9, 20(1st Cir. 1997).

3. 성립진정 증명 수단으로서 '작성자의 진술'의 의미

(1) 통설, 판례 해석의 문제점

다음으로 제313조는 작성자가 확인되는 경우 그 '작성자의 진술'에 의하여 성립의 진정을 증명할 것을 요구하므로 여기서 작성자의 진술이 무엇인가가 문제된다. 본 판례에서는 대법원이 아예 작성자가 확인되지 않는다고 판단하였으므로 다음 단계인 이 문제가 판단대상이 되지 않을 것이나 대법원이 검찰의 주장을 받아들여 제반정황과 문서 내용 등을 감안하여 박△△ 명의의 문서는 공동피고인인 박○○가 작성한 것이라고 인정하였다면 이 문제가 다음 단계로 넘어가야 할 요건이다. 왜냐하면 박○○가 그 문건의 작성사실을 부인하기 때문이다.[24)]

그런데 제313조에서 말하는 작성자의 진술에 대하여 통설, 판례는 '작성자가 진정성립을 인정하는 진술', 즉 "그 문서가 내가 작성한 것이 맞다."고 말하는 진술로 이해하고 있다. 이렇게 해석하면 또 다시 수사기관이 적법하게 수집한 사인작성 진술서면이 아무리 유력한 증거라고 하더라도 작성자가 공판정에서 "내가 작성한 것이 아니다."라고 말만 하면 증거가 될 수 없다. 그리고 그 진술서면이 만약 피고인이 작성하였거나 공범간에 작성된 서면이라면 피고인들은 당연히 자신에게 불리한 유력한 증거들에 대하여는 작성여부를 부인하게 될 것이며 그러면 그 증거들은 증거로 사용할 수 없다.

과연 통설, 판례의 해석에 따른 이러한 결과가 타당하고 합리적일까. 사견은 이러한 결과는 증거능력을 피고인이나 공범들의 의사에 따라 결정하게 하는 것으로서 부당하게 진실을 왜곡하고 국가의 범죄대응능력을 떨어뜨리는 것으로서 시정되어야 할 것이라고 본다. 앞에서 설명한 바와 같이 선진국이라고 하는 독일이나 미국 등에서 이러한 경

24) 성립의 진정에 관하여는 현재 문서의 서명날인이나 작성과정 등의 문제인 형식적 진정성립과 문서내용과 실제 진술간의 동일성을 의미하는 실질적 진정성립을 포함하는 개념으로 해석하는 것이 통설, 판례이나 적어도 스스로 작성한 진술서의 경우는 타인의 진술을 받아 적는 진술기재서면과 달리 실제진술과 문서기재내용간의 동일성 문제는 발생하지 않으므로 여기서는 형식적 진정성립만 쟁점이 될 것이다.

우에 이를 증거로 사용할 수 있도록 입법적으로 또는 해석론적으로 충분한 배려를 하고 있는 점들을 고려할 필요가 있을 것이다.

그러면 왜 이러한 불합리한 결과가 발생하였는가. 그것은 통설, 판례가 진정성립 증명 수단인 '작성자의 진술'을 '작성자가 진정성립을 인정하는 진술'로 해석하기 때문에 작성자가 진정성립을 부인하기만 하면 다른 입증방법이 있어도 이를 사용할 수 없게 된다.

(2) 통설, 판례해석상 불합리성 해결의 모색

1) 작성자 또는 진술자의 진술을 진정성립 인정수단으로 한 취지

그렇다면 통설, 판례 해석이 초래하는 불합리의 해결은 결국 진정성립을 작성자가 인정하느냐에 따라 좌우되게 한 해석을 타파하는데 있을 것인데 이를 위하여 제정형사소송법 시대에 만들어진 이 문구의 해석론을 다시 시도해 볼 필요가 있다.

제정형사소송법은 문서의 진정성과 관련하여 서명날인의 존재만을 요건으로 한 일본 형사소송법과 달리 「성립의 진정」이라는 용어를 사용하였다. 특히 수사기관의 조서에 대하여는 그 성립의 진정을 「피고인 또는 피고인 아닌 자의 진술에 의하여 인정될 것」을 요건으로 하고, 수사기관 이외의 자가 진술을 기재한 서면은 「작성자 또는 진술자의 진술에 의하여 성립의 진정을 증명」하도록 한 것이 특징적이다. 앞에서 본 바와 같이 영미법계에서 진정성 입증은 증인의 진술뿐만 아니라 여러 가지 객관적인 방법을 통하여 증명하게 하고 있으므로 제정형사소송법이 수사기관의 조서에 대한 성립의 진정 입증방법을 오로지 피고인 또는 피고인 아닌 자의 '진술에 의하여만' 인정하도록 한 것은 제정형사소송법이 취한 독특한 입법이다.

이 의미가 무엇인가를 해명하는데 참고가 될 만한 것으로 앞에서 든 서일교 전문위원의 언급과 함께 1953. 2. 15.에 열린 국회의 형사소송법안 제1독회에서 법제사법위원장이던 김정실 의원의 언급이 있다. 그는 "초안에 있어서는 공판중심주의를 철저화시켜 모든 증거를 그것이 증거물이거나 증거서류이거나를 막론하고 공판정에 제출케 하여 피고인에게 비판의 기회를 부여하였다."고 설명한다.[25] 즉, 조서 등에 대하여 피고인에게 비판의 기회를 부여한다는 것이 중요한 관심사항이었던 것이다.

수사기관 조서로부터 증거서류로서의 자격박탈, 그리고 공판중심주의 철저화를 위하여 피고인에게 비판의 기회를 부여하는 것 등의 언급 취지를 본다면 제정형사소송법의 성립의 진정은 단순한 서명·날인 자체의 진정성 개념과는 구분되는 점이 있다고 본다. 즉, 서명·날인 자체의 진정성이 입증되는 경우에도 그 서명·날인 과정에서의 문제, 즉 원진술자가 스스로 서명날인을 하였는지, 열람 등은 제대로 하였는지 등에 대하여 피고인이 비판의 기회를 갖고 이러한 비판과정을 거친 후라야만 증거로 할 수 있다는 것이다.

또한 성립의 진정을 원진술자의 진술로만 인정하거나 증명하게 하는 것은 피고인의 진술을 기재한 서면의 경우는 피고인 스스로가 공판정에서 이에 대해 다툴 기회를 갖게 하고, 참고인의 진술을 기재한 서면의 경우는 법정에 나와 있는 참고인에게 물어보게 하여 피고인이 이에 대해 비판할 기회를 부여할 수 있다는 의미가 있다. 특히 원진술자의 진술로만 성립의 진정을 인정할 수 있게 함으로써 수사기관의 참고인조서나 참고인의 진술서 또는 진술기재서면을 증거로 사용하기 위하여 원진술자가 법정에 출석하는 것이 원칙화되어 종래와 같이 원진술자가 법정에 나오지 않고 조서만으로 주로 사실인정을 하던 폐해를 극복하게 되어 직접주의를 실현할 수 있는 발판이 될 수 있는 것이었다.

2) 작성자 또는 진술자의 '진술'의 의미와 내용

이와 같이 작성자 또는 원진술자의 진술에 의하여 진정성립을 입증하게 하는 것이 피고인으로 하여금 이에 대해 다툴 기회를 부여하고자 한 것이었다면 이제 그 입증 수단으로서의 '진술'을 반드시 '내가 작성한 것이 맞다고 인정하는 진술'에 한정시켜 해석할 필요가 없다. 오히려 그렇게 해석하는 것은 단지 다툴 기회를 부여하는 정도로 생각하였던 입법취지를 부당하게 확장하여 아예 증거능력을 피고인이나 참고

25) 대검찰청, 형사소송법제정·개정자료집, 1997, 375면.

인의 말에 좌우되게 하는 부적절한 해석으로 생각된다.

사견으로는 여기서의 진술이란 '진정성립을 인정하는 진술'에만 한정하지 않고 조서의 진정성립을 둘러싼 여러 가지 진술과 조서의 내용과 관련된 진술까지 포함하여 '원진술자가 공판정에서 행하는 모든 진술'이란 의미로 해석하는 것이 타당하다고 본다. 이렇게 해석함으로써 조서의 증거능력이 작성자나 원진술자의 말로만 좌우되는 불합리를 시정할 수 있다.

3) **법조문상 문구의 비교를 통한 검토**

이러한 해석가능성을 검토하기 위하여는 제313조뿐만 아니라 제312조의 진정성립 입증문구를 종합적으로 검토할 필요가 있는데, 먼저 관련된 법문의 차이에 유의할 필요가 있다. 제정형사소송법에서 조서(피의자신문조서와 참고인진술조서) 성립의 진정은 '피고인 또는 피고인 아닌 자의 공판정 진술'에 의하여 '인정된다.' 즉, 수동형이다. 이는 사법경찰관작성의 피의자신문조서 증거능력 배제요건으로서 그 피고인 또는 변호인이 "그 내용을 인정한 때"에서 능동형으로 규정한 것과 대비된다.

여기에서 두 가지의 해석가능성이 도출된다. 하나는 수동형과 능동형의 차이에 눈을 감고 모두 능동형일 때와 같이 해석하는 것이다. 즉, 조서의 진정성립도 사법경찰관작성 피의자신문조서의 내용인정과 마찬가지로 피고인 또는 피고인 아닌 자가 진정성립 인정의 주어가 되어 이들이 진정성립을 '인정한 때'에만 인정되는 것으로 해석하는 것이다. 이에 반하여 또 다른 하나의 해석가능성이 있는데 이는 수동형인 진정성립 인정의 주어를 법원으로 보는 해석방법이다. 이렇게 해석하면 진정성립은 법원이 심리를 통하여 인정하면 되는 것이고 원진술자가 이를 인정하는가와는 별개문제가 된다.

이러한 해석상의 차이는 또한 진정성립 입증을 위한 수단으로서 '원진술자의 진술'이 무엇인가와 관련되어 더욱 차이가 날 수 있다. 특히 수사기관작성 조서인 제312조와 달리 사인 작성의 진술서면 규정은 제313조에서는 '피고인 또는 피고인 아닌 자의 진술'에 의하여 '증명된 때'라고 하는 규정을 대비하면 더욱 눈에 띈다.

먼저, 여기서 이들의 진술을 '진정성립을 인정하는 진술'이라고 해석하면 법조문상 문구의 수동형과 능동형의 구분은 큰 의미가 없어진다. 왜냐하면 진정성립 인정의 주체를 법원이라고 한들 그 수단인 진술이 '진정성립을 인정하는 진술'이 되어버리면 결국 법원의 인정주체성은 명목상일 뿐 진정성립 인정의 실질적 주체가 원진술자가 되기 때문이다. 이러한 해석은 제313조의 '증명'이라는 문구와 관련하여서는 원진술자가 진정성립을 인정하지 않을 때는 작성자가 '인정하는 진술'을 함으로써 증명한다는 해석으로 이어지고 결국 증명은 타인의 진술을 기재한 서면의 경우 원진술자 이외의 작성자라는 입증수단의 존재를 예상한 문구 정도의 의미밖에 없다. 그런데 이렇게 되면 수사기관의 조서는 원진술자가 진정성립을 부인하면 작성자인 조사자가 증언하는 방식으로 진정성립을 증명할 수 없음에 반하여 사인작성의 진술서면은 원진술자가 진정성립을 부인하여도 작성자가 증언하여 증거로 사용할 수 있으므로 공적기관인 수사기관의 문서가 오히려 사인의 문서보다 진정성립 증명가능성에 있어 열악한 위치에 놓이게 된다.

그러나 이와 달리 이들의 진술을 '진정성립을 인정하는 진술'에만 한정하지 않고 조서의 진정성립을 둘러싼 여러 가지 진술과 조서의 내용과 관련된 진술까지 포함하여 '원진술자가 공판정에서 행하는 모든 진술'의 의미로 해석하는 방법도 있다. 이렇게 해석하면 진정성립 입증방법을 수동형으로 한 문구와 제312조는 인정된 때라고 하면서도 제313조는 증명된 때라고 구별한 것을 합리적으로 해명할 수 있다. 즉 제312조의 인정의 주체가 원진술자가 아니고 법원이라고 보고 원진술자의 진술을 원진술자가 공판정에서 행하는 모든 진술이라고 해석하면 제312조의 진정성립은 비록 원진술자가 진정성립을 부인하더라도 법원이 원진술자가 공판정에서 행하는 제반 진술을 전체적으로 다른 자료와 함께 판단하여 진정성립을 인정할 수 있게 되는 것이다.

그리고 이렇게 해석하면 제312조와 제313조의 차이는 서면의 작성자가 법정에 증인으로 출석하여야 하는가의 문제에서 차이가 날 수 있다. 즉, 제313조는 '증명'이라는 문구를 사용하고 있고 증명은 증거제출자가 적극적으로 입증을 하여야 하는데 원진술자가 진정성립을 부인하면 일반적으로 생각할 수 있는 것이 작성자가 증인으로 나가 성립과정에 대한 증언을 하는 것일 것이다. 이에 반해 제312조의 조서는 원진술자가 진정성립을 부인할 때 작성자인 수사기관이 굳이 증인으로 출석하여 증언하지 않더라도 법원이 원진술자의 제반 진술을 종합적으로 판단하여 인정할 수 있는 것이다. 즉, 진정성립 입증을 위해 공적기관인 수사기관이 증언하지 않아도 된다는 점에서 제312조는 제313조보다 수사기관을 우대하는 조문으로서의 의미를 갖는다.

사견으로는 형사소송법 제정당시 진정성립이라는 개념으로 추진하였던 수사기관 조서의 증거물화, 즉 조서와 진술을 분리하고 조서를 진술의 존재에 대한 입증수단의 하나로 격하시키고자 한 점, 그리고 이를 위한 개념으로서 진정성립이란 서명날인 등과 작성과정의 진정을 의미하였던 점, 그리고 이러한 개념을 통하여 조서에 대하여 피고인이 법정에서 다툴 기회를 부여하고자 하였던 점, 이러한 진정성립의 인정을 위하여 검사나 사법경찰관을 사사건건 증인으로 출석하게 하는 것은 당시의 인적, 물적 상황으로는 불가능하였을 것인 점 등을 고려하면 원진술자의 진술이란 '원진술자의 공판정에서의 제반진술의 종합'을 의미하는 것으로 해석하고, 또한 제312조의 진정성립의 인정주체는 법원이며 제313조는 증거제출자가 진정성립을 증명하여야 하는 것이라고 해석하는 것이 타당하였다고 본다.

(3) 진정성립 증명체제로의 법개정과 남은 공백

그런데 앞에서 본 바와 같이 그간 판례가 진정성립 입증을 위한 원진술자의 진술의 의미를 '원진술자가 진정성립을 인정하는 진술'로 해석함에 따라 수사기관 작성의 조서는 원진술자가 진정성립을 인정하지 않으면 달리 진정성립을 증명할 기회를 갖지 못하고 증거능력을 인정받지 못하게 되었다. 이는 객관적으로 평가되어야 할 증거능력 문제를 피고인이나 증인의 개인적인 말 한마디에 좌우되게 하는 것으로서 극히 불합리한 해석이었다. 이에 따라 개정법에서는 검사작성 피의자신문조서, 검사 및 사법경찰관 작성 참고인진술조서의 진정성립을 원진술자의 진술뿐만 아니라 영상녹화물 기타 객관적 방법으로 증명할 수 있도록 하여 부적절한 판례이론을 입법적으로 시정하였다. 그런데 개정법 논의시에는 주로 수사기관의 조서만이 논의의 쟁점이 되었고 그것도 수사기관작성 조서의 증거능력을 아예 없애버리려고 하였던 사개추위 주도 인사들의 주장과 조서의 증거능력을 유지하려고 하였던 법무부, 검찰의 반대주장이 극렬하게 대립되던 상황이었으므로 사인작성 서면은 논의 대상이 되지 못하였다. 그리하여 결과적으로 수사기관 조서의 진정성립은 증명체제로 개정되었음에도 불구하고 사인작성 진술서의 진정성립 입증방식은 종래의 규정이 유지되었다. 따라서 법원이 종래의 판례와 같이 진정성립을 증명할 수 있는 '작성자의 진술'을 '작성자가 진정성립을 인정하는 진술'로 해석하는 한 사인작성 진술서의 진정성립 입증에 있어서는 여전이 공백이 남게 되었다. 판례의 해석론이 변경되지 않는다면 향후 입법적으로 수정되어야 할 것이다.

4. 제313조 문제에 대한 판례 해석 평가

이와 같은 관점에서 판례가 본건 컴퓨터 디스켓의 문건에 대하여 작성자가 누구인지 불명확하다는 이유로 제313조 제1항의 적용을 부인하였던 것은 작성자 확인을 위한 자료로서 문건의 내용이나 특징 기타 제반 상황을 고려할 수 있음에도 이에 대한 판단이 결여되어 있다는 점에서 아쉽고, 나아가 그러한 고려로서 박○○를 작성자로 판단하였다면 그 이후의 요건으로서의 작성자의 진술의 의미에 대하여 좀 더 깊은 검토가 있었을 텐데 아예 작성자 확인단계에서 논리를 끝내버린 점이 아쉽다.

Ⅳ. 제 314 조의 적용여부

1. 제 314 조의 기타 사유의 해석

제313조의 적용여부에 대하여 판례의 판단대로 박○○가 작성사실을 부인하고 나아가 본건 디스켓에 그러한 문건이 들어있었다는 점 자체도 부인하여 작성자가 누구인지 명확하지 않다고 할 때 이 문건을 제314조에 의해 증거로 할 수 있는가. 제314조가 규정하고 있는 기타 사유에 인적사항 불명이 해당하는가가 문제이다.

기타 사유의 해석에 관하여 미국의 연방증거법에서는 원진술자의 인적사항이 확인된 것을 전제로 하여 그 원진술자의 소재불명이나 합리적 노력에도 불구하고 소환할 수 없을 때, 공판정에 출석하였으나 증언을 거부하는 때나 원진술자가 기억불명으로 공판정에서 제대로 진술할 수 없을 때 등이 이에 해당한다고 하고 있고[26] 우리나라에서도 판례가 원진술자의 소재불명[27]이나 증언거부,[28] 기억력 장애[29]가 기타 사유에 해당한다고 하고 있다.

2. 명의자 인적사항 불명과 제 314 조의 기타 사유

진술서면을 증거로 하고자 할 때 그 서면의 내용이 되는 진술자를 확인하는 것은 그 진술내용의 신빙성 판단을 위한 기초적 전제라 할 것이다. 진술자의 확인은 그 진술자를 공판정에서 진술하게 하여 진술내용의 진실성을 직접 확인하고 피고인에게 반대신문의 기회를 부여하기 위하여도 필요하지만 진술자가 공판정에서 진술할 수 없는 경우에도 그 진술자가 누구인지가 확인됨으로써 진술자의 지위나 진술경위 등을 토대로 진술의 증거력을 판단할 수 있기 때문이다.

본건과 같은 경우에 명의자에 대하여는 문건의 소지자였던 박○○

26) 미국연방증거법 제804조 (a)(1), (2), (3), (5).
27) 대법원 2000.6.9. 선고 200도1765 판결.
28) 대법원 1992.8.18. 선고 92도1211, 1244 판결.
29) 대법원 1992.3.13. 선고 91도2281 판결.

나 피고인이 잘 아는 사항이고 수사기관으로서 오히려 이를 확인하고 싶었던 동인들이 이에 대해 진술하지 않음으로써 알 수 없는 상황이다. 그렇다면 피고인이 문건의 작성자에 대하여 행할 반대신문권 행사의 문제는 오히려 피고인이 이를 포기하고 있는 것과 같은 상황이므로 이러한 경우는 일반적인 인적사항 불명과는 달리 평가하여 마치 피고인이 고의로 증인의 불출석상황을 야기한 때[30]와 같이 취급하여 제314조를 적용할 수 있다는 주장을 해 볼 수도 있음직하다.

그러나 이와 같이 해석한다면 피고인의 진술거부권행사로 불이익을 부담할 우려가 있고 나아가 검사의 입증책임 부담을 피고인에게 전가한다는 우려도 있다. 따라서 명의자 인적사항 불명의 경우는 비록 피고인이 알고 있음에도 진술하지 않아 알 수 없는 경우에도 제314조의 적용영역은 아니라고 본다.

Ⅴ. 제 315 조의 적용여부

1. 제 315 조 제 2 호의 적용여부

(1) 제 315 조 제 2 호의 업무상 문서

한편, 제315조는 당연히 증거능력이 있는 서류를 열거하고 있고 그 제2호에 상업장부, 항해일지 기타 업무상 필요로 작성한 통상문서가 규정되어 있는데 본건 컴퓨터 디스켓의 문건 중에서 일지나 보고서 또는 회의록 등과 같은 내용의 문건이 이에 해당하지 않는가를 검토할 필요가 있다.

이 규정은 전문법칙의 예외이론 중 업무상 통상문서(Business Records)의 예외로 영미법계의 보통법 이래 전통적으로 인정되어온 예외사유를 입법화한 것이다. 보통법 이론에서는 여기서의 업무(business)를 제한적으로 해석하여 이익창출을 위한 영업활동을 중심으로 해석하였으나 최근에는 사회의 발달로 인하여 많은 단체나 조직들에서도 활동내역에 대한 통상적인 기록을 하고 있어 이 영업의 의미를 넓게 해석

30) 미국 연방증거법 제804조 (b)(6).

하고 있다. 그리하여 이러한 경향에 따라 미국 연방 증거법 제803조(6)은 업무상 통상문서의 예외를 규정하면서 여기서의 업무(business)란 영업(business), 기구(institution), 단체(association), 전문직업(profession), 직업(occupation) 기타 모든 종류의 일(calling of every kind)이 이에 해당한다고 하고 있다. 이에 따라 마약거래와 같은 범죄적 영업도 이에 해당한다고 해석된다.[31]

한편 이와 같은 업무문서는 그 업무 활동에 따르는 통상적인 문서(regularly kept record)일 것이 필요한데 이 요건도 비교적 넓게 해석되어 영업장부 등 이외에도 단체내부적인 비망록이나 메모, 거래관계자의 회의내용 기재, 업무상 회의일지, 업무지시 등이 포함된다.[32]

(2) 업무상 문서의 작성자 확인과 진정성 문제

업무상 문서는 통상적인 문서로서 그 내용의 신용성이 담보된다는 이유로 증거능력을 인정하는 것이므로 공판정에서 증언과 반대신문으로 내용의 진실성을 확인하기 위한 원진술자 특정의 문제는 중요하지 않다. 그러나 그 문서가 증거로 사용되려면 적어도 그 문서가 그 업무와 관련되어 통상적으로 작성되는 문서라는 점에 대하여는 입증이 되어야 하는데 이것은 업무상 문서에 있어서의 진정성의 문제이다. 이 점에 대하여 미국 연방증거법은 그 문서의 관리자나 기타 이에 준하는 자격이 있는 자가 증인으로 출석하여 이 점에 대해 증언할 것을 요하는데 이 때 이 증인은 문서작성자이거나 그 작성과정을 직접 본 사람일 필요는 없으며 업무상 기록작성체제에 대한 상황적인 지식을 가진 사람이면 족하다.[33]

(3) 본건 컴퓨터디스켓에 대한 제 315 조 제 2 호의 적용여부

제315조 제2호가 규정하는 업무상 통상문서에서 업무의 의미를 위와 같은 전문법칙의 일반이론에 비추어 고려하면 본건 단체의 활동은 본 규정상의 업무에 해당하고 컴퓨터 디스켓상의 문건 중 일시적인 내

31) Mueller/Kirkpatrick, Evidence under the Rules, Aspen, 2004, 273면.
32) 위의 책, 272면.
33) 위의 책, 273면.

용이나 조직활동에 대한 보고서, 회의록 등은 본건 단체의 활동 중에 통상적으로 작성된 문서로 볼 수 있다고 하겠다. 그런데 업무상 통상문서의 예외조항이 적용되려면 그 문서의 통상적 기록체제에 대하여 알고 있는 사람이 이에 대해 증언을 함으로써 통상문서로서의 진정성이 입증될 수 있다.

그러나 본건에서는 박○○와 기타 공범들이 컴퓨터 디스켓상의 문건에 대하여 그러한 기록사실 자체를 부인하고 있으므로 통상문서로서의 진정성 입증이 부족하여 제315조 제2호에 따른 증거능력을 인정하기 어렵다고 볼 수 있다.

2. 제 315 조 제 3 호의 적용여부

(1) 제 315 조 제 3 호의 특신문서

끝으로 제315조 제3호는 기타 특히 신빙할 만한 정황에 의하여 작성된 문서에 대하여 증거능력을 부여하고 있다. 이것은 보통법상의 전문법칙 예외이론의 기초가 되는 신용성의 정황적 보장을 일반화한 것으로서 사안의 성질과 증거의 증명력 등을 고려하여 법원에 증거능력에 대한 재량을 부여한 것이다. 미국 연방증거법도 이러한 보통법상의 일반적 예외를 제807조에 성문화하고 있다.[34)]

(2) 본건 컴퓨터 디스켓의 제 315 조 제 3 호의 적용여부

본 호는 전문법칙의 개별적인 예외에 해당하지 않는 경우에도 사법적 정의를 위하여 증거를 사용하여야 할 필요가 있을 때 증거의 증거력과 신용성의 정황적 보장을 근거로 법원에 재량을 인정하는 것이므로 작성자가 확인되지 않는 경우도 법원이 판단하여 증거로 사용할 필요가 있다고 인정하면 증거능력을 부여할 수 있다고 할 것이다.

따라서 본건 컴퓨터 디스켓의 경우도 압수된 경위, 문건의 내용이 활동상의 통상문서인 점, 문건 소지자가 비밀조직의 구성자인 점 등 제

---

34) 제807조는 조문제목이 residual exception(기타의 예외)라고 되어 있는데 이를 catchall exception이라고도 한다. Allen/Kuhns/Swift, 앞의 책, 663면.

반 상황을 고려한다면 제3호의 특신문서로 볼 수 있다고 할 것이다. 판례는 제315조에 해당하지 않는다고만 할 뿐 왜 해당하지 않는지에 대한 설시가 없어 그 판단 근거를 알 수 없으나 이에 대한 검토가 부족하였다고 본다.

Ⅵ. 결 론

최근 우리나라에는 공판중심주의라는 이념 하에 진술증거는 오로지 공판정에서 진술된 것만을 증거로 하고 수사절차를 비롯하여 공판정 이외에서 행해진 진술은 증거로 사용할 수 없도록 하는 것이 공판중심주의라는 이상한 논리가 법원을 중심으로 횡행하고 있고 이에 따라 형사소송법상의 증거규정을 이와 같은 논리에 따라 해석하여 공판정에서의 진술이 아닌 한 어떻게 해서든지 증거능력을 부정하는 쪽으로 해석하려는 경향이 있다. 본건 판례도 그러한 경향성을 가진 판례 중의 하나이다.

이러한 편협한 관점이 어떤 경위로 발생하여 오늘날 법원의 주도적 관점이 되었는지는 본 논문의 범위를 넘고 또 다른 연구주제가 될 만하다. 어떻든 결론적으로 이러한 관점으로 인하여 본 판례가 초래하는 현실적 결과의 비합리성은 공판중심주의를 실질화하고 있는 독일, 미국 등 선진국의 증거법과 관련된 일반이론에 의하여 각국이 도모하고 있는 합리적 해결방향과 거리가 멀다.

나아가 앞에서 논한 작성자의 특정문제, 제314조 적용문제, 제315조의 특신문서 해당여부 등 이러한 중요한 논점들에 대한 상고이유에 대하여 합리적으로 납득할 만한 이유설시도 하지 않고 작성자가 불명확하다는 한마디로 모두 배척하는 설시내용을 보면 한 나라의 최고법원의 판결문으로서는 논리가 부족해 보인다.

대법원은 각국이 가지는 공통적인 증거법의 일반이론에 대하여 좀 더 검토하고 그러한 일반이론에도 불구하고 일반이론과 달리 해석하여야 할 우리나라의 특수성이 있다면 그 특수성에 대하여 좀 더 설득력 있는 해석론을 펼쳐주길 바란다.

[주 제 어]
전문법칙, 전문진술, 진정성, 원진술자의 공판정 진술, 신용성의 정황적 보장

[Key words]
hearsay rule, hearsay statements, authentication, declarant's oral testimony, guarantee of trustworthiness

접수일자: 2008. 4. 12, 심사일자: 2008. 5. 18, 게재확정일자: 2008. 5. 30.

[Abstract]

Admissibility of Out of Court Private Statements Recorded in Computer File

Lee, Wan-Kyu*

According to the development of computer, many people recently record their statements with computer. Therefore new issue about the admissibility of the statements recorded in computer file floats on the legal horizon.

From the viewpoint of the anglo-american hearsay rule, this issue could be easily cleared by the rule and exception. In principle, hearsay rule say that out of court statements be inadmissible for the evidence of the truthfulness of the contents of the statements and call this out of court statements hearsay. Hearsay rule focuses on the statements, not the method by which this statements are recorded or transferred. As the result, the out of court statements recorded in computer file are hearsay when they are given as evidence for the truthfulness of the contents of the statements But hearsay rule know many exceptions which make the out of court statements admissible. At first, hearsay statements by the defendant are admissible as a exception of hearsay rule. Secondly, hearsay statements by the third party are admissible when there is necessity and guarantee of trustworthiness. There are many categories and general exceptions which represent this necessity and guarantee of trustworthiness.

On the other hand, there is another point for the admissibility of the evidence. It is the authentication. Authentication can be given by many methods, as example, by testimony of the declarant, by the

* Prosecutor, Seoul High Prosecutors' Office.

testimony of the third party who knows the evidence or other objective materials.

From this point of view, we can consider §313① and §315 possible clauses for the admissibility of private statements in computer file. At first, §313① require the

Authentication be made by the declarant's oral testimony. The Court says that this testimony is the one in which the declarant admit the statements to be made by himself. According to the explanation, the admissibility is decided only by the declarant's subjective admission. This result is unreasonable because the issue of admissibility should be decided by the objective facts. Therefore the testimony of the declarant in §313① should be construed as all the statements in court and the authentication be decided by all the statements of the declarant in court objectively considered with other facts and materials.

And §315. 3. provides general clause of guarantee of trustworthiness as exception of hearsay rule. This guarantee of trustworthiness as a condition for admissibility is relatively lower level of reliability than the reliability for the selection from the admissible evidences for trusting the facts asserted. The selection from the admissible evidences is for the fact finder, for example, trial jury, not for the leader of the procedure. But in the Court's decision, the Court seems to be unable to distinguish this guarantee of trustworthiness as a condition for admissibility from the issue of selection from the admissible evidences for trusting the facts asserted. So the Court's decision is inappropriate and the statements recorded in computer file should have been admitted.

위법수집 증거물의 증거능력

전 주 혜*

[대상판결] 대법원 2007. 11. 15. 선고 2007도3061 전원합의체판결

1. 판결요지

[1] (가) 기본적 인권 보장을 위하여 압수수색에 관한 적법절차와 영장주의의 근간을 선언한 헌법과 이를 이어받아 실체적 진실 규명과 개인의 권리보호 이념을 조화롭게 실현할 수 있도록 압수수색절차에 관한 구체적 기준을 마련하고 있는 형사소송법의 규범력은 확고히 유지되어야 한다. 그러므로 헌법과 형사소송법이 정한 절차에 따르지 아니하고 수집한 증거는 기본적 인권 보장을 위해 마련된 적법한 절차에 따르지 않은 것으로서 원칙적으로 유죄 인정의 증거로 삼을 수 없다. 수사기관의 위법한 압수수색을 억제하고 재발을 방지하는 가장 효과적이고 확실한 대응책은 이를 통하여 수집한 증거는 물론 이를 기초로 하여 획득한 2차적 증거를 유죄 인정의 증거로 삼을 수 없도록 하는 것이다.

(나) 다만, 법이 정한 절차에 따르지 아니하고 수집한 압수물의 증거능력 인정 여부를 최종적으로 판단함에 있어서는, 실체적 진실 규명을 통한 정당한 형벌권의 실현도 헌법과 형사소송법이 형사소송절차를 통하여 달성하려는 중요한 목표이자 이념이므로, 형식적으로 보아 정해진 절차에 따르지 아니하고 수집한 증거라는 이유만을 내세워 획일적

* 사법연수원 교수, 부장판사.

으로 그 증거의 증거능력을 부정하는 것 역시 헌법과 형사소송법이 형사소송에 관한 절차 조항을 마련한 취지에 맞는다고 볼 수 없다. 따라서 수사기관의 증거 수집 과정에서 이루어진 절차 위반행위와 관련된 모든 사정 즉, 절차 조항의 취지와 그 위반의 내용 및 정도, 구체적인 위반 경위와 회피가능성, 절차 조항이 보호하고자 하는 권리 또는 법익의 성질과 침해 정도 및 피고인과의 관련성, 절차 위반행위와 증거수집 사이의 인과관계 등 관련성의 정도, 수사기관의 인식과 의도 등을 전체적·종합적으로 살펴 볼 때, 수사기관의 절차 위반행위가 적법절차의 실질적인 내용을 침해하는 경우에 해당하지 아니하고, 오히려 그 증거의 증거능력을 배제하는 것이 헌법과 형사소송법이 형사소송에 관한 절차 조항을 마련하여 적법절차의 원칙과 실체적 진실 규명의 조화를 도모하고 이를 통하여 형사 사법 정의를 실현하려 한 취지에 반하는 결과를 초래하는 것으로 평가되는 예외적인 경우라면, 법원은 그 증거를 유죄 인정의 증거로 사용할 수 있다고 보아야 한다. 이는 적법한 절차에 따르지 아니하고 수집한 증거를 기초로 하여 획득한 2차적 증거의 경우에도 마찬가지여서, 절차에 따르지 아니한 증거 수집과 2차적 증거 수집 사이 인과관계의 희석 또는 단절 여부를 중심으로 2차적 증거 수집과 관련된 모든 사정을 전체적·종합적으로 고려하여 예외적인 경우에는 유죄 인정의 증거로 사용할 수 있다.

[2] 피고인측에서 검사가 제주지사실에 대한 압수수색 결과 수집한 증거물이 적법절차를 위반하여 수집한 것으로 증거능력이 없다고 다투고 있음에도 불구하고, 주장된 위법사유 중 영장에 압수할 물건으로 기재되지 않은 물건의 압수, 영장 제시 절차의 누락, 압수목록 작성·교부 절차의 현저한 지연 등으로 적법절차의 실질적인 내용을 침해하였는지 여부 등에 관하여 충분히 심리하지 아니한 채 압수절차가 위법하더라도 압수물의 증거능력은 인정된다는 이유만으로 압수물의 증거능력을 인정한 것은 위법하다고 한 사례.

2. 사안의 개요

(1) 사건 경위

1) 피고인 1은 제주도지사, 피고인 2 내지 8은 제주도청 소속 공무원, 피고인 9는 2006년도 제주도지사 선거 당시 피고인 1의 선거운동본부 회계책임자였음.

2) 제주도선거관리위원회는 제주지방검찰청에 피고인 3, 8과 사건 외 K모(제주도청 공무원)의 제주도지사 선거관여 행위를 수사의뢰하였고, 제주지방법원은 피내사자를 위 3인으로 하고 위 범죄사실의 수사를 위하여 피내사자들의 제주도청 내 피내사자들 사무실 내 보관 중인 공무원으로서 선거에 관여한 것으로 추정되는 자료 일체 등에 대한 압수수색영장을 발부.

3) 제주지방검찰청 소속 검사는 위 세 사람의 제주도청 내 사무실에 대하여 압수수색을 실시하던 중, 피고인 1의 비서관 H모는 도지사 집무실에 있던 각종 문서 꾸러미를 들고 피고인 8이 근무하는 사무실로 갔다가, 당시 그 사무실을 압수수색 중이던 검사와 마주쳐 상당량의 문서를 압수당함.

4) 그 후 위 압수물은 임의제출 형식으로 처리됨.

5) 이러한 압수물을 근거로 수사가 확대되었고[공소사실 1) 내지 5) 부분], 피고인들은 공직선거법위반죄로 기소됨.

(2) 공소사실의 요지

간략하면, 피고인들이 공모하여 피고인 1을 위한 선거운동의 기획에 참여함으로써 공무원의 선거관여행위를 금지한 공직선거법 제86조 제1항 제2호를 위반하였다는 것임

1) 피고인 1, 2, 4, 9: ① 피고인 1에게 중문동 지역책임자를 추천하고(이하 '중문동건'이라 한다), ② 산남지역책임자 추천의 건을 검토하고(이하 '산남지역건'이라 한다), ③ 피고인 1에게 남원읍 조직구성 및 운영방안에 대한 논의결과를 보고하는(이하 '남원읍건'이라 한다) 등 공모하여 피고인 1을 위한 선거운동의 기획에 참여함.

2) 피고인 1, 2, 4, 9: 피고인 1에게 추자동 등 지역책임자를 추천하고, 지역별 · 직능별 · 특별관리 책임자 조직표를 작성하여 피고인 1에게 보고함으로써 공모하여 피고인 1을 위한 선거운동의 기획에 참여함.

3) 피고인 1, 7: 피고인 7이 제주시 조천읍의 여론주도인사 32명의 명단이 기재된 문건을 작성하여 피고인 1에게 보고함으로써 공모하여 피고인 1을 위한 선거운동의 기획에 참여함.

4) 피고인 1, 6: 피고인 6이 유력인사 7명과 30명의 전화자료를 피고인 1에게 보고함으로써 공모하여 피고인 1을 위한 선거운동의 기획에 참여함.

5) 피고인 1, 5: 피고인 5가 유력인사 6명의 소속단체 등을 기재한 메모와 유력인사 10명의 명단을 피고인 1에게 보고함으로써 공모하여 피고인 1을 위한 선거운동의 기획에 참여함

6) 피고인 3, 8: 제주MBC 주최 제주도지사 출마예정자 초청 토론회 관련자료를 작성하고, 제주KBS 주최 토론회에 대비한 예행연습을 진행하는 등 공모하여 피고인 1을 위한 선거운동의 기획에 참여함.

(3) 제 1 심 판결(제주지방법원 2007. 1. 26. 선고 2006고합173 판결)

- 위법수집증거의 증거능력 여부에 관한 별도의 판단은 없는 상태임.
- 무죄부분: 피고인 1, 2, 4, 9의 공소사실 1)의 ① 중문동건과 ③ 남원읍건 부분, 피고인 1, 4의 공소사실 1)의 ② 산남지역건 부분, 피고인 2의 공소사실 2) 부분, 피고인 1의 공소사실 3) 부분, 피고인 1, 6의 공소사실 4) 중 유력인사 30명 부분, 피고인 1, 5의 공소사실 5) 부분.
- 나머지 부분은 모두 유죄로 인정하여 결국 피고인 5에 대하여 무죄를 선고하고, 나머지 피고인들에 대하여는 각 벌금형을 선고함.

(4) 제 2 심 판결(광주고등법원 2007. 4. 12. 선고 2007노85 판결)

1) 압수물의 증거능력에 대한 피고인들의 주장

이 사건 압수물은 "압수 · 수색영장은 처분을 받는 자에게 반드시 제시하여야 한다", "압수 · 수색영장을 집행함에는 미리 집행의 일시와

장소를 피고인 또는 변호인에게 통지하여야 한다", "공무소 등에서 압수·수색영장을 집행함에는 그 책임자에게 참여할 것을 통지하여야 한다", "압수한 경우에는 목록을 작성하여 소유자, 소지자, 보관자 기타 이에 준할 자에게 교부하여야 한다."고 규정하고 있는 형사소송법 제118조, 제122조, 제123조, 제129조 등에 위반한 것으로, 이러한 위법한 절차에 따라 압수된 압수물은 위법수집증거로서 증거능력이 없다.

2) **원심법원의 판단**

압수물은 압수절차가 위법하다 하더라도 물건 자체의 성질, 형태에 변경을 가져오는 것은 아니고, 형태, 성질 등에 관한 증거가치에는 변함이 없으므로 그 증거능력은 인정되어야 한다는 종전의 대법원 판례에 따라 피고인들의 주장을 받아들이지 않았다.

3) 다만, 제1심에서 무죄로 판단한 부분 중 피고인 1, 2의 공소사실 1)의 ③ 남원읍건 부분, 피고인 1의 공소사실 3) 부분, 피고인 6의 공소사실 4) 중 유력인사 30명 부분을 유죄로 판단하였다.

(5) 대법원의 판단

1) 헌법에서 "누구든지 법률에 의하지 아니하고는 체포·구속·압수·수색 또는 심문을 받지 아니하며"(제12조 제1항 후문), "체포·구속·압수 또는 수색을 할 때에는 적법한 절차에 따라 검사의 신청에 의하여 법관이 발부한 영장을 제시하여야 한다. 다만, 현행범인인 경우와 장기 3년 이상의 형에 해당하는 죄를 범하고 도피 또는 증거인멸의 염려가 있을 때에는 사후에 영장을 청구할 수 있다."(같은 조 제3항)라고 정하여 압수수색에 관한 적법절차와 영장주의의 근간을 선언하고 있다.

이를 이어받아 형사소송법과 형사소송규칙은 수사기관의 압수수색에 관한 상세한 절차조항을 마련하고 있다.[1)]

---

1) 수사기관의 압수수색은 법관이 발부한 압수수색영장에 의하여야 하는 것이 원칙이고, 그 영장에는 피의자의 성명, 압수할 물건, 수색할 장소·신체·물건과 압수수색의 사유 등이 특정되어야 하며(형사소송법 제215조, 제219조, 제114조 제1항, 형사소송규칙 제58조), 영장은 처분을 받는 자에게 반드시 제시되어야 하고, 피의자 아닌 자의 신체 또는 물건은 압수할 물건이 있음을 인정할 수 있는 경우에 한하여 수색할 수 있다(형사소송법 제219조, 제109조 제2항, 제118조). 또한, 영장 집행은

위와 같이 기본적 인권 보장을 위하여 압수수색에 관한 적법절차와 영장주의의 근간을 선언한 헌법과 이를 이어받아 실체적 진실 규명과 개인의 권리보호 이념을 조화롭게 실현할 수 있도록 압수수색절차에 관한 구체적 기준을 마련하고 있는 형사소송법의 규범력은 확고히 유지되어야 한다. 그러므로 헌법과 형사소송법이 정한 절차에 따르지 아니하고 수집된 증거는 기본적 인권 보장을 위해 마련된 적법한 절차에 따르지 않은 것으로서 원칙적으로 유죄 인정의 증거로 삼을 수 없다 할 것이다.

절차 조항에 따르지 않는 수사기관의 압수수색을 억제하고 재발을 방지하는 가장 효과적이고 확실한 대응책은 이를 통하여 수집한 증거는 물론 이를 기초로 하여 획득한 2차적 증거를 유죄 인정의 증거로 삼을 수 없도록 하는 것이다.

이와 달리, 압수물은 그 압수절차가 위법이라 하더라도 물건 자체의 성질, 형상에 변경을 가져오는 것은 아니므로 그 형상 등에 관한 증거가치에는 변함이 없다 할 것이므로 증거능력이 있다는 취지로 판시한 대법원 1968. 9. 17. 선고 68도932 판결, 대법원 1987. 6. 23. 선고 87도705 판결, 대법원 1994. 2. 8. 선고 93도3318 판결, 대법원 1996. 5. 14. 자 96초88 결정, 대법원 2002. 11. 26. 선고 2000도1513 판결, 대법원 2006. 7. 27. 선고 2006도3194 판결 등은 이 판결의 견해에 배치되는 범위 안에서 이를 변경하기로 한다.

다만, 법이 정한 절차에 따르지 아니하고 수집된 압수물의 증거능력 인정 여부를 최종적으로 판단함에 있어서는, 실체적 진실 규명을 통한 정당한 형벌권의 실현도 헌법과 형사소송법이 형사소송 절차를 통하여 달성하려는 중요한 목표이자 이념이므로, 형식적으로 보아 정해진

피의자 등 참여권자에게 미리 통지하여야 하고, 집행 장소가 공무소일 때에는 그 책임자에게 참여할 것을 통지하여야 하며, 공무원이 소지하는 물건에 관하여 직무상의 비밀에 관한 것이라는 신고가 있으면 그 소속 공무소 등의 승낙 없이는 압수하지 못하고(같은 법 제219조, 제111조 제1항, 제121조, 제122조, 제123조 제1항), 압수물을 압수한 경우에는 목록을 작성하여 소유자, 소지자 등에게 교부하여야 한다(같은 법 제219조, 제129조, 제133조).

절차에 따르지 아니하고 수집된 증거라는 이유만을 내세워 획일적으로 그 증거의 증거능력을 부정하는 것 역시 헌법과 형사소송법이 형사소송에 관한 절차 조항을 마련한 취지에 맞는다고 볼 수 없다는 것을 고려해야 한다. 따라서 수사기관의 증거 수집 과정에서 이루어진 절차 위반 행위와 관련된 모든 사정 즉, 절차 조항의 취지와 그 위반의 내용 및 정도, 구체적인 위반 경위와 회피가능성, 절차 조항이 보호하고자 하는 권리 또는 법익의 성질과 침해 정도 및 피고인과의 관련성, 절차 위반 행위와 증거수집 사이의 인과관계 등 관련성의 정도, 수사기관의 인식과 의도 등을 전체적·종합적으로 살펴 볼 때, 수사기관의 절차 위반행위가 적법절차의 실질적인 내용을 침해하는 경우에 해당하지 아니하고, 오히려 그 증거의 증거능력을 배제하는 것이 헌법과 형사소송법이 형사소송에 관한 절차 조항을 마련하여 적법절차의 원칙과 실체적 진실 규명의 조화를 도모하고 이를 통하여 형사 사법 정의를 실현하려 한 취지에 반하는 결과를 초래하는 것으로 평가되는 예외적인 경우라면, 법원은 그 증거를 유죄 인정의 증거로 사용할 수 있다고 보아야 할 것이다. 이는 적법한 절차에 따르지 아니하고 수집된 증거를 기초로 하여 획득된 2차적 증거의 경우에도 마찬가지여서, 절차에 따르지 아니한 증거 수집과 2차적 증거 수집 사이의 인과관계 희석 또는 단절 여부를 중심으로 2차적 증거 수집과 관련된 모든 사정을 전체적·종합적으로 고려하여 예외적인 경우에는 유죄 인정의 증거로 사용할 수 있는 것이다.

[대법관 양승태, 김능환, 안대희의 별개의견]

법이 정한 절차에 따르지 아니하고 수집한 압수물의 증거능력 유무를 판단함에 있어서는 적법절차의 요청과 실체적 진실규명의 요청을 조화시키는 균형이 유지되어야 한다. 그런데 다수의견이 제시하는 기준은 그 취지가 분명하지 아니할 뿐 아니라, 지나치게 엄격한 기준으로 위법수집증거의 배제원칙을 선언함으로써 자칫 실체적 진실 규명을 통한 형벌권의 적정한 행사라는 형사 사법의 또 다른 목표의 달성을 불가능하게 하거나 지나치게 어렵게 만들 우려가 있다. 그러므로 수집절차에 위법이 있는 압수물의 증거능력은, 법원이 그 증거수집 절차와 관련된 모든 사정 즉, 절차조항의 취지와 그 위반의 내용 및 정도, 구체적인 위반 경위와 회피가능성, 절차 조항이 보호하고자 하는 권리 또는 법익의 성질과 침해 정도, 수사기관의 인식과 의도 등을 전체적·종합적으로 고려하여 볼 때 그 증거수집 절차의 위법사유가 영장주의의 정신과 취지를 몰각하는 것으로서 그 증거의 증거능력을 부정해야 할 만큼 중대한 것이라고 인정될 경우에는 그 증거능력을 부정하여야 하고, 그 위법 사유가 이 정도에 이르지 아니하는 경우에는 그 압수물의 증거능력을 부정하여서는 아니 된다.

2) 이 사건에서, 피고인 1, 2, 4, 6, 7, 9는 공소제기 직후부터 일관하여 검사가 실시한 압수수색은 압수수색영장의 효력이 미치는 범위, 영장의 제시 및 집행에 관한 사전통지와 참여, 압수목록 작성·교부 등에 관하여 법이 정한 여러 절차 조항을 따르지 않은 위법한 것이어서 이를 통하여 수집된 이 사건 압수물을 유죄 인정의 증거로 삼아서는 안 된다고 주장하고 있고, 이에 따라 압수물의 수집 과정에서 헌법 및 형사소송법이 정한 절차 조항을 위반한 위법이 있었는지, 그로 인하여 이 사건 압수물을 유죄 인정의 증거로 삼을 수 없는 것인지가 이 사건의 가장 핵심적인 쟁점이 되어 있다.

그렇다면 원심으로서는 검사가 이 사건 압수물을 수집하는 과정에서 실제로 위 피고인들이 주장하는 바와 같은 헌법 및 형사소송법이 정한 절차 조항을 위반한 위법이 있는지를 확인해 보았어야 할 것이고, 특히 주장된 구체적 위법사유 중 영장에 압수할 물건으로 기재되지 않은 물건의 압수, 영장 제시 절차의 누락, 압수목록 작성·교부 절차의 현저한 지연 등으로 적법절차의 실질적인 내용을 침해한 점이 있는지 여부 등을 심리해 보았어야 할 것이다. 그럼에도 불구하고, 원심이 이 점에 관하여 충분히 심리하지 아니한 채 그냥 압수절차가 위법하더라도 압수물의 증거능력은 인정된다는 이유만으로 이 사건 압수물의 증거능력을 인정하고 이를 유죄 인정의 유력한 증거로 채택하여 위 피고인들에 대한 이 사건 공소사실 중 유죄 부분에 대하여 죄책을 인정한 것은, 적법한 절차에 따르지 아니하고 수집한 증거의 증거능력에 관한 법리오해, 채증법칙 위반 등의 위법을 범한 것으로, 이는 판결에 영향을 미쳤음이 분명하다.

3) 위와 같은 이유로 원심판결 중 피고인 1, 2, 4, 6, 7, 9의 유죄 부분 및 이와 포괄일죄 관계에 있는 피고인 1의 공소사실, 공소사실 4) 중 유력인사 30명 부분과 피고인 2, 9의 공소사실 1)의 ① 중문동건 부분을 함께 파기환송하였다.

3. 문제의 제기

그 동안 위법하게 수집된 압수물에 대하여 대법원은 증거능력을 인정하여 왔고, 이에 대하여 많은 문제제기가 있어 왔다.

개정 형사소송법(2007.6.1. 법률 제8496호로 개정되어 2008.1.1.부터 시행됨)에서는 제308조의2를 신설하여 "적법한 절차에 따르지 아니하고 수집한 증거는 증거로 할 수 없다."고 규정하여 위법수집증거 배제법칙을 명문화하였다.

이에 따라 위법하게 수집된 진술증거뿐만 아니라 비진술증거도 그 증거능력이 부정된다 하겠다.

그러나 개정 형사소송법은 '위법하게 수집한 증거'가 아니라 '적법한 절차에 의하지 아니하고 수집한 증거'라고 규정함으로써 위법수집증거 배제의 범위에 관한 법원의 판단여지를 두고 있다.[2)]

따라서 앞으로 법원이 위법수집증거 배제법칙이 적용되는 비진술증거에 관하여 어떠한 기준으로 판단할지 주목된다 하겠고, 이러한 기준을 정하기 위해서는 다른 나라의 위법수집증거 배제법칙의 적용범위를 비교·고찰하고, 우리나라의 학설과 그 동안의 판례를 살피는 것이 필요하다 하겠다.

---

2) 법원행정처, 형사소송법 개정법률 해설, 2007, 124면.

아래에서는 다른 나라의 위법수집증거 배제법칙의 적용범위와 우리나라의 학설 및 그 동안의 판례를 중심으로 대상판결의 의의를 살피고자 한다.

4. 위법수집증거 배제법칙에 대한 각국의 입장

위법수집증거 배제법칙은 위법한 절차에 의하여 수집된 증거의 증거능력을 부정하는 법칙을 말한다.

(1) 미국의 위법수집증거 배제법칙

1) 위법수집증거 배제법칙은 미국에서 연방대법원 판례를 통하여 형성된 이론이다.[3] 위법수집증거 배제법칙의 최초의 판례는 1886년 Boyd v. U.S. 사건에서 범죄의 증거가 되는 서류에 대한 강제적인 압수·수색은 피의자의 헌법상의 권리를 침해한 것이고, 그러한 서류들은 법원에서 증거로서 받아들일 수 없다고 판시하였다. 그 후 1914년 Weeks v. U.S. 사건과 1961년 Mapp v. Ohio 사건에서 위법수집증거 배제법칙은 연방법원과 주(州)의 형사사건에도 적용된다고 판시하였다.

위법하게 수집된 증거물은 원칙적으로 유죄의 증거로 쓰일 수 없다.

2) 위법수집증거 배제법칙의 예외[4]

① 선의이론(Good faith exception)

위법하게 수집된 증거라도 수사기관이 정직하고 합리적인 신뢰에 따라 위법이 아니라고 믿고 수집한 경우에는 증거로 허용된다. 다만, 수사관이 단지 그의 행위가 위법한 것이라는 것을 몰랐다는 것으로는 부족하고, 그의 행위가 유효하다고 객관적으로 합리적으로 신뢰할 것이 필요하다.

② 사인(私人)이 위법하게 증거를 수집한 경우

위법수집증거 배제법칙은 수사기관이 위법하게 증거를 수집한 경

3) 백형구, 알기 쉬운 형사소송법, 박영사, 2007, 338면; 이재상, 신형사소송법, 박영사, 2007, 526면; 임동규, 형사소송법, 법문사, 2006, 447면.

4) 임동규, 위의 책, 448-449면; 안성수, "각국의 위법수집증거 배제법칙과 우리법상 수용방안", 저스티스 96호(2007. 2.), 한국법학원, 206-208면.

우에만 적용되고, 개인이 불법취득한 증거물을 수사기관에 증거로 제출한 경우에는 증거능력이 인정된다.

③ 피고인의 권리가 침해되지 않는 경우

위법한 증거수집으로 피고인의 권리가 침해되지 않은 경우에는 피고인은 위법수사를 주장할 당사자적격이 없어 증거능력이 배제되어야 한다고 주장할 수 없다. 예를 들어 마약을 여자친구에게 맡겨 두었는데 경찰이 그 여자친구의 지갑을 불법 수색하여 증거물을 확보한 경우 권리가 침해된 것은 여자친구이지 피고인이 아니라는 것이다.

④ 피고인이 포기한 물건인 경우

피고인이 더 이상의 사생활보호에 대한 기대를 버린 것이 그의 행위나 말로써 확인되는 경우에는 그러한 증거물은 증거로 사용할 수 있다.

3) **독수과실론**(Doctrine of the fruit of the poisonous tree)

독수과실(Fruit of the poisonous tree), 즉 위법하게 수집된 1차 증거에 의하여 발견된 2차증거도 증거능력이 배제된다는 법칙이다. 독수과실론은 1920년 Silverthrone Lumber Co. v. U.S. 사건에서 처음 인정되기 시작하여 1939년 Nardone v. U.S. 사건에서 그 용어가 처음 사용되었다. 1963년 Wong Sun v. U.S. 사건에서 위법한 압수・수색뿐만 아니라 위법한 체포로 얻은 자백과 증거물의 증거능력을 부정하였다.

독수과실론에도 다음과 같은 예외가 있다.[5)]

① 희석(The purged taint)이론

위법수사로 인한 1차 증거의 오염성이 피고인의 자발적 행위나 제3자의 독립된 행위가 개입되어 최초의 오염을 없앨 만큼 희석되어 2차 증거에 영향을 미치지 않는다는 이론이다. 즉, 최초의 위법과 과실간의 인과관계가 단절된 경우이다. 예를 들면, 경찰관이 위법하게 피의자의 집에 침입하여 자백을 받은 경우 피의자가 며칠 후 경찰서에 자진출석하여 자백을 하는 경우이다.

---

5) 신동운, 형사소송법, 법문사, 2007, 133-134면; 임동규, 위의 책, 449면; 박주봉, “독수과실의 증거능력”, 새울법학 제5권 제2호(2002. 2.), 대전대학교 법학연구소, 174-178면; 안성수, 위의 논문, 203-205면.

② 독립된 증거원의 예외(Independent source exception)이론

위법수사가 있었더라도 이와 독립하여 수집될 수 있었던 증거임이 증명될 수 있는 경우에는 2차 증거의 증거능력을 인정할 수 있다는 이론이다. 예를 들면, 위법한 압수·수색으로 얻은 서류의 내용은 증거로 할 수 없지만, 그 서류의 내용을 알고 있는 다른 증인을 확보하게 된 경우 그 증인을 통하여 위 서류의 내용을 진술하거나 증언하도록 할 수 있다.

③ 불가피한 발견의 예외(Inevitable discovery exception)이론

위법수사에 의하여 수집한 1차 증거가 없었더라도 2차 증거가 다른 경로를 통해 불가피하게 발견되었을 것으로 증명할 수 있을 경우에는 2차 증거의 증거능력을 인정할 수 있다는 이론이다.

(2) 독일의 증거금지론

1) 증거금지론은 위법한 절차에 의한 증거수집을 제한하고 증거수집과정에 위법성이 있는 경우 그 증거의 사용을 금지하는 이론이다. 증거금지론은 ① 증거수집금지와 ② 증거사용금지를 내용으로 하는데, 위법수집증거 배제법칙은 증거사용금지의 영역에 속한다.

2) 증거사용금지

① 독일 법원은 증거배제에 관하여 2단계 이론을 취하고 있다. 먼저 법치국가의 원칙에 위반되는지를 심사하여 이에 위반된다고 판단한 경우에는 필요한 경우 증거능력을 부정한다. 위 원칙에 따라 증거능력이 부정되지 않을 때는 다음으로 비례성의 원칙에 따라 여러 요소를 고려하여 증거능력 인정여부를 결정한다. 이 경우 법원이 개인의 사생활보호의 이익이 증거를 사용할 경우의 공익보다 더 크다고 판단하면 비록 적법한 절차에 따라 증거가 수집되었다고 하더라도 증거능력은 부정된다.[6]

② 증거사용이 금지되는 유형은 종속적 증거사용금지와 독자적 증거사용금지로 구분할 수 있다.

i) 종속적 증거사용금지는 증거수집단계에서의 위법으로 말미암

---

6) 안성수, 위의 논문, 220면.

아 증거사용이 금지되는 경우이고, 독립적 증거사용금지는 증거수집단계의 위법성 여부에 관계없이 증거사용이 금지되는 경우이다.[7)]

종속적 증거사용금지는 절차의 적법성과 형사사법의 효율성 사이에서 적절한 균형을 유지할 수 있는지를 핵심과제로 하고 있는데, 이 경우 증거수집과정에 하자가 있는 모든 증거의 증거능력이 부정되는 것은 아니고, 그 기준에 관하여 독일 연방대법원은 '권리영역이론'(Rechtskreistheorie)을 들고 있는데, 이는 증거사용을 금지하는 명문규정이 없는 경우 증거수집절차의 규정위반이 피고인의 권리영역을 본질적으로 침해한 때에만 증거로 사용할 수 없다는 이론이다.[8)]

또 다른 종속적 증거사용금지의 기준으로 '비교형량론'이 있는데, 이는 개별적인 사안별로 국가의 공적인 형사소추의무가 적법절차에 대한 시민의 개인적 권리를 상호교량하여 증거수집위반으로 인한 권리침해가 형사소추요구보다 중하다고 판단되면 증거사용이 금지된다고 본다.[9)]

ii) 독자적 증거사용금지란 증거수집과정에서의 위법 여부와는 상관없이 증거의 사용이 금지되는 것을 말한다. 즉, 전단계의 증거수집은 적법하게 이루어졌더라도 개인의 사생활보호를 위하여 일정한 증거의 사용이 허용되지 않는 경우이다. 연방헌법재판소에서는 이러한 기준으로 '3단계이론'(Dreistufentheorie) 또는 '핵심영역이론'(Kernbereichtheorie)을 제시하고 있다.[10)]

첫 번째 단계는 가장 기본적인 개인의 권리인 핵심영역인데, 이는 모든 공권력에 대하여 우월하고 침해될 수 없는 개인의 존엄에 관한 권리를 침해한 것으로서 사안이 아무리 중하더라도 증거능력이 부정된다. 두 번째 단계는 오직 공공의 이익이 우월한 경우에만 침해될 수 있는 사적 영역으로, 이 경우 자동적으로 증거능력이 배제되는 것이 아니

7) 임동규, 위의 책, 451면; 한영수, "위법수집증거(물)의 배제 또는 사용에 관한 체계적인 이론의 형성-독일의 증거금지이론에 입각하여", 형사법연구 제11호(1999. 5.), 한국형사법학회, 6면.

8) 임동규, 위의 책, 451면; 한영수, 위의 논문, 6, 8면.

9) 한영수, 위의 논문, 7-8면.

10) 안성수, 위의 논문, 220-221면; 한영수, 위의 논문, 9-10면.

라 이익형량의 원칙에 따라 증거능력의 여부가 결정된다. 세 번째 단계는 제출된 증거에 의하여 피고인의 개인적인 성격이 노출되지 않는 경우로서 이러한 증거는 언제나 사용할 수 있다.

③ 증거금지의 파급효과[11)]

위법하게 수집되어 증거사용이 금지된 1차 증거에 의하여 발견된 2차 증거에 대하여도 증거사용금지의 효력이 미친다는 것이다.

독일에서는 파급효과를 긍정하는 긍정설과 원칙적으로 부정하되 제한된 범위 내에서만 인정하는 입장으로 부정설로 나뉘는데, 판례는 부정설의 입장에 있다가 도청된 테이프를 제시하여 얻어낸 자백을 배제하고, 위법감청을 통하여 수집한 문서의 사용을 금지하는 등 조금씩 파급효를 인정하고 있어서 앞으로의 추이가 주목된다.

(3) 영국의 위법수집증거 배제법칙[12)]

1) 전통적 판례법에 의하면, 판사는 증거를 사용하면 피고인에 대하여 불공정하다고 인정되는 경우에는 증거를 배제할 수 있는 재량이 있었다. 그러나 이러한 재량은 극히 예외적으로 행사되었고, 이러한 재량권은 문제된 증거는 배제하지 않으면서 단지 판결이유에서 이론적으로 설시하는 방식으로 행사되는 것이 대부분이었다.

2) PACE 제78조

Police and Criminal Evidence Act of 1984(약칭 PACE) 제78조 제1항에서 "법원은 모든 재판과정에서 증거가 획득된 상황을 포함한 모든 정황을 고려하여 증거의 증거능력을 인정하면 재판절차의 공정성에 부정적 영향을 미치게 되어 증거의 능력을 배제하여야만 한다고 판단하는 경우에는 검찰이 제출한 증거의 증거능력을 인정하지 않을 수 있다."고 규정하고 있다. 이는 법원의 재량에 따라 증거의 증거능력을 결정하도록 한 것으로서 대부분 피의자의 자백 등 진술의 증거능력을 배제하는 경우에 적용되고 있다.

---

11) 박주봉, 위의 논문, 206-208면; 한영수, 위의 논문, 10-11면.

12) 안성수, 위의 논문, 192-198면.

(4) 프랑스의 위법수집증거 배제법칙[13)]

1) 프랑스에서는 민사절차분야는 증거가치가 정하여진 일정한 증거방법만이 허용되는 반면에, 형사소송법 제427조에서 "법률이 달리 규정되는 경우를 제외하고, 범죄는 모든 증거방법에 의하여 입증될 수 있다."고 규정하여 증거자유의 원칙을 채택하고 있다.

2) 형사소송법 제802조

1993년 형사소송법 제802조를 신설하여 "법에 위반시 무효로 규정된 절차(형식)의 위반 또는 본질적인 형식을 준수하지 않은 경우, 모든 법원—파기원을 포함하여—은 취소의 청구나 직권으로 그것이 관계당사자의 이해에 영향을 미치는 때에 한하여 무효를 선언할 수 있다."고 규정하고 있다.

3) 판례에 의하면, 수사판사의 준비절차나 판결절차에서의 행위가 위법한 경우에 관하여 ① 공공질서상의 무효와 ② 사적 질서상의 무효로 구분하고 그 요건과 효력을 달리 하는바, 후자의 경우는 이해관계인에게 중대한 영향을 미치는 경우에만 선언되고 상대적 효력을 지니나, 전자의 경우에는 그러한 요건(중대성)의 필요 없이 절차의 전부 또는 일부의 무효가 선언된다. 공공질서의 의미에 관하여 학자들은 '사회의 일반적 이익을 방위하기 위한 수단' 또는 '기본적이고 본질적인 원칙과 관계된 것'이라고 설명한다.

4) 위법수집증거의 증거능력에 대하여

기존의 판례에 의하면, '위법이 중대한 경우, 특히 실체적 진실의 발견과정이 기본적, 실질적으로 위법한 경우, 판결법원은 실질적 무효의 이론을 적용하여 절차의 일부 또는 전부를 취소할 수 있다'고 보았는데, 그 후 형사소송법 제802조가 신설됨으로써 양자 사이의 실질적 차이는 없다.

---

13) 민중기, "위법하게 수집된 증거에 관한 프랑스의 이론과 판례-수사기관의 위법한 채혈을 중심으로", 판례실무연구 Ⅲ(1999. 12.), 박영사.

(5) 일본의 위법수집증거 배제법칙[14)]

1) 위법수집 증거물의 증거능력

현재에는 위법의 정도에 따라 배제 여부를 결정한다는 상대적 배제설이 다수설이다.

판례는, 종전에는 압수물은 압수절차가 위법하다고 하더라도 물건 자체의 성질이나 형상에는 변경이 없으므로 증거가치를 인정하여야 한다는 입장을 보였으나, 최고재판소는 1978. 9. 7. 판결에서 "증거물의 압수 등의 절차에 영장주의의 정신을 몰각시키는 중대한 위법이 있고, 이를 증거로 허용하는 것이 장래의 위법한 수사의 억제라는 견지에서 상당하지 않은 경우에는 그 증거능력을 부정하여야 한다."고 판시함으로써 위법수집증거 배제법칙을 선언하였다.

2) 위법성의 판단기준

증거물의 증거능력에 관하여 일본 법원은 이른바 이중기준 즉, ① 수사절차의 위법이 있는지를 살피고, ② 수사절차의 위법이 있는 경우 그것이 증거배제를 요하는 정도의 중대한 위법인지를 판단하는 방법으로 결정하고 있다.

일본 최고재판소는 증거능력을 배제하기 위한 위법은 단지 영장주의에 반하는 것이 아니라 영장주의 정신을 몰각하는 것과 같은 중대한 위법으로서, 위법의 정도를 매우 높은 것으로 보는 데 특징이 있다.

영장이 발부된 사안에 있어서는 수사관이 영장을 편취하였다고 할 수 있는 사정이 없는 한, 중대한 위법은 없다고 본다. 이에 반하여 영장이 발부되지 않은 경우에는 절차위반의 정도(범죄혐의의 유무 및 그 정도), 절차위반이 벌어진 상황(긴급성과 필요성의 유무 및 정도), 절차위반의 의미, 빈발성, 절차위반과 해당 증거수집과의 인과관계 정도(다른 합법적 수단에 의한 수집가능성), 수사관의 의도(영장주의에 관한 규정을 위반하려는 의도가 있었는지 여부), 증거의 중요성, 사안의 중대성 등이 고려된다.

---

14) 안성수, 위의 논문, 211-219면.

3) 독수과실론

위법수집증거 배제를 인정하는 경우 1차 증거와 불가분한 증거 즉, 1차 증거의 복사본이나 사진, 1차 증거 수집에 관한 압수수색조서, 보관조서, 감정서 등은 배제된다는 것이 통일된 학설이나, 파생증거에 대하여 어느 범위 내에서 배제효과가 미치는지에 대하여는 견해가 대립되어 있는데, 기본적으로는 1차 증거와 2차 증거의 연관성 정도를 기준으로 하되, 1차 증거 수집방법의 위법성 정도, 2차 증거의 중요도, 수사관의 주관적 의도, 사안의 중대성을 종합적으로 고려하여 판단하여야 한다는 견해가 유력하다.

4) 당사자의 동의

수집절차에 중대한 위법이 있는 증거물과 그로부터 취득한 증거물이라도 당사자가 증거로 하는 것에 동의하거나 또는 이의가 없다고 진술하는 때에는 증거로 할 수 있는지에 관하여 긍정설, 부정설, 절충설이 있으나, 다수설 및 판례는 당사자의 동의가 있으면 증거배제를 요구할 권리를 포기하는 것으로 해석하여 원칙적으로 증거능력을 인정하고 있다.

5. 우리나라의 위법수집증거 배제법칙

(1) 학 설

1) 헌법 제12조 제1항, 제3항,[15] 헌법 제12조 제7항, 형사소송법 제309조[16]의 실정법적 근거와 적법절차의 준수, 위법수사견제의 이론적 근거를 토대로 위법하게 수집된 진술증거와 비진술증거 모두의 증거능

15) 헌법 제12조

① 모든 국민은 신체의 자유를 가진다. 누구든지 법률에 의하지 아니하고는 체포·구속·압수·수색 또는 심문을 받지 아니하며, 법률과 적법한 절차에 의하지 아니하고는 처벌·보안처분 또는 강제노역을 받지 아니한다.

③ 체포·구속·압수 또는 수색을 할 때에는 적법한 절차에 따라 검사의 신청에 의하여 법관이 발부한 영장을 제시하여야 한다. 다만, 현행범인인 경우와 장기 3년 이상의 형에 해당하는 죄를 범하고 도피 또는 증거인멸의 염려가 있을 때에는 사후에 영장을 청구할 수 있다.

16) 피고인의 자백이 고문, 폭행, 협박 또는 구속의 부당한 장기화 또는 기망 기타의 방법에 의하여 자의로 진술된 것이 아니라고 인정될 때에는 이를 유죄의 증거로 하지 못한다.

력을 부정하여야 한다는 데에 학설이 일치한다.[17)]

2) 위법수집증거 배제법칙의 구체적 적용범위

구체적인 적용범위에 대하여 ① 침해된 이익과 위법의 정도를 고려하여 구체적·개별적으로 판단하여 본질적 증거절차규정을 위반한 때, 즉 중대한 위법이 있는 때에 한하여 증거능력이 배제된다는 견해(일응 '중대위법설'이라 할 수 있다),[18)] ② 실체적 진실발견과 적법절차의 원칙의 비교교량을 통하여 증거배제법칙의 적용여부를 결정하여야 한다는 견해(일응 '비교교량설'이라 할 수 있다),[19)] ③ (i) 헌법과 형벌법규에 위반하는 경우에는 당연히 증거능력이 배제되고, (ii) 형사소송법이 규정하는 절차적 규정에 위반한 경우에는 그 위반의 정도가 실질적으로 헌법상 권리의 침해를 가져오거나 형사소송법상의 효력규정에 위반되어 무효인 때에는 증거능력이 배제되고, 단순한 훈시규정의 위반에 불과한 경우에는 증거능력이 배제되는 것은 아니라는 견해[20)] 등이 있다.

3) 독수과실론에 대한 견해

독수과실론, 즉 위법하게 수집된 증거에 의하여 발견된 2차 증거의 증거능력을 배제하여야 한다는 이론에 대하여 ① 위법수집증거가 배제되더라도 과실의 증거능력이 인정되면 배제법칙은 무의미하게 된다는 이유로 증거능력을 부정하여야 한다는 견해가 다수설이고,[21)] 이에 대하여 ② 임의성 없는 자백에 기하여 수집된 증거의 증거능력만을 부정해야 한다는 견해[22)]도 있다. 다수설에 의하더라도, 독수과실론을 제한적으로 적용하여, 미국의 희석이론, 독립된 증거원의 예외이론, 불가피한 발견의 예외이론과 같은 경우에는 독수과실론이 적용되지 않는다는 견

---

17) 강구진, 형사소송법원론, 학연사, 1982, 504-505면; 백형구, 위의 책 339-340면; 신동운, 위의 책, 129-133면,; 이재상, 위의 책, 526-527면 ; 임동규, 위의 책, 452-453면.

18) 이재상, 위의 책, 531면; 임동규, 위의 책, 453면.

19) 신동운, 위의 책, 131면—저자에 따르면, 위법수집증거 배제법칙의 제한원리로 선의이론(선의의 신뢰이론)을 들 수 있다고 한다.

20) 강구진, 위의 책, 506-507면.

21) 신동운, 위의 책, 132면; 이재상, 위의 책, 533면; 임동규, 위의 책, 456면.

22) 백형구, 위의 책, 342면.

해가[23] 유력하다.

4) **위법수집증거와 증거동의**

위법수집증거라 하더라도 당사자의 동의에 의하여 증거능력이 인정될 수 있는가에 관하여 ① 당사자의 증거동의가 있더라도 증거능력이 인정되어서는 안 된다는 견해가 다수설이고,[24] 이에 대하여 ② 고문, 증인선서의 결여, 영장주의의 위반과 같이 그 절차의 위법이 본질적 위법에 해당하는 경우에는 당사자가 증거로 함에 동의하더라도 증거능력을 부정하고, 진술거부권의 불고지, 증언거부권의 불고지, 압수거절권의 침해와 같이 그 절차의 위법이 본질적 위법에 해당하지 아니한 경우에는 당사자의 증거동의에 의하여 증거능력이 인정된다는 견해도[25] 있다.

(2) 판례의 태도

1) 진술증거

판례는, 진술증거의 경우 위법수집증거 배제법칙을 원칙적으로 적용하여 왔다.

① 진술거부권이 고지되지 않은 채 진행된 피의자와 담당 검사와의 대화내용을 녹화한 비디오테이프의 녹화내용과 그 비디오테이프에 대한 법원의 검증조서,[26] ② 피의자에 대한 변호인의 접견이 부당하게 제한된 상태에서 작성된 피의자신문조서,[27] ③ 위법한 긴급체포에 의한 유치 중에 작성된 피의자신문조서,[28] ④ 검사의 서명날인이 누락된 검사 작성의 피의자신문조서[29] 등의 경우 모두 증거능력을 부정하였다. 다만, 피의자에게 열람하게 하거나 읽어 들려지지 않은 수사기관 작성의 피의자신문조서의 경우에는 그것만으로는 피의자신문조서의 증거능

23) 신동운, 위의 책, 133-134면; 이재상, 위의 책, 533-534면.
24) 이재상, 위의 책, 535면; 임동규, 위의 책, 456면.
25) 백형구, 위의 책, 341-342면.
26) 대법원 1992. 6. 23. 선고 92도682 판결.
27) 대법원 1990. 8. 24. 선고 90도1285 판결.
28) 대법원 2002. 6. 11. 선고 2000도5701 판결.
29) 대법원 2001. 9. 28. 선고 2001도4091 판결.

력이 없다고 할 수 없고, 형사소송법 제312조 소정의 요건을 갖추게 되면 증거로 할 수 있다고 판시하였다.30)

2) 비진술증거

종전의 판례는, 비진술증거의 경우 위법수집증거 배제법칙을 원칙적으로 적용하지 않아 왔다.

즉, 대법원 1968. 9. 17. 선고 68도932 판결에서 "압수물은 압수절차가 위법이라 하더라도 물건 자체의 성질, 형상에 변경을 가져오는 것은 아니므로 그 형상 등에 관한 증거가치에는 변함이 없다 할 것이므로 증거능력이 있다."고 판시한 이래 대법원 1987. 6. 23. 선고 87도705 판결, 대법원 1994. 2. 8. 선고 93도3318 판결, 대법원 1996. 5. 14. 자 96초88 결정, 대법원 2002. 11. 26. 선고 2000도1513 판결, 대법원 2006. 7. 27. 선고 2006도3194 판결에서 이러한 견해를 유지하여 왔다.

다만, 사후영장을 발부받지 아니한, 긴급처분으로서의 검증조서의 증거능력을 부정하였고,31) 간통 당사자 중 일방이 공갈목적으로 상대방의 동의를 얻어 나체를 촬영한 사진을 상대방에 대한 간통죄 증거로 사용할 수 있는지가 문제된 사안에서 이로 인하여 피고인의 사생활의 비밀을 침해하는 결과를 초래한다 하더라도 이는 피고인이 수인하여야 할 기본권의 제한에 해당된다고 보고 증거능력을 인정하였다.32)

---

30) 대법원 1988. 5. 10. 선고 87도2716 판결.

31) 대법원 1984. 3. 13. 선고 83도 3006 판결, 대법원 1989. 3. 14. 선고 88도1399 판결, 대법원 1990. 9. 14. 선고 90도1263 판결.

32) 대법원 1997. 9. 30. 선고 97도1230 판결: 모든 국민의 인간으로서의 존엄과 가치를 보장하는 것은 국가기관의 기본적인 의무에 속하는 것이고, 이는 형사절차에서도 당연히 구현되어야 하는 것이기는 하나 그렇다고 하여 국민의 사생활영역에 관계된 모든 증거의 제출이 곧바로 금지되는 것으로 볼 수는 없고, 법원으로서는 효과적인 형사소추 및 형사소송에서의 진실발견이라는 공익과 개인의 사생활의 보호이익을 비교교량하여 그 허용여부를 결정하고, 적절한 증거조사의 방법을 선택함으로써 국민이 인간으로서의 존엄성에 대한 침해를 피할 수 있다고 보아야 할 것이므로, 피고인의 동의하에 촬영한 나체사진의 존재만으로는 피고인의 인격권과 초상권을 침해하는 것으로 볼 수 없고, 가사 사진을 촬영한 제3자가 그 사진을 이용하여 피고인을 공갈할 의도였다고 하더라도 사진의 촬영이 임의성이 배제된 상태에서 이루어진 것이라고 할 수는 없으며, 그 사진은 범죄현장의 사진으로서 피고인에 대한 형사소추를 위하여 반드시 필요한 증거로 보이므로, 공익의 실현을 위하여는

(3) 개정 형사소송법 제 308 조의 2

적법한 절차에 따르지 아니하고 수집한 증거는 증거로 할 수 없다.

6. 대상판결의 검토

(1) 의 의

대상판결은 첫째, 위법하게 수집된 압수물의 증거능력을 인정하여 오던 종전의 판결을 변경하여 위법하게 수집된 압수물의 증거능력을 부정한 데에 그 의의가 있다.

둘째, 위법수집증거 배제법칙을 규정한 개정 형사소송법 제308조의 2의 해석에 관한 일응의 기준을 제시하였다는 데에 그 의의가 있다.

(2) 위법수집증거 배제법칙의 기준

미국에서는 일단 증거수집과정에 절차위반이 있으면 원칙적으로 증거능력이 부정되고 있고, 예외적으로 수사기관이 정직하고 합리적인 신뢰에 따라 위법이 아니라고 믿고 수집하였다거나(선의이론), 개인이 위법하게 증거를 수집한 경우, 피고인의 권리가 침해되지 않은 경우, 피고인이 포기한 물건의 경우 예외적으로 절차위반이 있더라도 증거능력을 인정하고 있다.

이에 반하여 독일, 프랑스, 영국, 일본 등에서는 제반 여러 요소들을 종합적으로 판단하여 재량적으로 위법수집증거물의 증거능력을 판단하고 있다.

대상판결은, 원칙적으로 헌법과 형사소송법에서 정한 절차에 위반하여 수집한 증거 및 이를 기초로 하여 획득한 2차적 증거에 관하여 원칙적으로 유죄 인정의 증거로 삼을 수 없다고 판시하고 있다.

다만, 예외적으로 이러한 경우에도 ① 수사기관의 증거수집 과정에서 이루어진 절차위반행위와 관련된 모든 사정을 전체적·종합적으로 살펴 수사기관의 절차 위반행위가 적법절차의 실질적인 내용을 침해하

그 사진을 범죄의 증거로 제출하는 것이 허용되어야 하고, 이로 말미암아 피고인의 사생활의 비밀을 침해하는 결과를 초래한다 하더라도 피고인이 수인하여야 할 기본권의 제한에 해당된다.

는 경우에 해당하지 않고, ② 적법절차의 원칙과 실체적 진실규명의 비교교량을 통하여 그 증거의 증거능력을 배제하는 것이 형사사법 정의를 실현하려 한 헌법과 형사소송법의 취지에 반하는 결과를 초래하는 것으로 평가되는 경우에는 예외적으로 그 증거를 유죄 인정의 증거로 사용할 수 있다고 판시함으로써 위법수집증거 배제법칙의 적용범위에 관한 기준을 제시하고 있다.

또한, 위법수집증거를 기초로 하여 획득한 2차적 증거에 관하여도 독수과실론을 원칙적으로 인정하면서도, 2차적 증거수집과 관련된 모든 사정을 전체적·종합적으로 고려하여 인과관계가 희석 또는 단절된 경우에는 예외적으로 증거능력을 인정함으로써 미국의 희석(The purged taint)이론을 일응 수용하고 있다.

[주 제 어]
위법수집증거배제, 배제기준, 2차적 증거

[Key words]
exclusion of illegally obtained evidence, standard for exclusion, secondary evidence

접수일자: 2008. 4. 18, 심사일자: 2008. 5. 16, 게재확정일자: 2008. 5. 28.

[Abstract]

Admissibility for Illegally Obtained Evidences

Jun, Joo-Hyae*

In the past, the Supreme Court had admitted illegally obtained evidence. However, in this ruling, the Court reversed its previous position by declaring that illegally obtained evidence, as well as any secondary evidence obtained from the initial illegally obtained evidence, are inadmissible, and reaffirmed the importance of obeying relevant legal procedures when obtaining evidences from searches and confiscation.

The revised criminal trial law, which goes into effect on January 1, 2008, also codifies this principle of excluding illegally obtained evidence. The ruling forbids the admission of illegally obtained evidence in general, but allows admission in exception cases. Thus, the ruling provides a prima facie standard for the revised criminal trial law.

This paper examines the extent of exclusion for illegally obtained evidences in the US, Germany, UK, France and Japan, and looks at the standard for admission and exclusion as laid out in the ruling.

* Judge, Judicial Research and Training Institute.

해외주재 영사작성 진술기재서면의 성질과 증거능력

이 완 규*

[대상판결] 대법원 2006. 9. 28. 선고 2006도3922 판결

[공소사실]

피고인은 갑으로부터 피고인의 직무와 관련된 청탁을 받자 뇌물을 교부받기로 마음먹고 평소 피고인의 자금을 관리하는 A에게 대재벌 회장인 갑을 만나 뇌물 요구의사를 전달하게 하였다.

피고인의 지시를 받은 A는 갑을 만나 피고인의 뇌물요구의사를 전달하고 피고인의 핸드폰 번호를 알려주었으며 뇌물을 무기명양도성예금증서로 해달라고 말하였다. 갑은 무기명 양도성 예금증서 150억원 상당을 준비하여 재벌 계열사 회장인 을로 하여금 피고인에게 전달하게 하였다.

이에 따라 피고인은 2000. 4. 중순경 을을 만나 을로부터 150억원 상당의 양도성예금증서를 교부받아 뇌물을 수수한 것이다.

[사실심의 경과]

피고인은 수사단계에서부터 공판정에 이르기까지 A에게 뇌물요구의사를 전달하도록 지시한 일이 없으며, 을을 만나 뇌물을 받은 사실을 부인하였다. 이에 반해 을은 피고인을 만나 150억원의 양도성예금증서를 전달하였다고 진술하였다.

갑은 수사 진행 중에 자살을 하였는데 자살을 하기 전에 A로부터 피고인의 뇌물요구의사를 전달받은 사실과 이에 따라 150억원의 양도

* 서울고등검찰청 검사, 법학박사.

성예금증서를 마련하여 을로 하여금 피고인에게 전달하라고 지시한 사실, 나중에 A로부터 피고인이 잘 받았다고 하더라는 인사를 한다는 말을 전달받은 사실 등을 진술하였다.

검찰은 갑이 피고인에게 교부하였다는 양도성예금증서의 자금추적을 하던 중에 그 자금을 A가 관리하고 있다는 사실을 확인하게 되었고, 이 사건의 중요한 증인인 A는 이 사건과 관련된 별개 사건으로 피고인에 대한 수사가 개시되자 미국으로 출국하였다. 출국 이후에 외국의 거주지와 연락처를 알 수 없었으며 오로지 변호사를 통해서만 연락할 수 있는 상황이었다.

피고인의 범행부인 진술과 피고인에게 뇌물을 전달하였다는 을의 진술이 팽팽하게 대립됨에 따라 피고인과 을의 진술 중 누구의 말이 진실인가가 핵심쟁점이 되었다. 그리고 그 신빙성 판단에 최종적으로 양도성예금증서를 관리하였던 A가 그 증서를 누구로부터 받았는가가 핵심사항이었다. 이에 따라 검찰이 미국 정부에 대하여 그 소재를 확인하여 달라는 형사사법공조요청을 하였으나 그 회신을 받지 못하였고 법원의 소재탐지로도 소재를 확인할 수 없었다. 그리고 A는 본건과 별개로 또 다른 권력층의 알선수재범행의 공범으로 수배되어 있었고(A는 피고인뿐만 아니라 또 다른 권력층의 자금도 관리하여 주고 있었다) 귀국하면 처벌받을 우려가 있었다(나아가 A가 귀국하면 A가 관리하던 당시 권력자들의 자금 규모와 조성 등에 대하여 세세한 수사가 진행될 것이므로 이것이 밝혀지는 것을 막기 위해서도 A는 귀국할 수 없는 상황이었던 것으로 생각된다).

공판 진행 중에도 A는 변호사를 통해 자신과 가족들의 신변위협과 건강 등을 이유로 귀국의사가 없다고 하고 있었다. 이에 따라 검찰은 A의 변호사를 통해 그 진술의 필요성을 전달하였고 A는 귀국하는 대신에 외국의 체류지에서 변호사를 만나 진술을 하고 변호사가 그 진술을 기재한 서면을 제출하기로 하였다.

그리하여 A의 변호사가 동남아에 있는 한 호텔에서 A를 만나 A

의 진술을 청취하고 노트북 컴퓨터를 이용하여 그 진술을 정리하여 출력한 다음 A가 이를 확인하고 서명 무인하여 진술서를 작성하였다. A의 변호가가 이 진술서를 법정에 제출하였으나 그 진술서의 진위여부, 무인의 진위여부 등이 다투어지고 그러한 사실이 언론에 보도되자 A가 변호사에게 연락하여 다시 진술서를 작성하게 하였다. 그리하여 A의 변호사가 다시 동북아에 위치한 한 호텔에서 A를 만나 같은 방법으로 A의 진술서를 작성하였고 A는 그 기재내용을 확인한 후 서명무인을 하였고 이 진술서의 진술내용이 변호인을 만나 자의에 의하여 자유로운 분위기에서 기억을 되살려 작성한 것이라는 내용의 자필진술서까지 작성하여 서명무인하여 주었다.

원심법원은 A명의의 진술서에 대하여 제314조를 적용하여 원진술자가 공판정에서 진술할 수 없는 때에 해당하고, 진술서의 작성경위와 상황, 작성 당시 관여하였던 변호사가 제출한 상황, 관련 진술서면의 기재 등을 종합하여 진술서 등의 작성과정에 허위개입의 여지가 거의 없고, 그 진술내용의 신빙성이나 임의성을 담보할 구체적이고 외부적인 정황이 있었다고 보여지므로 모두 증거능력이 있다고 판단하였다.

나아가 이와 같이 증거능력이 인정된 A의 진술서와 을의 진술 및 갑의 진술에 대한 전문진술과 진술서면 등을 종합하여 공소사실을 인정하고 유죄판결을 하였다.

[대법원의 파기]

피고인에 대하여 유죄판결을 하였던 원심판결에 대하여 대법원은 A 진술서의 증거능력을 부정하고, 나아가 을 진술의 신빙성이 없다는 이유로 채증법칙 위반을 들어 원심을 파기하였다.

이 글의 주제와 관련된 A의 진술서와 관련하여 보면 대법원은 제314조에 의해 증거로 사용할 수 있으려면 진술 또는 작성이 특히 신빙할 수 있는 상태 하에서 행하여진 때라는 요건이 필요한데 이 진술서는 이 요건을 갖추지 못하였다고 판단하였다.

먼저, 이 요건은 그 진술내용이나 조서 또는 서류의 작성에 허위개입의 여지가 거의 없고, 그 진술내용의 신용성이나 임의성을 담보할 구체적이고 외부적인 정황이 있는 경우를 가리킨다고 전제한다. 그렇게 하고 나서 ① A가 이 사건과 관련하여 별개의 사건으로 피고인에 대한 수사가 시작되자 미국으로 출국한 사실, ② 이 사건의 수사와 재판의 경과, 내용을 파악하고 있는 상태에서 변호인 앞에서 1차 및 2차 진술서를 작성한 사실, ③ A는 당초 출국한 미국에서 동남아의 호텔과 동북아의 호텔로 이동하여 변호사를 자신이 묵고 있는 호텔로 오도록 연락하여 그 변호사 앞에서 구술하고 변호사가 준비하여 간 노트북에 이를 정리하여 출력하는 방법으로 피고인에게 불리한 내용의 진술서를 작성하여 그 변호사를 통하여 이를 검찰 또는 법원에 제출하면서도 계속하여 그 소재를 감추고 재판과정에서의 거듭된 귀국·증언 요구를 거부함으로써 그 진술서 등의 내용을 확인·탄핵하려는 피고인측의 반대신문의 기회를 원천적으로 봉쇄하고 있고, 다른 방법으로는 이를 확인·탄핵할 방법이 없는 사실, ④ A나 A의 변호사가 어떤 동기 또는 목적으로 이와 같이 매우 이례적인 방식으로 진술서 등을 작성하여 이를 수사기관이나 법원에 제출한 것인지 알 수 없는 사실, ⑤ A는 자신과 가족들의 신변위협이나 건강 이상이 있음을 인정할 자료를 찾아볼 수 없는 사실 등을 지적하였다. 그리고 이러한 사실들을 들면서 작성자인 A가 외국에 거주하게 된 경위, 진술서 등이 작성된 전후의 사정과 그 작성 경위, 그 작성의 장소·방법이 정상적이라고 볼 수 없고, 진술서 등의 작성 동기나 목적이 석연치 아니한 점, 진술서 등의 진술내용을 확인하거나 탄핵할 방법이 없는 점 등의 사정에 비추어 볼 때 진술서 등의 작성에 허위 개입의 여지가 거의 없다거나 그 진술내용의 신용성이나 임의성을 담보할 구체적이고 외부적인 정황이 있다고 하기에 부족하다고 하였다.

[파기환송심]

대법원에서 A의 진술서에 대하여 증거능력을 부정하고 A 또한 귀국시의 형사처벌가능성이나 정치적인 영향력이 있는 피고인과의 관계 등으로 귀국을 거부하고 있는 상황에서 검찰은 사건의 주요 증인인 A의 진술을 증거로 사용할 수 있는 방법을 찾아야 하였다.

그렇다고 검사가 외국으로 가서 A를 조사할 수도 없었고, 재판부가 외국으로 가서 A를 신문할 수도 없었다. 그러므로 다른 방법으로 A 진술의 신용성을 담보할 수 있도록 국가기관이 A의 진술을 들을 수 있는 방법을 강구하여야 하였는데 그 방법으로 검찰이 착안한 것이 비엔나 협약 제5조 (j)목[1]에 따라 외국에 주재하고 있는 영사 앞에서 A가 진술하게 하고 그 진술 내용을 영사가 진술기재서면으로 작성하는 것이었다.

이에 따라 검찰이 법원에 영사를 통하여 A의 증인신문을 해줄 것을 신청하였고 법원이 그 신청을 받아들여 법무부와 외교통상부를 거쳐 일본 주재 대한민국 영사에게 공조요청서를 송부하였다. 이에 따라 일본 주재 대한민국 영사가 영사 앞에 출석한 A에 대하여 공조요청서에 첨부된 질문사항에 관하여 질문을 하고 A로부터 그에 대한 답변을 청취하여 진술 내용을 서면에 작성하고 A의 서명무인을 받은 다음 작성자로 영사가 서명날인한 영사작성 진술기재서면을 작성하여 법원에 송부하였다.

그러나 파기환송심에서는 이 영사작성 진술기재서면에 대하여 이를 「영사 진술서」라고 칭하면서 이를 제313조 소정의 서류로 판단한 다음 제314조에 의한 증거능력 부여 여부를 검토하면서 특히 신빙할 만한 상태를 인정할 수 없다는 이유로 증거능력을 부인하였다.

나아가 피고인에게 뇌물을 직접 전달하였다는 을의 진술에 대하여도 대법원의 파기 취지대로 신빙성이 없다는 이유로 결국 피고인에게

---

1) 유효한 국제협정에 의거하여 또는 그러한 국제협정이 없는 경우에는 접수국의 법령과 양립하는 기타의 방법으로 파견국의 법원을 위하여 소송서류 또는 소송 이외의 서류를 송달하거나 또는 증거조사의뢰서 또는 증거조사위임장을 집행하는 것.

무죄를 선고하였다.

[대법원의 판단]

검찰의 상고에 대하여 대법원은 파기환송심에서 영사작성 진술기재서면의 증거능력을 부인한 판단을 옳은 것이었다고 판단하였다.

즉, ① 이 사건에서 A는 피고인에 대한 뇌물수수 공소사실이 인정되지 않을 경우 곧바로 자신의 형사책임이 문제될 수 있어 피고인과는 이해관계가 정면으로 상반되는 위치에 있는 자로서 이 사건의 핵심적인 증인 및 잠재적인 피의자에 해당하는데 동인이 이 사건의 수사가 개시되기 직전 미국으로 출국한 이래 수년간 의도적으로 귀국·증언을 회피하고, 해외에서 계속 도피생활을 하고 있는 상태에서 영사와 A만이 참석한 자리에서 진술서가 작성됨으로써 피고인 등은 그 내용에 대하여 면전에서 반대신문을 할 수 있는 기회가 봉쇄되어 있어 실체적 진실발견에 극히 미흡한 점, ② A 스스로도 누차 자신이 당분간 귀국의사가 없음을 피력한 상태이므로 영사 진술서는 이미 장래 공판기일에서 A에 대하여 반대신문하는 것이 불가능하다는 것이 예정되어 있는 상황에서 작성된 것인 점, ③ A가 영사 진술서의 기재내용에 대하여 위증의 벌 등 아무런 법적 제재나 부담이 없는 상태에서 작성되었고 동인의 희망에 따라 녹음·녹화도 실시되지 않아 그 진술태도를 확인할 방법도 없는 점, ④ 영사 진술서의 작성 시기가 이 사건 수사뿐만 아니라 환송 전 원심에 이르기까지 증거조사가 시행된 후이고, A가 언론 등을 통하여 해외에서 관련자들의 진술 내용을 모두 파악할 수 있는 상태에서 영사 진술서가 작성된 점, ⑤ 영사 진술서의 내용을 보더라도 자신에게 불리한 내용은 전혀 없이 모두 피고인이 줄곧 부인하고 있는 피고인의 뇌물 요구 지시사실과 이 사건 CD 수령사실에 부합하는 내용만을 담고 있을 뿐만 아니라 그 기재 내용 중에는 자신이 피고인으로부터 "돈 많이 들어 죽겠어", "갑을 잘 알잖아."라는 말을 듣고 갑에게 "피고인이 요새 어려운 모양인데 한번 도와줘요."라고 하였을 뿐 구체적인 금액이나 무기명 CD 등 뇌물의 형태에 대하여는 갑에게 이야기 하지 않았다는 부분이 있는데 그렇다면, 피고인이나 A가 150억원이라는 거액의 뇌물액수나 뇌물의 형태에 관하여 갑에게 언급하지 않았음에도 갑이 일방적으로 이를 결정하여 피고인에게 전달하였다는 것이 되므로 이는 통상의 경험칙에 부합하지 않는 점 등 이 사건 영사 진술서가 작성된 전후의 사정, 진술서 작성 시기, A가 처한 입장, 진술서의 기재내용 등에 비추어 볼 때 이 사건 영사 진술서의 작성에 허위개입의 여지가 거의 없다거나 그 진술 내용의 신용성이나 임의성을 담보할 구체적이고 외부적인 정황이 있다고 보기에 부족하다고 하였다.

〔연 구〕

Ⅰ. 서

1. 영사작성 진술기재서면의 의의

영사작성 진술기재서면이란 영사가 파견국의 수사기관이나 법원의 의뢰를 받아 주재국에 체류하고 있는 자국민에 대한 조사나 신문을 행하고 그 내용을 기재한 서면을 말한다. 영사관계에 관한 비엔나 협약 제5조의 영사기능에는 유효한 국제협정에 의거하여 또는 그러한 국제협정이 없는 경우에는 접수국의 법령과 양립하는 기타의 방법으로 파견국의 법원을 위하여 소송서류 또는 소송 이외의 서류를 송달하거나 또는 증거조사의뢰서 또는 증거조사위임장을 집행하는 것(제5조 (j)목)이 있는바 이러한 활동은 영사 관계에 따라 접수국에서 영사가 활동할 수 있는 내용으로 이미 파견국과 접수국간에 협의가 되어 있는 것이다.

2. 문제의 제기

이 사건 판례에서 대법원은 ① 영사작성 진술기재서면을 영사진술서라고 칭하면서 이를 제313조의 서면으로 파악하고 있고, ② 원진술자가 공판정에 출석할 수 없으므로 제314조에 따라 증거능력을 판단하여야 하는데 이 사건에서는 특신상태가 인정되지 않는다고 판단하였다.

이러한 판단에 대하여는 먼저 대법원과 같이 영사작성 진술기재서면을 제313조의 서면으로 파악하는 것이 타당한가하는 의문이 생긴다. 즉 이 사건과 같이 법원이 의뢰하여 외국에서 주재국과의 외교적 협약에 따라 한국 국가기관으로서 활동하는 영사가 "법원을 대신하여" 신문을 한 후 그 내용을 작성한 진술기재서면을 법원이나 법관이 작성한 서류와 같이 취급할 수는 없겠는가 하는 것이다.

다음으로 이 사건 영사작성 진술기재서면과 같이 국가기관 앞에서 진술한 내용에 대하여 증거로 사용할 수 있는 자격으로서의 증거능력조차 인정하지 않는 것이 타당한가 하는 점이다. 즉, 그 진술내용을 진실한 것으로 믿고 피고인에 대한 공소사실을 인정할 수 있는 증명력이 있는가라는 점은 별론으로 하고 다른 제반 증거와 함께 증거로써 고려할 수 있는 자격인 증거능력을 부인하는 것이 타당한가이다.

여기서 대법원이 영사작성 진술기재서면의 증거능력을 부정한 근거가 제314조에 있어서의 「특히 신빙할 수 있는 상태」가 인정되지 않는다는 것이었으므로 특신상태의 의미가 무엇인지, 즉 특신상태에 대한 판례의 이해가 타당한지를 검토할 필요가 있다.

Ⅱ. 영사작성 진술기재서면의 성질

1. 전문증거와 전문법칙

전문증거란 전문진술(hearsay)을 증거로 제출하는 것을 말한다. 전문진술은 공판정 이외에서 행한 진술(out of court statements)을 그 진술내용의 진실임을 입증하기 위하여 사용하는 경우를 말한다. 즉, 전문증거는 ① 진술(statement)의 존재, ② 공판정 이외에서 행해진 진술일 것, ③ 진술내용이 진실임을 입증하는 목적일 것을 요소로 한다.[2)]

그런데 공판정 이외에서 행한 전문진술을 증거로 사용하기 위하여 공판정에서 법원에 대해 그러한 진술이 있었다는 사실을 입증하여 사

2) Roberts/Zuckermann, Criminal Evidence, Oxford, 2004, 580쪽.

실판단을 하는 법원이 이를 인정하는 것이 전제된다. 이에 따라 그러한 진술이 있었다는 사실을 입증하기 위하여 여러 가지 매체와 방법이 사용되는데 이 매체가 전문증거이다.

즉 전문진술을 다른 사람이 듣고 이를 증언하는 전문증언, 전문진술을 기록한 진술서나 진술기재서면, 녹음물, 영상녹화물 등이 모두 전문증거이고, 나아가 자신이 공판정 외에서 한 진술을 공판정에서 스스로 그러한 진술을 한 일이 있음을 인정하는 진술[3]도 전문증거이다.

전문법칙이란 이러한 전문증거는 원칙적으로 증거능력이 없다는 것이다. 그 근거는 원진술자가 공판정에서 구두로 증언하면서 반대신문으로 검증되는 것에 비하여 전문증거는 부정확하고(inaccurate) 신빙성이 없을(untrustworthy) 가능성이 많다는 전제이다.[4] 그러므로 전문진술이 행해진 특별한 정황을 참작하여 원진술자에 대한 반대신문의 요청을 상쇄할 만한 사정이 있는 경우는 이를 증거로 할 수 있다는 논리가 전개되며, 그 중요한 기준이 필요성(necessity)과 신용성(reliability)이다.

이에 따라 필요성과 신용성이라는 기준에 의하여 전문법칙의 다양한 예외들이 발생하였고 유형화된 다양한 예외들 이외에도 최후적으로 판사가 필요성과 신용성을 판단하여 예외를 인정할 수 있는 일반적 예외(residual exception)도 인정되어 결과적으로 전문법칙은 증거배제의 법칙이라기보다는 전문증거를 증거로 사용하기 위한 법칙으로까지 주장된다.

2. 형사소송법상 영사작성 진술기재서면의 적용법조

(1) 쟁　　점

우리나라는 직업법관이 재판하는 나라임에도 불구하고 1961년 법 개정시 일본의 영향을 받아 형사소송법에 전문법칙을 도입하였다. 이에

---

3) 예컨대 증인 갑이 수사기관 앞에서 A라고 진술하였는데 공판정에서는 B라고 증언을 한다고 하자. 이 때 검사가 증인 갑에게 수사기관 앞에서 A라고 말한 일이 있는가라고 질문하고 이 질문에 대하여 갑이 수사기관 앞에서 A라고 말한 일이 있다고 대답하면 갑이 수사기관 앞에서 A라고 말하였던 점을 인정할 수 있다. 필자는 이를 인정진술이라고 표현하고 있다.

4) Roberts/Zuckermann, 앞의 책, 623쪽.

따라 공판정 외에서의 진술을 기재한 서면 등은 제310조의2에 따라 원칙적으로 증거능력이 없고 이를 증거로 사용하려면 다시 증거능력을 인정한 예외조항에 해당하여야 한다.

전문증거인 진술서면에 대하여 증거능력을 인정한 예외조항으로 ① 공판준비 또는 공판기일에서의 법원 또는 법관의 조서인 제311조(증거보전절차 및 기소 전 증인신문절차 포함), ② 수사기관의 조서인 제312조, ③ 사인작성 진술서면인 제313조가 있고, ④ 원진술자가 공판정에서 진술할 수 없는 경우의 예외조항인 제314조, ⑤ 유형적으로 신용성이 보장되어 당연히 증거능력을 인정하는 경우인 제315조가 있다.

본 사건에서 영사작성 진술기재서면, 즉 영사가 법원의 공조요청서에 의하여 공조요청서에 기재된 질문사항을 A에게 질문하고 이에 대한 대답을 서면에 기재한 후에 A가 그 기재내용을 확인하고 서명무인한 후 이에 더하여 문서작성자인 영사가 서명날인을 한 서면(판례는 영사진술서라는 용어를 사용하나 진술서는 스스로 작성한 서면으로 본인의 서명날인만 있는 것을 말하므로 이 사건 서면은 진술기재서면이라고 함이 타당할 것이다)은 어느 조항에 해당할까.

(2) 해석가능성

1) 사인작성 서면설(제313조설)

영사작성 진술기재서면은 법원 또는 법관의 조서도 아니며 수사기관의 조서도 아니므로 그 이외의 자가 작성한 서면에 관한 제313조를 적용하여 판단하여야 한다는 견해로 본건 판례의 견해이다.

2) 법관의 조서 유추적용설

이 사건과 같이 법원의 공조요청에 의하여 영사가 작성한 진술기재서면은 법원 또는 법관의 조서와 성격이 같다는 것으로 이 사건에서 검찰이 주장하였던 견해이다.

이러한 주장은 영사관계에 관한 비엔나협약 제5조 (j)목에 근거하고 있고 나아가 독일의 입법례를 참조한 것이다. 영사관계에 관한 비엔나협약에 의하여 영사는 접수국에서 파견국의 국가기관을 대행하여 협약상 허용된 활동을 할 수 있다. 이 협약 제5조 (j)목은 영사가 할 수 있는 활동으로서 증거조사의뢰서 또는 증거조사위임장을 집행하는 것을 규정하고 있는데 이에 따라 영사는 파견국의 법원이나 검찰 등 수사기관의 의뢰에 따른 증거조사를 할 수 있다. 그 때 영사는 그 의뢰를 하는 기관의 위임을 받은 기관으로서 그 기관과 지위가 같다고 할 것이다. 즉, 영사가 검사의 의뢰를 받아 참고인을 조사하는 경우 영사는 검사로부터 위임받은 한도에서 검사의 역할을 하는 것이고 영사가 법원의 의뢰를 받아 증인에 대한 조사를 하는 경우 영사는 위임받은 한도에서 법원의 역할을 하는 것이다.

이와 같은 논리에 따라 독일은 「영사의 업무에 관한 법률」(Gesetz über die Konsularbeamten, ihre Aufgaben und Befugnis, 약칭 Konsulargesetz) 제15조에 법원 또는 관청의 의뢰로 영사가 한 신문은 의뢰관청의 신문과 같은 효력이 있고 그 조서의 증거로서의 효력도 같다는 규정을 두고 있다.[5)]

그런데 이러한 독일의 영사의 업무에 관한 법률 규정은 영사관계에 관한 비엔나 협약을 내국에 적용하기 위하여 협약 내용을 구체화한 법률로서 영사의 신문이나 조서에 관한 효력은 이미 협약 내용에 의하여 인정되는 것이다. 즉, 협약에 의해 인정될 수 있는 당연한 내용을 국내법으로 명문화한 것에 불과하다는 것이 검찰의 견해였다. 한편, 형사소송법 제167조 제1항은 법원이 증인의 현재지 지방법원판사에게 그 신문을 촉탁할 수 있다고 하고 있는데, 증인이 외국에 있는 경우 그 외

5) 제15조(신문과 심문)

제1항: 영사는 독일의 법원과 관청의 의뢰를 받아 신문을 할 수 있다.

제2항: 법관의 신문을 대체할 신문에 대한 의뢰는 독일 국내에서 법관의 신문을 의뢰할 수 있는 법원이나 관청에 의하여 행해져야 한다. 선서를 한 후에 행하는 신문이 의뢰된 때에는 영사는 선서를 받을 수 있다.

제3항: 각 상황에 따른 신문에 적용되는 독일의 절차법적 규정은 영사의 신문에 준용된다. 통역인으로부터는 선서가 행해질 필요가 없다. 신문을 행한 영사는 조서를 작성할 수 있다. 영사는 강제처분을 할 수는 없다.

제4항: 영사 앞에서 행해진 신문, 선서 및 영사가 신문내용을 기재한 조서는 내국의 법원과 관청이 행한 신문, 선서 및 신문 내용을 기재한 조서와 동일한 효력이 있다.

제5항: 신문에 관한 규정들은 심문절차에도 적용된다.

국에는 우리나라의 판사가 그 직무를 행할 수는 없다. 그리고 이 때 판사의 직무를 행할 수 있는 사람은 바로 비엔나협약에 따르면 영사이므로 법원의 의뢰를 받은 영사는 제167조 제1항을 유추적용하여 법원의 촉탁을 받은 지방법원판사에 준한다는 것이다.

따라서 비록 우리나라는 독일과 같이 영사의 업무에 관하여 법률규정을 두고 있지 않고 이에 따라 영사가 행한 신문이나 영사가 작성한 조서의 효력에 대하여 국내법적 규정이 없지만 영사관계에 관한 비엔나협약의 해석상 당연한 효력으로써 법원의 의뢰를 받아 행한 신문을 행하는 영사는 형사소송법 제167조 제1항에 규정된 수탁판사에 준하는 지위에 있고 따라서 이에 따라 영사작성 진술기재서면은 당해 소송절차에서 작성된 법관의 조서로서 증거능력이 인정된다는 것이다.

3) **사견: 법관의 조서 유추적용설**

영사는 주재국에서 영사관계에 관한 비엔나협약에 의해 허용된 활동에 관하여 파견국 국가기관을 대리한다는 점, 영사가 파견국 국가기관의 의뢰를 받아 행하는 행위는 그 국가기관의 위임을 받아 이를 대리하는 것인 점, 형사소송법 제167조 제1항에 의하면 법원은 증인의 현재지의 지방법원판사에게 신문을 촉탁할 수 있고 외국의 경우 지방법원판사의 기능을 할 수 있는 기관이 영사인 점 등을 종합하면 이 사건과 같이 법원의 요청을 받아 행한 영사의 신문은 제167조 제1항을 유추적용하여 수탁판사의 신문과 성질이 같고 따라서 법원의 조서로서 증거능력을 판단하는 것이 타당할 것이다.

만약 대법원의 판단처럼 이를 제313조의 사인작성 서면으로 판단하면 이와 같이 복잡한 절차를 거쳐 신문을 할 이유가 없다. 이 사건에서 영사 신문은 법원이 영사 신문의 공조요청을 하고, 그 서면을 관서로서의 의미인 대법원을 거쳐 법무부에 보내고 다시 외교통상부를 거쳐 일본에 있는 대사관을 통해 영사관으로 보내져 영사가 국가기관으로써 법원의 요청을 받아 법원이 신문요청서에 적어 보낸 질문사항을 대신하여 질문하고 그 답변을 적는 이러한 절차를 거친 것이다.

이러한 복잡한 절차를 거쳐 외국에서 영사가 행하는 신문이나 그 결과인 진술기재서면을 그저 사인이 작성한 진술기재서면과 같이 취급하는 것은 타당하다고 할 수 없다. 왜냐하면 국가기관인 영사가 법원의 의뢰를 받아 법원이 요청한 질문사항을 질문하는 이러한 상황은 일반 사인이 A의 진술을 받아 적는 것과는 큰 차이가 있는 것이고 특신상태 즉, 진술상황 신용성의 정황적 보장이 큰 것이다. 바로 이러한 특신정황의 차이가 있기 때문에 검찰에서는 복잡한 절차를 거쳐 가면서 법원에 영사 신문을 신청한 것이다.

이 사건에서 검찰은 이미 A의 진술사항에 대하여 증인 A의 변호인이 외국에 있는 A를 직접 만나 그 진술을 기재한 진술서를 받아서 제출한 바 있고 그 진술서가 이미 특신상태를 인정할 수 없다는 이유로 증거능력을 부정당하였다. 그런데 이렇게 복잡한 절차를 거쳐 행해진 영사 신문과 그 결과인 진술기재서면의 특신상태를 마찬가지의 수준으로 평가하여 증거능력을 부정한다면 이러한 절차를 이행한다는 것이 무슨 의미가 있겠는가.

그리고 이러한 영사 신문에 대하여 독일의 입법례와 같이 의뢰한 국가기관의 신문과 같은 취급을 하면서 증거능력을 인정하는 것은 우리나라 국민이 외국에 많이 체류하고 있는 국제화시대의 현실에서도 매우 의미가 있다.

외국과의 교류가 늘어나면서 외국 체류가 매우 빈발하고 있는 현실에서 중요한 증인이나 참고인이 외국에 있는 경우 그 사람을 조사할 수 없어서 수사든 재판이든 형사절차를 진행할 수 없다면 매우 비효율적일 것이다. 그렇다고 참고인이나 증인을 다른 사람의 사건에 대한 수사나 재판을 위하여 출국을 못하게 할 수도 없는 것이다. 그러므로 이 사건에서와 같은 영사 신문을 활성화한다면 수사기관은 수사기관대로, 법원은 법원대로 적절한 시기에 외국에 있는 참고인이나 증인을 조사하고 이를 증거로 사용하여 수사나 재판을 해낼 수 있을 것이므로 형사사법 전체적인 운영면에서도 매우 바람직할 것이다.

3. 영사의 공판정 진술에 의한 진정성립 증명문제

어떻든 대법원은 영사작성 진술기재서면에 대하여 제313조를 적용하였다. 그런데 제313조에 의하면 증거능력 인정을 위하여 진정성립이 증명될 것이 필요하며 그 증명은 원공판기일에서 작성자 또는 원진술자의 진술에 의하여 증명되어야 한다. 여기서 이 진술기재서면에 있어 원진술자인 A가 귀국하여 공판정에서 진술하는 것을 거부하고 있는 상황이므로 원진술자의 진술에 의한 진정성립 증명은 불가능하다.

그런데 법문은 진정성립의 입증방법으로 작성자의 진술도 들고 있으므로 그렇다면 작성자인 영사가 공판정에 나와 진정성립에 관한 증언을 함으로써 이를 증명할 수 있는가의 문제가 있다. 만약 그것이 가능하다면 이 사건과 같이 제3자가 원진술자의 진술을 듣고 적은 진술기재서면의 경우 원진술자가 법정에 출석할 수 없는 상황에서도 작성자인 제3자가 법정에 나와 진정성립에 관한 증언을 하면 증거로 사용할 수 있게 되기 때문이다.

그러나 이에 관하여는 진술기재서면의 경우 원진술자 이외에 작성자의 공판정 진술에 의하여도 진정성립 증명이 가능하지만 작성자에 의한 증명은 원진술자가 공판정에 출석하는 것을 전제로 적용된다고 할 것이다. 형사소송법에서 법원이나 법관 조서의 경우만 증거능력 요건으로서 진정성립을 요구하지 않고 그 이외의 서면에 대하여는 진정성립을 요건으로 하면서 그 진정성립에 관하여 원진술자의 공판정 진술을 필요로 하게 한 것은 원진술자의 공판정 출석을 필요적으로 만들어 원칙적으로 원진술자를 출석시켜 진술을 듣는 것을 강제하기 위한 취지였다고 본다. 그렇게 함으로써 제정형사소송법의 입법자들은 우리 증거법에 원칙적으로 원진술자를 공판정에 출석하게 하여 진술을 듣는 직접주의를 관철시키고자 하였던 것으로 보인다. 조서 등의 진정성립을 증거능력 요건으로 도입하였던 제정형사소송법에서는 전문법칙은 도입되지 않았으므로 이는 직접주의적 관점에서 그 의미를 찾는 것이 타당하다. 즉, 당시에 현실적인 필요에 따라 조서나 서면을 증거로 하여 직접주의의 예외를 인정하면서 적어도 원진술자의 출석은 필요로 하도록 한 것이다.

따라서 제313조 제1항에서 진술기재서면에 관하여 작성자가 진정성립에 관하여 증언하는 경우는 원진술자가 공판정에 출석하여 진정성립을 부정하거나 진술을 거부하여 달리 증명할 수 없는 경우에 작성자를 증언하게 하여 진정성립을 증명하는 경우라고 본다.

그런데 이 사건에서도 원진술자인 A가 공판정에 출석하여 진술할 수 없으므로 작성자인 영사가 출석하여 진정성립을 증명하는 방법은 고려할 필요가 없다. 그러므로 결국 원진술자가 출석할 수 없는 경우를 예정한 조문인 제314조 적용문제로 넘어가게 되는데 여기서 특신상태의 인정여부가 또 다시 문제가 되는 것이다.

Ⅲ. 증거능력과 증명력, 그리고 특신상태

검찰은 영사작성 진술기재서면의 의율을 법원의 견해와 같이 제313조와 제314조로 의율하여야 한다고 하더라도 영사 신문이 행해지는 정황은 특신상태를 인정할 수 있다는 견해였고 이에 대해 대법원은 특신상태를 인정할 수 없다는 견해였으므로 증거능력 요건으로써 특신상태가 무엇인지가 문제된다. 이를 검토하기 전에 먼저 증거능력이란 무엇이며 증명력과 어떻게 구별되는가의 개념정리가 선행될 필요가 있다.

1. 증거능력의 의의

증거능력이라 함은 증거가 엄격한 증명, 즉 공소사실과 같이 형벌권의 존부와 그 범위에 관한 사실을 증명하는 경우의 자료로 사용할 수 있는 자격이라고 파악하는 것이 일반적이다.[6]

증거능력과 관련한 이해는 영미법계와 대륙법계가 좀 다르다. 영미법계에서 증거능력을 의미하는 단어는 admissibility인데 이 용어의 의

6) 배종대/이상돈, 형사소송법 제4판, 2002, 511쪽; 이재상, 형사소송법 제6판, 2002, 450쪽.

미는 특정한 증거를 공판정(trial)에 들어올 수 있게 하는 것이다. 이는 특히 배심재판과 관련이 있는데 사실판단을 하는 배심원들이 유죄판결을 함에 있어 그 증거를 고려할 수 있도록 배심원들 앞에 그 증거를 내놓게 할 것인가의 문제이다.7)

이에 따라 영미법계에서 증거능력은 직업법관인 판사가 결정하는 문제인데 판사는 이 증거능력 판단을 통해서 검사와 피고인이 제출하는 증거들 중에서 배심원들 앞에 보여지게 될 증거들을 선별하는 것이다. 그런데 이 증거능력 판단에 있어서 유의할 것은 판사가 사실판단에 대한 배심원들의 결정권한을 먼저 차지해버리는 식으로 침해하여서는 안 된다는 것이다. 따라서 판사의 기능은 단지 배심원들이 보기에는 도움이 안 되고, 불필요하거나 오염된(tainted) 정보를 차단하는데 그쳐야 하는 것이다. 제출된 증거들을 종합적으로 고려하여 사실상의 추론을 통해 결론에 도달하는 것, 즉 증거의 증명력 판단은 배심원이 할 일이므로 판사가 이러한 일까지 모두 행하면서 증거를 제한하여서는 안 되는 것이다.8)

이에 반하여 대륙법계인 독일에서의 증거능력에 해당하는 단어는 Verwertbarkeit이다. 이는 공판정에서 현출될 수 있는 자격을 의미하는 것이 아니라 공판 전에 현출시켜 증거조사를 한 후에라도 법원이 공소사실과 같이 형벌권의 존부와 그 범위에 관한 사실을 증명하는 자료로 이를 사용할 수 있는가(verwertbar)가 중점이다.

2. 증거능력과 증명력

증명력(trustworthyness)이란 어떠한 증거가 공소사실과 같이 형벌권의 존부와 그 범위에 관한 사실을 증명하는 증거로 믿을 만한가, 즉 신빙성의 문제이다. 신빙성이 있으면 그 증거를 믿고 공소사실 등을 인정하게 될 것이고, 신빙성이 없으면 이를 믿지 않고 배척하게 될 것이다.

7) Roberts/Zuckermann, 앞의 책, 96쪽; Park/Leonard/Goldberg, Evidence Law 2 Ed., Thomson/West, 2004, 256-267쪽.

8) Roberts/Zuckermann, 앞의 책, 96쪽.

배심원을 전제로 한 영미법계의 admissibility와 직업법관 위주의 재판을 전제로 한 독일법상의 verwertbar의 차이는 증거능력과 증명력과의 구별에 있어 현저하다.

영미법계에서 증거능력이 배제되는 경우는 크게 ① 증거의 증명력과는 상관없이 작동되는 경우, 예컨대 위법수집증거의 배제법칙 등이 있고, ② 증거의 증명력과도 연관되면서 그 증거를 사실판단에 있어 고려하는 것이 적절한가라는 판단에 의해 작동되는 경우가 있다.

영미법계의 admissibility나 독일법상의 Verwertbarkeit나 증거의 증명력과 상관없이 작동되는 영역이 있는 점은 동일하다. 그리고 오히려 독일법상의 verwertbar는 위법하게 수집된 증거의 증거능력에 관한 이 부분에서 주로 사용된다. 그러나 증거능력을 증명력과 관련하여 판단하는 부분은 독일법에서는 나타나지 않는데 그 이유는 독일은 사실판단도 직업법관이 주도하는 체제인 점이 원인으로 생각된다.

즉, 영미법계에서 전문법칙과 같이 증거의 증명력과 관련하여 배심원 앞에 증거로 보여 질 수 있는 자격으로서의 증거능력이 논해지는 것은 사실판단을 배심원들이 하기 때문이다. 법률전문가가 아닌 일반시민이 사실판단의 전권을 가진 배심재판에서 배심원들의 사실판단에 있어서의 오류를 방지하기 위하여 배심원들을 오도할 수 있는 가능성, 즉 편견(prejudice)이나 잘못된 인상(mischief)을 줄 가능성이 커서 그 우려가 그 증거가 갖는 증명적 가치(probative value)보다 큰 경우에는 이를 배심원들이 보는 것을 제한할 필요가 있다. 따라서 증거능력을 판단함에 있어서는 그 증거의 신빙성도 판단요소가 되며 판사는 그 증거의 증명력과 편견의 위험성 사이의 균형점을 찾는 기능을 하게 된다.[9] 그러므로 이때 증거능력의 판단은 그 증거가 가진 증명력에 비추어 편견의 위험성이 적어 배심원들이 이를 증거로서 고려하여도 좋다는 의미이므로 증거능력은 그 증거로 공소사실 등을 인정하는 증명력과는 구별되지만 그럼에도 불구하고 증거능력 판단에 신빙성이 고려되는 것이다.

9) Roberts/Zuckermann, 앞의 책, 97쪽.

따라서 영미법계의 전문법칙에서 증거능력을 인정하는 단계에서 고려되는 증거의 신빙성은 낮은 단계의 신빙성이다. 이는 그 증거를 다른 증거자료와 함께 고려할 때 “이를 믿고 공소사실을 인정할 수 있겠는가”라는 증명력 판단에서의 신빙성과는 명백히 구별하여야 한다. 전문법칙의 증거능력 판단에 있어 사용되는 reliability를 신용성이라고 번역한다. 한편, 최종적 단계에서 공소사실을 인정하는 자료로 그것을 믿을 것인가 하는 판단을 주로 신빙성이라고 하므로 신용성이라는 용어는 신빙성과 구별하기 위한 것으로 보인다. 그러나 reliability가 결국 trustworthiness의 정황적 보장을 말하므로[10] 상호 연관성이 있다. 즉, 영미법계에서는 전문증거의 신용성 판단이 증거능력의 단계와 증명력의 단계로 2분된다. 여기서 증거능력 단계의 신용성 판단은 낮은 단계의 신용성이며 증명력은 높은 단계의 신빙성이다. 그리고 판사가 판단하는 증거능력 판단시의 신용성은 낮은 단계라는 것이다.

중요한 것은 그 증거를 다른 증거와 종합하여 고려하면서 이를 믿고 공소사실을 인정할 것인가, 즉 증거의 증명력 판단은 배심원의 권한이며 판사가 판단할 사항이 아니다. 배심원은 증거능력이 인정되어 배심원에게 현출된 증거들을 모두 종합적으로 고려하여 그 중에서 믿을 만한 증거를 선택하여 판단하는 것이므로 증거능력이 인정된다고 하여 증명력이 인정되는 것은 아닌 것이다. 만약에 판사가 증거능력 판단에 있어 그 증거의 내용적 신빙성을 다른 증거자료들과 종합하여 판단하면서 믿을 수 없다는 이유로, 즉 공소사실을 인정할 만한 신빙성이 없다는 이유로 증거능력을 배제한다면 이는 배심원의 사실판단권한을 빼앗는 것이 되는 것이다.

이에 반해 독일에서는 사실판단도 직업법관들이 주도하므로 제출된 증거의 관련성이나 필요성, 신빙성 문제 등은 직업법관들의 자유심증에 의해 판단하면 되고 이를 별도로 공판정에 현출하도록 할 것인가의 문제단계에서 거를 필요가 없는 것이다. 따라서 독일에서는 영미법

10) Leonard/Gold, Evidence–A Structured Approach, Aspen, 2004, 268-269쪽.

계의 전문법칙이라는 것이 없다. 단지 법관이 직접 조사하는 것을 다른 사람의 조사결과로 대체할 수 없다는 의미에서 직접주의가 있을 뿐이다. 그러므로 증거의 신빙성은 다른 증거를 종합하여 공소사실을 인정하는 자료로 믿을 것인가의 증명력 판단 단계에서 1회적으로 고려될 뿐이다.

그리고 사실 판단자와 증거능력 판단자가 동일하므로 동일한 재판주체가 동일한 주제인 신빙성 판단을 증거능력이라는 단계와 공소사실 인정단계로 나누어 판단하는 것도 불합리하다고 할 수 있다. 그렇게 되면 증거능력 단계에서 고려되는 신빙성과 공소사실 인정단계에서 고려되는 신빙성을 구별하기 어려울 뿐 아니라 개념적으로 구별한다고 하여도 실제로 구분하여 판단하는 것이 쉽지 않을 것이기 때문이다.

3. 특신상태

(1) 의 의

특신상태란 전문증거를 증거로 사용하기 위한 예외사유의 일반적 기준으로써 신용성과 필요성 중에서 신용성에 관한 것으로, 신용성을 정황적으로 보장할 수 있는 상태(circumstantial guarantees of trustworthiness)를 말한다. 그러므로 이 개념도 배심재판을 전제로 하여 전문법칙을 발전시킨 영미법계의 증거법상 개념이며 직업법관 위주의 독일법에서는 증거능력과 관련하여 이런 개념을 사용하지 않는다.

신용성의 정황적 보장이 일반적 기준이라고 하는 것은 이 기준이 전문법칙에 관한 모든 예외사유에 기본적으로 전제가 되어 있고 구체적 유형으로 예외사유가 인정되는 경우가 아닌 때에도 이 일반적 기준에 의하여 증거로 사용할 만하다고 인정되면 증거능력이 인정되는 포괄적 기준으로 작용하기 때문이다.

예컨대 피고인 자신의 불리한 진술의 예외, 영업문서의 예외 등은 그 자체로 신용성의 정황적 보장이 있는 것으로 보는 것이고 그러한 유형적 예외사유에 해당하지 않음에도 일반적 기준으로 증거능력을 인정할 수 있는 것이며 이를 포괄적 예외(residual exception)라 한다.[11]

형사소송법에도 전문증거의 예외사유로서 제312조의 검사작성 피의자신문조서의 증거능력 요건, 제316조 제1항의 피고인의 진술을 내용으로 하는 제3자의 공판정 진술의 증거능력 요건, 제314조 및 제316조 제2항의 원진술자 공판정 진술불능시의 증거능력 요건 등으로 규정되어 있는 것은 구체적 유형화된 증거의 경우이고 포괄적인 규정으로는 제315조 제3호가 있다.

(2) 특신상태와 증명력의 구별

특신상태란 전문증거에 대한 증거능력 인정 기준일 뿐 그것을 믿어서 공소사실을 인정하는 증거로 삼는 것과는 구별하여야 한다. 따라서 여기서 말하는 신용성의 정황적 보장은 낮은 단계의 기준으로써 이러한 정도의 신용성이 있다면 일단 다른 증거들과 함께 증거판단의 자료로 고려하도록 하는 정도이다. 그 증거를 다른 증거들과 종합적으로 고려하여 신빙성이 있다고 생각하여 믿는가는 그 다음 문제이다. 즉 신용성의 정황적 보장이 있다고 하여 증거능력이 인정되어도 다른 증거들에 비추어 신빙성이 없다면 믿지 않을 수도 있는 것이다.

(3) 판단기준

이러한 특신상태의 판단은 진술자가 진술하게 된 경위, 진술자와 사건과의 관계, 진술할 때의 상황, 진술자의 기억력의 정도, 지적 수준, 진술내용이 전체적으로 보아 그 사건을 경험한 사람의 진술로 평가할 수 있는 지 등의 제반정황을 종합적으로 고려하여 판단하는 것이다. 이는 구체적 사안에 따라 가릴 수밖에 없는 것이고 추상적인 기준을 설정하는 것은 무의미하다고 할 것이다.

한편, 미국에서는 연방법 제807조의 포괄적 예외기준을 적용함에 있어서는 제803조나 제804조에 규정된 유형화된 예외 사유에 해당하는 정도의 신용성을 요구하지는 않으며 실무상 그 보다 신용성이 덜한 증

11) 보통법상 인정되는 예외사유이며 미국 연방증거법은 제807조로 성문화하고 있다.

거들도 제807조에 의하여 증거능력이 인정된다고 한다.[12] 결국 이것은 특신상태라는 기준이 증거의 신빙성에 대한 최종적 판단이 아니라 그 증거를 다른 증거들과 함께 고려할 수 있을 정도의 자격을 부여하는 낮은 단계의 신빙성 판단임을 보여주는 것이라 할 것이다.

대법원은 이에 대하여 그 진술내용이나 조서 또는 서류의 작성에 허위개입의 여지가 없고, 그 진술내용의 신빙성이나 임의성을 담보할 만한 구체적이고 외부적인 정황이 있는 경우를 가리킨다고 한다. 역시 추상적인 기준이다.

그런데 특히 여기서 허위개입의 여지가 없다는 기준이 문제가 될 수 있는데 이를 진술내용까지 구체적으로 문제 삼아 평가한다면 이는 결국 그 진술의 신빙성에 대한 최종적인 판단이 되므로 이는 부적절하다. 따라서 여기서의 허위개입의 여지가 없다 함은 그 진술내용이 구체적으로 진실인가가 아니고 진술내용을 전체적으로 볼 때 허위임 즉, 원진술자가 도대체 그러한 경험사실이 전혀 없음에도 불구하고 경험사실을 진술하는 것처럼 날조하는 정도이거나 대부분의 진술이 허위인 경우여서 이를 증거로 고려할 가치가 없는 경우를 말한다고 하여야 할 것이다. 그러므로 그 진술내용에 비추어 그 진술상황이 전체적으로 보아 실제로 경험한 사실로 보인다면 구체적 내용에 있어 일부 사실과 다른 부분이 있는 것처럼 보이더라도 일단 특신상태는 인정된다고 하여야 할 것이다. 그 후 그 진술 중에서 일부 사실과 다른 부분은 믿지 않고, 나머지 사실에 부합하는 부분은 믿고 하는 판단은 최종적인 증명력 판단에서 행해질 수 있을 것이다.

4. 본 판례에서의 특신상태 판단 검토

특신상태에 관한 이러한 일반론에 비추어 보면 이 사건 판례가 행한 특신상태 판단은 증거능력 기준으로서의 특신상태 판단이라기보다는 다른 증거들과 본 증거를 종합하여 판단하면서 최종적으로 이 증거

12) Leonard/Gold, Evidence -A Structured Approach, Aspen, 2004, 268-269쪽.

를 믿을 수 없다는 판단을 하는 것, 즉 최종적인 증명력 판단이라고 할 수 있다.

판례가 특신상태를 부정한 논거는 ① A는 피고인에 대한 뇌물수수 공소사실이 인정되지 않을 경우 곧바로 자신의 형사책임이 문제될 수 있어 피고인과는 이해관계가 정면으로 상반되는 위치에 있는 자인 점, ② 외국에 도주하여 있어 반대신문이 불가능한 점, ③ 향후에도 반대신문이 불가능한 것이 예정된 상황에서 진술된 점, ④ 영사 진술시기가 관련자들의 진술 내용을 모두 파악할 수 있는 상태에서 행해진 점, ⑤ 영사 진술서의 내용을 보더라도 자신에게 불리한 내용은 전혀 없이 모두 피고인이 줄곧 부인하고 있는 피고인의 뇌물 요구 지시사실과 이 사건 CD 수령사실에 부합하는 내용만을 담고 있을 뿐만 아니라 그 기재 내용 중에는 자신이 피고인으로부터 "돈 많이 들어 죽겠어", "갑을 잘 알잖아."라는 말을 듣고 갑에게 "피고인이 요새 어려운 모양인데 한 번 도와줘요."라고 하였을 뿐 구체적인 금액이나 무기명 CD 등 뇌물의 형태에 대하여는 갑에게 이야기 하지 않았다는 부분이 있는데 그렇다면, 피고인이나 A가 150억원이라는 거액의 뇌물액수나 뇌물의 형태에 관하여 갑에게 언급하지 않았음에도 갑이 일방적으로 이를 결정하여 피고인에게 전달하였다는 것이 되므로 이는 통상의 경험칙에 부합하지 않는 점 등이다.

그러나 반대신문이 불가능하다는 점은 이미 이 증거가 증인 A의 공판정 출석이 불가능하여 공판정에서의 반대신문이 불가능한 상황을 전제로 하고 그 상황에서 진술을 증거로 하기 위하여 복잡한 절차를 행하여 영사신문이 이루어진 것이므로 반대신문이 불가능한 것을 문제 삼아 증거로 할 수 없다고 하는 것은 동어반복적 논리이다. 그리고 반대신문이 그렇게 문제된다면 이 사건 영사 신문에 피고인측 변호인을 참여하게 하여 반대 신문을 할 수 있도록 절차적으로 배려하는 방안도 강구할 수도 있었을 것이다. 나아가 그렇게 하는 것도 불가능하였다면 법원은 이미 A의 진술서로 A의 진술내용의 상당부분을 알고 있었고 피고인측도 그러하므로 피고인이 하고 싶은 반대신문사항을 함께 영사에게 전달하여 이 부분도 영사를 통하여 반대신문 할 수도 있었을 것이다. 이러한 배려를 전혀 하지 않은 채 단순히 반대신문이 없었다는 점만을 문제 삼는 것은 적절하지 않다고 생각한다.

오히려 A의 진술이 전달됨에 있어 객관적인 기관인 영사가 이를 듣고 기재하였으므로 그 진술기재서면의 작성에 허위개입의 여지가 없다. 나아가 영사 앞에서 임의적으로 조사된 내용이므로 임의성에 대한 정황적 보장도 있다. 다만 남는 것은 A의 진술내용의 신용성의 문제이다.

그런데 대법원은 A의 진술내용 중 일부에 대하여 문제 삼으면서 거액의 뇌물을 요구하면서 액수나 형태에 대하여 언급하지 않았다는 점을 경험칙에 부합하지 않는다고 문제 삼고 있다. 그러나 재벌기업의 회장에게 권력자가 뇌물을 요구하면서 구체적인 액수를 특정하지 않는 경우는 얼마든지 있다. 그냥 달라고만 하여도 기업체에서 업체규모에 따라 알아서 일정한 금액을 가져오는 예도 많고, 때로는 여러 기업에 요구하면서 일부러 얼마를 가져오라는 말을 하지 않으면서 각자 얼마를 가져오는지를 보겠다는 식으로 하여 기업간에 경쟁을 시키기도 한다. 그러므로 이와 같은 재벌기업과 권력층의 돈관계에 있어 요구하는 뇌물금액을 미리 정하지 않았다고 하여 이를 경험칙에 부합하지 않는다고 판단하는 것 자체가 현실에서 일어나는 실상에 맞지 않는다.

나아가 오히려 대법원의 판단에 따르면 평소에 피고인의 자금을 관리하는 사채업자인 A가 당시의 권력자인 피고인 몰래 피고인의 지위를 허위로 이용하여 갑에게 접근하여 피고인의 지시라면서 뇌물을 준비하여 달라고 하고 이에 따라 갑이 150억원의 CD를 준비하여 이를 피고인에게 전달하라고 을에게 주었는데 을은 또 이를 피고인에게 전달하지 않고 평소에 알고 있던 A에게 전달하여 빼돌렸다는 말이 되는데 이것이 경험칙에 부합하는 것일까.

그러나 이러한 경험칙에 대한 판단 문제보다도 더 지적하고 싶은 것은 대법원이 A의 전체적인 진술 중에서 일부의 점에 대한 불신을 이유로 진술 전체의 증거능력을 배척하고 있다는 점이다. 왜냐하면 A의 진술 내용에는 이 사건에서 뇌물을 준비하여 교부한 갑이나 그 뇌물을 직접 전달한 을의 진술 내용과 부합하는 부분도 상당히 있고 그렇다면 적어도 A가 전혀 없는 사실을 날조하여 진술하는 것은 아니기 때문이다. 또한 이 사건에서 교부된 150억원의 CD를 최종적으로 A가 관리하고 있었으므로 A의 진술이 전체적으로 허위여서 증거로서 고려할 가치가 없는 정도가 아니라 할 것이다.

나아가 이미 이 사건 원심에서는 A의 진술내용을 믿고 피고인에 대하여 유죄판결을 하였다. 즉 이 사건에서 A의 진술에 대해 최종적인 신빙성을 부여하여 이를 믿을지 안 믿을지에 대하여 직업법관들 사이에서도 견해가 갈리고 있는 것이다. 그렇다면 적어도 이에 대해 증거능력은 인정하여야 하는 것이 아닐까.

그러므로 일단 증거로서 고려할 자격, 즉 증거능력은 인정하고 일부 신빙성이 있는 부분과 신빙성이 없는 부분을 다른 진술들과 비교하여 종합적으로 누구의 말을 믿을 것인지의 증명력 판단으로 보는 것이 적절하였다고 생각한다. 즉, 대법원이 A의 진술의 신빙성이 없어 이를 믿을 수 없다고 한 그 판단을 그대로 인정한다고 하더라도(물론 이 사건을 수사하고 공소를 담당하였던 검사들은 대법원의 판단이 사실을 잘못 판단하였다고 믿고 있다) A의 진술이 일고의 가치도 없는 그런 진술이 아닌 한 그 진술기재서면에 대하여 증거능력이 없다는 판단을 할 것이 아니고 원심이 A의 진술을 믿고 다른 증거와 종합하여 피고인에 대해 유죄판단을 한 것이 채증법칙 위반이라는 사유로 파기하는 것이 적절하였을 것으로 생각한다.

Ⅳ. 증거능력 없는 증거의 증거조사 문제

1. 원칙: 증거능력 없는 증거는 증거조사 불가

영미법계에서 증거능력을 의미하는 admissibility는 그 증거가 공판정에 들어와 배심원 앞에 현출될 수 있는 자격을 의미한다. 여기서 배심원들 앞에 현출되는 절차가 바로 증거조사절차이다. 그러므로 증거능력이 없는 증거는 증거조사 할 수 없다.

이에 대한 예외로 공소사실에 대한 증거로 사용할 수는 없으나 탄핵증거로 사용하는 경우이다. 영미법적 개념으로 말하면 탄핵증거는 탄핵용으로 사용하는 한에서 증거능력이 있는 것(admissible)이다. 그러므로 당연히 탄핵증거도 공판정에서 증거조사 되며 배심원들에게 현출된다. 다만 판사가 배심원들에게 이 증거는 공소사실을 인정하는 것으로 고려하지는 말고 증인의 신빙성을 판단하는 용도로만 사용하여야 한다는 설명을 하여 주의를 줄 뿐이다.

그러므로 만약 이 사건이 영미법계에서 재판되었고 법원이 A에 대한 진술기재서면이 특신상태가 없어 증거능력이 없다고 판단하였다면 이는 증거신청단계에서 기각되고 공판정에서 증거조사 되지 않았을 것이다. 즉, 배심원은 A의 진술내용에 대하여 전혀 알지 못하고 판단하여야 하는 것이다. 그리고 A의 진술내용을 기재한 서면은 탄핵증거도 아니다. 왜냐하면 A가 공판정에 나와 진술한 일이 없으므로 A의 공판정 진술을 탄핵한다는 경우가 발생할 여지가 없을 뿐 아니라 A의 진술내용은 피고인에 대한 공소사실을 입증하기 위한 적극적 증거이기 때문이다.

2. 실무관행 : 증거조사 후 증거능력 판단

그러나 현실의 실무관행은 본 사건에서도 보듯이 증거조사를 한 후에 증거능력을 판단한다. 이것은 우리나라의 규범은 영미법적인 전문법칙을 도입하여 특신상태 등을 규정하고 있지만 현실의 실무는 대륙법계의 독일과 같이 모두 증명력으로 판단하고 있음을 의미한다. 즉 법원이 최종적으로 판단하기에 믿을 수 없다고 생각하는 것을 특신상태가 인정되지 않는다고 하면서 증거능력이 없다고 판단하는 것이다. 규범과 현실이 괴리되어 있는 상황이며 이는 현실적 토대를 무시하고 외국의 규범을 수입하였고 이에 대한 충분한 검토와 준비가 없었기 때문에 발생하는 것이다.

이러한 실무관행은 우리나라가 직업법관이 사실판단을 하는 구조인 한 자연스러운 것이다. 배심재판의 경우는 배심원에게 보여줄 것인가를 법률전문가인 판사가 선별한다는 의미에서 낮은 단계의 신빙성이라는 특신상태 기준으로 증거능력을 가리고, 그 증거능력을 통과한 증거들을 종합하여 배심원들이 어떤 부분을 믿을 것인가를 최종적인 증명력으로 판단한다는 구조가 자연스럽다.

그러나 직업법관이 증거능력 판단과 그 증거에 대한 신빙성 판단을 모두 하는 나라에서, 같은 증거를 본 법관이 자신의 그 증거에 대한 신빙성 부여 상황을 두 단계로 나누어 증거능력으로서의 신빙성과 증명력으로서의 신빙성을 나누어 판단한다는 것이 쉬운 일이 아닌 것이다. 따라서 한꺼번에 행하는 것이 편하고 관행이 되는 것이다.

3. 직업법관 재판에서 신용성을 기준으로 하는 증거능력 판단의 부적절성

이것은 역설적으로 직업법관 재판인 우리나라에서 신용성을 기준으로 증거능력 판단을 하는 것이 부적절하다는 것을 보여준다. 그러므로 우리나라와 같은 재판구조에서는 증거능력 요건은 가능한 한 외부적으로 명확히 판단할 수 있는 요건만을 규정하고 특신상태와 같은 신용성 판단을 기준으로 하는 증거능력 요건을 두지 않는 것이 적절하다고 본다. 그 신용성 판단은 최종적으로 법관의 자유심증에 의한 증거의 증명력 판단으로 해결하면 되며 그것이 자연스럽다.

4. 국민참여재판과의 관계

그런데 2007. 4. 30. 국민의 형사재판참여에 관한 법률이 제정되어 2008. 1. 1.부터 시행되고 있다. 이 국민참여재판은 매우 이상한 형태로 미국식 배심제도를 모델로 하여 배심원단을 구성하여 재판에 참여하되 배심원단의 평결은 판사를 기속하지 않고 권고적 효력만을 가진다. 즉, 최종적인 판단은 판사의 몫이다.

그럼에도 불구하고 일단 배심원단이 권고적 효력이기는 하지만 그 평의를 판사와 별개로 독립적으로 행하므로 그 배심원단의 사실판단을 위한 증거자료를 선별하여 줄 필요가 있다. 즉 일반 시민들로 구성된 배심원단에 편견을 유발하거나 오판으로 이끌기 쉬운 증거 또는 불필요한 증거를 미리 직업법관이 선별하여 줄 필요가 있다. 그리고 이에 따라 배심원들에게 보여 지는 것이 부적절하다고 판단된 증거는 공판정에 들어오는 것을 막는 것, 즉 증거능력을 부인하는 절차가 의미를 가질 수 있게 되었다.

그런데 나아가 사실판단의 전권이 배심원단에 있는 것이 아니고 결국 최종적으로는 직업법관이 하게 되므로 판사는 그렇게 선별되어 증거능력을 인정해준 증거들 중에서 이를 종합적으로 고려할 때 어떤 부분을 믿을 것인지도 판단하여야 한다.

그러므로 국민참여재판에 있어서 이제 우리나라 판사들은 전문증거의 신용성을 ① 배심원들에게 보여도 될 만한 자격이 있는가라는 기준의 판단과, ② 그런 자격을 인정한 후에 종합적으로 그 증거로써 최종적으로 공소사실을 인정할 수 있는가라는 판단을 명확히 나누어 해야 하는 상황이 되었다.

이러한 상황에서 특신상태의 판단을 이 사건 판례와 같이 최종적인 신빙성 판단과 같은 수준으로 판단하는 것은 부적절하다. 이는 증거능력 판단에서 아예 최종적인 사실판단을 하여 버리는 것이 되고, 그러면 결국 배심원단의 사실판단권을 침해하는 것이기 때문이다. 이 사건에서 대법원의 특신상태 판단이 부적절하였다는 것은 이러한 경우에 비추어 보아도 쉽게 알 수 있다.

이 사건을 국민참여재판으로 진행하였을 때 배심원단이 피고인의 유무죄에 관한 판단을 함에 있어서 A의 진술내용을 전혀 보지 않고 판단하여야 옳은 것일까, 아니면 A의 진술내용을 배심원들도 알게 한 후에 그 진술과 다른 진술들을 종합적으로 고려하여 A의 진술을 믿을지 안 믿을지를 배심원이 판단하게 하는 것이 옳은 것일까. 필자는 후자가 적절하다고 본다. 그런 의미에서 이 사건 판례는 증거능력 판단과 증명력 판단을 혼동하였다고 보는 것이다.

V. 결 어

최근 우리나라 학계나 판례의 경향을 보면 진술증거에 관하여 법정에서 행해진 진술이 아닌 한 그 증거능력을 가능한 배제하려고 한다. 즉, 전문증거에 가능한 한 증거능력을 인정하지 않으려 한다.

이것은 얼핏 보면 「전문증거는 원칙적으로 증거능력이 없다」는 원칙론적인 문구를 생각하면 타당한 것처럼 보인다. 그러나 전문증거에 관한 이론을 조금만이라도 구체적으로 공부한 사람이라면 이러한 논리가 얼마나 허망한 것인지 쉽게 알 수 있다. 오히려 전문법칙의 나라인 미국이나 영국은 수많은 예외사유를 발생시키면서 가능한 한 전문증거를 증거로 사용하려고 하고 있는 것이다. 그리고 영국은 2003년의 Criminal Justice Act에서 전문법칙이 부당하게 유용한 증거를 재판에서 배제하는 부작용이 있다는 이유로 전문증거의 증거사용을 획기적으로 확대하는 방향으로 법을 개정하였다.

또한 직업법관의 사실판단까지도 주도하는 대륙법적 관점에서 보아도 이러한 경향의 부적절성을 쉽게 할 수 있다. 중세와 절대왕정기의 규문절차를 타파하면서 형사소송법상 증거법의 영역에서 세워진 가장 큰 변화가 바로 모든 증거는 원칙적으로 증거로 사용할 수 있다는 것, 따라서 법원은 모든 증거를 자유로운 심증으로 종합적으로 판단하여 법원의 확신에 따라 판결을 할 수 있다는 원칙이 세워진 것이며 바로 이것이 자유심증주의이다. 이러한 자유심증주의는 규문시대와 같이 유죄판결을 하기 위하여 자백이 있거나 독립 증인 2인 이상의 증언이 있어야 한다는 식의 증기능력 제한이 결과적으로 법원이 자신의 확신에 반하는 재판을 하여야 하는 상황을 발생하게 하고 그것이 부당하다고 하여 이를 타파하면서 세워진 원칙이다. 그러므로 자유심증주의하에서 판사는 위법수집증거와 같이 증거의 신빙성여부와는 상관없이 배제되는 원칙에 의한 것이 아니면 적어도 신빙성에 관한 한 이를 증명력으로 판단을 하면 되는 것이다.

이러한 관점에서 보면 이 사건 영사 신문의 결과인 영사작성 진술기재서면에 있어서 대법원이 이와 같이 복잡하고 공식적인 절차를 거친 신용성이 있는 서면마저도 특신상태를 엄격히 해석하면서 증거능력 단계에서 이를 배척한 것은 적절하지 않았다고 본다. 최종적으로 다른 증거들과 종합하여 이를 믿지 못하겠다면 증거능력은 인정하되 증명력으로 판단하면 적절할 것이다.

그리고 특신상태를 기준으로 한 증거능력 판단은 이제 국민참여재판에서는 최종적인 증명력 판단과 명백히 구분하여야만 하는 상황이 되었다. 향후 우리나라의 법관들이 이 문제에 어떻게 적응할지 우려와 기대가 교차한다.

[주 제 어]
전문법칙, 전문진술, 영사작성 진술기재서면, 신용성의 정황적 보장, 증명력 판단으로서의 증거의 선택

[Key words]
hearsay rule, hearsay statements, statements recorded by Consul, guarantee of trustworthiness. selection from the admissible evidences for trusting the facts asserted

접수일자: 2008. 4. 26, 심사일자: 2008. 5. 19, 게재확정일자: 2008. 5. 31.

[Abstract]

Admissibility of Out of Court Statements Recorded by Consul

Lee, Wan-Kyu*

Recently, many people live or travel abroad by various reasons. In this global era, we cannot only require the witness to come to homeland for testifying in court. It is necessary to provide a new method to take a reliable evidence which can solve the case with the witness staying abroad.

In this case, the Prosecutor's Office try to give a new method by requesting the Consul in Japan to hear the witness and record the statements. According to the Vienna Convention on Consular Relations, Consul can hear the people of the Consul's nation. German Consular Relations Law provides that the admissibility of out of court statements recorded by Consul is regulated according to the institution which makes the request. Therefore, if the request comes from court, the statements recorded by the Consul according to the request are treated as statements recorded by Judge.

From this point of view, the Prosecutor's Office insisted that the out of court statements recorded by Consul in Japanese be treated as the out of court statements recorded by Judge in deciding the guarantee of trustworthiness. But the Court construed that the statements recorded by Consul as the statements recorded by private person. Worse than this, the Court denies the guarantee of trustworthiness as the condition for the admissibility for the evidence.

But this guarantee of trustworthiness as a condition for admissibility is relatively lower level of reliability than the reliability for the

* Prosecutor, Seoul High Prosecutors' Office.

selection from the admissible evidences for trusting the facts asserted. The selection from the admissible evidences is for the fact finder, for example, trial jury. not for the leader of the procedure. But in this case, the Court seems to be unable to distinguish this guarantee of trustworthiness as a condition for admissibility from the issue of selection from the admissible evidences for trusting the facts asserted. So the Court's decision is inappropriate and the statements recorded by Consul should have been admitted.

피고인 제출증거의 증거능력과 증거조사

신 용 석*

[대상판결 1] 대법원 2005. 8. 19. 선고 2005도2617 판결 [공 2005. 9. 15. (234), 1530]

[판결의 요지]

검사가 유죄의 자료로 제출한 사법경찰리 작성의 피고인에 대한 피의자신문조서는 피고인이 그 내용을 부인하는 이상 증거능력이 없으나, 그것이 임의로 작성된 것이 아니라고 의심할 만한 사정이 없는 한 피고인의 법정에서의 진술을 탄핵하기 위한 반대증거로 사용할 수 있으며, 또한 탄핵증거는 범죄사실을 인정하는 증거가 아니므로 엄격한 증거조사를 거쳐야 할 필요가 없음은 형사소송법 제318조의2의 규정에 따라 명백하나 법정에서 이에 대한 탄핵증거로서의 증거조사는 필요한 것이고, 한편 증거신청의 방식에 관하여 규정한 형사소송규칙 제132조 제1항의 취지에 비추어 보면 탄핵증거의 제출에 있어서도 상대방에게 이에 대한 공격방어의 수단을 강구할 기회를 사전에 부여하여야 한다는 점에서 그 증거와 증명하고자 하는 사실과의 관계 및 입증취지 등을 미리 구체적으로 명시하여야 할 것이므로, 증명력을 다투고자 하는 증거의 어느 부분에 의하여 진술의 어느 부분을 다투려고 한다는 것을 사전에 상대방에게 알려야 한다.

* 청주지방법원 제천지원장(부장판사).

[대상판결 2] 대법원 1994. 11. 11. 선고 94도1159 판결[공 1994. 12. 15. (982), 3326]

[판결의 요지]

검사가 유죄의 자료로 제출한 증거들이 그 진정성립이 인정되지 아니하고 이를 증거로 함에 상대방의 동의가 없더라도, 이는 유죄사실을 인정하는 증거로 사용하는 것이 아닌 이상 공소사실과 양립할 수 없는 사실을 인정하는 자료로 쓸 수 있다고 보아야 한다.

〔연　　구〕

Ⅰ. 피고인 제출 증거의 재검토

헌법 제27조 제4항과 이에 따른 형사소송법 제275조의2가 '형사피고인은 유죄의 판결이 확정될 때까지는 무죄로 추정된다.'고 규정하고 있으므로, 형사소송절차에서 공소범죄사실(公訴犯罪事實)에 대한 거증책임(擧證責任)이 검사에게 있음은 아무런 의문이 없다.[1] 공소범죄사실에는 구성요건해당의 사실뿐만 아니라 위법성과 책임의 존재가 포함되므로 위법성조각사유와 책임조각사유의 부존재에 대하여도 검사에게 거증책임이 있다는 것이 통설이다. 그리고 처벌조건인 사실, 형의 가중·감면의 사유인 사실, 소송법상의 사실[2]까지 대부분 검사에게 거증책임이 있다는 것이 통설 내지는 다수설이다.[3] 우리나라 판례도 형사소송절차에서 거증책임에 대한 위와 같은 통설 또는 다수설과 궤를 같이 한다.

1) 대법원 2003. 12. 26. 선고 2003도5255 판결 등.

2) 대법원 2006. 11. 23. 선고 2004도7900 판결 등은 '진술의 임의성은 검사에게 증명책임이 있다'고 판시한다. 그러나 대법원 1997. 10. 10. 선고 97도1720 판결까지는 '진술의 임의성을 잃게 하는 그와 같은 사정은 헌법이나 형사소송법의 규정에 비추어 볼 때 이례에 속한다 할 것이므로 진술의 임의성은 추정된다'고 판시하였다.

3) 형사소송에서도 거증책임을 논하기는 하지만, 결국 통설에 의하여도 검사가 아닌 피고인에게 거증책임이 인정되는 경우라는 것은 거증책임의 전환으로 논의되는 형법 제263조 상해죄의 동시범과 형법 제310조 명예훼손죄의 사실의 증명 밖에 없게 된다.

그러므로 형사소송에서는 대부분의 사실에 대하여 거증책임이 검사에게 있게 되어 증거법(證據法)의 논의나 실제 증거조사도 검사가 신청·제출한 증거를 중심으로 다루어지고, 피고인이 신청·제출하는 증거에 대하여는 별도로 논의조차 하지 않는 현상은 어쩌면 당연하다고 할 수도 있다. 따라서 피고인이 신청·제출하는 증거에 관한 대법원 판례도 찾기 어렵고, 반대증거 또는 탄핵증거에 관하여 판시하고 있는 대상판결도 모두 피고인이 아닌 검사가 제출한 증거에 대한 판단이라는 아쉬움이 있다. 그러나 형사소송의 구조에 있어 당사자주의(當事者主義)가 강화되고, 특히 요즘 법원이 강조하는 공판중심주의(公判中心主義)의 강화에 따라서 현재 피고인 또는 변호인이 신청·제출하는 증거의 분량이 증가하고 있는 중이고 그 증거방법도 다양화되고 있으므로 피고인 제출 증거의 증거능력과 그 조사방법에 대한 재검토가 필요하지 아니할 수 없다. 그리고 피고인이 공소사실을 부인(否認)하면서 무죄를 주장하는 경우에는 검사의 입증에 대하여 수동적으로 대처하기 보다는 반대사실에 대하여 적극적으로 먼저 입증을 하려는 경향이 강하고, 이는 피고인의 증거신청권(證據申請權)이라는 관점에서 다시 한번 바라볼 필요가 있다. 검사에 의한 일방적인 입증보다는 당사자의 교호적인 입증이 증거의 합리적 판단과 실체적 진실의 발견에 기여할 수 있기 때문이다.

더구나 '국민의 형사재판 참여에 관한 법률'이 2007. 6. 1. 공포되어 바로 2008. 1. 1.부터 시행되었는데, 일반 국민인 배심원(陪審員)이 형사재판에 있어 사실의 인정은 물론, 법령의 적용과 형의 양정에까지 참여하는(같은 법 제12조 제1항) '국민참여재판(國民參與裁判)'에서는 배심원에게 피고인 제출 증거 역시 검사 제출의 증거와 마찬가지로 부족함이 없이 열람 또는 제시되어야 할 것이므로 그 증거능력과 조사방법에 대하여 영미의 배심재판에 버금가는 치밀한 연구가 있어야 한다. 거기에 2007. 6. 1. 공포되어 2008. 1. 1.부터 시행되는 개정 형사소송법이 '증거개시제도(證據開示制度)'를 채택하여 '피고인 또는 변호인은 공소제기 후 검사가 보관하고 있는 서류 또는 물건의 열람·등사 또는 서류의 교부를 신청할 수 있다'고 규정하므로(같은 법 제266조의3), 이에 따라 피고인에게 등사 또는 교부된 서류 등을 피고인이 적극적으로 증거로 제출하는 경우를 상정할 수 있고, 피고인 제출의 증거가 확대될 수 있다는 점에서도 그 검토가 필요하다.

피고인 제출의 증거로는 공소범죄사실과 반대되는 사실을 입증하기 위한 '반대증거'와 검사가 신청·제출한 증거의 증명력을 다투기 위한 탄핵증거를 생각할 수 있고, 통상 양형자료 또는 정상증거(情狀證據)로 제출되는 이른바 참고자료와 반성문, 의견서 등을 검토할 수 있다.

Ⅱ. 반대증거(反對證據)

1. 의 의

공소범죄사실과 반대되는 사실을 입증하기 위한 증거, 즉 '반대사실(反對事實)을 입증하기 위한 증거'를 반대증거(反對證據)라고 통틀어 부를 수 있다.[4] 일반적으로 거증책임의 소재에 따라 증거를 본증과 반증으로 구별하고, 형사소송에서 거증책임은 원칙적으로 검사에게 있으므로 피고인이 제출하는 증거를 모두 일단 '반증'이라고 볼 수 있을 것이나, 피고인에게 거증책임이 있는 경우를 고려하여 반대사실을 입증하기 위한 증거를 반대증거라고 부르기로 한다.

반대사실로는 검사에게 거증책임이 있는 공소범죄사실, 즉 구성요건에 해당하고 위법·유책한 사실과 처벌조건인 사실, 형의 가중·감면의 사유인 사실, 소송법상의 사실 등에 반대되는 사실이 모두 포함되어 그 범위가 아주 넓다고 할 수 있지만, 일단 형사재판의 실제에서 자주 주장되는 구성요건사실에 반대되는 이른바 알리바이(Alibi, 現場不在證

4) 대법원은 '반대증거'라는 용어를 탄핵증거라는 의미로 사용하기도 하고(대상판결 1; 대법원 2002.8.23. 선고 2000도329 판결 등 다수), '유죄의 증명에 대한 반대증거' 또는 '반대사실을 인정하기 위한 증거'라는 의미로도 사용하고 있다(대법원 1992.8.18. 선고 92도1494 판결, 대법원 1986.10.28. 선고 86도1570 판결, 대법원 1981.12.22. 선고 80도1547 판결 등).

明)에 관한 사실, 위법성조각사유의 존재를 주장하는 정당방위의 요건사실, 책임조각사유의 존재를 주장하는 심신미약 또는 상실의 사유가 되는 사실 등을 생각하여 볼 수 있으므로, 이를 입증하기 위한 증거가 반대증거라고 할 수 있다. 이는 대부분 피고인이 입증의 부담(形式的擧證責任)을 지는 사실에 해당한다. 그 중 가장 문제되는 것은 알리바이의 존재에 관한 사실이므로 이를 중심으로 살펴본다.

2. 학설과 판례

피고인에 의한 반대사실의 입증을 엄격한 증명(嚴格한 證明), 즉 법률상 증거능력이 있고 적법한 증거조사를 거친 증거에 의한 증명[5]을 하여야 할 것인지, 아니면 자유로운 증명으로 족한지 여부와 관련하여 학설의 다툼이 있다. 이는 주로 알리바이의 증명과 관련하여 논의 된다. 학설과 판례를 반대증거의 성질(性質)이라는 측면에서 정리하면 다음과 같다.

(1) 본증설(本證說)

알리바이는 주요사실에 대한 간접적인 반대증거가 될 수 있는 간접사실이므로 피고인에게 거증책임이 있고,[6] 따라서 알리바이를 입증하기 위한 증거는 본증(本證)에 해당한다고 보는 견해이다.[7] 증명되지 아니한 알리바이로 판사에게 무죄를 강요할 수 없고, 반대로 알리바이가 증명되지 않는다고 하여 유죄의 간접증거가 될 수도 없기 때문이라고 한다. 또한 반대사실은 주요사실을 단순히 부인하는 것이 아니라 주요

---

5) 대법원이 '엄격한 증명'의 내용을 판시한 바는 없으나, 대법원 2006. 4. 7. 선고 2005도9858 전원합의체판결, 대법원 2000. 10. 24. 선고 2000도3307 판결, 대법원 2001. 9. 4. 선고 2000도1743 판결 등에서 같은 의미로 '엄격한 증명'과 '자유로운 증명'의 용어를 사용하고 있는 것으로 보인다.

6) 이재상, 형사소송법(제6판), 박영사, 2002, 455쪽; 정영석 · 이형국, 형사소송법(전정판), 법문사, 1996, 317쪽.

7) 강구진, 형사소송법원론, 1963, 420쪽은 '피고인이 제출하는 사실의 존재를 부인하는 반증에도 엄격한 증명을 요한다'고 하여 같은 견해로 보인다. 그리고 윤용섭(당시 대전지법 판사), 엄격한 증명과 자유로운 증명, 재판자료 제22집 형사증거법(상), 법원행정처, 1984, 76쪽도 같은 견해라고 보인다.

사실에 대비되는 별개의 독립된 사실이고 이를 입증하기 위한 증거는 실질증거(實質證據)라는 점도 그 논거라고 할 수 있고, 이와 같은 견해에서는 반대증거를 반증(反證)이라고 하게 된다.

이에 대하여는, 형사절차에서 거증책임을 부정하는 입장에서, 알리바이의 주장에 대한 증명이 불분명한 경우에도 '의심스러울 때는 피고인에게 유리하게'의 법리에 따라 해결하는 것이 타당하고,[8] 알리바이 불명으로 인한 무죄판단은 증명불능의 난관을 해결하기 위하여 제시된 '의심스러울 때는 피고인에게 유리하게'의 판단법칙이 적용된 결과이지 결코 판사에게 무죄를 강요하는 것이 아니라는 비판이 있다.[9]

그리고 우리나라 학설이 반대증거에 대하여 독립적으로 논의하는 경우를 찾기 어렵지만, 증거의 분류나 탄핵증거를 논하면서, '범죄사실 또는 간접사실을 부정하는 반대사실의 증명에 사용되는 증거'를 '반증'이라고 하고, 반증은 증거능력이 있고 엄격한 증거조사를 거친 증거임을 요한다는 견해[10]가 있으나, 반대사실에 대하여 엄격한 증명을 요구하는 논거를 찾기는 어렵다. 형사소송에서도 민사소송의 본증과 반증의

---

8) 신동운, 형사소송법(제3판), 법문사, 2005, 770쪽; 이상돈, 사례연습 형사소송법(제3판), 법문사, 2004, 288쪽; 대법원 1984. 6. 12. 선고 84도796 판결은 '형사소송에 있어서는 입증책임의 분배를 엄격하게 따질 수는 없다고 할 것이나 당사자주의를 그 소송구조로 하고 있는 현행 형사소송법 체계에서는 소송범죄사실 또는 피고인의 변소사실이 증거가 없거나 불충분한 경우에 불이익을 받을 당사자는 바로 검사이거나 피고인이므로 공소범죄사실에 대한 입증책임은 검사에게 있고 증거가 없거나 불충분하여 의심스러운 경우에는 피고인의 이익으로 판단하여야 하므로(註: 피고인이 원심공동피고인과 특수절도를 공모·공동하였는지에 대하여) 피고인이 원심공동피고인과 동행하였다 하여 특별 우연한 사정이나 경험칙상 수긍할 만한 변소를 하고 이를 증명할 책임이 피고인에게 있다고 할 수 없고 이를 다하지 못하였다 하여 그 불이익이 피고인에게 돌아갈 수 없다고 할 것이다'라고 하여 같은 취지로 판시하고 있다.

9) 신동운, 위의 책, 770쪽.

10) 신동운, 위의 책, 892쪽; 임동규, 형사소송법(제4판), 법문사, 2006, 541쪽; 그러나 임동규 판사는 '알리바이의 주장은 구성요건해당사실을 부인하는 진술이므로 검사에게 거증책임이 있다'거나(442쪽), 명예훼손죄에서 사실의 증명은 피고인에게 입증책임이 있지만 자유로운 증명으로 족하고 전문법칙의 적용도 없다면서 '무죄여부를 입증하기 위해 피고인이 제출하는 증거는 엄격한 증거임을 요하지 않기 때문이다(446쪽)'라고도 설명하고 있다.

개념에 착안점을 둔 것이 아닌가 한다.[11]

일본의 학설로는, 이와 같이 본증 또는 반증이라는 견해가 비교적 다수설이라고 할 수 있는데,[12] 증거법적으로도 당사자주의를 채용한 결과로 소송구조상 검사와 피고인은 대등한 입장에 있다거나(團藤重光, 平野龍一), 범죄사실의 존재 증명과 부존재의 적극적 증명에 차이가 없다는 점(青柳文雄) 등을 그 근거로 들고 있다. 일본 형사소송법이 증거법 부분에서 「범죄사실의 存否의 증명」이라는 문언을 쓰고 있다[13]는 점도 커다란 근거가 되고 있다.[14]

(2) 탄핵증거설(彈劾證據說)

알리바이의 주장은 구성요건해당사실의 존재에 대한 다툼이므로 검사가 구성요건해당사실 자체를 엄격한 증명방법으로 입증하여야 하고,[15] 따라서 알리바이를 입증하기 위한 증거는 검사가 구성요건해당사실을 입증하기 위하여 제출한 증거의 신빙성을 탄핵하기 위한 탄핵증거에 해당한다고 보는 견해이다.[16] 형사소송에서는 공소범죄사실 등 주요사실에 대한 거증책임은 어디까지나 검사에게 있으므로 검사가 법관에게 합리적 의심의 여지가 없을 정도로 주요사실의 존재를 입증하여야 하고, 피고인은 범죄사실의 부존재를 입증할 필요는 없으며 검사 제

11) 따라서 형사소송에서는 엄격한 의미의 본증과 반증의 개념을 논할 수 없다는 견해가 있다—신동운, 앞의 책, 754쪽.

12) 浦辺衛(당시 일본 사법연수소 교관, 판사), 알리바이와 엄격한 증명, 판례 타임즈 16권 13호, 판례 타임즈社, 1965, 68쪽.

13) 일본 형사소송법 제314조(공판절차의 정지) 제3항, 犯罪事實の存否の証明に欠くことのできない証人が病氣のため公判期日に出頭することができないときは、公判期日外においてその取調をするのを適当と認める場合の外、決定で、出頭することができるまで公判手續を停止しなければならない; 제321조(피고인 이외의 자의 공술서류) 제1항 제3호, 前二号に掲げる書面以外の書面については、供述者が死亡、精神若しくは身体の故障、所在不明又は國外にいるため公判準備又は公判期日において供述することができず、且つ、その供述が犯罪事實の存否の証明に欠くことができないものであるとき。但し、その供述が特に信用すべき情況の下にされたものであるときに限る。

14) 우리 형사소송법에는 그와 같은 문언이 없다.

15) 신동운, 위의 책, 762, 772쪽; 배종대 · 이상돈, 형사소송법(제6판), 홍문사, 2004, 549쪽.

16) 김진환(당시 대검찰청 검사), "엄격한 증명의 대상—알리바이의 증명을 중심으로", 考試界, 1990년 6월호, 52쪽.

출 증거의 증명력을 떨어뜨리고 법관의 심증에 동요를 일으키면 족하기 때문이라고 한다.[17)]

(3) 물적증거설(物的證據說)

일본의 이른바 '松川事件'[18)]에 대한 최고재판소의 파기환송 후 제2심이 피고인 혼다(本田)의 알리바이 등의 주장을 받아들여 무죄판결[19)]을 하면서 채택한 견해이다. 파기환송 후 심리에서 검사가 재판소의 요구에 따라 제출한 1,600여 통의 서면(書面), 즉 이른바 '新證據群' 중 전문증거(傳聞證據)에 해당되는 진술조서나 수사보고서 등에 대하여 '물적 증거(物的 證據)의 성질을 가졌다'고 보아 무죄의 판단에 실질적으로 사용하였다. 물적 증거의 성질을 가졌다는 의미는, 예를 들어 피고인이 구속되어 외부와 교통을 완전히 차단당한 기간 중에 있어서 피고인의 공술조서, 참고인의 공술조서 등의 내용이 어떤 사항에 대하여 합치(合致)하고 있을 때, 그와 같이 공술내용이 합치하는 공술조서가 존재(存在)한다는 것 자체가 증거가 된다는 취지라고 판시하였다. 이러한 경우 피고인과 참고인이 사전에 상의(相議)하였다는 등의 작위적 사정이 없다고 인정될 때에는, 그 합치하는 공술내용의 사항은 서로 체험을

---

17) 오용호(당시 서울민사지법 판사), 범죄성립조각사유와 엄격한 증명, 재판자료 제22집 형사증거법(상), 법원행정처, 1984, 87쪽도 같은 견해라고 보인다; 신동운, 앞의 책, 779쪽은 '탄핵증거'라는 표현을 하지는 않지만, 같은 입장이라고 보인다; 일본에서는 浦辺衛 판사와 田宮裕, 光藤景皎가 교수가 탄핵증거설을 취한다.

18) 위 사건의 사안은, 1949. 8. 17. 03:09 松川驛 근방에서 여객열차가 탈선, 전복하여 기관사 등 3명이 사망하는 사고가 발생하였는데, 이는 피고인 혼다(本田)를 비롯한 국철 노동조합 등 관계자 20명이 順次 공모하여 사고를 일으킨 것이라고 기소된 후 공모 여부와 알리바이가 다투어지다가 제1심(福島地裁 昭和26년 1. 12. 판결)에서 수 명에 대한 死刑을 포함하여 전원 유죄판결이 선고되고, 제2심(仙台高裁 昭和29년 2. 23. 판결)에서 17명에 대한 유죄판결이 선고되어, 상고심(最高裁 昭和34년 8. 10. 판결)에서 중대한 사실오인의 의심을 상고이유로 받아들여 파기환송을 하였으며, 환송 후 항소심이 전원 무죄판결을 선고하고 상고심이 검찰관의 상고를 기각하여 12년 반에 걸쳐 재판이 이루어진 사건이다.

19) 仙台高等裁判所 昭和 36.(서기 1961년) 8. 8. 판결, 昭和34.(う) 제443호 -그 판결서는 목차를 달고 본문이 190쪽에 달하는 방대한 분량이다; 쥬리스트 239호, 97쪽 ; '門前判決'이라고도 한다; 위 판결의 자세한 평석은, 光藤景皎, 형사증거법의 新展開, 成文堂, 2000, 155쪽 이하; 또는 光藤景皎, "피고인의 증거제출권 試論, 형사법학의 역사와 과제", 法律文化社, 1994, 435쪽 이하.

같이 하였으므로 그에 관한 공술내용이 합치하는 것이라고 보아 통상 지장이 없는 것이 경험칙(經驗則)이라고 할 수 있고, 따라서 그와 같이 공술내용이 합치하는 공술조서가 존재한다는 사실은 피고인 또는 참고인의 공술조서와 같은 취지인 피고인 또는 참고인의 법정 진술에 대한 진실성을 강하게 보장하는 것이라고 할 수 있으며, 위 피고인 또는 증인의 법정 진술(法廷 陳述)은 부동의 증거(不動의 證據)라고 하여도 지장이 없어서 이것이 직접의 증거가 되어 확증(確證)하므로 예를 들어 피고인의 알리바이 성립은 거의 결정적이라 할 수 있다고 한다. 이와 같은 이론적 근거를 바탕으로, 혼다의 알리바이 즉, '범행일의 아침에 국철노조사무소에서 자고 있었다.'는 법정 진술이 있는데, 환송 전에 제출되지 아니한 '신 증거' 중 혼다에 대한 진술조서가 그와 같은 내용이고, 이를 목격하여 깨우려고 하였었다는 기무라(木村)에 대한 진술조서가 이에 완전히 일치하여 두 진술의 진실성이 보장되므로 결국 혼다의 알리바이가 성립한다고 인정하고, 공소사실을 인정하기에 족한 증명을 얻지 못하였다는 이유로 무죄를 선고하였다.

이에 대하여는, '일견 교묘한 설명이지만, 그 공술의 내용 자체가 적어도 보조증거(補助證據, 증명력을 강하게 또는 약하게 하는 증거)로서 사용되고 있는 것인 이상, 형소법 제328조(탄핵증거)로 보는 쪽이 훨씬 이론적이나, 공소사실의 부정(否定)에 실질상 사용되었음을 부정할 수 없고, 이와 같은 표현까지 사용하여 전문증거 배척의 원칙을 피할 수 있다면 이 원칙은 전혀 무의미하게 된다(青柳文雄)'거나, '「공술의 합치」 그 자체는 증거물이라고 할 수 없고, 이를 물적 증거라고 하는 것은 물적 증거라는 말의 뜻(語義)이 허용하지 않는다. 알리바이의 인정 자료가 된다는 것은 「공술의 합치」라는 것 자체가 아니라 합치하는 두 사람의 「공술」 그 자체라고 보아야 한다(伊達秋雄)'는 등의 비판이 있다.

위 파기환송 후 제2심 판결에 대하여, 검찰관은 '재판소가 증거의 신빙성을 판단하는 하나의 자료로 한다는 취지로 증거신청을 촉구하고 이를 사실인정의 증거로 사용하였으므로, 「탄핵증거를 유죄판결의 직접

증거로 함은 위법」이라는 판례에 반한다'는 이유로 상고하였다. 이에 대하여 최고재판소[20]는 물적 증거설에 대하여는 직접 판단하지 아니하고 '원판결은 공소사실의 존재를 인정하기에 족한 증명은 끝내 얻을 수 없었다고 하는 무죄판결이고, 하등 범죄사실 또는 유죄에 관한 사실을 적극적으로 인정한 것이 아니므로, 거시하는 판례는 모두 이 사건에 적절하지 아니하여 소론은 그 전제를 흠결한 것이라고 하지 않을 수 없다. 뿐만 아니라 「판례와 상반하는 판단을 하였다」는 상고이유는 그 판례와 상반하는 법률판단이 원판결에 나타나야 하지만, 원판결이 묵시적으로도 거시의 판례와 상반되는 법률판단을 나타낸 것으로는 인정되지 아니하므로 원판결에는 법정(法定)의 상고이유가 있다고 할 수 없다'는 이유로 상고기각 판결을 하여 무죄판결이 확정되었다.

이에 대하여는, '무죄를 위한 것이라고 하더라도, 이와 같이 증거능력이 없는 증거에 의한 심증의 형성이 허용되면, 증거제한을 마련한 취지의 반은 몰각되고 나아가 형사사법(刑事司法)의 이완을 초래할 위험이 있다. 역시 공소사실 존부(存否)의 어떠한 심증을 형성함에도 평등(平等)의 증거제한이 작용한다고 해석하여야 한다(植松正)'거나, '무죄판결도 유죄인지, 무죄인지를 「판단」하는 것이므로 그 자료에 사용하였다는 것에 다름이 없다. 만약, 이 판결이 무죄로 인정하는 증거로서는 증거능력이 필요 없다는 것이라면, 중대한 판결이고, 내용적으로도 찬성할 수 없다(平野龍一)는 등의 비판이 있다. 그러나 탄핵증거설의 입장에서 '거증책임이 없는 피고인의 알리바이 증거는 실질증거처럼 보여도 결국 탄핵증거에 불과하므로 엄격한 증명은 필요 없다는 결론에 이른다.'는 이유로(浦辺衛 判事) 위 판례가 취하는 결론은 정당하다(田宮裕, 光藤景皎)는 견해도 있다.[21]

이러한 물적 증거설은 알리바이 등 반대사실에 대한 증거는 본증 또는 반증이라는 일본의 다수설을 전제를 고수하면서도 증거능력 없는

20) 最高裁判所 昭和 38.(서기 1963년) 9. 12. 第1小法廷 判決, 昭和 36.(あ) 제2378호 (刑集 17권 7호 661쪽).

21) 光藤景皎, 형사증거법의 신전개, 163쪽.

증거에 의해 알리바이의 존재를 인정하여야 하는 실무적인 고육지책이라고 보이는데, 진실발견을 위한 열정은 돋보이나, 우리나라보다도 당사자주의를 폭넓게 인정하는 결과로 반대사실도 증거능력 있는 증거가 아니면 인정할 수 없다는 견해를 전제로 하는 일본의 특이한 견해라고 보인다.[22] 대상판결 2에 의하면, 증거능력 없는 증거에 의해서도 '공소사실과 양립할 없는 사실'을 인정할 수 있으므로 우리나라 형사재판 실무에서는 위와 같은 물적 증거설은 필요하지 아니하고, 논리적인 타당성도 없어 보인다.

(4) 판　　례

우리나라 대법원 판례가 알리바이의 증명에 관한 증거의 증거능력에 대하여 정면으로 분명하게 판시한 바는 없다. 그 외의 반대사실을 입증하기 위한 반대증거에 대하여도 마찬가지이다.

다만, 대상판결 2는 검사가 유죄의 증거로 제출한 진술증거이기는 하지만, 그 진정성립이 인정되지 아니하고 상대방의 증거 동의가 없어 증거능력이 없는 증거라도, '공소사실과 양립할 수 없는 사실' 즉 반대사실을 인정하는 반대증거로 쓸 수 있다고 판시하여, 반대증거에 관하여 판례가 반증설이 아닌 탄핵증거설을 취하고 있다고 해석할 수 있는 여지를 주고 있다. 그러나 위 증거들은 모두 검사가 유죄의 증거로 제출한 것이고 피고인 제출의 증거가 아니라는 점에서 그 해석의 한계가 있다.

그 사안은, 피고인이 당시의 노동조합법 제12조의2가 금하고 있는 '노동조합설립에 관하여 관계당사자를 조정·선동하거나 그 밖의 방법으로 개입하는 행위'를 하여 이른바 '제3자 개입금지규정'에 위반하였다고 기소되었는데, 제2심은 제1심이 유죄의 증거로 채택하지 아니한 관련자들에 대한 진술조서의 기재를 종합하여, 피고인이 노동조합의 설립에 관여하게 된 동기와 경위, 그 관여 정도와 내용에 대한 별도의 사실을 인정하고, 위 인정사실을 종합하면 이미 노동조합을 설립할 의사를 가지고 있었던 근로자들에게 피고인이 그와 같은 행위를 하여 노동조

22) 그러나 반대증거에 대한 진지한 고찰이 돋보인다.

합의 설립을 도와주었다고 하더라도 이러한 피고인의 언동에 의하여 근로자들이 노동조합설립에 관한 그 자주적인 의사결정을 저해 받았다고 단정하기 어렵다는 이유로 제1심의 유죄판결을 취소하고 무죄판결을 하였음에 대하여, 검사가 그 상고이유로 유죄의 증거로 제출된 증거능력이 없는 증거로 사실을 인정한 것은 위법하다고 지적하자, 대법원은 반대사실의 인정이므로 증거능력이 없는 증거를 사용할 수 있다고 판시하여 검사의 상고를 기각한 것이다. 무죄판결을 함에 있어서 거증책임이나 '의심스러울 때는 피고인의 이익으로' 원칙에 충실하도록 유죄의 증거를 믿을 수 없다거나 부족하다고 판시하는 것에서 그치지 아니하고, 적극적으로 별도의 사실을 인정한 후 그 인정사실에 비추어 범죄가 성립하지 아니한다고 판시하는 방법을 취하면서 증거능력이 없는 증거를 반대사실의 인정 자료로 사용한 경우이다. 그러나 이를 공소사실에 부합하는 사실을 인정하는 증거로 사용할 수 없음은 물론이다.

그리고 대법원[23]은 '유죄의 자료가 되는 것으로 제출된 증거의 반대증거서류[24]에 대하여는, 그것이 유죄사실을 인정하는 증거가 되는 것이 아닌 이상, 반드시 그 진정성립이 증명되지 아니하거나 이를 증거로 함에 있어 상대방의 동의가 없다고 하더라도 증거판단의 자료로 할 수 있다'고 하여, '유죄증거를 배척하는 증거'는 증거능력이 요구되지 않는다고 판시하였다.

형사소송의 실제에 있어서는 피고인이나 변호인이 알리바이 등 반대사실의 입증을 위한 반대증거로 전문증거 등 증거능력이 없는 증거를 신청하는 경우는 드물고, 오히려 증인 등 증거능력은 문제되지 않는 증거를 신청하는 경우가 통상적이다. 이러한 경우 하급심, 특히 항소심의 판시에서는 알리바이에 관한 증거를 믿지 아니하는 경우에 마치 피고인에게 그 거증책임이 있는 것처럼 이를 배척하는 설시를 하는 경우

23) 대법원 1981. 12. 22. 선고 80도1547 판결, 대법원 1974. 8. 30. 선고 74도1687 판결, 대법원 1972. 1. 31. 선고 71도2060 판결.

24) 위 74도1687 사건의 원심은, '검사 제출의 유죄증거를 (증거능력이 없는) 반대증거 등에 비추어 믿을 수 없다'고 판시하였다.

도 많다.[25] 그러나 대법원은 '사실인정에 배치되는 증거에 대한 판단을 반드시 판결이유에 기재하여야 하는 것은 아니므로, 피고인이 알리바이를 내세우는 증인들의 증언에 관한 판단을 하지 아니하였다 하여 위법이라 할 수 없다'고 판시하였고,[26] 이는 알리바이의 부존재에 대하여 검사에게 입증책임이 있음을 전제로 하고 있다고 볼 수 있다.

이를 종합하면, 판례는 공소사실에 대한 반대사실을 인정하기 위한 반대증거에는 증거능력을 요구하지 아니하여 탄핵증거설의 입장에 있다고 할 수 있다.

(5) 소 결 론

피고인이 알리바이 등 공소범죄사실과 반대되는 사실을 입증하기 위하여 신청·제출하는 반대증거는 공소사실과 별개의 간접사실을 입증하기 위한 것이라는 점에서 반증설을 떨쳐버리기가 쉽지 않다.

그러나 형사소송에서는 공소범죄사실 등 주요사실에 대한 거증책임이 어디까지나 검사에게 있으므로 검사는 법관에게 합리적 의심의 여지가 없을 정도로 주요사실의 존재를 입증하여야 하고, 피고인이 범죄사실의 부존재를 입증할 필요는 없으며 검사 제출 증거의 증명력을 떨어뜨리고 법관의 심증에 동요를 일으키면 족하므로 결국 반대증거도

---

25) 서울고등법원 1983. 5. 7. 선고 83노276 판결—그러나 이 판결에 대하여는 대법원 1983. 8. 23. 선고 83도1632 판결이 '원심이 피고인의 부재증명을 배척하는 자료로 한 여러 증거가 이 사건 공소가 제기되고 부재증명에 관한 증거조사가 마쳐진 이후에 경찰에 의하여 작성된 진술조서 등으로 그 신빙성에 의심이 있을 뿐만 아니라 구체적으로 그 내용에 적지 않은 모순이 있음에도 이를 채택한 것은 채증법칙에 위반하여 논리와 경험에 반하는 증거판단을 함으로써 그 이유를 갖추지 아니하였거나 이유에 모순이 있다'는 이유로 파기환송하였다.— 위 83도1632 판결은 '형사소송법은 전문증거와 그 증거능력의 제한을 규정하고 있어 사법경찰관작성의 피의자 아닌 자의 진술을 기재한 진술조서는 공판기일에 원진술자가 그 성립의 진정함을 인정하거나 또는 피고인이 이를 증거로 함에 동의한 경우에 한하여 증거로 할 수 있을 따름이며 이 경우의 증거는 그것이 직접증거이거나 간접증거이거나를 가리지 아니하고, 또 탄핵증거이거나 그 어떠한 증거라도 이를 달리할 근거나 이유가 없다'고 하여 탄핵증거도 증거 동의가 필요하다는 특이한 판시를 하였으나, 위 증거는 모두 피고인의 부재증명을 배척하는 증거로서 결국 공소범죄사실을 인정하는 증거라는 점에서 결론적으로는 타당한 판시라고 본다.

26) 대법원 1982. 9. 28. 선고 82도1798 판결.

그 성질은 탄핵증거에 불과하다고 보아야 한다. 더구나 우리나라 형사소송법은 일본의 경우와 달리 반대증거를 반증이나 본증으로 볼 수 있는 근거가 되는 조문도 없다. 따라서 전문증거이거나 검사의 증거 동의를 받지 아니한 서류라도 반대증거로 사용될 수 있다고 보아야 한다.

그렇지만, 형사재판의 실제에 있어 증거능력이 없는 전문증거에 의하여 엄격한 증명에 의한 유죄증거가 탄핵되어 증명력을 잃게 되는 경우는 쉽지 않다. 따라서 형사재판의 실무상 알리바이 등의 입증을 위해서는 증인 신청 등 증거능력이 있는 증거에 의하는 것이 보통이기 때문에 실제로 반대증거가 탄핵증거라는 점이 강조될 경우는 많지 않다고 보인다.[27] 다만, 알리바이의 입증을 위하여 공소사실의 범행일시에 세미나 등에 참석하였다고 그 세미나 등의 자료인 서류를 제출하였으나, 검사가 증거 동의를 하지 않는 경우 등에도 탄핵증거인 이상 증명력이 인정되면 반대사실 인정의 증거로 사용될 수 있다.

3. 반대증거의 조사방법

반대사실의 입증을 위한 반대증거에 대한 증거조사의 방법은 위와 같이 반대증거의 성질을 어떻게 보느냐에 따라 다를 수밖에 없다.

먼저, 반증 또는 본증이라는 견해에 의하면, 엄격한 증명의 방법에 따라서 법률상 증거능력이 있는 증거만을 허용하고 법정에서 적법한 증거조사절차에 따라 증거조사를 하여야 한다. 따라서 그 증거조사방법은, ① 피고인 또는 변호인의 증거신청과 개별적 指示說明(법 제294, 291조, 규칙 제133조) → ② 증거신청에 대한 검사의 의견(형사소송규칙 제134조) → ③ 증거 채부의 결정(법 제295조) → ④ 채택된 증거에 대한

27) 위 松川事件의 경우도 피고인 혼다나 변호인이 기무라를 증인으로 신청하면 알리바이를 입증할 수 있는 것이다. 그러나 검찰관이나 변호인이나 모두 위 진술조서의 합치 의미에 대하여 논증이 충분하지 않았다는 것이 판결서에도 기재되어 있다. 다만, 일본 형소법의 경우는 우리 형소법과 달리, 기무라에 대한 진술조서에 대한 증거동의가 없는 이상 그 증언으로도 진술조서 자체의 진정성립이 인정되어 증거능력을 취득하는 것은 아니므로, 혼다의 알리바이가 물적 증거설이 취하는 것만큼 증명력을 얻을 수 있는지 라는 점과 일본의 형사 항소심은 事後審이라는 문제가 남는다.

법정에서의 증거조사(법 제292조, 재판장의 증거물에 대한 提示 또는 증거서류에 대한 要旨의 告知)→⑤ 증거조사결과에 대한 당사자의 의견(법 제293조, 피고인의 의견을 묻도록 규정되어 있으나, 검사의 의견도 마찬가지라고 해석한다) 등의 절차로 증거조사가 이루어져야 한다. 그리고 공판조서의 일부에 해당하는 증거목록에는 '증 제1호, 진술서' 등의 형태로 기재되고 위와 같은 증거조사절차도 기재되어야 한다.

다음으로, 탄핵증거라는 견해에 의하면, 엄격한 증거능력이 요구되지 아니하고 전문증거도 반대증거로서 허용된다. 탄핵증거이므로 위와 같은 엄격한 증거조사는 필요하지 아니하나, 증거조사 자체는 필요하다. 따라서 ① 피고인 또는 변호인의 증거신청과 설명→② 증거 채부의 결정(법 제295조)→③ 증거에 대한 법정에서의 증거조사 정도의 상당한 방법에 의한 증거조사는 하여야 한다.[28] 그리고 증거목록에는 반증과 동일하게 기재하고 그 증거조사절차가 기재되어야 한다. 그러나 중요한 증거의 경우에는 반증과 동일한 정도의 증거조사방법이 필요하고, 따라서 검사의 증거 동의 여부도 묻는 것이 타당하나, 탄핵증거인 이상은 증거 동의를 하지 아니한 경우에도 증거로 사용될 수는 있다.

마지막으로, 물적 증거라는 견해에 의하면, 그 증거조사절차는 본증 또는 반증이라는 견해와 동일하게 되지만, ④ 법정에서의 증거조사방법이 증거서류에 대한 要旨의 告知가 아니라 증거물에 대한 提示가 될 것이다. 진술조서의 내용을 낭독하지 아니하고 그 자체를 제시한다는 것은 아무런 의미가 없으므로 이러한 점에서도 물적 증거설은 타당하지 아니하다.

다만, 대법원은 당사자의 증거신청에 대한 채택 여부는 법원의 재량으로서 법원이 필요하지 아니하다고 인정할 때에는 이를 조사하지 아니할 수 있고,[29] 피고인이나 변호인이 신청한 증거에 대하여도 불필요

28) 대상판결 1은 '검사가 피의자신문조서를 탄핵증거로 신청한 경우에, 탄핵증거로서의 증거조사절차는 결국 검사가 입증취지 등을 진술하고 피고인 측에 열람의 기회를 준 후 그 의견을 듣는 방법에 의할 것'이라고 보았다.

29) 대법원 2003.10.10. 선고 2003도3282 판결(피고인 신청의 증거).

하다고 인정한 때에는 조사하지 않을 수 있다[30]고 판시하고 있으므로 피고인의 증거신청권(형사소송법 제294조)에는 한계가 있을 수밖에 없다.

Ⅲ. 탄핵증거(彈劾證據)

1. 의 의

진술증거의 증명력(證明力)을 다투기 위한 증거를 탄핵증거(彈劾證據)라고 한다. 형사소송법 제318조의2는 '제312조 내지 제316조의 규정에 의하여 증거로 할 수 없는 서류나 진술이라도 공판준비 또는 공판기일에서의 피고인 또는 피고인 아닌 자의 진술의 증명력을 다투기 위해서는 이를 증거로 할 수 있다'고 규정하고 있는데, 이는 증거능력이 없는 전문증거(傳聞證據)라도 법관 면전에서 행하여지는 진술의 증명력을 다투기 위한 탄핵증거로 사용될 수 있음을 규정하여 탄핵증거제도를 채택하고 있는 것이다. 탄핵증거는 원 진술의 내용이 되는 사실 자체를 증명하려고 하는 것이 아니라 진술증거의 증명력을 다투려고 하는 것으로 신용성의 정황적 보장과 필요성의 요건을 요구하지 아니하고 허용되는 경우이므로 탄핵증거에 관한 법 제318조의2는 전문법칙의 예외(例外)가 아니라 전문법칙의 적용(適用)이 없는 경우라고 해석하는 것이 통설이다.

탄핵증거의 신청·제출권은 피고인에게 뿐만 아니라 검사에게도 있다. 특히 우리 형사소송법이 '피고인의 진술'도 탄핵의 대상에 포함시키고 있으므로 검사가 탄핵증거를 제출하는 경우도 적지 아니하나, 공소범죄사실을 부인하는 피고인의 진술에 대하여 전문증거에 의해 탄핵을 한다고 하여 그 자체로 공소범죄사실을 증명한 것으로 될 수 없는 것이고, 이는 단지 공소범죄사실을 뒷받침하는 다른 증거의 증명력을 실질적으로 보강하는 의미가 있다고 볼 수 있다. 그러나 역시 탄핵증거는 공소범죄사실을 부인하는 피고인이 공소범죄사실의 존재에 대한 진술증거의 신빙성을 탄핵하기 위하여 제출하는 것이 그 본래의 모습이

30) 대법원 1995. 2. 24. 선고 94도252 판결(변호인의 검찰조사관에 대한 증인 신청), 대법원 1993. 11. 26. 선고 93도2505 판결(피고인의 증인 신청), 대법원 1983. 7. 12. 선고 83도1419 판결(피고인이 제출한 상업일지와 금전출납부).

라고 할 수 있다.

그리고 증거의 증명력을 탄핵하는 방법에는 이러한 탄핵증거 이외에도 위와 같이 반대사실의 입증을 위한 반대증거도 있고, 증인에 대한 반대신문(反對訊問) 등이 있다.

2. 탄핵증거의 사용범위

(1) 학 설

증거능력이 없는 전문증거를 어느 범위까지 진술증거의 증명력을 다투기 위한 증거로 사용할 수 있는가 하는 점에 관하여는 다음과 같이 학설이 대립하고 있다.

1) 한정설(限定說)

同一人의 不一致 진술, 즉 '자기모순의 진술'만을 탄핵증거로 사용할 수 있다는 견해이다.[31] 법정에서 진술과 모순되는 진술을 진술자 자신이 법정 외에서 한 경우에 그 진술이 기재된 서류에 한하여 탄핵증거로 허용되고, 진술자 이외의 제3자의 진술이 기재된 서면은 탄핵증거로 허용되지 않는다고 한다. 동일인이 다른 말을 했다는 것 자체를 입증하면 허위의 가능성이 생겨 증명력이 그 만큼 감퇴하여 탄핵의 목적은 달성되고, 다른 사람의 진술로는 그것이 진실이라는 것을 전제하지 아니하면 의미가 없으므로 결국 실질증거(實質證據)로 이용하게 되고 전문법칙을 유명무실하게 하여 지나치게 범위가 넓다는 것을 그 이유로 한다. 또한 전문증거의 증거능력을 제한하는 취지에 비추어 탄핵증거의 허용범위를 자기모순의 진술로 한정하여야 한다는 점에도 그 이론적 근거를 두고 있다. 본래 영미법에서는 증인의 탄핵을 위하여 이러

31) 백형구, 형사소송법강의(제8판), 박영사, 2001, 696쪽; 정영석 · 이형국, 앞의 책, 374쪽; 이재상, 앞의 책, 565쪽; 日本 형사소송법 제328조는 '제321조 내지 제324조의 규정에 의해 증거로 할 수 없는 書面 또는 供述이라도, 공판준비 또는 공판기일에 있어서 被告人, 證人 그 밖의 者의 供述의 證明力을 다투기 위해서는 증거로 할 수 있다'고 규정하여 탄핵증거제도를 인정하고 있는데, 그 사용범위에 관하여는 限定說이 多數說(田中和夫, 平野龍一 등)이라고 한다—田宮 裕, 刑事訴訟法(新版), 有斐閣, 1998, 394쪽.

한 의미의 탄핵증거를 인정하고 있다.

2) 비한정설(非限定說)

자기모순의 진술에 한하지 않고, 또 범죄사실 및 간접사실에 관한 것인지의 여부에 관계없이, 증명력을 다투기 위한 것이라면 제한(制限) 없이 전문증거를 탄핵증거로 사용할 수 있다는 견해이다.[32] 이 견해는 법 제318조의2가 진술의 증명력을 다투기 위한 전문증거의 범위에 아무런 제한을 두고 있지 않다는 점과 증거의 증명력 판단을 직업법관이 행하는 우리나라의 경우에 있어서 탄핵증거의 사용범위를 제한할 필요가 없다는 점, 전문법칙이라는 것은 범죄사실을 인정(認定)하는 증거에 대해서만 고찰하면 충분하다는 점 등을 그 논거로 들고 있다.

3) 절충설(折衷說)

자기모순의 진술에 한하지 않고, 원진술자의 성격, 이해관계, 전과사실, 평판 등과 같이 증인의 신빙성에 관한 순수한 보조사실(補助事實)을 입증하는 증거도 탄핵증거로 사용할 수 있지만, 범죄사실이나 간접사실에 관한 증거는 포함시키지 않는 견해이다.[33] 원래 전문증거에 증거능력을 부인하는 것은 전문증거를 범죄사실에 관한 주요사실과 간접사실의 증명자료로 사용할 수 없도록 하는 것이므로, 진술자의 신빙성에 관한 보조사실의 입증은 증거능력이 없는 전문증거에 의하더라도 무방하다는 것이다.

4) 이원설(二元說)

피고인은 증명력을 다투기 위하여 모든 증거를 제출할 수 있으나, 검사는 범죄수사를 위한 강력한 조직과 권한을 가지고 있으므로 엄격한 증명의 법리에 따라서 범죄사실을 증명하여야 하므로 탄핵증거로서 자기모순의 진술만을 사용할 수 있다는 견해이다.[34]

(2) 판　　례

우리나라 대법원 판례가 탄핵증거의 사용범위에 대하여도 정면으

32) 국내에는 주장하는 학자를 찾기 어렵다.

33) 신동운, 앞의 책, 897쪽; 임동규, 앞의 책, 543쪽.

34) 배종대·이상돈, 앞의 책, 664쪽.

로 분명하게 판시한 바는 없다. 그러나 탄핵증거에 대한 판시를 통하여 이에 대한 해석은 가능하다.

대상판결 1은 '검사가 유죄의 자료로 제출한 사법경찰리 작성의 피고인에 대한 피의자신문조서는, 증거능력이 없어도 피고인의 법정에서의 진술(공소사실 부인)을 탄핵하기 위한 반대증거로 사용할 수 있다'고 하여 검사 제출의 탄핵증거에 대하여 '자기모순의 진술'을 증거로 사용할 수 있다고 판시하고 있다. 그러나 법정에서 이에 대한 탄핵증거로서의 증거조사는 필요함을 거듭 밝히고 있다.[35)]

그런데 유죄(有罪)의 증거를 탄핵하기 위한 증거로는, '원심이 「주베를린 총영사에 대한 사실조회의 회신」을 유죄증거의 증명력을 다투기 위한 반대증거로 채택함에 잘못이 없다'고 판시하고,[36)] 공소사실에 부합하는 증거인 피해자의 진술을 탄핵하기 위하여 변호인 제출의 '신용카드 사용내역서 사본'과 '현금서비스 취급내역서 사본'을 탄핵증거로 사용할 수 있다고 판시하여[37)] 탄핵증거의 범위를 '자기모순의 진술'에 한정하지 않고 있다. 또한 피고인이 제출한 증거에 관하여 판례는 '탄핵증거는 범죄사실을 인정하는 증거가 아니어서 그것이 증거서류이든 진술이든 간에 유죄증거에 관한 소송법상의 엄격한 증거능력을 요하지 아니하므로 위 증언들이 전문증거라 하여도 유죄증거라고 제출된 증거들의 증명력을 다투기 위한 반대증거로 채택함에는 아무런 잘못이 없다'고 판시하여, 전문증거가 범죄사실의 존부에 관한 것이라 할지라도 그것이 직접 유죄사실을 인정하는 증거가 되는 것이 아닌 이상 이를

---

35) 대법원 1998. 2. 27. 선고 97도1770 판결도, 검사가 제출한 사법경찰리 작성 피고인에 대한 피의자신문조서(범행을 부인하는 진술)에 대하여, 대상판결 1과 동일하게 판시하고 있다. "원심이 법정에서 증거로 제출된 바가 없어 전혀 증거조사가 이루어지지 아니한 채 수사기록에만 편철되어 있는 1995. 9월분 소득세징수액집계표(수사기록 678면)를 피고인 및 그 사무실 직원 등의 진술을 탄핵하는 증거로 사용한 것은 잘못이지만, 나머지 탄핵증거만으로도 공소외 1의 진술을 부인하는 피고인 및 위 직원 등의 진술의 증명력이 감쇄되었다고 보여지고, 따라서 위와 같은 잘못은 판결 결과에 영향이 없다."고 판시하였다.

36) 대법원 1999. 1. 26. 선고 95도1333 판결.

37) 대법원 2006. 5. 26. 선고 2005도6271 판결.

탄핵증거로 사용할 수 있다고 판단하고 있다.

그러나 대법원[38]은 검사가 제출한 증거에 대하여는, 공소사실을 입증하기 위하여 제출한 서류들이 증거능력이 없는 서류라 하더라도 증거의 증명력을 다투기 위한 탄핵증거로서 증거가 될 수 있다는 검사의 상고이유에 대하여, '탄핵증거는 탄핵증거의 성질 및 전문증거법칙과 아울러서 볼 때 법 제318조의2에 의하여 증거로서 허용되는 것은 진술의 증명력을 감쇄하기 위하여 인정되는 것이고, 그 증거를 범죄사실 및 간접사실 인정의 증거로서는 허용되지 않는 것이라 할 것이므로, 논지 주장 자료들은 이 사건 범죄사실 또는 그 간접사실의 인정에 관한 것으로서 탄핵증거로 볼 수 없다'라고 판시하였고, 이 탄핵증거는 범죄사실 또는 그 간접사실의 인정 증거로서는 허용되지 않는다는 것이 주된 판단이기는 하지만, 범죄사실 및 간접사실에 관한 것이라도 탄핵증거로 사용할 수 있다는 비한정설과 다른 판단을 하고 있다고 볼 수 있다.

따라서 위 대법원 판례를 종합하면, 피고인 제출의 탄핵증거에는 제한을 두지 아니하고 검사 제출의 탄핵증거는 자기모순의 진술을 탄핵증거로 인정하면서 범죄사실 또는 간접사실을 인정하는 증거는 탄핵증거로 사용할 수 없다고 하여 결국 이원설에 따르고 있다고 할 수 있다.

(3) 소 결 론

비한정설은 법 제318조의2의 법문에 가장 충실한 태도라고 생각되지만, 진술의 증명력을 다툰다는 명목 하에 증거능력이 없는 전문증거가 제한 없이 법원에 제출됨으로써 공소범죄사실에 대하여 엄격한 증명을 요구하는 법 제307조의 증거재판주의와 법 제310조의2 전문증거법칙을 유명무실하게 할 우려가 있다는 점에서 우선 검사의 탄핵증거로는 타당하지 아니하다. 더구나 공소사실을 부인하는 피고인의 법정 진술을 다른 제3자의 진술로 탄핵한다고 하여 공소사실이 인정되는 것도 아니고, 그 다른 제3자의 진술은 결국 범죄사실을 인정하는 증거(또는 유죄증거의 증명력을 보강하는 증거)에 다름이 아니므로 탄핵증거로

38) 대법원 1976.1.10. 선고 75도3433 판결, 대법원 1996.9.6. 선고 95도2945 판결.

사용될 수 없다. 결국 검사는 피고인의 법정에서 부인진술을 피고인의 법정 밖에서 자기모순 진술로 탄핵하거나 피고인 신청의 진술증거를 그 진술인의 자기모순 진술로 탄핵하면 족한 것이므로 검사 제출의 탄핵증거에 대하여는 한정설이 타당하다. 그리고 사람의 기억력의 한계로 인하여 믿기 어렵고 그 조사시간도 과다하게 요구되는 진술증거 중심의 입증을 지양하고 과학수사에 기초한 비진술증거(서증과 물증)에 의한 범죄사실의 입증을 위해서도 한정설이 타당하다.

그러나 피고인의 경우는 검사와 같은 강력한 조직과 수사권을 갖지 아니하고 단지 공소사실을 부인하는 것에 불과하므로 유죄증거의 증명력을 탄핵하기 위한 증거는 제한 없이 제출할 수 있다고 본다. 검사 제출 증거와 피고인 제출 증거는 형사소송의 구조상 단순히 증거의 제출자만 다른 것이 아니라 검사는 범죄사실을 입증하기 위한 것이고 피고인은 그 반대사실을 입증하기 위한 것이어서 그 입증취지를 달리하므로 이를 구별한다고 하여 불합리한 것이라고 할 수 없다.

절충설은 증인의 신빙성에 대한 보조사실이라 하더라도 범죄사실을 인정하기 위한 것인 때(실질증거의 증명력을 증강하기 위한 보조증거)에는 엄격한 증명이 필요하고 탄핵증거에 의할 수 없다는 비판이 가능하다.

따라서 이원설이 타당하다고 볼 것인데, 이는 법 제318조의2의 법문에 가장 충실한 문언해석을 하되,[39] 검사의 탄핵증거에 대하여는 공소사실에 대한 엄격한 증명을 요구하는 증거재판주의와 당사자주의, 특히 실질적 무기평등주의에 의하여 제한적으로 해석하는 것이다.

그리고 위와 같이 피고인의 반대증거를 넓은 의미의 탄핵증거로 보는 이상, 피고인의 탄핵증거가 자기모순의 진술로 제한 될 수 없다.

3. 탄핵증거의 조사방법

(1) 탄핵증거의 신청 · 제출

진술의 증명력을 탄핵하기 위한 본래 의미의 탄핵증거는 그 성질

39) 따라서 직권에 의한 탄핵증거의 조사도 비제한설이 타당하다고 본다.

상 이에 의하여 다투어질 진술이 행하여진 후가 아니면 신청·제출될 수 없다.

그러나 반대사실의 입증을 위한 반대증거는 그 시기에 관계없이 신청·제출될 수 있다고 할 것이다. 다만, 증거조사는 피고인신문이 종료한 후에 하여야 하고(법 제290조), 증거신청은 검사가 먼저 이를 한 후 다음에 피고인 또는 변호인이 이를 한다(형사소송규칙 제133조)는 제한이 있을 뿐이다.[40)]

증거신청을 함에 있어서는 그 증거와 증명하고자 하는 사실과의 관계를 구체적으로 명시하여야 하고, 탄핵증거인 경우는 그 취지를 명시하여야 하며, 서류나 물건의 일부에 대한 증거신청을 함에 있어서는 증거로 할 부분을 특정하여 명시하여야 한다(형사소송규칙 제132조).

(2) 증거조사방법

탄핵증거는 범죄사실을 인정하는 증거가 아니므로 엄격한 증거조사를 거칠 필요는 없으나, 법정에서 증거조사는 필요하다. 그 증거조사 방법은 반대증거에서 탄핵증거설과 같은 상당한 방법으로 조사하면 족하다고 본다.

판례도 법 제318조의2에 규정된 탄핵증거는 범죄사실을 인정하는 증거가 아니어서 엄격한 증거조사를 거쳐야 할 필요가 없다고 하나,[41)] 법정에서 탄핵증거로서의 증거조사는 필요하다고 거듭 판시하고 있다.

40) 개정 형사소송법은 피고인신문을 증거조사 종료 후로 하는 등 이에 대하여 다음과 같이 변경하였다.
제291조의2 (증거조사의 순서)
① 법원은 검사가 신청한 증거를 조사한 후 피고인 또는 변호인이 신청한 증거를 조사한다.
② 법원은 제1항에 따른 조사가 끝난 후 직권으로 결정한 증거를 조사한다.
③ 법원은 직권 또는 검사, 피고인·변호인의 신청에 따라 제1항 및 제2항의 순서를 변경할 수 있다.
제296조의2 (피고인신문)
① 검사 또는 변호인은 증거조사 종료 후에 순차로 피고인에게 공소사실 및 정상에 관하여 필요한 사항을 신문할 수 있다. 다만, 재판장은 필요하다고 인정하는 때에는 증거조사가 완료되기 전이라도 이를 허가할 수 있다.
② 재판장은 필요하다고 인정하는 때에는 피고인을 신문할 수 있다.

41) 대법원 1996.1.26. 선고 95도1333 판결.

이러한 점에서 우리나라 형사재판 실무에서 탄핵증거에 대하여는 인증을 제외한 서증에 대하여 탄핵증거로서의 증거조사를 소홀히 하고, 증거목록에 기재조차 하지 아니하며, 나아가 법정에서 전혀 증거조사가 이루어진 바 없이 수사기록에만 편철되어 있는 서류 등에 의하여 피고인에게 유리하다는 명목 하에 공소사실에 대한 반대사실을 인정하거나 공소사실에 부합하는 증거에 대한 탄핵증거로 사용하는 일부 관행은 시정되어야 한다.42)

대상판결 1의 사안에서, 검사가 제1심에서 피고인이 교통사고 후 도주사실을 자백하고 있는 사법경찰리 작성의 피고인에 대한 위 피의자신문조서를 유죄증거로 제출하였다가 제1심의 무죄판결에 항소하면서 그 항소이유서에서 '피고인이 교통사고 후 도주사실을 자백하고 있는 위 피의자신문조서는 공소사실을 부인하는 피고인의 법정진술에 대한 탄핵증거로 사용될 수 있다'는 것을 비로소 주장하였을 뿐임에도 불구하고, 이에 대하여 대법원은 '탄핵증거로서 증거조사가 이루어진 바는 없지만 그 증거조사는 결국 검사가 입증취지 등을 진술하고 피고인 측에 열람의 기회를 준 후 그 의견을 듣는 방법에 의할 것인데, 원심에 이르기까지 이와 같은 절차가 대부분 이루어져, 어쨌든 법정에 제출되어 증거조사가 이루어졌다'고 판단하고, 또한 대법원이 '변호인은 항소이유서에 현금서비스 취급내역서 사본을 첨부하여 제출하면서 공소사실을 탄핵하였고, 원심 제1회 공판기일에는 피고인반대신문을 하면서 신용카드 사용내역승인서 사본과 함께 다시 이를 제시하여 공소사실을 탄핵하였는바, 비록 증거목록에 기재되지 않았고 증거결정이 있지 아니하였다 하더라도 공판과정에서 그 입증취지가 구체적으로 명시되고 제시까지 된 이상 위 각 서증들에 대하여 탄핵증거로서의 증거조사는 이

42) 同旨, 김동윤, "탄핵증거", 대법원판례해설 제30호, 법원도서관, 1998년; 이는 우리나라 형사재판이 그 동안 탄핵증거뿐만 아니라 유죄증거에 대하여도 법정에서 증거물을 제시하거나 증거서류의 요지를 고지하는 등 구체적인 증거조사절차를 생략한 채 수사기록을 제출만 받아 판사실에서 열람하는 등 증거조사절차 자체가 형해화되어 이른바 '조서재판'이 된 현상에 기인하는 것이고, 현재 공판중심주의의 정착에 따라 바로 잡아질 것으로 보인다.

루어졌다고 보아야 한다.'[43] 판단하는 것은 위와 같이 시정되어야 할 일부 관행을 긍정하고 있는 것으로 비판되어야 한다고 본다.

Ⅳ. 정상증거(情狀證據)

1. 양형사유의 증명

우리나라 형사공판사건 중 유·무죄를 다투는 사건은 전체사건 수에 비하여 그 비율이 높지 아니하고,[44] 상대적으로 높은 비율을 차지하는 이른바 자백사건에서 입증과 심리의 중점은 양형사유에 있을 수밖에 없다. 제1심 형사공판사건 중 무죄판결이 선고되는 비율은 연 1% 내외에 불과하다는 점[45]에서도 양형의 중요성을 알 수 있다.

형법 제51조는 양형(量刑)의 조건으로 ① 범인의 연령, 性行, 지능과 환경, ② 피해자에 대한 관계, ③ 범행의 동기, 수단과 결과, ④ 범행 후의 情況 등을 들고 있다. 이와 같은 양형사유를 증명하기 위한 증거를 양형자료 또는 정상증거라고 할 수 있다.

이러한 양형사유는 복잡다기하고 비유형적이기 때문에 엄격한 증명의 대상으로 삼기에 부적합하고 양형이 법원의 재량에 맡겨져 있으므로 자유로운 증명으로 족하다는 것이 통설이다. 대법원 판례는 이에 대하여 정면으로 판시한 바는 없지만, 형사재판 실무상 자유로운 증명으로 족하다고 보는 것이 일반적이다.

그러나 탄핵증거와 동일하게 법정에서 증거조사는 필요하다고 할 것이다. 대법원은 '판결결과에 영향을 미칠 중요한 양형사유를 인정함에 있어서는 의당 심리와 증거에 의하여 한다.'라고 판시하였다.[46]

---

43) 대법원 2006. 5. 26. 선고 2005도6271 판결.

44) 정확한 통계자료는 없지만, 실무적 감각으로는 전체 공판사건의 30% 내외라고 느끼고 있다.

45) 司法年鑑 2006, 법원행정처, 2006. 7, 563쪽 이하, 858쪽 이하.

46) 대법원 1961. 3. 31. 선고 4294형상22 판결.

2. 참고자료

형사재판 실무상 피고인 또는 변호인이 양형자료로서 '참고자료'라는 표제로 일련의 자료를 제출하는 관행이 있다. 피고인 또는 변호인이 증거신청을 하고 법원이 채택결정을 하여 제출하는 증거와 달리, 증거목록에 기재되지 아니하고 아무런 증거조사절차도 없이 단지 그것이 공판기록에 편철되어 법관이 양형을 함에 있어 참작하는 것이 보통이다. 참고자료에는 피고인의 성행, 지능과 환경을 알 수 있는 호적등본, 학교생활기록부, 성적표, 각종 표창장이나 훈장, 같은 마을이나 직장동료들의 탄원서, 피해자에 대한 손해배상금이나 위자료의 공탁서 등 참으로 다양한 자료들이 포함되고, 어떤 경우에는 피해자와의 합의서도 참고자료로 제출되는 경우가 있다.

대법원은 소송관계인이 수사기관 또는 원심법정에 제출하였을 뿐, 검사가 이를 증거로 제출하였거나 공판정에서 이에 대한 적법한 증거조사를 거치지 않은 서류는 증거능력이 없는 것이어서 이를 유죄의 사실인정 자료로 삼을 수 없다고 판시하지만,[47] 형사재판의 실무에서 정상증거의 경우는 이와 같이 증거로 제출되지 아니하고 공판기록이나 수사기록에 편철만 되어 있는 자료를 증거로 사용하는 것이 관대하게 허용되고 있는 편이다.

그러나 증거분리제출제도가 정착되면서 이제 수사기록에만 있는 자료가 정상증거로 사용될 수는 없을 것이고, 공판기록에만 있는 자료를 정상증거로 사용함에도 당연히 법정에서 증거조사는 거쳐야 할 것이다.

3. 반 성 문

피고인, 특히 구속되어 있는 피고인은 '반성문'이라는 표제로 법원이나 재판장에 대한 편지 형식의 글을 수없이 제출하는 것이 실무상의 현상이다. 심지어 거의 매일같이 반성문을 제출하는 피고인도 드물지 않고, 교도소나 구치소에서는 수용자들이 반성문을 쓰는 시간까지 마련

47) 대법원 2005.4.29. 선고 2005도70 판결.

하고 있다고 한다. 이는 가부장적이고 정의적(情誼的)인 우리나라만의 독특한 문화적 측면도 있는 것으로 보인다.[48)]

이와 같은 반성문에는 공소범죄사실을 부인(否認)하면서 알리바이나 반대사실에 해당하는 진술을 포함하는 경우도 있으나, 범행에 대한 반성의 심정을 나타내면서 양형조건이 되는 사실에 대하여 진술하는 경우가 대부분이다.

이러한 반성문은 증거방법으로 취급되어 증거조사가 이루어지지 않는 한 그 자체를 증거라고 할 수는 없다 할 것이고, 재판장은 반성문에서의 진술이 중요한 반대사실이거나 양형자료인 경우에는 법정에서 피고인신문을 통하여 그 내용이 증거로 현출될 수 있도록 하고, 반성문 자체가 증거로 될 수 있는 경우는 이에 대한 증거조사절차를 거치는 것이 타당하다고 본다.

그러나 대법원은 원심의 사형(死刑) 판결을 양형심리미진을 이유로 파기환송하면서, '공판기록에 편철된 반성문 등의 내용에 비추어 피고인의 성장과정과 현재 상태에 대한 심리가 필요함을 알 수 있으므로, 범행 전후에 걸친 정신 상태나 심리적 상태에 관하여 전문가의 의견을 들어보는 등으로 피고인에게 사형을 선고하는 것이 정당화될 수 있는 특별한 사정이 있는지 여부를 깊이 있고 철저하게 심리하여 명확하게 밝혀 보았어야 한다.'고 판시하였다.[49)]

형사재판의 실제에 있어서는 피고인이 제출하는 반성문의 분량이 적지 아니하다는 점에서 그 합리적인 취급은 여전히 우리나라 형사소송 특유의 숙제로 남는다. 특히 배심원이 양형에 대하여도 심리하는 국

48) 日本의 경우는 같은 동양사회이면서도 피고인이 반성문을 내는 일이 좀처럼 없으나, 피고인이 한국인인 경우는 수많은 반성문을 제출하여 이를 이해할 수 없었다는 일본 재판관의 말을 들을 수 있었다. 일본 형사재판에서는 반성문도 변호인이 書證으로 신청하고 검찰관의 동의 여부를 물어 증거결정을 하여 증거조사를 하고, 그렇지 아니한 반성문은 공판기록에 편철하지도 아니하고 별도로 철해두면서 재판관도 읽어보지 아니한다는 점이 우리나라와 다르다—拙稿, 일본 형사재판의 실제, 세종출판사, 2001, 103쪽.

49) 대법원 2003. 6. 13. 선고 2003도924 판결.

민참여재판에서는 필요한 반성문은 변호인이 증거신청을 하여야만 배심원에게 열람이 될 수 있을 것이다.

4. 의견서 등

대법원은 2002.2.5. '답변서 및 정상관계진술서 제출에 관한 예규'[50]를 제정하여 '공판절차의 원활한 진행과 충실한 양형심리를 위하여' 피고인으로 하여금 법원에 답변서 및 정상관계진술서(이하 '답변서 등'이라 한다)를 제출할 수 있도록 하였다. 그리하여 피고인에게 공소장 부본을 송달할 때에는 답변서 양식과 정상관계진술서 양식을 함께 송달하고(예규 제3조), 피고인은 위 양식에 따라 공소사실에 대한 인정 여부를 기재한 답변서와 피고인의 성행 및 환경, 구체적인 사정 등을 기재한 정상관계진술서를 법원에 제출할 수 있다(제4조).

답변서 등은 유죄의 증거로 사용할 수는 없지만(제7조), 답변서는 제1회 공판기일을 정하거나 재판을 진행함에 있어서 자백 여부나 부인하는 부분이 어디인지 등 절차진행에 참고하고(제5조), 정상관계진술서가 제출된 경우에는 그 기재내용에 관하여 심리를 할 수 있으며 그 기재된 내용은 양형을 위한 기초자료로 참작할 수 있다(제6조).

이와 같은 답변서 등의 제출제도는 법원이 공판절차를 준비하면서 답변서를 참고하여 피고인의 자백 여부와 부인 내용에 따른 심리계획을 세워 공판절차를 공전되는 일이 없도록 원활하게 진행하고, 나아가 충실한 양형심리자료를 얻기 위한 것으로 피고인에 대하여 그 제출이 강제되는 것은 아니나, 공판중심주의의 강조와 맞물려 법정에서 조사도 하지 아니한 양형자료에 의한 양형을 하는 것에 대한 비판이 있을 수 있다.

'답변서'라는 표현은 공소사실에 대한 '의견'에 불과한 내용을 '답변'으로 표현하여 오해의 소지가 있고, 개정 형사소송법이 의견서 제출에 관한 규정[51]을 신설함에 따라, 대법원은 최근 2007.5.8. 재판예규

---

50) 재판예규 제855호(재형 2002-1).

51) 개정 형사소송법 제266조의2(의견서의 제출) ① 피고인 또는 변호인은 공소장 부본을 송달받은 날부터 7일 이내에 공소사실에 대한 인정여부, 공판준비절차에 관

제1135호로 위 예규를 '의견서 제출에 관한 예규'로 개정하여 답변서와 정상관계진술서를 통합한 '의견서'라는 양식을 제정하고, '피고인은 위 양식에 따라 공소사실에 대한 인정 여부, 절차진행, 성행 및 환경, 정상에 관한 의견 등을 기재한 의견서를 법원에 제출하여야 한다'(제4조)고 규정하고 있다.

재판장은 의견서도 반성문과 마찬가지로 그 내용이 중요한 반대사실이거나 양형자료인 경우에는 법정에서 피고인신문을 통하여 그 내용이 증거로 현출될 수 있도록 하여야 할 것이다.

Ⅴ. 대상판결의 평석

1. 대상판결 1은 사법경찰리 작성의 피고인에 대한 피의자신문조서를 검사가 유죄의 증거로 제출하였지만, 이는 전문증거이므로 본래 증거능력이 없고 피고인이 그 내용을 부인하여 전문법칙의 예외로서 증거능력도 취득하지 못하였으나, 이와 같이 증거능력이 없는 진술증거라도 탄핵증거로 사용할 수 있다는 판시이다. 다른 관점으로는 '피고인이 내용을 부인하여 증거능력이 없는 피의자신문조서'를 과연 '피고인의 진술을 탄핵하는 증거'로 사용할 수 있는지 여부에 관하여 학설상 다툼이 있지만, 위 판결은 긍정설을 취하고 있다.

그리고 탄핵증거에 대하여는 엄격한 증거조사를 거쳐야 하는 것은 아니지만, 법정에서 증거조사는 필요하다는 것을 명백하게 판시하고 있다. 또한 탄핵증거로서 증거신청을 함에는 그 증거와 증명하고자 하는 사실과의 관계 및 입증취지 등을 미리 구체적으로 명시하여야 할 것이므로, 탄핵증거의 어느 부분에 의하여 진술증거의 어느 부분을 다투려고 한다는 것을 사전에 상대방에게 알려야 한다는 것을 분명히 하고 있다. 실무상 증거신청을 함에 있어 입증취지의 명시를 분명히 하지 아니하는 경우가 다반사이고, 탄핵증거인 경우에도 그 취지 및 탄핵의 대

한 의견 등을 기재한 의견서를 법원에 제출하여야 한다. 다만, 피고인이 진술을 거부하는 경우에는 그 취지를 기재한 의견서를 제출할 수 있다. ② 법원은 제1항의 의견서가 제출된 때에는 이를 검사에게 송부하여야 한다.

상과 부분 등을 분명하게 하지 못하는 점을 잘 지적하고 있다. 위와 같은 탄핵증거의 증거능력과 증거조사방법에 대한 일반적인 법리의 판시는 지극히 타당한 판례라고 본다.52)

2. 대상판결 2는 검사가 유죄의 증거로 제출한 진술증거이지만 그 진정성립이 인정되지 아니하고 상대방의 증거 동의가 없어 증거능력이 없는 증거라도, '공소사실과 양립할 수 없는 사실' 즉 반대사실을 인정

52) 그러나 사안을 보면, 도주차량 사건에서 피고인이 도주사실을 자백하고 있는 사법경찰리 작성의 피고인에 대한 피의자신문조서를 검사가 제1심에서 단지 유죄의 증거로 제출하였을 뿐이지 탄핵증거로는 증거신청을 한 바가 전혀 없다. 제1심이 증거부족으로 무죄 판결을 하자, 검사가 항소하고 그 항소이유서에서 '위 피의자신문조서가 공소사실을 부인하는 피고인의 법정진술에 대한 탄핵증거로 사용될 수 있다'는 것을 주장하였을 뿐이다. 제2심은 위 피의자신문조서를 탄핵증거로 사용하기 위해서는 원칙적으로 피고인의 법정 진술을 탄핵하기 위한 것이라는 입증취지가 명시되고, 법정에서 탄핵증거로서 증거조사가 이루어져야 할 것인데, 이와 같은 입증취지의 명시와 증거조사가 이루어지지 아니하였으므로 피고인의 법정진술에 대한 탄핵증거로 사용될 수 없다고 판단하고 역시 무죄 판결을 하였다. 검사가 그 상고이유서에서 탄핵증거로 사용될 수 있다고 지적함에 대하여, 대법원은 위와 같이 검사가 항소이유서에서 탄핵증거로 사용될 수 있음을 지적하였고 또한 탄핵증거로서 증거조사가 이루어진 바는 없지만 그 증거조사는 결국 검사가 입증취지 등을 진술하고 피고인 측에 열람의 기회를 준 후 그 의견을 듣는 방법에 의할 것인데, 원심에 이르기까지 이와 같은 절차가 대부분 이루어져, 어쨌든 법정에 제출되어 증거조사가 이루어진 점을 들어서 탄핵증거가 될 수 없다는 원심의 판단은 탄핵증거의 증거능력 내지 그 조사방법에 관한 법리오해의 위법이 있으나, 위 피의자신문조서를 피고인의 법정 진술에 대한 탄핵증거로 사용할 수 있다 하더라도, 이로써 공소사실을 부인하는 피고인의 법정진술의 증명력이 감쇄되었다고 볼 수 없고 결국 공소사실을 인정할 증거가 없는 이상 위와 같은 잘못은 판결 결과에 영향이 없어 판결의 파기사유가 되는 위법이라고 볼 수 없다고 하여 검사의 상고를 기각하였다.

그렇지만 증거분리제출주의를 분명하게 시행하는 현재의 법정에서는 위 사법경찰리 작성의 피고인에 대한 피의자신문조서는 그 증거능력을 취득하지 못한 이상, 증거로 법정에 제출도 될 수 없는 것이다. 그리고 검사가 증거신청을 하면서 피의자신문조서가 포함된 일건 수사기록을 법원에 제출하고, 이를 미리 열람하고 있는 변호인이 피의자신문조서에 대해 '성립인정, 내용부인'이라고 증거신청에 대한 의견을 밝힌 것을 들어 '증거조사를 거쳤다'고 판시한 것으로 보이나, 위와 같은 '증거신청절차'를 들어 '증거조사를 실시하였다'고 보는 것은 증거조사의 形骸化를 반영한 것에 다름이 아닌 것으로 비판되어야 한다. 제2심이 탄핵증거에 대한 일반적 법리에 따라 그 증거신청과 증거조사방법에 대하여 적절하게 밝히고 이와 같은 증거조사절차가 없었으므로 탄핵증거로 사용될 수 없다는 것을 정당하게 판시하였음에도, 대법원이 위 피의자신문조서에 대하여 억지의 논리로 제2심이 탄핵증거에 대하여 법리오해를 하였다는 판시를 하였다고 보지 않을 수 없지만, 앞으로는 이와 같은 사안에 대한 판시가 아예 없을 것으로 보인다.

하는 반대증거로 쓸 수 있다고 판시하여, 반대증거에 관하여 판례가 반증설이 아닌 탄핵증거설을 취하고 있다고 해석할 수 있는 여지를 주고 있는 판시이다. 그러나 위 증거들은 모두 검사가 유죄의 증거로 제출한 것이고 피고인 제출의 증거가 아니라는 점에서 그 해석의 한계가 있다.

Ⅵ. 맺 음 말

피고인 제출의 증거는 알리바이 등 공소범죄사실에 반대되는 사실을 입증하기 위한 반대증거이든, 공소범죄사실에 대한 진술증거의 신빙성을 탄핵하기 위한 탄핵증거이든, 모두 그 성질은 탄핵증거라고 보는 것이 합당하다. 대상판결 1, 2는 이러한 판단을 전제로 하고 있다고 본다. 위와 같이 피고인 제출의 증거를 모두 탄핵증거로 보는 것은 형사재판에서 공소사실에 대한 거증책임이 검사에게 있는 이상, 당연한 논리적 귀결이다.

국민참여재판의 출범 및 개정 형사소송법의 시행에 즈음하여, 이제까지 우리나라 형사재판에서 피고인 제출 증거의 증거능력에 대한 검토가 제대로 이루어지지 아니하고 있는 점을 다시 돌아보고, 그 증거조사방법에 대한 보다 합리적이고 분명한 강구가 있어야 한다고 본다. 앞으로 피고인 제출 증거의 증거능력과 증거조사방법에 대한 학설의 연구와 판례의 발전이 있기를 기대한다.

[주 제 어]
형사재판, 피고인, 증거, 증거조사, 증거능력, 피고인 제출 증거(반대증거), 입증책임, 범죄사실, 탄핵증거

[Key words]
a criminal trial, the accused, evidence, investigation of evidence, admissibility, evidence produced by the defendant, the burden of proof, the fact constituting a crime, evidence for impeachment

접수일자: 2008. 4. 20, 심사일자: 2008. 5. 13, 게재확정일자: 2008. 5. 29.

[Abstract]

The Investigation and Admissibility of Evidence Produced by the Defendant

Shin, Yong-Suk*

This is a study about the admissibility and investigation of evidence produced by the defendant in a criminal trial. According to the debut of the citizens' participation in trials and the enforcement of the revised code of criminal procedure, a evidence produced by the defendant becomes more and more important. This is the basic rule that a prosecutor has a burden of proof about the prosecuted fact constituting a crime in a criminal trial. Accordingly the nature of a evidence produced by the accused—it is a evidence for a contrary fact to a prosecuted fact constituting a crime, a evidence for impeachment denouncing a credibility of a testimony for the fact or whatever—should be a evidence of impeachment. Consequently there is no need that a evidence produced by the accused has a admissibility and it is enough to investigate it as a evidence of impeachment. The precedents in this study supposed that judgement.

---

* Chief Judge of Branch Court, Presiding Judge, Jecheon Branch Court.

특별누범의 처단

김 대 휘*

[대상판결]

1. 대법원 2006. 4. 28. 선고 2006도1296 판결

[공소장의 공소사실 요지와 적용법조]

피고인은 2002. 8. 21. 특가법위반(절도)죄로 징역 1년을 선고받고 2004. 10. 15. 같은 죄로 징역 9월을 선고받아 2005. 3. 5. 그 형의 집행을 종료한 자로서, 상습으로 2005. 6. 14. 11:00경부터 2005. 9. 22.까지 총 6회에 걸쳐 절도범행을 하였다는 공소사실로, 검사가 특가법 제5조의4 제1항, 형법 제329조, 제35조의 적용을 구하였다.

[제 1 심 및 원심의 조치]

제1심은 피고인의 범죄사실에 대하여 특가법 제5조의4 제1항, 형법 제329조를 적용한 후, 제35조, 제42조 단서를 적용하여 누범가중을 하였다(생리도벽의 발현으로 인한 심신미약이라는 이유로 법률상 감경을 하고 다시 작량감경한 후, 징역 10월을 선고함).

그러나 원심은 피고인이 특가법 제5조의4 제6항의 요건에 해당함에도 이를 적용하지 않은 것은 잘못이라 보고 직권으로 제1심 판결을 파기한 후 형법 제35조 및 특가법 제5조의4 제6항을 적용하여 누범가중을 하였다(1심과 같이 2차례 감경을 거쳐 징역 1년 6월을 선고함).

* 춘천지방법원 법원장.

[대법원의 판결이유]

기록에 의하면, 검사는 제1심판결 기재 범죄사실에 대하여 특정범죄가중처벌 등에 관한 법률 제5조의4 제1항, 형법 제329조, 제35조만을 적용하여 공소를 제기하였고, 원심은 그 설시 증거들을 종합하여 위 범죄사실을 인정한 다음 그에 대하여 특정범죄가중처벌 등에 관한 법률 제5조의4 제1항, 형법 제329조를 적용한 후 특정범죄가중처벌 등에 관한 법률 제5조의4 제6항 및 형법 제35조에 의하여 누범가중을 하여 피고인을 처단하였다.

그러나 원심의 위와 같은 조치는 다음과 같은 이유로 수긍하기 어렵다.

2005.8.4. 법률 제7654호로 개정·시행된 특정범죄가중처벌 등에 관한 법률은 그 제5조의4 제6항을 신설하였는바, 이 조항은 그 입법취지가 2005.8.4. 법률 제7656호로 공포·시행된 사회보호법 폐지법률에 의하여 사회보호법이 폐지됨에 따라 상습절도 사범 등에 관한 법정형을 강화하기 위한 데 있다고 보이고, 조문의 체계가 일정한 구성요건을 규정하는 형식으로 되어 있으며, 적용요건이나 효과도 형법 제35조와 달리 규정되어 있는 점 등에 비추어 볼 때, 특정범죄가중처벌 등에 관한 법률 제5조의4 제1항 또는 제2항의 죄로 2회 이상 실형을 받아 그 집행을 종료하거나 면제받은 후 3년 이내에 다시 위 제1항 또는 제2항의 죄를 범한 때에는 그 죄에 정한 형의 단기의 2배까지 가중한 법정형에 의하여 처벌한다는 내용의 새로운 구성요건을 창설한 규정이라고 새기는 것이 옳고, 이와 달리 누범가중에 관한 형법 제35조를 보충하는 데 불과한 규정으로 새길 것이 아니므로, 법원이 위 제5조의4 제6항을 적용하기 위하여 검사가 공소장에 위 조항을 기재하거나 적용법조의 추가·변경 절차에 의하여 법원에 그 적용을 구하여야 하고, 그러한 기재 등이 없는 한 법원이 직권으로 위 제5조의4 제6항을 적용할 수는 없다고 보아야 한다.

이 사건에서 검사가 위 제5조의4 제6항을 공소장에 기재하거나 적용법조의 추가·변경 등의 절차를 취하지 않았음에도 불구하고, 원심은 이를 형법상의 누범가중에 대한 특별규정으로 보고 위에서 본 바와 같이 형법 제35조와 위 조항을 함께 적용하여 누범가중을 하였으니, 이는 위 제5조의4 제6항의 해석 및 적용에 관한 법리를 오해하여 판결결과에 영향을 미친 것이라 아니할 수 없다(직권 파기).

2. 대법원 2006. 12. 8. 선고 2006도6886 판결

[판결 이유]

2005. 8. 4. 법률 제7654호로 개정·시행된 특정범죄가중처벌 등에 관한 법률 제5조의4 제6항은 그 입법취지가 2005. 8. 4. 법률 제7656호로 공포·시행된 사회보호법 폐지법률에 의하여 사회보호법이 폐지됨에 따라 상습절도 사범 등에 관한 법정형을 강화하기 위한 데 있다고 보이고, 조문의 체계가 일정한 구성요건을 규정하는 형식으로 되어 있으며, 적용요건이나 효과도 형법 제35조와 달리 규정되어 있는 점 등에 비추어 볼 때, 위 법률 제5조의4 제1항 또는 제2항의 죄로 2회 이상 실형을 받아 그 집행을 종료하거나 면제받은 후 3년 이내에 다시 위 제1항 또는 제2항의 죄를 범한 때에는 그 죄에 정한 형의 단기의 2배까지 가중한 법정형에 의하여 처벌한다는 내용의 새로운 구성요건을 창설한 규정이라고 새겨야 할 것이므로(대법원 2006. 4. 28. 선고 2006도1296 판결 참조), 이러한 경우 위 제6항에 정한 형에 다시 형법 제35조의 누범가중한 형기범위 내에서 처단형을 정하는 것이 옳다.

원심이 유지한 제1심 판결이 같은 취지에서, 피고인의 이 사건 범죄행위에 대하여 위 법률 제5조의4 제6항을 적용한 후 다시 형법 제35조에 의하여 누범가중을 한 조치는 정당하고, 거기에 법리오해 등의 위법은 없다.

〔연 구〕

Ⅰ. 누범의 개념과 성질

누범(累犯, Rückfall)이란 범죄를 누적적으로 범하는 것을 말하며 광의로는 확정판결을 받은 범죄가 있는 경우에 그 후에 다시 범한 범죄를 의미(전자를 전범, 후자를 후범이라고 한다)하고 누범은 그 범행의 횟수에 따라 재범, 3범, 4범 등을 총칭하는 것이나, 협의로는 광의의 누범 가운데 형법 제35조의 요건을 구비한 경우, 즉 형법상의 누범(일본 형법상 再犯)을 의미한다.

또한 누범은 전범과 후범의 관계에 따라 일반누범과 특별누범으로 나눌 수 있는데, 전범과 후범이 죄질을 같이 하는 동종의 누범에 대하여 특별하게 가중하는 경우가 있는데, 이를 특별누범이라고 함에 대하여, 죄질을 같이 하는 경우뿐만 아니라 죄질을 달리하는 이종의 누범에 대하여도 누범을 인정하는 것을 일반누범이라고 부를 수 있다. 우리 형법은 일반누범에 관한 규정만을 두고 있으나, 뒤에서 보는 바와 같은 각종 특별법상의 누범은 특별누범에 해당한다고 볼 수 있다.

그런데 특별누범의 성격을 어떻게 볼 것인가, 또 일반누범과 특별누범의 관계가 문제가 되고, 대상판결은 이 문제를 다룬 것이다.

한편 누범은 범행의 횟수를 기초로 하여 규정되는 개념으로서 법률학적·통계학적 개념이라 할 수 있고, 상습범은 '상습성'이라고 하는 범죄의 반복적 습벽을 기초로 하는 개념으로 범죄학적·심리학적 개념이라 할 수 있으므로, 누범과 상습범은 별개의 개념인바, 상습범 가중규정과 누범 가중규정은 이중으로 적용될 수 있고,[1] 상습범을 가중 처벌하는 특별법을 위반하는 경우에도 형법상의 누범가중을 할 수 있다.[2]

1) 대법원 1982.5.25. 선고 82도600, 82감도115 판결; 日最判 1969.9.26.(集 23-9, 1154): 단 상습성 인정의 자료로 쓰인 전과를 다시 누범가중사유로 삼는 것은 부당하다는 일본의 소수설이 있다(大塚 外, 大コンメンタール刑法 制2版(4), 387).

2) 대법원 1982.5.25. 선고 82도600 판결(공1982, 623), 1985.7.9. 선고 85도1000 판결(공1985, 1152). 특정범죄가중처벌 등에 관한 법률 제5조의4 제1항 위반죄가 성립되는 경우에도 형법 제35조 소정의 누범요건을 충족하는 때에는 누범가중을 하여야

따라서 일반누범 내지 특별누범 이외에 상습범이 누범요건을 갖춘 상습누범이 있을 수 있다.[3]

형법은 누범을 형벌의 가중사유로 규정하고 있는데, 누범의 성질을 어떻게 파악할 것인가에 대하여는 견해가 대립하고 있다.

누범은 수개의 범죄를 누적적으로 범한 경우이고 경합범은 수개의 범죄를 병립적으로 범한 경우이므로 비록 종적인가 횡적인가의 차이는 있을지라도 수개의 죄를 범하였다는 점에서 양자는 동일하므로 누범 역시 죄수론으로 취급하여야 한다고 보는 견해[4]가 있다.

그러나 죄수론은 심판의 대상이 되는 수개의 범죄를 현실적인 심판대상으로 보고 있는 반면 누범에서의 현실적인 심판대상은 후범이므로 이를 죄수론으로 볼 수 없으며, 오히려 형법은 누범과 경합범을 다른 절에서 규정하고 있고, 나아가 형의 가중은 일반적으로 양형규정을 토대로 행하여지는 것을 고려하면 누범의 성질을 양형에 대한 법률상의 가중·감경사유, 즉 양형사유로 보아야 한다.[5]

Ⅱ. 누범가중의 근거와 타당성

우리 형법은 누범의 형을 그 죄에 정한 형의 장기의 2배까지 가중하고 있으며, 누범에 대한 형의 가중은 세계 각국의 일반적인 경향이다.[6]

그러나 누범에 대한 형의 가중은 전범에 대한 처벌이 끝났음에도 불

한다. 특가법 제5조의4 제6항이 상습누범의 예이다.

3) 大塚 外, 前揭書, 373.

4) 오영근, 형법총론*, 2002, 793쪽.
(* '형법총론' 교과서의 경우, 저자 뒤, 책명 생략, 이하 같다)

5) 김일수/서보학, 형법총론, 2002, 767쪽; 김종원, 형법총론, 1990, 238쪽; 박상기, 형법총론, 2002, 530쪽; 이정원, 형법총론, 489쪽; 이재상, 형법총론, 2003, 578쪽; 진계호, 형법총론, 1999, 968쪽; Maurach/Gössel/Zipf, Strafrecht Allgemeiner Teil. Bd. 2, 7. Auhl., S. 492.

6) 일본 형법(§57), 오스트리아 형법(§39), 프랑스 형법(제1권 제4장 §56), 영국(1967. 형사재판법 §37, 38 및 1973. 형사법원의 권한에 관한 법 §28). 독일 형법의 누범가중규정은 1986. 4. 13. 23차 형법 개정에 의하여 삭제되었고, 다만 아동에 대한 성추행에 대하여는 누범가중규정을 존치시켰다: Schönke/Schröder/Stree, Strafgesetzbuch Kommentar, 26. Auhl., §176a, Rn. 6ff.

구하고 이를 기초로 후범을 중하게 처벌하는 것이라고 볼 여지가 있는바, 헌법이 보장하고 있는 일사부재리의 원칙과 평등의 원칙에 반하는 것이 아닌지, 특히 형법상 책임주의와 조화될 수 있는지 문제되지만, 다수설은 누범가중이 일사부재리의 원칙이나 평등원칙에 반한다고 보지 아니한다.[7]

또 누범을 가중하는 근거에 대하여는, ① 이미 형을 받은 자가 반성하지 않고 재범한 때 행위자의 반사회적 위험성이 커지기 때문이라는 견해(행위자책임설),[8] ② 누범이 전 판결에 의하여 부여된 금지의 충격(衝擊)을 강화된 범죄에너지에 의하여 극복하였다는 점에서 행위책임이 가중된 것이라는 견해(행위책임설),[9] ③ 원칙적인 행위책임에 의하여 객관화된 행위자책임 때문이라는 견해(절충설)[10]가 제시되고 있다. 그밖에 전형의 집행이 재범방지의 효과가 없었으므로 형을 가중할 필요가 있다는 점에 근거를 두어 누범가중을 형의 특별예방적 기능에 착안하는 형사정책적 제도라고 보는 견해도 있다.[11]

책임주의의 원칙에 따라 누범에 대한 형의 가중은 책임의 가중에서 그 근거를 찾는 것이지만, 누범의 경우 행위책임 자체가 가중된다고 보면 위법성의 가중으로 파악할 것인데, 같은 행위에 위법성을 달리 보는 것이 책임주의와 조화가 될 수 있는지 의문이 제기된다. 누범을 행위자책임의 가중으로 보거나 행위책임을 인격의 표현으로 이해하여 행위책임을 인격책임과 결합시키는 것은 범죄 이외의 생활태도는 단지 양형의 고려사유가 될 뿐이고 행위자책임의 가중에 따라 일률적으로

---

7) 김일수/서보학, 768쪽; 이형국, 형법총론, 2003, 409쪽; 임웅, 617쪽. 헌재 1995. 2. 23. 선고 93헌바43 결정(헌집7-1, 225): 형법 제35조 제1항이 누범을 가중처벌하는 것은 전범에 대하여 형벌을 받았음에도 다시 범행을 하였다는 데 있는 것이지, 전범에 대하여 처벌을 받았음에도 다시 범행을 하는 경우에는 전범도 후범과 일괄하여 다시 처벌한다는 것은 아님이 명백하므로, 누범에 대하여 형을 가중하는 것이 헌법상 일사부재리의 원칙에 위배하여 피고인의 기본권을 침해하는 것이라고는 볼 수 없다; 日最判 1969. 9. 26(集 26-23, 1154)도 같은 취지.

8) 배종대, 형법총론, 2002, 658쪽; 손해목, 형법총론, 1996, 1135쪽; 오영근, 783쪽.

9) 박상기, 682; 이재상, 581쪽; 이형국, 371쪽; 임웅, 562쪽.

10) 김일수/서보학, 769쪽.

11) 中野, 總論, 234쪽.

중한 형벌을 과하는 것도 책임주의와 관련하여 문제가 있다. 누범에 대한 형의 가중이 책임주의와 조화될 수 있는지 독일의 구 형법 하에서 매우 다투어졌고, 당시 연방헌법재판소는 일정한 실질적인 누범의 요건 하에서 이를 긍정하였다.[12] 즉 개별 사건에서 행위자가 구체적인 경우 종전 판결의 경고기능이라는 관점에서 더 강한 책임비난이 이루어져야 함이 확정되어야 한다는 것이다. 현재 독일에서는 일반적 누범에 대한 가중조항은 폐지되었지만, 아동에 대한 성추행죄의 특별누범에 관하여 이와 같이 헌법에 합치되도록 제한해석을 하고 있다.[13]

누범가중의 근거를 책임의 가중이고 판결의 경고기능으로 보는 이상, 책임능력이 미약한 경우나 판결의 경고기능을 받아들일 수 없는 의지박약자나 인격결함자에 대하여 판결의 경고로 인한 형의 가중이 정당한지 의문이 제기된다. 오히려 전형적인 누범자의 대부분은 그러한 결함이나 환경 등의 요인에 의하여 재범을 하는 경우라 할 것인데, 그러한 자가 종전 판결의 경고를 위반한 사실이 과연 책임의 가중사유가 될 수 있는지 여부에 대하여는 논란의 여지가 있다.

이에 대하여 판결의 경고기능 위반을 이유로 한 형의 가중은 부당하며 위험한 사회화 수단이라고 하거나,[14] 누범은 형의 집행에 의하여 안정성이 더욱 약화되었기 때문에 오히려 책임이 감경되어야 할 경우이며, 국가와 사회가 형의 집행에 의하여 범죄인을 효과적으로 돕지 못하는 한 이는 부당하다고 하는 유력한 비판이 있다.[15]

근본적으로 누범에 대한 형의 일률적인 가중이 책임원칙에 배치되는 측면이 있고, 판결의 경고위반에 대한 책임비난은 재범이 경고의 무시로 인하여 보다 강하게 비난받을 수 있을 때에만 가능한 것이라는 점에서 사회적 도움의 결여에 기인한 누범에 대하여는 책임비난이 가

12) BVerfGE 50, 134.

13) Schönke/Schöder/Stree, 앞의 주석, § 176a, Rn. 6, 7.

14) Ernst-Walter Hanack, "Das Juristische Konzept der sozialtherapeutischen Anstalt und der sonstigen Maßregeln im neuen Strafrecht", Kriminologische Gegenwartsfragen, Bd. 10, S. 71.

15) Baumann/Weber, Strafrecht, Allgemeiner Teil, 9. Aufl., 1985, S. 642.

중될 근거가 박약하다고 생각된다. 그러므로 향후 궁극적으로는 입법에 의하여 누범가중 규정을 폐지하고 법원이 구체적 형사재판에서 양형요소로 고려하면 충분하다고 볼 것이고, 누범가중 규정을 유지하는 경우에도 책임원칙과의 조화를 위하여 실질적 누범요건을 요구하는 것이 타당하고 또한 필요하다고 보인다. 입법론상 이를 명시하는 것이 바람직할 것이지만,[16] 현행법의 해석론상 쓰이지 않은 누범의 요건으로서 실질적 누범요건을 요구하는 것이 가능하고 필요하며, 이는 합헌적 해석의 원칙에 따르는 것이라고 볼 여지가 충분하다.

누범현상의 격증[17]으로 인하여 누범, 특히 상습누범에 대한 대책은 형사정책의 가장 중요한 과제가 되고 있다. 상습누범에 대한 형사정책적 대응으로는 형의 가중과 부정기형 및 보안처분의 세 가지 방법이 있으며,[18] 누범현상을 누범에 대한 형의 가중으로 대처하는 것이 타당한지에 대하여 논의가 되고 있다.

누범가중의 근거를 행위자책임에 근거한 것이라고 보는 입장에서 누범가중은 행위책임에 반하고,[19] 형사정책적 측면에서 누범에 대한 형의 가중은 무의미하다고 볼 수밖에 없으므로,[20] 누범규정을 삭제하여야 하고 사회방위와 특별예방의 관점에서 '보안처분'으로 누범현상에 대처하여야 한다는 견해[21]와 누범가중을 행위책임에 근거한 것이라고 보는 입장에서도 현재 특별법에 의한 형벌의 가중을 통하여(종전에는 사회보호법상의 보호감호를 통하여) 재범의 위험에 강력히 대처하고 있으므로[22]

16) 김일수/서보학, 769쪽; 이재상, 582, 583쪽; 임웅, 618쪽도 같은 취지.

17) 누범개념을 광의로 파악하여 우리나라의 '범죄의 누범화 현상'을 살펴보면, 형법범 내의 누범구성비가 1970년 7.2%, 1980년 27.5%, 1990년 45.1%로서 급격한 상승추세를 보이고 있으며, 누범의 '중누범화현상'도 뚜렷하여 전과 4범 이상인 중누범이 누범 중에 차지하는 비율은 1970년 8.4%, 1980년 18.8%, 1990년 34.7%로서 심각한 범죄문제로 대두하고 있다[임웅, "누범수형자의 효율적 관리방안(1993)", 15쪽].

18) 이재상, 사회보호법론, 80-90쪽.

19) 배종대, 769쪽.

20) 손해목, 512쪽.

21) 임웅, 619쪽.

22) 신동운(2001), 760쪽.

재사회화 이념의 형사정책적 발전경향을 고려하여[23] 누범규정을 삭제하여야 한다는 견해가 유력하다.

그러나 더욱 바람직한 형사정책 내지 사회정책이 대안으로 제시될 수 없는 이상 일정한 경우 재범을 무겁게 처벌하는 것은 책임원칙에 부합하지 않는다고 볼 수 없고, 형사정책상으로도 불가피한 면이 있다. 즉 누범에 대한 형의 가중을 폐지하고 보안처분에 의하여 누범에 관한 대책을 전담하게 하는 것은 보안처분제도의 현상에 비추어 과중한 부담을 주는 것이고[24] 일반예방의 관점에서도 누범에 대한 형의 가중은 누범의 격리로 인한 사회방위에 도움이 되며, 특별예방의 관점에서도 범죄자의 사회복귀에 해가 된다고 볼 증거도 없다. 그러나 궁극적으로는 누범가중 규정을 폐지하되, 실질적 누범요건을 입법론이나 해석론으로 요구하는 것이 바람직함은 앞에서 지적하였다.

Ⅲ. 특별법상의 누범

형법상의 누범규정 외에도 아래의 각 특별법상의 누범이 산재하고 있다. 특별법상의 누범요건에 해당하는 경우에는 형법상의 누범규정이 적용되지 않는지, 위 각 법이 형법에 대한 특별법으로서 형법에 우선하여 적용되는지가 문제될 수 있다.

1. 폭력행위 등 처벌에 관한 법률(이하 '폭처법')

폭처법위반(형법 각 본조를 포함)으로 2회 이상 징역형을 받은 자로서 다시 폭처법 제2조 제1항에 열거된 죄를 범하여 누범으로 처벌할 경우에는 3년 이상의 유기징역에 처하고(폭처법 §2 Ⅲ), 폭처법위반으로 2회 이상 징역형을 받은 자로서 다시 폭처법 제3조 제1항의 죄를 범하여 누범으로 처벌할 경우에는 무기 또는 7년 이상의 징역에 처한다(폭처법 §3 Ⅳ).

23) 박상기, 531쪽; 손동권, "상습범 및 누범에 관한 형벌가중의 문제점", 형사판례연구 제4권, 112-113쪽; 이형국, 409쪽.

24) Maurach/Gössel/Zipf, 앞의 책, 499쪽.

2. 특정범죄 가중처벌 등에 관한 법률(이하 '특가법')

형법 제329조 내지 제331조와 제333조 내지 제336조·제340조·제362조의 죄 또는 그 미수죄로 3회 이상 징역형을 받은 자로서 다시 이들 죄를 범하여 누범으로 처벌할 경우에 특가법 제5조의4 제1항 내지 제4항과 같은 형에 처하고(특가법 §5의4 V), 형법 제337조·제339조의 죄 또는 그 미수죄로 형을 받아 그 집행을 종료하거나 면제를 받은 후 3년 내에 다시 이들 죄를 범한 자는 사형·무기 또는 10년 이상의 징역에 처한다(특가법 §5의5).

그리고 2005.8.4. 개정되어 신설된 특가법 제5조의4 제6항에 의하면, 같은 조 제1, 2항의 죄, 즉 상습 내지 공동하여 상습으로 법 제329조 내지 331조(절도 내지 특수절도)의 죄로 2회 이상 실형을 받아 그 집행을 종료하거나 면제받은 후 3년 이내에 같은 죄를 범한 때에는 그 죄에 정한 형의 단기의 2배까지 가중하도록 되어 있다. 본 조항은 사회보호법이 폐지됨에 따라 종전에 보호감호의 주요대상이었던 상습절도에 대한 처벌을 강화할 목적으로 신설된 것으로 보이고, 이는 제1항의 상습범, 제2항의 공동 상습범에 대하여 본 조항이 적용되는 경우로서 이른바 '상습누범'에 해당하는 것이다.

3. 특정강력범죄의 처벌에 관한 특례법(이하 '특강법')

특정강력범죄로 형을 받아 그 집행을 종료하거나 면제받은 후 3년 이내에 다시 특정강력범죄를 범한 때에는 그 죄에 정한 형의 장기 및 단기의 2배까지 가중한다(특강법 §3).

4. 환경범죄의 단속에 관한 특별조치법

환경범죄의 단속에 관한 특별조치법 제3조 내지 제5조 또는 제7조의 죄로 금고 이상의 형을 선고받고 그 집행을 종료하거나 면제받은 후 3년 내에 위 법 제3조 제1항, 제4조 제3항 또는 제7항의 죄를 범한 자는 무기 또는 5년 이상의 유기징역에 처하고, 이 경우 제7조의 죄를 범한 자는 폐기물의 투기 또는 매립으로 인하여 취득한 가액의 2배 이상 10배 이하에 상당하는 벌금을 병과한다(환경범죄의 단속에 관한 특별조치법 §8).

5. 보건범죄 단속에 관한 특별조치법

보건범죄 단속에 관한 특별조치법 제2조 또는 제3조의 죄로 형을 받아 그 집행을 종료하거나 면제받은 후 3년 내에 다시 제2조 제1항 제1호 또는 제3조 제1항 제1호의 죄를 범한 자는 사형·무기 또는 5년 이상의 징역에 처한다(보건범죄 단속에 관한 특별조치법 §3의2).

Ⅳ. 평석—특별법상 누범의 성격과 처단

특별법상의 누범은 전범과 후범이 죄질을 같이하는 동종의 누범에 대하여 특별하게 가중하는 경우로서 특별누범에 해당한다. 특별누범은 죄질을 같이 하는 경우뿐만 아니라 죄질을 달리하는 이종의 누범에 대하여도 형을 가중하는 형법상의 일반누범과의 관계가 문제된다.

통상 특강법상의 누범은 형법상 누범의 특칙으로서 이 규정이 적용되는 경우에 일반누범의 규정은 적용하지 않고 위 가중규정을 직권 적용하는 것이 실무례인데,[25] 이는 위 조항을 특별누범으로 본 것이다. 그런데 신설된 특가법 제5조의4 제6항(같은 조 제1, 2항의 죄, 즉 상습 내지 공동으로 법 제329조 내지 제331조의 절도 내지 특수절도의 죄로 2회 이상 실형을 받아 그 집행을 종료하거나 면제받은 후 3년 이내에 같은 죄를 범한 때에는 그 죄에 정한 형의 단기의 2배까지 가중한다)도 누범가중의 특칙인 특별누범의 규정으로 보아야 하는지 실무상 논란이 있다. 하급심의 일부 판결들에 의하면, 위 규정은 법원이 직권으로 적용하여야 하고 이를 적용하지 아니하거나 잘못 적용한 경우에는 법령위반으로 파기될 수 있다고 하는데,[26] 이는 본 조항을 특별누범으로 보는 견해에

25) 특강법상의 누범은 장기 및 단기의 2배가 함께 가중되므로, 만일 일반누범의 규정을 다시 적용하면 장기의 2배가 다시 가중되는 것이다. 대상판결의 보고서도 특강법상의 누범은 누범가중의 특칙으로 인정하고 있다.

26) 서울중앙지법 2006. 3. 29. 선고 2006노564 판결; 서울동부지법 2006. 1. 26. 선고

입각한 것이라고 보인다.

그러나 대법원의 대상판결 1은 본 조항이 사회보호법의 폐지에 따라 종전에 보호감호의 주요대상이었던 상습절도에 대한 처벌을 강화할 목적으로 신설된 것으로 보이고, 또 조문의 체계가 일정한 구성요건을 정하는 형식으로 되어 있으며, 적용요건이나 효과가 제35조와 달리 규정되어 있다는 이유로 이를 누범가중이 아니라 별도의 새로운 구성요건을 창출한 것으로 보아야 한다고 판시하고 있다.[27] 즉 위 조항을 누범가중에 관한 형법 제35조를 보충하는데 불과한 규정으로 새길 것이 아니므로, 법원이 위 제5조의4 제6항을 적용하기 위하여 검사가 공소장에 위 조항을 기재하거나 적용법조의 추가·변경 절차에 의하여 법원에 그 적용을 구하여야 하고, 그러한 기재가 없는 한 법원이 직권으로 위 제5조의4 제6항을 적용할 수는 없다고 한다. 이 사건에서 원심은 검사가 위 제5조의4 제6항을 공소장에 기재하거나 적용법조의 추가·변경 절차를 취하지 않았음에도 불구하고 이를 형법상 누범가중에 대한 특별규정으로 보고 위에서 본 바와 같이 형법 제35조와 위 조항을 함께 적용하여 누범가중을 하였는데, 이는 위 제5조의4 제6항의 해석 및 적용에 관한 법리 오해로 직권 파기된 것이다.

나아가 대상판결 2는 이 견해에 입각하여 새로운 구성요건에 해당하는 위 범죄를 저지른 경우에 누범에 해당하는 전과가 있는 것이므로, 특가법 제5조의4 제6항에 정한 형에 다시 형법 제35조의 누범가중을 한 형기범위 내에서 처단형을 정할 것이라고 한다.

이러한 판례의 견해(이른바 구성요건설)는 직권 적용에 의하여 예상하지 못하게 법정형이 상향되는 불이익을 당할 수 있으므로, '의심스러울 때는 피고인의 이익으로' 해석하고, 검사의 기소재량을 인정하며, 특히 단순누범으로 동조 제1항의 죄를 범한 경우보다 동조 제6항의 죄를 범한 경우에 단기는 2배 가중되지만 장기는 오히려 짧다는 모순이

2005노1268 판결 등.

27) 서울중앙지법 2006.3.17. 선고 2005고합1200 판결 등 일부 하급심판결도 같은 취지.

있다는 점에 근거하고 있다.[28]

그러나 본조 제6항은 본조 제1, 2항에 해당하는 상습범의 형벌 구성요건 이외에 부가적으로 누범에 해당하는 요건도 포함하여 정해진 범죄와 처벌의 전력에 따라 형을 가중(단기의 2배까지)하고 있는 것인데, 이는 순수한 객관적—주관적 구성요건에 대응하는— 구성요건이 아니라 이른바 객관적 처벌조건에 유사한 형의 가중요건으로서 새로운 구성요건을 창출한 것이라고 보기 어려울 뿐만 아니라,[29] 누범에 해당하는 전과도 고려하여 이미 그 형이 가중되고 있음에도 불구하고 다시 형법 제35조의 일반누범으로 가중을 한다는 것은 이중평가(Doppelverwertung) 및 그에 따른 과중한 처벌이라는 비판을 면하지 못한다.[30] 즉 위 조항은 재범이건 3범이건 동종의 누범 가중을 정한 특별규정으로서 특별누범이라 할 것이고, 그 요건에 이미 형법상 일반누범의 요건이 포함되어 있으므로 다시 일반누범으로 가중처벌을 하는 것은 명백히 이중평가에 해당하며, 특별법과 일반법이 경합하는 경우에 특별법이 우선한다는 법원칙을 무시한 것이라고 생각된다.[31] 또한 새로운 구성요건을

28) 이러한 논거는 대상판결에 대한 재판연구관의 보고서에 나타나 있다.

29) 이는 누범의 성질을 양형에 대한 법률상의 가중·감경사유, 즉 양형사유로 보는 통설의 견해와도 배치된다.

30) 다만 형법상의 누범은 장기의 2배 가중이고, 위 조항에 의한 특별누범은 단기의 2배 가중이므로, 그 형기범위 내에서 처단형을 정하면 문제는 없지만(위 판결에 대한 재판연구관의 보고서에 의하면, 형법상 누범가중을 다시 하는 것은 양형상 문제가 없다고 한다), 그 상한이 장기의 2배까지 올라갈 수 있다는 가능성이 문제될 수 있다. 그리고 본조 제6항은 위에서 본 폭처법의 규정과 같이 2회 이상의 동종 실형 전과를 요구하므로, 최소 3범인 누범의 경우에 해당하는데, 대상판결의 견해에 입각하면 폭처법위반죄의 경우도 새로운 구성요건으로 보아 당해 규정의 법정형을 적용한 후 다시 일반누범의 가중을 하게 될 것이다(재판연구관 보고서도 같은 취지이다). 또 특강법 제3조와 그 요건이나 효과가 유사하게 규정된 특가법 제5조의5는 어떻게 볼 것인지 명백하지 아니하지만, 이를 특별누범이 아니라 새로운 구성요건이라고 보거나 일반누범의 가중을 다시 하는 것은 문제가 있다고 생각된다. 위 특강법이나 폭처법의 누범가중은 법정형을 상향하여 규정하고 있는데, 다시 일반누범의 가중을 하는 것은 의미가 없다고 본다.

31) 부산고등법원 2006.3.9. 선고 2006노63 판결도 같은 취지(상고포기로 확정); 특별법상의 누범규정들에 관하여, 일반적으로 재범인 특별누범은 특칙으로 보아 일반누범의 가중을 하지 아니하고, 최소 3범 이상인 특별누범의 경우는 일반누범을 보충하는 별도의 가중규정으로 보아 형법상 누범가중도 하는 것으로 해석하는 견해

창출한 것이라면, 그에 대응하는 주관적 구성요건이 구비되어야 할텐데, 범행 당시 종전에 범한 2회 이상의 동종범죄에 대한 실형전력에 관한 인식을 가지고 범죄를 실행하는 경우는 드물 것이라고 생각되며, 희귀한 예의 경우이겠지만 종전의 전과에 대한 기억을 상실한 자는 주관적 구성요건이 갖추어지지 않았다는 이유로 위 조항을 적용하여 처벌할 수 없게 될 수도 있다.

그리고 구성요건설이 들고 있는 검사의 기소재량은 절대적인 것이 아니라 법원의 통제(직권 적용 또는 공소장 변경요구) 하에 있는 것이고 기소내용에 따라 법적용을 달리하는 것은 자의적이라는 의문을 갖게 하며, 특별법상 누범규정에 대한 해석의 일관성에 문제가 있다고 생각된다. 또 일반누범의 경우와는 달리 위 특별누범 조항의 직권 적용은 피고인에게 예상하지 못한 방어상 불이익을 줄 수 있으므로,[32] 검사에게 공소장 변경을 요구하여야 한다.

다만 위 조항을 누범가중의 특칙으로 보는 일부 하급심 판결도 단순누범으로 동조 제1항의 죄를 범한 경우보다 동조 제6항의 죄를 범한 경우에 단기는 2배 가중되지만 장기는 오히려 짧다는 문제 때문에 위 특칙을 보충규정으로 해석하여 위 특칙의 적용뿐만 아니라 일반누범의 가중도 다시 하고 있다. 그러나 특칙을—일반규정을 보충하는—보충규정과—일반규정에 우선 적용되는—특별규정으로 구별할 수 있는 근거가 박약하고, 장기형이 짧다는 모순만으로 위 조항을 보충규정으로 해석하여 이중으로 누범가중을 하는 것은 가혹하다고 생각된다.[33]

한편 대법원은 특가법 제5조의4 제5항의 취지는 동항에 해당하는 경우에는 상습성이 인정되지 않는 때에도 상습범에 관한 제1항 내지

도 성립될 수 있으나, 이 역시 이중평가의 문제가 남는다. 일본은 3범 이상의 누범인 경우도 재범의 예에 따르도록 되어 있다(日刑 §59).

32) 공소장 변경 후 피고인은 전과사실의 존부와 그 형의 집행관계에 관하여 방어할 기회를 부여받아야 한다.

33) 징역형의 하한만 정해진 위 범죄에서 하한의 가중이 중요하고, 장기의 상한 15년의 가중도 25년까지인데(형법 제42조), 상습절도만에 대하여 15년 이상 형을 선고할 경우가 있을지 의문이다.

제4항 소정의 법정형으로 처단한다는 뜻이므로, 특가법 제5조의4 제1항 소정의 상습범으로 기소되었으나 상습성이 인정되지 않는 경우에 그 상습성의 근거로 적시된 피고인의 범죄전력이 그대로 동조 제5항 소정의 범죄전력 및 누범가중의 요건을 충족하고 있다면 법원이 직권으로 제5항을 적용할 수 있고, 그 기본적 사실에 있어서 아무런 차이가 없을 뿐 아니라 피고인의 방어에 실질적 불이익을 끼칠 우려도 없다 할 것이므로 법원은 공소장변경 절차를 거칠 필요 없이 피고인에 대하여 위 제5항을 적용, 처단할 수 있다고 판시한 바 있다.[34] 이는 분명히 본조 제5항이 특별누범이라는 전제 하에서 방어에 실질적 불이익이 없는 한 위 조항을 직권 적용할 수 있다는 것으로 보이는데, 위 대상판결들의 견해는 위 선례와 어긋날 수 있다는 의문도 있다.[35]

결론적으로 본조 제6항을 상습 '특별누범'으로 보아 일반누범의 가중을 다시 하지 않는 것이 타당하고, 다만 본조 제5항의 경우와는 달리 제6항의 형은 가중되고 있으므로, 위 조항의 특별누범요건을 충족하는데도 위 조항으로 기소되지 아니한 경우에 법원은 직권 적용을 하여서는 아니 되고, 공소장 변경을 요구하는 등으로 피고인의 방어권을 보장하여야 할 것이다. 단 공소장 변경이 되지 아니한 경우에는 부득이 검사가 구한 적용법조에 따라 본조 제1, 2항을 적용할 수밖에 없고, 이때에는 형법 제35조의 일반누범만으로 처단형을 가중할 것이다.

---

34) 대법원 1984.12.11. 선고 84노1782 판결(공1985, 220).

35) 물론 제5항은 '누범으로 처벌할 경우'로 되어 있고 제6항은 '… 형을 받아 그 집행을 종료하거나 면제받은 후 3년 내에 다시 그 죄를 범한 때'로 되어 있어 그 문언은 다르지만 누범의 요건에서는 일치한다. 그런데 대법원은 1994.9.27. 선고 94도1391 판결에서는 제5항을 적용한 후 다시 누범가중을 한 것이 위법하다는 상고이유를 배척한 바 있고, 위 대상판결의 보고서는 위 선례를 원용하였다.

[주 제 어]
누범, 특별누범, 특정범죄 가중처벌에 관한 법률 제5조의4 제6항, 새로운 구성요건, 이중평가 금지, 공소장 변경, 방어권 보장

[Key words]
Rückfall, Sonderrückfall, Gesetz über die Erhöhung der Strafe von der Sonderdelikte Art 5-4 Ⅵ, neue Tatbestand, Verbot der Doppelverwertung, Veränderung der Klageschruft, Garantie des Verteidigungsrechts

접수일자: 2008. 4. 18, 심사일자: 2008. 5. 22, 게재확정일자: 2008. 5. 30.

[Zusammenfassung]

Bestrafung der Sonderrückfall

Kim, Dae-Hwi*

Gesetz über die Erhöhung der Strafe von der Sonderdelikte Art 5-4 Ⅵ schafft nicht neue Tatbestand, aber als die spezielle Bestimmung über die Erhöhung der Strafe von Sonderrückfall wird ausgelegt und wenn diese Bestimmung angewandt wird, soll nicht nochmals die Erhöhung der Strafe nach Art 35 StGB(generelle Rückfall) erfolgt werden.

* Chief of a Court, Chuncheon District Court.

조세범처벌법 제9조 제1항의 '조세포탈'의 의미

김 희 철*

[대상판결] 대법원 2007. 2. 15. 선고 2005도9546 판결

1. 대상판결의 요지[1)]

[다수의견] 과세표준을 제대로 신고하는 등으로 조세의 확정에는 아무런 지장을 초래하지 아니하지만 조세범처벌법 제9조의3이 규정하는 조세포탈죄의 기수시기에 그 조세의 징수를 불가능하게 하거나 현저히 곤란하게 하고 그것이 조세의 징수를 면하는 것을 목적으로 하는 사기 기타 부정한 행위로 인하여 생긴 결과인 경우에도 조세포탈죄가 성립할 수 있다. 다만, 조세의 확정에는 지장을 초래하지 않으면서 그 징수만을 불가능하게 하거나 현저히 곤란하게 하는 행위가 조세포탈죄에 해당하기 위하여, 그 행위의 동기 내지 목적, 조세의 징수가 불가능하거나 현저히 곤란하게 된 이유와 경위 및 그 정도 등을 전체적, 객관적, 종합적으로 고찰할 때, 처음부터 조세의 징수를 회피할 목적으로 사기 기타 부정한 행위로써 그 재산의 전부 또는 대부분을 은닉 또는 탈루시킨 채 과세표준만을 신고하여 조세의 정상적인 확정은 가능하게

* 서울행정법원 판사.

1) 판결요지 중 본고와 관련하여 쟁점이 되는 부분만 발췌하였는데, 다수의견 역시 원심판결이 특정범죄 가중처벌 등에 관한 법률 제8조 제1항을 적용함에 있어 해당 연도분 부가가치세 중 제1기분 부가가치세 포탈범행과 제2기분 부가가치세 포탈범행이 각각 같은 연도에 기수에 이른 경우, 전부를 포괄하여 하나의 죄로 의율하여야 함에도 이를 실체적 경합범으로 처단한 위법이 있다면서 원심판결을 직권으로 파기환송하였다.

하면서도, 그 전부나 거의 대부분을 징수불가능하게 하는 등으로 과세표준의 신고가 조세를 납부할 의사는 전혀 없이 오로지 조세의 징수를 불가능하게 하거나 현저히 곤란하게 할 의도로 사기 기타 부정한 행위를 하는 일련의 과정에서 형식적으로 이루어진 것이어서 실질에 있어서는 과세표준을 신고하지 아니한 것과 다를 바 없는 것으로 평가될 수 있는 경우이어야 한다.

[별개의견] 부가가치세와 같은 신고납세방식의 조세에 있어서는 납세의무자의 과세표준 및 세액의 신고에 의하여 그 조세채무가 구체적으로 확정되므로, 그 과세표준 및 세액을 신고할 때에 세법이 정하는 바에 따라 과세대상이 되는 공급가액 또는 거래내역 등을 실질 그대로 신고함으로써 정당한 세액의 조세채권이 확정되는 데 어떠한 방해나 지장도 초래하지 않았다면, 설사 납세의무자가 과세표준의 신고 이전에 조세를 체납할 의도로 사전에 재산을 은닉·처분하는 등의 행위를 하였다고 하더라도 '사기 기타 부정한 행위'에 의하여 조세포탈의 결과가 발생한 것으로 볼 수는 없다.

2. 공소사실의 요지[2)]

피고인은 1999. 4. 15.부터 같은 해 10. 25.경까지 서울에 사무실을 두고 있는 ○○교역의 대표이사로 재직하였던 자인바, 외화획득을 위한 수출용 원자재로 수입한 금괴를 수출품 제조에 사용하는 것처럼 가장하기 위해 1999. 4.경 ○○교역 명의로 미국에 소재한 파라○○○(Para○○○ ○○○ Inc.)에 금을 수출하는 것처럼 허위 수출계약서를 만들어 이를 한빛은행 종로3가 지점에 제출하고 1999. 4. 15. 한빛은행장 명의의 외화획득용 원료구매승인서를 발급받은 후, 이를 이용하여 영세율[3)] [4)]로

2) 본고와 관련하여 쟁점이 되는 부분만을 발췌하여 수정하였다.

3) 이와 관련한 관련세법 규정은 아래와 같다.

*부가가치세법

제11조(영세율적용) ① 다음 각호의 재화 또는 용역의 공급에 대하여는 영의 세율

금괴를 매입한 다음 이를 수출용 원자재로 사용하지 아니하고 국내 업체에 부가가치세를 제외할 경우 구입가격보다 낮은 가격에 판매하면서

을 적용한다.
1. 수출하는 재화
③ 제1항에 규정하는 재화와 용역의 범위에 관하여 필요한 사항은 대통령령으로 정한다.
*구 부가가치세법 시행령(1999. 12. 31. 대통령령 제16661호로 개정되기 전의 것)
제24조(수출의 범위) ② 법 제11조 제1항 제1호에 규정하는 수출하는 재화에는 사업자가 내국신용장과 대외무역법에서 정하는 구매승인서에 의하여 공급하는 재화를 포함한다.
*구 부가가치세법 시행규칙(2000. 3. 31. 재정경제부령 제133호로 개정되기 전의 것)
제9조의2(내국신용장등의 범위) ① 영 제24조 제2항 및 제26조 제1항 제2호에서 규정하는 내국신용장이라 함은 사업자가 국내에서 수출용원자재·수출용완제품 또는 수출재화임가공용역을 공급받고자 하는 경우에 당해사업자의 신청에 의하여 외국환은행의 장이 재화 또는 용역의 공급시기가 속하는 과세기간내에 개설하는 신용장을 말한다.
② 영 제24조 제2항에서 규정하는 구매승인서라 함은 외국환은행의 장이 제1항의 내국신용장에 준하여 재화의 공급시기가 속하는 과세기간내에 발급하는 승인서를 말한다.
* 구 대외무역관리규정(2001. 6. 26. 산업자원부 고시 제2001-71호로 개정되기 전의 것)
제4-2-7조(구매확인서의 발급신청등) ① 외국환은행의 장은 다음 각호의 1에 의하여 구매승인서를 발급할 수 있다.
1. 수출신용장
2. 수출계약서
3. 외화매입(예치)증명서(외화획득이행관련 대금임이 관계서류에 의해 확인되는 경우에 한함)
4. 내국신용장
5. 구매승인서
6. 영 제34조 각호의 규정에 의한 외화획득에 제공되는 물품 등을 생산하기 위한 경우임을 입증할 수 있는 서류
② 구매승인서를 발급하고자 하는 자는 별지 제4-2호 서식에 의한 외화획득용원료(물품 등)구매(공급)확인신청서 3부에 다음 각호의 서류를 첨부하여 외국환은행의 장에게 신청하여야 한다.
1. 제1항 각호의 1에 해당하는 서류 1부
2. 외화획득용원료(물품 등)공급계약서 또는 물품매도확약서 1부
③ 외국환은행의 장은 제1항의 규정에 의하여 발급된 구매승인서에 의하여 2차 구매승인서를 발급할 수 있으며 외화획득용 원료 또는 물품의 제조·가공·유통(완제품의 유통 포함)과정이 여러 단계인 경우에는 각 단계별로 순차로 발급할 수 있다.

4) 부가가치세제하에서 영세율의 적용은 국제간의 재화 또는 용역의 거래에 있어서 생산·공급면에서 부가가치세를 과세징수하고 수입국에서 다시 부가가치세를 과세하는 경우의 이중과세를 방지하기 위하여 관세 및 무역에 관한 일반협정(GATT)상의 소비지과세원칙에 의하여 수출의 경우에만 원칙적으로 인정되고, 국내의 공급소비에 대하여는 위 수출에 준할 수 있는 경우로서 그 경우에도 외국환의 관리 및 부가가치세의 징수질서를 해하지 않는 범위 내에서 외화획득의 장려라는 국가정책상의 목적에 부합되는 경우에만 예외적, 제한적으로 인정되는 것이다(대법원 2007. 6. 14. 선고 2005두12718 판결).

부가가치세 징수대상자로부터 부가가치세를 징수하고 나서, 일부 거래에 관하여만 세금계산서를 발행하여 세법에 의한 부가가치세 신고를 한 후 곧 폐업신고를 하는 방법으로 부가가치세를 포탈하기로 마음먹고,

(1) 1999. 4. 23. 위 ○○교역 사무실에서 위와 같은 경위로 취득한 외화획득용 원료구매승인서를 ○○상사 주식회사에 제출하여 영세율로 외화획득용 금괴 1,341kg을 14,456,359,938원 상당에 구입한 것을 비롯하여, 첨부된 범죄일람표 기재와 같이 93회에 걸쳐 외화획득용 금괴 6,521kg을 67,220,773,453원 상당에 구입한 다음, 1999. 4. 23. 주식회사 ○○에 금괴 60kg을 684,750,000원(부가가치세 포함)에 내수판매한 것을 비롯하여, 1999. 4. 23.부터 1999. 6. 30.까지 사이에 위 범죄일람표 기재와 같이 금괴 6,450kg을 합계 69,507,758,740원(부가가치세 포함)에 내수판매하여 6,327,069,254원 상당의 부가가치세를 징수하였음에도 불구하고, 징수한 부가가치세액 중 4,854,341,981원에 대하여는 세법에 따른 부가가치세 신고를 마치고서도 1999. 10. 25. 폐업신고를 하는 방법으로 위 부가가치세를 납부하지 않아 사기 기타 부정한 행위로써 1999년도 제1기분 부가가치세 4,854,341,981원을 포탈하고,

(2) 위와 같은 방법으로 1999. 7. 1.부터 1999. 7. 5.까지 사이에 위 범죄일람표 기재와 같이 ○○상사 주식회사 등으로부터 금괴 480kg을 4,871,059,602원 상당에 구입하고, 1999. 7. 1.부터 1999. 7. 8.까지 사이에 위 범죄일람표 기재와 같이 ○○금은 주식회사 등에게 금괴 551kg을 5,843,462,900원(부가가치세 포함)에 내수판매 함으로써 531,223,900원 상당의 부가가치세를 징수하였음에도 불구하고, 1999. 10. 25. 폐업신고를 하면서 세법에 따른 부가가치세 신고를 마치고서도 이를 납부하지 않아 사기 기타 부정한 행위로써 1999년도 제2기분 부가가치세 531,223,900원을 포탈하였다.[5)]

5) 한편 이와 관련한 조세소송에서는 주로 구매승인서 발급과정에 하자가 있음을 영세율 매출사업자가 알았는지 여부가 쟁점이 되고 있다. 이에 관하여는 대법원 2006. 1. 26. 선고 2005두13735 판결(원고가 소외 회사에게 지금을 공급하면서 제시받은 구매승인서가 허위의 수출계약서 등에 근거하여 발급되었다는 사실을 인정할 수 있

3. 하급심의 판단

(1) 제1심[6]의 판단: 무죄

부가가치세에 있어 조세채권의 확정에 관하여 신고납부방식을 취하고 있는 우리 조세법 체계 하에서는 납세의무자의 신고로 일응 그 조세채권이 확정되는 것이므로, 이와 같이 피고인들이 부가가치세액을 신고한 이상 단순히 신고세액을 납부하지 않았다거나 신고세액을 납부하지 않고 폐업하였다고 하여 그와 같은 행위가 조세의 부과와 징수를 불가능하게 하거나 현저하게 곤란하게 하는 위계 기타 부정한 적극적인 행위에 해당한다고 보기는 어렵다.

또한 피고인들이 허위의 수출계약서 등을 이용하여 영세율로 금을 구입하였고, 이때부터 추후 내수판매시에 징수하게 되는 부가가치세를 납부하지 않을 의도를 가지고 있었다고 하더라도, 피고인들이 매입세액을 영세율을 적용하여 그 세액이 없는 것으로 신고한 이상 그와 같은 사정만으로 금 구입단계에서의 위와 같은 행위가 앞서 본 바와 같이 신고된 위 부가가치세의 부과와 징수를 불가능하게 하거나 현저하게 곤란하게 하는 위계 기타 부정한 적극적인 행위에 해당한다고 보기도 어렵다.

(2) 원심[7]의 판단: 유죄

피고인은 처음부터 금괴의 가공수출 등의 영업활동을 통하여 이득을 얻을 목적이 없이 이 사건 금괴 거래 영업을 통하여 사위적인 방법으로 영세율의 적용을 받아 금괴를 구입한 다음 이를 시가보다 다소 낮은 가격에 판매함으로써 부가가치세액이 포함된 판매대금액에서 구입가격을 제한 나머지 금액을 이득으로 취하려 한 것으로 보이므로, 이

으나, 원고가 소외 회사에게 공급한 지금이 실제로 수출되었는지의 여부는 원고에 대한 영세율의 적용 여부에 영향을 미칠 수 없고, 이 사건 구매승인서의 발급과정에 위와 같은 하자가 있다는 점만으로는 외국환은행의 장이 발행한 이 사건 구매승인서가 당연 무효가 된다고는 볼 수 없으며, 재화의 공급자가 구매승인서의 발급에 하자가 있음을 알고 있었다는 등의 특별한 사정이 없는 한 위와 같은 발급과정의 하자만을 이유로 곧바로 그 구매승인서에 의하여 이루어진 재화의 공급을 부가가치세법상의 영세율 적용대상에서 제외할 수는 없다) 등 참조.

6) 서울서부지방법원 2004. 11. 18. 선고 2004고합312 판결.

7) 서울고등법원 2005. 11. 23. 선고 2004노3204 판결.

와 같은 피고인의 일련의 행위는 조세의 부과와 징수를 불가능하게 하거나 현저히 곤란하게 하는 위계 기타 부정한 행위, 즉 조세범처벌법규가 예정한 조세포탈행위에 해당한다 할 것이고, 비록 피고인이 이 부분 부가가치세액에 관하여 관련 법규에 따른 적법한 조세신고절차를 마쳤다 하더라도 그와 같은 사정만으로 조세포탈행위가 성립됨에 장애가 된다 할 수 없다.

〔檢　　討〕

1. 조세포탈죄에 관한 기존의 논의

(1) 조세범의 의의 및 종류

조세범처벌법은 납세의무의 적정한 확정(신고 · 부과)과 실현(납부 · 징수)을 촉진 · 강화하는 방법의 하나로 각종 세법상의 의무위반행위에 대하여 형벌을 과할 것을 규정하고 있는바, 이와 같이 조세범처벌법에 의하여 형벌이 과해지는 행위를 조세범이라 한다.[8] 즉 조세범이란 형식적으로는 조세범처벌법에 범칙행위로 규정된 벌칙조항의 위반행위를 말하고, 실질적으로는 조세의 부과 · 징수 및 납부에 관한 범죄를 말한다.[9]

조세범은 크게 조세의 부과 · 징수권을 직접 침해하여 조세수입의 감소를 초래하는 행위인 탈세범과 직접적으로 조세수입의 감소를 초래하지는 않지만 조세행정의 질서를 확보하기 위한 각종의 명령 · 금지규정에 위반하여 부과 · 징수권의 적정한 행사를 침해할 위험이 있는 조세위해범(조세질서범)으로 나눌 수 있으며, 탈세범 중 포탈범(협의의 탈세범)이란 "사기 기타 부정한 행위로써 조세를 포탈하거나 조세의 환급 · 공제를 받는 행위"를 말한다.[10] [11]

8) 최형기, "판례를 중심으로 한 조세포탈범의 성립요건과 문제점", 법원행정처, 재판자료 제50집(상), 429면.

9) 안대희, 조세형사법, 법문사, 2005, 99면.

10) 정태학, "과세요건이 구비되지 않은 조세에 대한 조세포탈죄의 성립여부", 대법원판례해설 제56호, 543면.

11) 위와 같은 분류에 따를 경우 탈세범에는 포탈범(제9조), 무면허 주류 제조 등(제8

(2) 조세포탈범의 본질 및 보호법익

조세포탈범의 본질에 관하여 이전에는 행위자의 죄악성을 벌한다기 보다 국고에 가해진 손해를 배상시키는 것에 의하여 국가의 재정수입의 확보 내지 과징세권의 보호를 기한다는 국고주의적 사고에 기초하고 있었으나 이는 극복된 이론으로 보이며, 현재는 과세방식에 있어 신고납세방식의 확대 및 공동사회의 유지를 위한 납세의무의 인식 등으로 납세윤리가 세워짐에 따라 포탈범의 반사회적 죄악성에 대한 윤리적 비난이 가해지게 되었고 따라서 조세형법의 책임주의화 내지 조세범의 일반형사범화 경향을 보이고 있다고 한다.[12)]

한편, 조세포탈의 경우 국가 또는 지방자치단체 부과·징수권의 적정한 행사[13)] 내지는 국가적 법익인 과세권[14)]을 그 보호법익으로 보는 것이 통설[15)]이며 우리 판례 역시 뒤에서 보는 바와 같이 조세의 부과와 징수를 불능 또는 현저히 곤란하게 하는지 여부에 따라 조세포탈죄의 성립을 인정하고 있다.

(3) 조세채무의 성립과 확정

조세범처벌법 제9조 제1항[16)]소정의 조세포탈죄는 납세의무자가 국

조), 체납범(제10조), 부징수범(제11조), 체납처분 면탈범(제12조)이 있고, 과세질서를 어지럽히는 각종 의무위반과 관련이 있는 위해범으로는 세금계산서 불교부범(제11조의2), 결손금액과대계상범(제12조의3 제3항), 확정적 탈세범(제14조), 납세 증·인지 변조범(제12조의2), 장부불기장범(제12조의3 제1항), 장부소각·파기·은닉범, 그 밖의 질서벌위반범(제13조) 등을 들 수 있다(권기환, "조세범처벌법과 형법과의 관계", 대검찰청, 검찰 115호, 제318면).

12) 윤재윤, "조세포탈범의 성립과 적극적 부정행위", 형사판례연구회, 형사판례연구 제3권, 제325면. 한편 최형기, 전게논문, 431면에서는 이를 보호법익의 차원에서 논의하고 있으나 의문이다.

13) 정태학, 전게논문, 543면.

14) 안대희, 전게서, 177면.

15) 다만 일본에서는 조세를 국가가 사인에게 금전의 급부를 청구하는 권리, 즉 조세채권으로 이해하여 조세포탈을 조세채권이라는 국가의 재산권을 침해하는 재산범으로 보는 견해도 있다고 한다(안대희, 전게서, 178면).

16) 조세범처벌법 제9조

① 사기 기타 부정한 행위로써 조세를 포탈하거나 조세의 환급·공제를 받은 자는 다음 각호에 의하여 처벌한다. 단, 주세포탈의 미수범은 처벌한다.

1. 특별소비세·주세 또는 교통·에너지·환경세의 경우에는 3년 이하의 징역

가에 대하여 지고 있는 것으로 인정되는 일정액의 조세채무를 포탈한 것을 범죄로 보아 형벌을 과하는 것으로서, 조세포탈죄가 성립하기 위하여 조세법률주의에 따라 세법이 정한 과세요건이 충족되어 조세채권이 성립하여야만 되는 것이므로, 세법이 납세의무자로 하여금 납세의무를 지도록 정한 과세요건이 구비되지 않는 한 조세채무가 성립하지 않음은 물론 조세포탈죄도 성립할 여지가 없는 것이다.[17]

즉, 납세의무는 각 세법이 정한 과세요건이 완성한 때 즉 각 법령에 정한 바에 따라 과세표준을 계산하고 세율을 적용하여 과세할 수 있는 상태가 되었을 때 성립하게 되는데 이와 같은 납세의무의 성립시기는 세법의 적용기준이 되며,[18] 조세채무의 성립시기에 관하여 국세기본법과 지방세법에서는 각 세목별로 명문의 규정을 두고 있다.

한편, 조세채무는 법률이 정하는 과세요건이 충족되는 때에는 그 조세채무의 성립을 위한 과세관청이나 납세의무자의 특별한 행위가 필요 없이 당연히 자동적으로 성립[19]하는 것이지만(이른바 추상적 조세채무), 나아가 과세관청이 그 조세채무의 이행을 청구하기 위해서는 성립한 조세채무의 내용을 구체적으로 검토·확인하는 확정절차를 밟아야 하고, 이와 같은 절차에 따라 확정된 조세채무를 구체적 조세채무라 부

또는 포탈세액, 환급·공제받은 세액의 5배 이하에 상당하는 벌금에 처한다.

2. 인지세의 경우에는 증서·장부 1개마다 포탈세액의 5배 이하에 상당하는 벌금 또는 과료에 처한다.
3. 제1호 및 제2호에 규정한 이외의 국세의 경우에는 3년 이하의 징역 또는 포탈세액이나 환급·공제받은 세액의 3배 이하에 상당하는 벌금에 처한다.

17) 대법원 2005. 6. 10. 선고 2003도5631 판결(재단법인의 주식 증여행위가 무효이어서 수증자가 주식을 취득할 수 없는 경우, 위 주식양도에 관한 증여세 포탈의 점을 무죄라고 한 원심의 판단을 수긍한 사례). 대법원 1989. 9. 29. 선고 89도1356 판결(건설업면허를 받은 건설회사가 건설공사를 직접 시공한 일이 없이 타인에게 건설업면허를 대여하고 그로 하여금 회사 명의로 건설공사를 시공하도록 한 경우 위 회사가 재화나 건설용역을 공급한 일이 없는 이상 재화나 용역의 공급을 과세대상으로 하는 부가가치세를 납부할 의무는 성립할 여지가 없다고 한 사례).

18) 따라서 세금의 부과는 납세의무의 성립 시, 즉 과세요건의 완성 당시에 유효한 법령의 규정에 의하여야 하며, 세법의 개정이 있을 경우에도 개정 전후의 법령 중에서 납세의무가 성립될 당시의 법령을 적용하여야 함은 당연하다(대법원 1991. 2. 26. 선고 90누7050 판결 등).

19) 대법원 1985. 1. 22. 선고 83누279 판결.

른다. 위와 같은 조세채무의 확정은 강학상 행정법상의 확인행위에 해당한다.[20] 즉 과세요건의 충족으로 납세의무가 성립한다고 해서 현실적으로 세액을 납부할 의무가 발생하는 것은 아니며 이러한 추상적 납세의무가 세법상의 확정절차를 거쳐야 일정액의 현실적인 금전채무로 구체화되므로 조세범을 논함에 있어서는 납세의무의 확정방식을 반드시 염두해 두어야 한다.[21]

조세채무의 확정방식은, 신고납세방식·부과과세방식·자동확정방식으로 분류할 수 있다. 그 중 신고납세방식은 원칙적으로 납세의무자가 스스로 과세요건이 충족되었는지를 조사·확인하고 이에 관계되는 세법을 적용하여 과세표준과 세액을 신고함으로써 조세채무를 확정하는 방식을 말하는데, 이 사건에서 문제가 되고 있는 부가가치세도 이에 속한다. 다만 신고가 없거나 신고내용에 오류·탈루가 있어 과세관청이 결정 또는 경정할 경우에는 그 결정하는 때에 확정된다.

한편 부과과세방식은 과세관청의 부과처분에 의하여 조세채무를 확정하는 방식으로서 과세관청이 과세표준과 세액을 결정하는 때에 구체적인 조세채무가 확정된다. 현행 세법상 증여세, 상속세 등이 위 방식을 취하고 있다. 다만 위 방식의 조세에 있어서도 과세표준 및 세액의 신고의무를 규정하는 경우가 흔하지만, 이는 단지 과세관청에 대한 협력의무에 불과하다.[22]

20) 임승순, 조세법, 박영사, 2007, 163면.

21) 윤재윤, 전게논문, 제323면.

22) 판례도 같은 취지에서 상속인이 하는 상속세신고는 과세처분을 하기 위한 참고자료로 제공될 뿐 세액을 확정하거나 신고한 납세의무자를 기속하는 등의 효력이 발생하는 것이 아니라고 판시한바 있다(대법원 1991.9.10. 선고 91다16952 참조). 또한 대법원 1998.2.27. 선고 97누18479 판결은 국세기본법 제22조 제1항, 같은법 시행령(1995.12.30. 대통령령 제14870호로 개정되기 전의 것) 제10조의2 제3호의 규정에 의하여 부과과세방식의 조세에 속하는 소득세에 있어서는 소득세법이 정하는 바에 따른 세액의 결정과 통지가 있어야 비로소 조세채무가 확정되는 것이며, 납세의무자의 과세표준확정신고에 의하여 과세표준확정신고결정을 할 경우에도 그와 같은 결정과 통지가 없는 한 조세채무를 확정하는 부과처분은 있었다고 할 수 없고 과세관청이 과세표준확정신고를 내부적으로 확인·수리하였다고 해서 확인적 의미의 부과처분이 존재한다고 볼 수도 없다고 판시하였다(다만 소득세는 1996.1.1. 부터는 신고납세의 방식으로 바뀌었다).

(4) 조세포탈죄의 성립요건

1) 구성요건요소

포탈범과 관련하여 그 성립요건을 분석하여 보면, 객관적 구성요건으로서, 범죄의 주체[23]인 납세의무자 등이, 범죄의 객체인 이미 추상적으로 성립한 조세채권을 대상으로, 사기 기타 부정한 행위로써, 조세포탈의 결과를 발생케 하여야 하며, 사기 기타 부정한 행위와 조세포탈의 결과 사이에 인과관계가 있어야 하고, 또 그 주관적 구성요건으로서, 이미 성립한 조세채권을 사기 기타 부정한 행위로써 침해하여 조세포탈의 결과를 발생케 한다는 인식으로서의 고의가 있어야 할 것이다.

2) 사기 기타 부정한 행위의 해석기준

판례는 조세범처벌법 제9조 제1항에서 말하는 '사기 기타 부정한 행위'라 함은 조세의 부과와 징수를 불능 또는 현저히 곤란하게 하는 위계[24] 기타 부정한 적극적[25]인 행위를 말하고, 단순히 세법상의 신고

23) 대법원 2004. 11. 12. 선고 2004도5818 판결(조세범처벌법 제9조 제1항 소정의 조세포탈범의 범죄주체는 국세기본법 제2조 제9호 소정의 납세의무자와 조세범처벌법 제3조 소정의 법인의 대표자, 법인 또는 개인의 대리인, 사용인, 기타 종업원 등의 법정책임자이고, 이러한 신분을 가지지 아니한 자는 비록 원천징수의무자라 하더라도 납세의무자의 조세포탈에 공범이 될 수 있을 뿐, 독자적으로 조세포탈의 주체가 될 수는 없고, 원천징수의무자가 정당한 이유 없이 납세의무자로부터 원천징수세액을 징수하지 아니하거나 또는 그 징수한 세액을 납부하지 아니하는 행위 자체가 처벌대상으로 되는 조세범처벌법 제11조 소정의 범죄는 같은 법 제9조 제1항이 규정하는 이른바 협의의 조세포탈범과는 명백히 구분된다) 등에 의하면 신분범에 해당한다.

24) 판례가 위계를 사기에 대신하여 부정행위의 예시로 적시한 것은 신고납세방식의 조세를 의식한 것이라는 점에 관하여는 안대희, 전게서, 264면. 한편 최형기, 전게논문, 437면에 의하면, 부과과세방식조세의 경우는 과세표준과 세액은 정부가 결정하는 것이므로 조세포탈범의 구조는 세무공무원을 기망하거나 이에 유사한 부정행위를 하여 그를 오신시켜 진실보다 과소한 세액의 부과결정을 하게 함으로써 형법상 사기죄와 동종의 구조가 되는데, 신고납세방식조세의 경우는 과세표준과 세액이 1차적으로 납세자의 신고로써 확정되므로 신고·납부기한 경과 전에 납세자가 조사에 대비하여 사전에 소득을 은닉하고 그 후에 무신고나 허위신고 등에 이르는 것이므로 기수 이전에 현실로 세부직원을 기망한다는 것은 상정하기 힘들기 때문이라는 것이다.

25) 대법원 1988. 2. 9. 선고 84도1102 판결(합성수지 원료의 중간도매상인이 사업자등록도 아니하고 장부를 비치, 기장하지도 아니한 채 세금계산서를 발급받음이 없이 합성수지 원료를 매입하여 세금계산서를 발급하지 아니하고 이를 매출한 후 부가가치세 확정신고도 전혀 하지 아니하였다면 이러한 행위는 조세의 부과와 징수를 불가능하게 하거나 현저히 곤란하게 하는 적극적 행위라 아니할 수 없다) 등에 의

를 하지 아니하거나 허위의 신고를 함에 그치는 것은 여기에 해당하지 아니한다고 일관되게 판시하고 있다.[26)]

이에 따라 종래의 실무는 단순무신고, 단순과소신고와 구별되는 조세포탈범의 징표로서 사전소득은닉행위[27)]라는 개념요소를 따로 설정하여 이를 수반하지 않는 무신고나 과소신고는 모두 부정행위에 해당하지 않는다고 보아왔다. 한편, 우리와 비슷한 규정[28)]을 가지고 있는 일본의 최고재판소도 사위 기타 부정행위는 포탈의 의도를 가지고 그 수단으로서 세의 부과징수를 불능 또는 현저히 곤란하게 하는 어떠한 위계

하면 부작위도 적극적 행위에 해당한다고 하고 있고, 통설도 마찬가지 입장으로 보이나, 부작위에 의한 부정행위가 성립하려면 납세자에게 신고의무가 부여되어 있는 경우, 즉 신고납부방식의 경우만이 가능하고 부과납부방식의 조세에 대하여는 부작위에 의한 부정행위가 성립되지 않는다는 의견(김용대, "조세포탈범에 있어서 사기 기타 부정한 행위", 조세법의 논점, 909면)이 있다. 위 의견에 대한 비판으로는 윤재윤, 전게논문, 332면 참조.

26) 대법원 2003. 2. 14. 선고 2001도3797 판결 등 다수. 한편, 권기한, 전게논문, 319면은 '사기 기타 부정한 행위'의 의미에 대하여 대법원은 "조세의 확정권 또는 징수권의 행사를 불능 또는 현저히 곤란하게 하는 위계 기타 부정한 적극적인 행위를 뜻한다"고 판시하고 있다면서 대법원 1987. 4. 28. 선고 87도294 판결을 들고 있으나, 위 판결의 판시내용은 '조세범처벌법 제9조에서 말하는 사기 기타 부정한 행위란 조세의 포탈을 가능하게 하는 행위로서 사회통념상 부정이라고 인정되는 행위, 다시 말하면 조세의 부과징수를 불능 또는 현저하게 곤란케 하는 위계 기타 부정한 적극적인 행위라고 풀이되므로 어떤 다른 행위가 수반됨이 없이 단순히 세법상의 신고를 아니한 것은 이에 해당하지 아니한다'는 것이다.

27) 조세범처벌법 제9조가 규정하는 조세포탈죄에 있어서의 '사기 기타 부정한 행위'라고 함은 조세의 포탈을 가능하게 하는 행위로서 사회통념상 부정이라고 인정되는 행위, 즉 조세의 부과징수를 불능 또는 현저히 곤란하게 하는 위계 기타 부정한 적극적인 행위를 말하는 것이므로, 과세권자가 조세채권을 확정하는 부과납부방식의 소득세와 증여세에 있어서 납세의무자가 조세포탈의 수단으로서 미신고·과소신고의 전(후)단계로서 '적극적인 소득 은닉행위'를 하는 경우에 '사기 기타 부정한 행위'에 해당한다(대법원 1999. 4. 9. 선고 98도667 판결).

28) 일본세법은 우리와 달리 개별세법에서 조세포탈에 관한 벌칙규정을 두고 있는데, 그 규정내용이 우리와 유사한 바, 우리 부가가치세에 상응한 소비세법의 벌칙규정은 아래와 같다.

〈소비세법〉

제64조 次の各号のいずれかに該当する者は、五年以下の懲役若しくは五百万円以下の罰金に處し、又はこれを併科する。

一. 僞りその他不正の行爲により、消費稅を免れ、又は保稅地域から引き取られる課稅貨物に對する消費稅を免れようとした者.

기타 공작을 행하는 것을 말한다고 하여 부정행위의 개념을 형식적 기준이 아니라 실체적 판단기준에 의하여 판정할 것을 판시한바 있다.[29]

이를 바탕으로 조세포탈범의 구조를 조세채무의 확정방식에 따라 살펴보면, 부과과세방식의 조세에서는 세무공무원을 기망하거나 이에 유사한 부정행위를 함으로써 세무공무원을 오신시켜 진실보다 적은 세액을 부과결정하게 하고, 이로 인하여 세액을 면하게 되고, 신고납세방식의 조세에서는 납세의무자가 신고·납부기한 경과 후에 있을지도 모르는 세무공무원의 조사에 대비하여 사전에 소득을 비닉하고 나아가 무신고 또는 과소신고에 이른다는 것이 통상적인 행위유형이 된다.[30]

3) 무신고 내지 과소신고와 사전소득은닉행위와의 관계

한편 포탈범의 실행행위에 사전소득은닉행위가 포함되느냐 여부에 관하여 견해가 대립되어 왔는데, 이는 주로 일본에서 신고납세방식의 조세에 있어서 과소신고가 있는 경우에 실행행위를 어떻게 파악할 것인지를 두고 논의가 전개되어 왔다. 우선 포괄설은 허위장부작성 등 사전소득은닉행위가 이루어지고, 이에 기하여 허위의 과소신고가 이루어진 경우 사전행위와 과소신고행위가 포괄하여 조세포탈범의 실행행위로 된다고 한다. 이에 대하여 일본의 최고재판소가 우리 대법원과 달리 단순무신고는 부정행위에 해당하지 않지만 단순 허위 과소신고[31]에 있어서는 그것만으로 부정행위에 해당한다고 판시하기에 이르자 이를 뒷받침하는 이론으로 주장된 것이 제한설인데, 이에 따르면 무신고의 경우에는 사전소득은닉행위가 실행행위가 되지만, 과소신고의 경우에는 과소신고 행위만이 실행행위이고 사전소득은닉행위는 조세포탈을 위한 예비 또는 준비행위에 지나지 아니한다고 한다. 한편, 과소신고포탈범의 경우는 제한설과 같이 보되, 무신고포탈범의 경우는 부진정부작위범의 이론을 채용하여 사전소득은닉행위를 무신고행위의 선행행위로 보아 사전소득은닉행위를 수반하는 무신고라는 부작위 자체를 조세포탈

29) 최형기, 전게논문, 438면.

30) 임승순, 전게서, 340면; 최형기 전게논문, 437면.

31) 일본 조세법의 경우 단순무신고와 달리 단순과소신고에 대한 처벌규정은 없다.

범의 실행행위로 보는 부작위설도 주장되고 있다고 한다.[32] [33]

현재, 국내에서는 무신고 내지 과소신고와 사전소득은닉행위를 포괄하여 포탈범의 실행행위로 보는 포괄설이 판례[34]와 통설[35]의 입장으로 보인다. 이에 대한 반대 입장으로 국내에서 주장되고 있는 것은 실행행위를 파악함에 있어 조세의 납세방식과 연결하여 신고납세방식조세의 경우는 제한설, 부과납세방식조세의 경우는 포괄설을 주장하는 견해[36]라고 할 것인데, 이에 따르면 신고납세방식의 조세에 있어서는 사전소득은닉행위는 포탈을 위한 대내적 준비행위 내지는 구성요건적인 요소에 불과하고 과소신고만이 실행행위가 된다고 한다.

4) 사기 기타 부정한 행위에 관한 구체적 사례[37]

(가) 인정한 사례

이를 인정한 판례로는 허위장부의 작성·비치를 통하여 매출액과 수입액을 누락하고 경비를 과다계상한 경우,[38] 판매일보를 허위작성하고 이를 기초로 경리장부와 표준계산서를 작성·비치한 경우,[39] 장부의 폐기·은닉,[40] 위장 가공거래·은폐거래, 허위출고증의 발급,[41] 부가가치세 부정환급을 위하여 세금계산서의 작성일자를 허위기재 한 경우,[42] 상속·증여받은 부동산을 상속·증여세 포탈을 위하여 매수한 것

---

32) 최형기, 전게논문, 445면 참조.

33) 이에 관한 일본의 판례에 관한 상세는 안대희, 전게서, 269면 이하 참조.

34) 판례는 사전소득은닉행위를 중심으로 조세범처벌법 제9조 제1항 소정의 '사기 기타 부정한 행위'를 파악하면서, '일련의 행위'라는 표현을 주로 쓰고 있다. 즉 대상판결의 다수의견 역시 '사기 기타 부정한 행위를 하는 일련의 과정'이라는 용어를 쓰고 있는데, 그 외 대법원 2003.6.27. 선고 2002도6088 판결 등외 다수의 판결에서 나타나고 있다.

35) 정만조, "조세포탈범—조세범처벌법을 중심으로—", 대법원 재판자료 17집, 413면; 최형기, 전게논문, 445면.

36) 김용대, 전게논문, 920면; 안대희, 전게서, 271면.

37) 이하는 권순익, "조세범처벌법 제9조 제1항에 규정된 '사기 기타 부정한 행위'의 의미", 대법원판례해설 제56호, 566면에서 568면까지를 주로 참조하였다.

38) 대법원 1989.9.26. 선고 89도283 판결, 대법원 1992.3.10. 선고 92도147 판결 등.

39) 대법원 1981.7.14. 선고 81도154 판결.

40) 대법원 1988.3.8. 선고 85도1518 판결 등.

41) 대법원 1985.5.14. 선고 83도2050 판결 등.

42) 대법원 1996.6.14. 선고 95도1301 판결.

처럼 가장한 경우,[43] 실제로는 유산을 분할하여 상속하였음에도 상속세 포탈을 위하여 상속포기신고를 한 경우,[44] 사업자등록의 태만, 장부의 부작성·불비치, 세금계산서의 불발급, 확정신고의 미이행이라는 일련의 부작위,[45] 타인 명의로 사업자등록을 한 뒤 카드가맹점을 개설하고 신용카드 매출전표를 작성하여 수입을 숨긴 행위,[46] 허위계약서 작성과 그에 따른 장부에의 과소 기재,[47] 위장 가맹점 명의로 매출전표를 발행함으로써 수입을 숨긴 경우,[48] 수표 등 지급수단의 교환 반복, 차명계좌의 입출금을 통한 은닉행위,[49] 세금계산서 없이 무자료로 금을 구입하여 타에 판매한 후 자료상으로부터 허위의 세금계산서를 구입하여 이를 기초로 부가가치세를 신고·납부한 경우,[50] 개인기록표를 은닉하는 한편 신용카드 매출전표에 봉사료를 실제보다 과다·계상한 후 이를 기초로 과세표준과 세액을 과소하게 신고·납부한 경우[51] 등을 들 수 있다.

(나) 부정한 사례

사기 기타 부정한 행위로 인정하지 아니한 판례로는 사업자등록이 말소된 이후 새로 사업자등록을 하지 않고 미술품중개업을 하면서 납세신고를 하지 아니한 경우,[52] 법령상 매입세액 공제를 받을 수 없는 것이 분명한 거래를 부가가치세 신고 시 매입세액 공제대상으로 허위신고한 경우,[53] 컴퓨터에 거래내역을 저장, 보관하면서 장부를 비치하

43) 대법원 1984. 6. 26. 선고 81도2388 판결.
44) 대법원 1983. 6. 28. 선고 82도2421 판결.
45) 대법원 1985. 9. 24. 선고, 85도842 판결, 대법원 1983. 9. 27. 선고 83도1929 판결, 대법원 1988. 2. 9. 선고 84도1102 판결, 대법원 2000. 2. 8. 선고 99도5191 판결, 대법원 2003. 1. 10. 선고 2001도4310 판결.
46) 대법원 2004. 11. 12. 선고 2004도5818 판결, 2005. 6. 10. 선고 2005도1855 판결 등.
47) 대법원 2004. 6. 11. 선고 2004도2391 판결.
48) 대법원 2001. 12. 11. 선고 2001도5048 판결.
49) 대법원 1999. 4. 9. 선고 98도667 판결.
50) 대법원 2005. 9. 30. 선고 2005도4736 판결.
51) 대법원 2005. 12. 22. 선고 2003도6433 판결.
52) 대법원 2003. 2. 14. 선고 2001도3797 판결.
53) 대법원 2001. 9 . 25. 선고 2000도1514 판결.

지 아니한 경우, 단순히 사업자등록과 소득신고만 하지 않은 경우,[54] 수해복구공사를 수주하기 위하여 사업자등록을 하였다가 공사가 거의 완료될 무렵에 사업부진을 이유로 폐업신고를 하고 세무서에 매출실적이 없다고 허위신고를 한 경우,[55] 서면조사결정업체로 지정받은 자가 증빙서류 없이 필요경비를 계상하여 소득세 과세표준 확정신고를 한 경우,[56] 유사경유를 제조·판매한 후 상대방에게 거래품목을 경유로 기재한 세금계산서를 발행하고 이에 맞추어 부가가치세 신고를 한 경우,[57] 법인이 이전부터 보유하고 있던 차명주식 등 부외자산을 당해 사업연도에 이르러 비로소 법인의 회계장부에 계상하면서 마치 이를 그 해에 새로 매수하는 것처럼 회계처리하는 방법으로 금원을 인출한 경우[58] 등을 들 수 있다.

(다) 소 결

위와 같은 판례의 태도에 대하여 어느 행위가 단순무신고에 해당하는지, 부정행위에 해당하는지는 결국 각 사안에 따라 조세의 종류, 행위태양 등을 고려하여 정할 수밖에 없다고 할 것이라면서, 판례는 그 행위가 작위인지, 부작위인지에 관계없이 세무조사 및 그에 따른 세금부과와 징수를 불능 또는 현저하게 곤란하게 만들었는지를 단순무신고와 부정행위의 중요한 구별기준으로 하여, 또 그 판단을 위하여 세금의 종류와 사업장의 규모, 그리고 실질적 납세윤리의 위반정도 등도 하나의 고려사항으로 하고 있다고 한다.[59]

한편, 실무상으로는 조세포탈범의 실행행위에 대한 구성요건해당성 판단은 일관하여 행위특성, 즉 '행위의 적극성'을 중요한 요소로 하여

54) 대법원 2000.4.21. 선고 99도5355 판결.

55) 대법원 1998.12.23. 선고 98도2856 판결.

56) 대법원 1990.9.11. 선고 90도1491 판결.

57) 대법원 2005.3.25. 선고 2005도370 판결, 즉 품목이 다른 세금계산서를 발행한 것만으로는 유사경유의 판매량에 대한 조사가 불능 또는 현저히 곤란하게 되었다고 볼 수 없으므로 적어도 교통세 포탈과 관련해서는 단순무신고에 해당할 뿐이라는 것이다.

58) 대법원 2005.1.14. 선고 2002도5411 판결.

59) 권순익, 전게논문, 568면.

이루어져 왔는데, 적극성의 개념은 조세정책과 국민의 납세윤리에 따라 변화의 폭이 넓은 탄력적 개념이라면서 적극성의 의미를 행위의 형태에서 찾을 것이 아니라 행위의 내용이나 실체면에서 보아 조세포탈을 목적으로 한 고도의 계획적 행위를 뜻하는 것으로 이해하면 족하다는 견해[60]도 있는바, 앞서 본 견해와 같은 취지로 보인다.

우리 판례가 조세포탈죄의 성립과 관련하여 구체적 행위의 동기, 경위, 정황 등 적극적 은닉의도가 나타나는 사정과,[61] 과세관청의 조사가 비교적 용이한지 여부[62] 등을 고려하고 있음은 앞에서 본 바와 같

---

60) 윤재윤, 전게논문, 335면.

61) 대법원 1999. 4. 9. 선고 98도667 판결(일반적으로 다른 사람 명의의 예금계좌를 빌려 예금하였다 하여 그 차명계좌 이용행위 한 가지만으로써 구체적 행위의 동기, 경위 등 정황을 떠나 어느 경우에나 적극적 소득은닉 행위가 된다고 단정할 것은 아니라 할 것이나, 과세대상의 미신고나 과소신고와 아울러 장부상의 허위기장 행위, 수표 등 지급수단의 교환반복행위 기타의 은닉행위가 곁들여져 있다거나, 차명계좌의 예입에 의한 은닉행위에 있어서도 여러 곳의 차명계좌에 분산 입금한다거나 순차 다른 차명계좌에의 입금을 반복하거나 단 1회의 예입이라도 그 명의자와의 특수한 관계 때문에 은닉의 효과가 현저해지는 등으로 적극적 은닉의도가 나타나는 사정이 덧붙여진 경우에는 조세의 부과징수를 불능 또는 현저히 곤란하게 만든 것으로 인정할 수 있다) 참조.

62) 대법원 2001. 9. 25. 선고 2000도1514 판결(피고인이 위와 같이 법령상 매입세액을 공제받을 수 없는 것임이 분명한 거래를 부가가치세 신고시 매입세액 공제 대상거래로 허위신고하였다 하여도 과세관청으로서는 그 신고서를 일별하는 것만으로도 그 신고내용의 오류를 지적하여 이를 경정할 수 있는 것이므로, 위와 같은 허위신고가 조세의 부과와 징수를 불가능하게 하거나 현저히 곤란하게 하는 행위라고는 도저히 볼 수 없다).

대법원 2000. 4. 21. 선고 99도5355 판결(피고인은 세법상 요구되는 장부를 비치·기장하지 아니하는 대신 거래내역과 그로 인한 손익을 매입·매출대장 또는 손익계산서의 형태로 손쉽게 출력하여 확인할 수 있도록 약속어음의 매입·매출에 관한 사항을 사실대로 정확하게 컴퓨터에 입력하여 보관·관리하여 왔음을 알 수 있는바, 이와 같이 피고인이 소득세의 부과·징수에 필요한 거래 내역 및 손익에 관한 기록을 컴퓨터 자료의 형태로 사실대로 정확하게 유지·관리하여 왔다면 세법상 요구되는 장부를 그것과 별도로 따로 비치·기장하지 아니하였다 하여 그것을 가지고 피고인이 소득을 감추는 부정한 행위를 하였다고 하기는 어렵다고 할 것이다. …중략 … 다른 어떤 행위를 수반함이 없이 단순히 사업자등록을 하지 아니하거나 소득신고를 하지 아니함에 그치는 것은 조세범처벌법 제9조 제1항에서 말하는 '사기 기타 부정한 행위'에 해당하지 아니한다고 할 것이므로, 이 사건 공소사실 중 피고인이 부정한 방법으로 소득세를 포탈하였다는 조세범처벌법위반의 점은 결국 범죄의 증명이 없음에 돌아간다고 할 것이다) 등 참조.

은바 위와 같은 견해들은 판례의 판시내용에 비추어 적절한 것으로 보인다. 다만 일부 견해는 판례의 기준이 조사의 곤란성과 실질적 납세윤리위배로 파악할 수 있다고 하면서, 이에 가벌적 위법성의 사고를 추가하여 이들 요건을 모두 충족하게 되면 포탈범으로 처벌할 만한 가치가 있는 부정행위에 해당한다고 평가할 수 있다고 주장하는바, 가벌적 위법성의 개념이 무엇인지 명확하지 아니하나, 납세의무자에 대한 비난가능성을 강조하는데 그치는 것이 아니라 그것이 가벌적 위법성론을 의미하는 것이라면 우리 형사법 체계에서는 받아들이기 힘들 것이다.

우리 조세범처벌법은 법문상 '부정한' 행위라는 형식으로 조세포탈죄를 규정하고 있는바, 이는 규범적 구성요건요소에 해당하므로 평가적 요소로서 윤리성을 전제로 한 개념이라 할 수 있고, 조세포탈범이 결과범으로서 조세포탈의 결과발생을 요구한다는 점에서 과세관청의 조사의 곤란성 정도 즉 조세의 부과와 징수를 불능하게 하거나 현저히 곤란하게 하였는지 여부를 판단기준으로 삼고 있는 판례의 태도는 타당하다.

5) 기수시기

조세포탈범은 조세포탈의 결과가 발생할 것을 요하는 결과범인 바(주세포탈의 경우를 제외하고는 미수범은 처벌되지 아니한다), 이와 관련하여 어느 시기에 포탈의 결과가 발생하였다고 볼 것이냐에 관하여는 종래 법이 기대하는 시기에 조세채권을 확정시키지 않음으로써 결과가 발생한다고 보는 확정시설과 법이 기대하는 시기에 조세채무를 이행하지 않음으로써 결과가 발생한다고 보는 납기설의 대립이 있어 왔다.[63]

그런데 현행 조세범처벌법은 제9조의3[64]에 명문규정을 두어 이를

63) 최형기, 전게논문, 451면.

64) 제9조의3

제9조에 규정하는 포탈범칙행위의 기수시기는 다음의 각호에 의한다.

1. 납세의무자의 신고에 의하여 부과징수하는 조세에 있어서는 당해세목의 과세표준에 대한 정부의 결정 또는 조사결정을 한 후 그 납부기한이 경과한 때. 다만, 납세의무자가 조세를 포탈할 목적으로 법에 의한 과세표준을 신고하지 아니함으로써 당해 세목의 과세표준을 정부가 결정 또는 조사결정을 할 수 없는 경우에는 당해 세목의 과세표준의 신고기한이 경과한 때.

2. 전호의 규정에 해당하지 아니하는 조세에 있어서는 그 신고·납부기한이 경과한 때.

입법적으로 해결하였다.[65] 위 규정에 의하면 부과과세방식조세에 있어서는 당해 세목의 과세표준에 대한 정부의 결정 또는 조사결정을 한 후 그 납부기한이 경과한 때, 신고납세방식조세에 있어서는 그 신고·납부기한이 경과한 때, 부과과세방식조세에 있어서 납세의무자가 조세를 포탈할 목적으로 법에 의한 과세표준을 신고하지 아니함으로써 당해 세목의 과세표준을 정부가 결정 또는 조사결정을 할 수 없는 경우에는 당해 세목의 과세표준의 신고기한이 경과한 때가 각 기수시기가 된다.[66][67]

한편, 위 규정과 관련하여 위 조세범처벌법규정은 원칙적으로 납기설을 채택하고, 예외적으로 부과과세방식조세의 무신고포탈범에 있어서는 정부가 결정 또는 조사결정을 할 수 없는 이상 부과처분에 의한 납부기한이란 있을 수 없는 것이므로 신고기한 경과설을 채택한 것이라는 견해[68]가 있는 반면, 우리 세법은 신고기한과 자진납부기한을 일치시키고 있기 때문에 신고납세방식의 조세에 있어서는 납기설과 확정시설 어느 쪽으로도 설명이 가능하다는 견해도 있다고 한다.[69]

6) 고 의

조세범처벌법 제9조 제1항 소정의 '사기 기타 부정한 행위'라 함은 조세의 부과와 징수를 불가능하게 하거나 현저히 곤란하게 하는 위계

65) 한편, 기수시기에 관한 명문의 규정이 없는 일본에서는 납기설이 통설과 판례(일본최고재판소, 1961. 7. 6. 선고 1960(あ) 제1352호 판결: 신고납세방식인 법인세에 있어서 신고시를 포탈죄의 기수시기로 보아야 한다는 취지가 포함된 상고를 기각하였다)의 입장이라고 한다(최형기, 전게논문, 451면; 안대희, 전게서, 300면 참조).

66) 대법원 2006. 10. 13. 선고 2006오2 판결(과세표준이나 세액을 허위로 과소신고하여 조세를 포탈한 경우에는 그 신고·납부기한이 경과함으로써 조세포탈죄는 기수에 이른다).

67) 따라서 사안과 같은 부가가치세 포탈의 범칙행위는 부가가치세법 제3조 제1항 및 제19조의 각 규정에 의하여 제1기분인 1. 1.부터 6. 30.까지와 제2기분인 7. 1.부터 12. 31.까지의 각 과세기간별로 그 각 과세기간 종료 후 25일의 신고·납부기한이 경과함으로써 기수에 이르게 된다(대법원 2002. 7. 23. 선고 2000도746 판결). 다만 대상판결이 지적하고 있듯이 사업자가 폐업한 경우에는 폐업일이 속하는 과세기간의 개시일부터 폐업일까지로 과세기간이 정하여져 있으므로(부가가치세법 제3조 제3항), 사업자가 폐업한 경우 부가가치세 포탈의 범칙행위는 폐업일부터 25일의 신고·납부기한이 경과함으로써 기수에 이른다.

68) 최형기, 전게논문, 451면.

69) 임승순, 전게서, 344면 참조.

기타 부정한 적극적인 행위를 말하는 것이고, 이러한 사기 기타 부정한 행위로 조세를 포탈함으로써 성립하는 조세포탈범은 고의범이지 목적범은 아니므로 피고인에게 조세를 회피하거나 포탈할 목적까지 가질 것을 요하는 것이 아니며, 이러한 조세포탈죄에 있어서 범의가 있다고 함은 납세의무를 지는 사람이 자기의 행위가 사기 기타 부정한 행위에 해당하는 것을 인식하고 그 행위로 인하여 조세포탈의 결과가 발생한다는 사실을 인식하면서 부정행위를 감행하거나 하려고 하는 것이다.[70] [71]

2. 문제의 소재

조세범처벌법 제9조 제1항은 '사기 기타 부정한 행위로써 조세를 포탈하거나 조세의 환급·공제를 받은 자'를 처벌대상으로 하고 있는데, 종래 실무에서는 조세포탈죄와 관련하여 주로 위 법문상의 사기 기타 부정한 행위의 의미가 무엇인지에 관하여 논의의 초점이 맞추어져 있었다. 그리하여 정작 조세포탈죄의 본질적 구성요건 요소 중 하나인 '조세포탈'의 구체적 의미가 무엇인지에 관하여는 별다른 논의가 없었고, 대상판결이 있기 전에는 조세포탈의 개념을 조세의 부과와 징수를 방해하는 것이라는 정도로만 이해하여 왔다.

이에 따라 조세포탈죄와 관련하여서는 그 통상의 행위유형으로 사전소득은닉행위와 무신고 또는 과소신고행위를 설정하고 이를 기초로 논의를 전개하여 왔다. 그런데 당해 사안은 행위자가 적극적 사전소득은닉행위에 준하는 적극적 부정행위[72]를 하였으나 무신고나 과소신고행위에 나아가지 아니하고 과세표준은 제대로 신고한 경우이다. 즉 행위자가 처음부터 조세의 징수를 회피할 목적으로 형식적으로나마 과세

70) 대법원 2006. 6. 29. 선고 2004도817 판결.

71) 한편, 소득의 존재에 관한 인식이 그 일부에 한정되어 있을 경우에 포탈범이 그 인식된 부분에 대하여만 성립하는지, 아니면 소득총액에 대하여 성립하는지에 관하여 개별인식설(인식부분설)과 개괄인식설(총세액설)의 대립이 있는바, 이에 관한 상세는 안대희, 전게서, 332면 이하 참조.

72) 다만 이에 관하여 반대의견은 뒤에서 보는바와 같이 이 사건의 경우 소득이 아닌 적극적 사전책임재산 은닉행위가 있을 뿐이라고 한다.

표준의 신고를 함으로써 조세의 확정에는 지장을 초래하지 않으면서 그 징수만을 불가능하게 하거나 현저히 곤란하게 한 경우에 있어서도 조세포탈의 결과가 발생한 것으로 볼 수 있는지가 문제가 된다.

이는 결국 조세포탈죄의 보호법익 내지는 결과범인 조세포탈죄에 있어서 조세포탈의 결과가 발생하였다고 할 수 있는 기수시기와 관련하여 종래의 대법원이 일관되게 판시하여 온 조세의 '부과와 징수'를 방해한다는 의미를 '부과 및 징수'를 방해하는 것으로 해석할 것인지 아니면 '부과 또는 징수'를 방해하는 것으로 해석할 것인지[73]의 문제로 귀착된다[74]고 할 것이다.

한편, 이에 관하여 하급심 판결에서는 당해 1심 판결과 같이 무죄설[75]을 취한 것과, 유죄설[76]을 취하는 것으로 나뉘어 있었는데, 대법원[77]은 유죄설의 입장에서 위와 같은 경우가 조세의 부과와 징수를 불

73) 한편, 미국 연방내국세법 규정은 조세의 징수만을 방해하는 경우도 처벌할 수 있도록 되어 있는데, 그 규정내용은 다음과 같다.

Title 26 USC §7201(Attempt to evade or defeat tax)

Any person who willfully attempts in any manner to evade or defeat any tax imposed by this title or the payment thereof shall, in addition to other penalties provided by law, be guilty of a felony and, upon conviction thereof, shall be fined not more than \$100,000(\$500,000 in the case of a corporation), or imprisoned not more than 5 years, or both, together with the costs of prosecution.

또한, 제7203조에서는 고의로 세금납부나 신고를 하지 않은 납세자에 대하여는 경죄(misdemeanor)로 처벌하도록 되어 있다.

74) 한편, 대상판결의 판시사항에서도 알 수 있듯이 조세의 징수는 납세의무자의 납세신고나 과세관청의 부과처분 등에 의하여 조세채권이 구체적으로 확정되는 것을 당연한 전제로 하므로 조세의 확정을 방해한 경우에는 그에 따라 조세의 징수 역시 당연히 방해가 되므로 그와 같은 경우에 있어서는 조세포탈죄를 구성한다는 데에는 의문의 여지가 없다.

75) 서울고등법원 2006. 5. 26 선고 2004노868 판결, 서울중앙지방법원 2006. 5. 12 선고 2005고합1188 판결 등.

76) 서울고등법원 2006. 4. 27. 선고 2006노64 판결 등 다수.

77) 대법원 2006. 8. 24. 선고 2006도3272 판결: 이른바 '바지사장'으로 내세워 부가가치세가 면제되는 면세금지금을 거래할 수 있는 주식회사를 인수하여 위 회사 명의로 면세금지금을 대량으로 매입한 후 즉시 이를 다른 거래처에 위 매입가격보다 낮은 가격에 부가가치세를 가산한 금액으로 판매하였을 뿐만 아니라, 거래처로부터 부가가치세액을 위 회사의 예금계좌로 송금 받는 즉시 이를 인출하여 개인적으로 소비한 후 이를 세무서에 전혀 납부하지 않은 상태로 위 회사를 사실상 폐업시키

능 또는 현저히 곤란하게 하는 위계 기타 부정한 행위로서 조세포탈행위에 해당하는 것으로 판시하였으나, 대상판결이 있기 전까지는 그 구체적 이론적 근거에 관하여는 밝히지 않은 상태였다.

3. 견해의 대립[78)]

(1) 유 죄 설

대법원 다수의견으로서, 조세범처벌법 제9조 제1항이 규정하는 조세포탈죄의 보호법익은 조세의 적정한 부과·징수를 통한 국가의 조세수입의 확보에 있음을 전제로 납세의무자가 과세표준을 신고하기는 하였으나 그러한 신고가 조세범처벌법 제9조의3이 규정하는 조세포탈죄의 기수시기에 그 조세의 징수를 불가능하게 하거나 현저히 곤란하게 하고 그것이 조세의 징수를 면하는 것을 목적으로 하는 사기 기타 부정한 행위로 인하여 생긴 결과인 경우에도 조세포탈죄가 성립할 수 있다는 것이다. 다만 위와 같은 신고가 조세의 징수를 불가능하게 하거나 현저히 곤란하게 할 의도로 사기 기타 부정한 행위를 하는 일련의 과

고, 곧 이어 또 다른 회사를 인수하여 위와 똑같은 방법으로 금지금 거래를 반복하였으나, 일부 부가가치세는 정상적으로 신고를 마친 사안에서 「당초부터 정상적인 기업활동에 의해 이윤을 추구할 의사 없이 오로지 탈세에 의하여 이익을 취할 계획 아래 '바지사장'을 앉힌 회사를 내세워 마치 정상적인 기업거래를 하는 것처럼 위장한 채 사실은 금지금 거래 자체로부터는 손해를 보면서도 부가가치세의 탈세에 의해 결과적으로 이익을 창출하기 위하여 변칙적이고도 불법적인 여러 가지 수단을 동원한 적극적인 행위라 할 것이므로, 원심이 이를 '조세의 부과와 징수를 불능 또는 현저히 곤란하게 하는 위계 기타 부정한 행위'로서 조세포탈행위에 해당한다고 판단한 것은 정당하고 거기에 상고논지가 지적하는 법리오해의 위법이 없다」고 판시하였다. 위 대법원 판결 후 서울고등법원 2006. 10. 18 선고 2006노62 판결, 서울고등법원 2006. 10. 18 선고 2006노986 판결, 서울고등법원 2006. 10. 13 선고 2006노81 판결 등은 위 대법원 판결을 내세워 유죄설에 따른 판시를 하였다. 다만 위 대법원 판결은 바지사장을 내세웠다는 점에서 타인 명의로 사업자등록을 한 뒤 카드가맹점을 개설하고 신용카드 매출전표를 작성하여 수입을 숨긴 행위에 대하여 사기 기타 부정한 행위에 해당한다고 한 앞서 본 대법원 판례와 유사한 면이 있다.

78) 다만 이 부분에 관하여 직접적으로 다루고 있는 국내 문헌을 찾을 수 없으므로, 대상판결에 설시된 논거를 중심으로 논의를 전개하기로 한다. 한편 우리와 달리, 개별세법에서 벌칙조항을 두고 있으면서도 조세포탈에 관한 규정의 내용이 유사한 일본에서는 이에 관하여 직접적으로 다루고 있는 판결은 발견하지 못하였다.

정에서 형식적으로 이루어진 것이어서 실질에 있어서는 과세표준을 신고하지 아니한 것과 다를 바 없는 것으로 평가될 수 있는 등의 요건을 갖춘 경우에만 조세포탈죄의 성립을 인정하여야 한다는 것이다.

(2) 무 죄 설

위 다수의견에 대하여, 대법관 5인의 별개의견은 조세범처벌법 제9조 제1항 소정의 조세포탈죄는 정당한 조세채권의 확정을 방해하거나 지장을 초래하는 행위를 처벌하는 규정으로 이해하여야 한다면서, 부가가치세와 같은 신고납세방식의 조세에 있어서는 납세의무자가 과세표준 및 세액을 신고할 때에 세법이 정하는 바에 따라 과세대상이 되는 공급가액 또는 거래내역 등을 실질 그대로 신고한 이상, 과세표준의 신고 이전에 조세를 체납할 의도로 사전에 재산을 은닉·처분하는 등의 행위를 하였다고 하더라도 '사기 기타 부정한 행위'에 의하여 조세포탈의 결과가 발생한 것으로 볼 수는 없다는 것이다.

4. 사 견

(1) 유죄설의 논거

조세포탈죄의 보호법익은 조세의 적정한 부과와 징수를 통한 국가조세수입의 확보에 있으므로, 조세의 확정에는 아무런 지장을 초래하지 아니하였다 하여도 사기 기타 부정한 행위를 통하여 조세범처벌법 제9조의3이 규정하는 기수시기에 조세의 징수를 불가능하게 하거나 현저히 곤란하게 한 경우에는 국가의 조세수입이 침해된다고 할 것이어서 조세포탈죄가 성립할 수 있다고 할 것이며, 기수시기 규정과 모순되는 것은 아니다. 즉 조세의 징수 절차도 조세의 확정과 마찬가지로 조세수입의 확보를 위한 것이므로, 조세의 확정에 지장을 초래하는 행위로 조세포탈죄의 범위를 축소할 필요는 없다.

다만, 위와 같은 경우에 있어 제기될 수 있는 처벌범위 확장의 문제는 징수불가능 행위의 동기 내지 목적, 조세의 징수가 불가능하거나 현저히 곤란하게 된 이유와 경위 및 그 정도 등을 전체적, 객관적, 종합적으로 고찰하여 실질에 있어서는 과세표준을 신고하지 아니한 것과 다를 바 없는 것으로 평가될 수 있는 경우로 한정하여 해석하면 된다.

또한 위와 같은 해석이 단순 무신고나 과소신고가 조세범처벌법 제9조 제1항에 해당하지 않는다는 기존의 대법원 판례[79]는 조세포탈죄의 보호법익이 조세채권의 확정만으로 한정된다는 것을 전제로 한 것이 아니었음이 그 판결문상 명백할 뿐 아니라, 조세 징수의 불가능 등은 따로 문제가 되지 않는 사안에서의 판시였으므로 앞에서의 설시가 종래 대법원이 표명하여 온 견해와 모순·저촉되거나 배치되는 것은 아니다.

결국 포괄설의 입장에서 보았을 때, 사안의 경우 책임재산의 의도적인 산일과 그에 이은 폐업신고에 의하여 그 지급을 면하는 부가가치세 상당액이 이 사건 거래에서 상정할 수 있는 유일한 이윤의 원천이자 거래의 동기였고, 조세의 확정이 정상적으로 이루어졌다 하더라도, 이는 최종적으로는 피고인들로부터 금괴를 구입한 과세사업자가 과세관청으로부터 자신들이 피고인들에게 거래징수당한 부가가치세를 매입세액으로 공제받거나 환급받는 것을 가능하게 해 줌으로써 오히려 현실적인 조세수입의 감소나 국고손실을 초래한다는 의미 밖에는 없는 것으로서 사기 기타 부정한 행위를 하는 일련의 과정에서 형식적으로만 부가가치세를 신고한 것에 지나지 아니한다.

(2) 무죄설의 논거

무죄설은 유죄설을 따를 경우 다음과 같은 문제점이 있다고 지적한다.

1) 신고·납세방식의 조세에 있어서 납세의무자로부터 조세채무의 정당한 신고가 있었는지 여부는 법률상 별다른 의미를 가지지 못하고, 오로지 징수권의 침해가 있었는지 여부에 따라 구성요건 해당성 여부가 판가름 나게 되어 신고·납세방식의 조세의 본질에 반하는 결과가 초래된다.[80]

---

79) 대법원 1994.6.28. 선고 94도759 판결, 대법원 2003.2.14. 선고 2001도3797 판결 등.

80) 종래 신고·납세방식의 조세에 있어서 조세포탈범의 구성요건은 "사전소득은닉행위 + 무신고 또는 과소신고행위"로 이루어지고 "무납부 또는 과소납부행위"는 "무

2) '사전소득은닉행위'를 당해소득 자체를 은닉하는 행위로 파악하지 않고, 납세의무자의 책임재산 일반을 감소시키는 부정한 행위로 보고 있는데, 이렇게 되면 조세포탈범의 구성요건 요소인 "사기 기타 부정한 행위"의 범위가 지나치게 넓어져 그 행위의 정형성이 무너지게 될 것이고 종국에는 죄형법정주의의 원칙에 반한다.

3) 납세의무자가 책임재산을 은닉·탈루하여 조세의 징수를 불가능 또는 현저히 곤란하게 한 때 바로 범죄의 기수시기가 도래한 것으로 보아야 하는데, 조세범처벌법 제9조의3에서 신고납부기한이라는 기수시기를 따로 두고 있는 이유를 합리적으로 설명할 수 없다.[81)]

4) 과연 어떠한 경우가 납세의무자의 과세표준 및 세액의 신고가 형식적인 것에 불과하여 실질적으로는 과세표준을 신고하지 아니한 것과 동일한 것으로 평가될 수 있는 경우인지 알기 어렵다.

5) 상속세나 증여세와 같은 부과과세방식의 조세에 있어서도, 과세관청이 납세의무자의 기망행위에 속지 않고 정당한 상속세액을 부과한 경우라고 하더라도 납세의무자가 부과된 상속세액을 납부하지 아니한 경우에는 조세포탈범이 성립하는 것으로 해석될 여지도 있어[82)] 조세포탈범의 구성요건적 행위를 종전보다 확장하게 되는 결과가 될 수 있다.

6) 우리 세법은 납세의무자가 납부하여야 할 조세채무가 정당하게 확정되기만 하면 그 후 정당하게 확정된 세액을 징수하는 문제는 조세

신고 또는 과소신고행위"에 당연히 수반된 결과에 지나지 않는 것으로 보았다고 한다.

81) 다수의견에 따르면, 신고납부기한과 관계없이 납세의무자가 책임재산을 은닉·탈루하여 조세의 징수를 불가능 또는 현저히 곤란하게 한 때 바로 범죄의 기수시기가 도래한 것으로 보아야 한다는 것이다. 또 신고납부기한 전에 책임재산을 은닉·처분하기 위한 여러 가지 '준비행위'를 하였지만 실제 재산의 은닉·탈루는 신고·납부기한이 경과한 이후에 이루어진 경우 조세포탈죄의 성립을 인정할 것인지 여부가 문제된다는 것이다.

82) 부과과세방식의 조세에 있어서 과세표준을 신고함에 있어 결손금액을 과대계상하였다고 하더라도 정부의 결정 또는 조사결정 후 그 납부 기한이 경과함으로써 과대계상행위가 기수에 이르는 것이므로 정부의 세무조정에 의하여 각 사업년도의 소득에 결손이 없는 것으로 실지조사결정이 이루어졌다면 결국 결손금 과대계상행위는 그 범칙행위의 기수시기의 미도래로 성립되지 아니한 채 미수에 그친 결과가 되고, 위 미수행위에 대하여는 처벌규정이 없다고 한 대법원 1981. 12. 8. 선고 80도2824 판결 및 같은 취지의 대법원 1983. 12. 13. 선고 82도2698 판결 등 참조.

채무의 확정과는 다른 차원에서 별도로 규정하고 있다. 즉 과세관청에게는 세액의 징수와 관련하여 세법상 우월적 지위[83]가 부여되어 있으므로, 납세의무자로부터 징수하여야 할 정당한 조세채권이 얼마인지 구체적으로 확정되기만 하면 그와 같이 우월적 지위를 부여한 세법상 규정에 근거하여 세액을 징수할 수 있는 것이다.

또한, 조세범처벌법이 제9조 제1항 소정의 조세포탈죄와는 별도로 그 제12조[84]에서 체납자 또는 체납자의 재산을 점유하는 자가 조세를 면탈할 또는 면탈케 할 목적으로 그 재산을 장닉·탈루하거나 또는 허위의 계약을 하였을 때에는 체납처분면탈죄로 처벌하는 규정을 별도로 마련하여 '포탈'과는 구별되는 용어로 '면탈'이라는 용어를 사용하고 있다.

(3) 비　　판

1) 조세포탈의 의미

현재 국내에서 앞서 살펴본 바와 같이 조세포탈죄의 보호법익이 국가적 법익인 과세권에 있다고 보는 데에는 별다른 이견이 없는 것 같다. 그런데 무죄설에서는 조세채권의 확정만이 위 과세권의 내용이라 보고 있으나, 조세채권의 확정절차는 조세채권의 실현 내지는 이행을 위한 전 단계의 절차에 해당하는바 결국 이는 조세수입의 확보를 위한 것이고 보면, 위와 같은 확정절차를 조세채권의 실현 내지는 이행과 따로 떼어서 생각하는 것은 부적절하다 할 것이고, 조세채권의 정당한 실현이 저지되어 국가의 조세수입 감소라는 결과가 발생한 이상 과세권이 침해되었다고 하여야 한다. 즉 조세포탈죄의 보호법익은 조세의 적

83) 국세기본법상 과점주주 등에 대한 제2차 납세의무 및 공동사업자 등에 대한 연대납세의무 부담, 일반채권에 우월하는 우선변제적 효력, 국세징수법상 세무공무원의 질문·검사권과 수색권, 체납절차에 있어서의 일반 채권자에 우선효 등을 제시하고 있다.

84) 조세범처벌법 제12조

① 체납자 또는 체납자의 재산을 점유하는 자가 조세를 면탈할 또는 면탈케 할 목적으로써 그 재산을 장닉·탈루하거나 또는 허위의 계약을 하였을 때에는 2년 이하의 징역에 처한다.

② 압수물건의 보관자가 그 보관한 물건을 장닉·탈루, 소비 또는 훼손하였을 때에도 전항과 같다.

③ 그 정을 알고 전 2항의 행위를 방조하거나 제1항의 허위의 계약을 승낙한 자는 1년 이하의 징역에 처한다.

정한 부과·징수를 통한 국가의 조세수입의 확보에 있다고 할 것이고,[85] 이와 달리 조세위해범은 조세의 부과·징수권의 행사 내지는 그 실현을 침해할 위험성에 가벌성을 두고 있는 것으로서 조세수입의 감소라는 결과의 발생을 요하지 않고, 구성요건에 해당하는 행위가 있으면 그것만으로 범죄가 성립하게 되는 것으로서[86] 조세포탈죄와는 그 차원을 달리하는 것이다.

따라서 이 사건과 같이 법률상 기수시기인 신고·납부기일 이전에 사기 기타 부정한 적극적인 행위를 통하여 장차 확정될 조세의 징수를 불가능하도록 하는 행위를 하였고, 이를 이용하여 정당한 세액을 납부하지 아니한 채 납부기일을 도과한 경우에 있어서 그와 같은 적극적인 부정행위 및 부작위를 포괄한 일련의 행위로 인하여 납부기일에 국가의 조세 수입이 감소된 결과가 발생하였다면 조세포탈죄가 성립한다고 보는 것이 타당하다.

이와 같은 결론은 종래 판례의 태도에서도 확인될 수 있다. 즉 판례는 사기죄 내지는 횡령죄와 조세포탈죄의 죄수관계에 있어 조세포탈죄의 보호법익이 국가의 조세수입확보에 있다는 점을 이미 판시한바 있으며,[87] 조세포탈죄의 고의와 관련하여서도 국가의 조세수입의 감소를

85) 한편, 안대희, 전게서, 178면에 의하면, 독일에서는 종래 포탈행위의 대상을 조세채권으로 보는 견해와 함께 조세수입으로 보는 견해가 있었으나 현재는 조세채권의 실현을 대상으로 하는 것에 견해가 일치한다고 한다.

독일의 국세기본법 제370조에서는 과세관청에 대하여 과세상 중요한 사실에 관하여 부정 또는 불완전한 진술을 하거나, 의무에 위반하여 과세상 중요한 사실을 알리지 않음으로써 조세를 면하거나 자신 또는 타인이 부당한 조세상의 이익을 얻는 경우 이를 처벌하도록 되어 있다(김유찬, "주요국의 조세제도-독일편", 한국조세연구원, 58면).

86) 임승순, 전게서, 352면.

87) 대법원 2004.5.28. 선고 2004도1297 판결(피고인이 편취하거나 장물로 취득한 해상용 면세 경유를 판매하면서 부가가치세를 포탈한 행위는 국가의 조세수입 확보라는 새로운 법익을 침해하는 행위로서 이를 사기 또는 장물취득의 불가벌적 사후행위라고 할 수 없으므로, 같은 취지에서 피고인의 부가가치세 포탈행위가 사기죄 등의 불가벌적 사후행위에 해당한다는 주장을 배척한 원심의 조치는 옳고, 거기에 불가벌적 사후행위에 관한 법리를 오해한 위법이 없다).

대법원 1992.3.10. 선고 92도147 판결(회사대표자가 회사자금을 인출하여 횡령함에 있어 경비지출을 과다계상하여 장부에 기장하고 나아가 이를 토대로 법인세 등

가져오게 될 것이라는 인식을 요구한다고 판시한 바 있다.[88]

한편, 앞서 조세포탈범의 본질이 조세범의 형사범화 경향에 맞추어 포탈범의 반사회적 죄악성에 대한 윤리적 비난에 있다는 점을 살펴보았는데, 사안과 같은 경우는 세법적 지식을 바탕으로 하여 고도의 지능적 수법을 통하여 탈세를 한 것으로서 일반적인 조세포탈죄의 행위유형 보다도 훨씬 비난가능성이 크다고 할 것인바,[89] 무죄설에 따를 경우 이러한 범죄를 처벌할 수 없게 될 위험이 있다. 특히 갈수록 조세범죄가 지능화 내지는 복잡화 되고 있는 마당에 일정한 행위유형만을 상정하여 일률적으로 사안을 해결하려는 것은 무리라고 할 것이다. 즉 무죄설의 경우 조세포탈범의 본질이 조세포탈행위의 반사회성이나 반윤리

의 조세를 납부한 경우 국가의 조세수입의 감소를 초래하여 조세를 포탈하였다고 할 것이고 위와 같은 조세포탈행위는 횡령범행과는 전혀 다른 새로운 법익을 침해하는 행위로서 이를 횡령의 불가벌적 사후행위라고는 볼 수 없다).

88) 대법원 1990. 10. 16. 선고 90도1955 판결(용역을 공급받은 사업자가 관할 세무서장에게 부가가치세의 과세표준 및 납부세액을 신고, 납부함에 있어서 공급가액을 과다계상하여 공급자로부터 받은 과다계상된 세금계산서를 제출하고 매입세액을 공제받은 경우 그 매입세액의 공제를 받은 행위자에게 조세범처벌법 제9조 소정의 조세포탈죄의 고의가 있다고 하려면 과다계상된 세금계산서에 의하여 매입세액의 공제를 받는다는 인식 이외에 공급자가 과다계상된 분에 대한 매출세액을 제외하고 부가가치세의 과세표준 및 납부세액을 신고, 납부하거나 또는 세금계산서에 기재된 매출세액 전부를 신고, 납부한 후 과다계상된 분에 대한 매출세액을 환급받는 등으로 과다계상된 분에 대한 부가가치세의 납부의무를 면탈함으로써 결과적으로 자기가 과다계상분에 대한 매입세액의 공제를 받는 것이 국가의 조세수입의 감소를 가져오게 될 것이라는 인식이 있어야 한다).

89) 종래에는 허위의 수출계약서류에 근거하여 발급받은 하자 있는 구매승인서에 의한 금지금 영세율 거래가 많은 문제를 야기하였는바, 이를 시정하기 위하여 2003. 7. 1.부터 조세특례제한법에 의한 '면세금 제도'가 시행된 이후에도 여전히 금지금 유통업체들 사이에서는, 수입한 금지금을 여러 단계의 유통업체를 거쳐 수출할 때까지 유통단계 중간에 이른바 폭탄업체를 끼워 넣어, 폭탄업체의 전단계까지 면세금으로 유통되던 금지금을 폭탄업체가 매출할 때는 10%의 부가가치세 상당액을 추가한 과세금으로 판매한 다음, 단기간 내에 이익금을 현금으로 인출한 뒤 부가가치세를 납부하지 않고 폐업함으로써 국가로 하여금 부가가치세를 징수할 수 없게 만들고, 폭탄업체 이후의 유통업체들은 각 단계에서 세금계산서를 수수하여 매입세액을 공제받다가 최종 단계인 수출업체는 금지금을 영세율로 수출하고 부가가치세를 국가로부터 환급받음으로써 결국 국가는 수출업체에 환급하여 준 부가가치세만큼의 손실을 입고, 이것을 재원으로 하여 금지금 유통업체들과 외국의 금지금 수출입업자들이 이익을 나누어 먹는 방식의 이른바 '폭탄영업'이 행하여져 오고 있는바, 이로 인하여 커다란 사회문제가 야기되고 있다.

성에 있음을 전제로 하고 있다는 취지의 헌법재판소 결정[90]이나, 사기 기타 부정한 행위의 해석과 관련하여 실질적 납세윤리의 위반정도를 주요한 고려사항으로 하고 있는 종래의 판례 경향에도 배치되는 것이다. 따라서 조세범죄에 탄력적으로 대응하기 위해서는 조세의 확정방식이 신고납세방식인지 부과납세방식인지에 관계없이, 조세포탈죄의 성립과 관련하여 윤리적 개념인 부정한 행위를 요구하고 있는 조세포탈죄의 규정형식 등에 비추어 실질적 납세윤리의 위배가 있었는지 여부를 따져 본 후, 그와 같은 맥락에서 조세수입의 감소의 결과가 발생하였는지를 살펴보아야 하는 것이고, 단순히 신고납세방식의 조세에 있어서 신고를 하였다는 사정만으로 그와 같은 신고의 실질적 내용이나 의도를 검토하지 아니한 채 조세포탈의 결과가 발생하지 않았다고 단정하는 것은 부당하다.

이상의 점을 종합하였을 때, 조세포탈죄의 보호법익이 조세채권의 확정만으로 한정된다고 볼 수 없다.

2) 신고납세방식 조세의 본질에 반하는지 여부

위와 같은 해석이 신고납세방식 조세의 본질에 반한다는 논거는 포탈범의 실행행위에 사전소득은닉행위가 포함되느냐 여부에 관한 우리나라의 제한설과 같은 맥락에 서 있는 것으로 보인다. 즉, 제한설을 따를 경우 실행행위를 신고 자체를 중심으로 파악하기 때문에 사전소득은닉행위가 있더라도 이는 준비행위에 불과하여 정당한 신고를 하면 실행행위를 파악할 수 없게 되므로 조세포탈범이 성립하지 아니하는

90) 헌법재판소 1998. 5. 28. 선고 97헌바68 결정(조세범처벌법 제4조 제1항은 조세포탈행위에 대한 벌금형의 병과에 있어서 벌금경합에 관한 형법상의 제한가중규정인 형법 제38조 제1항 제2호의 적용을 배제하도록 규정하고 있다. 그러나 수개의 조세포탈행위에 대한 처벌에 있어서 형법상의 벌금제한가중규정을 준용할 것인가의 문제는 결국 조세포탈죄의 법정형에 관한 문제이고 국가의 입법정책에 속하는 문제로서, 조세포탈범의 처벌에 있어서 그 행위의 반사회성, 반윤리성에 터 잡아 그에 대한 징벌의 강도를 높이기 위해 위와 같이 일부 형법규정의 적용을 배제한 입법자의 의도는 우리의 경제현실이나 사회실정 및 국민의 법감정을 고려할 때 합리적인 것이라 할 수 있고 그것이 형벌체계상의 균형을 잃고 형벌 본래의 목적과 기능을 넘어선 과잉처벌이라고 볼 수 없으므로 위 조세범처벌법 조항은 헌법 제11조의 평등의 원칙이나 헌법 제37조 제2항에서 유래하는 과잉금지의 원칙에 위배된다 할 수 없다).

것으로 해석할 여지가 있게 되는 것이다.[91)]

부과납세방식의 조세에 있어서 납세자에게 신고를 요구하는 경우도 있으나, 이 경우의 신고는 과세관청의 세액결정을 위한 자료조사에 지나지 않는데 반하여 신고납세방식의 조세에 있어서 세액은 납세의무자의 신고에 의해 확정되므로 신고는 법에 의해 부여된 납세자의 의무이며, 납세의 수단이라고 할 것이다. 따라서 신고납세방식의 조세에 있어서 신고가 중요한 의미를 가지고 있다는 점은[92)] 부정하기 어렵다.

그러나 그렇다 하더라도 우리 조세범처벌법은 '사기 기타 부정한 행위로써'라고 규정하고 있으므로, 그 규정형식에 비추어 보았을 때 신고가 갖는 위와 같은 의미를 고려한다고 하여도 사전소득은닉행위의 실행행위성을 무시하는 것은 무리라고 할 것이고,[93)] 이는 앞서 본 판례의 일관된 입장과도 배치되는 것이다. 또한 제한설은 단순 과소신고만으로 포탈죄의 성립을 인정하는 일본 판례의 입장에 근거를 두고 있는 것이나, 우리 판례는 일본과 달리 단순 과소신고의 경우 사기 기타 부정한 행위에 해당하지 않는다고 판시하고 있음에 유의할 필요가 있다.

그리고 신고납세방식의 조세의 경우 사전소득은닉행위와 무신고 또는 과소신고 행위가 "사기 기타 부정한 행위"의 통상적 행위태양으로 기존에 설명되었다는 점만으로 포탈행위의 행위유형이 사전소득은닉행위가 수반된 무신고 및 과소신고 행위에 한정된다고 보는 것은 부당하다. 종래의 조세포탈죄에 관한 논의에서 보았듯이 사안과 같이 조세채권이 정당하게 확정되었음에도 조세포탈죄가 성립하는 경우는 매우 예외적인 것으로서 미리 그 행위유형을 상정하기가 곤란한 면이 있기 때문이다. 즉 조세법의 독자성을 존중한다고 하여도 형사법인 조세범처벌법의 해석에 있어서는 형사정책적 고려를 무시할 수는 없는 것

91) 다만 안대희 대법관은 앞서 본 바와 같이 제한설의 입장에 있으면서도 다수의견에 동참하고 있어 제한설을 취한다고 하여 반드시 무죄설과 같은 입장을 취한다고 보기는 어려운 면도 있다.

92) 그 결과 신고납세방식이 채택되어 있는 조세에 있어서는 '신고'라는 개념을 떠나서는 조세포탈범의 성립을 생각할 수 없다고 하는 견해로는 김용대, 전게논문, 919면.

93) 윤재윤, 전게논문, 332면; 최형기, 전게논문, 446면.

이고 보면, 조세채권의 확정을 불가능하게 하는 행위와 그 징수를 불가능하게 하는 행위는 그 행위의 태양이 전혀 다른 것이다. 특히 조세범처벌법은 사기 기타 부정한 행위로 조세를 포탈한 경우를 처벌한다고 규정하고 있을 뿐이지, 행위유형을 신고에 국한하여 한정하고 있지 않다.

한편, 무죄설은 유죄설이 오로지 징수권의 침해 여부만을 문제 삼는다고 하나, 유죄설의 경우 징수권이 아닌 조세의 완전한 수입에 침해가 있었는지의 여부를 주요한 판단요소로 하고 있다는 점에서 위와 같은 비판은 적절하다고 할 수 없다.

결국, 조세채권의 확정도 조세채권의 실현을 위한 것이므로, 유죄설의 입장이 신고납세방식 조세의 본질에 반한다고 보기는 어렵다.

3) 죄형법정주의 위반 여부

헌법 제12조 및 제13조를 통하여 보장되고 있는 죄형법정주의의 원칙은 범죄와 형벌이 법률로 정하여져야 함을 의미하는 것으로서, 시민의 예측가능성을 보장한다는 자유주의 요청과 어떠한 행위가 범죄로 되는가는 시민의 정통한 대표인 의회만이 결정할 수 있다는 민주주의 요청에서 나온 것이다.[94] 우리 실무에서의 죄형법정주의 원칙은 형벌법규의 구성요건이 명확성의 원칙[95]에 반하여 위헌인지 여부를 판단하는

---

94) 이용식, "형법해석의 방법—형법해석에 있어서 법규구속성과 정당성의 문제", 법학 46권 2호, 36면.

95) 헌법재판소 2007. 5. 31. 선고 2006헌가10 결정.—「헌법 제12조 및 제13조를 통하여 보장되고 있는 죄형법정주의의 원칙은 범죄와 형벌이 법률로 정하여져야 함을 의미하며, 이러한 죄형법정주의에서 파생되는 명확성의 원칙은 법률이 처벌하고자 하는 행위가 무엇이며 그에 대한 형벌이 어떠한 것인지를 누구나 예견할 수 있고, 그에 따라 자신의 행위를 결정할 수 있도록 구성요건을 명확하게 규정할 것을 요구하고 있다(헌재 2000. 6. 29. 선고 98헌가10 결정, 판례집 12-1, 741, 748). 그러므로 형사처벌의 대상이 되는 구성요건은 가능한 한 명백하고 확장할 수 없는 개념을 사용하여 구체적이고 명료하게 규정할 것을 요하고, 만일 범죄의 구성요건이 추상적이거나 모호한 개념으로 이루어지거나 그 적용범위가 너무 광범위하고 포괄적이어서 불명확한 경우에는 국민이 법률에 의하여 금지된 행위가 무엇인가를 알 수 없게 되어 죄형법정주의의 원칙에 위배된다. 구성요건이 어느 정도 특정되어야 명확성의 원칙에 반하지 않는가를 판단함에 있어 우리 재판소는 통상의 판단능력을 가진 사람이 그 의미를 이해할 수 있었는가를 기준으로 하고 있다(헌재 1997. 9. 25. 96헌가16, 판례집 9-2, 312, 322 참조).」

기준이나, 형벌법규 해석의 한계 원리로서 작동하고 있다. 우리 대법원 판례는 이와 관련하여 주로 죄형법정주의에 따른 엄격해석의 원리를 내세우면서, 형벌법규의 해석은 법 규정 문언의 가능한 의미를 벗어나 법 형성이나 법 창조행위에 이르러서는 안 되는 것이라고 하면서, 문언의 가능한 의미 내에서 목적론적 및 체계적 해석은 허용된다는 입장이다.[96] 즉 형벌법규는 문언에 따라 엄격하게 해석·적용하여야 하고 피고인에게 불리한 방향으로 지나치게 확장해석하거나 유추해석 하여서는 아니 되나, 형벌법규의 해석에 있어서도 가능한 문언의 의미 내에서 당해 규정의 입법취지와 목적 등을 고려한 법률체계적 연관성에 따라 그 문언의 논리적 의미를 분명히 밝히는 체계적·논리적 해석방법은 그 규정의 본질적 내용에 가장 접근한 해석을 위한 것으로서 죄형법정주의의 원칙에 부합한다고 판시하고 있다.[97]

한편, 위와 같은 논의는 형사범인 조세포탈죄에 있어서도 그대로 이어지고 있는데, 주로 법문상의 사기 기타 부정한 행위의 해석을 함에 있어 죄형법정주의 원칙, 그 중에서도 특히 구성요건의 보장적 기능을 위한 엄격해석의 원칙이 적용되어야 한다는 것이다.[98] 즉 부정행위의 범위를 넓게 인정할 경우 조세범의 처벌을 통한 조세징수권의 보호에는 도움이 되겠지만 자칫하면 대다수 국민을 잠재적인 범죄인으로 만들 염려가 있고, 이에 따라 형사법으로서의 치명적인 약점을 갖게 될 것이다. 반면에 이를 지나치게 좁게 인정한다면 조세범의 처벌이 약해져서 조세법의 운영에 막대한 어려움을 가져올 수도 있으므로 부정행위의 해석을 함에 있어서는 국민의 조세의식 수준과 국가의 현실적인 재정상황도 고려하여야 할[99] 것이다. 앞서 본 바와 같이 우리 판례가 부정행위의 판단을 위하여 세금의 종류와 실질적 납세윤리의 위반정도

96) 이러한 대법원 입장에 관한 상세는 하태훈, "형벌법규의 해석과 죄형법정원칙—대법원 판례를 중심으로—", 형사판례연구회, 형사판례연구 제11권, 7면 이하 및 허일태, "형법상 해석원칙과 그 한계", 형사판례연구회, 형사판례연구 제13권, 32면 이하 각 참조.

97) 대법원 2007. 6. 14. 선고 2007도2162 판결.

98) 김용대, 전게논문, 907면.

99) 윤재윤, 전게서, 325면.

등과 하나의 고려사항으로 하고 있는 것도 위와 같은 이유에서 기인한 것으로 볼 수 있다.

무죄설은 위와 같은 고려 아래 사기 기타 부정한 행위를 종전의 과세표준 은닉행위라는 관점이 아닌 납세의무자의 책임재산 일반을 감소시키는 부정한 행위로 보고 있어 부정한 행위의 범위가 지나치게 넓어질 위험이 있다고 한다.

그러나 사안의 경우 문제가 되는 것은 조세포탈의 개념을 어떻게 파악할지 여부라 할 것인데, 조세포탈의 의미를 조세의 징수권을 침해하는 것도 포함되는 것으로 해석하는 것이 사회통념에 비추어 보았을 때 자연스러운 해석일 뿐만 아니라 그와 같은 해석이 어의의 가능한 의미를 넘어선 것이라고 할 수 없고, 오히려 조세를 납부할 의사가 전혀 없음에도 불구하고 형식적이나마 과세표준의 신고를 마침으로써 조세의 확정에 지장을 초래하지 않은 경우에 조세포탈죄가 성립하지 않는다고 하는 등으로 조세포탈의 의미를 조세채권의 확정에만 지장이 있을 경우로만 축소하는 내용으로 기술적 해석을 하는 것이 일반인의 법감정에 반하는 것으로 보인다.

또한 우리 판례는 사기 기타 부정한 행위를 해석함에 있어 질서범 내지는 위해범과의 구별을 위하여 '적극성'의 요건을 별도로 요구하고 있을 뿐만 아니라 결과범인 조세포탈죄에 있어 따로 미수범의 처벌규정을 두고 있지 아니하므로, 적극적 행위가 수반되지 아니한 단순한 책임재산 감소행위로서 조세포탈의 결과가 발생하지 아니한 경우까지 처벌이 확대될 위험이 있다고 보기는 어렵다.

4) 기수시기 규정에 반하는지 여부

무죄설의 이 부분 논거는 기수시기에 관한 신고시설과 궤를 같이 하는 것으로 보인다. 그러나 우리 세법이 신고납세방식의 조세에 있어서 신고기한과 자진납부기한을 일치시키고 있다고 하여도, 조세범처벌법은 신고·납부기한이 경과한 때를 기수시기로 정하고 있는바, 논리적 선후관계를 따져보았을 때 신고기한이 도과하기 전에 납부기한이 먼저 도래한다고 볼 수는 없으므로 현행 조세범처벌법은 그 규정형식에 비추어 납기설을 채택하고 있다고 보는 것이 타당하다.[100)]

또한 유죄설을 따르더라도 무죄설이 지적하는 것처럼 납세의무자가 책임재산을 은닉·탈루하여 조세의 징수를 불가능 또는 현저히 곤란하게 한 때 바로 범죄의 기수시기가 도래한 것으로 보아야 하는 것은 아니고, 법률상 기수시기 전에 위와 같은 적극적 행위를 하고, 이를 이용하여 정당한 세액을 납부하지 아니한 채 납부기일을 도과한 부작위를 통하여 조세포탈의 결과가 발생하는 것이므로 유죄설이 조세범처벌법 제9조의3과 모순된다고 보기는 어렵다. 또한 유죄설의 경우에도 신고납세방식의 조세를 포탈한 경우에는 조세범처벌법 제9조의3 제2호에 의하여 그 신고납부기간이 경과한 때에 조세포탈행위의 기수가 된다 할 것이므로, 그 납부기한 후에 포탈세액 일부를 납부하였다 하더라도 이것이 양형 참작사유가 됨은 별론으로 하고, 조세포탈죄의 성립에는 아무런 영향을 미칠 수 없다는 결론에는 영향이 없는 것이다.[101)] 조세포탈죄의 보호법익이 조세채권의 완전한 이행에 있다고 한다면 신고·납부기한이 경과하여야만 범죄가 완성되기 때문이다.

한편, 무죄설은 신고납부기한 전의 준비행위를 언급하고 있으나, 이는 결국 우리나라의 제한설 중 신고납세방식의 조세에 있어서 신고행위만이 실행행위라는 견해를 전제로 하고 있는 것으로 보이나, 앞서 본 바와 같이 부정행위의 실행행위성을 부인할 수 없고, 이는 주류적 입장인 포괄설과도 배치되는 것이다.

5) 형식적 신고의 의미가 불명확한지 여부

무죄설은 신고가 형식적인 것에 불과한 경우가 명확하지 않다고 하면서 사안과 같은 경우 세무행정에 있어서는 정상적인 신고로 처리하고 있음에도 이를 형식적인 신고로 보는 것은 부당하다는 것이다. 그러나 조세포탈죄의 본질이 단순한 행정법규 위반을 넘어 형사범의 체

---

100) 한편, 우리와 달리 따로 기수시기를 법정하고 있지 아니한 일본에서도 통설과 판례는 납기설을 따르고 있음은 앞에서 본 바와 같다.

101) 대법원 1988.2.9. 선고 84도1102 판결, 대법원 2004.5.28. 선고 2004도925 판결 등.

계에 흡수되었다고 보는 이상 납세자의 반사회성 내지는 반윤리성에서 처벌의 이유를 찾아야 할 것이다. 형사법은 행정법규와 그 목적 및 존재이유가 다르다 할 것이어서 조세포탈죄의 기수시기에 이를 때까지 이루어진 행위의 동기 내지 목적, 조세의 징수가 불가능하거나 현저히 곤란하게 된 이유와 경위 및 그 정도 등을 전체적, 객관적, 종합적으로 고찰할 때, 처음부터 조세의 징수를 회피할 목적으로 사기 기타 부정한 행위로써 그 재산의 전부 또는 대부분을 은닉 또는 탈루시킨 채 과세표준만을 신고하여 조세의 정상적인 확정은 가능하게 하면서도 그 전부나 거의 대부분을 징수불가능하게 하는 등으로 과세표준의 신고가 조세를 납부할 의사는 전혀 없이 오로지 조세의 징수를 불가능하게 하거나 현저히 곤란하게 할 의도로 사기 기타 부정한 행위를 하는 일련의 과정에서 형식적으로 이루어진 것이어서 실질에 있어서는 과세표준을 신고하지 아니한 것과 다를 바 없는 것으로 평가될 수 있는 경우라면 조세포탈죄의 성립을 긍정하는 것이 타당하다고 할 것인바 이는 사실인정의 문제라고 할 것이다.

6) 부과과세방식의 조세에 관한 처벌범위가 확장되는지 여부

무죄설은 부과과세방식의 조세에 있어서 처벌범위가 확장될 우려가 있다고 하나, 그간의 대법원 판례는 조세채권의 확정을 불가능하게 하는 행위가 있다하여도 부과과세방식의 조세의 경우 정상적으로 조세채권이 확정된 이상 조세포탈범이 성립되지 않는다는 것으로서, 당해 사안과는 사실관계를 달리하고 있는 것으로 보인다.[102] 즉 확정불가능 유발행위를 하였으나, 확정이 불가능하게 되지 않았다면 조세포탈의 결과가 발생하지 않아 처벌할 수 없음은 유죄설에 따르더라도 마찬가지일 것이고, 사안의 경우는 징수불가능을 유발하는 행위가 있는 경우의

102) 다만 판례는 범칙행위 기수시기의 미도래로 조세포탈죄가 성립되지 아니한 채 미수에 그친 결과가 되었다고 판시하였으나, 이와 같은 경우에 있어 사전소득은닉 행위와 과소신고가 세무직원의 조사에 대한 기망수단으로 작용하였지만 세무직원이 착오에 빠지지 아니하여 포탈결과가 불발생한 것으로 보아야 한다는 견해로는 최형기, 전게논문, 452면.

해석 문제에 국한된다고 할 것이어서 확정불가능에 관한 위와 같은 판례의 입장이 유죄설과 모순된다고 보기는 어렵다.

7) 면탈죄와의 관계

무죄설이 지적하고 있듯이 세액 징수와 관련하여 과세관청에게 세법상 우월적 지위가 부여되어 있음은 사실이다. 그러나 그와 같은 점을 감안한다 하여도 단순히 세금을 미납부한 경우와 같은 징수권에 대한 가벼운 침해와 반윤리적, 반사회적인 적극적 행위가 개입된 징수권에 대한 중대한 침해는 구별하여야 하는 것이다.

또한, 조세범처벌법이 제9조 제1항 소정의 조세포탈죄와는 별도로 제13조 제2호[103]에서 단순 무신고와 과소신고를 처벌하고 있음에도 사기 기타 부정한 행위를 수반한 무신고와 과소신고를 처벌하고 있는 것에서도 알 수 있듯이, 면탈죄를 두고 있다는 이유만으로 조세포탈이 조세채권의 확정에만 한정된다고 해석할 수는 없다.

다만, 징수권을 침해하는 포탈죄의 성립을 인정하기 위해서는 무신고나 과소신고의 경우와 마찬가지로 적극적 행위가 요구된다고 할 것이고, 나아가 징수절차에서의 과세관청이 갖는 우월적 지위를 고려한다면, 세법상 정상적인 신고를 마친 경우에 있어서는 그와 같은 신고를 하였더라도 그것이 현실적인 조세수입의 감소나 국고손실을 초래한다는 의미 밖에는 없는 경우로 한정하여야 할 것이다.

5. 결　　론

종래 대법원은 조세범처벌법 제9조 제1항의 사기 기타 부정한 행위를 조세의 부과와 징수를 불가능하게 하거나 현저히 곤란하게 하는 위계 기타 적극적 행위를 의미한다고 판시하여 오면서 실체적 관점에서 부정행위의 성립여부를 해석하여 왔다.

---

103) 제13조(명령사항위반등) 다음 각호의 1에 해당하는 자는 50만원 이하의 벌금 또는 과료에 처한다.
  2. 법에 의한 신고 또는 고지에 있어서 고의로 이를 태만하거나 허위의 신고 또는 고지를 한 자

대상판결은 위와 같은 맥락에서 조세포탈죄의 보호법익이 조세채권의 확정에만 있지 않고 조세의 적정한 부과·징수를 통한 국가의 조세수입의 확보에 있음을 명확히 하였는데, 이는 특히 신고납세방식의 조세의 경우에 있어서는 다수의견과 별개의견의 대립에서 알 수 있듯이 조세포탈죄 전반에 관한 해석의 차이를 가져오게 된다. 조세채권의 확정은 조세채권의 실현을 도모하기 위한 것이므로 위와 같은 해석은 옳다고 할 것인데, 대상판결은 과세표준을 제대로 신고하는 등으로 조세의 확정에는 아무런 지장을 초래하지 아니하였다 하여도 납세의무자가 조세의 징수를 면하는 것을 목적으로 사기 기타 부정한 행위를 한 다음 이로 인하여 조세의 징수가 불가능 내지는 현저히 곤란하게 된 경우에도 조세포탈의 결과가 발생하였음을 밝힌 데 그 의의가 있다고 할 것이다.

[주 제 어]
조세포탈, 조세징수, 조세수입, 사기 기타 부정한 행위, 죄형법정주의, 보호법익

[Key words]
tax evasion, tax collection, tax revenues, fraud of other wrongful conduct, the principle of the legal principle of Nullum crimen sine lege, interests protected by law.

접수일자: 2008. 4. 20, 심사일자: 2008. 5. 17, 게재확정일자: 2008. 5. 26.

[Abstract]

The Meaning of "Tax Evasion" Provided in Article 9(1) of the Punishment of Tax Evaders Act

Kim, Hee-Chul*

Article 9(1) of the Punishment of Tax Evaders Act ("PTEA") stipulates that any person who evades tax obligations through fraud of other wrongful conduct shall be punished under the PTEA. So far, most of discussions surrounding Article 9(1) of the PTEA were focused on the meaning of "fraud" or "wrongful conduct."

In the case at hand, the focus was on the meaning of "tax evasion." There has been much controversy and debate over this issue. The debate centers on the issue of whether a person who has properly reported the tax base and therefore cannot be said to have interfered with the tax authorities' ability to impose and determine tax liabilities, but instead has hindered the collection of the tax, can be punished under the PTEA. In the recent Supreme Court Decision 2005Do9546 delivered February 15, 2007 the court ruled that even if there was no interference of the imposition or determination of tax, if there was interference of collection of tax, then the conduct should also be punished. The author of this paper fully agrees with the Supreme Court's decision for the following reasons:

First, the legislative purpose of the PTEA is to secure the state's tax revenues as well as realize the spirit of fairness and justice in tax collection. Moreover, although anyone can report tax returns properly, if that person deliberately attempts to avoid the collection of tax, that conduct cannot go unpunished. Tax returns, in the end,

* Judge, Seoul Administrative Court.

serve the purpose of facilitating tax collection. Second, on a practical level, hindrance of the imposition/determination of tax and the hindrance of collection are both unlawful behavior that bring on the same result, and therefore should be treated alike.

In conclusion, the recent Supreme Court decision is significant in that it clarifies the interpretation of "tax evasion" as stipulated in Article 9(1) of the PTEA. More importantly, this interpretation is in accordance with the principle of the legal principle of Nullum crimen sine lege.

2007년도 형법판례 회고

오 영 근*

I. 서 론

2007년 1월 1일부터 12월 31일까지의 대법원 형사판결로서 인터넷 대법원 홈페이지 종합법률정보 사이트[1]에 게재되어 있는 판례는 총 511건으로서 2006년도 294건에 비해 대폭 증가하였다.[2] 이 중 전원합의체 판결은 4건인데 그 중 한 건은 형사소송법에 관한 판결이고(대법원 2007. 11. 15. 선고 2007도3061 전원합의체판결), 형법에 관한 판결은 세 건이었다(대법원 2007. 9. 28. 선고 2007도606 전원합의체판결; 대법원 2007. 4. 19. 선고 2005도7288 전원합의체판결; 대법원 2007. 2. 15. 선고 2005도9546 전원합의체판결).

대법원 2007. 2. 15. 선고 2005도9546 판결은 형사특별법인 조세범처벌법 제9조의 조세포탈죄에 관한 것이고, 대법원 2007. 9. 28. 선고 2007도606 판결은 협박죄의 기수시기에 관한 판결이지만, 종래의 입장을 변경한 것은 아니고 새로이 대법원의 입장을 표시한 것이다. 이에 비해 대법원 2007. 4. 19. 선고 2005도7288 판결은 형사특별법인 특정경제범죄 가중처벌 등에 관한 법률상의 이득액 산정방법에 관한 종래의 입장을 변경한 것이다. 한편 헌법재판소에서는 양벌규정에 관한 위헌결정이 있었다(헌법재판소 2007. 11. 29. 선고 2005헌가10 전원재판부결정).

---

* 한양대학교 법과대학 교수, 법학박사

1) http://glaw.scourt.go.kr/glis/legal__c/SearchListFrame.jsp.

2) 이는 대법원의 형사사건의 수가 증가한 것이라기보다는 인터넷에 더 많은 대법원 판례를 공개하였기 때문이라고 할 수 있다.

이 글에서는 2007년도의 형법판례 중 필자가 임의로 선정한 판결들을 총칙과 각칙으로 나누어 검토하기로 한다.

Ⅱ. 전원합의체판결

1. 대법원 2007. 9. 28. 선고 2007도606 전원합의체판결

(1) 사실관계

경찰서 보안과 소속 경찰관인 피고인은 피해자로부터 돈을 받지 못하고 있는 친구 A의 부탁으로 피해자에게 전화를 걸어 A가 자신의 집안 동생이라고 거짓말을 하면서 "나는 C경찰서 정보과에 근무하는 아무개 형사이다. A가 집안 동생인데 돈을 언제까지 해 줄 것이냐? 빨리 안 해주면 상부에 보고하여 문제를 삼겠다."라고 말하였다.

(2) 판결요지

[다수의견] 협박죄가 성립하려면 고지된 해악의 내용이 행위자와 상대방의 성향, 고지 당시의 주변 상황, 행위자와 상대방 사이의 친숙의 정도 및 지위 등의 상호관계, 제3자에 의한 해악을 고지한 경우에는 그에 포함되거나 암시된 제3자와 행위자 사이의 관계 등 행위 전후의 여러 사정을 종합하여 볼 때에 일반적으로 사람으로 하여금 공포심을 일으키게 하기에 충분한 것이어야 하지만, 상대방이 그에 의하여 현실적으로 공포심을 일으킬 것까지 요구하는 것은 아니며, 그와 같은 정도의 해악을 고지함으로써 상대방이 그 의미를 인식한 이상, 상대방이 현실적으로 공포심을 일으켰는지 여부와 관계없이 그로써 구성요건은 충족되어 협박죄의 기수에 이르는 것으로 해석하여야 한다. … 결국, 협박죄는 사람의 의사결정의 자유를 보호법익으로 하는 위험범이라 봄이 상당하고, 협박죄의 미수범 처벌조항은 해악의 고지가 현실적으로 상대방에게 도달하지 아니한 경우나, 도달은 하였으나 상대방이 이를 지각하지 못하였거나 고지된 해악의 의미를 인식하지 못한 경우 등에 적용될 뿐이다.

[반대의견] 해악의 고지에 의해 현실적으로 공포심을 일으켰는지 여부나 그 정도는 사람마다 다를 수 있다고 하더라도 이를 판단할 수 없다거나 판단을 위한 객관적인 척도나 기준이 존재하지 않는다고 단정할 것은 아니며, 사람이 현실적으로 공포심을 일으켰는지 여부를 판단할 만한 객관적인 기준 및 개별 사건에서 쌍방의 입증과 그에 의하여 인정되는 구체적인 사정 등을 모두 종합하여, 당해 협박행위로 상대방이 현실적으로 공포심을 일으켰다는 점이 증명된다면 협박죄의 기수에 이르렀다고 인정하고, 이에 대한 증명이 부족하거나 오히려 상대방이 현실적으로 공포심을 일으키지 않았다는 점이 증명된다면 협박죄의 미수에 그친 것으로 인정하면 될 것이다. 기수에 이르렀는지에 대한 의문을 해결하기 어렵다고 하여 모든 경우에 기수범으로 처벌하는 것은 오히려 "의심스러울 때는 피고인의 이익으로"라는 법원칙 등 형사법의 일반원칙과도 부합하지 아니하며 형벌과잉의 우려를 낳을 뿐이다. … 결국, 현행 형법의 협박죄는 침해범으로서 일반적으로 사람으로 하여금 공포심을 일으킬 수 있는 정도의 해악의 고지가 상대방에게 도달하여 상대방이 그 의미를 인식하고 나아가 현실적으로 공포심을 일으켰을 때에 비로소 기수에 이르는 것으로 보아야 한다.

(3) 평 석

다수의견보다는 소수의견의 근거가 설득력이 있다고 할 수 있다.[3] 법해석자는 '입법자는 현명하다'라는 원칙에 따라 실정법을 해석해야 하는데, 현행형법이 협박죄의 미수범 처벌규정을 둔 것은 단순히 착수미수만이 아니라 실행미수도 미수범의 범위 안에 포함시키려고 한 것이라고 할 수 있다. 미수범은 착수미수와 실행미수로 나눌 수 있는데, 다수의견과 같은 입장을 취할 경우 협박미수죄는 착수미수만이 인정되고 실행미수는 인정될 수 없다. 그러나 실정형법을 좀 더 의미 있게 해석하는 것이 타당하고, 이를 위해서는 협박죄의 실행미수도 인정해야

3) 이 판결에 대해서는 한국형사판례연구회의 2008년도 2월 발표회에서 하태훈 교수, 3월 발표회에서 김성돈 교수의 평석이 있었다. 두 교수 모두 다수의견보다는 소수의견에 찬성하는 입장으로 보인다.

할 것이다. 또 이 사례에서 협박죄의 미수범을 인정한다고 하여도 피고인의 처벌에 어떤 공백을 초래하는 것도 아니다.

대상판결은 주거침입죄의 기수시기에 대해 통설의 입장인 전부침입설을 거부하고 일부침입설을 취했던 판례(대법원 1995.9.15. 선고 94도2561 판결)와 같은 입장이라고 할 수 있다. 두 판결 모두 형벌권의 범위를 넓히는 입장을 취하고 있기 때문이다. 그러나 의심스러울 때는 형벌권의 범위를 넓히는 해석보다는 좁히는 해석을 하는 것이 형법해석의 원칙이라고 할 수 있다.

관점을 달리 하여, 이 판결에서 피고인이 A의 채권추심 목적으로 협박을 하였으므로, 협박죄가 아닌 공갈죄로 문제 삼았어야 했을 것인데, 이 점에서 검사의 공소제기에 문제가 있었다고 할 수 있다. 공갈죄가 문제되었다면 공갈죄의 기수는 문제되지 않고, 당연히 공갈미수죄가 인정되었을 것이다.

대상판결은 강도죄, 강간죄, 공갈죄, 강요죄 등과 같이 협박죄가 범죄의 일부를 구성하는 범죄와 관련하여 여러 가지 해석상의 문제를 발생시킬 수 있다. 예컨대, 항거불가능의 협박을 하였으나 상대방이 공포심을 느끼지 않은 상태에서 재물을 강취하였을 경우 종래의 통설에 의하면 강도미수죄가 된다. 협박죄가 기수에 이르지 않았고, 이 때문에 협박과 재물강취 사이에 인과관계가 인정되지 않았기 때문이다. 그런데 대상판결에 의하면 해악을 고지하여 상대방에 도달하는 순간 협박죄가 기수에 도달한다. 이 경우 협박죄가 기수에 이르렀고 재물강취도 있었기 때문에 강도기수죄가 된다고 해야 하는지, 아니면 이 경우에도 여전히 협박행위와 재물강취 사이에 인과관계가 없어서 강도미수죄라고 해야 할지 문제이다. 통설이 인과관계를 부정하고 강도미수죄를 인정하는 중요한 근거는 상대방이 공포심을 느끼지 않았다는 데에 있는데, 만약 판례 역시 강도미수죄를 인정한다면 그 근거가 무엇일지 궁금하다. 대상판결이 이러한 문제의식을 가졌는지도 궁금하다.

2. 대법원 2007. 4. 19. 선고 2005도7288 전원합의체판결

(1) 사실관계 및 재판의 경과

피고인은 피해자로부터 시가 16억4,600만원 상당의 대지를 편취하였다. 그런데 그 대지에는 채권최고액 10억2,000만원의 근저당권이 설정되어 있었지만 실제의 피담보채권액은 이미 10억2,000만원을 넘어있었다. 피고인은 특정경제범죄 가중처벌 등에 관한 법률 제3조의 이득액 5억 원 이상의 사기죄로 기소되었다. 항소심인 부산고등법원은 피고인에게 대지시가 16억4,600만원에서 채권최고액 10억2,000만원을 공제한 6억 2,600만원의 이득사기죄의 유죄를 선고하였다(부산고법 2005. 9. 14. 선고 2005노332 판결).

피고인이 채증법칙위반과 이득액 계산에 있어 대지시가에서 채권최고액이 아니라 실제 피담보채권액을 공제해야 한다는 것을 이유로 상고하였다. 대법원 전원합의체는 기망에 의하여 편취한 부동산에 압류등기가 경료되어 있었더라도 그와 같은 사정이 피고인이 편취한 이득액을 그 부동산의 시가보다 감액하여 평가할 사유가 되지 못한다는 취지로 판시한 종래의 입장(대법원 2003. 9. 5. 선고 2003도1859 판결 등)을 변경하고 상고를 기각하였다.

(2) 판결요지

[다수의견] 특정경제범죄 가중처벌 등에 관한 법률(이하에서는 '특경가법'이라 한다) 위반죄에 있어서는 편취한 재물이나 재산상 이익의 가액이 5억원 이상 또는 50억원 이상이라는 것이 범죄구성요건의 일부로 되어 있고 그 가액에 따라 그 죄에 대한 형벌도 가중되어 있으므로, 이를 적용함에 있어서는 편취한 재물이나 재산상 이익의 가액을 엄격하고 신중하게 산정함으로써, 범죄와 형벌 사이에 적정한 균형이 이루어져야 한다는 죄형균형원칙이나 형벌은 책임에 기초하고 그 책임에 비례하여야 한다는 책임주의 원칙이 훼손되지 않도록 유의하여야 한다. …따라서 사람을 기망하여 부동산의 소유권을 이전받거나 제3자로 하여금 이전받게 함으로써 이를 편취한 경우에 특경가법 제3조의 적용을

전제로 하여 그 부동산의 가액을 산정함에 있어서, 그 부동산에 아무런 부담이 없는 때에는 그 부동산의 시가 상당액이 곧 그 가액이라고 볼 것이지만, 그 부동산에 근저당권설정등기가 경료되어 있거나 압류 또는 가압류 등이 이루어져 있는 때에는 특별한 사정이 없는 한 아무런 부담이 없는 상태에서의 그 부동산의 시가 상당액에서 근저당권의 채권최고액 범위 내에서의 피담보채권액, 압류에 걸린 집행채권액, 가압류에 걸린 청구금액 범위 내에서의 피보전채권액 등을 뺀 실제의 교환가치를 그 부동산의 가액으로 보아야 한다.

[대법관 김용담, 김황식, 안대희의 별개의견] 근저당권이 설정되거나 압류·가압류가 이루어진 부동산을 편취하면서 그 피담보채무 등을 인수하여 변제하겠다고 한 것은 그 편취한 재물의 대가지급방법에 불과하다고 보거나 근저당권이나 압류·가압류를 편취한 재물에 붙은 부담이라고 볼 수 있고, 편취한 재물의 실제 교환가치의 파악, 즉 궁극적으로 그와 같은 이득을 실현할 것인지 여부는 사기로 인한 특정경제범죄 가중처벌 등에 관한 법률 위반죄에 있어서도 여전히 범죄의 구성요건이 아니라 양형에 관한 사항이라고 해석하여야 할 것이므로, 특경가법 제3조의 적용을 전제로 한 부동산의 가액도 통상적으로 사용되는 재물의 시장가치, 즉 아무런 부담이 없는 상태에서 그 부동산의 객관적인 시가 상당액을 뜻한다고 보는 것이 문언에 충실한 해석이다. … 따라서 특경가법 제3조 소정의 '이득액'을 산정함에 있어 편취한 부동산에 관하여 압류나 가등기가 경료되어 있다는 사정은 이득액을 부동산의 객관적인 시가보다 감액하여 평가할 사유가 되지 못한다.

[다수의견에 대한 대법관 김능환의 보충의견] 편취한 재물의 가액에 따라 법정형을 달리 규정하고 있는 사기로 인한 특경가법 위반죄에 있어서 편취한 부동산의 실제 교환가치가 얼마인지를 범죄의 구성요건 요소가 아니라 단지 양형에 관한 사항에 불과한 것으로 보려는

별개의견의 견해는 죄형균형원칙이나 책임주의원칙에 어긋나는 과도한 형벌을 과하게 되는 결과를 낳을 우려가 있어 찬성하기 어렵다.

(3) 평 석

특경가법 제3조와 같이 가액에 따라 처벌을 달리 하는 규정은 물가상승에 따라 형벌도 상승하는 형벌인플레이션을 초래하고, 적용과정에서 위법이나 탈법행위를 유발할 가능성이 많고, 단돈 1원 차이로 가중과 불가중이 결정될 수 있다는 등의 문제점이 있다. 따라서 이와 같이 위헌적 성격을 강하게 가진 규정은 엄격하게 해석해야 한다는 다수의견의 입장이 타당하다고 생각된다.

별개의견은 특경가법 제3조의 재물의 가액이란 아무런 부담이 없는 상태에서의 그 부동산의 객관적인 시가 상당액을 뜻한다고 보는 것이 문언에 충실한 해석이라고 하지만, 부담이 있는 부동산과 부담이 없는 부동산의 가액을 동일하다고 하는 것은 가액이라는 문언에 충실하지 않은 해석이라고 할 수 있다.

별개의견은 이득액은 양형규정이라고 하지만, 특경가법 제3조는 이득액에 따라 적용법조를 달리 규정하고 있으므로 이를 양형규정이라고 볼 근거가 없다. 또 설사 양형규정이라고 보더라도 이를 관대하게 해석해야 할 아무런 이유가 없다.

별개의견은 부담을 고려하여 가액을 결정하면 명확성원칙에 반한다고 하지만, 부담을 고려하는 것은 피고인에게 유리한 해석이므로 죄형법정주의에 반하지 않고, 나아가 부담을 평가할 때 피고인에게 유리하게 평가하게 되면 더더욱 죄형법정주의에 반하지 않을 것이다.

이 판결과 관련하여 두 가지 궁금한 것이 있다.

첫째, 항소심판결의 입장은 종래 대법원의 입장과 다르다. 항소심판결이 종래의 판결을 따랐지만 당사자가 상고하여 대법원이 종래의 입장을 변경하는 것은 이해가 가지만, 항소심판결이 종래의 입장과 다른 입장을 취하고, 당사자가 상고하자 대법원이 종래의 입장을 변경하는 것은 잘 이해가 가지 않는다. 이는 항소심 법관들이 소신이 강하다는 의미일 수도 있고, 항소심과 대법원이 이 사건을 두고 어느 정도의 의견교환을 하였다는 의미일 수도 있다. 전자라면 바람직한 것이겠지만, 후자라면 법관의 독립 혹은 재판의 독립과 관련하여 문제가 있을 수도 있다.

둘째, 항소심판결의 입장은 대법원의 종래 입장에 비해 피고인에게 유리한 것이다. 따라서 검사가 상고하는 것은 이해가 가지만, 피고인이 상고한 것은 이해가 가지 않는다. 피고인이 상고를 통하여 얻을 수 있는 이익이 없기 때문이다. 설사 대법원이 종래의 입장을 따라 항소심의 법리오해를 인정한다 하더라도 이는 판결결과에 영향을 미칠 사항은 아니므로 항소심판결의 파기사유가 되지 않는다고 보아야 할 것이다. 피고인이 법해석론을 바로 잡기 위해 상고하였을 리는 없다. 어떤 이유든 피고인이 상고하려고 할 때 변호인은 많은 비용을 들여서라도 상고를 해야 할 가치가 있다는 것을 어떻게 설명하였을지 궁금하다.

3. 헌법재판소 2007. 11. 29. 선고 2005헌가10 전원재판부결정

(1) 사실관계 및 재판의 경과

피고인 甲은 K기공소를 운영하고 있는 사람이다. 그런데 甲의 종업원인 피고인 乙이 치과의사 면허 없이 위 기공소에서 7명에 대해 치과치료를 해주고 그 대가로 합계 320만원을 교부받았다. 피고인 乙은 무면허 치과의료행위를 하여 '보건범죄단속에 관한 특별조치법'(이하 '보건범죄특별법'이라고 한다) 제5조를 위반하였다는 혐의로, 피고인 甲은 동법 제6조의 양벌규정에 따라 기소되었다.

항소심 소송계속 중 서울서부지방법원은 2005. 6. 16. 직권으로 보건범죄특별법 제6조의 양벌규정 중 개인인 업주에 관하여 벌금형 외에 무기 또는 2년 이상의 징역형까지 부과하도록 한 규정이 형벌과 책임간의 비례성의 원칙에 위반된다며 그 위헌 여부의 심판을 제청하였다.

(2) 결정요지

1) 위헌의견

(가) 재판관 이강국, 재판관 김종대, 재판관 민형기, 재판관 목영준의 의견

이 사건 법률조항이 종업원의 업무 관련 무면허의료행위가 있으면 이에 대해 영업주가 비난받을 만한 행위가 있었는지 여부와는 관계없이 자동적으로 영업주도 처벌하도록 규정하고 있고, 그 문언상 명백한 의미와 달리 "종업원의 범죄행위에 대해 영업주의 선임감독상의 과실(기타 영업주의 귀책사유)이 인정되는 경우"라는 요건을 추가하여 해석하는 것은 문리해석의 범위를 넘어서는 것으로서 허용될 수 없으므로, 결국 위 법률조항은 다른 사람의 범죄에 대해 그 책임 유무를 묻지 않고 형벌을 부과함으로써, 법정형에 나아가 판단할 것 없이, 형사법의 기본원리인 '책임 없는 자에게 형벌을 부과할 수 없다'는 책임주의에 반한다.

(나) 재판관 이공현, 재판관 조대현, 재판관 김희옥, 재판관 송두환의 의견

일정한 범죄에 대해 형벌을 부과하는 법률조항이 정당화되기 위해서는 범죄에 대한 귀책사유를 의미하는 책임이 인정되어야 하고, 그 법정형 또한 책임의 정도에 비례하도록 규정되어야 하는데, 이 사건 법률조항은 문언상 종업원의 범죄에 아무런 귀책사유가 없는 영업주에 대해서도 그 처벌가능성을 열어두고 있을 뿐만 아니라, 가사 위 법률조항을 종업원에 대한 선임감독상의 과실 있는 영업주만을 처벌하는 규정으로 보더라도, 과실밖에 없는 영업주를 고의의 본범(종업원)과 동일하게 '무기 또는 2년 이상의 징역형'이라는 법정형으로 처벌하는 것은 그 책임의 정도에 비해 지나치게 무거운 법정형을 규정하는 것이므로, 두 가지 점을 모두 고려하면 형벌에 관한 책임원칙에 반한다.

2) 합헌의견

[재판관 이동흡의 반대의견] 이 사건 법률조항은 문언상 자신의 '업무'에 관하여 종업원의 '위반행위'가 있는 영업주만을 처벌하도록 규

정하고 있으므로, 일관된 대법원 판례와 같이 '영업주의 종업원에 대한 선임감독상의 과실'이 있는 경우에만 처벌하는 것으로 보는 것은 문언해석의 범위 내에서 허용되는 합헌적 법률해석이라 할 것이고, 이를 전제로 할 때에 위 법률조항은 책임주의원칙에 위반되지 아니하며, 국민건강이라는 보호법익의 중대성과 영업주라는 지위에 대한 비난가능성 등에 비추어 보면, 영업주의 선임감독상 과실의 죄책은 직접 행위자와 동등하게 평가될 수도 있는 것이므로, 영업주에게도 종업원과 동일한 법정형을 규정하였다고 하여 입법재량의 한계를 벗어나 책임과 형벌의 비례성원칙에 위반된다고도 볼 수 없다.

(3) 평　　석

대상결정은 보건범죄 단속에 관한 특별조치법(이하에서는 '보건범죄특별법'이라 한다) 제6조의 양벌규정 중 법인의 처벌이 아닌 개인 영업주의 처벌에 대해 위헌을 결정하였고, 양벌규정에 대한 최초의 위헌결정이라는 데에 의의가 있다.

현행법상 양벌규정들 중에는, "다만, 법인 또는 개인의 대리인, 사용인 기타 종업원의 부당행위를 방지하기 위하여 당해 업무에 대하여 상당한 주의와 감독을 한 것이 증명된 때에는 그 법인 또는 개인에 관하여는 예외로 한다."는 단서규정이 있는 것이 있지만, 대다수의 양벌규정들은 " … 행위자를 벌하는 외에 그 법인 또는 개인에 대하여도 동조의 벌금형에 처한다."고 규정하고 있다. 보건범죄특별법 제6조의 양벌규정은 단서규정이 없고, 영업주인 개인이나 법인에 대해서도 벌금형만이 아닌 징역형에 과할 수 있으며, 그것도 행위자와 동일한 징역형에 처할 수 있도록 규정한 점에 특징이 있다.

위헌의견의 두 가지 근거는 양벌규정이 책임주의원칙에 반한다는 것과 과도한 법정형이 규정되어 있다는 것이다. 학계에서 양벌규정이 무과실책임을 인정한 것이라고 하는 견해도 있는 것을 감안한다면, 무과실책임을 인정할 경우 책임주의원칙에 반한다는 것을 분명히 한 대상결정의 태도는 타당하다고 할 수 있다. 또한 양벌규정에 의한 영업주의 책임을 과실책임이라고 해석하는 견해에 의한다면, 과실범인 영업주에 대해 고의범인 행위자에 대한 형벌과 동일한 형벌인 무기 또는 2년 이상의 징역형을 과할 수 있도록 한 것은 과잉금지원칙에 반한다고 할 수 있으므로 대상결정이 이 점을 지적하는 것 역시 타당하다고 할 수 있다.

Ⅲ. 총칙판례

1. 대법원 2007. 8. 23. 선고 2007도4818 판결

(1) 사실관계 및 재판의 경과

피고인은 위력으로 피해자의 자유의사에 반하여 피해자를 간음하여 구 청소년의 성보호에 관한 법률(이하에서는 '청소년성보호법'이라 한다) 제10조 제4항(현행법 제7조 제4항)의 위계·위력에 의한 청소년간음죄를 범하였다는 혐의로 기소되었다. 피고인은 제1심과 항소심인 서울고등법원에서 유죄판결을 받았다(서울고법 2007. 6. 1. 선고 2007노792 판결).

피고인은 구 청소년성보호법 제10조 제4항은 여자청소년에 대한 위계 또는 위력에 의한 간음죄의 법정형을 여자청소년에 대한 강간죄의 그것과 견주어 볼 때 지나치게 높게 규정하여 형법체계상의 균형을 잃고 있다는 이유로 상고하였다.

(2) 판결요지

여자청소년은 성인에 비하여 정신적, 육체적으로 성숙하지 아니한 상태에 있어, 여자청소년에 대하여는 형법상의 강간죄가 요구하는 정도의 폭행·협박을 사용하지 않고 위계 또는 위력만으로도 간음죄를 범할 수 있고, 실제 그러한 범죄가 빈번하게 발생하고 있으며, 실무상 여자 청소년에 대한 간음죄의 구체적인 사안에 있어서 그 간음의 수단이 형법상의 강간죄가 요구하는 정도의 폭행·협박인지, 위계 또는 위력에 불과한지를 구분하기가 쉽지 아니하므로, 위계 또는 위력을 사용하여 여자청소년을 간음한 자를 여자청소년을 강간한 자와 동일하게 처벌하여야 할 형사정책적인 필요성이 있는 점, 위계 또는 위력이란 그 범위가 매우 넓기 때문에 강간죄가 요구하는 정도의 폭행, 협박에 비하여 그 피해가 상대적으로 경미하고 불법의 정도도 낮은 경우가 많지만, 구체적인 사안에 따라서는 강간죄가 요구하는 정도의 폭행, 협박이 사용된 경우보다 죄질이 나쁘고 중대한 경우도 있을 수 있고, 위계 또는 위력에 의한 간음죄라 하여도 범행의 동기와 범행 당시의 정황 및 보호법익에 대한 침해의 정도 등을 고려할 때 강간죄보다 무겁게 처벌하거나 동일하게 처벌하여야 할 필요가 있는 경우도 실무상 흔히 있어 위계 또는 위력에 의한 간음죄를 강간죄에 비하여 가볍게 처벌하는 것이 구체적인 경우에 있어서 오히려 불균형인 처벌결과를 가져올 염려가 없지 않은 점 등을 종합하여 보면, 위계 또는 위력을 사용하여 여자 청소년을 간음한 자에 대한 비난가능성의 정도가 여자청소년을 강간한 자에 비하여 반드시 가볍다고 단정할 수 없으므로, 청소년의 성보호에 관한 법률 제10조 제4항이 위계 또는 위력을 사용하여 여자청소년을 간음한 자에 대한 법정형을 여자청소년을 강간한 자에 대한 법정형과 동일하게 정하였다고 하여 이를 두고 형벌체계상의 균형을 잃은 자의적인 입법이라고 할 수는 없다.

(3) 평　　석

대상판결은 i) 법정형의 결정은 입법자의 광범위한 입법재량 내지 형성의 자유가 인정되어야 할 분야이고, ii) 실무상 여자청소년에 대한 강간죄와 위계·위력에 의한 간음죄를 구별하기 어려우므로 양자를 동일하게 처벌하여야 할 형사정책적인 필요성이 있고, iii) 실무상 위계 또는 위력에 의한 간음죄를 강간죄보다 무겁게 처벌하거나 동일하게 처벌하여야 할 필요가 있는 점 등을 고려하여 보면, iv) 위계·위력에 의한 여자청소년간음죄에 대한 비난가능성이 강간죄에 대한 비난가능성의 정도가 반드시 가벼운 것은 아니라는 것을 이유로 든다.

그러나 i) 입법자가 법정형의 결정을 좀더 신중하도록 촉구해야 할 필요가 있고, ii) 실무상 양자의 구별이 어렵다거나 경우에 따라서는 위계·위력에 의한 간음죄가 강간죄보다 무겁게 처벌해야 할 필요성이 있다는 것은 형법에서 이들을 구별하여 규정하고 있는 것을 무시하는 것이고, iii) 행위자를 고려하지 않는다면 어떤 경우에도 위계·위력에 의한 간음죄가 강간죄보다 비난가능성이 낮다고 해야 하고, iv) 청소년성보호법상의 규정이 위헌이라고 하고 형법상의 위계·위력에 의한 미성년자간음죄로 처벌하여도 형벌이 지나치게 가볍다고 할 수 없는 점을 고려해보면, 청소년성보호법상 위계·위력에 의한 여자청소년간음죄의 법정형은 입법재량의 범위를 일탈한 것이라고 보아야 할 것이다.

특히 새로 제정된 법이 50년 전에 만들어진 법보다 더 세련되지 못하게 법정형을 규정하고 있다는 점을 고려한다면, 청소년성보호법상의 위계·위력에 의한 여자청소년간음죄 규정에 대해서는 법원이 적극적으로 위헌을 선고했어야 했을 것이다.

2. 대법원 2007. 2. 8. 선고 2006도7900 판결[4)]

(1) 사실관계 및 재판의 경과

피고인은 여러 차례에 걸쳐 부녀 또는 13세 미만의 미성년자를 강간하여 상처를 입게 하여 성폭력특별법상의 강간등치상죄, 13세 미만 미성년자강간죄 등의 혐의로 기소되었다. 항소심인 서울고등법원은 범행 당시 피고인에게 소아기호증이라는 정신질환으로 인하여 심신미약상태에 있었다고 판단하였고 이에 검사가 상고하였다. 대법원은 항소심 판결을 파기하고 사건을 서울고등법원으로 환송하였다.

(2) 판결요지

특단의 사정이 없는 한 성격적 결함을 가진 자에 대하여 자신의 충동을 억제하고 법을 준수하도록 요구하는 것이 기대할 수 없는 행위를 요구하는 것이라고는 할 수 없으므로, 사춘기 이전의 소아들을 상대로 한 성행위를 중심으로 성적 흥분을 강하게 일으키는 공상, 성적 충동, 성적 행동이 반복되어 나타나는 소아기호증은 성적인 측면에서의 성격적 결함으로 인하여 나타나는 것으로서, 소아기호증과 같은 질환이

---

4) 이 판결에 대해서는 한국형사판례연구회 2008년 1월 발표회에서 김혜정 교수의 평석이 있었다.

있다는 사정은 그 자체만으로는 형의 감면사유인 심신장애에 해당하지 아니한다고 봄이 상당하고, 다만 그 증상이 매우 심각하여 원래 의미의 정신병이 있는 사람과 동등하다고 평가할 수 있거나, 다른 심신장애사유와 경합된 경우 등에는 심신장애를 인정할 여지가 있으며, 이 경우 심신장애의 인정 여부는 소아기호증의 정도, 범행의 동기 및 원인, 범행의 경위 및 수단과 태양, 범행 전후의 피고인의 행동, 증거인멸 공작의 유무, 범행 및 그 전후의 상황에 관한 기억의 유무 및 정도, 반성의 빛의 유무, 수사 및 공판정에서의 방어 및 변소의 방법과 태도, 소아기호증 발병 전의 피고인의 성격과 그 범죄와의 관련성 유무 및 정도 등을 종합하여 법원이 독자적으로 판단할 수 있다.

(3) 평　　석

대상판결은 항소심의 심리미진을 지적하고 있는데, 이 점은 타당하다고 생각된다. 그러나 대상판결은 다음과 같은 문제점이 있다.

첫째, 대상판결은 제10조 제1항 전단의 생물학적 요소로서의 심신장애라는 개념과 생물학적 요소와 심리적 요소가 모두 갖추어져 형벌감면 등의 사유로 인정되는 심신장애라는 개념을 혼동하여 사용하고 있다. 이를 좀 더 명확하게 구별하여 사용할 필요가 있다.

둘째, 대상판결의 전체적 표현을 보면, 소아기호증이 생물학적 요소를 충족하지만, 심리적 요소를 충족하지 않아 심신미약이 되지 않는다는 취지로 보인다. 그러면서도 대상판결은 정신병 또는 비정상적 정신상태와 같은 정신적 장애가 있다는 생물학적 요소와 사물변별능력 및 의사결정능력이라는 심리적 요소를 거론하면서, 소아기호증이 생물학적 요소에 해당하지 않는 듯한 표현을 하고 있다. 생물학적 요소가 갖추어지지 않았다면 심리적 요소의 존재여부는 검토할 필요도 없기 때문에, 대상판결의 논리가 소아기호증이 생물학적 요소에 해당되지 않는다고 하면서, 심리적 요소를 검토하는 것이라면 이는 앞의 입장과 모순된 것이다.

셋째, 대상판결이 생물학적 요소로 정신병이나 정신적 장애를 언급하면서 소아기호증은 정신병이나 정신적 장애에 속하지 않는다는 듯한 표현을 하고 있다. 이는 생물학적 요소를 정신병 등으로 규정한 독일형법 해석론의 영향을 받은 것이라고 보인다. 우리 형법 제10조 제1항은 심신장애라고 규정하고 있지 정신장애라고 규정하고 있지 않다. 심신장애는 정신장애보다 넓은 개념이다. 애인과 헤어진 사람은 머리가 아픈 것이 아니라 가슴이 아프다. 이를 정신장애라고 할 수는 없어도 심신장애라고 할 수는 있다. 따라서 피고인에게 유리한 개념인 심신장애를 정신장애로 축소해석하는 것은 형법해석의 원칙에 맞지 않다.

3. 대법원 2007. 12. 14. 선고 2005도872 판결

(1) 사실관계 및 재판의 경과

피고인들은 2000. 5. 중순경 MP3 파일 공유를 위한 P2P 프로그램인 '소리바다' 프로그램을 개발하고 서버를 설치, 운영하면서 인터넷 웹사이트를 통하여 위 '소리바다' 프로그램을 무료로 널리 제공하였다. '소리바다' 프로그램이란 그 이용자들이 운영자들을 직접 통하지 않고 프로그램 상에서 서로 MP3를 주고받을 수 있도록 하는 프로그램이다. 즉, 그 서버에 이용자 아이디, 패스워드, 이메일주소, 가입회원의 성별과 나이, 이용자의 인터넷 연결속도, 이용자의 최종접속 IP 주소 등의 접속정보를 보관하고, 이용자들이 서버에 접속하면 그 이용자의 컴퓨터 IP 주소를 송신 받는 즉시 서버에서 보관하던 다른 이용자들의 IP 주소 등 접속정보를 5,000명 정도씩 묶어 제공하는 프로그램이다. 이용자들은 '소리바다'에 접속하여 용이하게 자신이 찾는 음악 MP3 파일을 검색할 수 있고, 나아가 최적의 다운로드 위치를 찾을 수 있어 음악 MP3 파일을 다운로드할 수 있다. 피고인들은 '소리바다' 서버를 설치·운영하면서 매일 한두 번 그 서버에 직접 접속하여 운영상태를 점검하였다.

이로 인해 음반판매에 장애를 받게 된 음반제작자인 피해자 A가 2000. 8.경 한국음반산업협회의 법제이사인 L을 통해 피고인 甲에게 '소리바다' 서비스가 저작권법에 위반되는 것임을 경고하면서 서비스의 중단 내지 보완을 요청하였고, 이후에도 수차례 같은 경고와 요청을 하였다. 그러나 피고인들은 위 '소리바다' 프로그램의 배포와 서버의 운영을 계속하였다.

한편 B, C, D 등은 2000.7.부터, 2001.8.4.경까지 사이에 '소리바다' 서버에 접속하여 다른 이용자들로부터 음악 MP3 파일을 다운로드 받고 나아가 다시 그 파일들을 자신들의 컴퓨터 공유폴더에 담아둠으로써 다른 이용자들이 다운로드받을 수 있도록 하였다.

피고인들은 구 저작권법(2006.12.28. 법률 제8101호로 전문 개정되기 전의 것) 제2조 제14호(현행법 제2조 제22호) 위반죄(복제권 침해행위)의 방조범으로 기소되었다. 항소심인 서울중앙지방법원은 피고인들에게 무죄를 선고하였다(서울중앙지법 2005.1.12. 선고 2003노4296 판결). 이에 검사가 상고하였다. 대법원은 검사의 상고를 받아들여 항소심판결을 파기하고 사건을 서울중앙지방법원 합의부로 환송하였다.

(2) 판결요지

P2P 프로그램을 이용하여 음악파일을 공유하는 행위가 대부분 정당한 허락 없는 음악파일의 복제임을 예견하면서도 MP3 파일 공유를 위한 P2P 프로그램인 소리바다 프로그램을 개발하여 이를 무료로 널리 제공하였으며, 그 서버를 설치·운영하면서 프로그램 이용자들의 접속정보를 서버에 보관하여 다른 이용자에게 제공함으로써 이용자들이 용이하게 음악 MP3 파일을 다운로드 받아 자신의 컴퓨터 공유폴더에 담아 둘 수 있게 하고, 소리바다 서비스가 저작권법에 위배된다는 경고와 서비스 중단 요청을 받고도 이를 계속한 경우, MP3 파일을 다운로드 받은 이용자의 행위는 구 저작권법(2006.12.28. 법률 제8101호로 전문 개정되기 전의 것) 제2조 제14호(현행법 제2조 제22호)의 복제에 해당하고, 소리바다 서비스 운영자의 행위는 구 저작권법상 복제권 침해행위의 방조에 해당한다.

(3) 평　　석

인터넷은 그 성질상 저작권을 침해할 가능성이 큼에도 불구하고 이에 대한 법률들이 정비되지 않은 상태에서 MP3 파일이나 기타 소프트웨어들을 불법복제하는 행위가 만연되고 말았다. 이러한 상황에 익숙해있는 네티즌들에게 위 판결은 거부감을 줄 수 있으나, 정당한 대가를 지급하지 않고 타인의 저작물을 이용하는 행위는 허용될 수 없다는 것을 고려한다면 기존의 불법복제에 익숙해 있는 네티즌들의 태도를 고쳐야 할 것이다. 이런 의미에서 대상판결의 입장은 지극히 타당하다고 생각된다.

피고인들에게 복제행위의 방조범을 인정하는 것도 별 어려움이 없다고 생각된다. '소리바다'의 운영자들인 피고인들은 '소리바다'를 통해 이용자들이 MP3 파일을 다운받고 서로 교환한다는 것을 실시간으로 알 수 있었다. 이 경우 정범이 구체적으로 누구인지 알 수 없다고 하더라도 방조범 성립의 객관적 요건과 주관적 요건을 모두 충족한다고 할 수 있다. 다만, 피고인들이 '소리바다' 프로그램을 설치한 시점이 2000년이어서 2006년 개정 저작권법 시행 이후의 복제행위에 대한 방조가 되는지 문제될 수 있지만, '소리바다' 프로그램을 설치·운영하는 행위는 2000년 1회에 그치는 것이 아니라 계속되는 행위라고 할 수 있으므로 작위이건 부작위이건 2006년 개정 저작권법 시행 이후의 방조행위가 된다고 하는 것에도 어려움이 없다고 할 수 있다. 다만, 공범종속성의 원칙상 방조범이 성립하기 위해서는 정범인 2006년 개정법 시행 이후의 복제행위를 어느 정도 특정하여야 하는데, 2000년에 파일을 복제한 B, C, D의 행위만을 언급하고 있고, 2006년 이후에 복제행위를 한 사람들을 일부라도 특정하지 않은 것은 유감스럽다고 할 수 있다.

4. 대법원 2007. 2. 8. 선고 2006도6196 판결

(1) 판결요지

형법 제62조 제1항 단서 조항이 형의 집행종료나 집행면제 시점을 기준으로 집행유예 결격기간의 종기를 규정하고 있는 만큼, 이를 무시한 채 유예기간이 경과되어 집행가능성이 소멸되었기 때문에 집행종료나 집행면제의 시기를 특정할 수 없게 된 경우까지를 위 단서조항의 요건에 포함된다고 볼 수는 없고, 상고이유의 주장과 같이 집행유예를 선고한 판결의 경우에는 그 유예기간의 장단 및 경과 여부를 불문하고 일률적으로 그 판결의 확정시로부터 3년간이 결격기간으로 되는 것으로 유추해석할 수도 없다. 또한, 이와 달리 집행유예 기간이 경과한 때를 위 결격기간의 종기에 해당하는 것으로 해석하는 것도 같은 이유로 허용될 수 없다 할 것이다. …집행유예 기간 중에 범한 죄에 대하여 형을 선고할 때에, 집행유예의 결격사유를 정하는 형법 제62조 제1항 단서 소정의 요건에 해당하는 경우란, 이미 집행유예가 실효 또는 취소된 경우와 그 선고 시점에 미처 유예기간이 경과하지 아니하여 형선고의 효력이 실효되지 아니한 채로 남아 있는 경우로 국한되고, 집행유예가 실효 또는 취소됨이 없이 유예기간을 경과한 때에는, 형의 선고가 이미 그 효력을 잃게 되어 '금고 이상의 형을 선고'한 경우에 해당한다고 보기 어려울 뿐 아니라, 집행의 가능성이 더 이상 존재하지 아니하여 집행종료나 집행면제의 개념도 상정하기 어려우므로 위 단서 소정의 요건에 해당하지 않는다고 할 것이므로, 집행유예 기간 중에 범한 범죄라고 할지라도 집행유예가 실효 취소됨이 없이 그 유예기간이 경과한 경우에는 이에 대해 다시 집행유예의 선고가 가능하다.

(2) 평　석

현행 형법은 제62조 제1항 단서를 "다만, 금고 이상의 형을 선고한 판결이 확정된 때부터 그 집행을 종료하거나 면제된 후 3년까지의 기간에 범한 죄에 대하여 형을 선고하는 경우에는 그러하지 아니하다."라고 개정하여 집행유예의 결격사유로서의 기간은 5년에서 3년으로 단축하였지만, 그 기간 중에 범한 죄에 대해서는 집행유예가 불가능하다는 점을 조금 더 강하게 표현하였다고 할 수 있다. 또한 대법원 1989. 9. 12. 선고 87도2365 전원합의체판결은 극히 예외적인 경우에만 집행유예 기간 중의 집행유예를 허용하고 있으므로, 원칙적으로는 집행유예가 허용되지 않는다는 입장으로 해석할 수도 있었다.

대상판결은 형법 제62조 제1항 단서를 엄격하게 해석하고, 제65조의 규정을 넓게 해석하고 있다. 전자는 피고인에게 불리한 규정이고, 후자는 피고인에게 유리한 규정임을 고려한다면 대상판결의 입장은 일단 타당하다고 할 수 있다. 또한 과잉범죄화된 우리나라의 상황에서 단순히 집행유예 기간 중에 행한 범죄라고 해서 집행유예가 불가능하다고 하는 것은 피고인에게 가혹한 경우가 많을 것이라는 점을 고려해도 대상판결은 타당하다고 할 수 있다.

다만, 대상판결이 검사의 주장을 유추해석이라고 한 것은 지나치다고 할 수 있다. 유추해석이란 문언의 가능한 의미를 넘어서는 해석이어야 하는데, A 범죄에 대한 집행유예의 확정판결이 선고된 지 3년이 경과되지 않은 것은 제62조 제1항 단서 문언의 가능한 의미를 넘어서는 것이라고 할 수는 없기 때문이다. 아울러 대상판결의 입장에 찬성하지만, 대상판결의 입장이 법을 지켜야 한다는 의식을 약화시킬 수 있고, 전관예우의 도구로 남용될 수도 있는 위험성을 방지할 수 있는 조치도 마련해야 할 것이다.

Ⅳ. 각칙판례

1. 대법원 2007. 6. 29. 선고 2005도3832 판결[5)]

(1) 판결요지

1) 사람의 생명과 신체의 안전을 보호법익으로 하고 있는 형법의 해석으로는 규칙적인 진통을 동반하면서 분만이 개시된 때(소위 진통설 또는 분만개시설)가 사람의 시기라고 봄이 타당하다. 제왕절개수술의 경우 임산부의 상태변화, 의료진의 처치경과 등 제반 사정을 토대로 '의학적으로 제왕절개수술이 가능하였고 규범적으로 수술이 필요하였던 시기'를 사후적으로 판단하여 이를 분만의 시기로 볼 수 있다는 주장이 있으나, '의학적으로 제왕절개수술이 가능하였고 규범적으로 수술이 필

5) 이 판결에 대해서는 황만성 교수가 한국형사판례연구회 2007년 9월 발표회에서 평석한 것이 있다.

요하였던 시기'는 판단하는 사람 및 상황에 따라 다를 수 있어, 분만개시 시점 즉, 사람의 시기도 불명확하게 된다는 점에서 채용하기 어렵다.

2) 현행 형법이 사람에 대한 상해 및 과실치사상의 죄에 관한 규정과는 별도로 태아를 독립된 행위객체로 하는 낙태죄, 부동의 낙태죄, 낙태치상 및 낙태치사의 죄 등에 관한 규정을 두어 포태한 부녀의 자기낙태행위 및 제3자의 부동의 낙태행위, 낙태로 인하여 위 부녀에게 상해 또는 사망에 이르게 한 행위 등에 대하여 처벌하도록 한 점, 과실낙태행위 및 낙태미수행위에 대하여 따로 처벌규정을 두지 아니한 점 등에 비추어보면, 우리 형법은 태아를 임산부 신체의 일부로 보거나, 낙태행위가 임산부의 태아양육, 출산 기능을 침해하는 측면에서 낙태죄와는 별개로 임산부에 대한 상해죄를 구성하는 것으로 보지는 않는다고 해석된다. 따라서 태아를 사망에 이르게 하는 행위가 임산부 신체의 일부를 훼손하는 것이라거나 태아의 사망으로 인하여 그 태아를 양육, 출산하는 임산부의 생리적 기능이 침해되어 임산부에 대한 상해가 된다고 볼 수는 없다.

(2) 평　　석

대상판결의 입장 중 제왕절개수술의 경우 사람의 시기를 '의학적으로 제왕절개수술이 가능하였고 규범적으로 수술이 필요하였던 시기'로 할 수 없다고 하고, 태아를 산모의 신체 일부로 볼 수 없다고 한 입장은 타당하다고 생각된다. 다만, 피고인에게 과실을 인정하면서도 피해자가 제왕절개수술을 받도록 하여 상해를 입게 한 것과 피해자의 과실 사이에 상당인과관계가 없고, 설사 상당인과관계가 없더라도 제왕절개는 의사의 정당행위에 해당하므로 상해에 해당한다고 할 수 없다고 한 앞의 대법원 2004. 3. 26. 선고 2003도6570 판결의 입장을 그대로 수용한 것은 문제가 있다고 할 수 있다.

먼저, 피해자에 대한 제왕절개가 제왕절개를 한 의사에게는 정당행위가 될 수 있다는 점은 분명하지만, 의사에게는 정당행위가 되더라도 피고인에게는 상해행위가 될 수 있다. 따라서 이 사건에서 중요한 것은 피고인의 과실과 피해자의 제왕절개수술에 의한 상해 사이에 인과관계가 인정될 수 있는가이다. 설사 피고인이 주의의무를 다하였더라도 피해자에게 제왕절개수술이 필요하였다면, 피고인의 과실과 피해자의 상해 사이에 상당인과관계를 인정할 수 없다는 것이 판례의 입장이다(대법원 1996. 11. 8. 선고 95도2710 판결; 대법원 1990. 12. 11. 선고 90도694 판결 등). 따라서 이 사건에서 피고인이 주의의무를 다했더라도 제왕절개수술이 필요했다면 피고인의 과실과 피해자의 상해 사이에 인과관계가 인정되지 않을 것이다.

그러나 피고인이 주의의무를 다했더라도 제왕절개수술이 필요했고 이 경우 피해자에게 가해진 수술에 의한 상해의 결과가 피고인이 주의의무를 다하지 않음으로 인해 제왕절개수술을 하여 피해자가 입은 수술에 의한 상해보다 작다면 피고인의 과실과 피해자의 상해 사이에는 인과관계를 인정할 수도 있었을 것이다. 따라서 대상판결이 이러한 점을 분명히 심사하지 않은 것은 문제라고 할 수 있을 것이다.

2. 대법원 2007. 1. 25. 선고 2006도5979 판결

(1) 판결요지

유부녀인 피해자에 대하여 혼인 외 성관계 사실을 폭로하겠다는 등의 내용으로 협박하여 피해자를 간음 또는 추행한 경우에 있어서 그 협박이 강간죄와 강제추행죄에 해당하는 폭행의 정도의 것이었는지 여부에 관하여는, 일반적으로 혼인한 여성에 대하여 정조의 가치를 특히 중시하는 우리 사회의 현실이나 형법상 간통죄로 처벌하는 조항이 있는 사정 등을 감안할 때 혼인 외 성관계 사실의 폭로 자체가 여성의 명예손상, 가족관계의 파탄, 경제적 생활기반의 상실 등 생활상의 이익에 막대한 영향을 미칠 수 있고 경우에 따라서는 간통죄로 처벌받는 신체상의 불이익이 초래될 수도 있으며, 나아가 폭로의 상대방이나 범위 및 방법(예를 들면 인터넷 공개, 가족들에 대한 공개, 자녀들의 학교에 대한 공개 등)에 따라서는 그 심리적 압박의 정도가 심각할 수 있으므로, 단순히 협박의 내용만으로 그 정도를 단정할 수는 없고, 그 밖에도 협박의 경위, 가해자 및 피해자의 신분이나 사회적 지위, 피해자와의 관계, 간음 또는 추행 당시와 그 후의 정황, 그 협박이 피해자에게 미칠 수 있는 심리적 압박의 내용과 정도 등 모든 사정을 종합하여 신중하게 판단하여야 한다.

(2) 평　　석

종래의 판례는 강간죄의 폭행·협박에 대해 항거불가능 또는 항거를 현저히 곤란하게 할 정도여야 한다고 하였고, 이에 대해 여성단체에서는 이렇게 좁게 해석할 이유가 없고 폭행·협박죄에서와 마찬가지의 폭행·협박으로 해석해야 한다고 비판하고 있다. 대상판결과 대법원 2005.7.28. 선고 2005도3071 판결의 입장은 종래 판례의 입장과 여성단체의 입장을 모두 반영하려고 한 것으로 보인다. 즉, 원칙은 종래 판례의 입장을 따르되, 이를 구체적 사건에 적용할 때에는 여성단체의 주장을 받아들여 강간죄의 폭행·협박을 이전보다는 넓게 인정하는 것이다.

그러나 대상판결에는 두 가지 의문점이 있다.

첫째, 대상판결의 사건에서는 피고인에게 공갈죄도 인정하고 있다. 공갈죄와 강도죄는 폭행·협박의 정도에 따라 구별된다. 피고인이 같은 방법으로 협박하여 피해자를 간음하고, 재물도 교부받은 것으로 보인다. 항소심판결은 피고인의 협박이 항거불가능이나 현저한 곤란을 인정하지 않아 강간죄는 무죄, 공갈죄는 유죄로 인정하였다. 그런데 대상판결과 같이 피고인의 협박에 대해 항거불가능 또는 현저한 곤란을 인정하여 강간죄를 인정한다면, 재물을 받은 부분에 대해서도 공갈죄가 아니라 강도죄를 인정해야 하는 것은 아닌가 하는 의문이 있다. 물론 피고인이 공갈죄로 기소되었기 때문에 법원이 강도죄를 인정할 수는 없지만, 앞으로의 사건에서는 검사가 공갈죄가 아니라 강도죄로 기소해야 하는가 하는 것이다.

둘째, 성폭력범죄의 경우 유·무죄는 결국 피고인과 피해자 중 누구를 더 믿느냐에 의해 결정된다. 피고인을 유죄로 인정하기 위해서는 합리적 의심이 없을 정도로 유죄가 입증되어야 한다. 그런데 대상판결의 사실관계에 대한 서술을 보면 피해자 진술의 신뢰성에 대해 약간의 의문이 있다. 피해자는 옛 애인이라고 한 피고인에게 속아 어두운 모텔방에서 우연히 얼굴도 확인하지 못한 상태에서 1회 성관계를 맺었다고 하는데, 피해자는 옛 애인과 아이를 임신까지 할 정도까지의 사이였다. 비록 피고인의 범행수법이 교묘한 것은 사실이지만, 단순히 옛 애인이라는 말에 얼굴도 모르는 상태에서 피고인과 성관계를 맺은 피해자 행위에도 석연치 않은 점이 있다. 피해자에 대한 합리적 의심은 피고인의 유죄에 대한 합리적 의심을 의미한다. 따라서 왜 피고인이 유죄라는 데에 합리적 의심이 없는지 좀더 친절한 설명이 필요할 것이다.

3. 대법원 2007. 3. 15. 선고 2006도9453 판결

(1) 판결요지

미성년자의제강간·강제추행죄를 규정한 형법 제305조가 "13세 미만의 부녀를 간음하거나 13세 미만의 사람에게 추행을 한 자는 제297조, 제298조, 제301조 또는 제301조의2의 예에 의한다."로 되어 있어 강간죄와 강제추행죄의 미수범의 처벌에 관한 형법 제300조를 명시적으로 인용하고 있지 아니하나, 형법 제305조의 입법 취지는 성적으로 미성숙한 13세 미만의 미성년자를 특별히 보호하기 위한 것으로 보이는바 이러한 입법 취지에 비추어 보면 동조에서 규정한 형법 제297조와 제298조의 '예에 의한다'는 의미는 미성년자의제강간·강제추행죄의 처벌에 있어 그 법정형뿐만 아니라 미수범에 관하여도 강간죄와 강제추행죄의 예에 따른다는 취지로 해석되고, 이러한 해석이 형벌법규의 명확성의 원칙에 반하는 것이거나 죄형법정주의에 의하여 금지되는 확장해석이나 유추해석에 해당하는 것으로 볼 수 없다.

(2) 평　　석

1) **하태영 교수의 이의제기**[6)]

하태영 교수는 세 가지 점에서 대상판결에 이의를 제기하였는데, 그것은 다음과 같다.

첫째, 대상판결은 미수범 인정근거로서 형법 제305조의 입법취지가 성적으로 미성숙한 13세 미만의 미성년자를 특별히 보호하기 위한 것이라고 하지만, 이러한 해석은 주관적·역사적 해석이나 객관적·목적적 해석 모두에 부합하지 않는다.

둘째, 대상판결은 제305조의 '제297조의 예에 의한다'는 미수범처벌 여부와 법정형도 제297조 등의 예에 의한다는 의미라고 하는데, 이러한 해석은 언어의 가능한 의미를 넘어서는 유추(해석)에 해당한다.

셋째, 우리 형법의 미수범체계를 분석해 보면, 제305조의 '제297조의 법정형을 따른다'는 의미로 해석해야 하고 미수범을 처벌하는 것까지 포함된다는 의미로 해석할 수는 없다.

2) **대상판결의 평가**

형법 제305조는 입법의 미숙 내지 졸속에 의한 것이라고 할 수 있다. 예를 들어 제300조는 297조에서 제299조 강간죄, 강제추행죄, 의제강간·강제추행죄의 미수범을 처벌하는 것으로 규정하고 있으므로, 제301조 강간등상해죄, 제301조의2 강간등살인죄의 미수범을 처벌할 수 없음은 명백하다. 그런데 제342조는 제337조의 강도상해죄, 제338조의 강도살인죄의 미수범을 처벌하고 있다.

강도상해죄, 강도살인죄의 미수범은 처벌하면서, 강간등상해죄, 강간등살인죄의 미수범은 처벌하지 않는 것은 균형에 맞지 않는 일이고, 입법자도 이를 의도했다고 보기는 어렵다. 그러나 이러한 불균형을 해석에 의해 보완하여 강간등상해죄, 강간등살인죄의 미수범을 처벌할 수 있다고 해석할 수는 없다. 강간등상해죄와 강간등살인죄의 미수범을 처벌하기 위해서는 형법을 개정해야 한다.

---

6) 한국형사판례연구회 2007년 9월 발표회에서 제기한 내용이다.

이러한 관점에서 제305조의 미수범 인정여부를 검토해본다면, 제305조의 미수범을 부정하는 것이 더 타당하다고 생각된다. 그 이유는 다음과 같다.

첫째, 만약 제305조가 "강간죄의 예에 의한다."고 규정하였다면 강간죄의 기수범 뿐만 아니라 미수범이 처벌되므로 미성년자의제강간죄의 미수범도 처벌할 수 있다고 할 수 있다. 그러나 제305조는 "제297조의 예에 의한다."고 규정하고 있다. 강간죄의 미수범은 제300조에 규정되어 있으므로 제297조는 강간죄의 기수범만을 규정한다고 해야 할 것이다. 제305조가 제300조를 언급하고 있지 않으므로 제305조를 "강간죄의 기수범의 예에 의한다."로 해석할 수밖에 없다. 따라서 미성년자의제강간죄의 미수범에 대해서는 강간등상해죄의 미수범, 강간등살인죄의 미수범과 마찬가지로 처벌규정이 없다고 해석해야 할 것이다.

둘째, 주관적·목적론적 해석에 의한다면 입법자는 미성년자의제강간죄의 미수범을 처벌하려고 했다고 보는 것이 온당하기는 할 것 같다. 그러나 제305조를 객관적·목적론적으로 해석하면, 13세 미만의 미성년자의 진지한 촉탁에 의해 간음을 한 경우에도 처벌하는 것은 지나치므로 이를 제한적으로 해석해야 한다고 할 수 있는 여지도 있다. 이 경우 기수에까지 이른 경우는 처벌하더라도, 예를 들어 피고인이 미성년자의 부탁을 들어주기 위해 간음의 실행에 착수하였으나 자의로 혹은 미성년자의 마음이 바뀌어 중지한 경우 굳이 미수범으로 처벌할 필요는 없다고 할 여지도 있다.

3) 바람직한 해결방안

대상판결의 사건에서 피고인을 미성년자의제강간죄의 미수범으로 처벌할 수 없다고 한다면, 제298조의 강제추행죄의 기수범이나 제299조의 사람의 항거불능을 이용한 준강간죄의 미수범으로 처벌하는 것이 가능하리라고 생각된다.

그러나 가장 근본적 해결책은 제305조의 미수범 처벌규정을 신설하는 것이다. 현재 제302조, 제303조 및 제305조의 미수범 처벌규정을 둔

형법 개정법률안이 국회에 제출되어 있지만, 제301조의 강간상해죄, 제301조의2의 강간살인죄의 미수범 처벌규정도 두는 것이 바람직할 것이다.

4. 대법원 2007. 5. 10. 선고 2007도1375 판결

(1) 판결요지

예금주인 현금카드 소유자를 협박하여 그 카드를 갈취하였고, 하자 있는 의사표시이기는 하지만 피해자의 승낙에 의하여 현금카드를 사용할 권한을 부여받아 이를 이용하여 현금을 인출한 이상, 피해자가 그 승낙의 의사표시를 취소하기까지는 현금카드를 적법, 유효하게 사용할 수 있고, 은행의 경우에도 피해자의 지급정지 신청이 없는 한 피해자의 의사에 따라 그의 계산으로 적법하게 예금을 지급할 수밖에 없는 것이므로, 피고인이 피해자로부터 현금카드를 사용한 예금인출의 승낙을 받고 현금카드를 교부받은 행위와 이를 사용하여 현금자동지급기에서 예금을 여러 번 인출한 행위들은 모두 피해자의 예금을 갈취하고자 하는 피고인의 단일하고 계속된 범의 아래에서 이루어진 일련의 행위로서 포괄하여 하나의 공갈죄를 구성한다고 볼 것이지, 현금지급기에서 피해자의 예금을 취득한 행위를 현금지급기 관리자의 의사에 반하여 그가 점유하고 있는 현금을 절취한 것이라 하여 이를 현금카드 갈취행위와 분리하여 따로 절도죄로 처단할 수는 없다. …강도죄는 공갈죄와는 달리 피해자의 반항을 억압할 정도로 강력한 정도의 폭행·협박을 수단으로 재물을 탈취해야 성립하는 것이므로 피해자로부터 현금카드를 강취하였다고 인정되는 경우에는 피해자로부터 현금카드의 사용에 관한 승낙의 의사표시가 있었다고 볼 여지가 없다. 따라서 강취한 현금카드를 사용하여 현금자동지급기에서 현금을 인출한 행위는 피해자의 승낙에 기한 것이라고 할 수 없으므로, 현금자동지급기 관리자의 의사에 반하여 그의 지배를 배제하고 그 현금을 자기의 지배하에 옮겨놓는 것이 되어서 강도죄와는 별도로 절도죄를 구성한다고 할 것이다.

(2) 평　　석

현금카드 자체만을 강취한다는 것은 피고인들에게 아무런 의미가 없다. 현금카드를 강취하는 것은 이를 이용해 현금을 인출한다는 목적을 위한 것이다. 즉, 현금카드의 강취, 비밀번호를 알아내는 것, 현금을 인출하는 것은 개별적으로 고찰해야 할 것이 아니라 폭행, 협박을 통한 현금의 강취라는 일련의 행위의 일부분으로 보아야 할 것이다.

예를 들어 현금카드 아닌 2-3원 정도의 가치밖에 없는 칩을 이용해 현금을 인출하는 기술이 개발된 시기에 칩을 강취한 행위만을 문제삼는다면, 이는 경미한 법익을 침해하는 행위로 강도죄는 성립할 수 없고 폭행·협박죄나 강요죄가 성립할 수 있을 뿐이다. 따라서 현금카드 강취는 재물의 강취보다는 재산상 이익의 강취로서의 의미를 부여해야 할 것이다. 현금카드나 신용카드의 취득이 있으면 이를 사용할 수 있는 재산상 이익을 취득한 것이라고 볼 수 있기 때문이다. 이후 강취한 현금카드로 현금을 인출하는 행위는 불가벌적 사후행위 혹은 이익강도죄에 포괄되는 행위로 보아야 할 것이다.

현금카드를 갈취하여 현금을 인출한 경우에도 현금카드 갈취시에 재산상 이익을 취득한 것으로 보고 현금인출행위는 이익공갈죄에 포괄되는 행위라고 해야 할 것이다. 이렇게 보아야 현금카드를 갈취하건 강취하건 재물 또는 재산상 이익의 취득을 목적으로 하는 현금카드관련 범죄를 통일적으로 파악할 수 있을 것이다.

5. 대법원 2007. 9. 20. 선고 2007도5507 판결

(1) 판결요지

부동산가압류결정을 받아 부동산에 관한 가압류집행까지 마친 자가 그 가압류를 해제하면 소유자는 가압류의 부담이 없는 부동산을 소유하는 이익을 얻게 되므로, 가압류를 해제하는 것 역시 사기죄에서 말하는 재산적 처분행위에 해당하고, 그 이후 가압류의 피보전채권이 존재하지 않는 것으로 밝혀졌다고 하더라도 가압류의 해제로 인한 재산상의 이익이 없었다고 할 수 없다.

(2) 평 석

가압류해제로 피고인이 재산상 이익을 취득한 것인가에 대해 항소심은 피고인이 재산상 이익을 취득한 것이라고 볼 수 없다는 결론의 근거로 가압류권리자가 그 가압류의 효력을 채무자인 피고인이나 제3자에게 주장할 수 없다는 것을 근거로 들고 있다. 그러나 재산상 이익의 취득 여부는 가압류권리자를 기준으로 할 것이 아니라 피고인을 기준으로 해야 할 것이다. 피고인의 입장에서 보면 가압류된 대지와 가압류가 해지된 대지와의 객관적 가치는 다르다고 할 수 있고, 전자의 가치보다는 후자의 가치가 더 크다고 할 수 있으므로 가압류해제를 통해 피고인은 재산상의 이익을 취득한 것이라고 할 수 있다.

이와 같이 대상판결의 결론이 타당하더라도, 대상판결이 재산상 이익의 취득이 있었다고 하는 근거를 좀 더 자세하게 제시하지 않는 것은 유감이라고 할 수 있다.

아울러 피고인에게 사기죄의 유죄를 인정한 대상판결의 입장에는 약간의 문제가 있다고 할 수 있다. 가압류에 의한 피보전채권이 존재하지 않는다고 할 경우 피고인의 입장에서 보면 자신의 대지 위에 부당한 가압류가 행해진 것이라고 할 수 있다. 이는 형법 제21조에 규정되어 있는 '자기의 법익에 대한 현재의 부당한 침해'가 있는 경우라고 볼 여지가 있고, 따라서 피고인의 행위가 사기죄의 구성요건에 해당하더라도 정당방위로 위법성이 조각될 수 있는가를 검토해 보아야 할 필요가 있다. 피고인의 변호인의 입장에서는 파기된 이후의 항소심에서는 이를 주장해 보아야 할 필요가 있을 것이다.

6. 대법원 2007. 3. 15. 선고 2006도2704 판결

(1) 사실관계 및 재판의 경과

피고인은 친할아버지 A 소유의 K농업협동조합 예금통장을 절취한 후 이를 현금자동지급기에 넣고 조작하여 위 농업협동조합 계좌의 예금 잔고 중 57만원을 피고인 명의의 국민은행 계좌로 이체하였다.

피고인은 컴퓨터등 사용사기죄로 기소되었는데, 항소심은 위 범행의 피해자는 피고인의 친할아버지 A라는 이유를 들어, 공소사실을 유죄로 인정한 제1심을 파기하고 친족상도례를 적용하여 피고인에게 형 면제를 선고하였다(광주지법 2006. 4. 5. 선고 2006노347 판결). 이에 검사가 상고하였다.

(2) 판결요지

친척 소유 예금통장을 절취한 자가 그 친척 거래 금융기관에 설치된 현금자동지급기에 예금통장을 넣고 조작하는 방법으로 친척 명의 계좌의 예금 잔고를 자신이 거래하는 다른 금융기관에 개설된 자기 계좌로 이체한 경우, 그 범행으로 인한 피해자는 이체된 예금 상당액의 채무를 이중으로 지급해야 할 위험에 처하게 되는 그 친척 거래 금융기관이라 할 것이고, 거래 약관의 면책 조항이나 채권의 준점유자에 대한 법리 적용 등에 의하여 위와 같은 범행으로 인한 피해가 최종적으로는 예금 명의인인 친척에게 전가될 수 있다고 하여, 자금이체 거래의 직접적인 당사자이자 이중지급 위험의 원칙적인 부담자인 거래 금융기관을 위와 같은 컴퓨터등 사용사기 범행의 피해자에 해당하지 않는다고 볼 수는 없으므로, 위와 같은 경우에는 친족 사이의 범행을 전제로 하는 친족상도례를 적용할 수 없다.

(3) 평 석

대상판결의 입장에는 다음과 같은 문제점이 있다.

첫째, 재산상의 이익 또는 손해가 발생했는가의 여부는 거래 전후에서 재산상 이익과 재산상 손해를 비교산정해야 한다. 피고인이 계좌이체를 함으로써 K농협은 국민은행에 대해 채무를 부담하지만 동시에 A에 대한 채무를 면제받는 것이므로 피고인의 계좌이체를 전후하여 K농협에게 재산상의 손해는 없다고 해야 할 것이다. 대상판결의 사건에서 K농협의 채무부담과 채무면제는 동시에 발생했다고 해야 하지만, 설사 채무부담과 채무면제 사이에 일정한 시간 간격이 있다 하더라도

K농협에 재산상의 손해는 없다고 해야 할 것이다.

둘째, 대상판결의 입장에 의한다면 만약 피고인이 국민은행의 계좌가 아니라 K농협의 계좌로 이체하였을 경우 K농협에 재산상의 손해가 발생하였다고 해야 하는가 문제된다. 이 경우에도 K농협은 A에 대한 예금채무를 면제받지 못하고 피고인에 대한 예금채무는 부담하게 되기 때문이다.

대상판결의 사건에서 국민은행에게 재산상의 손해는 없다고 하는 것이 합리적이라고 생각된다. 설사 민법상으로는 K농협이 A에 대한 예금채무를 여전히 부담한다고 하더라도 형법상으로는 K농협에 재산상 손해는 발생하지 않는다고 해야 할 것이다. 민법의 원리와 형법의 원리가 항상 일치하는 것은 아니기 때문이다.

K농협이 재산상의 손해를 입는 자가 아니라고 해도 K농협의 재산상 이익의 준점유자이고 준점유자와 피고인 사이에 친족관계가 없으므로 여전히 친족상도례가 적용되지 않는다고 할 가능성은 남아있다. 그러나 현금자동지급기, 자동판매기 등에서 점유자의 의사는 일반적인 점유에서의 점유자의 의사와는 구분해야 할 것이다. 현금자동지급기의 경우 관리자의 관심은 인출자들이 비밀번호를 제대로 입력하고 현금을 인출해 가는 것인가 하는 것이지, 인출자가 진정한 권리자인가 아닌가는 관심의 대상이 아니라고 해야 한다. 그렇지 않다면 절취한 동전을 넣고 자동판매기에서 물건을 꺼내 간 경우 편의시설의 관리자의 의사에 반하는 것이 되어 편의시설부정이용죄가 성립한다고 해야 할 것이다. 그러나 편의시설의 경우 그 관리자는 정당한 대가를 제공하고 물건을 꺼내 가는가 하는 것이지, 이용자가 투입하는 돈에 대해 정당한 권리자인가 하는 것은 아닐 것이다. 이러한 원리가 현금자동지급기 등에도 적용되어야 할 것이다.

7. 대법원 2007. 10. 12. 선고 2005도7112 판결

(1) 사실관계

공무원인 피고인은 자신이 담당하는 관공서의 공사계약을 체결하면서 공사업자 A, B, C 등과 적정한 금액 이상으로 계약금액을 부풀려서 계약하고 그만큼 되돌려 받기로 사전에 약속한 다음 공사계약을 체결하고 2002. 7. 23. 600만원, 2002. 8. 23. 800만원, 2003. 4. 2. 1,000만원 등을 공사업자 A, B, C 등으로부터 받았다.

(2) 판결요지

공무원이 관공서에 필요한 공사의 시행이나 물품의 구입을 위하여 수의계약을 체결하면서 해당 공사업자 등으로부터 돈을 수수한 경우, 그 돈의 성격을 공무원의 직무와 관련하여 수수된 뇌물로 볼 것인지, 아니면 적정한 금액보다 과다하게 부풀린 금액으로 계약을 체결하기로 공사업자 등과 사전 약정하여 이를 횡령(국고손실)한 것으로 볼 것인지 여부는, 돈을 공여하고 수수한 당사자들의 의사, 계약의 내용과 성격, 계약금액과 수수한 금액 사이의 비율, 수수한 돈의 액수, 그 계약이행으로 공사업자 등이 얻을 수 있는 적정한 이익, 공사업자 등이 공무원으로부터 공사대금 등을 지급받은 시기와 돈을 공무원에게 교부한 시간적 간격, 공사업자 등이 공무원에게 교부한 돈이 공무원으로부터 지급받은 바로 그 돈인지 여부, 수수한 장소와 방법 등을 종합적으로 고려하여 객관적으로 평가하여 판단해야 한다. …수의계약을 체결하는 공무원이 해당 공사업자와 적정한 금액 이상으로 계약금액을 부풀려서 계약하고 부풀린 금액을 자신이 되돌려 받기로 사전에 약정한 다음 그에 따라 수수한 돈은 그 성격상 뇌물이 아니고 횡령금에 해당한다.

(3) 평 석

대상판결이 피고인에게 뇌물죄가 아닌 횡령죄를 인정한 것은 타당하다고 할 수 있다. 다만 대상판결의 사건에서 피고인에게 횡령죄보다는 배임죄를 인정하는 것이 더욱 간명하다고 생각된다. 대상판결은 '공사업자 등이 공무원에게 교부한 돈이 공무원으로부터 지급받은 바로 그 돈인지 여부'를 고려해야 한다고 한다. 이것이 정확히 무엇을 의미하는지 분명하지는 않지만, 예를 들어 공사업자가 공무원으로부터 받은 1,050만원을 회사의 물품을 사는 데에 사용한 후 다른 방법으로 50만원을 조성하여 공무원에게 지급한 경우 공무원으로부터 교부받은 바로 그 돈을 교부한 것이 아니라고 할 수도 있다(공무원으로부터 받은 돈을 바로 교부하는 경우 보다는 이와 같이 다른 돈으로 교부하는 경우가 더 많을 것이다). 이 경우에는 횡령을 인정하는 데에 어려움이 있을 수도 있을 것이다

그러나 배임죄가 문제되는 경우에는, 공무원으로부터 받은 바로 그 돈을 공사업자가 공무원에게 주었는지는 문제되지 않는다. 어느 경우이든 공무원의 임무위배행위, 공무원의 재산상 이익의 취득, 국가의 재산상 손해발생이 인정될 수 있기 때문이다.

8. 대법원 2007. 3. 29. 선고 2006도9182 판결

(1) 사실관계

세무공무원인 피고인은 A에 대한 세무조사를 하면서 2005. 5. 24. A로부터 다른 금융거래내역에 대한 추가조사 없이 세무조사를 종결해 주면 섭섭지 않게 하겠다는 등의 청탁을 받았다. 피고인은 1,000만원의 뇌물을 달라는 의미로 손가락 하나를 들어보였는데, A는 그것이 1억원이라고 생각하고 1억원과 선물이 든 가방을 피고인에게 주었다.

(2) 판결요지

뇌물을 수수한다는 것은 영득의 의사로 금품을 수수하는 것을 말하므로, 뇌물인지 모르고 이를 수수하였다가 뇌물임을 알고 즉시 반환하거나, 증뢰자가 일방적으로 뇌물을 두고 가므로 후일 기회를 보아 반환할 의사로 어쩔 수 없이 일시 보관하다가 반환하는 등 그 영득의 의사가 없었다고 인정되는 경우라면 뇌물을 수수하였다고 할 수 없겠지만, 피고인이 먼저 뇌물을 요구하여 증뢰자가 제공하는 돈을 받았다면 피고인에게는 받은 돈 전부에 대한 영득의 의사가 인정된다고 하지 않

을 수 없고, 이처럼 영득의 의사로 뇌물을 수령한 이상 그 액수가 피고인이 예상한 것보다 너무 많은 액수여서 후에 이를 반환하였다고 하더라도 뇌물죄의 성립에는 영향이 없다.

(3) 평 석

피고인이 1천만원을 요구하였지만 A가 1억원을 공여하였고 피고인이 이를 1천만원이라고 생각하고 받았다면 형법 제15조 제1항에 의해 1천만원의 뇌물수수죄가 성립하는 것은 당연하다.

다만, 대상판결이 "피고인이 먼저 뇌물을 요구하여 증뢰자가 제공하는 돈을 받았다면 피고인에게는 받은 돈 전부에 대한 영득의 의사가 인정된다고 하지 않을 수 없고"라고 한 부분은 쓸데없는 오해를 일으킬 수 있다고 생각된다. 이 표현을 그대로 받아들이면 뇌물을 요구하지 않고 수수한 경우에는 수뢰자가 인식한 액수 만큼에 대해서만 뇌물수수죄가 성립하지만, 뇌물을 요구하여 수수한 경우에는 수뢰자가 인식하였든 하지 못하였든 전체에 대한 뇌물죄가 성립한다는 의미가 될 수 있기 때문이다.

[주 제 어]
협박죄 기수, 이득액, 양벌규정, 소아기호증

[Key Words]
Criminal Cases in 2007, Supreme Court, Constitutional Court, P2P, Bribery

접수일자: 2008. 4. 23, 심사일자: 2008. 5. 22, 게재확정일자: 2008. 5. 31.

[Abstract]

Review of the Criminal Cases in 2007

Oh, Young-Keun*

In 2007, 511 criminal cases of the Korean Supreme Court are registered on the homepage of the court. 4 cases are decided by the counsel of all judge members, one is on the criminal procedure and the others are on the criminal law. In this paper, I reviewed several cases including two criminal cases by the supreme court counsel of all judge members and 1 case by the constitutional court.

Ⅰ. Cases by the counsel of all judges of the supreme court.

1. Supreme Court 2007. 9. 28. 2007Do606.
   This case is on making distinction between the completion and the attempt of the crime of intimidation.
2. Supreme Court 2004. 4. 19. 2005Do7288.
   This case is on the amount of profit by property crimes.
3. Constitutional Court 2007. 11. 29. 2005Heonga10.
   This case is on the unconstitutionality of the provision that punishes the employer because of the crime by the employee.

Ⅱ. Individual Cases

In this paper, following cases are reviewed.

1. Supreme Court 2007. 8. 23. 2007Do4818.
2. Supreme Court 2007. 2. 8. 2006Do7900.
3. Supreme Court 2007. 12. 14. 2005Do872.
4. Supreme Court 2007. 2. 8. 2006Do6196.

* Professor, College of Law, Hanyang University, Ph.D. in Law.

5. Supreme Court 2007. 6. 29. 2005Do3832.
6. Supreme Court 2007. 1. 25. 2006Do5979.
7. Supreme Court 2007. 3. 15. 2006Do9453.
8. Supreme Court 2007. 5. 10. 2007Do1375.
9. Supreme Court 2007. 9. 20. 2007Do5507.
10. Supreme Court 2007. 3. 15. 2006Do2704.
11. Supreme Court 2007. 10. 12. 2005Do7112.
12. Supreme Court 2007. 3. 29. 2006Do9182.

刑事判例研究 總目次
(1권~16권)

[刑事判例研究(1)]

[刑事判例研究(2)]

[刑事判例研究(3)]

[刑事判例硏究(4)]

[刑事判例研究(5)]

[刑事判例研究(7)]

[刑事判例研究(8)]

[刑事判例硏究(9)]

[刑事判例研究(10)]

정당행위와 사회상규 ························ 최병각
고의의 원인에 있어서 자유로운 행위 ························ 한상훈
이중평가금지와 연결효과에 의한 상상적 경합 ························ 김성돈
상상적 경합의 비교단위 ························ 이승호
소송사기의 가벌성 ························ 안경옥
허위공문서작성죄의 간접정범에 대한 공범의 성립여부
— 예비군훈련확인서 허위작성사건 — ························ 백원기
공연음란죄의 내포와 외연 ························ 조 국
내란죄의 간접정범과 간접정범의 본질 ························ 오영근
해상교통의 주의의무와 특례입법 ························ 이경호
형사소송법상 전문법칙의 예외요소로서의 필요성 ························ 손동권
재전문증거의 증거능력
— 특히 피고인의 진술을 내용으로 하는 진술조서의 경우 — ··· 신양균
불법감청에 의한 대화녹음테이프의 증거능력 ························ 원혜욱
일부상소와 심판의 대상 ························ 박기석
사건의 병합과 불이익변경금지의 원칙 ························ 임동규
2001년의 형사판례 회고 ························ 이재상

[刑事判例研究(11)]
형벌법규의 해석과 죄형법정원칙
— 대법원 판례를 중심으로 — ························ 하태훈
인과관계판단과 과실판단의 분리 ························ 김성돈
법률의 부지의 형법해석학적 문제점 ························ 김영환
공동자 중 1인의 실행착수 이전 범행이탈
— 공동정범의 처벌한계 — ························ 이용식
대향범 중 불가벌적 대향자에 대한 공범규정 적용 ························ 조 국
신용카드를 이용한 현금자동인출기 사용행위의 형사책임 ·········· 김대웅

타인 명의를 모용·발급받은 신용카드를 이용한
현금인출행위와 컴퓨터 등 사용사기죄 ······ 안경옥
사기죄와 처분의사 ······ 김재봉
편의시설부정이용죄의 본질과 전화카드의 문서성 ······ 박상기
명의신탁부동산 처분행위의 형사책임 ······ 천진호
누락사건에 대한 추가기소에서 공소권남용의 판단기준 ······ 김혜정
포괄일죄의 일부에 대한 추가기소와 확정판결에 의한
전후사건의 분리 ······ 박광민
공소장변경과 법원의 심판범위 ······ 오경식
공소장변경과 공소시효완성 ······ 임동규
범죄인지서 작성 전에 행한 피의자 신문조서의 증거능력
— 인지의 개념과 시기 — ······ 이완규
공범자인 공동피고인의 진술을 내용으로 하는 전문증거 ······ 김대휘
공범자의 법정외 진술의 증거능력과 자백의 보강법칙
— 공범자의 법정외 진술에 대한 제314조 및
제310조의 적용 여부 — ······ 서보학
사인에 의한 비밀녹음테이프의 증거능력 ······ 박미숙
유전자감정결과의 증거능력과 증명력 ······ 원혜욱
압수절차가 위법한 압수물의 증거능력 ······ 이완규
자백거부와 선고유예 및 '개전의 정상'에 관한
상고심의 대상 여부 ······ 허일태
음주운전죄에 있어서 혈중알코올농도와 위드마크 공식 ······ 김우진
적성검사 미필로 인한 운전면허 취소 공고와 도로교통법
위반(무면허운전)죄의 성립 여부 ······ 여훈구
'청소년의 성을 사는 행위'와 '위계에 의한
청소년간음행위'의 구별 ······ 한영수
국회에서의증언·감정등에관한법률상 증인의 출석의무와
형사책임 ······ 김정원

[刑事判例研究(12)]

도주운전죄와 원인에 있어서 자유로운 행위 ………………………… 김성돈

분업적 의료행위에서 형사상 과실책임 ………………………… 전지연

기능적 범행지배의 의미 ………………………… 하태훈

부진정부작위범의 정범표지

— 보증인의 부작위 — ………………………… 김성룡

결과적 가중범의 공범 인정 여부

— 상해치사죄의 교사범 — ………………………… 조상제

생명 침해범에 대한 양형

— 대법원 2002. 2. 8. 선고, 2001도6425 판결을

중심으로 — ………………………… 윤병철

몰수와 비례원칙 ………………………… 이상원

선고유예의 요건으로서 '개전의 정상이 현저한 때' ………………………… 오영근

공무상 표시무효죄와 착오 ………………………… 박상기

배임수증재죄의 부정한 청탁

— 유형화의 시도 — ………………………… 신용석

위탁금전의 소비와 형법상 고유한 소유권개념 ………………………… 허일태

사기죄에 있어서 재산처분행위와 소취하 ………………………… 천진호

검사의 지위와 객관의무 ………………………… 이완규

친고죄에서의 일부기소 ………………………… 손동권

기소전 체포·구속적부심사단계에서의 수사기록열람·

등사청구권 ………………………… 조 국

참고인의 허위진술과 범인도피죄 ………………………… 이승련

판결 확정후 누락사건의 추가기소에 대한 공소권남용

적용론에 대한 평가 ………………………… 이완규

전문진술이 기재된 조서의 증거능력 ………………………… 박수희

선고유예의 요건판단과 상고이유 ………………………… 박미숙

범칙행위와 일사부재리의 효력 ………………………… 임동규

재심의 이유로서 증거의 신규성과 명백성에 관하여 ………………… 백원기
선거법위반과 사회상규에 반하지 않는 행위 …………………………… 김대휘
인터넷상 음란정보 전시 및 링크의 형사책임 ………………………… 정현미
2003년 형사판례 회고 …………………………………………………… 박상기
〈특별기고〉
국제인도법의 최근 동향
　— ICTY의 소개를 중심으로 — ……………………………………… 권오곤

[刑事判例研究(13)]
법령의 개폐와 형법 제1조 제2항의 적용 ……………………………… 서보학
형법상 해석원칙과 그 한계 …………………………………………… 허일태
범죄유형별 인과관계판단과 직접성 …………………………………… 김성돈
결과적 가중범에서 기본범죄가 미수인 경우의 법해석 …………… 변종필
부작위범에서 정범과 공범의 구별 …………………………………… 전지연
치료행위중단에 있어서 작위와 부작위의 구별 ……………………… 김성룡
사회상규의 의미와 정당행위의 포섭범위
　— 체벌의 허용요건과 정당행위 — ………………………………… 이인영
형법개정에 따른 경합범의 양형 ……………………………………… 최병각
집행유예기간이 경과한 자에 대한 선고유예 ………………………… 한영수
명예훼손죄의 '공연성' 해석의 재검토 ………………………………… 안경옥
기간부신용공여와 재산상 이익 ………………………………………… 이완규
재물죄(절도죄)에서의 사자점유(?)와 불법영득의 의사 …………… 손동권
업무상 배임죄와 경영판단 ……………………………………………… 이규훈
타인명의예금 인출행위의 형사책임과 장물죄 ……………………… 천진호
직권남용죄에 있어서의 주체와 직권남용의 의미 …………………… 이민걸
인·허가 행정관청을 상대로 한 위계에 의한 공무집행방해죄의
　성부와 논지의 확장 …………………………………………………… 황병주
위조범죄의 보호법익으로서 '공공의 신용'과 복사물 ………………… 류전철

비신분자에 의한 허위공문서작성죄의 간접정범 ························· 김태명
팝업(Pop-Up) 광고와 상표권침해죄 및 부정경쟁방지법
  위반죄 ··· 김기영
신체구속되지 않은 피의자신문시 변호인참여권의 확대인정 ······ 조 국
형사판결의 정정 ··· 최길수
2004년 형사판례 회고 ·· 박상기

[刑事判例硏究(14)]

착수미수와 실행미수의 구별 ·· 정현미
상습범의 죄수와 기판력이 미치는 범위 ······································ 박광민
낙태와 살인
  — 대법원 2005. 4. 15. 선고 2003도2780 판결 — ······················ 전지연
강간죄의 구성요건으로서의 폭행·협박의 정도 ·························· 윤승은
준강도죄의 기수 및 미수의 판단기준 ··· 이천현
사기죄에 관한 대법원판례의 소극적 기망행위와 관련한
  몇 가지 문제점 ·· 김성룡
횡령죄에 있어서의 위탁관계 ·· 원혜욱
소송계속 이후에 검사가 법원에 제출하지 않은 서류나
  증거물에 대하여도 열람·등사권을 인정할 수 있는가 ··········· 백원기
유아(幼兒)의 증언능력 유무의 판단기준 ·· 여훈구
검사작성의 피의자신문조서와 참고인진술조서의 증거능력 ········ 하태훈
조서의 증거능력과 진정성립의 개념 ·· 이완규
형사증거법상 '공범인 공동피고인'의 범위 ··································· 임동규
형의 양정이 심히 부당하다고 인정할 현저한 사유가 있는
  때에 관한 연구 ·· 이상철
성폭력범죄에 있어서 '항거불능인 상태'의 의미 ························· 김혜정
인터넷 홈페이지의 상담게시판을 이용한 낙태 관련 상담과
  구 의료법 제25조 제3항의 '유인' 해당 여부 ··························· 최동렬

노동조합및노동관계조정법상 안전보호시설과 명확성원칙 ········· 이상원
무면허 의료행위에 있어서의 의료행위의 개념 ··························· 황만성
2005년도 형법판례 회고 ··· 오영근

[刑事判例研究(15)]

부진정결과적 가중범의 성립범위와 죄수 ·································· 김성룡
예방적 정당방위의 성립가능성 ·· 김혜경
경찰관의 무기사용에 대한 정당방위의 성립여부 ························ 김태명
승계적 종범의 성립범위 ··· 이용식
음란물에 대한 형사규제의 정당성 및 합리성 검토 ···················· 주승희
형법 제310조의 적용범위 ··· 권오걸
경영판단과 배임죄의 성부 ·· 박미숙
배임행위의 거래상대방의 형사책임 ··· 신양균
긴급체포의 전(前)단계로 남용되는 불법적 임의수사에 대한
통제 ··· 조 국
마약투약사범에 대한 공소사실 특정 ·· 남성민
위법수집 증거물의 증거능력 ·· 안성수
공판중심주의와 참고인진술조서 ·· 최병각
사법경찰관작성 피의자신문조서와 탄핵증거 ····························· 이완규
피의자의 진술을 내용으로 하는 사법경찰관의 진술의
증거능력 ·· 금태섭
아동전문 인터뷰어와 성추행피해아동의 인터뷰 진술녹화
비디오테이프의 증거능력과 증명력 ··· 심희기
상소권회복제도의 몇 가지 문제점 ··· 천진호
공시송달과 상소권회복청구 ·· 김정원
항소이유서 미제출과 직권조사사유 ··· 김우진
2006년도 형법판례 회고 ··· 오영근

[刑事判例研究(16)]

과잉방위와 오상과잉방위 ······ 정현미
소아성기호증과 책임판단 문제 ······ 김혜정
하나의 자유형에 대한 일부집행유예 ······ 이천현
협박죄의 범죄구성요건 유형 ······ 하태훈
업무방해죄에서 업무의 개념과 범위 ······ 변종필
강도죄와 절도죄의 경합 ······ 한영수
위임범위를 초과한 타인의 현금카드사용 현금인출의
형사적 죄책 ······ 조 국
위임범위를 초과한 현금인출행위의 형사법적 죄책 ······ 김성룡
타인명의 신용카드 부정사용행위에 대한 죄수판단 ······ 김태명
진술거부권과 진술거부권 불고지의 효과 ······ 안성수
피의자의 방어권보장 및 증거보전을 이유로 한
구속영장기각결정의 문제점 ······ 이선욱
압수수색영장청구 분리기각결정에 관한 고찰 ······ 류장만
사인작성 컴퓨터문서의 진정성립 입증과 증거능력 ······ 이완규
위법수집증거물의 증거능력 ······ 전주혜
해외주재 영사작성 진술기재서면의 성질과 증거능력 ······ 이완규
피고인 제출증거의 증거능력과 증거조사 ······ 신용석
특별누범의 처단 ······ 김대휘
조세범처벌법 제9조 제1항의 '조세포탈'의 의미 ······ 김희철
2007년도 형법판례 회고 ······ 오영근

한국형사판례연구회 2007년도 발표회

○ 第178회 (2007. 1. 8)

안성수 검사: 위법수집증거물의 증거능력

신양균 교수: 배임행위의 상대방의 형사책임

○ 第179회 (2007. 2. 3-4)

천진호 교수: 상소권회복제도의 몇 가지 문제점

최병각 교수: 공판중심주의와 참고인진술조서

○ 第180회 (2007. 3. 5)

김대휘 판사: 특별누범의 처단

조　국 교수: 위임범위를 초과한 타인의 현금카드 사용 현금인출의 형사적 죄책

○ 第181회 (2007. 4. 2)

정승환 교수: 검사작성 피의자신문조서의 증거능력과 특신상태

정현미 교수: 과잉방위의 적용범위

○ 第182회 (2007. 5. 7)

김태명 교수: 타인명의를 모용하여 발급받은 신용카드 부정사용 행위의 죄수판단

이천현 박사: 하나의 자유형에 대한 일부 집행유예

○ 第183회 (2007. 6. 4)

이완규 검사: 사인작성 진술서의 진정성립 입증과 증거능력

김성룡 교수: 컴퓨터사용사기죄 등에서의 재물과 재산상 이익의 의미

○ 第184회 (2007.7.2)

한영수 교수: 강도죄와 절도죄의 경합

—현금카드 강취 후 현금자동지급기에서 현금을 인출하는 행위—

신용석 판사: 피고인 제출 증거의 증거능력과 증거조사

○ 第185회 (2007.8.6)

황만성 박사: 제왕절개수술의 경우 사람의 시기와 낙태행위로 인한 임산부의 상해죄 성립여부

김희철 판사: 조세범처벌법 제9조 제1항에서 말하는 '조세포탈'의 의미

○ 第186회 (2007.9.3)

유장만 검사: 압수·수색영장의 분리기각결정의 문제점

하태영 교수: 미성년자의제강간 강제추행죄의 미수범이 가능한가

○ 第187회 (2007.10.8)

이완규 검사: 외국주재 영사작성 진술기재서면의 증거능력

황태정 교수: 전자기록 부정행사의 형사책임

○ 第188회 (2007.11.5)

이선욱 검사: 피의자의 방어권 보장 등을 이유로 한 구속영장 기각의 타당 여부

안경옥 교수: 부작위 방조범 처벌 위한 객관적 귀속과 고의의 내용

—인터넷 서비스 제공자의 형사처벌과 관련하여—

○ 第189회 (2007.12.10)

안성수 검사: 피의자의 진술거부권

변종필 교수: 업무방해죄에서 업무의 개념과 범위

한국형사판례연구회 회칙

1997. 11. 03. 제정

2006. 12. 04. 개정

2007. 12. 10. 개정

제 1 장 총 칙

제 1 조 [명칭]

본회는 한국형사판례연구회(이하 '본회'라 함)라 한다.

제 2 조 [주소지]

본회는 서울특별시에 주소지를 둔다.

제 3 조 [목적]

본회는 형사판례를 연구하고 회원 상호간의 의견교환을 장려·촉진·지원함으로써 형사법학 및 형사판례의 발전을 도모함을 목적으로 한다.

제 4 조 [사업]

본회는 전조의 목적을 달성하기 위하여 다음의 사업을 한다.

1. 형사판례연구
2. 월례연구발표회 및 토론회 개최
3. 학술지 '형사판례연구' 및 기타 간행물의 발간
4. 기타 본회의 목적에 적합한 사업

제 2 장 회 원

제 5 조 [회원]

본회의 회원은 본회의 목적에 찬동하는 자로서, 다음 각 호에 따라 구성한다.

1. 정회원은 판사, 검사, 변호사, 대학의 전임강사 이상의 자, 박사학

위 소지자 기타 이와 동등한 자격을 갖추었다고 인정되는 자로서 정회원 3인 이상의 추천과 이사회의 승인을 얻은 자로 한다.

2. 준회원은 대학원 박사과정 이상의 연구기관에서 형사법학 및 유관 분야를 연구하는 자로서 정회원 1인 이상의 추천과 이사회의 승인을 얻은 자로 한다.
3. 기관회원은 대학도서관 기타 형사법학을 연구하는 유관기관으로 정회원 3인 이상의 추천과 이사회의 승인을 얻은 기관으로 한다.

제 6 조 [권리의무]

회원은 본회의 각종 사업에 참여할 수 있는 권리를 가지며 회칙준수, 총회와 이사회 의결사항의 이행 및 회비납부의 의무를 진다.

제 7 조 [자격상실]

회원 중 본회의 목적에 위배되거나 품위를 손상시키는 행위를 한 자는 이사회의 결의에 의하여 제명할 수 있다.

제 3 장 총 회

제 8 조 [종류와 소집]

① 총회는 정기총회와 임시총회로 하고, 회장이 이를 소집한다.

② 정기총회는 매년 하반기 중에 소집함을 원칙으로 한다.

③ 임시총회는 회장이 필요하다고 인정하거나, 이사회의 의결이 있거나, 재적회원 2/5 이상의 요구가 있을 때에 소집한다.

④ 총회의 소집은 적어도 회의 7일 전에 회의의 목적을 명시하여 회원들에게 통지하여야 한다. 다만 긴급하다고 인정되는 사유가 있는 때에는 예외로 한다.

제 9 조 [권한]

총회의 의결사항은 다음과 같다.

1. 회칙의 제정 및 개정에 관한 사항
2. 회장·부회장 및 감사의 선임에 관한 사항
3. 예산 및 결산의 승인에 관한 사항

4. 기타 회장이 이사회의 의결을 거쳐 회부한 사항

제10조 [의결]

총회의 의결은 출석회원 과반수의 찬성으로 한다.

제4장 이 사 회

제11조 [구성 및 소집]

① 이사회는 회장, 부회장 및 이사로 구성한다.

② 회장·부회장은 당연직 이사로서, 각각 이사회의 의장·부의장이 된다.

③ 이사회는 회장이 필요하다고 인정하거나 이사 3인 이상의 요구가 있을 때에 회장이 소집한다.

제12조 [권한]

이사회는 다음 사항을 심의·의결한다.

1. 사업계획에 관한 사항
2. 재산의 취득·관리·처분에 관한 사항
3. 총회의 소집과 총회에 회부할 의안에 관한 사항
4. 총회가 위임한 사항
5. 기타 회장이 회부한 본회 운영에 관한 중요사항

제13조 [의결]

이사회의 의결은 재적이사 과반수의 출석과 출석이사 과반수의 찬성으로 한다.

제14조 [상임이사회]

① 회장은 이사회의 효과적인 운영을 위하여 이사 중에서 총무, 연구, 연구윤리, 출판, 섭외, 재무, 법제, 홍보의 업무를 전담할 상임이사를 위촉할 수 있다.

② 상임이사회는 회장, 부회장, 상임이사로 구성한다.

③ 회장은 상임이사회를 소집하고 그 의장이 된다.

④ 이사회는 필요하다고 인정되는 경우에는 그 권한을 상임이사회에 위임할 수 있으며, 회장은 긴급하다고 인정되는 사유가 있는 경우에

는 이사회의 권한을 상임이사회로 하여금 대행하게 할 수 있다.

⑤ 상임이사회의 의결은 재적상임이사 과반수의 출석과 출석상임이사 과반수의 찬성에 의한다.

제5장 임 원

제15조 [종류]

본회에 다음의 임원을 둔다.

1. 회장 1인
2. 부회장 2인
3. 이사 5인 이상 40인 이내
4. 감사 2인

제16조 [임원의 선임]

① 회장은 부회장 및 상임이사 중에서 이사회의 추천을 받아 총회에서 선임한다.

② 부회장은 이사 중에서 이사회의 추천을 받아 총회에서 선임한다.

③ 이사는 회장의 추천을 받아 총회에서 선임한다.

④ 감사는 이사회의 추천을 받아 총회에서 선임한다.

제17조 [임원의 직무]

① 회장은 본회를 대표하고 회무 전반을 관장한다.

② 부회장은 회장을 보좌하고, 회장 유고시에 그 직무를 대행한다.

③ 이사는 이사회의 구성원으로서 중요 회무를 심의 · 의결한다.

④ 감사는 본회의 사업과 회계를 감사하여 정기총회에 보고한다.

제18조 [임원의 임기]

① 임원의 임기는 2년으로 하되 중임할 수 있다.

② 임원이 궐위된 때의 후임자의 임기는 전임자의 잔임기간으로 한다.

제19조 [고문]

① 본회의 발전을 위하여 약간 명의 고문을 둘 수 있다.

② 고문은 이사회의 의결을 거쳐 회장이 위촉한다.

제20조 [간사]

① 회장의 명을 받아 회무를 처리하기 위하여 간사 약간 명을 둘 수 있다.

② 간사는 회장이 임명한다.

제21조 [위원회]

① 본회에 편집위원회와 연구윤리위원회를 둔다.

② 본회 사업의 효율적인 추진을 위하여 이사회의 의결을 거쳐 필요한 분과위원회를 둘 수 있다.

제6장 재 무

제22조 [재정]

① 이 회의 재정은 회원의 회비, 기부금, 보조금 및 기타 수입으로 한다.

② 회비의 액수는 이사회가 정한다.

제23조 [예산과 결산]

재정에 관한 수입과 지출은 매년도마다 예산으로 편성하여 총회의 결의를 얻어야 하고 결산은 다음 연도 총회에 보고하여야 한다.

부칙(1997. 11. 03.)

제 1 조

발기인 및 발기인 3인 이상의 추천을 받아 이 회의 회원이 되기를 승낙한 자는 제5조 제2항의 규정에 불구하고 회원이 된다.

부칙(2006. 12. 04.)

제 1 조 [시행일]

이 회칙은 이사회의 승인이 있은 날부터 시행한다.

부칙(2007. 12. 10.)

제 1 조 [시행일]

이 회칙은 이사회의 승인이 있은 날부터 시행한다.

한국형사판례연구회 편집위원회 규정

1997. 11. 03. 제정

2006. 12. 04. 개정

2007. 12. 10. 개정

제 1 조 [목적]

이 규정은 한국형사판례연구회(이하 '본회'라 함) 회칙 제4조 제3호에 규정된 학술지 기타 간행물의 발간을 위한 편집위원회(이하 '위원회'라 함)의 구성과 운영에 관한 사항을 정함을 목적으로 한다.

제 2 조 [구성]

위원회는 편집위원장을 포함한 10인 이내의 편집위원으로 구성한다.

제 3 조 [편집위원의 선임 및 임기]

① 편집위원장은 본회의 출판담당 상임이사로 한다.

② 편집위원은 본회의 회원 중에서 이사회가 선임한다.

③ 편집위원의 임기는 1년으로 하되, 연임할 수 있다.

제 4 조 [업무]

위원회의 주요업무는 다음 각 호와 같다.

1. 본회의 학술지 '형사판례연구'의 편집 및 출판
2. '형사판례연구' 원고의 접수 및 게재여부 심사
3. 기타 간행물의 편집 및 출판
4. 편집위원회의 업무와 관련된 지침의 제정

제 5 조 [운영]

① 이 위원회는 위원장 또는 편집위원 과반수의 요구가 있는 경우에 위원장이 소집한다.

② 이 위원회의 의결은 편집위원 과반수의 출석과 출석위원 과반수의 찬성에 의한다.

③ 편집위원장은 위원회의 업무를 효율적으로 수행하기 위하여 편집간사를 둘 수 있다.

제 6 조 [투고원고의 심사]

① 위원회는 '형사판례연구' 기타 간행물에 투고된 원고를 심사하여 그 게재여부를 의결한다.

② 위원회는 '형사판례연구'에 투고되는 원고의 작성 및 문헌인용방법, 투고절차 등에 관한 지침(투고지침)을 제정할 수 있다.

③ 위원회는 '형사판례연구'에 투고된 원고의 심사기준 및 절차에 관한 지침(심사지침)을 제정할 수 있다.

④ 제1항의 원고 게재여부에 관한 의결은 '可', '否', '수정후 재심의'로 나눈다.

⑤ '수정후 재심의'로 의결된 원고가 수정 · 투고된 때에는 위원회는 그 재심의를 위원장 또는 약간 명의 위원에게 위임할 수 있고, 재심의의 결정은 '可' 또는 '否'로 한다.

제 7 조 [형사판례연구의 발간]

① '형사판례연구'는 연 1회 발간하며, 발간일자는 매년 6월 30일로 한다.

② 학술대회 발표논문 기타 학회에서 개최하는 학술발표회에서 발표된 논문은 '형사판례연구'의 별책으로 발간할 수 있다.

제 8 조 [개정]

이 규정의 개정은 이사회의 승인을 받아야 한다.

부칙(2006. 12. 04.)

제 1 조 [시행일]

이 규정은 이사회의 승인이 있은 날부터 시행한다.

부칙(2007. 12. 10.)

제 1 조 [시행일]

이 규정은 이사회의 승인이 있은 날부터 시행한다.

한국형사판례연구회 심사지침

2006. 12. 04. 제정

2007. 12. 10. 개정

제 1 조 [목적]

이 지침은 한국형사판례연구회 편집위원회 규정 제6조 제3항에 규정된 '형사판례연구' 투고원고에 대한 심사기준 및 절차에 관한 지침을 정함을 목적으로 한다.

제 2 조 [원고모집의 공고]

① 편집위원장은 매년 1월 중에 각 회원에게 전자우편으로 '형사판례연구'에 대한 원고를 모집하는 공문을 발송하고, 본 학회 홈페이지(http://www.kaccs.com)에 원고모집에 관한 사항을 게시한다.

② 원고모집을 공고함에 있어서는 투고절차, 논문작성 및 문헌인용방법, 심사기준 및 절차에 관한 기본적인 사항을 고지하여야 한다.

제 3 조 [원고접수]

① 편집간사는 원고를 접수하고, 각 투고자에게 전화 또는 전자우편으로 접수결과를 통보한다.

② 편집간사는 투고자의 인적사항, 논문제목, 접수일자, 분량 등을 기재한 접수결과표를 작성하여 투고원고를 편집위원장에게 송부한다.

③ 편집위원장은 투고원고가 편집위원회가 정한 투고지침에 현저히 위배된다고 판단하는 경우에는 투고자에게 수정을 요구할 수 있다.

제 4 조 [심사위원의 선정 및 심사원고 송부]

① 편집위원장은 각 투고원고에 대해 3인의 심사위원을 선정하고, 각 심사위원에게 심사기한을 정하여 심사원고를 송부한다.

② 심사위원을 선정함에 있어서는 해당분야에 대한 심사위원의 전문성을 고려하고 심사의 공정성을 기할 수 있도록 유의한다.

③ 심사원고에는 투고자의 인적사항이 기재되어서는 안 되며, 이미 기재되어 있는 경우에는 그 내용 가운데 인적 사항을 추론할 수 있는

부분을 삭제한다.

제 5 조 [투고원고에 대한 심사]

① 심사위원은 투고원고를 심사하고 심사평가서를 작성하여 심사기간 내에 이를 편집위원장에게 송부한다.

② 심사위원은 투고원고를 심사함에 있어서는 다음의 각 호의 사항을 기준으로 한다.

1. 일반연구의 논문의 경우에는 주제의 창의성, 연구방법의 적절성, 내용의 완결성, 논문작성 및 문헌인용방법의 정확성, 연구결과의 학문적 기여도
2. 번역논문의 경우에는 번역의 필요성, 번역의 정확성 및 학문적 기여도

제 6 조 [투고원고에 대한 게재여부의 결정]

① 편집위원장은 심사위원의 심사평가가 완료된 후 투고원고에 대한 게재여부의 결정을 위한 편집회의를 개최한다.

② 편집위원장은 심사결과표를 작성하여 편집회의에 보고하고, 편집회의에서는 이를 토대로 게재여부를 결정한다. 다만 투고원고의 게재여부에 대한 최종결정이 있을 때까지 투고자 및 심사위원의 인적사항이 공개되지 않도록 유의하여야 한다.

③ 투고원고에 대한 게재여부의 결정은 다음 각 호의 기준에 의한다.

1. 3인의 심사위원 모두 게재 '可' 의견을 내거나, 2인의 심사위원이 게재 '可' 그리고 1인이 '수정후 재심의' 의견을 낸 때에는 게재 '可'로 결정한다. 다만 수정을 조건으로 할 수 있다.
2. 1인의 심사위원이 게재 '可' 의견을 내고 2인이 '수정후 재심의' 의견을 내거나 3인의 심사위원이 모두 '수정후 재심의' 의견을 낸 때에는 '수정후 재심의' 결정을 한다.
3. 투고원고에 대한 심사결과 심사위원 중 1인 이상이 게재 '否' 의견을 낸 경우에는 게재하지 아니한다. 다만 2인이 게재 '可' 의견을 내고 1인이 게재 '否' 의견을 낸 때에는 '수정후 재심의' 결정을 할 수 있다.

④ 수정원고에 대한 심사는 편집위원회 규정 제6조 제4항에 따라 편집위원장이 직접 또는 약간 명의 심사위원에게 위임하여 게재 '可' 또는 '否'로 결정한다. 다만 '수정후 재심의'결정된 원고에 대하여 투고자가 수정을 거부한 경우에는 '否'로 결정한다.

⑤ 편집위원장은 게재결정이 내려진 투고원고가 타인의 원고를 표절한 것이거나 이미 다른 학술지에 게재한 사실이 있는 것으로 밝혀진 때에는 게재결정을 취소한다.

제 7 조 [심사결과의 통보, 이의신청]

① 편집위원장은 편집회의 후 즉시 각 투고자에게 결정결과 및 이유 그리고 사후절차를 내용으로 하는 공문을 발송한다.

② 게재 '否' 결정을 받은 투고자는 편집위원장에게 이의신청을 할 수 있으며, 편집위원장은 이의신청에 대해서 인용 또는 기각여부를 결정한다.

③ 편집위원장이 이의신청에 대해 인용결정을 한 때에는 심사위원을 다시 선정하고 심사를 의뢰하여 그 결과에 따라 게재 '可' 또는 '否' 결정을 한다.

제 8 조 [최종원고의 제출, 교정 및 편집]

① 게재 '可'의 결정을 통보받은 투고자는 정해진 기간 내에 최종원고를 작성하여 편집간사에게 제출한다.

② 최종원고에 대한 교정 및 편집에 관한 사항은 편집위원장이 결정하며, 필요한 때에는 교정쇄를 투고자에게 송부하여 교정을 하게 할 수 있다.

제 9 조 [논문게재예정증명서의 발급]

편집위원장은 '형사판례연구'의 발행 이전에 최종적으로 게재가 결정된 원고에 대하여 투고자의 신청이 있는 경우에는 '논문게재예정증명서'를 발급한다.

제10조 ['형사판례연구' 게재논문의 전자출판]

'형사판례연구'에 게재된 논문의 전자출판과 관련된 사항은 편집위원회의 결정에 따른다.

부칙(2006. 12. 04.)

제 1 조 [시행일]

이 지침은 '형사판례연구' 제15권 발행시부터 적용한다.

부칙(2007. 12. 10.)

제1조 [시행일]

이 지침은 '형사판례연구' 제16권 발행시부터 적용한다.

한국형사판례연구회 투고지침

2006. 12. 04. 제정

2007. 12. 10. 개정

제 1 조 [목적]

이 지침은 한국형사판례연구회 편집위원회 규정 제6조 제2항에 규정된 '형사판례연구' 투고원고에 대한 논문작성, 문헌인용방법 및 투고절차에 관한 사항을 정함을 목적으로 한다.

제 2 조 [논문제출]

① 투고원고는 다른 학술지에 발표되지 않은 것으로서 형법, 형사소송법 및 행형법 등 형사법 분야에 관한 것이어야 한다.

② 투고자는 원고마감기한(4월 말) 내에 투고신청서와 함께 원고파일 및 심사용 출력원고 3부를 편집간사에게 직접 또는 등기우편으로 제출한다. 다만 심사용 출력원고에는 필자가 누구임을 알 수 있는 사항(성명, 소속, 직위, 연구비지원 등)이 기재되어서는 안 된다.

③ 원고파일은 한글 프로그램으로 다음 각 호의 형식에 따라 작성하여 플로피디스켓 또는 전자우편으로 제출한다.

1. 용지종류 및 여백 : A4, 위쪽 35mm, 오른쪽 및 왼쪽 30mm, 아래쪽 30mm
2. 글자모양 및 크기 : 휴먼명조체 11포인트(단 각주는 10포인트)
3. 줄간격 : 160%

④ 투고원고의 분량은 원고지 120매 이하를 원칙으로 하며 이를 초과하는 경우 초과게재료를 납부하여야 한다.

⑤ 투고원고가 이 지침에 현저히 위반되는 경우 편집간사는 투고자에게 수정을 요구할 수 있다.

⑥ 편집간사는 투고원고의 접수결과를 편집위원장에게 보고하고, 투고자에게 전화 또는 전자우편으로 접수결과를 통보한다.

제 3 조 [논문작성방법]

① 투고원고의 작성에 있어서는 편집위원회 규정 및 이 지침에 규정된 사항을 준수하여야 한다.

② 투고원고는 다음 각 호의 내용으로 구성되어야 한다.

1. 제목(한글 및 외국어)
2. 저자명, 소속기관(한글 및 외국어). 저자(공동저자 포함)의 소속 기관은 각주 형태로 표기한다.
3. 목차
4. 본문(항목번호는 Ⅰ, 1, (1), 가, ①, A의 순서로 함)
5. 주제어(5단어 내외의 한글 및 외국어)
6. 초록(500단어 내외의 외국어)

③ 투고원고의 내용은 원칙적으로 국문으로 작성되어야 한다. 다만 외국인의 원고 기타 논문의 특성상 외국어로 작성되어야 하는 것은 외국어로 작성할 수 있으나 국문으로 된 번역문을 첨부하여야 한다.

④ 제2항 각 호의 외국어는 영어, 독일어, 프랑스어, 중국어, 일본어 중의 하나로 작성한다.

⑤ 저자가 2인 이상인 경우에는 책임저자와 공동저자의 구분을 명시하여야 한다.

제 4 조 [논문작성시 유의사항]

투고원고를 작성함에 있어서는 다음 각 호의 사항에 유의하여야 한다.

1. 국내외의 문헌을 인용함에 있어서는 최신의 문헌까지 인용하되 가급적 교과서 범주를 넘어서 학술논문 수준의 문헌을 인용하고, 교과서의 경우에는 출판연도와 함께 판수를 정확하게 기재한다.
2. 외국법에 관한 논문이 아닌 한 국내의 학술논문을 인용하여 국내학설의 현황을 파악할 수 있도록 하고, 외국문헌은 필요한 한도 내에서 인용한다.
3. 이론이나 학설을 소개하는 경우 일부 문헌만을 근거로 삼지 않고 될수록 많은 문헌을 인용하여 다수설 및 소수설의 평가가 정확히 되도록 유의한다.

4. 기존의 학설을 비판하거나 새로운 학설을 주장하는 경우 그 근거되는 논의상황이 국내의 상황인지 또는 외국의 상황인지를 명확하게 구별하고, 자신의 주장이 해석론인지 형사정책적 제안인지도 분명히 제시한다.
5. 원고는 원칙적으로 한글로 작성하며 한자와 외국어는 혼동이 생길 수 있는 경우에만 괄호 안에 넣어서 표기한다.
6. 외국의 논문이 번역에 가깝게 게재논문의 기초가 되어서는 안 된다.

제 5 조 [문헌인용의 방법]

다른 문헌의 내용을 인용하는 경우에는 다음 각 호의 방식에 의하고, 각주에서 그 출처를 밝혀야 한다.

1. 인용되는 내용이 많은 경우에는 별도의 문단으로 인용하고, 본문과 구별되도록 인용문단 위와 아래를 한 줄씩 띄우고 글자크기를 10포인트 그리고 양쪽 여백을 4ch(칸)으로 설정한다.
2. 인용되는 내용이 많지 않은 경우에는 인용부호(“ ”)를 사용하여 표시한다.
3. 인용문의 내용 중 일부를 생략하는 경우에는 생략부호(…)를 사용하고, 내용을 변경하는 경우에는 변경표시([ ])를 하여야 한다.
4. 인용문의 일부를 강조하고자 할 때에는 국문은 밑줄을 쳐서 표시하고 영문은 이탤릭체를 사용한다.

제 6 조 [각주의 내용]

① 각주에서는 원칙적으로 한글을 사용하여야 하고, 인용되는 문헌이 외국문헌인 경우에도 저자명, 논문제목, 서명 또는 잡지명, 발행지, 출판사 등과 같은 고유명사를 제외한 나머지는 한글로 표기한다. 특히 See, Cf, Ibid, Supra, Hereinafter, et al, etc, Vgl, Dazu, Siehe, a.a.O., f(ff), usw 등과 같이 외국어로 된 지시어는 사용하지 않는다.

② 인용문헌이 여러 개인 경우에는 각각의 문헌 사이에 세미콜론(;)을 표기하여 구분한다.

③ 문헌을 재인용하는 경우에는 원래의 문헌을 표시한 후 괄호 안에 참조한 문헌을 기재한 후 ‘재인용’이라고 표시한다.

④ 제1항 내지 제3항 및 제7조 내지 제11조에 규정된 이외의 사항에 대하여는 한국법학교수협의회에서 결정한 「논문작성 및 문헌인용에 관한 표준(2000)」에 따른다.

제 7 조 [인용문헌의 표시]

① 인용되는 문헌이 단행본인 경우에는 저자, 서명, 판수, 발행지: 출판사, 출판연도, 면수의 순서로 기재한다. 다만 발행지와 출판사는 생략할 수 있다.

② 인용되는 문헌이 논문인 경우에는 저자, 논문제목, 서명(잡지인 경우에는 잡지명, 권수 호수), 발행지: 출판사, 출판연월, 면수의 순서로 기재한다. 다만 발행지와 출판사는 생략할 수 있고, 월간지의 경우에는 권수와 호수 및 출판년도 대신에 '○○○○년 ○월호'로 기재할 수 있다. 그리고 논문 제목은 동양문헌인 때에는 인용부호(" ")안에 기재하고, 서양문헌인 때에는 별도의 표시 없이 이탤릭체로 표기한다.

예) 김종서, "현행 지방자치관계법의 비판적 검토," 인권과 정의 1992년 3월호, 99면.

③ 서명 및 잡지명은 그 명칭의 전부를 기재하여야 한다. 다만 외국문헌의 경우 처음에는 그 전부를 표기하고 이후부터는 약어로 기재할 수 있다.

④ 저자가 두 명인 경우에는 저자명 사이에 가운데점(·)을 표시하고, 세 명 이상인 경우에는 대표 저자만을 표기한 후 '외(外)'라고 기재한다.

⑤ 인용문헌이 편집물인 경우에는 저자명 뒤에 '편(編)'이라고 기재한다.

⑥ 인용문헌이 번역물인 경우에는 저자명 뒤에 사선(/)을 긋고, 번역자의 이름을 기입한 뒤 '역(譯)'이라고 기재한다.

예) Karl Larenz·Claus-Wilhelm Canaris/허일태 역, 법학방법론, 2000, 120면.

⑦ 기념논문집, 공청회자료집 등은 서명 다음에 콜론(:)을 표시하고 그 내용을 표시한다.

예) 현대형사법의 쟁점과 과제 : 동암 이형국 교수 화갑기념논문집

제 8 조 [판례의 표시]

① 판례는 선고법원, 선고연월일, 사건번호 및 출처의 순서로 개재하되, 출처는 괄호 안에 표기한다.

예) 대법원 1996.4.26. 선고 96다1078 판결(공 1996상, 1708), 대전고법 2000.11.10. 선고 2000노473 판결(하집 2000(2), 652)

② 판례의 출처는 다음 각 호와 같이 약어를 사용하여 표시한다.

1. 법원공보(또는 판례공보) 1987년 125면 이하 → 공 1987, 125
2. 대법원판례집 제11권 2집 형사편 29면 이하 → 집11(2), 형 29
3. 고등법원판례집 1970년 형사·특별편 20면 이하 → 고집 1970, 형특 20
4. 하급심판결집 1984년 제 2 권 229면 → 하집 1984(2), 229
5. 판례카드 3675번 → 카 3675
6. 헌법재판소판례집 제5권 2집 14면 이하 → 헌집5(2), 14
7. 헌법재판소공보 제3호 255면 → 헌공3, 255
8. 판례총람 형법 338조 5번 → 총람 형338, 5

③ 외국판례는 당해 국가에서 일반적으로 사용되는 표기방법에 따른다.

제 9 조 [법령의 표시]

① 법령은 공식명칭을 사용하여야 하며, 띄어쓰기를 하지 않고 모두 붙여 쓴다.

② 법령의 이름이 긴 경우에는 '[이하 ○○○이라고 한다]'고 표시한 후 일반적으로 사용되는 약칭을 사용할 수 있다.

예) 성폭력범죄의처벌및피해자보호등에관한법률[이하 성폭력특별법이라고 한다]

③ 법령의 조항은 '제○조 제○항 제○호'의 방식으로 기재하며, 필요한 경우에는 본문, 단서, 전문 또는 후문을 특정하여야 한다.

④ 법령이 개정 또는 폐지된 때에는 그 연월일 및 법령 호수를 기재하여야 한다.

예) 형사소송법(1995.12.29. 법률 제5054호로 개정되고 1997.12.13. 법률 제5435호로 개정되기 이전의 것) 제201조의2 제1항

⑤ 외국의 법령은 당해 국가에서 일반적으로 사용되는 표기방법에 따른다.

제10조 [기타 자료의 표시]

① 신문에 실린 자료는 작성자와 기사명이 있는 경우 저자명, "제목," 신문명, 연월일자, 면을 표시하고, 작성자와 기사명이 없는 경우에는 신문명, 연월일, 면을 표시한다.

예) 박상기, "부동산 명의신탁과 횡령죄", 법률신문, 1997. 10. 27., 14면.

② 인터넷 자료는 저자명, "자료명", URL, 검색일자를 표시한다.

예) 박영도 외, "법률문화 및 법률용어에 관한 국민여론 조사", http://www.klri.re.kr/LIBRARY/library.html, 2002. 6. 1.검색.

제11조 [동일한 문헌의 인용표시]

① 앞의 각주에서 제시된 문헌을 다시 인용할 경우에는 저자명, 주 ○)의 글(또는 책), 면의 순서로 표기한다.

② 바로 앞의 각주에서 인용된 문헌을 다시 인용하는 경우에는 앞의 글(또는 앞의 책), 면의 순서로 표기한다.

③ 하나의 각주에서 동일한 문헌을 다시 인용할 경우는 같은 글(또는 같은 책), 면의 순서로 표기한다.

제12조 [표 및 그림의 표시]

표와 그림은 〈표 1〉, 〈그림 1〉의 방식으로 일련번호와 제목을 표시하고, 표와 그림의 왼쪽 아랫부분에 그 출처를 명시하여야 한다.

제13조 [편집위원회의 결정통보 및 수정원고 제출]

① 편집위원회는 투고원고에 대한 심사위원의 평가가 완료된 후 편집회의를 개최하여 투고원고에 대한 게재여부를 결정하고 투고자에게 그 결과를 서면 또는 전자우편으로 통지한다.

② 편집위원회가 투고원고에 대하여 '수정후 재심의' 결정을 한 경우 투고자는 정해진 기간 내에 수정원고를 제출하여야 한다.

제14조 [학회비 및 게재료 납부]

① 편집위원회에 의해 게재결정된 투고원고는 투고자가 당해 연도 회비를 납부한 경우에 한하여 학회지에 게재될 수 있다.

② 편집위원회에 의해 게재결정된 투고원고의 투고자는 다음 각 호의 구분에 의하여 게재료를 납부하여야 한다.

1. 교수 및 실무가: 편당 20만원
2. 강사 기타: 편당 10만원

③ 투고원고(외국어 초록 포함)의 분량이 원고지 120매를 초과하고 150매 이하인 경우에는 1매당 3천원, 150매를 초과하는 경우에는 1매당 5천원의 초과게재료를 납부하여야 한다.

제15조 [논문연구윤리 준수]

① 투고원고는 논문연구윤리 확인서에 포함된 논문연구윤리를 준수하여야 한다.

② 투고원고는 논문연구윤리 확인서를 제출한 경우에 한하여 학회지에 게재될 수 있다.

제16조 [논문사용권 등 위임동의서 제출]

투고원고는 논문사용권 및 복제·전송권 위임동의서를 제출한 경우에 한하여 학회지에 게재될 수 있다.

제17조 [중복게재의 제한]

① '형사판례연구'에 게재된 논문은 다른 학술지에 다시 게재할 수 없다.

② 편집위원회는 제1항에 위반한 투고자에 대하여 결정으로 일정기간 투고자격을 제한할 수 있다.

부칙(2006. 12. 04.)

제 1 조 [시행일]

이 지침은 '형사판례연구' 제15권 발행시부터 적용한다.

부칙(2007.12.10.)

제 1 조 [시행일]

이 지침은 '형사판례연구' 제16권 발행시부터 적용한다.

한국형사판례연구회 연구윤리 위원회 규정

2007. 12. 10. 제정

2008. 06. 02. 개정

제 1 조 [목적]

이 규정은 연구윤리위반행위의 방지 및 건전한 연구윤리의 확보를 위한 기본적인 원칙과 방향을 제시하고, 한국형사판례연구회(이하 '본회'라 함) 회원의 연구윤리위반행위에 대한 조치와 절차 등을 규정함을 목적으로 한다.

제 2 조 [연구윤리위반행위]

연구윤리위반행위는 다음 각 호의 하나에 해당하는 것을 말한다.

1. "위조"—존재하지 않는 데이터 또는 연구결과 등을 허위로 만들어 내는 행위
2. "변조"—연구의 재료·장비·과정 등을 인위적으로 조작하거나 데이터를 임의로 변형·삭제함으로써 연구의 내용 또는 결과를 왜곡하는 행위
3. "표절"—타인의 아이디어, 연구의 내용 또는 결과 등을 정당한 승인 또는 인용 없이 도용하는 행위
4. "부당한 논문저자 표시"—연구내용 또는 결과에 대하여 과학적·기술적 공헌 또는 기여를 한 사람에게 정당한 이유 없이 논문저자 자격을 부여하지 않거나, 과학적·기술적 공헌 또는 기여를 하지 않은 자에게 감사의 표시 또는 예우 등을 이유로 논문저자 자격을 부여하는 행위
5. "중복게재"—과거에 공간된 논문 등 저작물을 중복하여 출판하는 행위

6. “조사방해 · 부정은폐” — 본인 또는 타인의 연구윤리위반행위의 의혹에 대한 조사를 고의로 방해하거나 제보자에게 위해를 가하는 행위

제 3 조 [연구윤리위원회]

① 연구윤리위반행위의 조사·의결을 위하여 연구윤리위원회(이하 ‘위원회’라 함)를 둔다.

② 연구윤리위원회는 연구윤리위원장을 포함한 10인 이내의 위원으로 구성한다.

③ 연구윤리위원장(이하 ‘위원장’이라 함)은 본회의 연구윤리담당 상임이사로 한다.

④ 연구윤리위원(이하 ‘위원’이라 함)은 본회 회원 중에서 이사회가 선임한다.

⑤ 연구윤리위원의 임기는 1년으로 하며, 연임할 수 있다.

제 4 조 [연구윤리위원회의 조사]

① 위원장은 다음 각 호의 경우 위원회에 연구윤리위반 여부의 조사를 요청하여야 한다.

1. 제보 등에 의하여 연구윤리위반행위에 해당한다는 의심이 있는 때
2. 본회 회원 10인 이상이 서면으로 연구윤리위반행위에 대한 조사를 요청한 때

② 제보의 접수일로부터 만 5년 이전의 연구윤리위반행위에 대해서는 이를 접수하였더라도 처리하지 않음을 원칙으로 한다. 단, 5년 이전의 연구윤리위반행위라 하더라도 피조사자가 그 결과를 직접 재인용하여 5년 이내에 후속 연구의 기획·수행, 연구결과의 보고 및 발표에 사용하였을 경우와 공공의 복지 또는 안전에 위험이 발생하거나 발생할 우려가 있는 경우에는 이를 처리하여야 한다.

③ 연구윤리위반행위의 사실 여부를 입증할 책임은 위원회에 있다. 단, 피조사자가 위원회에서 요구하는 자료를 고의로 훼손하였거나 제출을 거부하는 경우에 요구자료에 포함되어 있다고 인정되는 내용의 진실성을 입증할 책임은 피조사자에게 있다.

④ 위원회는 제보자와 피조사자에게 의견진술, 이의제기 및 변론의 권리와 기회를 동등하게 보장하여야 하며 관련 절차를 사전에 알려주어야 한다.

제 5 조 [연구윤리위원회의 의결]

① 위원회의 연구윤리위반결정은 재적위원 과반수의 출석과 출석위원 3분의 2 이상의 찬성으로 의결한다.

② 조사·의결의 공정을 기하기 어려운 사유가 있는 위원은 당해 조사·의결에 관여할 수 없다. 이 경우 당해 위원은 재적위원의 수에 산입하지 아니한다.

제 6 조 [제보자의 보호]

① 제보자는 연구윤리위반행위를 인지한 사실 또는 관련 증거를 위원회에 알린 자를 말한다.

② 제보자는 구술·서면·전화·전자우편 등 가능한 모든 방법으로 제보할 수 있으며 실명으로 제보함을 원칙으로 한다. 단, 익명의 제보라 하더라도 서면 또는 전자우편으로 논문명, 구체적인 연구윤리위반행위의 내용과 증거를 포함하여 제보한 경우 위원회는 이를 실명제보에 준하여 처리하여야 한다.

③ 위원회는 제보자가 연구윤리위반행위 신고를 이유로 부당한 압력 또는 위해 등을 받지 않도록 보호해야 할 의무를 지니며 이에 필요한 시책을 마련하여야 한다.

④ 제보자의 신원에 관한 사항은 정보공개의 대상이 되지 않으며, 제보자가 신고를 이유로 제3항의 불이익을 받거나 자신의 의지에 반하여 신원이 노출될 경우 위원회 및 위원은 이에 대한 책임을 진다.

⑤ 제보자는 연구윤리위반행위의 신고 이후 진행되는 조사 절차 및 일정 등을 알려줄 것을 위원회에 요구할 수 있으며, 위원회는 이에 성실히 응하여야 한다.

⑥ 제보 내용이 허위인 줄 알았거나 알 수 있었음에도 불구하고 이를 신고한 제보자는 보호 대상에 포함되지 않는다.

제 7 조 [피조사자의 보호]

① 피조사자는 제보 또는 위원회의 인지에 의하여 연구윤리위반행위의 조사대상이 된 자 또는 조사 수행 과정에서 연구윤리위반행위에 가담한 것으로 추정되어 조사의 대상이 된 자를 말하며, 조사과정에서의 참고인이나 증인은 이에 포함되지 아니한다.

② 위원회는 검증 과정에서 피조사자의 명예나 권리가 부당하게 침해되지 않도록 주의하여야 한다.

③ 연구윤리위반행위에 대한 의혹은 판정 결과가 확정되기 전까지 외부에 공개되어서는 아니 된다.

④ 피조사자는 연구윤리위반행위의 조사·처리절차 및 처리일정 등을 알려줄 것을 위원회에 요구할 수 있으며, 위원회는 이에 성실히 응하여야 한다.

제 8 조 [예비조사]

① 예비조사는 연구윤리위반행위의 의혹에 대하여 조사할 필요가 있는지 여부를 결정하기 위한 절차를 말하며, 신고 접수일로부터 30일 이내에 착수하여야 한다.

② 예비조사 결과 피조사자가 연구윤리위반행위 사실을 모두 인정한 경우에는 본조사 절차를 거치지 않고 바로 판정을 내릴 수 있다.

③ 예비조사에서 본조사를 실시하지 않는 것으로 결정할 경우 이에 대한 구체적인 사유를 결정일로부터 10일 이내에 제보자에게 문서 또는 전자우편으로 통보한다. 단, 익명제보의 경우는 그러하지 않다.

④ 제보자는 예비조사 결과에 대해 불복하는 경우 통보를 받은 날로부터 30일 이내에 위원회에 이의를 제기할 수 있다.

제 9 조 [본조사]

① 본조사는 연구윤리위반행위의 사실 여부를 입증하기 위한 절차를 말하며, 예비조사에서 본조사의 필요성이 인정된 경우 즉시 착수하여야 한다.

② 위원회는 제보자와 피조사자에게 의견진술의 기회를 주어야 하며,

본조사결과를 확정하기 이전에 이의제기 및 변론의 기회를 주어야 한다. 당사자가 이에 응하지 않을 경우에는 이의가 없는 것으로 간주한다.

③ 제보자와 피조사자의 이의제기 또는 변론 내용과 그에 대한 처리결과는 조사결과 보고서에 포함되어야 한다.

제10조 [판정]

① 판정은 본조사결과를 확정하고 이를 제보자와 피조사자에게 문서 또는 전자우편으로 통보하는 절차를 말하며, 본조사에 의하여 연구윤리위반이 인정된 경우 즉시 하여야 한다.

② 예비조사 착수 이후 판정에 이르기까지의 모든 조사 일정은 6개월 이내에 종료되어야 한다.

③ 제보자 또는 피조사자가 판정에 불복할 경우에는 통보를 받은 날로부터 30일 이내에 본회 회장에게 이의신청을 할 수 있으며, 본회 회장은 이의신청 내용이 합리적이고 타당하다고 판단할 경우 이사회의 결정으로 임시 조사위원회를 구성하여 재조사를 실시하여야 한다.

제11조 [위원회의 권한과 의무]

① 위원회는 조사과정에서 제보자·피조사자·증인 및 참고인에 대하여 진술을 위한 출석을 요구할 수 있고 피조사자에게 자료의 제출을 요구할 수 있으며, 이 경우 피조사자는 반드시 이에 응하여야 한다.

② 위원회 및 위원은 제보자의 신원 등 위원회의 직무와 관련하여 알게 된 사항에 대하여 비밀을 유지하여야 한다.

제12조 [조사의 기록과 정보의 공개]

① 위원회는 조사 과정의 모든 기록을 음성, 영상, 또는 문서의 형태로 5년 이상 보관하여야 한다.

② 조사결과 보고서는 판정이 끝난 이후 공개할 수 있다. 단, 증인 · 참고인 · 자문에 참여한 자의 명단 등은 당사자에게 불이익을 줄 가능성이 있을 경우 공개하지 않을 수 있다.

제13조 [연구윤리위반행위에 대한 조치]

위원회가 연구윤리위반행위로 결정한 때에는 다음 각 호의 조치를 취하여야 한다.

1. 투고원고를 '형사판례연구' 논문목록에서 삭제
2. 투고자에 대하여 3년 이상 '형사판례연구'에 논문투고 금지
3. 위반사항을 한국형사판례연구회 홈페이지에 1년간 공고
4. 한국학술진흥재단에 위반내용에 대한 세부적인 사항 통보

제14조 [연구윤리에 대한 교육]

위원회는 본회 회원의 연구윤리의식을 고취시키기 위하여 연구수행과정에서 준수해야 할 연구윤리 규범, 부정행위의 범위, 부정행위에 대한 대응방법 및 검증절차 등에 관한 교육을 실시하여야 한다.

제15조 [규정의 개정]

이 규정의 개정은 이사회의 의결에 의한다.

부칙(2008. 06. 02.)

제 1 조 [시행일]

이 규정은 이사회의 의결이 있은 날부터 시행한다.

한국형사판례연구회 임원명단

2008년 6월 현재

한국형사판례연구회 회원명부〈2008. 6. 현재〉

〈학　계〉

성　명	직　위	근 무 처	우편번호	주　　소	직장/자택 전화번호
강 기 정	교수	창원대 법학과	641-241	경남 창원시 사림동 9	055-279-7305
강 동 범	교수	이화여대 법학과	120-750	서울 서대문구 대현동 11-1	02-3277-4480
강 석 구	부연구위원	형사정책연구원	137-715	서울 서초구 태봉로 114	02-3460-5128
강 우 예	부연구위원	형사정책연구원	137-715	서울 서초구 태봉로 114	02-820-5427
권 오 걸	교수	경북대 법학부	702-701	대구 북구 산격동 1370	053-950-5473
권 창 국	교수	전주대 법정학부	560-759	전북 전주시 완산구 효자동 1200	063-220-2242
김 선 복	교수	부경대 법학과	608-737	부산 남구 대연3동 599-1	051-620-6673
김 성 돈	교수	성균관대 법학과	110-745	서울 종로구 명륜동3가 53	02-760-0343
김 성 룡	교수	경북대 법학부	702-701	대구 북구 산격동 1370	053-950-5459
김 성 천	교수	중앙대 법학과	156-756	서울 동작구 흑석동 221	02-820-5447
김 영 철	교수	건국대 법학과	143-701	서울 광진구 화양동 1	02-2049-6047

성 명	직 위	근 무 처	우편번호	주 소	직장/자택 전화번호
김 영 환	교수	한양대 법학과	133-791	서울 성동구 행당동 17	02-2220-0995
김 유 근	강사	한양대 법학과	133-773	서울 성동구 하왕십리동 258 청계벽산@ 106-2006	02-2295-9259
김 인 선	교수	순천대 법학과	540-742	전남 순천시 매곡동 315	061-750-3437
김 재 봉	교수	한양대 법학과	137-791	서울 성동구 행당동 17	02-2220-1303
김 재 윤	교수	전남대 법학과	500-757	광주 북구 용봉로 333	062-530-2240
김 정 환	교수	국민대 법학과	136-702	서울 성북구 정릉동 861-1	02-910-5446
김 종 원	명예교수	성균관대 법학과	110-745	서울 종로구 명륜동3가 53	02-762-0721
김 주 덕	교수	경희대 법학과	130-701	서울 동대문구 회기동 1	02-961-0392
김 태 명	교수	전북대 법학과	561-756	전북 전주시 덕진구 덕진동1가 664-14	063-270-4701
김 택 수	교수	경찰대 경찰학과	446-703	경기 용인시 기흥구 언남동 88	031-284-5256
김 한 균	전문연구원	형사정책연구원	137-715	서울 서초구 태봉로 114	02-3460-5163
김 형 준	교수	중앙대 법학과	156-756	서울 동작구 흑석동 221	02-820-5452
김 혜 경	교수	계명대 경찰학부	704-701	대구 달서구 달구벌대로 2800	053-580-5956
김 혜 정	교수	영남대 법학과	712-749	경북 경산시 대동 214-1	053-810-2616

성 명	직 위	근 무 처	우편번호	주 소	직장/자택 전화번호
노 태 식	교수	경찰종합학교	403-705	인천 부평구 동수로 137(부평6동 663)	032-519-0341
도 중 진	연구위원	형사정책연구원	137-715	서울 서초구 태봉로 114	02-3460-5164
류 석 준	교수	영산대 법률학과	626-790	경남 양산시 웅상읍 주남리 산150	055-380-9423
류 인 모	교수	인천대 법학과	402-749	인천 남구 도화2동 177	032-770-8324
류 전 철	교수	전남대 법학과	500-757	광주 북구 용봉로 333	062-530-2283
류 화 진	교수	영산대 법률학과	626-790	경남 양산시 웅상읍 주남리 산150	055-380-9448
문 성 도	교수	경찰대 법학과	446-703	경기 용인시 기흥구 언남동 88	031-283-9173
박 강 우	교수	충북대 법학과	361-763	충북 청주시 흥덕구 개신동 산48	043-261-2622
박 광 민	교수	성균관대 법학과	110-745	서울 종로구 명륜동3가 53	02-760-0359
박 기 석	교수	대구대 경찰행정학과	713-714	경북 경산시 진량면 내리 15	053-850-6182
박 미 숙	연구위원	형사정책연구원	137-715	서울 서초구 태봉로 114	02-3460-5166
박 상 기	교수	연세대 법학과	120-749	서울 서대문구 신촌동 134	02-2123-3005
박 상 진	교수	건국대 법학과	380-701	충북 충주시 단월동 322	043-840-3429
박 수 희	교수	관동대 경찰행정학과	210-701	강원 강릉시 내곡동 522	033-649-7336

성 명	직 위	근 무 처	우편번호 / 주 소	직장 / 자택 전화번호
백 승 민	교수	연세대 법학과	120-749 서울 서대문구 신촌동 134	02-2123-5960
백 원 기	교수	인천대 법학과	402-749 인천 남구 도화2동 177	032-770-8328
변 종 필	교수	동국대 법학과	100-715 서울 중구 필동3가 26	02-2260-3238
서 거 석	교수	전북대 법학과	561-756 전북 전주시 덕진구 덕진동1가 664-14	063-270-2663
서 보 학	교수	경희대 법학과	130-701 서울 동대문구 회기동 1	02-961-0614
성 낙 현	교수	영남대 법학과	712-749 경북 경산시 대동 214-1	053-810-2623
손 동 권	교수	건국대 법학과	143-701 서울 광진구 화양동 1	02-450-3599
송 광 섭	교수	원광대 법학과	570-749 전북 익산시 신용동 344-2	063-850-6373
신 동 운	교수	서울대 법학과	151-742 서울 관악구 신림9동 산56-1	02-880-7563
신 양 균	교수	전북대 법학과	561-756 전북 전주시 덕진구 덕진동1가 664-14	063-270-2666
심 재 무	교수	경성대 법학과	608-736 부산 남구 대연동 110-1	051-620-4518
심 희 기	교수	연세대 법학과	120-749 서울 서대문구 신촌동 134	033-760-2344
안 경 옥	교수	경희대 법학과	130-701 서울 동대문구 회기동 1	02-961-0517
안 원 하	교수	부산대 법학과	609-735 부산 금정구 산30	051-510-2502

성 명	직 위	근 무 처	우편번호 / 주 소	직장 / 자택 전화번호
오 경 식	교수	강릉대 법학과	210-702 강원 강릉시 지변동 산1	033-640-2211
오 병 두	교수	홍익대 법학과	121-791 서울 마포구 상수동 72-1	02-320-1822
오 영 근	교수	한양대 법학과	130-791 서울 성동구 행당동 17	02-2220-0994
원 재 천	교수	한동대 법학과	791-708 경북 포항시 북구 흥래읍 남송리 3	054-260-1268
원 혜 욱	교수	인하대 법학과	402-751 인천 남구 용현3동 253	032-860-7937
유 용 봉	교수	한세대 경찰행정학과	435-742 경기 군포시 당정동 604-5	031-450-5272
윤 동 호	교수	부경대 법학과	608-737 부산 남구 대연3동 599-1	051-620-6728
윤 용 규	교수	강원대 법학과	200-701 강원 춘천시 효자2동 192-1	033-250-6517
윤 해 성	부연구위원	형사정책 연구원	137-715 서울 서초구 태봉로 114	02-3460-5156
은 숭 표	교수	영남대 법학과	712-749 경북 경산시 대동 214-1	053-810-2615
이 경 렬	교수	숙명여대 법학부	140-742 서울 용산구 효창원길 52	02-710-9806
이 경 재	교수	충북대 법학과	361-763 충북 청주시 흥덕구 개신동 산48	043-261-2612
이 경 호	교수	한국해양대 법학과	606-791 부산 영도구 동삼동 1	051-410-4393
이 기 헌	교수	명지대 법학과	120-728 서울 서대문구 남가좌동 50-3	02-300-0813

성 명	직 위	근 무 처	우편번호	주 소	직장/자택 전화번호
이 기 호	교수	경찰대 법학과	446-703	경기 용인군 기흥구 언남동 88	031-283-0232
이 동 희	교수	경찰대 경찰학과	446-703	경기 용인군 기흥구 언남동 88	031-283-2692
이 상 문	강사	한양대			
이 상 용	교수	명지대 법학과	120-728	서울 서대문구 남가좌동 50-3	02-300-0817
이 상 원	교수	서울대 법학과	151-742	서울 관악구 신림9동 산56-1	02-880-2618
이 승 현	부연구위원	형사정책 연구원	137-715	서울 서초구 태봉로 114	02-3460-5193
이 승 호	교수	건국대 법학과	143-701	서울 광진구 화양동 1	02-450-3597
이 영 란	교수	숙명여대 법학과	140-742	서울 용산구 효창원길 52	02-710-9490
이 용 식	교수	서울대 법학과	151-742	서울 관악구 신림9동 산56-1	02-880-7557
이 은 모	교수	한양대 법학과	137-791	서울 성동구 행당동 17	02-2220-2573
이 인 영	교수	백석대 법학부	330-704	충남 천안시 안서동 115	041-550-2529
이 재 상	교수	이화여대 법학과	120-750	서울 서대문구 대현동 11-1	02-3277-3547
이 정 민	부연구위원	형사정책 연구원	137-715	서울 서초구 태봉로 114	02-3460-5176
이 정 원	교수	영남대 법학과	712-749	경북 경산시 대동 214-1	053-810-2629

성 명	직 위	근 무 처	우편번호 / 주 소	직장 / 자택 전화번호
이 정 훈	교수	중앙대 법학과	156-756 서울 동작구 흑석동 221	02-820-5456
이 진 국	교수	아주대 법학과	443-749 경기 수원시 영통구 원천동 산5	031-219-3791
이 천 현	연구위원	형사정책 연구원	137-715 서울 서초구 태봉로 114	02-3460-5125
이 태 언	교수	부산외대 법학과	608-738 부산 남구 우암동 55-1	051-640-3139
이 호 중	교수	서강대 법학과	121-742 서울 마포구 신수동 1	02-705-7843
임 정 호	전문 연구원	형사정책 연구원	137-715 서울 서초구 태봉로 114	02-3460-5175
장 규 원	교수	원광대 경찰행정학과	570-749 전북 익산시 신용동 344-2	063-850-6905
장 연 화	교수	인하대 법학과	402-751 인천 남구 용현3동 253	032-860-8971
장 영 민	교수	이화여대 법학과	120-750 서울 서대문구 대현동 11-1	02-3277-3502
전 지 연	교수	연세대 법학과	120-749 서울 서대문구 신촌동 134	02-2123-5996
정 승 환	교수	고려대 법학과	136-701 서울 성북구 안암동5가 1	02-3290-2871
정 영 일	교수	경희대 법학과	130-701 서울 동대문구 회기동 1	02-961-9142
정 웅 석	교수	서경대 법학과	136-704 서울 성북구 정릉동 산16-1	02-940-7182
정 준 섭	교수	숙명여대 법학부	140-742 서울 용산구 효창원길 52	02-710-9935

성 명	직 위	근 무 처	우편번호 / 주 소	직장 / 자택 전화번호
정 진 수	선임연구위원	형사정책연구원	137-715 서울 서초구 태봉로 114	02-3460-5127
정 행 철	교수	동의대 법학과	614-714 부산 부산진구 가야동 산24	051-890-1363
정 현 미	교수	이화여대 법학과	120-750 서울 서대문구 대현동 11-1	02-3277-3555
조 국	교수	서울대 법학과	151-742 서울 관악구 신림9동 산56-1	02-880-5794
조 병 선	교수	청주대 법학과	360-764 충북 청주시 상당구 내덕2동 36	043-229-8171
조 상 제	교수	아주대 법학과	443-749 경기 수원시 영통구 원천동 산5	031-219-2759
조 준 현	교수	성신여대 법학과	136-742 서울 성북구 동선동 3가 249-1	02-920-7124
조 현 욱	교수	한남대 법학과	306-791 대전 대덕구 오정동 133	042-629-7480
주 승 희	교수	덕성여대 법학과	132-714 서울 도봉구 쌍문동 419	02-901-8117
천 진 호	교수	동아대 법학과	602-072 부산 서구 부민동2가 1	051-240-8509
최 병 각	교수	동아대 법학과	602-072 부산 서구 부민동2가 1	051-240-8528
최 병 문	교수	상지대 법학과	220-702 강원 원주시 우산동 660	033-730-0242
최 상 욱	교수	강원대 법학과	200-701 강원 춘천시 효자2동 192-1	033-250-6516
최 석 윤	교수	한국해양대 해양경찰학과	606-791 부산 영도구 동삼동 1	051-410-4238

성 명	직 위	근 무 처	우편번호	주 소	직장/자택 전화번호
최 우 찬	교수	서강대 법학과	121-742	서울 마포구 신수동 1	02-705-8404
최 호 진	교수	단국대 법정학부	330-714	충남 천안시 안서동 산29	041-550-3272
탁 희 성	연구위원	형사정책 연구원	137-715	서울 서초구 태봉로 114	02-3460-5161
하 태 영	교수	동아대 법학과	602-072	부산 서구 부민동2가 1	051-240-8573
하 태 훈	교수	고려대 법학과	136-701	서울 성북구 안암동5가 1	02-3290-1897
한 상 돈	교수	아주대 법학과	443-749	경기 수원시 영통구 원천동 산5	031-219-3786
한 상 훈	교수	연세대 법학과	120-749	서울 서대문구 신촌동 134	02-2123-5998
한 영 수	교수	아주대 법학과	443-749	경기 수원시 영통구 원천동 산5	031-219-3783
한 인 섭	교수	서울대 법학과	151-742	서울 관악구 신림9동 산56-1	02-880-7577
허 일 태	교수	동아대 법학과	602-072	부산 서구 부민동2가 1	051-240-8516
홍 승 희	교수	원광대 법학과	570-749	전북 익산시 신용동 344-2	063-850-6469
황 만 성	교수	원광대 법학과	570-749	전북 익산시 신용동 344-2	063-850-6467
황 태 정	교수	경기대 경찰행정학과	443-760	경기 수원시 영통구 이의동 산94-6	031-249-9337
황 호 원	교수	한국항공대 법학과	412-791	경기 고양시 덕양구 화전동 200-1	02-300-0114

〈변 호 사〉

이 름	직 위	근 무 처	우편번호	주 소	직장 자택 전화번호
강 민 구	변호사	강민구 법률사무소	425-021	경기 안산 단원구 고잔1동 710 중앙법조빌딩 401호	031-487-3322
강 수 진	변호사	강수진 법률사무소	137-070	서울 서초구 서초동 1573-1 서초프라자 601호	02-3472-9944
강 용 현	변호사	법무법인 태평양	135-723	서울 강남구 역삼동 647-15 한국타이어빌딩 11층	02-3404-0184
곽 무 근	변호사	법무법인 로고스	135-090	서울 강남구 삼성동 159-9 도심공항타워 15층	02-2188-1000
권 광 중	대표 변호사	법무법인 광장	100-902	서울 중구 남대문로2가 118 해운센터본관 10층	02-2191-3031
금 태 섭	변호사	금태섭 법률사무소	137-070	서울 서초구 서초동 1554-5 한승아스트라빌딩 1304	02-598-0300
김 동 건	대표 변호사	법무법인 바른	137-044	서울 서초구 반포4동 51-5 대동빌딩 6층	02-3476-5599
김 동 호	변호사		611-800	부산 연제구 거제1동 1-24 새마을금고 2층	051-866-6200
김 상 헌	변호사	김상헌 법률사무소	150-721	서울 영등포구 여의도동 20 LG트윈타워 동관 28층	02-3773-0514
김 상 희	변호사	김상희 법률사무소	137-884	서울 서초구 서초동 1702-9 상림빌딩 301호	02-536-7373
김 성 준	변호사	김성준 법률사무소	137-913	서울 서초구 서초3동 서초프라자 602호	02-543-2736
김 진 환	대표 변호사	법무법인 충정	137-040	서울 중구 태평로2가 120 신한은행빌딩 9-10층	02-772-2700
서 우 정	부사장 (변호사)	삼성전자	100-742	서울 중구 태평로2가 삼성본관빌딩 11층 법무실	02-751-3490
선우 영	대표 변호사	법무법인 광장	100-902	서울 중구 남대문로2가 118 해운센터본관 10층	02-2191-3022

이 름	직 위	근 무 처	우편번호	주 소	직장/자택 전화번호
신 남 규	변호사	법무법인 에이스	135-769	서울 강남구 역삼1동 826-14 KTB네트워크 12층	02-3478-5000
유 혁	변호사	삼성전자	100-742	서울 중구 태평로2가 삼성본관빌딩 21층 법무팀	02-721-7170
유 병 규	상무이사 (변호사)	삼성SDS	135-918	서울 강남구 역삼2동 707-19	02-3429-2083
이 광 재	변호사	이광재 법률사무소	143-825	서울 광진구 구의1동 크레신타워 507호	02-457-5522
이 명 규	변호사	이명규 법률사무소	135-980	서울 강남구 역삼1동 지식재산센터 11층	02-3458-6060
이 용 우	변호사	이용우 법률사무소	135-973	서울 강남구 삼성1동 공항타워 14층	02-2188-1003
이 종 상	상무이사 (변호사)	LG그룹	150-721	서울 영등포구 여의도동 20 LG트윈타워 동관 29층	02-3773-2091
정 동 욱	변호사	법무법인 케이씨엘	135-915	서울 강남구 역삼1동 669-9 주원빌딩 3층	02-2052-7828
정 진 규	대표 변호사	법무법인 대륙	110-700	서울 종로구 신문로1가 세안빌딩 5-6층	02-737-2800
조 균 석	변호사	조균석 법률사무소	137-885	서울 서초구 서초동 1713-1 한승아스트라Ⅱ 303호	02-599-4100
최 근 서	변호사	최근서 법률사무소	137-070	서울 서초구 서초동 1713-4 길도빌딩 504호	02-532-1700
최 정 수	변호사	김&장 법률사무소	110-720	서울 종로구 내자동 223 세양빌딩	02-3703-1114
추 호 경	변호사	추호경 법률사무소	137-885	서울 서초구 서초동 1709-4 영포빌딩 504호	02-591-8008
한 영 석	변호사	법무법인 우일아이비씨	100-714	중구 남대문로5가 541 대우센터빌딩 1101호	02-752-3101
홍 석 조	변호사	홍석조 법률사무소	135-995	서울 강남구 논현2동 75-19 삼익빌라 B동	02-511-7475

〈법 원〉

이 름	직 위	근 무 지	우편번호	주 소	직장/자택 전화번호
권 오 봉	지원장	부산지법 가정지원	611-742	부산 연제구 거제1동 1500	051-590-1114
권 창 환	판사	수원지법	443-704	경기 수원시 영통구 원천동 80	031-210-1114
김 광 태	부장판사	서울중앙지법	137-737	서울 서초구 서초동 1701-1	02-530-1114
김 기 영	판사	특허법원	302-831	대전 서구 둔산동 1400	042-480-1428
김 대 웅	부장판사	광주지법	501-703	광주 동구 지산2동 342-1	062-239-1114
김 대 휘	법원장	춘천지법	200-715	강원 춘천시 효자2동 356	033-259-9000
김 용 헌	부장판사	서울고법	137-735	서울 서초구 서초동 1701-1	02-530-1114
김 우 진	부장판사	서울동부지법	143-705	서울 광진구 구의로 406 (자양2동 680-22)	02-2204-2114
김 희 옥	헌법 재판관	헌법재판소	110-250	서울 종로구 가회로 15(재동 83)	02-766-1872
김 희 철	판사	서울행정법원	137-744	서울 서초구 서초동 1701-1	02-3479-3083
남 성 민	등기호적 심의관	법원행정처	137-750	서울 서초구 서초로 219 (서초3동 967)	02-3480-1100
박 혜 진	조사위원	대법원		서울 서초구 방배3동 경남@ 6-901	02-582-6100
손 기 식	원장	사법연수원	411-777	경기 고양시 일산구 호수로 382	031-920-3114
신 용 석	부장판사	수원지법	443-704	경기 수원시 영통구 원천동 80	031-210-1114

이 름	직 위	근 무 지	우편번호	주 소	직장/자택 전화번호
여 훈 구	부장판사	서울중앙지법	137-737	서울 서초구 서초동 1701-1	02-530-1114
윤 병 철	교수	사법연수원	411-777	경기 고양시 일산구 호수로 382	037-920-3114
윤 승 은	판사	서울남부지법	158-736	서울 양천구 신정동 313-1	02-2192-1114
윤 재 윤	부장판사	서울고법	137-735	서울 서초구 서초동 1701-1	02-530-1114
이 규 훈	판사	광주지법	501-703	광주 동구 지산2동 342-1	062-239-1114
이 민 걸	부장판사	서울중앙지법	137-737	서울 서초구 서초동 1701-1	02-530-1114
이 상 철	수석 부장판사	서울북부지법	139-705	서울 노원구 공덕1길 (공릉1동 622)	02-3399-7114
이 승 련	부장판사	인천지법	402-753	인천 남구 학익동 278-2	032-860-1113
이 재 홍	법원장	청주지법	361-705	충북 청주시 흥덕구 수곡동93-1	043-299-7114
이 정 환	판사	인천지법 부천지원	420-704	경기 부천시 원미구 구지길 99 (상동 445-1)	032-320-1114
임 동 규	부장판사	대전지법	302-720	대전 서구 둔산동 1390	042-470-1114
전 주 혜	교수	사법연수원	411-777	경기 고양시 일산구 호수로 382	031-920-3114
최 동 렬	재판 연구관	대법원	137-750	서울 서초구 서초로 219 (서초3동 967)	02-3480-1100
최 철 환	재판 연구관	대법원	137-750	서울 서초구 서초로 219 (서초3동 967)	02-3480-1100

〈검 찰〉

이 름	직 위	근 무 지	우편번호 / 주 소	직장/자택 전화번호
고 홍	부부장검사	의정부 지검	480-706 경기 의정부시 법원길 (가능1동 364)	031-820-4200
권 순 철	검사	대전지검	302-709 대전 서구 둔산동 1390	042-470-3000
권 익 환	형사법제 과장	법무부	427-720 경기 과천시 관문로 88	02-503-7023
권 태 호	검사	서울고검	137-741 서울 서초구 반포로 707 (서초동 1724)	02-530-3114
김 광 준	특수3부장	서울 중앙지검	137-741 서울 서초구 반포로 707 (서초동 1724)	02-530-3114
김 광 준	부부장 검사	형사정책 연구원	137-715 서울 서초구 태봉로 114	02-3460-5134
김 기 준	부부장 검사	서울 남부지검	158-737 서울 양천구 신정1동 313-1	02-3219-4200
김 동 철	부장검사	대전지검 서산지청	356-010 충남 서산시 고운로 49 (동문동 804-8)	041-665-5201
김 영 규	검사	부산지검	611-744 부산 연제구 미남로 11 (거제동 1501)	051-606-3300
김 정 원	교수	사법연수원	411-777 경기 고양시 일산구 호수로 382	031-920-3114
김 종 형	검사	창원지검	641-704 경남 창원시 사파동 대방로 101	055-264-3311
류 장 만	검찰연구관	대검찰청	137-730 서울 서초구 반포로 706 (서초3동 1730-1)	02-3480-2000
문 성 우	차관	법무부	427-720 경기 과천시 관문로 88	02-503-7023
문 영 호	검사장	부산지검	611-743 부산 연제구 미남로 11 (거제동 1501)	051-606-3300

이 름	직 위	근 무 지	우편번호	주 소	직장/자택 전화번호
박 민 식	검사	서울 중앙지검	137-741	서울 서초구 반포로 707 (서초동 1724)	02-530-3114
박 민 표	지청장	광주지검 목포지청	530-709	전남 목포시 용해동 818	061-276-2127
박 영 관	검사장	제주지검	690-022	제주 제주시 이도2동 950-1	064-729-4123
박 종 근	검찰연구관	대검찰청	137-730	서울 서초구 반포로 706 (서초3동 1730-1)	02-3480-2000
백 재 명	검사(국정원파견)	서울 동부지검	143-704	서울 광진구 자양2동 680-22	02-2204-4000
백 창 수	전문 부장검사	서울 중앙지검	137-741	서울 서초구 반포로 707 (서초동 1724)	02-530-3114
변 창 훈	검사	서울고검	137-741	서울 서초구 반포로 707 (서초동 1724)	02-530-3114
봉 욱	금융조세 조사1부장	서울 중앙지검	137-741	서울 서초구 반포로 707 (서초동 1724)	02-530-3114
석 동 현	송무부장	서울고검	137-741	서울 서초구 반포로 707 (서초동 1724)	02-530-3114
소 병 철	기획조정 실장	법무부	427-720	경기 과천시 관문로 88	
손 기 호	지청장	춘천지검 원주지청	220-963	강원 원주시 학성1동 1008-91	033-742-3003
심 우 정	검사	법무부 검찰과	427-720	경기 과천시 관문로 88	02-503-7047
안 미 영	검사	서울 중앙지검	137-741	서울 서초구 반포로 707 (서초동 1724)	02-530-3114
안 성 수	검찰연구관	대검찰청	137-730	서울 서초구 반포로 706 (서초3동 1730-1)	02-3480-2000

이 름	직 위	근 무 지	우편번호 / 주 소	직장/자택 전화번호
오 세 인	대변인	대검찰청	137-730 서울 서초구 반포로 706 (서초3동 1730-1)	02-3480-2000
원 범 연	형사5부장	서울 남부지검	158-737 서울 양천구 신월로 11 (신정1동 313-1)	02-3219-4200
이 건 종	지청장	부산지검 동부지청	612-050 부산 해운대구 재송동 1133	051-780-4200
이 기 배	검사장	수원지검	443-703 경기 수원시 영통구 원천동 80	031-210-4200
이 선 욱	검찰연구관	대검찰청	137-730 서울 서초구 반포로 706 (서초3동 1730-1)	02-3480-2000
이 선 훈	형사3부장	대전지검	302-709 대전 서구 둔산동 1390	042-470-3000
이 완 규	부부장검사	서울 중앙지검	137-741 서울 서초구 반포로 707 (서초동 1724)	02-530-3114
이 용 주	검사	서울 중앙지검	137-741 서울 서초구 반포로 707 (서초동 1724)	02-530-3114
이 훈 규	검사장	인천지검	402-040 인천 남구 학익동 278-1	032-860-4000
전 승 수	검찰연구관	대검찰청	137-730 서울 서초구 반포로 706 (서초3동 1730-1)	02-3480-2000
정 구 환	검사	서울고검	137-741 서울 서초구 반포로 707 (서초동 1724)	02-530-3114
정 동 기	차장검사	대검찰청	137-730 서울 서초구 반포로 706 (서초3동 1730-1)	02-3480-2000
정 석 우	형사3부장	서울 서부지검	121-020 서울 마포구 마포로 99 (공덕동 105-1)	02-3270-4000
정 점 식	공안1과장	대검찰청	137-730 서울 서초구 반포로 706 (서초3동 1730-1)	02-3480-2000

이 름	직 위	근 무 지	우편번호	주 소	직장 자택 전화번호
정 진 기	검사	서울 중앙지검	137-741	서울 서초구 반포로 707 (서초동 1724)	02-530-3114
조 상 준	검사	대검찰청 미래기획단	137-730	서울 서초구 반포로 706 (서초3동 1730-1)	02-3480-2000
조 영 수	검사	서울고검	137-741	서울 서초구 반포로 707 (서초동 1724)	02-530-3114
조 은 석	형사3부장	서울 중앙지검	137-741	서울 서초구 반포로 707 (서초동 1724)	02-530-3114
조 희 진	형사7부장	서울 중앙지검	137-741	서울 서초구 반포로 707 (서초동 1724)	02-530-3114
차 맹 기	검찰연구관	대검찰청	137-730	서울 서초구 반포로 706 (서초3동 1730-1)	02-3480-2000
최 교 일	1차장검사	서울 중앙지검	137-741	서울 서초구 반포로 707 (서초동 1724)	02-530-3114
최 기 식	검사	서울 중앙지검	137-741	서울 서초구 반포로 707 (서초동 1724)	02-530-3114
최 길 수	부장검사	대전지검 서산지청	356-010	충남 서산시 예천동 600	041-660-4200
최 성 진	검사	수원지검	443-703	경기 수원시 영통구 원천동 80	031-210-4200
최 운 식	마약조직범죄수사부장	인천지검	402-040	인천 남구 학익동 278-1	032-860-4000
최 인 호	부부장검사	청주지검	361-704	충북 청주시 흥덕구 구룡로 34(수곡1동 93-1)	043-299-4000
최 재 경	중수1과장	대검찰청	137-730	서울 서초구 반포로 706 (서초3동 1730 1)	02-3480-2000
홍 연 숙	검사	대구지검	706-902	대구 수성구 동대구로 345 (범어2동 458-2)	053-740-3300

이 름	직 위	근 무 지	우편번호 주 소	직장 자택 전화번호
황 병 주	검사	법무부 국제법무과	427-720 경기 과천시 관문로 88	02-503-7047
황 철 규	형사6부장	서울 중앙지검	137-741 서울 서초구 반포로 707 (서초동 1724)	02-530-3114

刑事判例研究〔16〕

2008年 6月 20日 初版印刷
2008年 6月 30日 初版發行

編 者 韓國刑事政策研究院
發行人 安 鍾 萬
發行處 博 英 社
서울特別市 鍾路區 平洞 13-31番地
電話 (733) 6771 FAX (736) 4818
登錄 1952. 11. 18. 제1-171호(倫)

www.pakyoungsa.co.kr e-mail: pys@pakyoungsa.co.kr

ISBN 978-89-10-51226-4
978-89-10-51221-9(세트)

定 價 45,000원　ISSN 1225-6005 16